Projet OCDE/G20 sur l'érosion de la base d'imposition et le transfert de bénéfices

Les défis fiscaux soulevés par la numérisation de l'économie – Évaluation d'impact économique

CADRE INCLUSIF SUR LE BEPS

OCDE

DES POLITIQUES MEILLEURES POUR UNE VIE MEILLEURE

Ce document, ainsi que les données et cartes qu'il peut comprendre, sont sans préjudice du statut de tout territoire, de la souveraineté s'exerçant sur ce dernier, du tracé des frontières et limites internationales, et du nom de tout territoire, ville ou région.

Les données statistiques concernant Israël sont fournies par et sous la responsabilité des autorités israéliennes compétentes. L'utilisation de ces données par l'OCDE est sans préjudice du statut des hauteurs du Golan, de Jérusalem-Est et des colonies de peuplement israéliennes en Cisjordanie aux termes du droit international.

Note de la Turquie
Les informations figurant dans ce document qui font référence à « Chypre » concernent la partie méridionale de l'Ile. Il n'y a pas d'autorité unique représentant à la fois les Chypriotes turcs et grecs sur l'Ile. La Turquie reconnaît la République Turque de Chypre Nord (RTCN). Jusqu'à ce qu'une solution durable et équitable soit trouvée dans le cadre des Nations Unies, la Turquie maintiendra sa position sur la « question chypriote ».

Note de tous les États de l'Union européenne membres de l'OCDE et de l'Union européenne
La République de Chypre est reconnue par tous les membres des Nations Unies sauf la Turquie. Les informations figurant dans ce document concernent la zone sous le contrôle effectif du gouvernement de la République de Chypre.

Merci de citer cet ouvrage comme suit :
OCDE (2020), *Les défis fiscaux soulevés par la numérisation de l'économie – Évaluation d'impact économique : Cadre inclusif sur le BEPS*, Projet OCDE/G20 sur l'érosion de la base d'imposition et le transfert de bénéfices, Éditions OCDE, Paris, *https://doi.org/10.1787/044011c1-fr*.

ISBN 978-92-64-82104-0 (imprimé)
ISBN 978-92-64-70265-3 (pdf)

Projet OCDE/G20 sur l'érosion de la base d'imposition et le transfert de bénéfices
ISSN 2313-2620 (imprimé)
ISSN 2313-2639 (en ligne)

Crédits photo : Cover © ninog-Fotolia.com.

Les corrigenda des publications sont disponibles sur : *www.oecd.org/about/publishing/corrigenda.htm*.

Avant-Propos

L'intégration des économies et des marchés nationaux a connu une accélération marquée ces dernières années, mettant à l'épreuve le cadre fiscal international conçu voilà plus d'un siècle. Les règles en place ont laissé apparaître des fragilités qui sont autant d'opportunités pour des pratiques d'érosion de la base d'imposition et de transfert de bénéfices (BEPS), appelant une action résolue de la part des dirigeants pour restaurer la confiance dans le système et faire en sorte que les bénéfices soient imposés là où les activités économiques sont réalisées et là où la valeur est créée.

À la suite de la parution du rapport intitulé Lutter contre l'érosion de la base d'imposition et le transfert de bénéfices en février 2013, les pays de l'OCDE et du G20 ont adopté en septembre 2013 un Plan d'action en 15 points visant à combattre ces pratiques. Les 15 actions à mener s'articulent autour de trois principaux piliers : harmoniser les règles nationales qui influent sur les activités transnationales, renforcer les exigences de substance dans les standards internationaux existants, et améliorer la transparence ainsi que la sécurité juridique.

Après deux ans de travail, des mesures en réponse aux 15 actions ont été présentées aux dirigeants des pays du G20 à Antalya en novembre 2015. Tous ces rapports, y compris ceux publiés à titre provisoire en 2014, ont été réunis au sein d'un ensemble complet de mesures, qui représente le premier remaniement d'importance des règles fiscales internationales depuis près d'un siècle. La mise en œuvre des nouvelles mesures devrait conduire les entreprises à déclarer leurs bénéfices là où les activités économiques qui les génèrent sont réalisées et là où la valeur est créée. Les stratégies de planification fiscale qui s'appuient sur des règles périmées ou sur des dispositifs nationaux mal coordonnés seront caduques.

La mise en œuvre est désormais au centre des travaux. L'application des mesures prévues passe par des modifications de la législation et des pratiques nationales ainsi que des conventions fiscales. La négociation d'un instrument multilatéral visant à faciliter la mise en œuvre des mesures liées aux conventions a abouti en 2016, et plus de 90 pays sont couverts par cet instrument multilatéral. Son entrée en vigueur le 1er juillet 2018 ouvrira la voie à une mise en œuvre rapide des mesures liées aux conventions. Les pays de l'OCDE et du G20 ont également décidé de poursuivre leur coopération en vue de garantir une application cohérente et coordonnée des recommandations issues du projet BEPS et de rendre le projet plus inclusif. La mondialisation exige de trouver des solutions de portée mondiale et de nouer un dialogue mondial qui va au-delà des pays de l'OCDE et du G20.

Une meilleure compréhension de la manière dont les recommandations issues du projet BEPS sont mises en pratique pourrait limiter les malentendus et les différends entre États. Une attention accrue portée à la mise en œuvre des actions et à l'administration de l'impôt pourrait être bénéfique tant pour les États que pour les entreprises. Enfin, des solutions sont proposées pour améliorer les données et les analyses, ce qui permettra d'évaluer et de quantifier régulièrement l'impact des mécanismes d'érosion de la base d'imposition et transfert de bénéfices et les effets des mesures issues du projet BEPS appliquées pour lutter contre ces pratiques.

De ce fait, l'OCDE a établi le Cadre inclusif sur le BEPS de l'OCDE et du G20 (Cadre inclusif), rassemblant sur un pied d'égalité tous les pays et juridictions intéressés et engagés dans le Comité des affaires fiscales et ses organes subsidiaires. Le Cadre inclusif, qui compte déjà plus de 135 membres, contrôle la mise en œuvre des standards minimums à travers des examens par les pairs, et finalise actuellement l'élaboration de normes pour résoudre les problèmes liés au BEPS. En plus des membres du projet BEPS, d'autres organisations internationales et organismes fiscaux régionaux sont engagés dans les travaux du Cadre inclusif, et les entreprises et la société civile sont également consultées sur différentes problématiques.

L'élaboration d'une solution pour relever les défis fiscaux soulevés par la numérisation de l'économie figure au rang des grandes priorités du Projet BEPS et du Cadre inclusif depuis 2015 et la publication du Rapport sur l'Action 1 de ce projet. Le Cadre inclusif a, à la demande du G20, continué de travailler sur cette question et a produit un rapport intérimaire en mars 2018. En janvier 2019, les membres du Cadre inclusif sont convenus d'examiner une série de propositions articulées autour de deux piliers, susceptibles de former le point de départ d'une solution faisant consensus aux défis fiscaux soulevés par la numérisation de l'économie. Le Pilier Un est axé sur les règles relatives au lien et à la répartition des bénéfices, tandis que le Pilier Deux est centré sur la mise en place d'un impôt minimum à l'échelle mondiale visant à résoudre les problématiques qui subsistent en matière de BEPS. Un programme de travail sur ces deux piliers a été adopté en mai 2019, puis approuvé par le G20 en juin de la même année. Dans le cadre de ce programme de travail, le Secrétariat de l'OCDE a été chargé de réaliser une analyse économique et une évaluation d'impact des propositions formulées au titre du Pilier Un et du Pilier Deux. En juillet 2020, le G20 a demandé au Cadre inclusif de produire des rapports sur les *Blueprints* relatifs à ces deux piliers avant la réunion des ministres des Finances des pays du G20 prévue en octobre 2020.

Ce rapport présente l'analyse économique et l'évaluation d'impact élaborées par le Secrétariat de l'OCDE dans le cadre du programme de travail de mai 2019, en vue d'étayer les discussions en cours au sein du Cadre inclusif autour des considérations d'ordre conceptuel associées aux propositions. Il a été rédigé par le Secrétariat de l'OCDE, en consultation avec les membres du Cadre inclusif, le Groupe de travail n°2, d'autres organisations internationales et des représentants du monde universitaire et d'autres parties prenantes. Il n'est pas représentatif d'un consensus au sein du Cadre inclusif, du Comité des affaires fiscales (CAF) ou de leurs organes subsidiaires.

Remerciements

Le présent rapport a été préparé par le Secrétariat de l'OCDE dans le cadre d'un projet conjoint entre la Division des politiques fiscales et des statistiques du Centre de politique et d'administration fiscales (CTPA) de l'OCDE et la Division de la surveillance des politiques structurelles du Département des affaires économiques de l'Organisation.

Ce projet a été mené sous la direction de David Bradbury, Åsa Johansson et Stéphane Sorbe. Les travaux analytiques qui le sous-tendent, et dont les principaux résultats sont présentés dans ce rapport, ont été entrepris par Ana Cinta González Cabral, Tibor Hanappi, Valentine Millot, Pierce O'Reilly et Sébastien Turban, qui ont bénéficié de l'éclairage précieux d'Alexandre Jutand et de l'expertise de Frank van Tongeren.

Le Secrétariat de l'OCDE souhaite remercier les délégués du Groupe de travail n° 2 sur l'analyse des politiques et les statistiques fiscales et le Cadre inclusif sur le BEPS pour leurs nombreux commentaires et observations. Les importantes contributions des membres du Bureau étendu du GT2 ont également été grandement appréciées. Ce projet a aussi été enrichi par les échanges avec le Groupe de travail n° 1 chargé de l'analyse des politiques macroéconomiques et structurelles du Comité de politique économique.

Il a été conduit sous la supervision et la direction stratégique de Pascal Saint-Amans et de Grace Perez-Navarro, respectivement Directeur et Directrice adjointe de CTPA, avec le soutien considérable des divisions suivantes de CTPA : Division des relations internationales et du développement, Division de la coopération internationale et l'administration fiscale et Division des conventions fiscales, des prix de transfert et des transactions financières. Le projet a également bénéficié du soutien de Laurence Boone, Cheffe économiste de l'OCDE ainsi que de Luiz de Mello et d'Alain de Serres, respectivement Directeur et Directeur adjoint de la Branche des études de politique économique du Département des affaires économiques.

Il n'aurait pas été possible sans le soutien administratif inestimable de Violet Sochay, qui a été épaulée par Marie-Aurelie Elkurd et Alexandra Le Cam. Karena Garnier, Hazel Healy, Natalie Lagorce et Carrie Tyler ont apporté leur aide à la préparation de ce rapport à des fins de publication et de communication. Le concours supplémentaire de Giulia Aliprandi, Krista Bruns, Agnès Cavaciuti, Chris Hayes, Pardis Nabavi Larijani, Angela Marotti de Sciarra, Anna Milanez, Anne Moore, Tom Neubig et Ruairi Sugrue a aussi été grandement apprécié. Le projet a également bénéficié des contributions de Piet Battiau, Bert Brys, Michelle Harding et Kurt Van Dender.

L'équipe de projet salue par ailleurs les contributions de la Direction des échanges et de l'agriculture, de la Direction de la science, de la technologie et de l'innovation, de la Direction des statistiques et des données et de la Direction des affaires financières et des entreprises, et en particulier de Nadim Ahmad, Silvia Appelt, Christine Arriola, Matej Bajgar, Charles Cadestin, Alessandra Celani, Chiara Criscuolo, Fernando Galindo-Rueda, Jonathan Timmis, Martin Wermelinger et Belen Zinni.

Les échanges avec les représentants du Forum sur l'administration fiscale africaine, de la Commission européenne et du Fonds monétaire international, ainsi que leurs commentaires, ont également été utiles à la rédaction de ce rapport. Enfin, l'équipe de projet remercie, pour leurs contributions et leurs éclairages, les participants aux différents ateliers académiques organisés à l'OCDE au cours de l'année 2019.

Table des matières

Tableaux

Graphiques

Encadrés

Résumé

Ce rapport analyse les répercussions économiques et les effets sur les recettes fiscales des propositions au titre du Pilier Un et du Pilier Deux actuellement examinées par le Cadre inclusif OCDE/G20 sur le BEPS (le Cadre inclusif), dans le cadre des travaux qu'il consacre aux défis fiscaux soulevés par la numérisation de l'économie. Ces propositions sont décrites dans les rapports sur le *Blueprint* du Pilier Un et du Pilier Deux ((OCDE, 2020[1]) ; (OCDE, 2020[2])).

Un certain nombre d'éléments de conception et de paramètres du Pilier Un et du Pilier Deux feront l'objet de décisions futures de la part du Cadre inclusif. L'évaluation 'ex ante' décrite dans ce rapport, fruit du travail du Secrétariat de l'OCDE, repose sur un certain nombre d'hypothèses retenues aux fins d'illustration concernant la conception et les paramètres des propositions, et ne préjuge pas des décisions finales qui seront prises par le Cadre inclusif.

L'évaluation effectuée dans ce rapport s'appuie sur les meilleures données dont dispose le Secrétariat de l'OCDE pour un large éventail de juridictions, qui associent des sources de données au niveau des entreprises et des données plus agrégées, y compris les données anonymisées et agrégées récemment publiées issues des déclarations pays par pays. D'importants efforts ont été consentis pour obtenir des données de la plus grande qualité possible. Néanmoins, les données sous-jacentes présentent diverses limites et l'évaluation recourt à un certain nombre d'hypothèses de simplification concernant les propositions et les réactions potentielles des entreprises multinationales (EMN) et des gouvernements. Il convient en particulier de préciser que les données sous-jacentes sont antérieures à diverses évolutions importantes, et notamment la réforme fiscale américaine de 2017, la mise en œuvre de certains aspects du paquet BEPS OCDE/G20 sur l'érosion de la base d'imposition et le transfert de bénéfices et la crise du COVID-19.

Effet des propositions sur les recettes fiscales

Les Piliers Un et Deux pourraient se traduire par une hausse des recettes totales de l'impôt sur les bénéfices des sociétés (IS) comprise entre 50 et 80 milliards USD par an. Si l'on prend en compte l'effet combiné de ces réformes et du régime GILTI aux États-Unis, l'effet total pourrait atteindre 60 à 100 milliards USD par an, soit environ 4 % des recettes de l'IS au niveau mondial. Les gains exacts pourraient différer de ces estimations 'ex ante', car ils dépendront de la conception finale et des paramètres des Piliers Un et Deux, de la portée de leur mise en œuvre, de la nature et de l'ampleur des réactions des EMN et des pouvoirs publics et des évolutions économiques futures. Les gains de recettes proviendraient essentiellement du Pilier Deux :

- Le Pilier Un impliquerait un changement important dans la façon dont les droits d'imposition sont répartis entre juridictions, car les droits d'imposition portant sur environ 100 milliards USD de bénéfices pourraient être réattribués aux juridictions du marché en application des règles établies par le Pilier Un. Cela entrainerait une augmentation d'ampleur modeste des recettes fiscales au niveau mondial. En moyenne, les économies à revenu faible, intermédiaire et élevé bénéficieraient toutes de gains de recettes fiscales, tandis que les 'centres d'investissement' auraient tendance à perdre des recettes fiscales.

- Le Pilier Deux générerait une progression significative des recettes de l'IS dans les économies à revenu faible, intermédiaire et élevé. Il réduirait fortement la tentation pour les entreprises multinationales (EMN) de transférer des bénéfices vers des juridictions à faible fiscalité, ce qui procurerait des gains supplémentaires outre les gains directs induits par l'impôt minimum proprement dit.
- Selon les estimations, les gains de recettes cumulés générés par les deux piliers seraient globalement similaires — en pourcentage des recettes actuelles de l'IS — pour les économies à revenu faible, intermédiaire et élevé.

Effet des propositions sur l'investissement et sur la croissance économique

Une solution multilatérale fondée sur un consensus associant les Piliers Un et Deux conduirait à un environnement plus propice à l'investissement et à la croissance économique qu'en l'absence d'accord du Cadre inclusif :

- Les Piliers Un et Deux entraîneraient une augmentation relativement faible des coûts d'investissement moyens (après impôt) des groupes d'EMN. L'effet négatif sur l'investissement mondial qui s'ensuivrait serait minime, car les propositions affecteraient principalement les groupes d'EMN très rentables dont les investissements sont moins sensibles à la charge fiscale. L'impact des propositions devrait se concentrer sur les groupes d'EMN très rentables appartenant aux secteurs à forte composante numérique et très dépendants des actifs incorporels dans le cas du Pilier Un, et sur les groupes d'EMN qui pratiquent le transfert de bénéfices dans le cas du Pilier Deux. Dans l'ensemble, on estime que l'effet négatif sur le PIB mondial provenant de l'augmentation escomptée des recettes fiscales associée aux propositions serait inférieur à 0.1 % sur le long terme.
- Les Piliers Un et Deux soutiendraient l'investissement et la croissance à l'échelle mondiale par des canaux de transmission moins quantifiables mais néanmoins importants, qui pourraient compenser en tout ou partie cet effet négatif minime. Ainsi, les propositions visent à renforcer la sécurité juridique en matière fiscale pourraient améliorer l'efficience dans la répartition mondiale du capital en augmentant l'importance de facteurs non fiscaux (tels que les infrastructures, niveaux d'éducation ou coûts du travail) dans les décisions d'investissement. Elles réduiraient également, dans une certaine mesure, la nécessité de mobiliser des recettes en appliquant d'autres mesures fiscales (ayant un effet de distorsion potentiellement plus grand) dans le contexte budgétaire difficile de l'ère post-COVID-19. Enfin, les propositions pourraient engendrer des coûts de conformité et d'administration supplémentaires pour les EMN et les pouvoirs publics. L'importance de ces coûts est difficile à évaluer et dépendra de la conception définitive des propositions.
- À l'inverse, l'absence de solution fondée sur un consensus conduirait probablement à une multiplication des mesures fiscales unilatérales non coordonnées (taxes sur les services numériques, par exemple) et à une augmentation de la fréquence des différends commerciaux et fiscaux préjudiciables à la sécurité juridique en matière fiscale et à l'investissement, tout en entraînant des coûts de conformité et d'administration supplémentaires. L'importance des conséquences négatives dépendra de la conception, de la portée et du degré de mise en œuvre de ces mesures unilatérales, ainsi que de l'ampleur des mesures de représailles commerciales éventuelles. Dans le scénario le plus défavorable, ces différends pourraient amputer le PIB mondial de plus de 1 %.

Répercussions de la crise du COVID-19

Bien des incertitudes entourent encore l'ampleur exacte de la crise du COVID-19, mais certaines répercussions sur l'évaluation d'impact des Piliers Un et Deux sont d'ores et déjà probables :

- La pandémie de COVID-19 devrait réduire les gains escomptés de recettes générés par les Piliers Un et Deux, du moins à court terme, car elle érode la rentabilité de nombreuses entreprises multinationales, même si certaines d'entre elles, à forte intensité numérique, ont réussi à maintenir, voire à améliorer leurs résultats depuis le début de la crise.
- La crise accélère la transformation numérique en cours de l'économie, et accentue l'importance des défis fiscaux soulevés par la numérisation et la nécessité d'y répondre. Cette accélération va également accroître l'importance relative des services numériques automatisés (ADS) dans le champ d'application envisagé du Pilier Un.
- L'essor de la numérisation, les pressions croissantes sur les finances publiques après la crise et le mécontentement grandissant du public face aux pratiques de planification fiscale des entreprises multinationales sont autant de facteurs qui augmenteront la probabilité de mesures fiscales unilatérales si le Cadre inclusif ne parvient pas à s'entendre sur une solution fondée sur un consensus. Les différends fiscaux et commerciaux qui en résulteraient viendraient pénaliser l'investissement et la croissance, à l'heure où l'économie mondiale est extrêmement fragilisée par la crise du COVID-19. Ils aggraveraient l'effet négatif de la crise et compromettraient la reprise.

1 Aperçu des principales conclusions

1.1. Introduction

1. Le système international de fiscalité des sociétés est confronté à des défis croissants. Le Projet OCDE/G20 sur l'érosion de la base d'imposition et le transfert de bénéfices (BEPS) représentait un effort multilatéral sans précédent pour lutter contre le transfert de bénéfices, mais de nombreuses questions relatives à la répartition des droits d'imposition restent sans réponse. La numérisation et la mondialisation ont mis en lumière certaines faiblesses du cadre en vigueur, qui attribue les droits d'imposition essentiellement sur la base du critère de présence physique. En outre, certaines problématiques de BEPS demeurent irrésolues. Dans ce contexte, de plus en plus de juridictions prennent des mesures unilatérales et non coordonnées, qui contribuent à accroître le nombre de différends fiscaux et commerciaux et l'incertitude fiscale. La crise du COVID-19 exacerbe ces tensions en accélérant la transformation numérique de l'économie et en accroissant les pressions sur les finances publiques. Le fait que de nombreuses entreprises aient bénéficié d'une aide publique, directe ou indirecte, pendant la crise pourrait aussi aggraver le mécontentement du public face aux pratiques d'évasion fiscale des entreprises multinationales (EMN).

2. Dans ce contexte, le Cadre inclusif G20/OCDE sur le BEPS, qui rassemble 137 juridictions membres, étudie des propositions visant à engager une réforme fondée sur un consensus des règles fiscales internationales afin de relever les défis fiscaux soulevés par la numérisation de l'économie. Ces propositions, qui sont décrites dans les rapports sur les *Blueprints* des Piliers Un et Deux, relèvent de deux piliers qui sont décrits succinctement dans l'Encadré 1.1. Dans le cadre du Programme de travail approuvé par le Cadre inclusif en mai 2019 (OECD/G20 Inclusive Framework on BEPS, 2019[3]) et entériné par les ministres des Finances et dirigeants des pays du G20 en juin 2019, l'OCDE a reçu la mission de mener une analyse économique et une évaluation d'impact des propositions. Tel est l'objet de cette évaluation 'ex ante'.

Encadré 1.1. Aperçu des propositions permettant de répondre aux défis fiscaux posés par la transformation numérique de l'économie

Le **Pilier Un** a pour but d'adapter le système fiscal international aux nouveaux modèles d'affaires en engageant un examen cohérent et concomitant des règles relatives à la répartition des bénéfices et au lien. Son objectif est d'étendre les droits d'imposition des juridictions du marché (qui, dans certains modèles d'affaires, correspondent aux juridictions où sont situés les utilisateurs) là où une entreprise participe de façon active et soutenue à l'économie de cette juridiction via l'exercice d'activités sur son territoire ou à distance mais ciblant cette même juridiction. Le Pilier Un entend également améliorer sensiblement la sécurité juridique en matière fiscale par l'introduction de mécanismes novateurs de prévention et de règlement des différends. Les éléments fondamentaux du Pilier Un se rattachent à trois composantes :

- Un nouveau droit d'imposition pour les juridictions du marché, portant sur une fraction du bénéfice résiduel calculée au niveau du groupe (ou de la branche d'activité) d'EMN (Montant A).
- Un rendement fixe pour certaines activités de distribution et de commercialisation de référence exercées physiquement dans une juridiction du marché, conformément au principe de pleine concurrence (Montant B).
- L'amélioration des processus de sécurité juridique en matière fiscale grâce à des mécanismes novateurs de prévention et de règlement des différends (composante relative à la sécurité fiscale en matière fiscale).

Le **Pilier Deux** apporte une réponse aux problématiques de BEPS non résolues et entend faire en sorte que les grandes entreprises multinationales paient un niveau d'impôt minimum sur leurs bénéfices, indépendamment de la localisation de leur siège ou de la juridiction où elles exercent leurs activités. Pour ce faire, il établit des règles interdépendantes qui visent à (i) garantir un niveau minimum d'imposition tout en évitant la double imposition ou une imposition en l'absence de bénéfice économique, (ii) gérer les différences de système fiscal entre juridiction et de modèles d'affaires entre entreprises, (iii) assurer la transparence et l'égalité des règles du jeu, et (vi) minimiser les coûts administratifs et de discipline fiscale.

- Le principal mécanisme permettant d'atteindre ce résultat est le **règle d'inclusion du revenu** (RIR), associée à la **règle relative aux paiements insuffisamment imposés** (RPII) en tant que filet de sécurité (globalement, les « règles GloBE »). À certains égards, le fonctionnement de la RIR repose sur les principes des règles traditionnelles applicables aux sociétés étrangères contrôlées (SEC), et déclenche une inclusion au niveau de l'actionnaire lorsque le revenu d'une entité étrangère contrôlée est taxé à un taux inférieur au taux d'imposition effectif minimum. Elle est complétée par une **règle de substitution** (RS) qui supprime les obstacles conventionnels empêchant son application à certaines succursales, et qui se déclenche lorsqu'une convention fiscale oblige par ailleurs un État contractant à employer la méthode de l'exemption. La RPII est une règle secondaire qui s'applique uniquement lorsqu'une entité constitutive n'est pas assujettie à une RIR. Néanmoins, la RPII fait partie intégrante de l'ensemble des règles parce qu'elle sert de filet de sécurité à la RIR, garantit l'égalité des règles du jeu et prévient les risques d'inversions fiscales.
- La **règle d'assujettissement à l'impôt** (RAI) complète ce dispositif. Il s'agit d'une règle conventionnelle qui cible les risques pour les pays de la source posés par les structures de BEPS liées aux paiements intragroupe qui exploitent les faibles taux nominaux d'imposition dans l'autre juridiction contractante (la juridiction du bénéficiaire).

3. Un certain nombre d'éléments de conception et de paramètres du Pilier Un et du Pilier Deux feront l'objet de décisions futures de la part du Cadre inclusif. Aux fins de l'évaluation d'impact 'ex ante' décrite dans ce rapport, un certain nombre d'hypothèses ont été formulées à titre d'illustration concernant la conception et les paramètres de la proposition, sans préjuger des décisions finales qui seront prises par le Cadre inclusif. Ce rapport présente les résultats pour un ensemble de paramètres relatifs au Pilier Un et au Pilier Deux afin d'éclairer les discussions en cours du Cadre inclusif concernant la conception des propositions.

4. La couverture géographique de l'analyse effectuée est très large, puisque plus de 200 juridictions sont couvertes, y compris l'ensemble des 137 membres du Cadre inclusif. L'analyse se fonde sur un examen exhaustif et approfondi de données, enrichi par les enseignements de la littérature économique. Elle bénéficie également de nombreux échanges avec des représentants des juridictions membres du Cadre inclusif, ainsi qu'avec des universitaires, des représentants de la société civile et des entreprises et d'autres organisations internationales. Comme dans toute analyse économique, la méthodologie recourt à un certain nombre d'hypothèses de simplification, concernant par exemple la conception des propositions et la façon dont les groupes d'EMN et les pouvoirs publics pourraient réagir à leur mise en œuvre.

5. L'exercice mobilise un large éventail de sources de données qui sont regroupées dans un cadre analytique cohérent. Celui-ci rassemble des données au niveau des entreprises, y compris les états financiers de la plupart des grands groupes d'EMN dans le monde, ainsi qu'une large palette de données agrégées, dont les statistiques agrégées et anonymisées établies à partir des informations figurant dans les déclarations pays par pays réunies à la faveur de la mise en œuvre du paquet BEPS et publiées par l'OCDE pour la première fois en juillet 2020 (OECD, 2020[4]). Néanmoins, les données sur lesquelles se fonde l'analyse présentent certaines limites, tant en ce qui concerne leur portée que leur cohérence ou leur actualité. Ainsi, les données portent principalement sur les années 2016 et 2017, et sont donc antérieures à d'importantes évolutions récemment survenues, y compris la mise en œuvre de diverses mesures dans le cadre du projet BEPS de l'OCDE et du G20, l'adoption de la réforme fiscale « Tax Cuts and Jobs Act » (TCJA) aux États-Unis et, surtout, la crise du COVID-19. Les répercussions potentielles de la crise du COVID-19 sur les propositions sont examinées dans la dernière section de ce chapitre.

6. Ce rapport s'intéresse principalement à l'impact des propositions sur les recettes fiscales, l'investissement des groupes d'EMN et l'activité économique. Ce chapitre (le chapitre 1) présente une synthèse générale des principaux résultats de l'analyse. Les chapitres suivants livrent des conclusions et une analyse plus détaillées, couvrant un large éventail de paramètres possibles pour le Pilier Un et le Pilier Deux. Ces chapitres contiennent également une description complète des données et de la méthodologie utilisées pour l'analyse, ainsi qu'un large éventail de tests de robustesse appliqués aux données et aux résultats. Plus spécifiquement, les chapitres 2 et 3 portent respectivement sur les effets du Pilier Un et du Pilier Deux sur les recettes fiscales. Le chapitre 4 examine l'effet des deux piliers sur l'investissement et sur l'activité économique. Enfin, le chapitre 5 décrit la construction des « matrices » de données qui sous-tendent les estimations décrites dans les autres chapitres.

1.2. Effet des propositions sur les recettes fiscales

7. L'effet des propositions sur les recettes fiscales dépendra des choix définitifs de conception et de paramètres qui seront arrêtés par le Cadre inclusif. D'après un ensemble d'hypothèses de conception et de paramètres à des fins d'illustration, l'effet combiné du Pilier Un et du Pilier Deux sur les recettes de l'impôt sur les bénéfices des sociétés (IS) à l'échelle mondiale pourrait être un gain compris entre 1.9 % et 3.2 %, soit entre 50 et 80 milliards USD par an (Tableau 1.1)[1].

8. À titre d'illustration, ces estimations supposent, bien qu'aucune décision n'ait encore été prise par le Cadre inclusif, que le régime GILTI (impôt sur le revenu mondial à faible taux d'imposition tiré de biens

incorporels) des États-Unis coexisterait avec le Pilier Deux et que les EMN américaines ne seraient pas soumises à la règle d'inclusion du revenu (RIR) du Pilier Deux. Aussi, les gains de recettes générés par le Pilier Deux indiqués dans le Tableau 1.1 n'incluent pas les gains potentiels liés à l'application du Pilier Deux par les EMN américaines, qui sont supposées rester assujetties au régime GILTI. Si l'on tient compte des gains combinés de recettes des deux piliers et du régime GILTI[2], l'effet total pourrait atteindre 60 à 100 milliards USD par an, soit environ 4 % des recettes de l'IS au niveau mondial.

1.2.1. Effets du Pilier Un sur les recettes fiscales au niveau mondial

9. Le Pilier Un vise à adapter le système international d'imposition des sociétés à l'ère du numérique en apportant des modifications substantielles aux règles applicables aux bénéfices d'entreprise afin de faire en sorte que la répartition des droits d'imposition des bénéfices commerciaux ne soit plus uniquement dictée par le critère de présence physique. Son objectif est d'étendre les droits d'imposition des juridictions du marché (qui, dans certains modèles d'affaires, correspondent aux juridictions où sont situés les utilisateurs)[3] lorsqu'une entreprise participe de façon active et soutenue à l'économie de cette juridiction via l'exercice d'activités sur son territoire, soit physiquement, soit à distance. En outre, le Pilier Un entend renforcer la sécurité juridique en matière fiscale par l'introduction de mécanismes améliorés de prévention et de règlement des différends.

10. Les éléments fondamentaux du Pilier Un se rattachent à trois composantes : un nouveau droit d'imposition pour les juridictions du marché, portant sur une fraction du bénéfice résiduel (bénéfice supérieur à un certain pourcentage de seuil de rentabilité) calculé au niveau du groupe d'EMN par application d'une formule (Montant A) ; un rendement fixe pour les activités de distribution et de commercialisation de référence exercées physiquement dans une juridiction du marché (Montant B) ; et des processus améliorés de sécurité juridique en matière fiscale par le biais de mécanismes novateurs de prévention et de règlement des différends (composante relative à la sécurité juridique en matière fiscale).

Tableau 1.1. Aperçu des effets des propositions sur les recettes fiscales au niveau mondial

Estimations basées sur des hypothèses illustratives relatives à la conception et aux paramètres des Piliers Un et Deux

Gains estimés de recettes fiscales au niveau mondial		En % des recettes de l'IS au niveau mondial	Milliards USD
Pilier Un		0.2 %-0.5 %	5-12
Pilier Deux	Gains directs de recettes	0.9 %-1.7 %	23-42
	Gains supplémentaires provenant de la réduction des transferts de bénéfices	0.8 %-1.1 %	19-28
	Total Pilier Deux	1.7 %-2.8 %	42-70
Total Pilier Un et Pilier Deux		**1.9 %-3.2 %**	**47-81**
Régime GILTI des États-Unis		0.4 %-0.8 %	9-21
Total, GILTI compris		**2.3 %-4.0 %**	**56-102**

Note : Les estimations figurant dans ce tableau reposent sur les hypothèses illustratives suivantes. Le Pilier Un, pour lequel seul le Montant A est modélisé, est supposé concerner uniquement les entreprises des secteurs des services numériques automatisés (ADS) et des activités en relation étroite avec des consommateurs (CFB) qui dépassent un seuil de chiffre d'affaires mondial de 750 millions EUR, un pourcentage de seuil de rentabilité de 10 % (basé sur le ratio bénéfice avant impôt/chiffre d'affaires), un pourcentage de réattribution de 20 % et un seuil de chiffre d'affaires déclenchant le lien de 1 million EUR pour le secteur ADS et de 3 millions EUR pour le secteur CFB. Le Pilier Deux retient un taux minimum d'imposition de 12.5 %, une agrégation par juridiction et une exclusion combinée de 10 % au titre des salaires et des dépenses d'amortissement. On suppose que le régime GILTI des États-Unis 'coexistera' avec le Pilier Deux. Par conséquent, les EMN américaines (soumises au régime GILTI) sont exclues des gains générés par le Pilier Deux dans ce tableau. Les recettes générées par le régime GILTI sont incluses dans ce tableau sur la base des estimations fournies par le US Joint Committee on Taxation. On suppose que les groupes d'EMN réduiront l'ampleur de leurs pratiques de transfert de bénéfices en réaction à la mise en place du Pilier Deux, ce qui générera des recettes fiscales supplémentaires. L'interaction entre les Piliers Un et Deux est prise en compte dans ce tableau. Les estimations sont présentées sous la forme de fourchettes pour refléter l'incertitude qui entoure les données sous-jacentes et la modélisation. Voir les chapitres 2 et 3 pour plus de détails.
Source : Calculs du Secrétariat de l'OCDE et estimations de l'US Joint Committee on Taxation pour le GILTI.

11. Le Montant A conduirait à réaffecter une partie de la base d'imposition des groupes d'EMN couverts des juridictions où le bénéfice résiduel des groupes d'EMN est actuellement situé vers les juridictions du marché. Tous les groupes d'EMN ne seraient pas soumis à cette réattribution : elle concernerait uniquement ceux qui sont relativement grands et rentables (chiffre d'affaires supérieur à un certain seuil de chiffre d'affaires mondial et rentabilité supérieure au pourcentage de seuil de rentabilité). Encore qu'un accord politique soit nécessaire, ces travaux reposent sur les propositions techniques qui définissent les activités couvertes comme étant les services numériques automatisés (ADS) et les activités en relation étroite avec les consommateurs (CFB). Par définition, le Montant A viserait essentiellement les grands groupes d'EMN dégageant d'importants bénéfices et présents dans les secteurs orientés sur le numérique et à forte intensité d'actifs incorporels.

12. Sur la base des hypothèses illustratives retenues pour les paramètres du Montant A (y compris le seuil de rentabilité fixé pour définir le bénéfice résiduel), le bénéfice résiduel des groupes d'EMN qui

seraient couverts par le Montant A pourrait représenter quelque 500 milliards USD, dont un pourcentage à définir par le Cadre inclusif serait réattribué aux juridictions du marché[4]. Si l'on suppose de manière illustrative que ce pourcentage de réattribution est de 20 %, cela signifierait que des droits d'imposition portant sur environ 100 milliards USD de bénéfices seraient réattribués aux juridictions du marché en vertu du Montant A. Les règles existantes de détermination des prix de transfert continueraient de s'appliquer pour calculer la fraction des droits d'imposition qui s'appliqueraient aux autres bénéfices des groupes d'EMN (les bénéfices des EMN non couvertes et les bénéfices non résiduels des EMN, ainsi que la fraction de leur bénéfice résiduel non réattribuée au titre du Montant A, qui est de 80 % dans cet exemple).

13. En moyenne, les taux de l'impôt sur les sociétés sont relativement plus élevés dans les juridictions du marché à qui le bénéfice résiduel serait réattribué en vertu du Montant A que dans les juridictions où ce bénéfice est actuellement localisé. De fait, une fraction substantielle du bénéfice résiduel est actuellement localisée dans des juridictions à fiscalité relativement faible. Cela implique que la réattribution consécutive au Montant A générerait un gain net de recettes au niveau mondial. Toutefois, l'ampleur de ce gain serait assez modeste (il pourrait atteindre 0.5 % des recettes de l'IS au niveau mondial selon les hypothèses retenues dans le Tableau 1.1), car seul un pourcentage du bénéfice résiduel des groupes d'EMN couverts serait réattribué, et seule une fraction du bénéfice total réattribué serait imposée dans les juridictions du marché à un taux plus élevé que le taux auquel ce bénéfice est actuellement taxé dans les juridictions où il est localisé.

14. L'effet des autres composantes du Pilier Un (Montant B et composante relative à la sécurité juridique en matière fiscale) est plus difficile à quantifier en raison de l'insuffisance de données (données sur la nature des activités menées par les entités du groupe d'EMN et données sur les transactions) et de difficultés méthodologiques. Par conséquent, les estimations quantitatives du Pilier Un présentées dans ce rapport concernent exclusivement le Montant A. L'effet du Montant B et de la composante liée à la sécurité juridique en matière fiscale dépendra de leur conception, mais on s'attend généralement à ce qu'ils aient un impact minime sur les recettes fiscales à l'échelle mondiale. Cela reflète le fait que ces propositions visent à conforter le système actuel d'établissement des prix de transfert et à prévenir les différends fiscaux, alors que le Montant A entend donner naissance à un nouveau droit d'imposition.

15. Le Montant B établirait un rendement fixe pour certaines fonctions de commercialisation et de distribution de référence exercées physiquement par les groupes d'EMN dans les juridictions du marché. Le Montant B devrait réduire les coûts d'administration pour les pouvoirs publics et accroître la sécurité juridique en matière fiscale pour les contribuables, et serait particulièrement avantageux pour les juridictions ayant de faibles capacités administratives. Dans les juridictions où le rendement fixe convenu pour les fonctions de distribution et de commercialisation de référence serait supérieur aux rendements actuels imposables dans les juridictions du marché, le Montant B contribuerait à générer des recettes supplémentaires. Un certain nombre de juridictions ayant de faibles capacités administratives estiment que ce serait probablement le cas pour elles, en raison des difficultés qu'elles rencontrent pour appliquer efficacement les règles existantes en matière de prix de transfert. Toutefois, au niveau mondial, l'effet du Montant B sur les recettes fiscales devrait être minime, car il n'attribue pas un nouveau droit d'imposition aux juridictions du marché, mais se contente de simplifier l'administration du système actuel de prix de transfert.

1.2.2. Effets du Pilier Deux sur les recettes fiscales au niveau mondial

16. Les différentes composantes du Pilier Deux garantiraient un niveau minimum d'imposition des bénéfices réalisés par les groupes d'EMN. Les règles GloBE (à savoir la règle d'inclusion du revenu [RIR] et la règle relative aux paiements insuffisamment imposés [RPII], voir l'Encadré 1.1) fonctionneraient comme un complément d'impôt aux impôts existants afin de garantir que le taux effectif d'imposition appliqué aux bénéfices des EMN, qui sans quoi seraient imposés à un taux inférieur au taux minimum convenu, soit porté à ce taux minimum, dont le niveau devra être décidé par les membres du Cadre inclusif.

Divers taux minimums ont été analysés dans cette note. Les résultats présentés dans le Tableau 1.1 ci-dessus retiennent un taux minimum d'imposition de 12.5 %. Les résultats correspondant à d'autres taux sont exposés dans le chapitre 3.

17. Le Cadre inclusif doit aussi définir un certain nombre de caractéristiques de conception relatives au Pilier Deux, y compris le degré d'agrégation (le niveau d'agrégation auquel le test du taux d'imposition effectif serait appliqué). Deux principales options sont envisagées : l'agrégation par juridiction (agrégation des bénéfices et des impôts couverts de toutes les entités membres d'un groupe d'EMN dans une juridiction) ou l'agrégation mondiale (agrégation de tous les bénéfices et impôts couverts de source étrangère d'un groupe d'EMN). Bien que le Cadre inclusif n'ait encore pris aucune décision à ce sujet, les résultats présentés dans ce rapport sont, à titre illustratif, basés sur l'agrégation par juridiction[5].

18. Une autre question de conception que le Cadre inclusif doit trancher porte sur l'existence et les caractéristiques d'une exclusion fondée sur la substance et calculée par application d'une formule. Une telle exclusion fondée sur la substance exclurait du champ des règles GloBE un rendement fixe au titre d'activités de substance menées dans une juridiction. Ce rendement fixe pourrait être défini comme un certain pourcentage des salaires et des dépenses d'amortissement des actifs corporels. Par exemple, les résultats présentés dans le Tableau 1.1 reposent sur l'hypothèse d'une exclusion de 10 % au titre des salaires et des dépenses d'amortissement des actifs corporels. Dans ce rapport, l'analyse retient un certain nombre d'options possibles concernant les exclusions fondées sur la substance et calculées par application d'une formule, et suggère que leur effet sur les recettes générées par le Pilier Deux serait relativement faible compte tenu des hypothèses considérées[6].

19. L'analyse suggère également que les gains de recettes au niveau mondial procurés par le Pilier Deux pourraient être significatifs. L'impact du Pilier Deux concernerait les EMN dont les bénéfices sont faiblement taxés, notamment du fait de pratiques de transfert de bénéfices. L'importance des gains de recettes fiscales serait fonction de la conception du Pilier Deux et du taux minimum d'imposition retenu. Outre les gains directs provenant des règles du Pilier Deux sur l'impôt minimum (la règle d'inclusion du revenu ou la règle relative aux paiements insuffisamment imposés, par exemple), le Pilier Deux est supposé générer des gains de recettes fiscales indirects en limitant les pratiques des groupes d'EMN en matière de transfert de bénéfices.

20. De fait, le Pilier Deux réduirait les écarts de taux d'imposition effectifs entre juridictions, qui sont l'une des principales causes de transfert de bénéfices. Ce faisant, les entreprises multinationales seraient moins incitées à déplacer leurs bénéfices dans des juridictions à faible fiscalité. Elles seraient probablement amenées à réexaminer leurs stratégies de transfert de bénéfices, et certaines pourraient estimer que les gains procurés par ces dispositifs ne compensent plus les coûts induits (coûts financiers et de conseil liés à ces dispositifs, coûts de réputation, etc.). Il est difficile d'anticiper précisément dans quelle mesure la mise en œuvre du Pilier Deux aura un effet dissuasif sur les pratiques de transfert et de localisation des bénéfices, car les dispositifs de transfert de bénéfices sont très complexes et propres à chaque entreprise. Néanmoins, la réduction des pratiques de transfert de bénéfices devrait contribuer de manière significative aux gains de recettes fiscales résultant du Pilier Deux au niveau mondial.

1.2.3. Interactions entre le Pilier Un et le Pilier Deux

21. Le Pilier Un et le Pilier Deux interagiraient, en ce sens que l'application simultanée des deux piliers n'aurait pas tout à fait le même effet qu'une application indépendante. En supposant que l'impôt minimum prévu par le Pilier Deux serait appliqué après la réattribution résultant du Pilier Un, l'analyse effectuée dans ce rapport donne à penser que l'interaction entre les deux piliers minorerait les gains totaux de recettes par rapport au scénario dans lequel il n'y aurait pas d'interaction entre les deux piliers. Toutefois, l'effet quantitatif de cette interaction serait faible selon les hypothèses retenues pour les Piliers Un et Deux dans ce rapport.

1.2.4. Effets du Pilier Un et du Pilier Deux sur les recettes fiscales par groupes de juridictions

22. On estime qu'en moyenne, les juridictions à revenu élevé, intermédiaire et faible bénéficieront toutes de gains de recettes fiscales résultant de la mise en œuvre des propositions (Graphique 1.1). L'effet sur les recettes serait relativement faible en ce qui concerne le Pilier Un, et plus important dans le cadre du Pilier Deux. Selon les estimations, les gains de recettes cumulés générés par les deux piliers seraient globalement similaires — en pourcentage des recettes actuelles de l'IS — pour les juridictions à revenus faibles, intermédiaire et élevés.

23. Les gains de recettes estimés résultant de la mise en œuvre du Pilier Un sont généralement plus substantiels (en pourcentage des recettes actuelles tirées de l'IS) parmi les juridictions à revenu faible et intermédiaire que parmi celles à revenu élevé, car le bénéfice résiduel présumé actuellement localisé dans les juridictions à revenu faible et intermédiaire est relativement minime, de sorte qu'elles tireraient nettement profit de la réattribution opérée par le Pilier Un[7]. Ces résultats concernent exclusivement le Montant A, bien que, en fonction de la conception définitive du Montant B, certaines juridictions à faible revenu, en particulier celles dont les administrations fiscales se heurtent à des contraintes de capacité, puissent également voir leurs recettes fiscales augmenter. Cela tient au fait que ces juridictions indiquent rencontrer des difficultés pour appliquer efficacement les règles existantes en matière de prix de transfert, car certaines EMN annoncent des rendements faibles ou négatifs au titre d'activités de distribution et de commercialisation de référence exercées dans les juridictions concernées.

24. On estime que les gains de recettes générés par le Pilier Deux seraient significatifs pour toutes les catégories de juridictions présentées dans le Graphique 1.1. Ils seraient relativement plus importants parmi les juridictions à revenu élevé, du fait que les recettes procurées par la règle d'inclusion du revenu reviendraient à la juridiction de la société mère ultime des groupes d'EMN, qui est souvent une juridiction à revenu élevé. Toutefois, les juridictions à faible revenu pourraient bénéficier de gains significatifs grâce à la réduction des pratiques de transfert de bénéfices supposée résulter du Pilier Deux. La règle d'assujettissement à l'impôt, qui n'est pas modélisée dans cette analyse faute de données suffisantes, serait également une source de recettes supplémentaires pour les juridictions à revenu faible et intermédiaire, en autorisant ces juridictions à appliquer un impôt supplémentaire à un taux minimum convenu à certaines transactions entre parties liées soumises à un taux nominal d'imposition faible dans la juridiction de résidence.

Graphique 1.1. Effet estimé des propositions sur les recettes fiscales, par groupes de juridictions

Estimations basées sur des hypothèses fournies à titre d'illustration concernant la conception et les paramètres des Piliers Un et Deux.

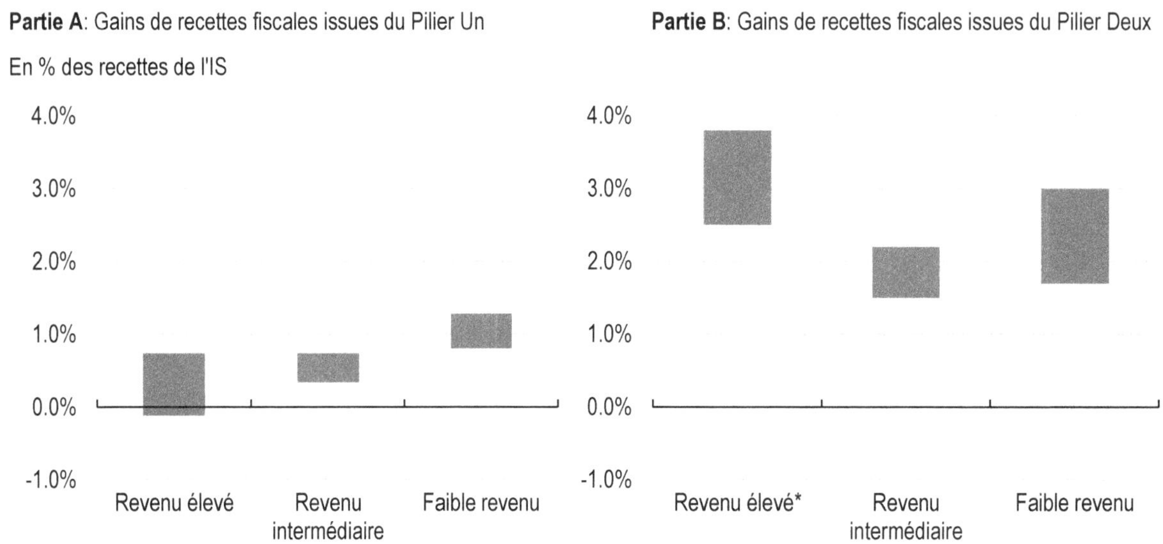

* À l'exclusion des États-Unis (compte tenu de l'hypothèse illustrative selon laquelle le régime GILTI aux États-Unis coexisterait avec le Pilier Deux)

Note : Les estimations figurant dans ce graphique reposent sur les hypothèses illustratives suivantes. Le Pilier Un est supposé concerner uniquement les entreprises des secteurs ADS et CFB qui dépassent un seuil de chiffre d'affaires mondial de 750 millions EUR, un pourcentage de seuil de rentabilité de 10 % (basé sur le ratio bénéfice avant impôt/chiffre d'affaires), un pourcentage de réattribution de 20 %, et un seuil de chiffre d'affaires déclenchant le lien de 1 million EUR pour le secteur ADS, et de 3 millions EUR pour le secteur CFB. Le Pilier Deux se base sur l'hypothèse d'un taux minimum d'imposition de 12.5 % et d'une exclusion combinée de 10 % au titre des salaires et des dépenses d'amortissement. On suppose que le régime GILTI en vigueur aux États-Unis « coexistera » avec le Pilier Deux. Par conséquent, les États-Unis sont exclus de la Partie B du graphique afin d'améliorer la comparabilité des résultats (mais ils sont inclus dans la Partie A). Les estimations au titre du Pilier Deux prennent en compte les interactions avec le Pilier Un, et intègrent les gains générés par une réduction des pratiques de transfert de bénéfice de la part des groupes d'EMN sous l'effet de la mise en place du Pilier Deux. Les estimations sont présentées sous la forme de fourchettes afin de refléter l'incertitude qui entoure les données sous-jacentes et la modélisation. Les groupes de juridictions (à haut revenu, à revenu intermédiaire et à faible revenu) sont définis d'après la classification de la Banque mondiale. Les centres d'investissement (juridictions dont le stock total d'IDI entrant dépasse 150 % du PIB) ne sont pas inclus dans ce graphique. Voir les chapitres 2 et 3 pour plus de détails.
Source : Calculs du Secrétariat de l'OCDE.

25. En outre, le Pilier Deux limiterait la concurrence à laquelle se livrent les juridictions pour attirer les activités des EMN au moyen d'incitations fiscales spéciales (exonération d'impôt, par exemple), ce qui procurerait des recettes fiscales supplémentaires aux juridictions à plus faible revenu. De fait, ces juridictions ne sont souvent pas en position de force face aux EMN en quête d'investissements, ce qui peut les conduire à leur offrir des taux d'imposition très bas. Le Pilier Deux pourrait permettre à ces juridictions d'appliquer à tout le moins le taux minimum d'imposition. Les gains potentiels qui pourraient en résulter ne sont pas inclus dans les estimations du Graphique 1.1.

26. Les résultats concernant les centres d'investissement[8] sont également omis du Graphique 1.1 parce qu'ils s'accompagnent généralement d'un degré d'incertitude plus élevé que d'autres résultats, et parce que les centres d'investissement constituent un groupe de juridictions relativement hétérogène. Ces résultats sont analysés au chapitre 2 (Pilier Un) et au chapitre 3 (Pilier Deux). En général, les centres d'investissement auraient tendance à voir leur base d'imposition minorée par le Pilier Un. Ils subiraient une perte de recettes fiscales dont l'importance dépendrait du taux d'imposition effectif appliqué au

bénéfice résiduel présumé des groupes d'EMN qui est actuellement localisé sur leur territoire. Ce taux étant parfois nul, certains centres d'investissement perdraient une partie de leur base d'imposition sans toutefois perdre de recettes fiscales. En freinant les pratiques de transfert de bénéfices, le Pilier Deux entraînerait pour de nombreux centres d'investissement une érosion de leur base d'imposition (puisqu'ils ne recevraient plus autant de bénéfices transférés à la suite de la mise en place du Pilier Deux).

27. Néanmoins, de nombreux centres d'investissement pourraient percevoir d'importantes recettes fiscales supplémentaires grâce au Pilier Deux, surtout s'ils décident de relever le taux effectif d'imposition sur les bénéfices localisés sur leur territoire si ce taux est actuellement inférieur au taux minimum. Il est difficile de prévoir quelle sera la réponse de certains des États concernés, car elle dépendra d'un certain nombre de considérations stratégiques, et pourra être influencée par la conception précise du Pilier Deux. Cette question est examinée plus en détail dans le chapitre 3, qui analyse également les implications potentielles de scénarios simplifiés sur l'effet de ces hausses des taux d'imposition sur les gains de recettes dans les différents groupes de juridictions.

1.2.5. Effets du Pilier Un et du Pilier Deux sur les recettes fiscales au niveau des juridictions

28. Les estimations d'impact du Pilier Un et du Pilier Deux sur les recettes fiscales au niveau des différentes juridictions ont été communiquées par le Secrétariat de l'OCDE à la plupart des membres du Cadre inclusif sur une base bilatérale et confidentielle. Le Secrétariat de l'OCDE a transmis des estimations à plus de 115 juridictions à leur demande. À l'issue de consultations approfondies avec les membres du Cadre inclusif, aucun consensus n'a pu être trouvé sur l'opportunité de rendre publiques les estimations propres aux juridictions dans le cadre de l'évaluation d'impact économique. Au regard de l'absence de consensus, ce rapport ne contient pas d'estimations spécifiques aux juridictions. Ces estimations ayant été communiquées aux membres du Cadre inclusif sur une base bilatérale et confidentielle uniquement, chaque juridiction a exclusivement reçu les estimations qui la concernent.

29. Ces résultats ont été diffusés sous la forme d'outils d'estimation des recettes fiscales. Ces outils permettent aux juridictions d'analyser l'effet estimaté sur leurs recettes fiscales d'un éventail de paramètres possibles pour le Pilier Un et le Pilier Deux (pourcentage de seuil de rentabilité pour le Pilier Un, taux minimum d'imposition pour le Pilier Deux, etc.) afin d'éclairer les discussions du Cadre inclusif. Les versions préliminaires des outils relatifs au Pilier Un et au Pilier Deux ont été diffusées respectivement en octobre 2019 et en février 2020. Des versions améliorées et actualisées ont ensuite été mises à disposition en juin et juillet 2020, qui tiennent compte des avancées dans la conception des propositions, des améliorations apportées aux données de base et à la méthodologie, et des commentaires relatifs aux outils et résultats antérieurs formulés par les responsables des pays membres du Cadre inclusif.

1.3. Effet des propositions sur l'investissement et sur l'activité économique

30. Les propositions auraient des répercussions sur l'investissement, l'innovation et l'activité économique des groupes d'EMN par différents canaux de transmission. En augmentant les recettes fiscales, les propositions renchériraient les coûts d'investissement (après impôt) pour les groupes d'EMN concernés, ce qui constitue le canal le plus direct. L'effet sur l'investissement et sur l'activité serait probablement négatif, encore que son ampleur soit relativement limitée : moins de 0.1 % du PIB à moyen et long terme (on trouvera des informations plus précises à ce sujet dans le chapitre 4).

31. Cet effet légèrement négatif serait probablement contrebalancé, en partie, voire en totalité, par d'autres canaux moins quantifiables, et néanmoins importants. Ainsi, les propositions visent à renforcer la sécurité juridique en matière fiscale affecteraient de diverses manières les coûts de mise en conformité et d'administration, amélioreraient l'efficience dans la répartition mondiale du capital, et réduiraient la

nécessité de mobiliser des recettes en appliquant d'autres mesures fiscales (ayant un effet de distorsion potentiellement plus grand), comme expliqué ci-après.

32. Pour les besoins de cette analyse, le scénario de consensus, reposant sur l'hypothèse d'une adoption du Pilier Un et du Pilier Deux par le Cadre inclusif, suppose le retrait des taxes existantes sur les services numériques (TSN), ainsi que l'engagement à s'abstenir d'introduire de telles mesures à l'avenir. À l'inverse, l'absence de solution fondée sur un consensus conduirait probablement à une multiplication des mesures fiscales unilatérales non coordonnées (TSN, par exemple), ce qui entraînerait une augmentation de la fréquence des différends commerciaux et fiscaux préjudiciables. La sécurité juridique en serait fragilisée et l'investissement découragé, avec des effets négatifs sur le PIB mondial qui pourraient dépasser de loin l'effet direct de la réforme sur les coûts d'investissement, en particulier dans un scénario impliquant une adoption généralisée de taxes sur les services numériques et un facteur de représailles commerciales de cinq fois dans le pire des cas (Graphique 1.2).

Graphique 1.2. Effet estimé sur le PIB mondial selon des scénarios simplifiés

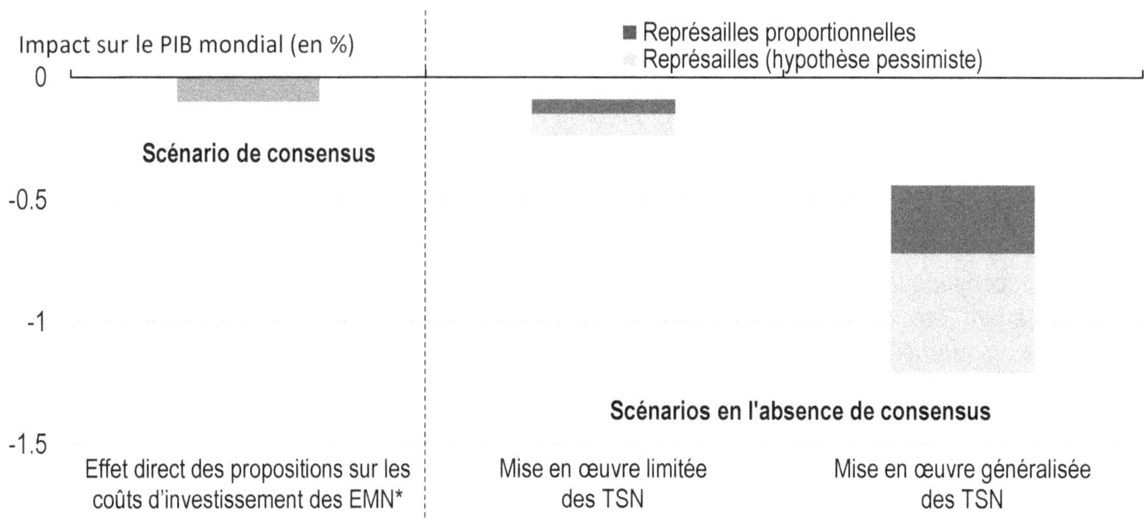

* Les propositions auraient aussi des retombées positives sur le PIB par des canaux indirects (notamment sous la forme d'une amélioration de la sécurité juridique en matière fiscale, d'une moindre nécessité d'accroître d'autres impôts ayant des effets de distorsion) qui ne sont pas chiffrées dans ce graphique.

Note : L'estimation correspondant au scénario de consensus tient uniquement compte de l'effet direct des propositions sur les coûts d'investissement après impôt des groupes d'EMN, de leurs répercussions sur l'investissement des EMN et, à terme, sur le PIB. L'intervalle retenu reflète l'incertitude qui entoure la sensibilité à l'impôt des EMN concernées, ainsi que le point de savoir si une baisse de l'investissement dans une juridiction où les coûts d'investissement après impôt augmentent se traduirait ou non par une hausse de l'investissement dans d'autres juridictions (relocalisation partielle de l'investissement). En l'absence de consensus, deux cas de figure sont envisagés : (i) une mise en œuvre limitée de la taxe sur les services numériques (TSN), où l'on suppose que les juridictions actuellement soumises à une enquête des États-Unis au titre de la section 301 instaurent une TSN, les États-Unis répliquent en imposant des droits de douane, et ces juridictions réagissent à leur tour par la mise en place de tarifs douaniers ; (ii) une mise en œuvre généralisée de la TSN, dans laquelle toutes les juridictions sauf les États-Unis, la Chine et Hong Kong (Chine) instaurent une DST, suscitant des réactions analogues au scénario précédent. Dans chaque cas, les marges d'incertitude correspondent à l'intervalle de résultats des scénarios impliquant des TSN de 3 % à 5 % et des facteurs de représailles de 1 (proportionnel) à 5 fois (hypothèse la plus pessimiste). Voir le chapitre 4 de l'évaluation d'impact économique pour plus de détails
Source : Calculs du Secrétariat de l'OCDE

1.3.1. Effet direct des propositions sur les coûts d'investissement

33. En augmentant les prélèvements fiscaux sur les bénéfices de certains groupes d'EMN, les propositions alourdiraient le taux effectif d'imposition sur leurs investissements, et donc les coûts d'investissement après impôt. D'après les hypothèses retenues à des fins d'illustration pour les paramètres du Pilier Un et du Pilier Deux, on estime que le taux *moyen* effectif d'imposition (taux moyen de l'impôt appliqué aux bénéfices générés par un nouveau projet d'investissement) qui grève un projet d'investissement type d'un groupe d'EMN augmenterait d'environ 0.3 point de pourcentage en moyenne. Le taux *marginal* effectif d'imposition (taux de l'impôt appliqué aux bénéfices générés par une augmentation *marginale* de la portée d'un projet d'investissement existant) augmenterait d'environ 1.3 point de pourcentage en moyenne (voir le chapitre 4 et Hanappi et González Cabral (2020[5])). Ces hausses estimatives sont relativement minimes par comparaison avec le niveau moyen actuel des taux moyens et marginaux d'imposition des investissements effectués par les groupes d'EMN (respectivement 24 % et 25 % environ). Elles seraient principalement la conséquence de l'application du Pilier Deux, puisque le Pilier Deux aurait des effets plus importants que le Pilier Un sur les recettes fiscales.

34. Ce renchérissement minime des coûts d'investissement aurait un effet relativement limité sur l'investissement des entreprises au niveau mondial. En effet, les entreprises les plus touchées par les coûts supplémentaires seraient des entreprises multinationales relativement grandes et très rentables. On estime que ces entreprises sont en général moins sensibles aux impôts sur les bénéfices dans leurs décisions d'investissement que les entreprises moins rentables, comme on le verra plus en détail dans le chapitre 4 et dans Millot *et al.* (2020[6]). Par exemple, les entreprises qui appartiennent à la catégorie des entreprises multinationales affichant une rentabilité supérieure à 10 % sont deux fois moins sensibles aux impôts que celles dont la rentabilité est comprise entre 0 % et 10 %. Cette moindre sensibilité peut tenir au fait que les entreprises plus rentables connaissent moins de contraintes de financement, et qu'elles sont également plus susceptibles de bénéficier de « rentes » économiques (liées à leur pouvoir de marché)[9]. On estime habituellement que les taxes sur les rentes ont un effet moindre sur l'investissement que les taxes sur les bénéfices « classiques ».

35. En conséquence, on estime que l'effet négatif de cette hausse des coûts d'investissement sur l'activité économique serait très modeste : moins de 0.1 % du PIB à moyen et long terme. Il pourrait même être inférieur dans la mesure où certains groupes d'EMN qui réduisent leurs investissements dans les juridictions où les coûts d'investissements augmentent pourraient choisir d'investir dans d'autres juridictions.

36. De fait, les propositions favoriseraient le transfert de certains investissements, dont les coûts augmenteraient davantage dans les juridictions qui appliquent actuellement des taux effectifs d'imposition faibles (inférieurs au taux minimum qui serait fixé au titre du Pilier Deux, par exemple). L'investissement dans ces juridictions pourrait s'en trouver lourdement pénalisé, avec des effets en cascade possibles sur la base d'imposition à l'IS et d'autres bases d'imposition (impôt sur le revenu des personnes physiques, par exemple), même si cet effet négatif sur l'investissement pourrait être réduit si le Pilier Deux prévoit une exclusion fondée sur la substance et calculée par application d'une formule, excluant du champ des règles GloBE un rendement fixe au titre d'activités de substance. À l'inverse, les juridictions où les taux d'imposition sont supérieurs au taux minimum ne subiraient pas d'importantes pertes d'investissement, et pourraient même bénéficier d'une augmentation des investissements.

37. En somme, en limitant les différences de taux effectifs d'imposition entre les juridictions, les propositions tendraient à accroître l'importance relative de facteurs non fiscaux, tels que les infrastructures, les niveaux d'éducation ou les coûts du travail, dans les choix de localisation des investissements des groupes d'EMN. De façon générale, cela contribuerait à une répartition plus efficiente de l'investissement au niveau mondial, en ce sens qu'il se porterait plus volontiers là où il est le plus économiquement productif, plutôt que dans les juridictions qui offrent le régime d'imposition des bénéfices le plus favorable.

1.3.2. Autres effets des propositions sur l'investissement et sur l'activité économique

38. Au-delà de leur effet direct sur les coûts d'investissement, les propositions auraient une incidence sur les économies par plusieurs autres biais. Avant tout, en augmentant les recettes fiscales, les propositions réduiraient, tout au moins dans une certaine mesure, la nécessité pour les pouvoirs publics de recourir à d'autres mesures fiscales (pouvant avoir un effet de distorsion plus grand) ou de diminuer les dépenses afin de restaurer les finances publiques après la crise du COVID-19. À ce titre, elles soutiendraient également la mobilisation des ressources intérieures dans les économies en développement.

39. Les propositions augmenteraient les recettes fiscales mondiales via leur effet direct (analysé dans la section ci-dessus) et pourraient mobiliser des recettes supplémentaires à plus long terme en réduisant l'intensité de la concurrence fiscale entre juridictions. En effet, l'introduction d'un taux d'imposition minimum restreindrait les possibilités pour les pouvoirs publics d'utiliser des taux légaux de l'impôt sur les bénéfices des sociétés très faibles ou des régimes préférentiels très généreux pour attirer l'activité et les bénéfices des groupes d'EMN. De fait, la mise en place d'un taux d'imposition minimum relèverait le taux effectif de l'impôt sur les bénéfices des sociétés appliqué aux entreprises multinationales jusqu'à un taux plancher convenu. Il est difficile d'anticiper avec certitude toutes les implications de cette évolution sur les décisions futures des pouvoirs publics en matière de taux et de bases d'imposition, et les circonstances futures seront déterminantes. Néanmoins, dans le contexte des contraintes budgétaires qui suivront la crise du COVID-19, ce taux minimum pourrait ralentir, voire stopper définitivement, une partie des pratiques de concurrence fiscale agressive observées au cours des dernières décennies.

40. Réduire la possibilité pour les États d'offrir des taux d'imposition très bas pourrait avoir pour effet négatif de restreindre leur capacité à recourir aux incitations fiscales pour atteindre des objectifs spécifiques de politique publique, comme promouvoir des activités innovantes ou le développement économique (via des incitations en faveur de l'investissement ou de la R-D, par exemple). Selon la conception et les paramètres des Piliers Un et Deux analysés illustrativement dans ce rapport, les pouvoirs publics conserveraient une grande latitude pour poursuivre ces objectifs en mobilisant le système de l'impôt sur les sociétés, surtout si le Pilier Deux prévoit une exclusion fondée sur la substance et calculée par application d'une formule, laquelle permettrait plus facilement d'imposer à faibles taux les activités impliquant une substance économique. En outre, comme le chapitre 4 l'explique, l'efficience de ces régimes préférentiels n'est pas toujours solidement établie. Enfin, les pouvoirs publics conserveraient à leur disposition un ensemble d'autres instruments d'action pour promouvoir leurs objectifs, de sorte qu'ils pourraient aisément adapter leur arsenal de mesures si nécessaire sans compromettre leur capacité à atteindre ces objectifs. Par conséquent, il paraît improbable que la réforme ait des effets préjudiciables sur l'innovation ou l'activité économique via ce canal.

41. Une autre question importante concerne l'impact que les propositions pourraient avoir sur les coûts de conformité pour les entreprises multinationales et les coûts d'administration pour les pouvoirs publics. Cet impact est difficile à évaluer précisément à ce stade, dans la mesure où il dépendra de la conception précise des propositions, et en particulier de l'ampleur des mesures de simplification adoptées par le Cadre inclusif dans l'architecture des propositions.

42. Les nouvelles dispositions fiscales prévues par les deux piliers durciront les obligations déclaratives, ce qui aura un coût pour les entreprises multinationales comme pour les pouvoirs publics (en termes de temps passé et de nécessité d'adapter les procédures et les systèmes informatiques existants). Toutefois, ce coût sera atténué par le fait que les entreprises multinationales plus petites et moins rentables échapperont au champ d'application des propositions, et par l'inclusion éventuelle dans la conception définitive des propositions de mécanismes efficients, comme des systèmes d'administration simplifiés et centralisés. En outre, certaines dispositions du Pilier Un (Montant B et volet relatif à la sécurité juridique en matière fiscale) réduiraient les coûts administratifs et de conformité en simplifiant le traitement fiscal de certaines fonctions commerciales, et en prévenant les différends fiscaux. Il est également important de

souligner qu'en l'absence de solution fondée sur un consensus, les coûts de conformité augmenteraient probablement pour les entreprises, dans la mesure où la multiplication des mesures fiscales unilatérales déboucherait vraisemblablement sur un système fiscal international plus fragmenté et moins cohérent, conjugué à une augmentation de la fréquence des différends commerciaux et fiscaux.

43. L'impact économique des propositions sera également variable selon qui supporte « l'incidence » économique des impôts supplémentaires. En théorie, le coût des impôts supplémentaires pourrait échoir en dernier lieu aux actionnaires des groupes d'EMN (baisse des dividendes), aux travailleurs (baisse des salaires) ou aux consommateurs (hausse des prix). En pratique, la charge pourrait être divisée entre ces trois catégories dans des proportions qui dépendront de la situation propre à chaque entreprise, comme examiné plus en détail dans le chapitre 4.

44. Enfin, les propositions pourraient aussi affecter la dynamique concurrentielle des entreprises. En augmentant les prélèvements sur les grandes entreprises multinationales rentables et qui transfèrent des bénéfices, les propositions contribueraient probablement à créer des règles du jeu plus équitables entre ces multinationales et les autres multinationales (plus petites et qui ne pratiquent pas le transfert de bénéfices) ainsi que les entreprises qui ne sont pas des multinationales. Elles contribueraient ainsi à atténuer la tendance actuelle à la concentration du marché, notamment sur les marchés numériques, qui peut être préjudiciable au bien-être des consommateurs, à l'investissement et à l'innovation. De fait, des données préliminaires montrent que les entreprises qui transfèrent des bénéfices utilisent des économies d'impôt réalisées pour évincer leurs rivales.

1.3.3. Impact sur l'économie mondiale en cas d'absence de consensus

45. Les effets attendus des propositions doivent être comparés aux conséquences d'un scénario contrefactuel dans lequel la communauté internationale ne parviendrait pas à négocier une solution multilatérale fondée sur un consensus. La nature exacte de ce scénario contrefactuel reste incertaine, mais il est probable qu'il serait différent d'une situation de *statu quo*. En effet, on a assisté ces dernières années à une multiplication des différends fiscaux et commerciaux, car diverses juridictions ont pris des mesures unilatérales pour relever les défis soulevés par la numérisation de l'économie (en adoptant des taxes sur les services numériques (TSN) ou des dispositions similaires, par exemple). Ainsi, en juin 2020, les États-Unis ont annoncé l'application de droits de douane en représailles sur l'équivalent de 1.3 milliard USD de produits français, en vertu de la section 301 de l'US Trade Act, et leur intention de lancer plusieurs enquêtes supplémentaires au titre de cette même section.

46. Il est probable que les différends fiscaux et commerciaux s'intensifieront en l'absence de solution multilatérale reposant sur un consensus. De fait, outre les juridictions qui ont d'ores et déjà annoncé l'adoption de TSN, plusieurs juridictions qui envisagent d'en appliquer ont fait savoir qu'elles s'en abstiendraient si une solution multilatérale fondée sur un consensus peut être négociée. Faute d'accord, elles opteraient probablement pour l'introduction de TSN qui ne feraient qu'aggraver les tensions commerciales liées à ces taxes. Plusieurs enquêtes récentes confirment que l'incertitude fiscale est une préoccupation majeure pour les groupes d'EMN et que le sentiment d'incertitude grandit depuis quelques années. Une solution fondée sur un consensus, qui est supposée dans ce rapport impliquer la suppression des TSN existantes ainsi que l'engagement de la part des pays à s'abstenir d'introduire de telles mesures à l'avenir, devrait accroître la sécurité juridique en matière fiscale, par rapport à un scénario contrefactuel caractérisé par l'absence d'accord multilatéral.

47. La multiplication des TSN serait une cause d'inefficience économique. S'apparentant davantage à des taxes sur le chiffre d'affaires qu'à un impôt sur les bénéfices des sociétés, les TSN sont plus susceptibles de donner lieu à des cas de double imposition. En outre, contrairement aux impôts sur les bénéfices, les TSN toucheraient aussi les entreprises déficitaires, ce qui serait dommageable dans le contexte de récession économique consécutive à la crise du COVID-19.

48. Ces inefficiences, conjuguées à l'incertitude fiscale croissante et au développement probable des différends commerciaux et fiscaux, pénaliseraient l'investissement et l'activité économique. L'ampleur de ces effets préjudiciables dépendrait notamment du nombre de juridictions qui adopteraient des TSN, de la conception et du taux de ces TSN, et de la portée des mesures tarifaires de représailles et des réactions des juridictions visées par ces droits de douane. D'après des scénarios simplifiés basés sur une application « étroite » des TSN (limitée aux juridictions actuellement visées par l'enquête des États-Unis au titre de la section 301), l'effet négatif sur le PIB mondial pourrait être compris entre -0.1 % et -0.2 %. Dans les scénarios retenant une application des TSN à plus grande échelle, l'effet négatif sur le PIB mondial atteindrait -0.4 % à -1.2 %. L'extrémité supérieure de la fourchette correspond au scénario fondé sur des représailles commerciales proportionnelles. L'extrémité inférieure de la fourchette correspond au scénario le plus défavorable, dans lequel les mesures de riposte ont une magnitude qui peut être cinq fois plus importante que les mesures proportionnelles. Dans la plupart des cas de figure, les répercussions sur le PIB seraient beaucoup plus graves que l'effet direct du Pilier Un et du Pilier Deux sur les coûts d'investissement (voir le Graphique 1.2 ci-dessus).

1.4. Conclusions et principales perspectives dans le contexte de la crise du COVID-19

49. Dans l'ensemble, l'analyse conclut qu'une solution multilatérale fondée sur un consensus associant les Piliers Un et Deux procurerait d'importantes recettes fiscales supplémentaires à la plupart des juridictions. En outre, elle conduirait de toute évidence à un environnement plus propice à l'investissement et à la croissance qu'en l'absence d'accord entre les membres du Cadre inclusif, tandis que ses effets sur les coûts de conformité et d'administration dépendraient de la conception précise du Pilier Un et du Pilier Deux.

50. Plus largement, l'analyse suggère qu'une solution multilatérale fondée sur un consensus associant les Piliers Un et Deux pourrait générer une série d'avantages significatifs pour le système fiscal international. Elle adapterait le système international d'imposition des sociétés à l'ère du numérique en garantissant que la répartition des droits d'imposition des bénéfices commerciaux n'est plus uniquement dictée par le critère de présence physique. Elle favoriserait l'établissement de règles du jeu plus équitables entre les entreprises multinationales à forte composante numérique et à forte intensité d'actifs incorporels et les autres entreprises, tout en améliorant l'efficience dans la répartition mondiale du capital. Les propositions amélioreraient probablement la sécurité juridique en matière fiscale, surtout au regard de l'adoption de mesures fiscales unilatérales et de l'escalade des différends commerciaux et fiscaux qui résulteraient vraisemblablement de l'absence de solution fondée sur un consensus. Elles freineraient le transfert de bénéfices et limiteraient la concurrence fiscale, ce qui contribuerait à répondre aux besoins de recettes fiscales des États, surtout à l'heure où ils s'efforcent de rebâtir leurs économies après la crise du COVID-19. Enfin, les propositions iraient dans le sens de la viabilité à long terme du système, car la transformation numérique et le rôle des actifs incorporels ne manqueront pas de s'affirmer dans les décennies à venir.

51. On ne connaît pas l'ampleur exacte des conséquences de la crise du COVID-19 au stade actuel. L'évaluation d'impact effectuée dans ce rapport s'appuie sur des données antérieures à la crise. Ses principaux messages devraient rester pertinents dans l'environnement post-COVID-19, à quelques nuances près, évoquées dans Encadré 1.2 ci-dessous. À l'avenir, la crise du COVID-19 renforcera probablement l'urgence de trouver des solutions aux défis fiscaux posés par la numérisation de l'économie, pour trois principales raisons :

i. Cette crise accélère la transformation numérique de l'économie, dont les enjeux deviennent encore plus critiques.

ii. Elle va entraîner une détérioration brutale des finances publiques dans la plupart des pays, ce qui conduira à s'interroger sur les moyens de mobiliser des recettes fiscales une fois la reprise solidement établie.

iii. De nombreuses entreprises reçoivent un soutien public pendant la crise, et beaucoup d'acteurs de la société seront invités à faire des sacrifices et à apporter des contributions supplémentaires aux efforts collectifs pour faire face à la crise ; aussi, la tolérance à l'égard des pratiques de planification fiscale agressive des entreprises multinationales sera probablement encore plus faible qu'avant la crise.

52. Tous ces éléments suggèrent qu'en l'absence de solution fondée sur un consensus, les mesures fiscales unilatérales et non coordonnées deviendront encore plus fréquentes qu'avant la crise. En outre, les effets négatifs des différends commerciaux et fiscaux qui en résulteraient pénaliseraient l'investissement et l'activité, à l'heure où l'économie mondiale est fragilisée par la crise, ce qui aggraverait les répercussions de la récession et compromettrait la reprise.

Encadré 1.2. Implications de la crise du COVID-19 sur les propositions

La crise du COVID-19 touchera les entreprises, les économies et les pouvoirs publics de telle sorte que l'impact escompté des propositions pourrait s'en trouver modifié, principalement à court terme, mais aussi à plus longue échéance. Bien des incertitudes entourent encore l'ampleur exacte de la crise du COVID-19, mais certaines répercussions sont d'ores et déjà probables.

À court terme, la crise économique pèse lourdement sur la rentabilité de la plupart des entreprises multinationales, reflétant la baisse de la demande des consommateurs et les difficultés de production (confinement des travailleurs, restrictions des déplacements, perturbations de la chaîne d'approvisionnement, par exemple). Certaines entreprises sont épargnées, notamment des entreprises multinationales à forte composante numérique qui tirent profit du recours accru aux technologies numériques.

Globalement, la dégradation de la rentabilité des entreprises multinationales réduira le montant du bénéfice résiduel pouvant être réattribué en vertu du Pilier Un, car les entreprises seront moins nombreuses à atteindre le seuil de rentabilité. Elle viendra également minorer le montant des bénéfices faiblement taxés au niveau mondial et les gains de recettes escomptés au titre du Pilier Deux. Ces effets devraient en grande partie se dissiper au fil du temps, à mesure que les économies et les bénéfices des groupes d'EMN se rétabliront. La date à laquelle les gains de recettes attendus des propositions au titre du Pilier Un et du Pilier Deux se redresseront dépendra de la forme et de la rapidité de la reprise économique. Elle dépendra aussi de la conception des dispositions éventuelles sur le report de pertes en vertu des deux piliers, car les entreprises multinationales qui subissent des pertes pendant la crise pourraient utiliser ces dispositions pour compenser des impôts exigibles à l'avenir.

La crise accélère la tendance à la transformation numérique de l'économie. Cette accélération va accroître l'importance relative des services numériques automatisés (ADS) dans le champ d'application du Pilier Un, tel qu'il est envisagé dans ce rapport. En 2016, les ADS représentaient environ un cinquième du bénéfice résiduel des groupes d'EMN couverts, selon le périmètre envisagé pour le Pilier Un. Cette part était déjà sur une trajectoire de croissance rapide avant la crise. Par exemple, en 2019, le bénéfice résiduel des 10 plus grands groupes d'EMN dans les secteurs ADS était supérieur de 30 % à son niveau de 2016. Sachant par ailleurs que les groupes d'EMN largement tributaires des actifs incorporels et dont le modèle d'affaires est à forte composante numérique ont généralement plus de possibilités de transférer des bénéfices vers des pays à faible fiscalité que d'autres groupes d'EMN, l'accélération de la numérisation pourrait aussi amplifier les effets du Pilier Deux sur les recettes fiscales.

Enfin, la crise pourrait déclencher ou accélérer d'autres transformations économiques structurelles, notamment des changements de la structure sectorielle des économies, de l'organisation des chaînes de valeur mondiales et de la dynamique concurrentielle des entreprises. Il est difficile d'anticiper avec certitude la nature et l'ampleur de ces bouleversements, mais ils pourraient influer sur les effets à long terme des propositions.

References

Hanappi, T. and A. González Cabral (2020), "The impact of the pillar one and pillar two proposals on MNE's investment costs : An analysis using forward-looking effective tax rates", *OECD Taxation Working Papers*, No. 50, OECD Publishing, Paris, https://dx.doi.org/10.1787/b0876dcf-en. [5]

Millot, V. et al. (2020), "Corporate Taxation and Investment of Multinational Firms: Evidence from Firm-Level Data", *OECD Taxation Working Papers*, No. 51, OECD Publishing, Paris, https://dx.doi.org/10.1787/9c6f9f2e-en. [6]

OCDE (2020), *Les défis fiscaux soulevés par la numérisation – Rapport sur le blueprint du Pilier Deux: Cadre inclusif sur le BEPS*, Projet OCDE/G20 sur l'érosion de la base d'imposition et le transfert de bénéfices, Éditions OCDE, Paris, https://dx.doi.org/10.1787/6c4f8dde-fr. [2]

OCDE (2020), *Les défis fiscaux soulevés par la numérisation – Rapport sur le blueprint du Pilier Un: Cadre inclusif sur le BEPS*, Projet OCDE/G20 sur l'érosion de la base d'imposition et le transfert de bénéfices, Éditions OCDE, Paris, https://dx.doi.org/10.1787/3585df0b-fr. [1]

OECD (2020), *Corporate Tax Statistics*, OECD Publishing, Paris, https://www.oecd.org/tax/beps/corporate-tax-statistics-database.htm. [4]

OECD (2020), *Tax Challenges Arising from Digitalisation – Report on Pillar One Blueprint: Inclusive Framework on BEPS*, OECD/G20 Base Erosion and Profit Shifting Project, OECD Publishing, Paris, https://dx.doi.org/10.1787/beba0634-en. [7]

OECD/G20 Inclusive Framework on BEPS (2019), *Programme of Work to Develop a Consensus Solution to the Tax Challenges Arising from the Digitalisation of the Economy, OECD/G20 Inclusive Framework on BEPS*, https://www.oecd.org/tax/beps/programme-of-work-to-develop-a-consensus-solution-to-the-tax-challenges-arising-from-the-digitalisation-of-the-economy.pdf. [3]

Notes

[1] On estime que les recettes de l'IS au niveau mondial s'élèvent à environ 2500 milliards USD en 2019. Ces chiffres sont basés sur les données de l'OCDE et du FMI relatives aux recettes de l'IS en 2016 (année qui offre la meilleure couverture géographique, avec plus de 120 juridictions couvertes), des extrapolations reposant sur le ratio médian des recettes de l'IS rapportées au PIB (2.7 %) dans les juridictions non couvertes par les données de l'OCDE ou du FMI, et les données de la Banque mondiale relatives à la

croissance nominale du PIB mondial entre 2016 et 2019 (dans l'hypothèse d'un ratio constant recettes mondiales de l'IS/PIB mondial).

[2] Les gains générés par le régime GILTI des États-Unis sont basés sur des estimations *ex ante* provenant de l'US Joint Committee on Taxation. Voir le chapitre 3 pour plus de détails.

[3] Aux fins de ce document, par juridictions du marché/de l'utilisateur (ci-après les « juridictions du marché »), on entend les juridictions dans lesquelles un groupe d'entreprises multinationales commercialise ses produits ou services, ou, dans le cas d'entreprises à forte composante numérique, fournit ses services aux utilisateurs ou sollicite et recueille des données et des contenus auprès d'eux.

[4] Cette estimation de 500 milliards USD suppose par convention que les groupes d'EMN couverts par le Montant A sont ceux dont le chiffre d'affaires est supérieur à un seuil de chiffre d'affaires mondial de 750 millions EUR, qui dégagent une rentabilité supérieure à un pourcentage de seuil de 10 % (basé sur le ratio bénéfice avant impôt/chiffre d'affaires) et qui exercent des activités dans les secteurs ADS et CFB. Le chapitre 2 présente des estimations basées sur d'autres hypothèses potentielles relatives aux paramètres du Montant A.

[5] L'agrégation mondiale, plus difficile à modéliser avec les données disponibles, procurerait moins de recettes fiscales que l'agrégation par juridiction pour un taux d'imposition minimum donné, car elle autoriserait les groupes d'EMN à utiliser des bénéfices fortement taxés dans certaines juridictions pour compenser des bénéfices faiblement taxés dans d'autres juridictions.

[6] Ainsi, ce rapport part du principe qu'un groupe d'EMN qui demande à bénéficier de l'avantage de l'exclusion serait tenu de procéder à un ajustement corrélatif et proportionnel des impôts couverts pour le calcul du TEI. L'autre option (consistant à ne pas procéder à un ajustement corrélatif et proportionnel des impôts couverts) serait difficile à modéliser avec les données disponibles. Voir le chapitre 3 pour plus de détails.

[7] Le montant des bénéfices résiduels attribués aux juridictions à revenu élevé en vertu du Montant A pourrait augmenter, mais comme ces juridictions disposent déjà de droits d'imposition sur une fraction des bénéfices résiduels de groupes d'EMN couverts, elles verront ces droits réduits lorsqu'ils seront réattribués à d'autres juridictions au titre du Montant A. Par conséquent, on estime que dans les juridictions à revenu élevé, les gains nets de recettes fiscales générés par le Montant A seront dans l'ensemble plus faibles que dans les juridictions à revenu faible ou intermédiaire.

[8] Dans ce rapport, les centres d'investissement désignent les juridictions dont le stock total d'IDE entrant dépasse 150 % du PIB. Beaucoup d'entre eux appliquent un taux légal et/ou effectif d'imposition des bénéfices des sociétés relativement faible. Les groupes de juridictions examinés dans ce rapport (c'est-à-dire les juridictions à revenu élevé, intermédiaire et faible) excluent les centres d'investissement.

[9] La moindre sensibilité peut aussi être liée aux stratégies de planification fiscale, sur lesquelles les propositions de réforme devraient par ailleurs avoir un effet dissuasif.

2 Effets du Pilier Un sur les recettes fiscales

2.1. Introduction

53. Ce chapitre présente le cadre analytique et les sources de données utilisées par le Secrétariat de l'OCDE pour évaluer l'effet du Pilier Un sur les recettes de l'impôt sur les bénéfices des sociétés. Il s'intéresse uniquement à l'effet du Montant A décrit dans le rapport sur le *Blueprint* du Pilier Un (OECD, 2020[1]). L'impact du Montant B et des processus visant à améliorer la sécurité juridique en matière fiscale n'est pas modélisé en raison des limites des données disponibles, comme on le verra ci-dessous.

54. Un certain nombre d'éléments de conception et de paramètres du Pilier Un feront l'objet de décisions futures de la part du Cadre inclusif. Le cadre analytique présenté dans ce chapitre se veut suffisamment flexible pour pouvoir analyser les répercussions d'un éventail d'options concernant les éléments de conception et les paramètres. Les options envisagées ne sont que des exemples aux fins d'illustration et ne préjugent pas des décisions finales qui seront prises par le Cadre inclusif.

55. Le cadre décrit dans ce chapitre couvre un large espace géographique, englobant plus de 200 juridictions, qui reflète la nature mondiale des propositions et la diversité des membres du Cadre inclusif. Pour parvenir à cette couverture étendue, le cadre combine diverses sources de micro-données et de macro-données dans une structure cohérente, qui comprend un ensemble de matrices qui sont décrites dans le chapitre 5. Le cadre s'appuie le plus possible sur des micro-données et utilise entre autres sources un jeu étoffé de comptes financiers de plus de 27 000 groupes d'entreprises multinationales (EMN) provenant de différentes sources (ORBIS, Worldscope, etc.), et la totalité des grandes entreprises hautement numérisées sont prises en compte. Des analyses comparatives approfondies ont été menées pour garantir la cohérence des sources de données utilisées pour l'analyse.

56. Bien que le cadre repose sur les meilleures sources de données dont le Secrétariat de l'OCDE dispose, il s'accompagne d'un certain nombre d'importantes réserves relatives aux données et à la modélisation :

- L'analyse porte uniquement sur le Montant A du Pilier Un, et laisse de côté les effets potentiels du Montant B et des processus améliorés de sécurité juridique en matière fiscale reposant sur de nouveaux mécanismes de prévention et de règlement des différends (composante relative à la sécurité juridique en matière fiscale), qui sont difficiles à évaluer compte tenu des données limitées dont dispose le Secrétariat de l'OCDE ainsi que des difficultés méthodologiques.
    - Plus spécifiquement, la modélisation du Montant B nécessiterait de disposer d'un ensemble complet de données internationales sur les entités, regroupant des informations sur (i) la nature des activités de chaque entité (afin d'identifier celles qui exercent des activités de distribution et de commercialisation de référence qui relèveraient du Montant B) et (ii) leurs états financiers (afin de quantifier l'effet de l'application du Montant B). Une évaluation qualitative laisse penser que le Montant B pourrait réduire les coûts d'administration pour les pouvoirs publics et accroître la sécurité juridique en matière fiscale pour les contribuables, et serait

particulièrement avantageux pour les juridictions ayant de faibles capacités administratives. En supposant que le rendement fixe convenu pour les fonctions de distribution et de commercialisation de référence soit supérieur aux rendements actuels imposables dans les juridictions du marché, le Montant B contribuerait à générer des recettes supplémentaires dans ces juridictions. Un certain nombre de juridictions ayant de faibles capacités administratives estiment que ce serait probablement le cas pour elles, en raison des difficultés qu'elles rencontrent pour appliquer efficacement les règles existantes en matière de prix de transfert. Toutefois, au niveau mondial, l'effet du Montant B sur les recettes fiscales devrait être minime, car il n'attribue pas un nouveau droit d'imposition aux juridictions du marché, mais se contente de simplifier l'administration du système actuel de prix de transfert.

 - o La modélisation des répercussions sur les recettes fiscales de la composante du Pilier Un relative à la sécurité juridique (dont le champ d'application reste soumis aux décisions futures du Cadre inclusif) entraîne des difficultés méthodologiques, car cette composante est « non numérique » par nature, contrairement aux Montants A et B, ce qui signifie qu'elle se prête moins facilement à une quantification numérique.

- Les estimations ne présument pas que le Pilier Un relèverait d'un régime de protection (« safe harbour ») comme les États-Unis l'avaient proposé en décembre 2019.
- Certaines limites sont inhérentes aux données sur lesquelles se fonde l'analyse, tant en ce qui concerne leur portée que leur cohérence ou leur actualité. Avant tout, les données relatives aux bénéfices réalisés par les EMN et à leur emplacement se rapportent aux années 2016 et 2017. Par conséquent, elles sont antérieures à d'importantes évolutions récemment survenues, y compris la mise en œuvre de diverses mesures dans le cadre du projet BEPS de l'OCDE et du G20[1], l'adoption de la loi « Tax Cuts and Jobs Act » (TCJA) aux États-Unis et, plus récemment, la crise du COVID-19.
- L'analyse se fonde sur un certain nombre d'hypothèses de simplification concernant la conception du Montant A, compte tenu des difficultés rencontrées pour modéliser certaines dispositions potentielles du Montant A (exemples : seuil de chiffre d'affaires couvert de source étrangère, segmentation par branche d'activité, mécanisme de report en avant des pertes, régime de protection potentiel pour les bénéfices issus d'activités de commercialisation et de distribution) avec les données disponibles. Ces hypothèses de simplification relatives à la conception du Montant A pourraient influer sur les estimations. Par exemple, l'effet d'un mécanisme potentiel de report en avant de pertes devrait être modéré en temps « normal », mais pourrait être plus significatif à la suite de la crise du COVID-19 en raison des lourdes pertes subies par certaines EMN.
- L'analyse recourt également à certaines simplifications pour modéliser l'effet du Pilier Un, ce qui est inévitable compte tenu de l'absence de source exhaustive de micro-données couvrant les entités membres d'EMN dans toutes les juridictions du monde. En particulier, l'utilisation de données agrégées dans certaines parties de l'analyse et pour certaines juridictions implique que l'hétérogénéité observée au niveau des entreprises est parfois négligée, ce qui peut affecter les résultats.
- Le cadre d'évaluation de l'effet du Pilier Un est 'statique', en ce sens qu'il ne prend pas en compte les conséquences des réactions stratégiques potentielles des EMN et des pouvoirs publics. Cette approche tranche avec les estimations par le Secrétariat de l'OCDE des effets du Pilier Deux sur les recettes fiscales, pour lesquelles diverses réactions comportementales ont été modélisées de façon simplifiée (voir le chapitre 3). Cette différence s'explique par le fait que les réactions comportementales sont vraisemblablement plus importantes pour le Pilier Deux que pour le Pilier Un.
- L'interaction potentielle entre les Piliers Un et Deux n'est pas prise en compte dans les estimations des effets du Pilier Un présentées dans ce chapitre. Cette interaction est modélisée dans les

estimations des effets du Pilier Deux présentées dans le chapitre 3, qui donnent à penser que l'effet de l'interaction entre le Pilier Un et le Pilier Deux est relativement faible par rapport à l'impact global des propositions.

57. Compte tenu de ces réserves, les estimations présentées dans ce chapitre doivent être interprétées comme des ordres de grandeur des conséquences du Pilier Un, plutôt que comme des estimations ponctuelles précises. Par conséquent, les résultats sont exprimés sous la forme d'intervalles pour refléter l'incertitude imputable aux données.

2.2. Approche générale de l'évaluation des effets du Pilier Un sur les recettes fiscales

58. Dans ce chapitre, l'analyse du Pilier Un porte exclusivement sur le Montant A, tel que décrit dans le rapport sur le *Blueprint* du Pilier Un (OECD, 2020[1]). Le Montant A donnerait aux juridictions du marché un nouveau droit d'imposition sur certains groupes d'EMN couverts dont le chiffre d'affaires dépasse un seuil convenu. Bien qu'aucune décision politique n'ait été prise concernant le champ d'application du Montant A, l'analyse effectuée dans ce chapitre repose sur les propositions techniques qui définissent les activités couvertes comme étant les services numériques automatisés (ADS) et les activités en relation étroite avec les consommateurs (CFB). Le Montant A serait calculé sur la base du groupe d'EMN ou d'un segment en appliquant une formule. Cette formule déterminerait une fraction des bénéfices résiduels d'un groupe ou d'un segment, à savoir les bénéfices qui dépassent un seuil de rentabilité, qui seraient ensuite répartis entre les juridictions de marché éligibles en fonction du chiffre d'affaires. Il est envisagé que ce seuil de rentabilité corresponde à un ratio du bénéfice avant impôt rapporté au chiffre d'affaires. Les juridictions du marché pourraient prétendre au Montant A lorsqu'un groupe d'EMN satisfait aux nouvelles règles de lien, lesquelles seraient décorrelées du critère de présence physique du groupe d'EMN dans une juridiction. Enfin, pour empêcher que le Montant A entraîne une double imposition, il serait assorti d'un mécanisme permettant de déterminer quelle(s) est(sont) la(es) juridiction(s) qui devra(ont) alléger la double imposition résultant du Montant A.

59. Les principales étapes de la démarche visant à quantifier les effets du Pilier Un sur les recettes fiscales sont résumées dans la formule simplifiée illustrée dans le Graphique 2.1 et sont décrites en détail dans les sections suivantes de ce chapitre. En premier lieu, l'approche cherche à déterminer le bénéfice résiduel mondial des groupes d'EMN couverts, sur la base d'un vaste ensemble d'états financiers consolidés de groupes d'EMN extraits de la base de données ORBIS, complétés par d'autres sources, telles que la base de données Worldscope (composante A de la formule). Cette étape est accomplie en utilisant divers seuils illustratifs de chiffre d'affaires et de rentabilité, en se concentrant uniquement sur les groupes d'EMN exerçant leur activité principale dans les secteurs ADS ou CFB. Un certain pourcentage du bénéfice résiduel (le pourcentage de réattribution), à définir par le Cadre inclusif, est alors supposé être réattribué aux juridictions du marché (composante B). Ensemble, les composantes A et B représentent le montant total du bénéfice résiduel mondial qui serait réattribué aux juridictions du marché au titre du Montant A. Ces composantes sont des chiffres « globaux » qui reflètent l'ensemble des groupes d'EMN dans le monde, tandis que les composantes entre parenthèses de la formule (C à F) sont spécifiques aux différentes juridictions.

Graphique 2.1. Formule simplifiée résumant l'approche du Pilier Un (Montant A)

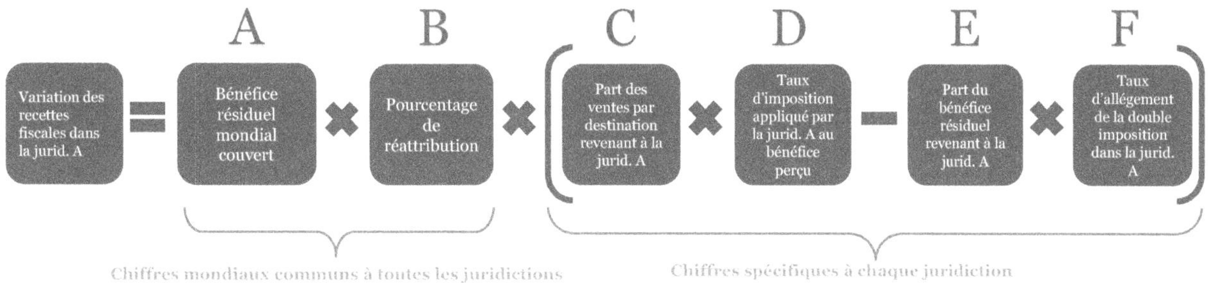

Source : Secrétariat de l'OCDE.

60. Les composantes C et D se rapportent aux recettes fiscales perçues par une juridiction par suite de la réattribution d'un pourcentage du bénéfice résiduel, et les composantes E et F se rapportent aux recettes fiscales auxquelles elle renonce du fait de la réattribution. Dans les deux cas, l'impact sur les recettes fiscales est le produit de l'effet de la base d'imposition (A*B*C et A*B*E) et du taux d'imposition qui lui est appliqué (D et F).

61. Du côté de ce qui est reçu dans la réallocation (composantes C et D), on suppose que le bénéfice résiduel attribué à une juridiction est proportionnel à la fraction des ventes mondiales des groupes d'EMN couverts qui sont effectuées sur son territoire (en pourcentage des ventes mondiales des EMN). À des fins de cohérence interne, tous les groupes d'EMN couverts (y compris ceux qui ne vendent pas dans la juridiction) sont pris en compte dans le dénominateur (les ventes mondiales des groupes d'EMN) car tous les groupes d'EMN couverts sont également inclus dans la composante A de la formule. Le calcul de la composante C est basé sur un indicateur indirect des ventes des entreprises multinationales par destination, en se fondant sur (i) les données provenant de la base de données analytique de l'OCDE sur les activités des entreprises multinationales (Analytical AMNE) (pour l'emplacement des ventes CFB) et sur (ii) les données de la Banque mondiale concernant le nombre d'utilisateurs d'internet, et les données des Nations Unies concernant la consommation moyenne par personne (pour l'emplacement des ventes ADS ou des utilisateurs), comme décrit plus en détail ci-dessous. La composante C prend en compte l'application potentielle d'un critère de chiffre d'affaires déclenchant le lien. Avec ce critère, aucun droit d'imposition ne serait attribué à une juridiction au titre du Montant A pour un groupe d'EMN si les revenus de ce groupe d'EMN provenant de cette juridiction sont inférieurs à un certain seuil déclenchant le lien qui serait fixé par le Cadre inclusif. Plusieurs niveaux potentiels du seuil de chiffre d'affaires déclenchant le lien sont modélisés à des fins d'illustration, y compris un scénario sans seuil. Enfin, le taux d'imposition appliqué au bénéfice résiduel perçu du fait d'une réattribution est supposé être le taux légal de l'impôt sur les bénéfices des sociétés (IS) (composante D).

62. Du côté de l'allégement de la double imposition qui est accordé dans le cadre de la réallocation (composantes E et F), on suppose qu'une juridiction accorderait l'allégement de la double imposition proportionnellement à la part du bénéfice résiduel mondial actuellement comptabilisée dans cette juridiction. Il s'agit d'une hypothèse simplificatrice car l'approche à suivre pour identifier les entités qui accordent l'allégement de la double d'imposition n'a pas encore été arrêtée par le Cadre inclusif et pourrait être plus complexe (par exemple, en prenant en compte la nature des activités menées par les entités et leur contribution à la génération du bénéfice résiduel). La part du bénéfice résiduel située dans chaque juridiction (composante E) est déterminée à partir d'une « matrice des bénéfices », qui combine au sein d'un cadre cohérent une série de sources de données, y compris les données agrégées et anonymisées des déclarations pays par pays, les données non consolidées sur les états financiers au niveau des entreprises provenant de la base ORBIS et des extrapolations basées sur des données macroéconomiques, y compris des données relatives à l'investissement direct étranger (IDE). Elle s'appuie

également sur une « matrice des chiffres d'affaires », mise au point en suivant la même démarche. Les deux matrices sont décrites plus en détail dans le chapitre 5. Pour le secteur ADS, les données provenant du Bureau of Economic Analysis des États-Unis (BEA) concernant l'emplacement des bénéfices des EMN américaines sont également employées. Le taux d'imposition du bénéfice allégé (composante F), à savoir le taux d'allégement de la double imposition, qui détermine la perte brute de recettes fiscales d'une juridiction, est supposé être compris dans une fourchette qui se situe entre le taux légal de l'IS et un taux inférieur. Comme on le verra plus loin, l'utilisation d'une fourchette tient compte du fait que le taux effectif d'imposition actuellement appliqué au bénéfice d'une EMN dans une juridiction et/ou le montant de l'allégement d'impôt à accorder par cette juridiction peuvent être inférieurs au taux légal de l'IS.

63. La formule du Graphique 2.1 est simplifiée au sens où elle ne prend pas en compte certaines hétérogénéités au niveau des entreprises dans l'estimation des effets sur les recettes fiscales au niveau de la juridiction. Si, par exemple, tous les groupes qui réalisent des ventes (ou qui comptent des utilisateurs) dans une juridiction donnée affichent un niveau relativement élevé de rentabilité mondiale, cette juridiction se verra attribuer un pourcentage supérieur du bénéfice résiduel au titre du Montant A que si ces groupes d'EMN sont relativement moins rentables. Cette distinction n'est pas prise en compte dans la formule du Graphique 2.1, qui attribue le bénéfice résiduel aux juridictions sur la base de leur pourcentage moyen des ventes mondiales des groupes d'EMN, indépendamment de la rentabilité des groupes d'EMN spécifiques qui réalisent des ventes dans la juridiction. Une approche plus précise nécessiterait de disposer de données au niveau des entités sur les ventes (ou les utilisateurs) des EMN dans toutes les juridictions, auxquelles le Secrétariat de l'OCDE n'a pas accès. Cette hypothèse simplificatrice pourrait avoir un impact non négligeable sur les estimations de recettes au niveau des différentes juridictions, mais ne devrait pas peser sensiblement sur les résultats au niveau mondial ou de grands groupes de juridictions, car les approximations utilisées devraient se compenser mutuellement au moins en partie (par exemple si les groupes d'EMN hautement rentables vendent relativement plus dans une juridiction donnée, elles vendront relativement moins dans d'autres juridictions en comparaison par rapport au groupe d'EMN moyen).

2.3. Composante A : Bénéfice résiduel mondial couvert

64. Le bénéfice résiduel mondial des groupes d'EMN est calculé comme le bénéfice au-delà d'un certain pourcentage de seuil de rentabilité. L'indicateur de rentabilité considéré est le bénéfice avant impôt divisé par le chiffre d'affaires, tel qu'il ressort des états financiers consolidés du groupe d'EMN. Par exemple, si un groupe d'EMN affiche un ratio bénéfice avant impôt consolidé/chiffre d'affaires de 15 % et si le pourcentage de seuil de rentabilité est de 10 %, un tiers du bénéfice du groupe est réputé correspondre à un bénéfice résiduel. Une fraction de ce bénéfice résiduel sera réattribuée aux juridictions du marché, mais on part du principe qu'aucune réattribution n'est effectuée dans les cas où la rentabilité d'un groupe d'EMN est inférieure au seuil[2].

65. Comme expliqué ci-après, la détermination du bénéfice résiduel mondial couvert repose sur un vaste ensemble d'états financiers consolidés de groupes d'EMN, et sur une analyse fine des groupes d'EMN qui seraient couverts, fondée sur le niveau de leur chiffre d'affaires mondial (supérieur ou inférieur à un seuil de chiffre d'affaires mondial potentiel) et sur la nature de leurs activités (ADS, CFB ou non couvert). Il est important de préciser que cette évaluation classe chaque groupe d'EMN uniquement en fonction de son activité principale, et ne tient pas compte des implications potentielles d'une segmentation par banche d'activité, par exemple si certaines activités d'un groupe d'EMN sont couvertes alors que d'autres ne le sont pas. Dans le même temps, cela conduit à sous-estimer dans une certaine mesure le bénéfice résiduel mondial (car certains groupes d'EMN sont exclus alors qu'ils exercent des activités secondaires couvertes) et parfois à le surestimer (car certains groupes d'EMN sont intégralement inclus alors que certaines de leurs activités ne sont pas couvertes). Bien qu'il ne soit pas possible de quantifier

l'impact de ces deux sources d'inexactitude, on peut penser qu'elles se neutralisent l'une l'autre dans une certaine mesure.

2.3.1. Le jeu de données d'états financiers consolidés des EMN

66. Le point de départ de l'analyse du bénéfice résiduel mondial est un jeu de données complet des états financiers consolidés des groupes d'EMN (voir l'Annexe 2.A pour une description détaillée de ce jeu de données). Ce jeu de données est alimenté principalement par les états financiers consolidés provenant de la base de données ORBIS. De fait, la couverture géographique des états financiers consolidés dans ORBIS est généralement bonne, contrairement aux données des états non consolidés, pour lesquelles la couverture de certains pays est faible (États-Unis p. ex.) (Tørsløv, Wier and Zucman, 2018[2]). En particulier, ORBIS contient des données portant à la fois sur des entreprises cotées et non cotées.

67. Pour enrichir ces données, celles qui proviennent d'ORBIS ont été complétées par (i) des informations provenant de la base de données Worldscope, qui contient les états financiers de sociétés à travers le monde, pour la plupart cotées en bourse, (ii) des données du Tableau de bord des investissements dans la R-D industrielle compilé par l'UE, qui couvre les 2 500 sociétés dont les dépenses mondiales de R-D sont les plus élevées (Hernández et al., 2017[3]), et (iii) des données provenant du classement Fortune Global 500 (c'est-à-dire les 500 plus grandes entreprises par le chiffre d'affaires mondial).

68. Le jeu de données a fait l'objet de nombreux contrôles visant à garantir la fiabilité des données, en s'appuyant sur la connaissance d'ORBIS acquise par le Secrétariat de l'OCDE à la faveur d'un grand nombre de projets. En particulier, les états financiers ont été nettoyés en appliquant les procédures décrites par Gal (2013[4]) et Johansson et al. (2017[5]) afin de repérer et de supprimer les valeurs aberrantes. Les informations sur l'actionnariat ont été nettoyées en appliquant les procédures établies par Bajgar et al. (2019[6]) pour identifier les liens de propriété manquants ou incorrects.

69. Le jeu final d'états financiers consolidés des groupes d'EMN comprend plus de 27 000 groupes d'EMN (Tableau 2.1). Ce jeu de données couvre l'ensemble des secteurs de l'économie et est donc beaucoup plus vaste que le groupe des EMN qui rempliraient les conditions pour entrer dans le champ d'application envisagé du Pilier Un, à savoir générer un chiffre d'affaires et une rentabilité supérieures à certains secteurs et exercer des activités dans les secteurs ADS et CFB. Une comparaison du chiffre d'affaires total des entreprises multinationales de l'échantillon avec les estimations au niveau macro montre que la couverture des données est étendue. Le chiffre d'affaires combiné des groupes d'EMN inclus dans le jeu de données s'élève à 51.5 billions USD, ce qui est proche de l'estimation de la production mondiale des EMN couvertes dans la base de données analytique AMNE de l'OCDE (52.9 billions USD), ce qui laisse penser que l'univers des groupes d'EMN d'une taille significative est très bien couvert[3]. En outre, des contrôles manuels systématiques sont effectués pour s'assurer que les grands groupes d'EMN sont bien couverts, y compris ceux axés sur le numérique.

Tableau 2.1. Jeu de données des états financiers consolidés des groupes d'EMN (tous secteurs)

Nombre de groupes d'EMN et variables financières agrégées (billions USD)

	Nombre de groupes d'EMN	Chiffre d'affaires	Actifs corporels	Actifs totaux	EBIT	BAI
Total dans le jeu de données	27 667	51.5	21.6	170.2	4.8	4.1
dont données provenant de :						
ORBIS	26 704	41.5	20.1	87.2	3.5	3.0
Worldscope	888	6.6	1.4	79.7	1.1	0.9
Autres sources (Tableau de bord de l'UE des investissements dans la R-D, Fortune Global 500 et ajouts manuels	75	3.5	0.05	3.3	0.2	0.2

Note : L'échantillon présenté dans ce tableau englobe l'ensemble des secteurs économiques (en combinant les activités ADS, CFB et non couvertes) et ne prend pas en compte l'application d'un seuil de chiffre d'affaires mondial potentiel. Les actifs totaux des groupes d'EMN provenant de Worldscope sont relativement élevés par rapport à d'autres sources, ce qui tient au fait que de nombreux groupes d'EMN recensés dans Worldscope sont de grandes entreprises financières détenant d'importants actifs financiers. EBIT désigne le résultat avant intérêts et impôts. BAI désigne le bénéfice avant impôt.
Source : Calculs du Secrétariat de l'OCDE.

2.3.2. Détermination des groupes d'EMN couverts par le Pilier Un

70. Bien qu'aucune décision politique n'ait été prise concernant le Pilier Un, pour déterminer si un groupe d'EMN donné est couvert par le Pilier Un, il convient de prendre en compte l'application d'un seuil de chiffre d'affaires mondial potentiel, ainsi que la nature des activités du groupe (ADS, CFB ou non couvertes). S'agissant du seuil de chiffre d'affaires mondial, divers seuils potentiels sont étudiés, et seuls les groupes d'EMN réalisant un chiffre d'affaires mondial supérieur au seuil envisagé sont réputés être couverts. Compte tenu de l'absence de données segmentées par branche d'activité et par zone géographique, il n'a pas été possible de modéliser l'impact d'un seuil potentiel sur le chiffre d'affaires couverts, ni d'une exception potentielle en faveur des entreprises nationales (exception applicable aux EMN qui génèrent l'essentiel de leurs ventes sur leur marché national).

71. La ventilation des groupes d'EMN entre les catégories ADS, CFB ou non couvert est basée sur les définitions proposées des ADS et CFB figurant dans le rapport sur le *Blueprint* du Pilier Un (OECD, 2020[1]). La catégorie ADS est définie en partant du constat que « certaines EMN génèrent des recettes provenant de l'exploitation de services numériques (y compris la fonction de monétisation des données) fournis de façon automatisée et standardisée à une large population de clients ou d'utilisateurs au niveau mondial, et peuvent le faire à distance en faisant appel dans une proportion minime ou nulle à l'infrastructure locale ». La définition générale des activités ADS « compte deux éléments : (i) [services] automatisés signifie qu'après la mise en place du système, le service fourni à un utilisateur donné nécessite une intervention humaine minimale de la part du fournisseur de services ; et (ii) [services] numériques signifie que le service est fourni via l'Internet ou un réseau électronique ». En particulier, la catégorie ADS recouvrirait les activités figurant sur une « liste positive » non exhaustive comprenant « les services de publicité en ligne ; la vente ou toute autre cession de données d'utilisateurs ; les moteurs de recherche en ligne ; les plateformes de réseaux sociaux ; les plateformes d'intermédiation en ligne ; les services de contenu numérique ; les jeux en ligne ; les services d'enseignement en ligne normalisés ; et les services d'informatique en nuage (cloud computing) ».

72. Les CFB désignent les « entreprises qui tirent des revenus de la vente de biens et de services couramment vendus à des consommateurs, y compris indirectement en passant par des intermédiaires et par le biais de franchises et de licences ».

73. Bien que des travaux techniques considérables aient été consacrés à la définition des ADS et des CFB, ainsi que l'explique le rapport sur le *Blueprint* du Pilier Un, aucun accord politique n'a été obtenu à ce jour sur l'utilisation de ces catégories et leurs limites exactes. Par conséquent, la classification employée dans ce chapitre doit être considérée comme uniquement illustrative et ne préjuge pas des décisions finales qui seront prises par le Cadre inclusif. En outre, comme expliqué ci-dessous, la détermination des activités ADS et CFB dans ce chapitre repose sur des classifications d'activités existantes (nomenclature des activités économiques, par exemple) qui n'ont pas été conçues dans ce but, ce qui peut conduire à certaines approximations (par exemple du fait que certaines catégories peuvent contenir un panachage d'activités ADS, CFB et non couvertes).

74. La classification des groupes d'EMN dans ce chapitre, à partir de leur activité commerciale principale, intervient en trois étapes :

- **Étape 1 : Utilisation de la liste établie par la CNUCED des plus grandes entreprises multinationales du secteur du numérique et des TIC** (UNCTAD, 2017[7]). La liste de la CNUCED classe 200 groupes d'EMN axés sur le numérique en 14 catégories (moteurs de recherche, réseaux sociaux, équipement informatique, par exemple). La ventilation de ces catégories entre les secteurs ADS, CFB ou non couverts, à partir de la définition des activités ADS et CFB proposée par le Cadre inclusif, ressort du Tableau 2.2, partie A. Les données financières relatives aux groupes d'EMN figurant dans la liste de la CNUCED proviennent du jeu de données des états financiers décrit dans la section précédente, dans lequel ces groupes sont identifiés manuellement par leur nom.
- **Étape 2 : Application d'une classification sectorielle détaillée** Concernant les groupes d'EMN non inclus dans la liste de la CNUCED (groupes non axés sur le numérique, et groupes axés sur le numérique relativement petits), la classification s'appuie sur la nomenclature des activités économiques de la NACE Rév. 2 au niveau à 4 chiffres (Eurostat, 2008[8]). Cette nomenclature englobe 615 catégories, classées ADS, CFB ou non couverts de la façon décrite dans la partie B du Tableau 2.2. Les informations sur l'activité principale des groupes d'EMN compris dans le jeu de données proviennent de la base ORBIS.
- **Étape 3 : Contrôles manuels des groupes d'EMN les plus grands et les plus rentables** Ces contrôles manuels visent à s'assurer que les groupes d'EMN qui réalisent le bénéfice résiduel le plus élevé, et qui ont donc le plus fort impact potentiel sur les résultats, sont correctement classés. Ils visent aussi à traiter le problème lié au fait que certaines catégories des classifications de la CNUCED et de la NACE Rév. 2 peuvent contenir des activités couvertes et non couvertes[4]. Ces contrôles manuels s'appuient sur diverses sources d'informations, y compris les sites web des entreprises, les rapports annuels des entreprises, des articles de presse et d'autres informations en ligne crédibles. Ces contrôles revêtent un caractère systématique, et englobent les 500 plus grands groupes d'EMN (selon le chiffre d'affaires), les 100 groupes d'EMN réalisant le bénéfice résiduel le plus élevé, les 25 groupes d'EMN du secteur des ADS réalisant le bénéfice résiduel le plus élevé et les 3 groupes d'EMN réalisant le bénéfice résiduel le plus élevé dans chaque secteur (30 secteurs selon la classification NACE Rév. 2). Dans leur ensemble, ces contrôles manuels ont confirmé la classification résultant des deux étapes décrites ci-dessus pour la plupart des groupes d'EMN, et ont conduit à reclasser un petit nombre seulement de groupes d'EMN.

Tableau 2.2. Détermination des activités ADS et CFB

Partie A : Classification fondée sur la liste de la CNUCED			
	ADS	**CFB**	**Non couvert**
Catégorie dans la liste de la CNUCED	Moteurs de recherche Réseaux sociaux Autres plateformes Autre type de commerce en ligne Jeux Logiciels et services informatiques	Détaillants sur internet Médias numériques Équipement informatique Télécommunications	Composants Paiements électroniques Autres solutions numériques Informations et données

Partie B : Classification fondée sur la classification des activités économiques (NACE Rév. 2, au niveau à 4 chiffres)			
	ADS	**CFB**	**Non couvert**
Catégorie dans la classification NACE Rév. 2	58.2, 62.03, 62.09, 63.1	10.4, 10.5, 10.6, 10.7, 10.8, 10.92, 11, 12, 14, 15, 17.22, 18, 20.4, 21, 25.7, 26.2, 26.3, 26.4, 26.52, 26.7, 27.5, 27.9, 29.1, 30.9, 31, 32.12, 32.13, 32.2, 32.3, 32.4, 32.9, 35.13, 35.22, 35.3, 36, 37, 38.1, 45.1, 45.2, 45.32, 45.4, 47, 49.1, 49.3, 50.3, 53, 55, 56, 58.1, 59, 60, 61, 63.9, 77.11, 77.2, 79, P, Q, R, 95, 96, T	A, B, 10.1, 10.2, 10.3, 10.91, 13, 16, 17.1, 17.21, 17.23, 17.24, 17.29, 19, 20.1, 20.2, 20.3, 20.5, 20.6, 22, 23, 24, 25.1, 25.2, 25.3, 25.4, 25.5, 25.6, 25.9, 26.1, 26.51, 26.6, 26.8, 27.1, 27.2, 27.3, 27.4, 28, 29.2, 29.3, 30.1, 30.2, 30.3, 30.4, 32.11, 32.5, 33, 35.11, 35.12, 35.14, 35.21, 35.23, 38.2, 38.3, 39, F, 45.31, 46, 49.2, 49.4, 49.5, 50.1, 50.2, 50.4, 51, 52, 62.01, 62.02, K, L, M, 77.12, 77.3, 77.4, 78, 80, 81, 82, O, 94, U

Note : Les catégories sont ventilées entre les secteurs ADS, CFB ou non couvert en fonction de la définition des activités ADS et CFB proposée dans le rapport sur le *Blueprint* du Pilier Un. Cette classification est établie à des fins illustratives uniquement, car aucun accord politique n'a été obtenu à ce jour sur l'utilisation de ces catégories et leurs limites exactes. En outre, certaines catégories du tableau peuvent contenir un panachage d'activités ADS, CFB et non couvertes. Les catégories de la CNUCED sont extraites d'une classification des 100 plus grands groupes d'EMN du secteur du numérique et des 100 plus grands groupes d'EMN du secteur des TIC (UNCTAD, 2017[7]). La classification des activités économiques est la NACE Rév. 2 au niveau à 4 chiffres (Eurostat, 2008[8]). Cette classification regroupe 615 catégories (appelées 'classes'). Les informations contenues dans ce tableau sont présentées au niveau des classes, ou à un niveau d'agrégation plus élevé ('divisions' ou 'groupes') lorsque toutes les classes d'une division ou d'un groupe appartiennent à la même catégorie (ADS, CFB ou non couvert).
Source : Secrétariat de l'OCDE.

2.3.3. Estimations du bénéfice résiduel mondial

75. Sur la base des données présentées dans les sections précédentes, il est possible de calculer le montant du bénéfice résiduel mondial relevant du Montant A du Pilier Un pour une série de seuils de chiffre d'affaires mondial et de rentabilité. Les résultats correspondant à un ensemble illustratif de seuils sont présentés dans le Tableau 2.3.

76. Ces résultats révèlent notamment que le montant du bénéfice résiduel mondial ne diminue qu'assez lentement à mesure que des seuils de chiffre d'affaires mondial plus élevés sont envisagés, car une fraction importante du bénéfice résiduel se concentre dans les groupes d'EMN relativement grands

(partie A). À l'inverse, le montant du bénéfice résiduel mondial couvert diminue relativement rapidement quand des seuils de rentabilité plus élevés sont envisagés (partie B).

Tableau 2.3. Bénéfice résiduel mondial pour une série de seuils

Partie A : Bénéfice résiduel mondial pour une série de seuils de revenu mondial

Seuil de chiffre d'affaires mondial	Bénéfice résiduel mondial couvert (milliards USD)					
	ADS		CFB		**Total (ADS + CFB)**	
	Seuil de rentabilité de 10 %	Seuil de rentabilité de 20 %	Seuil de rentabilité de 10 %	Seuil de rentabilité de 20 %	**Seuil de rentabilité de 10 %**	**Seuil de rentabilité de 20 %**
Pas de seuil	83	38	433	145	**516**	**183**
100 millions EUR	83	37	430	144	**513**	**181**
300 millions EUR	82	37	424	142	**506**	**179**
500 millions EUR	81	37	417	139	**498**	**176**
750 millions EUR	81	37	413	138	**493**	**174**
1 milliard EUR	80	36	407	135	**487**	**171**
2 milliards EUR	78	36	388	129	**466**	**165**
5 milliards EUR	74	35	341	112	**415**	**147**

Partie B : Bénéfice résiduel mondial pour une série de seuils de rentabilité

Seuil de rentabilité	Bénéfice résiduel mondial couvert (milliards USD), dans l'hypothèse d'un seuil de chiffre d'affaires mondial de 750 millions EUR		
	ADS	CFB	**Total**
8 %	90	513	**604**
10 %	81	413	**493**
15 %	58	230	**288**
20 %	37	138	**174**
25 %	18	85	**103**

Note : La partie A analyse l'impact de différents seuils de chiffre d'affaires mondial pour deux seuils de rentabilité potentiels (10 % et 20 %). La partie B analyse l'impact d'un éventail plus large de seuils de rentabilité en retenant l'hypothèse d'un seuil de chiffre d'affaires mondial de 750 millions EUR. Les seuils de chiffre d'affaires mondial sont libellés en EUR (alors que la plupart des autres données analysées sont en USD) pour permettre les comparaisons avec le seuil de chiffre d'affaires retenu pour la déclaration pays par pays, qui est exprimé en EUR. Les données qui sous-tendent les estimations dans les deux parties portent sur l'année 2016. Le bénéfice résiduel correspond au bénéfice supérieur à un certain pourcentage de seuil de rentabilité, défini comme le ratio bénéfice avant impôt/chiffre d'affaires, sur la base des états financiers consolidés du groupe d'EMN considéré. Dans les deux parties, seuls sont pris en compte les groupes d'EMN dont l'activité principale porte sur les ADS et CFB. Le fait que les groupes d'EMN peuvent avoir différentes branches d'activité ou comprendre des unités opérant dans différents secteurs n'est pas pris en compte.
Source : Calculs du Secrétariat de l'OCDE.

2.3.4. Évolution du bénéfice résiduel mondial dans la durée et impact de la crise du COVID-19

77. Les résultats recensés dans le Tableau 2.3 reposent sur des données sous-jacentes qui portent essentiellement sur l'année 2016, faute d'un ensemble plus récent de données complètes au niveau des entreprises au moment où cette analyse a été effectuée. Par conséquent, les estimations figurant dans le Tableau 2.3 ne prennent pas en compte les évolutions récentes et en cours susceptibles d'influer sur le montant du bénéfice résiduel dans les activités ADS et CFB, comme la transformation numérique de l'économie et les répercussions de la crise du COVID-19. Même si les conclusions générales ci-dessus relatives à la sensibilité du bénéfice résiduel mondial aux paramètres du Pilier Un envisagés devraient rester valides, le montant global du bénéfice résiduel mondial a probablement changé au cours des dernières années et continuera d'évoluer à l'avenir.

78. En particulier, la tendance durable que constitue la transformation numérique de l'économie devrait entraîner une hausse continue et rapide de la demande de services ADS. Cela pourrait se traduire par une augmentation du niveau du bénéfice résiduel dans le secteur ADS, surtout au regard du fait que les marchés de certaines activités numériques (publicité en ligne par exemple) se concentrent entre un petit nombre d'acteurs mondiaux à faibles coûts marginaux et taux de rentabilité relativement élevés, notamment en raison de la dynamique du « presque tout au gagnant » propre à certaines activités numériques impliquant de puissants effets de réseau. Sur ces marchés, la croissance de la demande des consommateurs semble plus susceptible de se traduire en un bénéfice résiduel plus élevé que sur les marchés caractérisés par des coûts marginaux supérieurs et une concentration plus faible. Compte tenu de ces tendances, une analyse simple portant sur les états financiers (extraits manuellement) des 100 plus grands groupes d'EMN affichant les plus hauts niveaux de bénéfice résiduel en 2016 parmi les groupes d'EMS ayant leur activité principale dans le secteur ADS suggère que leur bénéfice résiduel a augmenté de 30 % en moyenne entre 2016 et 2019.

79. L'impact de la crise du COVID-19 sur le bénéfice résiduel mondial est plus difficile à prévoir à ce stade dans la mesure où la crise n'est pas terminée et où les données disponibles pour analyse sont très limitées. Pour de nombreux groupes d'EMN du secteur CFB, la crise devrait avoir un impact négatif marqué sur la rentabilité, du moins à court et moyen termes, reflétant l'incidence négative sur la demande des consommateurs et les difficultés potentielles de production (confinement des travailleurs, perturbations de la chaîne d'approvisionnement, restrictions des déplacements par exemple). L'effet à plus long terme de la crise sur la rentabilité des groupes d'EMN du secteur CFB dépendra de la forme de la reprise économique, ainsi que des changements structurels potentiels de l'économie que la crise pourrait provoquer ou accélérer (changements de la structure sectorielle des économies, de la structure des chaînes de valeur mondiales et de la dynamique concurrentielle des entreprises, par exemple). Parmi les groupes d'EMN du secteur ADS, l'impact de la crise du COVID-19 est inégal, mais semble à ce stade être moins négatif que dans le secteur CFB. Bien que certaines activités ADS aient été durement touchées (plateformes de VTC et d'hébergement, par exemple) ou l'aient été modérément (publicité en ligne par exemple), d'autres ont profité de la hausse de la demande (informatique en nuage, diffusion en flux, solutions de visioconférence, places de marché virtuelles, par exemple). Dans l'ensemble, malgré le haut niveau d'incertitude quant à l'impact de la crise du COVID-19, les évolutions à ce jour donnent à pensent que la crise pourrait accroître davantage la part relative des services ADS dans le champ envisagé du Pilier Un.

80. Une autre limite à l'utilisation de données sur une seule année (2016) tient au fait que les résultats ne tiennent pas compte des effets potentiels d'un mécanisme de report des pertes intégré au Pilier Un. La conception exacte d'un tel mécanisme reste à définir par le Cadre inclusif. Si les groupes d'EMN ont la possibilité de compenser tout ou une partie de leur impôt dû au titre du Montant A avec des pertes passées, le montant du bénéfice résiduel attribué en vertu du Pilier Un s'en trouverait réduit. La diminution du bénéfice résiduel serait plus prononcée s'il est décidé que le mécanisme de report en avant des pertes

doit tenir compte des « manques à gagner » (périodes antérieures durant lesquelles la rentabilité est inférieure au seuil de rentabilité convenu) plutôt que des pertes.

81. En temps 'normal', l'inclusion d'un mécanisme de report de pertes dans le Pilier Un devrait avoir un effet modeste, car il est relativement rare que les groupes d'EMN passent rapidement d'une position déficitaire à un taux de rentabilité supérieur aux seuils de rentabilité potentiels envisagés dans ce chapitre. Par exemple, parmi les groupes d'EMN dont le taux de rentabilité était supérieur à 10 % en 2016, 9 % seulement avaient subi des pertes pendant au moins un des trois exercices précédents[5]. 32 % n'avaient pas accusé de pertes, mais ont eu un « manque à gagner » (c'est-à-dire un taux de rentabilité inférieur à 10 %) pendant au moins une des trois années précédentes. Les 59 % autres ont eu un taux de rentabilité systématiquement supérieur à 10 % au cours des trois exercices précédents.

82. Toutefois, le nombre d'entreprises déficitaires à tendance à croître pendant les récessions économiques, surtout lorsqu'elles sont sévères. Aussi, le nombre de groupes d'EMN qui passent d'une situation déficitaire à une situation de forte rentabilité sera probablement plus élevé dans les années qui suivent une récession qu'après une période de croissance économique. C'est particulièrement vrai dans la situation actuelle, étant donné que de nombreux groupes d'EMN devraient subir d'importantes pertes dues à la crise du COVID-19. Par conséquent, la conception du mécanisme de report en avant des pertes du Pilier Un (qui reste à définir par le Cadre inclusif) pourrait influer sensiblement sur l'impact du Pilier Un sur les recettes fiscales, du moins à court et à moyen termes, surtout si les pertes « antérieures au régime » subies pendant la crise du COVID-19 sont prises en compte dans le mécanisme.

2.3.5. Concentration du bénéfice résiduel au niveau des entreprises

83. Une analyse plus fine des données au niveau des entreprises révèle que le bénéfice résiduel mondial tend à être concentré entre un nombre relativement faible de groupes d'EMN. Si l'on retient l'hypothèse d'un seuil de chiffre d'affaires mondial de 750 millions EUR et d'un pourcentage de seuil de rentabilité de 10 %, environ 85 % du bénéfice résiduel mondial dans le secteur ADS serait concentré parmi 10 groupes d'EMN, et environ 70 % du bénéfice résiduel mondial dans le secteur CFB serait concentré parmi 50 groupes d'EMN.

2.4. Composante B : Pourcentage du bénéfice résiduel réattribué aux juridictions du marché

84. Le pourcentage du bénéfice résiduel réattribué aux juridictions du marché (le pourcentage de réattribution) n'a pas encore été fixé par le Cadre inclusif. Le Graphique 2.2 présente le montant du bénéfice résiduel attribuable pour un ensemble illustratif de pourcentages de réattribution (10 %, 20 %, 30 %) et une fourchette de seuils de rentabilité. Le graphique illustre les effets combinés de ces deux paramètres - par exemple, il montre que le montant du bénéfice résiduel mondial serait légèrement plus élevé dans un scénario retenant un seuil de rentabilité de 10 % et un pourcentage de réattribution de 20 % que dans un scénario retenant un seuil de rentabilité de 15 % et un pourcentage de réattribution de 30 %.

Graphique 2.2. Bénéfice résiduel mondial attribuable pour différents pourcentages de réattribution

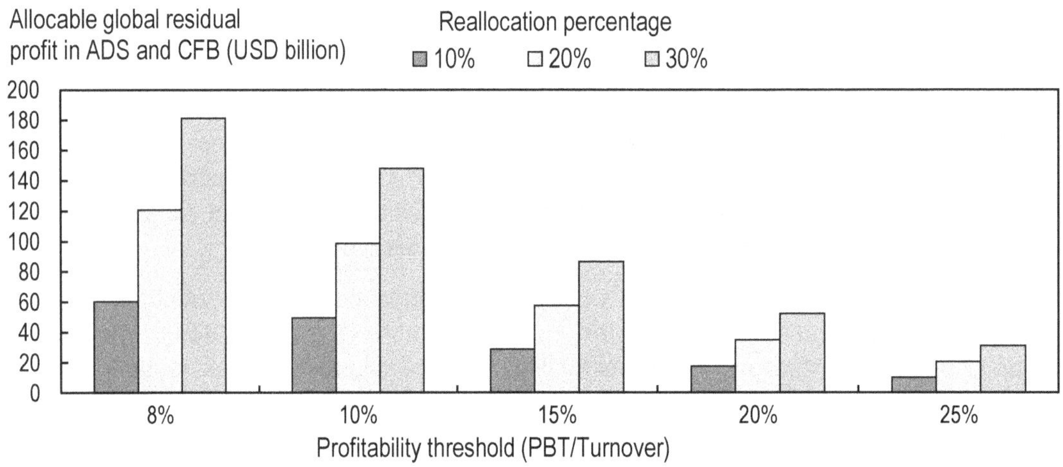

Note : Ces chiffres sont obtenus en multipliant les estimations du bénéfice résiduel mondial couvert (Tableau 2.3, partie B) par le pourcentage d'attribution considéré. Conformément au Tableau 2.3, partie B, les estimations retiennent l'hypothèse d'un seuil de chiffre d'affaires mondial de 750 millions EUR et portent uniquement sur les groupes d'EMN ayant leur activité principale dans les secteurs ADS et CFB.
Source : Calculs du Secrétariat de l'OCDE.

2.5. Composante C : part des ventes mondiales d'une EMN revenant à une juridiction

85. Selon le rapport sur le *Blueprint* du Pilier Un, le droit d'imposer les bénéfices au titre du Montant A serait réparti entre les juridictions de marché éligibles en fonction d'une clé de répartition, qui serait basée sur le chiffre d'affaires couvert de source locale déterminé en suivant les règles en matière de champ d'application, de lien et de source du chiffre d'affaires. Le rapport sur le *Blueprint* décrit un ensemble de règles de détermination de la source du chiffre d'affaires qui tiennent compte des particularités des différents modèles économiques associés aux activités entrant dans le champ du Pilier Un. Par exemple, pour certaines activités ADS telles que la publicité en ligne, en vertu des règles de la source, le chiffre d'affaires est réputé provenir de la juridiction où l'utilisateur se situe (la juridiction où la publicité est diffusée plutôt que celle où la publicité est achetée, qui peut être différente). Dans le cas de biens CFB vendus par l'intermédiaire de distributeurs indépendants, selon les règles de la source, le chiffre d'affaires est réputé provenir de la juridiction du lieu de livraison finale des biens au consommateur.

86. Le concept de chiffre d'affaires couvert d'origine locale correspond globalement au concept de ventes par destination fréquemment évoqué dans la littérature économique. Cette expression est utilisée dans le reste de ce chapitre et doit être comprise comme équivalente à la notion de « chiffre d'affaires couvert d'origine locale » (y compris pour l'emplacement des utilisateurs le cas échéant).

87. Déterminer avec précision le lieu des ventes des entreprises multinationales par destination selon la définition figurant dans le rapport sur le *Blueprint* du Pilier Un pose un certain nombre de problèmes d'ordre conceptuel et relatifs aux données, qui seront examinés dans la section suivante. Compte tenu de ces difficultés, l'approche suivie dans ce chapitre, décrite plus en détail ci-dessous, consiste à établir des mesures indirectes de la répartition mondiale des ventes des EMN par destination dans les secteurs ADS et CFB, calculées à un niveau relativement agrégé. Dans le cas des CFB, l'approche se fonde sur les données provenant de la base de données analytique AMNE de l'OCDE, qui est disponible pour plus d'une cinquantaine de juridictions. En ce qui concerne les juridictions pour lesquelles on ne dispose pas de

données dans la base AMNE analytique, le calcul des ventes repose sur des extrapolations, faites à partir de variables macroéconomiques largement disponibles et pertinentes (PIB, PIB par habitant, ouverture aux échanges par exemple).

88. Les données utilisées pour appréhender les ventes CFB ne sont guère adaptées à la détermination du lieu des ventes numériques à distance. Aussi, une approche plus ciblée est suivie pour les ventes ADS (l'approche générale employée pour les ventes CFB étant également testée à des fins de vérification). Cette approche repose sur des données relatives au nombre d'utilisateurs réguliers d'Internet par juridiction, combinées à des données sur la consommation moyenne par personne, comme expliqué ci-dessous. Ces indicateurs sont largement disponibles (avec plus de 200 juridictions couvertes). Les extrapolations faites à partir de variables économiques sont utilisées pour étendre la couverture aux quelques juridictions non couvertes.

89. Dans les secteurs ADS et CFB, l'indicateur indirect des ventes par destination d'une EMN dans une juridiction ne sera pas exprimé en termes absolus, mais seulement en termes relatifs, autrement dit, en tant que pourcentage du total des ventes des EMN, qui correspond à la somme obtenue en additionnant les ventes pour l'ensemble des juridictions[6]. En effet, l'analyse suppose uniquement l'application d'une clé de répartition aux fins de répartir le bénéfice résiduel attribuable entre les juridictions (composante C dans le Graphique 2.1). Il s'agit là d'une considération importante, dans la mesure où il est plus difficile de mesurer exactement le *niveau* des ventes correspondantes d'une EMN dans une juridiction donnée que d'obtenir un indicateur indirect raisonnable de la *répartition* de ces ventes entre les juridictions.

2.5.1. Principales difficultés posées par la définition et la mesure des ventes des entreprises multinationales par destination

90. L'exemple simplifié présenté dans le Graphique 2.3 illustre certaines difficultés rencontrées lors de la définition et du calcul des ventes des entreprises multinationales par destination. Dans cet exemple, les ventes par destination d'un groupe d'EMN A dans la juridiction J peuvent inclure, pour tout ou partie : (i) les ventes réalisées par des entités du groupe d'EMN A situées dans la juridiction J à des entités tierces situées dans cette même juridiction (flèche rouge) ; et (ii) les ventes directes réalisées sur ce marché par des entités du groupe A situées dans d'autres juridictions (flèche en pointillés rouges). Ces ventes directes peuvent couvrir les ventes numériques réalisées à distance sur le territoire de la juridiction J (liées à des activités du secteur ADS, par exemple un abonnement à un service en ligne de transmission en flux de contenus). Elles peuvent aussi couvrir les exportations directes de produits matériels réalisées par des EMN du secteur CFB auprès de consommateurs ou d'entreprises tierces dans la juridiction J. Ces ventes matérielles à distance déclencheront ou non un lien et seront par conséquent prises ou non en compte aux fins de la répartition au titre du Montant A selon les décisions qui seront prises *in fine* par le Cadre inclusif. Il apparait dans le rapport sur le *Blueprint* du Pilier Un que ces ventes matérielles à distance ne seront généralement pas prises en compte à moins que le niveau de participation du groupe d'EMN à l'économie de la juridiction du marché considérée ne soit suffisant. Les critères exacts d'évaluation de ce degré de participation feront l'objet de décisions futures de la part du Cadre inclusif. Pour les ventes ADS comme CFB, le seuil de chiffre d'affaires déclenchant le lien potentiel constitue un autre facteur à prendre en compte aux fins de déterminer si les ventes à distance déclenchent le lien, comme examiné plus en détail à la section 2.5.4 ci-après.

Graphique 2.3. Exemple simplifié de ventes par destination

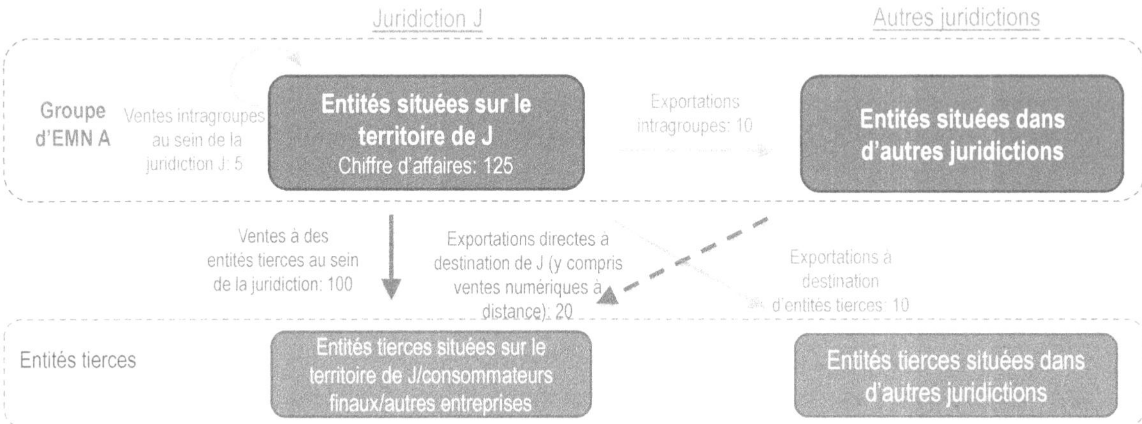

Note : Cet exemple simplifié illustre les différents flux de produits entre les entités d'un groupe d'EMN donné (groupe A), et des entités tierces (consommateurs finals ou autres entreprises), aux fins du calcul des ventes par destination dans une juridiction donnée (Juridiction J). Ces ventes par destination peuvent inclure les ventes réalisées sur le territoire même de la Juridiction J (flèche rouge), de même que certaines ventes (matérielles ou numériques) réalisées à distance sur le marché de la Juridiction J (flèche en pointillés rouges).
Source : Secrétariat de l'OCDE.

91. Le calcul des ventes des entreprises multinationales par destination pose un certain nombre de difficultés sur le plan des données. Premièrement, les données dont dispose le Secrétariat de l'OCDE ne sont pas suffisamment fines pour permettre de déterminer l'emplacement des ventes au niveau de chaque groupe d'EMN, ce qui signifie que l'analyse doit se fonder sur des données relativement agrégées ; le corollaire étant que les effets potentiels liés à l'hétérogénéité des groupes d'EMN ne sont pas pris en compte (comme le fait que les groupes d'EMN dont le bénéfice résiduel est élevé auront tendance à vendre leurs produits sur des marchés différents de ceux dont le bénéfice résiduel est faible ou nul). De plus, les données relatives aux ventes numériques à distance, ou au lieu où se situent les utilisateurs de services numériques, sont peu nombreuses et de qualité inégale, comme indiqué plus en détail ci-après. Même en ce qui concerne les biens matériels, les données disponibles dans la plupart des juridictions ne permettent généralement pas d'établir de distinction entre les exportations à destination de tierces parties et celles à destination de parties liées. Enfin, les données disponibles ne permettent pas de déterminer le lieu où se situent les consommateurs finals des produits vendus lorsque les ventes transitent par des intermédiaires, tels que des distributeurs. Au vu de l'ensemble de ces problématiques, l'approche appliquée dans ce chapitre consiste à élaborer des indicateurs indirects de la répartition des ventes CFB et ADS en s'appuyant sur des données relativement agrégées.

2.5.2. Estimation des ventes par destination des EMN dans le secteur CFB

Indicateur considéré pour les ventes CFB et limites afférentes

92. L'indicateur indirect des ventes par destination des EMN du secteur CFB dans une juridiction donnée utilisé dans ce chapitre correspond au chiffre d'affaires réalisé par les entités de l'EMN dans cette juridiction, diminué de leurs exportations depuis cette même juridiction (Graphique 2.4). Cet indicateur s'appuie sur les données relatives au chiffre d'affaires et aux exportations des EMN du secteur CFB disponibles dans la base de données analytique AMNE de l'OCDE, comme décrit plus en détail ci-après. Dans l'exemple présenté dans le Graphique 2.3, cet indicateur correspondrait, pour le groupe d'EMN A, au chiffre d'affaires des entités du groupe dans la juridiction J (125), diminué de leurs exportations vers des parties liées (10) et des parties indépendantes (10). Le chiffre serait donc égal à 125-10-10=105.

Graphique 2.4. Indicateur indirect de l'emplacement des ventes CFB

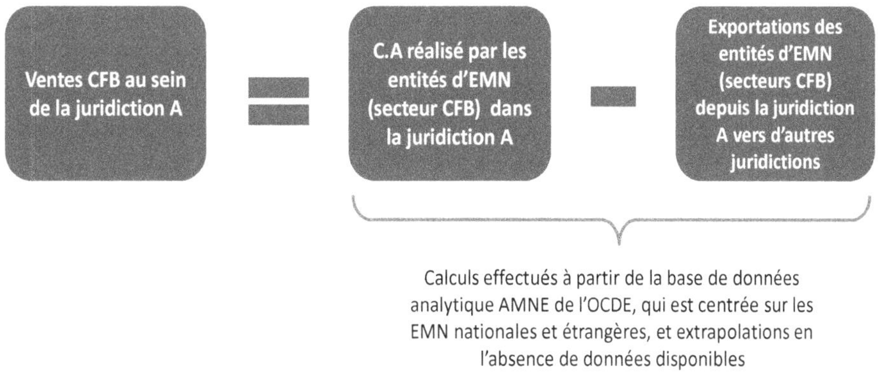

Note : L'identification des secteurs CFB repose sur la classification NACE Rév. 2 et sur les hypothèses présentées dans le Tableau 2.2.
Source : Secrétariat de l'OCDE.

93. Cette mesure constitue vraisemblablement un meilleur indicateur indirect des ventes CFB par destination que les données sur l'origine des ventes (données du BEA des États-Unis sur les ventes des EMN américaines par exemple) ou celles, plus agrégées, qui n'établissent pas de distinction entre les ventes réalisées par des entreprises multinationales et les autres ventes (données sur la consommation des ménages dans les comptes nationaux par exemple). Cette mesure comporte néanmoins un certain nombre de limites :

- En théorie, l'indicateur devrait également être diminué des ventes intragroupe réalisées au sein de la juridiction J (égales à 5 dans l'exemple simplifié ci-dessus). En pratique, les données disponibles rendent cet exercice difficile dans la mesure où les chiffres relatifs au chiffre d'affaires contenus dans la base de données analytique AMNE ne sont pas nets des ventes intragroupe. Il est probable que cette question revête une importance limitée : à titre d'exemple, les ventes intragroupe au sein d'un même pays représentent seulement 9 % des ventes réalisées par les filiales américaines à l'étranger, selon les données relatives à l'activité à l'étranger des multinationales américaines publiées par le BEA aux États-Unis[7]. Les tests de robustesse fondés sur d'autres indicateurs indirects non sensibles à cet aspect (obtenu par exemple en déduisant de l'indicateur la consommation intermédiaire) donnent des résultats globaux similaires dans l'ensemble[8].
- Les ventes à distance (correspondant à la flèche en pointillés rouge dans le Graphique 2.3), qu'elles soient numériques ou matérielles, ne sont pas prises en compte dans cet indicateur indirect des ventes par destination dans le secteur CFB. Plus précisément, les ventes à distance ne sont pas prises en compte à leur point d'origine dans l'indicateur indirect utilisé dans ce chapitre, dans la mesure où elles sont comptabilisées dans le chiffre d'affaires mais déduites au moment de soustraire les exportations, pas plus qu'elles ne sont prises en compte à leur point de destination. Cette section étant centrée sur les activités CFB, il est peu probable que l'omission des ventes numériques à distance (qui relèveraient essentiellement du secteur ADS) ait une incidence notable sur les résultats (une méthode différente est utilisée pour estimer les ventes ADS, comme examiné plus loin). S'agissant des ventes matérielles à distance, cette omission revêtira une importance plus ou moins grande selon les choix conceptuels qui seront faits par le Cadre inclusif, comme indiqué plus haut, quant au niveau de participation à l'économie du marché nécessaire pour créer un lien. En tout état de cause, il est probable que l'emplacement des ventes matérielles à distance soit globalement corrélé avec l'emplacement des ventes des EMN non réalisées à distance, auquel cas, l'incidence de cette omission sur la mesure de la composante C serait minime. En effet, la finalité de la composante C est de mesurer la *part* de chaque juridiction dans le total des ventes mondiales par destination, plutôt que le *niveau* des ventes en valeur absolue dans chacune d'entre elles.

Estimation des ventes CFB à partir des données de la base analytique AMNE

94. La base de données analytique AMNE de l'OCDE renseigne sur le chiffre d'affaires et les exportations des entités étrangères des EMN, ainsi que des entités nationales (qu'elles soient ou non rattachées à un groupe d'EMN) de 59 juridictions (Cadestin et al., 2018[9])[9]. De plus, cette base de données fait la distinction entre les entités nationales membres ou non d'entreprises multinationales, en se fondant sur des données « concrètes » pour 16 juridictions et des extrapolations pour les autres. Enfin, la base AMNE offre une ventilation des différentes données par secteur (34 au total), qui se fonde sur la classification NACE Rév. 2, avec une agrégation à un ou deux chiffres selon le secteur. L'identification des secteurs CFB repose une cette classification sectorielle, d'après les hypothèses présentées dans le Tableau 2.2, Partie B sur les secteurs considérées comme relevant des activités CFB[10].

95. L'estimation des ventes CFB par destination (chiffre d'affaires des EMN du secteur CFB diminué des exportations de ces mêmes entreprises) est calculée directement à partir de la base de données analytique AMNE pour les 16 juridictions pour lesquelles la distinction entre les entités nationales membres d'entreprises multinationales et celles qui ne le sont pas repose sur des données concrètes (Graphique 2.5). En ce qui concerne les autres juridictions, la distinction est établie en prenant comme hypothèse que la fraction des EMN nationales dans le total des ventes CFB réalisées par des entreprises nationales correspond à la moyenne observée pour ces 16 juridictions (soit approximativement 14 %)[11]. À titre de vérification supplémentaire, le chiffre des ventes obtenu sur la base de ce calcul est comparé aux prédictions de la régression utilisée dans la section suivante pour extrapoler les ventes par destination des EMN aux juridictions qui ne sont pas couvertes par la base de données analytique AMNE[12].

Graphique 2.5. Estimation des ventes par destination des EMN du secteur CFB

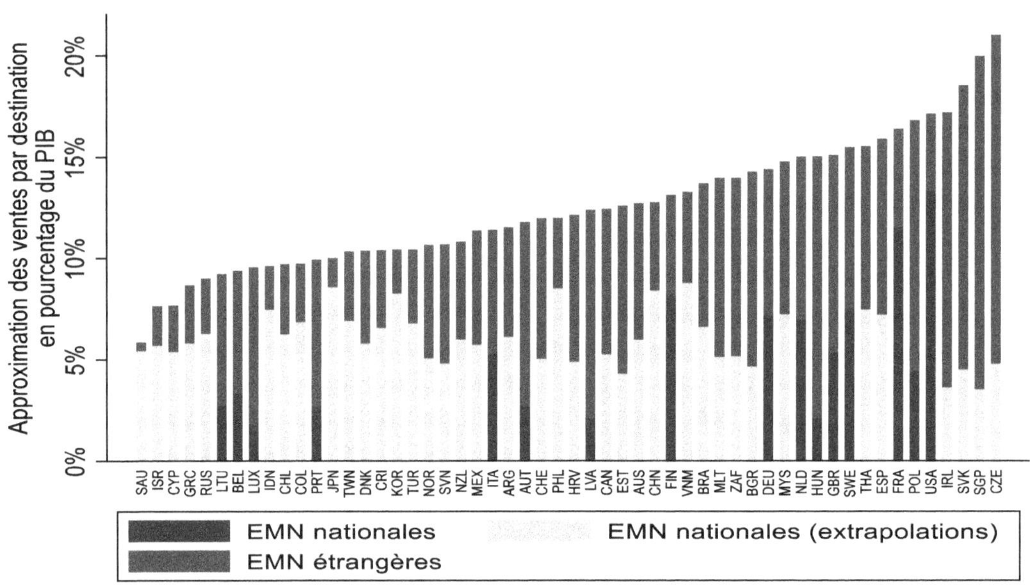

Note : Ce graphique présente l'estimation des ventes par destination des EMN du secteur CFB en pourcentage du PIB (chiffre d'affaires des EMN du secteur CFB diminué de leurs exportations). Les différentes nuances de bleu permettent de savoir si la distinction entre les entités nationales qui sont membres d'entreprises multinationales et celles qui ne le sont pas est établie à partir des données concrètes issus de la base de données analytique de l'OCDE (barres en bleu foncé) ou de calculs (barres en bleu clair). Dans ce dernier cas, les données relatives aux entreprises multinationales nationales sont calculées en prenant comme hypothèse que leur part dans le total des ventes des entreprises nationales est égale à la moyenne des juridictions disposant de données concrètes (à savoir les juridictions représentées par les barres en bleu foncé).

Source : Calculs du Secrétariat de l'OCDE fondés sur la base de données analytique AMNE de l'OCDE.

Extrapolation de l'estimation des ventes CFB aux juridictions non couvertes dans la base de données analytique AMNE

96. La méthode utilisée pour extrapoler l'estimation des ventes CFB par destination des entreprises multinationales dans les juridictions pour lesquelles on ne dispose pas de données analytiques AMNE consiste à régresser l'indicateur indirect des ventes par destination construit dans le précédente section (en prenant en compte le total des ventes des EMN nationales et étrangères) à partir de différentes variables macroéconomiques (PIB, ouverture commerciale, par exemple). La régression est estimée par rapport aux juridictions pour lesquelles on dispose de données analytiques AMNE. Les résultats permettent d'extrapoler les ventes par destination aux autres juridictions.

97. Les résultats de la régression, qui sont présentés dans le Tableau 2.4, donnent à penser que les ventes CFB par destination (en pourcentage du PIB) sont essentiellement tirées par le PIB, vraisemblablement parce qu'un marché plus grand attire davantage les ventes des multinationales étrangères, ainsi que par l'ouverture commerciale (telle que mesurée par le ratio importations plus exportations/PIB), ce qui reflète l'existence d'une corrélation entre la présence des entreprises multinationales et l'intensité du commerce extérieur. En revanche, le PIB par habitant et la balance commerciale (telle que mesurée par les exportations diminuées des importations en pourcentage du PIB) ne semblent pas jouer de rôle important une fois pris en compte les effets du PIB et de l'ouverture commerciale. Les valeurs retenues pour l'extrapolation correspondent à la première colonne du tableau.

Tableau 2.4. Régression utilisée aux fins de l'extrapolation des ventes CFB par destination

	Ventes par destination rapportées au PIB (log)	
Log PIB	0.0874***	0.0840***
	(3.30)	(2.88)
Log PIB par habitant	-0.0314	-0.0367
	(-0.85)	(-0.97)
Log ouverture commerciale	0.315***	0.284***
	(4.74)	(2.89)
Balance commerciale (niveau)		0.474
		(0.59)
Constante	-4.063***	-3.937***
	(-5.90)	(-5.07)
N	51	50
R-sq	0.33	0.36

Note : Ce tableau montre les résultats de la régression de l'indicateur indirect des ventes CFB par destination présentés ci-dessus, en pourcentage du PIB, à partir de différentes variables économiques. Les résultats utilisés aux fins de l'extrapolation correspondent à la première colonne. Les coefficients t (test de Student) sont indiqués entre parenthèses. ***, ** et * désignent un seuil de significativité statistique de respectivement 1 %, 5 % et 10 %.
Source : Calculs du Secrétariat de l'OCDE.

98. Un ajustement supplémentaire est opéré au titre des envois de fonds et de l'aide extérieure. En effet, pour un niveau de PIB donné, ces sources de revenu peuvent accroître la consommation potentielle (et donc probablement les ventes des EMN du secteur CFB) dans les pays destinataires. Afin de tenir compte de cet effet, on multiplie le ratio des ventes par destination rapportées au PIB obtenu en extrapolant les résultats de la régression par le facteur de correction suivant : $\frac{PIB+Envois\ de\ fonds+Aide\ extérieure}{PIB}$ Les données sur les envois de fonds et l'aide extérieure proviennent de la Banque mondiale et de l'OCDE[13].

Estimation correspondante des ventes CFB par destination

99. L'estimation correspondante des ventes CFB par destination est présentée dans le Graphique 2.6. Conformément aux résultats de la régression ci-dessus, il apparait que les ventes sont relativement plus importantes dans les économies plus grandes et plus ouvertes. On remarque également que les économies qui présentent des caractéristiques similaires en termes de taille, de niveaux de revenus et d'ouverture affichent généralement des niveaux similaires de ventes CFB (en pourcentage de leur PIB)[14].

Graphique 2.6. Estimation des ventes par destination des EMN, extrapolations comprises

En % du PIB

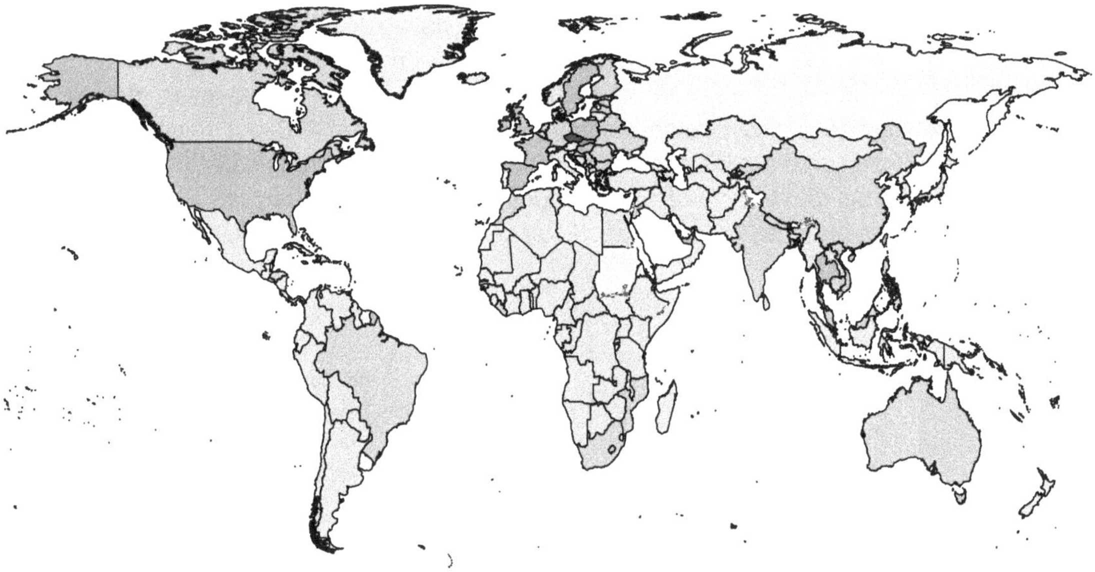

□ (3,6] □ (6,9] □ (9,12] □ (12,15] □ (15,18] ■ (18,21] ■ (21,24]

Note : Les ventes par destination des EMN du secteur CFB sont mesurées de façon indirecte par le chiffre d'affaires des EMN du secteur CFB diminué de leurs exportations, à partir des données issues de la base de données analytique AMNE de l'OCDE. Pour les juridictions non couvertes par la base de données analytique AMNE, ces ventes par destination sont extrapolées à partir de la régression des ventes des EMN du secteur CFB selon le PIB, le PIB par habitant et l'ouverture commerciale. On applique une correction pour tenir compte de l'aide extérieure et des envois de fonds, qui peuvent relever le niveau des ventes rapportées au PIB dans les juridictions à faible revenu. Les ventes CFB sont présentées en pourcentage du PIB à des fins de comparabilité entre les juridictions. Les zones grisées correspondent aux données manquantes.
Source : Calculs du Secrétariat de l'OCDE.

100. Afin de refléter les incertitudes entourant l'indicateur indirect des ventes CFB des EMN par destination, les résultats présentés dans la dernière section de ce chapitre intègrent une plage d'incertitude concernant la part des ventes CFB des EMN par destination dans une juridiction dans le total des ventes CFB des EMN au niveau mondial. Cette plage est exprimée sous la forme d'intervalles de ±10 % autour de l'estimation ponctuelle pour les juridictions couvertes par les données de la base analytique AMNE, et de ±20 % autour de l'estimation ponctuelle pour les juridictions dont les estimations reposent sur une extrapolation par régression, ce qui reflète le fait que l'incertitude qui entoure les valeurs extrapolées est plus forte que celle qui entoure les valeurs basées sur des données dures.

2.5.3. Indicateur indirect des ventes par destination des EMN dans le secteur ADS

101. A priori, la méthodologie utilisée ci-dessus pour estimer l'emplacement des ventes CFB n'est pas bien adaptée pour identifier la localisation des consommateurs (ou utilisateurs) de services ADS. En effet,

comme indiqué plus haut, l'indicateur indirect utilisé (chiffre d'affaires des entités des EMN, diminué de leurs exportations) ne prend pas en compte les ventes à distance, et notamment les ventes numériques à distance, qui représentent une part importante des ventes dans le secteur ADS. On pourrait toujours recourir à la méthodologie employée pour les ventes CFB, à l'instar du test de robustesse présenté dans l'Annexe 2.D, en supposant l'existence d'une corrélation relativement étroite entre la ventilation des ventes numériques à distance et celle des ventes matérielles hors ventes à distance, mais il semble préférable d'opter pour une approche plus directe de la mesure des ventes ADS.

102. On pourrait envisager comme approche d'utiliser les informations de plus en plus nombreuses qui existent sur l'emplacement des utilisateurs de services numériques (à partir du trafic sur les sites internet et les applications mobiles). La qualité de ces données, néanmoins, reste incertaine et leur utilisation directe aux fins de l'analyse poserait un certain nombre de difficultés d'ordre méthodologique, ainsi que l'explique l'Encadré 2.1. Globalement, ces données semblent attester d'une corrélation relativement étroite entre, d'une part, le nombre d'utilisateurs des principaux services numériques et, d'autre part, le taux de pénétration Internet et le niveau du revenu par habitant (ces deux variables étant fortement corrélées entre elles). C'est sur ce constat que repose la méthodologie décrite ci-dessous.

Encadré 2.1. Estimation de la localisation des utilisateurs de services numériques

Le Secrétariat de l'OCDE a passé en revue différentes sources de données pour estimer l'emplacement des utilisateurs de services numériques, et notamment les données collectées par Priori (sur les utilisateurs d'applications mobiles), SEMrush (sur les utilisateurs de sites web) et Alexa (sur les deux). Globalement, malgré leur valeur informative, la pertinence de ces données aux fins de l'analyse statistique n'a pas encore pu être véritablement établie, et leur qualité n'a pas été jugée suffisante pour qu'elles puissent être utilisées directement dans les estimations de recettes dans ce rapport.

Au-delà de la question de la qualité des données, l'estimation de l'emplacement des utilisateurs des services offerts par les entreprises multinationales et la vérification de leur pertinence en tant que clé de répartition du bénéfice résiduel au titre du Pilier Un soulèvent d'autres questions pratiques. L'une de ces difficultés réside dans le fait que les sociétés de services numériques peuvent offrir plusieurs services simultanément (Facebook, Instagram et WhatsApp, par exemple, appartiennent tous à la même EMN) à des utilisateurs situés dans des endroits différents, qui peuvent contribuer de diverse façons à la « valeur ». De plus, certaines entreprises proposent à la fois des services numériques et des produits matériels (Apple, par exemple). Enfin, les utilisateurs peuvent être situés dans des juridictions multiples en cas de marché multiface (localisation du propriétaire du bien et du locataire dans le cas de Airbnb ou de Booking, par exemple).

Dans l'ensemble, l'analyse préliminaire des données provenant de Priori, SEMrush et Alexa, donne à penser que la localisation des utilisateurs de grands prestataires de services numériques est globalement corrélée au taux de pénétration Internet et au niveau de revenu (voir, par exemple, le Grahique 2.7 ci-après concernant la corrélation avec le niveau de revenu pour deux exemples de services donnés à titre d'illustration). La principale exception semble concerner la Chine, où certaines entreprises du numérique non chinoises exercent peu d'activités, voire aucune, et où prédominent les entreprises du numériques chinoises. La « valeur » des utilisateurs est plus difficile à mesurer à partir de ces sources, mais dépend aussi vraisemblablement du niveau de revenu.

Graphique 2.7. Exemple de localisation des utilisateurs de services numériques

Nombre d'utilisateurs mensuels réguliers (accès via iOS uniquement) pour 100 habitants (axe des ordonnées) et selon le PIB par habitant (axe des abscisses)
Moyenne sur l'année 2018.

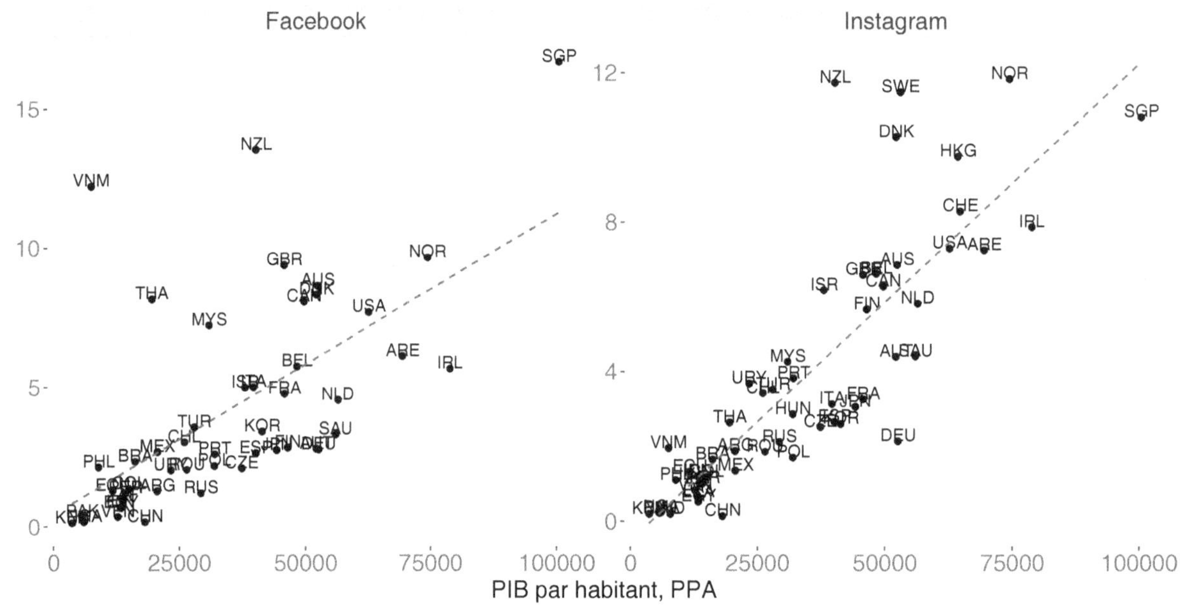

Note : les données couvrent uniquement les appareils dotés du système d'exploitation iOS. Aussi, elles ne sont pas forcément représentatives de la fréquence d'utilisation par l'ensemble des utilisateurs d'Internet.
Source : Calculs du Secrétariat de l'OCDE fondés sur les données Priori.

103. L'indicateur indirect des ventes ADS sur le territoire d'une juridiction donnée utilisé comme référence dans l'analyse correspond : (i) au nombre d'utilisateurs réguliers d'Internet dans cette juridiction, multiplié par (ii) la consommation moyenne par personne dans cette même juridiction (en tant qu'indicateur indirect de la consommation moyenne d'un utilisateur d'Internet), et par (iii) le poids des services ADS dans le panier de consommation moyen d'un utilisateur d'Internet (Graphique 2.8). Les deux premières de ces variables proviennent respectivement des statistiques de l'Union internationale des télécommunications (UIT) et des Nations Unies[15]. Dans les rares juridictions pour lesquelles ces variables ne sont pas disponibles (qui représentent, pour chacune des variables, moins de 1.5 % du PIB mondial), elles sont extrapolées à partir du PIB par habitant[16]. La troisième variable, qui ne peut être observée directement en raison du manque de données internationales complètes sur la consommation de services ADS, est supposée constante dans l'ensemble des juridictions. Il n'est pas nécessaire d'émettre d'hypothèses sur la valeur exacte de cette constante, dans la mesure où le but de l'exercice est uniquement de mesurer la part, et non le montant en valeur, des ventes réalisées dans chaque juridiction.

Graphique 2.8 Indicateur indirect de l'emplacement des ventes ADS

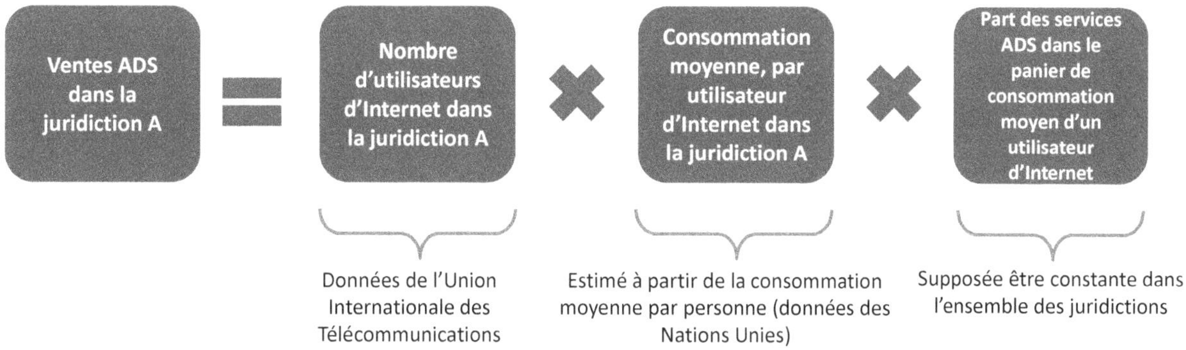

Source : Secrétariat de l'OCDE.

104. Cet indicateur indirect présente deux limites essentielles, qui se compensent probablement entre elles. Premièrement, la consommation moyenne par habitant est mesurée pour l'ensemble de la population d'une juridiction, et non pour le sous-ensemble que constituent ses utilisateurs Internet. Néanmoins, il est probable que les niveaux de revenu et de consommation des utilisateurs d'Internet soient supérieurs à ceux des non utilisateurs. Cette distinction pourrait ne pas avoir d'incidence dans les juridictions caractérisées par un taux de pénétration Internet élevé (comme la plupart des pays de l'OCDE), mais elle pourrait conduire à largement sous-estimer les ventes dans les économies à faible revenu, dans lesquelles le taux de pénétration Internet est relativement bas. Deuxièmement, on suppose que les ventes ADS représentent une part constante du panier de consommation des utilisateurs d'Internet dans l'ensemble des pays. En fait, il est probable que les services ADS représentent une part moins importante du panier de consommation dans les juridictions à faible revenu, où la pondération d'articles autres que des services (alimentation, énergie, par exemple) au sein du panier de consommation est généralement plus élevée que dans les juridictions à revenu élevé. D'où le risque que les ventes dans les juridictions à faible revenu soient surestimées. En somme, ces deux limites ont des effets opposés, d'où la difficulté à déterminer si l'indicateur indirect utilisé surestime ou sous-estime la fraction des ventes ADS réalisées dans les juridictions à faible revenu, par opposition aux juridictions à revenu élevé.

105. Une analyse de sensibilité présentée à l'Annexe 2.D suggère que les estimations d'impact du Pilier Un sur les recettes fiscales ne sont pas très sensibles à l'utilisation d'une hypothèse aboutissant à des ventes ADS plus faibles dans les juridictions à plus bas revenu que l'hypothèse de référence décrite ci-dessus. Par rapport à l'hypothèse de référence, cette analyse de sensibilité suppose que les ventes ADS dans les juridictions à bas revenu sont divisées par deux, que les ventes ADS dans les juridictions à revenu intermédiaire sont divisées par un et demi et que celles dans les juridictions à haut revenu restent inchangées[17]. L'autre analyse de sensibilité présentée à l'Annexe 2.D asuggère que l'utilisation de la méthodologie employée pour les ventes CFB à la place de la méthodologie de référence présentée dans cette section aurait relativement peu d'effet sur les estimations globales de l'impact du Pilier Un sur les recettes.

106. L'estimation de référence des ventes ADS par destination est présentée dans le Graphique 2.9. La répartition globale des ventes ADS présente certaines similitudes avec celle des ventes CFB (Graphique 2.6), mais semble plus étroitement corrélée avec le niveau de revenu des juridictions que celle-ci. Comme pour les ventes CFB, des marges d'incertitude sont retenues pour les estimations des ventes ADS aux fins du calcul des répercussions du Pilier Un sur les recettes présenté dans la section finale de ce chapitre. Ces marges d'incertitudes correspondent à une fourchette de ±25 % autour de l'estimation ponctuelle.

Graphique 2.9. Estimation des ventes des entreprises multinationales par destination

Ventes ADS en pourcentage du PIB, moyenne mondiale = 100.

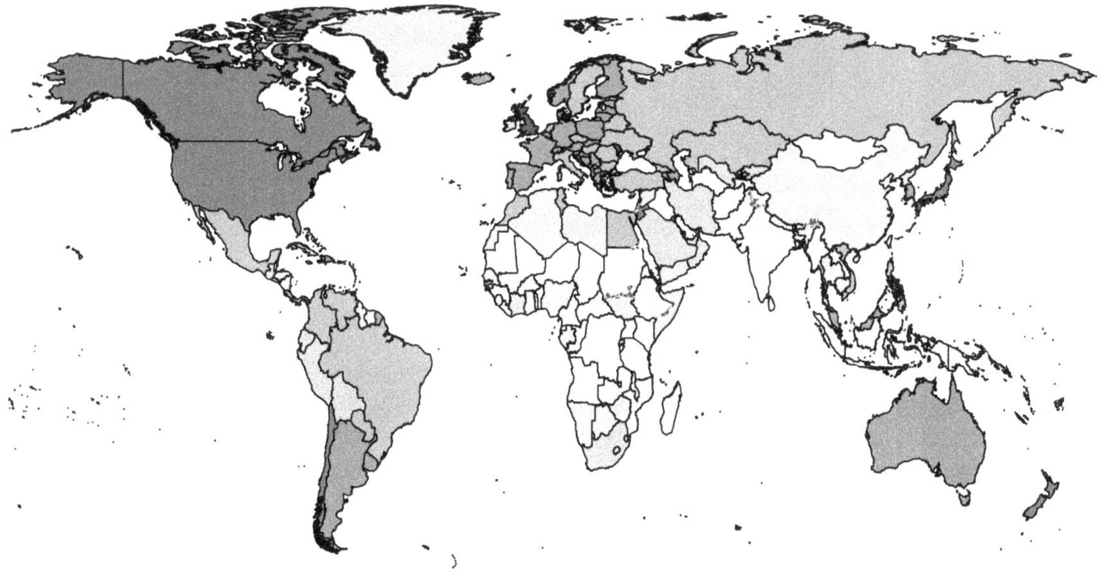

Note : L'indicateur indirect des ventes par destination des EMN du secteur ADS correspond : (i) au nombre d'utilisateurs réguliers d'Internet dans cette juridiction, multiplié par (ii) la consommation moyenne par personne dans cette même juridiction (en tant qu'indicateur indirect de la consommation moyenne d'un utilisateur d'Internet), et par (iii) le poids des services ADS dans le panier de consommation moyen d'un utilisateur d'Internet. Les ventes ADS sont présentées en pourcentage du PIB à des fins de comparabilité entre les juridictions. Le montant en valeur absolue n'est pas calculé dans l'analyse (qui est centrée sur la ventilation des ventes entre les juridictions), ce qui explique pourquoi les ventes sont présentées relativement à la moyenne mondiale (PIB pondéré) des ventes ADS rapportées au PIB. Les zones grisées correspondent aux données manquantes. Les données concernent essentiellement l'année 2016.
Source : Calculs du Secrétariat de l'OCDE.

2.5.4. Modélisation des effets d'un seuil potentiel de chiffre d'affaires déclenchant le lien

107. Les nouvelles règles relatives au lien pourraient supposer la fixation d'un seuil de chiffre d'affaires afin de déterminer si un groupe d'EMN a une présence imposable dans une juridiction. En vertu d'un tel seuil, le bénéfice résiduel d'un groupe d'EMN donné ne serait pas attribué aux juridictions dans lesquelles le total du chiffre d'affaires de ce groupe est inférieur audit seuil.

108. Évaluer l'incidence d'un tel seuil potentiel de chiffre d'affaires est difficile en raison de l'absence de données complètes sur les ventes des entreprises multinationales au niveau des entités. Face à ces difficultés, une démarche de modélisation probabiliste a été développée pour évaluer les implications d'une fourchette indicative de seuils potentiels de chiffre d'affaires déclenchant le lien dans l'ensemble des juridictions, à partir de simulations multiples fondées sur une ensemble d'hypothèses décrites dans la présente section. Comme ce raisonnement dépend inévitablement des hypothèses de départ, ces résultats doivent être considérés comme des ordres de grandeur plutôt que comme des estimations précises.

109. L'idée qui sous-tend cette modélisation est la suivante : Si tous les groupes d'EMN (secteur ADS ou CFB) réalisaient des ventes dans toutes les juridictions du monde, le chiffre d'affaires mondial d'un groupe donné, multiplié par la part moyenne d'une juridiction donnée dans le chiffre d'affaires mondial de l'ensemble des groupes d'EMN (ADS ou CFB) constituerait un indicateur raisonnable du chiffre d'affaires réalisé dans cette juridiction. Un tel indicateur ne tiendrait pas compte de l'hétérogénéité des entreprises

multinationales, mais permettrait de déterminer si les ventes d'un groupe dans une juridiction sont probablement supérieures, ou inférieures, au seuil de chiffre d'affaires retenu.

110. La situation est en réalité plus complexe dans la mesure où les groupes d'EMN ne réalisent pas tous des ventes dans toutes les juridictions. Face à cela, l'approche (qui s'appuie sur la méthode de Monte Carlo) consiste à effectuer de nombreuses simulations en prenant comme hypothèse la présence de différentes EMN dans différentes juridictions, et à appliquer le seuil de chiffre d'affaires déclenchant le lien dans chacun de ces scénarios. Enfin, l'effet du seuil de chiffre d'affaires déclenchant le lien correspond à la moyenne des effets obtenus dans l'ensemble de ces nombreuses simulations. Cette méthode de simulation a pour avantage de donner une estimation de l'effet moyen du seuil, mais également des marges d'incertitude, qui sont à leur tour utilisées pour définir des intervalles de variation autour de la mesure du chiffre d'affaires après établissement du lien qui sous-tendent les estimations du Pilier Un présentées dans la section finale de ce chapitre.

111. Dans la pratique, les chiffres relatifs aux ventes mondiales de chaque multinationale proviennent de l'ensemble des états financiers consolidés (principalement extraits de la base de données ORBIS) utilisés pour la composante A de l'analyse. Cet ensemble de données est limité aux groupes d'EMN exerçant leur activité principale dans les secteurs ADS ou CFB et dont le chiffre d'affaires mondial est supérieur à 750 millions EUR. Les chiffres relatifs à la ventilation moyenne des ventes ADS et CFB entre les juridictions sont tirés des estimations présentées dans les sections 2.5.2 et 2.5.3 ci-dessus. Enfin, on suppose que la probabilité qu'un groupe d'EMN donné (secteur ADS ou CFB) réalise des ventes dans une juridiction *j* s'exprime par l'équation suivante :

$$Pr\left(Présence\ commerciale_j\right) = \lambda * Part\ des\ ventes_j$$

112. La « $Part\ des\ Ventes_j$« correspond à la fraction des ventes mondiales de l'ensemble des entreprises multinationales (secteur ADS ou CFB) qui sont réalisées dans une juridiction *j*, et λ est un paramètre de mise à l'échelle. Selon l'idée qui sous-tend cette équation, les groupes d'EMN sont davantage susceptibles d'être présents sur les grands marchés que sur les petits. À titre d'exemple, il apparait, dans la pratique, que certaines des plus grandes multinationales des secteurs ADS et CFB réalisent des ventes (ou comptent des utilisateurs) dans la quasi-totalité des pays du monde, alors que les plus petites multinationales sont moins présentes sur les plus petits marchés (économies en développement, par exemple). Il en résulte que les entreprises multinationales sont généralement moins nombreuses à vendre leurs produits et services sur les marchés des plus petites juridictions. Ce paramètre λ reflète la propension plus ou moins forte des entreprises multinationale à être davantage présente sur les marchés de grande taille que sur les plus petits (un λ plus élevé indiquant une plus forte propension à privilégier les grands marchés)[18]. Ce paramètre n'est pas directement observable, et sa valeur a été calibrée à partir d'observations faites sur le sous-ensemble de juridictions pour lesquelles on dispose de données au niveau des entités dans la base de données FATS d'Eurostat. Cette sensibilité des résultats aux différentes valeurs de λ a également été vérifiée et les résultats sont globalement conformes aux hypothèses de référence (voir Annexe 2.B).

113. Dans chaque scénario un groupe d'EMN (secteur ADS ou CFB) pourra réaliser un chiffre d'affaires dans la juridiction *j* considérée ($Présence\ commerciale_{jms} = 1$), ou ne pas en réaliser ($Présence\ commerciale_{jms} = 0$) [19]. Le montant du chiffre d'affaires du groupe d'EMN dans cette juridiction *j* sera ensuite obtenu en multipliant le chiffre d'affaires mondial de ce groupe d'EMN m par la part représentée par cette juridiction dans le chiffre d'affaires mondial (secteur ADS ou CFB) [20].

$$Ventes_{jms} = Présence\ commerciale_{jms} * Ventes\ mondiales\ EMN_m * Part\ des\ ventes_j\ .$$

114. Si la valeur « $Ventes_{jms}$ » est supérieure au seuil de chiffre d'affaires déclenchant le lien considéré, une fraction du bénéfice résiduel de *m* sera attribuée à *j*. Le bénéfice résiduel de m est calculé à partir de ses comptes consolidés, de la même manière que pour la composante A. À l'inverse, si la valeur

« $Ventes_{jms}$ » est inférieure au seuil de chiffre d'affaires déclenchant le lien, aucun bénéfice résiduel ne sera pas attribué de l'EMN m à la juridiction j dans cette simulation.

115. Les simulations sont répétées 200 fois pour chaque paire EMN-juridiction. On calcule ensuite le montant moyen du bénéfice résiduel attribué au titre de chaque EMN et de chaque juridiction dans chacune de ces 200 simulations [21]. Enfin, ces valeurs sont additionnées pour l'ensemble des entreprises multinationales et comparées à l'estimation de référence du bénéfice résiduel attribué à la juridiction considérée en l'absence de seuil de chiffre d'affaires déclenchant le lien. Les résultats correspondant à un ensemble indicatif de seuls potentiels de chiffre d'affaires déclenchant le lien sont présentés dans le Graphique 2.10 pour cinq grands groupes de juridictions, fondés sur la taille de l'économie (voir la composition des groupes dans le Tableau 2.5).

116. Globalement, l'effet de l'application de seuils de chiffre d'affaires sur le bénéfice résiduel attribué a une incidence globalement significative dans les deux premiers groupes de juridictions (à savoir les économies les plus petites) et négligeable dans les deux derniers (autrement dit les grands économies). Dans les petites économies, l'ampleur de ces effets dépendra pour l'essentiel du niveau de seuil considéré. Enfin, les seuils envisagés dans ce chapitre ont une incidence limitée sur le montant global de bénéfice résiduel mondial à attribuer (avec une diminution inférieure à 2 %), ce qui implique que l'application du seuil n'aurait pas d'incidence significative sur le montant des allégements d'impôts qui seraient accordés au titre de la double imposition par les juridictions concernées (estimation dans la section relative à la composante E ci-dessous).

Graphique 2.10 Incidence estimée de l'application potentielle d'un seuil de chiffre d'affaires déclenchant le lien sur le bénéfice attribué.

Seuils de 1 MEUR, 3 MEUR et 5 MEUR, en comparaison de l'absence de seuil.

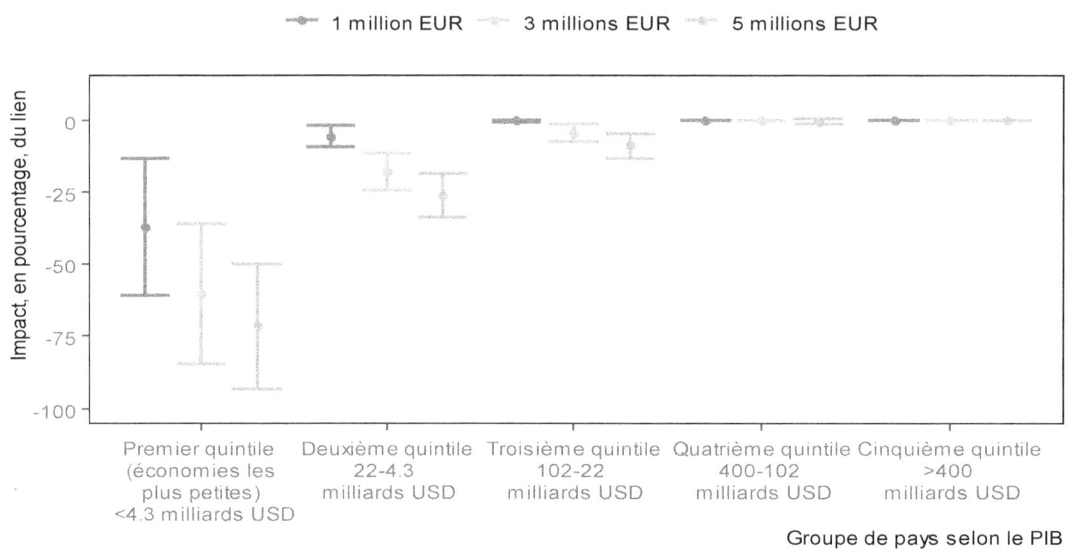

Note : à titre d'exemple, l'application d'un seuil de chiffre d'affaires de 1 MEUR devrait, selon les estimations, réduire de 13.2 % le bénéfice résiduel attribué pour le ramener à 61.1 % en moyenne dans le premier groupe de juridictions (là savoir les plus petites juridictions qui affichent un PIB inférieur à 4.3 milliards USD, voir Tableau 2.5), en comparaison d'un scénario sans seuil de chiffre d'affaires. Les intervalles sont basés sur l'écart type des résultats obtenus dans l'ensemble des multiples simulations. Les résultats présentés dans ce graphique combinent les résultats des secteurs ADS et CFB.
Source : Secrétariat de l'OCDE.

Tableau 2.5. Détail des groupes de juridictions retenus aux fins de la présentation des résultats de l'application du seuil de chiffre d'affaires déclenchant le lien

Groupes de juridictions par fourchette de PIB (milliards USD)	Juridictions incluses dans le Groupe
Premier quintile (économies les plus petites) <4.3 milliards (26 juridictions)	Andorre, Anguilla, Antigua-et- Barbuda, Aruba, Bailliage de Guernesey, Belize, Cabo Verde, Curaçao, Djibouti, Dominique, Groenland, Grenade, Îles Cook, Îles Caïmanes, Îles Féroé, les Turques et Caïques, Îles Vierges britanniques, Liberia, Montserrat, Saint-Kitts-et-Nevis, Sainte Lucie, Saint Vincent-et-les-Grenadines, San Marin, Seychelles, Sierra Leone.
Deuxième quintile 22-4.3 milliards (26 juridictions)	Arménie, Bahamas, Barbade, Bénin, Bermudes, Botswana, Brunei Darussalam, Burkina Faso, Congo, DPRK, Gabon, Géorgie, Haïti, Islande, Île-de-Man, Jamaïque, Jersey, Liechtenstein, Maldives, Malte, Maurice, Monaco, Mongolie, Papouasie-Nouvelle-Guinée, Sénégal, Zambie
Troisième quintile 102-22 milliards (26 juridictions)	Angola, Bahreïn, Bulgarie, Cameroun, Costa Rica, Côte d'Ivoire, Croatie, Estonie, Kenya, Lettonie, Lituanie, Luxembourg, Macao (Chine), Oman, Panama, Paraguay, République dominicaine, RDC, Serbie, République slovaque, Slovénie, Sri Lanka, Trinité-et-Tobago, Tunisie, Ukraine, Uruguay.
Quatrième quintile 400-102 milliards (26 juridictions)	Autriche, Chili, Colombie, République tchèque, Danemark, Égypte, Finlande, Grèce, Hong Kong (Chine), Hongrie, Irlande, Israël, Kazakhstan, Malaisie, Maroc, Nouvelle-Zélande, Norvège, Pakistan, Pérou, Portugal, Qatar, Roumanie, Singapour, Afrique du Sud, Émirats arabes unis, Viet Nam
Cinquième quintile (économies les plus grandes) >400 milliards (25 juridictions)	Allemagne, Arabie saoudite, Argentine, Australie, Belgique, Brésil, Canada, Chine, Espagne, États-Unis, France, Inde, Indonésie, Italie, Japon, Mexique, Pays-Bas, Nigéria, Pologne, Russie, Suède, Suisse, Thaïlande, Turquie, Royaume-Uni.

Note : le PIB est basé sur les données de PIB de 2016.
Source : Calculs du Secrétariat de l'OCDE.

2.6. Composante D : taux d'imposition appliqué au bénéfice résiduel reçu

117. Aux fins de la modélisation opérée dans ce chapitre, on suppose que le bénéfice résiduel attribué à une juridiction serait imposé au taux légal de l'impôt sur les bénéfices des sociétés (IS) de cette juridiction[22]. Dans la pratique, le taux d'imposition utilisé dans les estimations est le taux de l'IS combiné (national et infranational) provenant du jeu de données pour 2019 de la série de Statistiques de l'impôt sur les sociétés de l'OCDE, qui couvre plus de 90 juridictions (OECD, 2020[10]). D'autres sources sont utilisées pour les juridictions non couvertes par cette base de données (à savoir le Bureau international de documentation fiscale, KPMG, EY et la Tax Foundation).

2.7. Composante E : Part du bénéfice résiduel mondial revenant à une juridiction

118. La composante E concerne les 'juridictions accordant un allègement' (autrement dit celles depuis lesquelles le bénéfice résiduel serait réattribué). En pratique, on envisage que ces juridictions accordent un 'allégement visant à éliminer la double imposition' garantissant que le bénéfice attribué à d'autres juridictions ne soit pas imposé deux fois.

119. La conception précise des règles d'allégement de la double imposition reste toujours subordonnée aux décisions qui seront prises par le Cadre inclusif, tant en ce qui concerne la détermination des entités qui bénéficieront d'un allégement, qu'en ce qui concerne les modalités de cet allégement (exemption d'impôt sur les bénéfices réattribués ou crédit d'impôt au titre de l'impôt étranger appliqué) comme examiné dans le rapport sur le *Blueprint* du Pilier Un. Les estimations présentées dans ce chapitre sont basées sur l'hypothèse théorique selon laquelle l'allégement de la double imposition serait accordé en appliquant une méthode de l'exemption d'impôt, et que les juridictions l'accorderaient en proportion à la part du bénéfice

résiduel mondial du groupe d'EMN considéré qui est située sur leur territoire. Comme indiqué ailleurs dans ce chapitre, cette hypothèse ne préjuge pas des décisions finales qui seront prises par le Cadre inclusif. La modélisation précise de règles différentes d'allégement de la double imposition à partir des données dont dispose le Secrétariat serait difficile, mais pourrait se traduire par des résultats différents des estimations présentées dans ce chapitre.

2.7.1. Principales difficultés pour déterminer la localisation du bénéfice résiduel

120. Déterminer la localisation du bénéfice résiduel des groupes d'EMN exerçant leurs activités dans les segments ADS et CFB à l'échelle de toutes les juridictions pose trois principales difficultés :

- Les données au niveau des entités sont disponibles pour le Secrétariat de l'OCDE uniquement pour un sous-ensemble de 24 juridictions, celles pour lesquelles la couverture des données sur les états financiers non consolidés de la base ORBIS est bonne. Dans d'autres juridictions, le Secrétariat de l'OCDE dispose uniquement de données partiellement agrégées. Toutefois, tenter de calculer le bénéfice résiduel en appliquant un seuil de rentabilité directement aux données agrégées au niveau de la juridiction serait trompeur. Si par exemple une juridiction compte deux entreprises membres d'un groupe multinational non liées de taille égale, l'une réalisant un taux de rentabilité de 20 % et l'autre de 0 %, le taux de rentabilité au niveau agrégé serait de 10 %. Si le bénéfice résiduel est défini en retenant un seuil de rentabilité de 10 %, les chiffres agrégés donneraient à penser que le bénéfice résiduel dans cette juridiction est nul, alors que la première entreprise dégage bien un bénéfice résiduel.
- La plupart des données relatives à la localisation des bénéfices dont dispose le Secrétariat de l'OCDE (y compris les données agrégées et anonymisées tirées des déclarations pays par pays) ne contiennent pas d'informations sectorielles, ce qui rend difficile de distinguer les groupes d'EMN actifs dans les secteurs ADS et CFB des groupes d'EMN non couverts.
- Même après avoir déterminé le montant du bénéfice résiduel d'un groupe d'EMN dans chaque juridiction, la fraction de ce bénéfice qui bénéficierait d'un allégement de la double imposition dépend du montant du bénéfice résiduel au niveau de l'ensemble du groupe, calculé à partir des états consolidés du groupe. De fait, la somme des bénéfices résiduels calculés juridiction par juridiction (approche « ascendante ») pourrait différer de la mesure « descendante » du bénéfice résiduel calculée à partir des états consolidés et décrite dans la composante A ci-dessus. En général, la mesure « ascendante » est plus élevée que la mesure « descendante », en raison d'effets de moyenne analogues à ceux décrits dans le premier point ci-dessus. Par exemple, un groupe d'EMN composé de deux entités affichant une rentabilité respective de 5 % et 15 % pourrait avoir une rentabilité moyenne de 10 % au niveau consolidé. Si l'on retient un seuil de rentabilité de 10 % pour définir le bénéfice résiduel, ce groupe dégagerait un bénéfice résiduel nul en appliquant une mesure « descendante » de la rentabilité, alors qu'il enregistrerait un bénéfice résiduel positif (dans la deuxième entité) avec une mesure « ascendante »[23].

2.7.2. Approche globale suivie pour déterminer la localisation du bénéfice résiduel

121. Pour résoudre ces difficultés, l'approche appliquée dans ce chapitre suit un certain nombre d'étapes, qui sont résumées dans le Graphique 2.11 et décrites plus en détail dans les sections suivantes. L'objectif ultime est de construire une « matrice des bénéfices résiduels » qui cartographie le montant du bénéfice résiduel qui bénéficierait de l'allégement de la double imposition dans chaque juridiction (lignes de la matrice) et pour chaque juridiction de la société mère ultime (colonnes de la matrice). Par exemple, la cellule correspondant au couple France/États-Unis contiendrait le montant total du bénéfice des groupes d'EMN américains en France qui bénéficierait de l'allégement de la double imposition.

Graphique 2.11. Présentation de la méthode utilisée pour déterminer la localisation du bénéfice résiduel

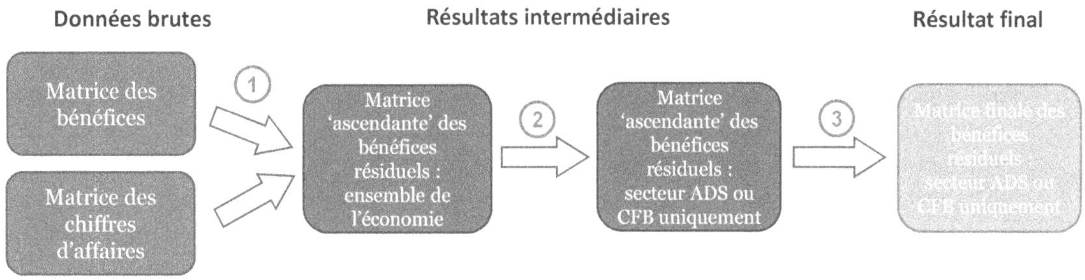

Aperçu des principales étapes de la méthodologie

(1) Pour un seuil de bénéfice résiduel donné :

Lorsque des microdonnées sont disponibles et que leur couverture est bonne (ORBIS), calculer la part du bénéfice qui est résiduel directement à partir de ces microdonnées

- Sinon, calculer le ratio agrégé bénéfice avant impôt/CA dans chaque cellule de la matrice sur la base des matrices des bénéfices et des chiffres d'affaires
- À partir de la relation moyenne entre ce ratio agrégé et la part du bénéfice qui est résiduel (estimé sur la base des données ORBIS), calculer le bénéfice résiduel dans chaque cellule

(2) Éliminer le bénéfice résiduel non couvert sur chaque ligne de la matrice des bénéfices résiduels :

- Produits de base : bénéfice résiduel éliminé en proportion de la part des produits de base dans les exportations (données CNUCED)
- Autres secteurs non couverts : bénéfice résiduel éliminé en proportion de leur part dans la valeur ajoutée (données de la base analytique AMNE)
- Bénéfice étranger des EMN américaines dans le secteur ADS : utilisation d'une mesure plus directe basée sur les données provenant du BEA des États-Unis

(3) 'Ajuster' la matrice des bénéfices résiduels pour faire en sorte que le total dans chaque colonne corresponde aux estimations au niveau des entreprises basées sur les états consolidés des EMN (ORBIS, Worldscope et autres sources)

- Procédure nécessaire parce que le calcul du bénéfice résiduel juridiction par juridiction (approche 'ascendante' suivie aux étapes précédentes) génère en général un bénéfice résiduel plus élevé que son calcul au niveau consolidé
- La mesure 'ascendante' du bénéfice résiduel sert uniquement de clé de répartition de l'allégement de la double imposition entre juridictions, tandis que le montant total de l'allégement de la double imposition dépend du montant du bénéfice résiduel calculé à partir d'états consolidés

Source : Secrétariat de l'OCDE.

122. Les principales étapes suivies pour construire cette matrice des bénéfices résiduels - pour un seuil de rentabilité donné - sont les suivantes :

1. La première étape consiste à calculer une matrice 'ascendante' des bénéfices résiduels (en les calculant juridiction par juridiction, quel que soit le montant total du bénéfice résiduel au niveau consolidé), en considérant l'ensemble de l'économie (indépendamment de la portée du Pilier Un) et sans tenir compte d'un seuil de chiffre d'affaires mondial potentiel[24]. Le point de départ consiste à construire une 'matrice des bénéfices', qui combine plusieurs sources de données en un cadre cohérent afin de cartographier la localisation des bénéfices dans les juridictions (voir la section 2.7.3et le chapitre 5 pour plus de détails). La fraction du bénéfice dans cette matrice qui est considéré comme résiduel - pour le seuil de rentabilité considéré - est calculée en utilisant les données au niveau des entités provenant de la base ORBIS dans les juridictions bien couvertes (voir la liste à l'Annexe 5.A du chapitre 5). Pour renseigner les cellules de la matrice dans d'autres juridictions, l'approche consiste à utiliser le ratio agrégé bénéfice/chiffre d'affaires, calculé à partir de la matrice des bénéfices et d'une matrice des chiffres d'affaires construite en suivant la même approche (voir la section 2.7.4et le chapitre 5). En raison des effets de moyenne évoqués précédemment, le ratio agrégé dans une juridiction ne peut pas être directement utilisé pour déterminer la fraction du bénéfice résiduel localisée dans cette juridiction. Cette fraction est donc calculée par projection, sur la base de la relation moyenne entre le ratio agrégé et la part du bénéfice résiduel dans une juridiction. Cette relation est estimée en utilisant les données au niveau des entreprises contenues dans la base ORBIS pour les juridictions bien couvertes, ainsi que l'explique plus en détail la section 2.7.5ci-dessous.
2. La deuxième étape consiste à éliminer le bénéfice résiduel des secteurs non couverts afin d'obtenir une matrice des bénéfices résiduels qui se concentre uniquement sur les secteurs ADS et CFB. Comme il est impossible d'observer directement la part des différents secteurs dans le bénéfice, les variables indicatives suivantes sont utilisées : (i) pour éliminer le bénéfice résiduel lié aux produits de base, la part des produits de base dans les exportations (à partir des données provenant de la CNUCED)[25], (ii) pour éliminer la part du bénéfice résiduel attribuable à d'autres secteurs non couverts, la part de ces secteurs dans la valeur ajoutée (à partir de la base de

données analytique AMNE de l'OCDE). Une exception concerne le bénéfice résiduel des groupes d'EMN américains dans le secteur ADS, pour lequel une méthode plus directe est employée, grâce au niveau de détail plus poussé offert par les données publiées par le BEA des États-Unis (voir la section 2.7.6).

3. La troisième et dernière étape consiste à 'remettre à l'échelle' la matrice des bénéfices résiduels à partir des estimations 'descendantes' du bénéfice résiduel basées sur les états consolidés des groupes d'EMN pour chaque juridiction de la société mère ultime, tel que calculé dans la composante A-B de la méthodologie, et en tenant compte de l'application d'un seuil potentiel de chiffre d'affaires mondial. Dès lors, la mesure juridiction par juridiction ('ascendante') du bénéfice résiduel sert uniquement de clé pour déterminer dans quelles proportions ce montant serait prélevé des juridictions qui accordent l'allégement. Si, par exemple, les états consolidés d'un groupe d'EMN indiquent un bénéfice résiduel descendant de 100, alors que l'approche juridiction par juridiction aboutit à un bénéfice résiduel ascendant de 60 dans une première juridiction, de 60 dans une deuxième juridiction et de 30 dans une troisième juridiction, alors le bénéfice résiduel total selon l'approche ascendante est de 60+60+30=150, soit plus que 100. Dans ce cas, on suppose que 40 (60*100/150) bénéficie de l'allégement de la double imposition dans la première juridiction, 40 dans la deuxième juridiction et 20 (30*100/150) dans la troisième, de sorte que le total du bénéfice résiduel bénéficiant de l'allégement (40+40+20=100) correspond à la mesure descendante du bénéfice résiduel.

123. Ces étapes sont décrites plus en détail, accompagnées de résultats intermédiaires, dans les sections qui suivent.

2.7.3. Construction d'une 'matrice des bénéfices' pour déterminer la localisation des bénéfices des groupes d'EMN

124. Identifier la localisation des bénéfices dans les juridictions est difficile en raison des limitations des sources de données existantes. De fait, il n'existe pas une source unique de données offrant une couverture complète de toutes les juridictions. Par conséquent, l'approche suivie dans ce rapport pour déterminer la localisation des bénéfices des groupes d'EMN consiste à combiner plusieurs sources dans une 'matrice des bénéfices', afin d'assurer la plus grande couverture géographique possible, tout en utilisant la source la plus fiable pour chaque point de donnée. Cette approche présente un autre avantage : lorsque plusieurs sources de données sont disponibles pour le même point de donnée, elles peuvent être utilisées pour effectuer des comparaisons, assurer la cohérence et repérer les valeurs aberrantes éventuelles.

125. En pratique, la 'matrice des bénéfices' contient le bénéfice total des entités membres de groupes d'EMN pour chaque paire de juridictions 'société mère ultime-filiale' possible (Graphique 2.12). Par exemple, la cellule France-États-Unis contiendrait le bénéfice total des EMN américaines en France. Cette matrice peut être assimilée à un tableau carré de plus de 200 colonnes (chaque colonne correspondant à une juridiction de la société mère ultime) sur plus de 200 lignes (chaque ligne correspondant à la juridiction d'une filiale).

Graphique 2.12. Matrice des bénéfices : aperçu simplifié et sources de données sous-jacentes

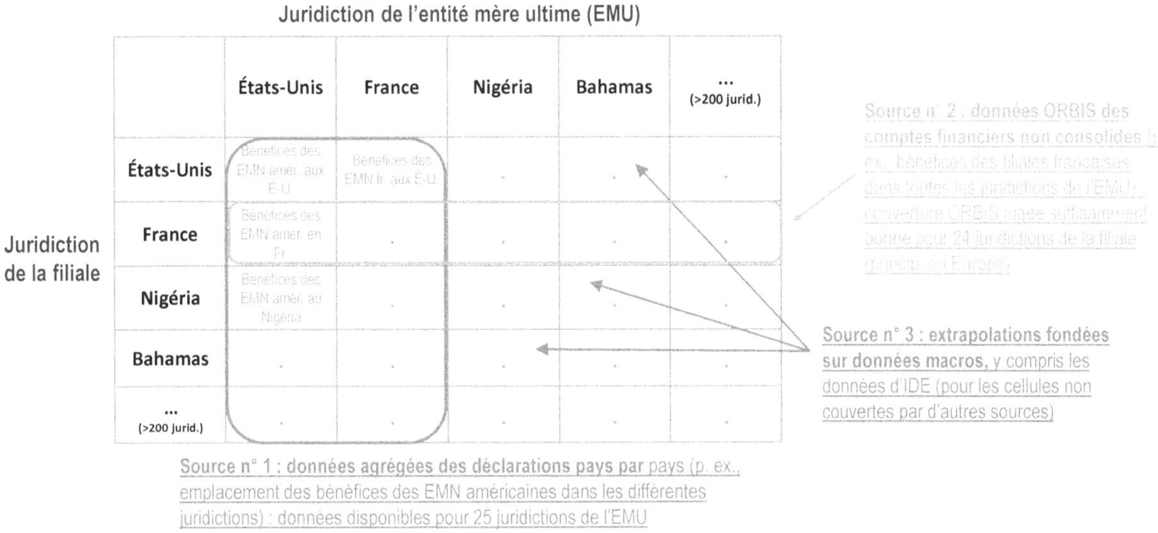

Note : Les données anonymisées et agrégées tirées des déclarations pays par pays sont utilisées pour renseigner les *colonnes* de la matrice des bénéfices (ex. bénéfice des EMN françaises dans les juridictions). Les données relatives aux états financiers non consolidés de la base ORBIS sont utilisées pour renseigner les *lignes* de la matrice (bénéfice des EMN en France, ventilé entre les juridictions de la société mère ultime). Ces deux sources sont utilisées uniquement lorsqu'elles sont disponibles, et dans le cas d'ORBIS, lorsque la couverture des données est suffisamment bonne. Les autres cellules de la matrice sont renseignées au moyen d'extrapolations basées sur des données macroéconomiques, y compris des données de l'IDE.
Source : Secrétariat de l'OCDE.

126. La matrice des bénéfices s'appuie sur trois principales sources de données, présentées ci-dessous par ordre de préférence décroissant. :

1) Données anonymisées et agrégées issues des déclarations pays par pays pour 25 juridictions de la société mère ultime (voir la liste à l'Annexe 5.A du chapitre 5) ;
2) Données sur les états financiers non consolidés de la base ORBIS dans 24 juridictions de filiales ayant une bonne couverture ORBIS (voir la liste à l'Annexe 5.A du chapitre 5) ;
3) Extrapolations basées sur des données macroéconomiques (données de l'IDE par exemple) dans les autres cellules.

127. Dans la mesure du possible, les données figurant dans la matrice des bénéfices (et dans la matrice du chiffre d'affaires décrite plus loin) portent uniquement sur les sous-groupes d'EMN bénéficiaires (autrement dit les entités membres d'un groupe d'EMN qui déclarent un bénéfice global dans la juridiction considérée), et non sur la totalité des sous-groupes (bénéficiaires *et* déficitaires). Cet angle d'approche est justifié aux fins de l'évaluation de la localisation du bénéfice résiduel, qui est l'objet de cette section, dans la mesure où les sous-groupes déficitaires ne peuvent pas dégager de bénéfice résiduel.

128. La matrice des bénéfices - à un niveau d'agrégation relativement élevé - est illustrée dans le Tableau 2.6. La méthodologie complète utilisée pour construire la matrice des bénéfices est décrite en détail dans le chapitre 5. Ce chapitre contient aussi des informations détaillées sur les sources de données utilisées dans la matrice des bénéfices, et des avertissements relatifs à leur utilisation. En outre, il présente une version plus détaillée de la matrice (contenant un plus grand nombre de groupes de juridictions que dans le Tableau 2.6), ainsi que des informations sur l'importance relative des différentes sources de données qui sous-tendent la matrice. Enfin, il livre les résultats de l'exercice de comparaison approfondi qui a été réalisé pour évaluer la qualité des données et leur cohérence d'une source à l'autre.

Tableau 2.6.. Matrice des bénéfices : résultats agrégés par grands groupes de juridictions, ensemble de l'économie

		Juridiction de l'entité mère ultime				
	(Milliards USD, 2016)	Revenu élevé	Revenu intermédiaire	Faible revenu	Centres d'investissement	Total
Juridiction de la filiale	Revenu élevé (64 jurid.)	3569.1	44.1	0.1	171.3	**3784.5**
	Revenu intermédiaire (105)	366.2	821.8	0.1	167.9	**1356.0**
	Faible revenu (29)	1.3	1.3	3.1	0.2	**5.8**
	Centres d'investissement (24)	650.9	69.5	0.0	314.3	**1034.7**
	Total	**4587.4**	**936.7**	**3.3**	**653.7**	**6181.1**

Le nombre de juridictions appartenant à chaque groupe est indiqué entre parenthèses. Les centres d'investissement désignent les juridictions dont le stock total d'IDE entrant dépasse 150 % du PIB.
Source : calculs de l'OCDE basés sur diverses sources, y compris les données anonymisées et agrégées tirées des déclarations pays par pays, les données ORBIS et des données macroéconomiques. Voir le chapitre 5 pour plus de détails.

2.7.4. Construction d'une matrice des chiffres d'affaires

129. Pour déterminer la fraction du bénéfice considéré comme résiduel, il est nécessaire de calculer le ratio bénéfice/chiffre d'affaire pour l'ensemble des cellules de la matrice des bénéfices. À cette fin, une matrice des chiffres d'affaires a été construite, en suivant la même approche que pour la matrice des bénéfices. Dans une optique de cohérence interne, les mêmes sources de données sont utilisées que pour la matrice des bénéfices dans la mesure du possible, le même ordre de préférence entre les sources est appliqué, et les données sont également centrées sur les sous-groupes d'EMN bénéficiaires. La méthodologie détaillée et les sources de données sont décrites au chapitre 5. Une version agrégée de la matrice des chiffres d'affaires est présentée dans le Tableau 2.7.

Tableau 2.7.. Matrice des chiffres d'affaires : résultats agrégés par grands groupes de juridictions, ensemble de l'économie

		Juridiction de l'entité mère ultime				
	(Milliards USD, 2016)	Revenu élevé	Revenu intermédiaire	Faible revenu	Centres d'investissement	Total
Juridiction de la filiale	Revenu élevé (64 jurid.)	37034.1	943.4	19.0	2602.3	**40598.7**
	Revenu intermédiaire (105)	4392.3	11281.2	11.5	1895.1	**17580.1**
	Faible revenu (29)	50.4	22.4	45.4	11.3	**129.6**
	Centres d'investissement (24)	3398.3	176.9	3.6	1487.3	**5066.2**
	Total	**44875.1**	**12423.9**	**79.6**	**5996.0**	**63374.6**

Note : Les groupes de juridictions (à revenu élevé, revenu intermédiaire et faible revenu) sont basés sur la classification de la Banque mondiale. Les centres d'investissement désignent les juridictions dont le stock total d'IDE entrant dépasse 150 % du PIB.
Source : calculs de l'OCDE basés sur diverses sources, y compris les données anonymisées et agrégées tirées des déclarations pays par pays, les données ORBIS, la base de données analytique AMNE, la base de données AMNE et des variables macroéconomiques. Voir le chapitre 5 pour plus de détails.

2.7.5. Construction d'une matrice 'ascendante' des bénéfices résiduels

130. La construction d'une matrice 'ascendante' des bénéfices résiduels nécessite d'évaluer la fraction du bénéfice considéré comme résiduel pour toutes les cellules de la matrice des bénéfices. Pour ce faire, on utilise directement les données relatives aux états financiers non consolidés de la base ORBIS concernant les juridictions pour lesquelles la couverture ORBIS est bonne, à la fois pour les entités membres de groupes d'EMN nationaux et étrangers (voir la liste à l'Annexe 5.A du chapitre 5)[26]. Pour chacune des juridictions considérées, le bénéfice total de chaque sous-groupe d'EMN est calculé (en additionnant toutes les entités appartenant au même groupe d'EMN qui opèrent dans cette juridiction)[27], puis divisé par le chiffre d'affaires total dugroupe d'EMN (calculé selon des modalités identiques). Le bénéfice qui dépasse le seuil de bénéfice résiduel considéré représente le bénéfice résiduel. Enfin, la fraction totale du bénéfice résiduel est calculée en additionnant le bénéfice résiduel de chaque sous-groupe d'EMN, puis en le divisant par le bénéfice total des sous-groupes d'EMN bénéficiaires dans cette juridiction.

131. Pour les cellules de la matrice dans d'autres juridictions de la filiale, la fraction du bénéfice résiduel est déterminée en se basant sur le ratio agrégé bénéfice/chiffre d'affaires (calculé à partir des matrices des bénéfices et des chiffres d'affaires) et sur la relation moyenne entre la fraction du bénéfice résiduel et ce ratio agrégé dans les différentes juridictions. Cette relation moyenne est estimée pour les juridictions j bien couvertes par la base ORBIS :

$$\left(\frac{Bénéfice\ résiduel}{Bénéfice\ total}\right)_j = \alpha + \beta\left(\frac{Bénéfice\ total}{Chiffre\ d'affaires\ total}\right)_j$$

132. Cette relation, estimée pour un seuil de rentabilité de 10 % sur le ratio bénéfice/chiffre d'affaires, est présentée dans le Graphique 2.13, où chaque point correspond à une juridiction. Si rien ne permet, sur un plan théorique, de penser que cette relation doit être linéaire, dans la pratique le nombre d'observations est insuffisant pour envisager des spécifications plus complexes. Par ailleurs, il n'est pas certain que l'utilisation de spécifications plus complexes serait gage de meilleure qualité par rapport à la spécification linéaire présentée dans le Graphique 2.13.

133. La corrélation pour d'autres seuils de rentabilité potentiels, non traitée dans ce chapitre, est globalement similaire à la corrélation observée avec un seuil de 10 %, mais les coefficients α et β dépendent du seuil de rentabilité considéré. En général, choisir un seuil plus élevé pour définir le bénéfice résiduel entraînerait une valeur α plus faible car il réduirait le montant du bénéfice résiduel, tandis que les différences potentielles dans β dépendraient de la forme de la distribution du bénéfice entre juridictions. L'analyse utilise les coefficients spécifiques α et β qui correspondent au seuil de rentabilité considéré (les résultats pour un seuil de rentabilité de 20 % sont basés sur les coefficients α et β estimés pour ce seuil).

134. Les matrices 'ascendantes' des bénéfices résiduels peuvent être calculées à partir de cette méthode. Étant donné que cette matrice dépend du seuil de rentabilité considéré, il n'existe pas une matrice unique. Au contraire, une matrice différente peut être calculée pour chaque seuil de rentabilité envisagé. Les résultats présentés dans cette section sont fondés, à titre d'illustration, sur des seuils de rentabilité de 10 % et de 20 %, et sont présentés dans le Tableau 2.8. Les matrices portent sur l'ensemble de l'économie (et pas seulement sur les secteurs ADS et CFB) et sont basées sur un calcul 'ascendant' du profit résiduel juridiction par juridiction (plutôt qu'un calcul 'descendant' à partir des résultats consolidés au niveau du groupe), ce qui explique pourquoi le montant total du bénéfice résiduel est beaucoup plus élevé que dans les estimations correspondantes de la composante A présentée plus haut.

Graphique 2.13. Relation moyenne entre la fraction du bénéfice résiduel et le ratio agrégé bénéfice/chiffre d'affaires

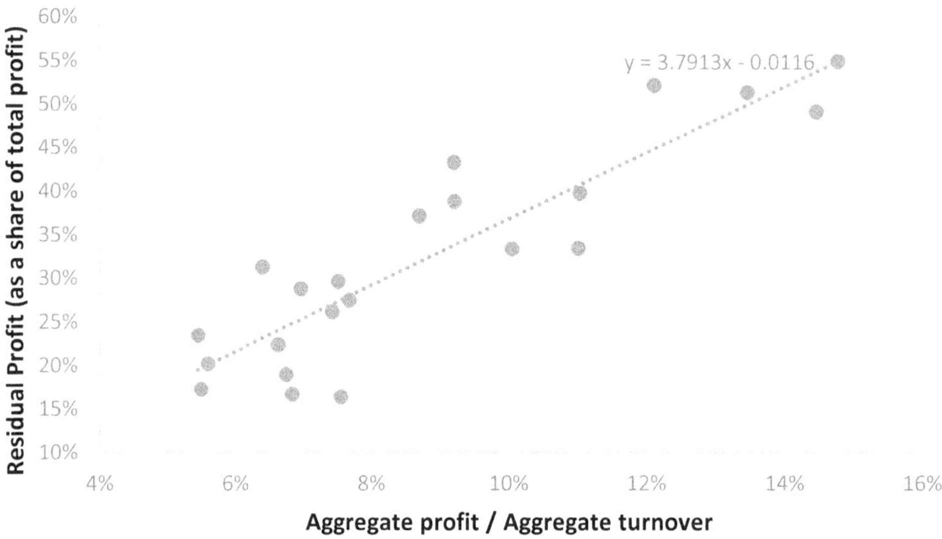

Note : Chaque point correspond à une juridiction. L'échantillon se compose de juridictions pour lesquelles les états financiers non consolidés sont relativement bien couverts dans la base ORBIS. Le bénéfice résiduel est calculé pour chaque groupe d'EMN en appliquant un seuil de 10 % au ratio bénéfice avant impôt/chiffre d'affaires pour les comptes des EMN au niveau de la juridiction (somme de toutes les entités non consolidées membres du groupe d'EMN dans la juridiction considérée). Les entreprises multinationales déficitaires dans la juridiction sont exclues de l'échantillon. Le ratio bénéfice total/chiffre d'affaires est calculé à partir des données ORBIS en utilisant le même échantillon d'entreprises pour assurer la cohérence.
Source : Calculs de l'OCDE fondés sur les données ORBIS.

Tableau 2.8. Matrice 'ascendante' des bénéfices résiduels, ensemble de l'économie

		Partie A : hypothèse d'un seuil de rentabilité de 10 %				
		Juridiction de l'entité mère ultime				
	(Milliards USD, 2016)	**Revenu élevé**	**Revenu intermédiaire**	**Faible revenu**	**Centres d'investissement**	**Total**
Juridiction de la filiale	Revenu élevé 64 jurid.)	1394.1	20.0	0.0	65.9	**1480.0**
	Revenu intermédiaire (105)	165.8	254.7	0.1	76.2	**496.8**
	Faible revenu (29)	0.8	1.0	0.8	0.1	**2.7**
	Centres d'investissement (24)	503.8	66.4	0.0	260.4	**830.6**
	Total	**2064.4**	**342.2**	**0.9**	**402.5**	**2810.0**

				Partie B : hypothèse d'un seuil de rentabilité de 20 %			
				Juridiction de l'entité mère ultime			
	(Milliards USD, 2016)	**Revenu élevé**	**Revenu intermédiaire**	**Faible revenu**	**Centres d'investissement**	**Total**
Juridiction de la filiale	Revenu élevé (64 jurid.)	710.4	12.3	0.0	38.5	**761.3**
	Revenu intermédiaire (105)	94.0	113.5	0.1	50.2	**257.8**
	Faible revenu (29)	0.5	0.8	0.3	0.1	**1.7**
	Centres d'investissement (24)	402.4	64.1	0.0	224.7	**691.3**
	Total	**1207.3**	**190.8**	**0.4**	**313.5**	**1712.0**

Note : Les groupes de juridictions (à revenu élevé, revenu intermédiaire et faible revenu) sont basés sur la classification de la Banque mondiale. Les centres d'investissement désignent les juridictions dont le stock total d'IDE entrant dépasse 150 % du PIB. Cette matrice 'ascendante' des bénéfices résiduels prend en compte le montant du bénéfice résiduel calculé juridiction par juridiction, sur la base d'un seuil de rentabilité (bénéfice avant impôt/chiffre d'affaires) de 10 %, tous secteurs confondus.
Source : Calculs du Secrétariat de l'OCDE.

2.7.6. Ciblage de la matrice 'ascendante' des bénéfices résiduels sur les secteurs ADS et CFB

135. Cette étape de la méthodologie a pour but d'éliminer le bénéfice résiduel provenant des secteurs non couverts afin d'obtenir une matrice des bénéfices résiduels qui se concentre uniquement sur les secteurs ADS et CFB. Ce n'est pas simple dans la mesure où la part des différents secteurs dans le bénéfice (et plus encore dans le bénéfice résiduel) n'est généralement pas observable dans les données disponibles (données anonymisées et agrégées tirées des déclarations pays par pays, par exemple). La seule exception concerne les données provenant du BEA des États-Unis, qui combinent des informations géographiques et sectorielles sur la localisation du bénéfice et des ventes des groupes d'EMN, comme expliqué ci-dessous.

136. Dans ce contexte, la méthodologie repose sur les variables indicatives et hypothèses suivantes :

- La part du bénéfice résiduel lié aux produits de base dans une juridiction est supposée être proportionnelle à la part des produits de base dans les exportations de marchandises de cette juridiction. Les données relatives à la composition des exportations par catégorie de produits sont extraites de la matrice des échanges de marchandises de la CNUCED[28].
- Le bénéfice résiduel d'autres secteurs non couverts est plus difficile à déterminer et peut être réparti plus uniformément entre juridictions que le bénéfice résiduel provenant des produits de base, qui selon toute vraisemblance se concentre essentiellement dans les juridictions qui fabriquent des produits de base. La part du bénéfice résiduel provenant de ces autres secteurs non couverts est supposée être proportionnelle à la part de ces secteurs non couverts dans la valeur ajoutée générée par les groupes d'EMN dans la juridiction considérée. Ces parts sont calculées à partir des données de la base analytique AMNE de l'OCDE, qui présente l'avantage de croiser les dimensions géographiques et sectorielles. Malheureusement, les données de la base analytique AMNE ne couvrent pas le bénéfice, et la distribution de la valeur ajoutée constitue la variable indicative la plus proche de la distribution du bénéfice. Dans la base analytique AMNE, les secteurs ADS et CFB sont identifiés selon les mêmes modalités que dans la section 2.5 ci-dessus.

137. Une exception à l'application de cette méthodologie concerne le bénéfice résiduel des groupes d'EMN américains dans le secteur ADS, pour lequel une méthode plus directe est employée, sur la base de données détaillées provenant du BEA des États-Unis. Pour ces groupes d'EMN, la distribution du bénéfice résiduel hors des États-Unis est calculée à partir de la localisation du bénéfice (en utilisant la

variable « profit-type return », ou 'rendement de type bénéfice', comme mesure des bénéfices) et des ventes des groupes d'EMN dans le 'secteur de l'information'. Bien que ce secteur ne recoupe pas exactement celui ADS, il semble être suffisamment proche pour pouvoir servir de variable indicative[29]. Cette approche est possible uniquement pour les groupes d'EMN américains, car les autres juridictions ne publient pas des données aussi détaillées, combinant les informations géographiques et sectorielles sur la localisation du bénéfice et des ventes des EMN. L'approche reposant sur les données du BEA est privilégiée par rapport à la méthodologie décrite ci-dessus qui est appliquée dans d'autres juridictions, car elle procure des informations plus directes sur la localisation du bénéfice et des ventes dans le secteur ADS. La mesure du bénéfice utilisée ('rendement de type bénéfice') échappe au problème du double comptage évoqué par Blouin et Robinson (2019[11]) (voir également Clausing (2020[12])). Par souci de cohérence avec le reste de la méthodologie, la part du bénéfice réalisé par les groupes d'EMN américains dans le secteur ADS qui est résiduel dans chaque juridiction étrangère est calculée à partir du ratio agrégé bénéfice/chiffre d'affaires (tiré des données du BEA) et de la relation décrite dans le Graphique 2.13. Contrairement au secteur ADS, les données du BEA ne sont pas utilisées pour le secteur CFB, car les activités CFB seraient beaucoup plus difficiles à isoler dans les données du BEA (la plupart des secteurs couverts par les données du BEA associent des activités CFB et non CFB).

138. Les matrices 'ascendantes' des bénéfices résiduels qui en résultent, axées sur les secteurs ADS et CFB, pour un seuil de rentabilité de 10 % et de 20 %, sont présentées dans le Tableau 2.9. Les montants du bénéfice résiduel mondial sont beaucoup plus faibles que dans le Tableau 2.8 puisque le champ est plus étroit par rapport à ce tableau. De fait, les estimations figurant dans le Tableau 2.8 englobent l'ensemble de l'économie, y compris les activités non couvertes. Pourtant, le montant du bénéfice résiduel mondial demeure beaucoup plus élevé que celui calculé dans la composante A ci-dessus (voir le Tableau 2.3), ce qui confirme la nécessité de l'ajustement ('mise à l'échelle') effectué dans la section suivante.

Tableau 2.9.. Matrice 'ascendante' des bénéfices résiduels, secteurs ADS et CFB uniquement

	Partie A : hypothèse d'un seuil de rentabilité de 10 %					
		Juridiction de l'entité mère ultime				
	(Milliards USD, 2016)	**Revenu élevé**	**Revenu intermédiaire**	**Faible revenu**	**Centres d'investissement**	**Total**
Juridiction de la filiale	Revenu élevé (64 jurid.)	531.4	6.4	0.0	24.0	**561.8**
	Revenu intermédiaire (105)	57.2	87.9	0.0	24.5	**169.5**
	Faible revenu (29)	0.2	0.2	0.2	0.0	**0.7**
	Centres d'investissement (24)	192.4	26.5	0.0	104.4	**323.4**
	Total	**781.2**	**121.0**	**0.3**	**152.9**	**1055.3**

		Partie B : hypothèse d'un seuil de rentabilité de 20 %				
		Juridiction de l'entité mère ultime				
	(Milliards USD, 2016)	**Revenu élevé**	**Revenu intermédiaire**	**Faible revenu**	**Centres d'investissement**	**Total**
Juridiction de la filiale	Revenu élevé (64 jurid.)	268.8	3.9	0.0	13.6	**286.2**
	Revenu intermédiaire (105)	30.7	39.5	0.0	16.8	**87.0**
	Faible revenu (29)	0.1	0.2	0.1	0.0	**0.4**
	Centres d'investissement (24)	152.1	25.7	0.0	90.4	**268.1**
	Total	**451.8**	**69.1**	**0.1**	**120.7**	**641.8**

Note : Les groupes de juridictions (à revenu élevé, revenu intermédiaire et faible revenu) sont basés sur la classification de la Banque mondiale. Les centres d'investissement désignent les juridictions dont le stock total d'IDE entrant dépasse 150 % du PIB. Cette matrice 'ascendante' des bénéfices résiduels prend en compte le montant du bénéfice résiduel calculé juridiction par juridiction, sur la base d'un seuil de rentabilité (bénéfice avant impôt/chiffre d'affaires) de 10 %, uniquement pour les groupes d'EMN actifs dans les secteurs ADS et CFB.
Source : Calculs du Secrétariat de l'OCDE.

2.7.7. Matrice des bénéfices résiduels : Mise à l'échelle pour assurer la cohérence avec la mesure 'descendante' du bénéfice résiduel

139. La dernière étape pour construire la matrice 'descendante' des bénéfices résiduels qui est utilisée pour calculer le montant du bénéfice bénéficiant de l'allégement de la double imposition consiste à ajuster (mettre à l'échelle) la matrice 'ascendante' décrite dans le Tableau 2.9 pour qu'elle cadre avec les estimations 'descendantes' du bénéfice résiduel. Comme mentionné précédemment, cet ajustement est nécessaire pour prendre en compte le fait que la mesure 'ascendante' du bénéfice résiduel sert uniquement de clé pour identifier les juridictions où l'allégement de la double imposition doit avoir lieu, tandis que le montant total de l'allégement à accorder dépendrait du montant du bénéfice résiduel calculé à partir des états financiers consolidés des groupes d'EMN. Par exemple, certains groupes d'EMN peuvent afficher une rentabilité supérieure au seuil de rentabilité dans certaines juridictions, mais une rentabilité faible dans d'autres juridictions, leur permettant de neutraliser en tout ou partie ce bénéfice résiduel[30].

140. Cet ajustement est effectué en ajustant le bénéfice résiduel proportionnellement dans chaque colonne de la matrice 'ascendante', de manière à ce que le bénéfice résiduel total dans chaque colonne soit égal au bénéfice résiduel total des groupes d'EMN ayant une société mère ultime dans la juridiction considérée, tel que calculé à partir de la base de données des états financiers consolidés des groupes d'EMN utilisés dans l'analyse de la composante A, en s'intéressant uniquement aux EMN des secteurs ADS et CFB. Si par exemple les groupes d'EMN américains ont un bénéfice résiduel total de 100 dans la matrice 'ascendante' (bénéfice résiduel total dans la colonne États-Unis) et si les états financiers consolidés des groupes d'EMN indiquent un bénéfice résiduel total de 60, l'ajustement consiste à réduire de 40 % le montant dans chaque cellule de la colonne États-Unis de la matrice des bénéfices résiduels pour obtenir la matrice 'ascendante' finale.

141. Cet ajustement garantit une cohérence entre la matrice finale et les estimations du bénéfice résiduel mondial présentées dans la composante A ci-dessus, et fait en sorte que le montant du bénéfice résiduel attribué au titre du Pilier Un soit égal au montant du bénéfice résiduel pour lequel l'allégement de la double imposition est accordé. Il prend également en compte les conséquences éventuelles d'une application d'un seuil de chiffre d'affaires mondial au titre du Pilier Un. En effet, les estimations du bénéfice résiduel utilisées en tant que totaux de colonnes tiennent compte de l'application de ce seuil de chiffre d'affaires. Si, par exemple, avec le seuil de chiffre d'affaires considéré, une juridiction de la société mère ultime voit une partie de ses groupes d'EMN non couverts, et que ces groupes d'EMN représentaient 30 % du bénéfice résiduel total de l'ensemble des groupes d'EMN provenant de cette juridiction, alors le montant du bénéfice résiduel dans la colonne correspondant à cette juridiction sera minoré de 30 % par rapport au

scénario sans seuil de chiffre d'affaires. Cette méthode garantit qu'en définitive le bénéfice résiduel mondial dans chaque colonne de la matrice finale est cohérent avec l'estimation de la composante A-B après application du seuil de chiffre d'affaires[31].

142. Les matrices finales des bénéfices résiduels, pour un seuil de rentabilité de 10 % et de 20 % et un seuil de chiffre d'affaires mondial de 750 millions EUR, sont présentées dans le Tableau 2.10. Le bénéfice résiduel total avoisine 500 milliards USD dans le premier cas, et 170 milliards USD dans le second. Par construction, ces totaux correspondent exactement aux estimations de la composante A en retenant les mêmes hypothèses (présentée dans le Tableau 2.3). Sur la base de ces hypothèses, les résultats indiquent que le bénéfice résiduel des groupes d'EMN actifs dans les secteurs ADS et CFB se trouve principalement dans des juridictions à revenu élevé et dans des centres d'investissement, ce qui laisse penser que ce sont les principales juridictions qui accorderaient l'allégement de la double imposition, tandis que le bénéfice résiduel localisé dans les juridictions à bas revenu est très faible.

Tableau 2.10.. Matrice 'descendante' finale des bénéfices résiduels utilisée pour calculer l'allégement de la double imposition, secteurs ADS et CFB

Partie A : hypothèse d'un seuil de rentabilité de 10 % et d'un seuil de chiffre d'affaires mondial de 750 millions EUR

		Juridiction de l'entité mère ultime				
	(Milliards USD, 2016)	**Revenu élevé**	**Revenu intermédiaire**	**Faible revenu**	**Centres d'investissement**	**Total**
Juridiction de la filiale	Revenu élevé (64 jurid.)	275.3	1.2	0.0	11.8	**288.3**
	Revenu intermédiaire (105)	26.7	26.1	0.0	5.7	**58.5**
	Faible revenu (29)	0.1	0.1	0.0	0.0	**0.1**
	Centres d'investissement (24)	111.6	7.0	0.0	27.9	**146.4**
	Total	**413.6**	**34.3**	**0.0**	**45.4**	**493.4**

Partie B : hypothèse d'un seuil de rentabilité de 20 % et d'un seuil de chiffre d'affaires mondial de 750 millions EUR

		Juridiction de l'entité mère ultime				
	(Milliards USD, 2016)	**Revenu élevé**	**Revenu intermédiaire**	**Faible revenu**	**Centres d'investissement**	**Total**
Juridiction de la filiale	Revenu élevé (64 jurid.)	86.0	0.4	0.0	3.1	**89.5**
	Revenu intermédiaire (105)	7.6	5.8	0.0	1.4	**14.8**
	Faible revenu (29)	0.0	0.0	0.0	0.0	**0.0**
	Centres d'investissement (24)	55.6	3.4	0.0	10.9	**69.8**
	Total	**149.2**	**9.6**	**0.0**	**15.4**	**174.2**

Note : Les groupes de juridictions (à revenu élevé, revenu intermédiaire et faible revenu) sont basés sur la classification de la Banque mondiale. Les centres d'investissement désignent les juridictions dont le stock total d'IDE entrant dépasse 150 % du PIB. Cette matrice 'descendante' des bénéfices résiduels est calculée en ajustant la matrice présentée dans le Tableau 2.9 afin de faire en sorte que le montant total du bénéfice résiduel dans chaque colonne soit égal au montant total du bénéfice résiduel calculé sur la base des états financiers consolidés des groupes d'EMN qui ressort de la composante A. Par convention, cette matrice retient un seuil de rentabilité de 10 % (bénéfice avant impôt/chiffre d'affaires) et un seuil de chiffre d'affaires mondial de 750 millions EUR. Elle s'intéresse uniquement aux secteurs ADS et CFB.
Source : Calculs du Secrétariat de l'OCDE.

2.7.8. Estimation consécutive de la part du bénéfice résiduel revenant à une juridiction

143. En dernier lieu, la part du bénéfice résiduel mondial revenant à une juridiction, qui correspond à la composante F de la formule présentée dans le Graphique 2.1, équivaut au total de la ligne de cette juridiction dans la matrice 'descendante' finale (Tableau 2.10) divisé par le bénéfice résiduel total dans cette matrice.

144. Pour refléter l'incertitude qui entoure les données utilisées, comme dans le cas des ventes par destination (composante C), les résultats présentés dans la section finale de ce chapitre intègrent une marge d'incertitude autour de la part du bénéfice résiduel revenant à chaque juridiction (autrement dit la composante E). Cet intervalle sera plus ou moins large selon que les données dans la matrice des bénéfices pour la juridiction considérée (en tant que juridiction d'une filiale, sur la ligne de la matrice correspondant à sa juridiction) sont basées sur des données 'certaines' sur les bénéfices des EMN (données anonymisées et agrégées issues des déclarations pays par pays ou de la base ORBIS) ou sur des extrapolations basées sur des données macroéconomiques (IDE, par exemple). S'agissant d'une juridiction pour laquelle la matrice des bénéfices repose exclusivement sur des données certaines, l'intervalle correspondant à la composante E couvre une plage de ±10 % autour de l'estimation ponctuelle. Dans le cas d'une juridiction pour laquelle la matrice des bénéfices repose exclusivement sur des extrapolations, l'intervalle est de ±20 %. Concernant les juridictions qui font appel à ces deux catégories de données, la largeur de l'intervalle se situe entre ces deux valeurs[32].

2.8. Composante F : taux d'imposition applicable à l'allégement de la double imposition

145. Une fois calculé le montant du bénéfice ouvrant droit à un allégement au titre de la double imposition, l'étape finale de l'analyse consiste à évaluer le taux auquel serait accordé l'allègement de la double imposition, lequel dépend du taux auquel le bénéfice allégé a été imposé avant l'application des règles du Pilier Un. Quoiqu'il s'agisse d'une composante importante de l'évaluation, sa modélisation est assortie d'importantes incertitudes, en raison des limites de données liées à la mesure du taux effectif d'imposition (TEI) applicable aux entreprises multinationales dans les différentes juridictions, mais aussi parce que le taux d'imposition appliqué à l'allégement de la double imposition dépendra de considérations relatives à la conception du Pilier Un et à ses interactions avec d'autres règles fiscales qui seront *in fine* tranchées par le Cadre inclusif.

146. On pourrait partir du principe que l'allégement de la double imposition serait calculé au taux légal de l'IS applicable dans la juridiction qui l'accorde. Cela vaudrait, par exemple, pour une entreprise multinationale soumise avant l'application des règles du Pilier Un à un taux d'imposition calculé sur la base du taux légal de l'IS de la juridiction considérée. L'entreprise multinationale considérée pourrait avoir bénéficié de dispositions fiscales liées à son activité économique, telles que des règles d'amortissement accéléré ou des incitations fiscales en faveur de la R&D, se traduisant par un TEI (tel que calculé par exemple à partir des données de comptabilité financière) inférieur au taux légal de l'IS. Ce scénario pourrait tout de même être compatible avec l'octroi d'un allégement de la double imposition au taux légal de l'IS, dès l'instant où ces autres dispositions n'interfèrent pas avec celles du Pilier Un.

147. On peut toutefois également envisager d'autres cas de figure, dans lesquels le taux d'imposition applicable à l'allégement de la double imposition serait inférieur au taux légal de l'IS. Cela pourrait notamment être le cas dès lors qu'une EMN bénéficie d'un taux d'imposition préférentiel inférieur au taux légal (taux appliqué aux revenus de brevets ou « patent box » ou zones économiques spéciales, notamment) en prenant pour hypothèse que l'allégement de la double imposition serait accordé à ce taux préférentiel. On pourrait également envisager une situation dans laquelle l'allégement de la double imposition serait accordé sous la forme d'un crédit d'impôt (par opposition à une exemption d'impôt), lequel

serait accordé par la juridiction nationale au titre des impôts acquittés dans la juridiction de marché à laquelle est attribué le bénéfice résiduel. Dans ce cas, le taux d'imposition applicable à l'allégement de la double imposition pourrait être fixé à un niveau inférieur au taux national de l'IS si le taux d'imposition en vigueur dans la juridiction de marché est inférieur.

148. Au vu de ces incertitudes, les résultats présentés dans la section finale de ce chapitre supposent que le taux d'imposition appliqué à l'allégement de la double imposition se situe dans une fourchette comprise entre une estimation haute, correspondant au taux légal de l'IS (déterminé à partir des mêmes sources que dans la composante D ci-dessus) et une estimation plus basse. Cette dernière est fixée arbitrairement à 5 points de pourcentage en-dessous du taux légal de l'IS, sauf dans le cas des centres d'investissement, où elle se fonde sur le taux effectif d'imposition minimum des EMN, tel qu'il ressort de différentes sources (données du BEA des États-Unis sur les impôts acquittés et les déclarations par catégorie de bénéfices, données provenant de Tørsløv et al. (2018[2]), et données anonymisées et agrégées issues des déclarations pays par pays) également utilisées dans l'analyse au titre du Pilier Deux (voir le chapitre 3 pour plus de détails sur ces sources).

2.9. Présentation générale des résultats

149. Les effets du Montant A du Pilier Un sur les bases d'imposition et les recettes fiscales des différentes juridictions ont été estimés par le Secrétariat de l'OCDE à partir de la méthodologie présentée dans ce chapitre. Comme indiqué dans le chapitre 1, ces résultats par juridiction ont été partagés de façon confidentielle et bilatérale avec la plupart des membres du Cadre inclusif. Le Secrétariat de l'OCDE a fourni, à leur demande, des estimations à plus de 115 juridictions. Ces résultats ont été communiqués sous la forme « d'outils » d'estimation des recettes, lesquels permettent aux juridictions d'analyser les effets estimés sur les recettes fiscales de leur pays d'un éventail de paramètres potentiels différents au titre du Pilier Un (seuil de chiffre d'affaires mondial, seuil de rentabilité, taux de réattribution et seuil déclenchant le lien) et d'établir une distinction entre la part des activités ADS et CFB dans ces résultats. Les estimations sont présentées dans ces outils sous la forme de fourchettes afin de refléter l'incertitude qui entoure les données.

150. Les vastes consultations avec les membres du Cadre inclusif n'ont pas permis de décider si les estimations par juridiction devaient être diffusées publiquement dans le cadre de l'évaluation d'impact économique. Faute de consensus sur ce point, ce chapitre ne contient aucune estimation par juridiction.

151. Ce chapitre présente également, de façon relativement agrégée, les résultats par groupes de juridictions. Les juridictions peuvent être regroupées :

- **Par niveau de revenu** : les juridictions sont réparties en quatre groupes : (i) les juridictions à niveau élevé de revenu ; (ii) les juridictions à revenu intermédiaire ; (iii) les juridictions à faible revenu, selon la classification de la Banque mondiale ; et (iv) les « centres d'investissement », définis comme les juridictions dont le ratio IDE entrants/PIB est supérieur à 150 % ;
- **Par taux légal de l'IS** : les juridictions sont réparties en quatre groupes selon leur taux légal de l'IS en 2019 : inférieur ou égal à 10 %, (ii) 10-20 %, (iii) 20-30 %, et (iv) supérieur à 30 %[33].

152. Les résultats sont présentés pour un ensemble indicatif d'hypothèses concernant les paramètres du Pilier Un, et notamment pour un seuil de chiffre d'affaires mondial de 750 MEUR, un seuil de rentabilité (fondé sur le bénéfice avant impôts rapporté au chiffre d'affaires) de 10 ou 20 %, un pourcentage de réattribution de 10, 20 ou 30 %, un seuil de chiffre d'affaires établissant le lien de 1 million EUR pour le secteur ADS et de 3 millions EUR pour le secteur CFB. Les résultats sont soumis aux réserves énumérées dans la première section de ce chapitre. Ils sont présentés sous la forme de fourchettes pour refléter l'incertitude qui entoure les estimations. Les hypothèses retenues pour définir ces fourchettes sont présentées dans les sections correspondant aux différentes composantes de l'analyse (localisation des

ventes par destination des EMN, effet estimé du seuil de chiffre d'affaires déclenchant le lien, localisation du bénéfice résiduel des EMN, taux d'imposition applicable à l'allégement de la double imposition)[34].

2.9.1. Effets du Pilier Un sur les bases d'imposition

153. L'incidence du Montant A du Pilier Un sur la base d'imposition mondiale est nulle. En effet, la finalité du Montant A est de réattribuer la base d'imposition entre les juridictions, sans modifier l'assiette mondiale de l'impôt. Les groupes de juridictions qui bénéficient le plus de cette réattribution de la base d'imposition (en pourcentage de leur PIB) sont les juridictions à faible revenu et à revenu intermédiaire, les gains en termes de base d'imposition étant généralement plus modestes dans les juridictions à revenu élevé (voir les résultats présentés à l'Annexe 2.C). Les centres d'investissement, en revanchent, voient leur base d'imposition amputée du fait de la réattribution, une part significative du bénéfice résiduel étant actuellement localisée dans ces centres. Les résultats selon le taux légal de l'IS sont cohérents. Les juridictions appliquant les taux d'imposition les plus élevés (20-30 %, voire au-dessus de 30 %), verront leur base d'imposition augmenter le plus, tandis que les juridictions qui affichent un taux plus faible (10-20 %, voire 0-10%) auront tendance à voir leur base d'imposition diminuer.

2.9.2. Effets du Pilier Un sur les recettes fiscales

154. L'application du Montant A au titre du Pilier Un représente au niveau mondial un gains de recettes fiscales (Graphique 2.14). En effet, en moyenne, la base d'imposition est réattribuée aux juridictions qui pratiquent des taux d'imposition relativement élevés depuis les juridictions qui appliquent des taux d'imposition plus faibles. Néanmoins, ce gain de recettes fiscales reste d'ampleur modeste - moins de 1 % des recettes mondiales tirées de l'IS - quel que soit l'ensemble d'hypothèses sous-jacentes retenues (Graphique 2.14). En moyenne, les groupes de juridictions à revenu élevé, intermédiaire et faible verront tous leurs recettes fiscales augmenter légèrement. Ces gains seront généralement supérieurs (en pourcentage des recettes de l'IS actuelles) dans les juridictions à faible revenu, qui concentrent actuellement peu de bénéfice résiduel. Ces gains seront également plus importants dans les juridictions dont le taux légal de l'IS est relativement élevé. À l'inverse, les juridictions dont le taux légal de l'IS est inférieur à 10 %, ou compris entre 10 et 20 % verront en moyenne leurs recettes fiscales diminuer. Cette perte de recettes sera comparativement plus faible dans les juridictions du premier groupe (malgré une réduction plus importante de la base d'imposition) étant donné qu'elles accorderont peu d'allégements au titre de la double imposition en raison de leurs faibles taux d'imposition (voire aucun allégement dans le cas des juridictions à taux zéro).

Graphique 2.14. Effets estimés du Pilier Un sur les recettes fiscales, par groupes de juridictions

Partie A: réattribution de 10% au marché

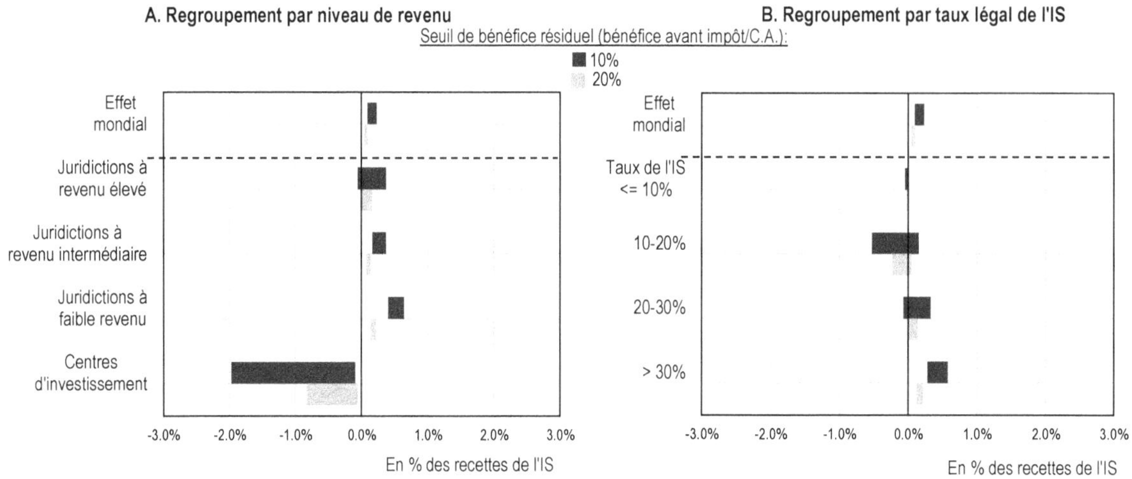

Partie B: réattribution de 20% au marché

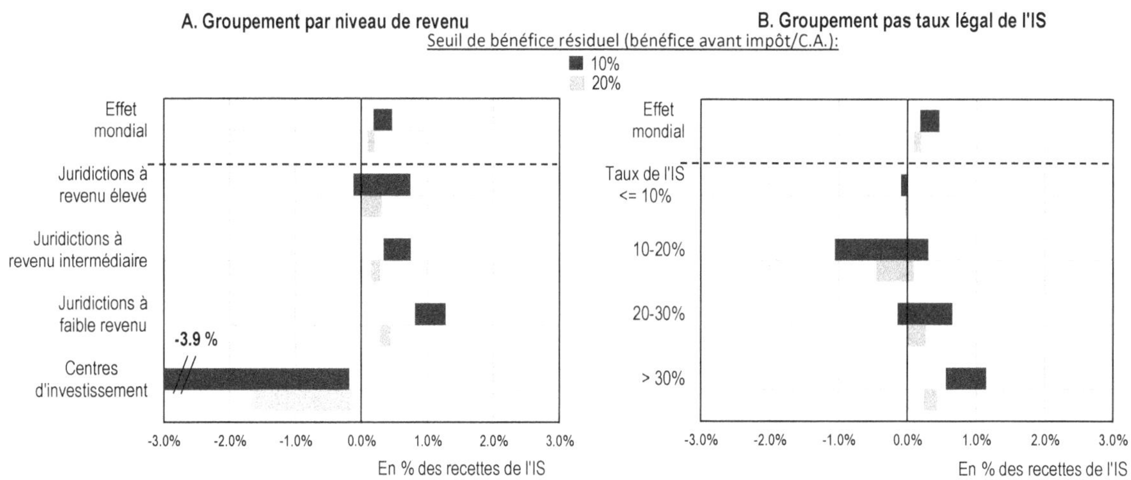

Partie C: réattribution de 30% au marché

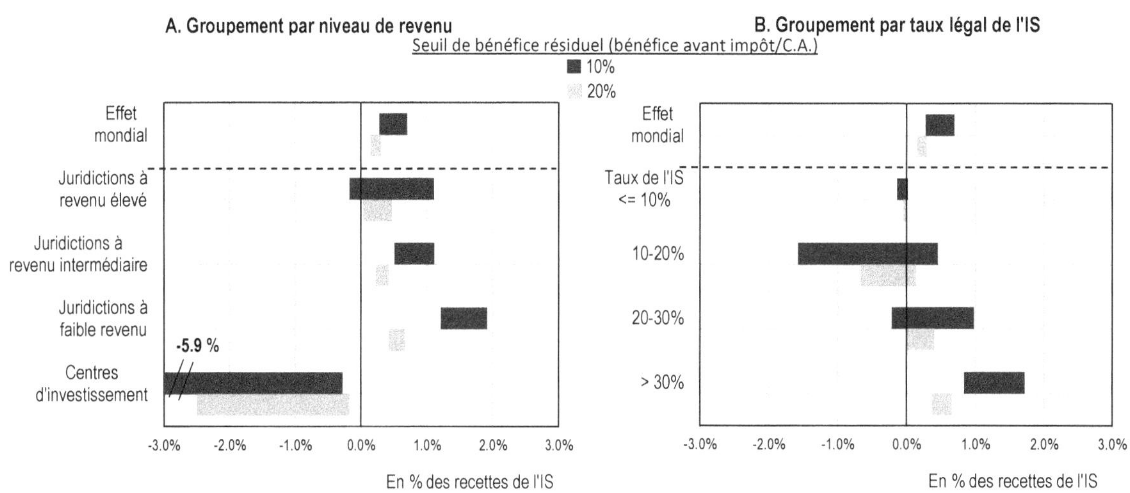

Note : Toutes les estimations se fondent sur la méthodologie présentée dans ce chapitre et sont soumises aux réserves énumérées dans la première section du document. Les estimations sont exprimées par des fourchettes pour refléter l'incertitude relative aux données. Ces fourchettes mesurent l'incertitude qui entoure les estimations pour chaque groupe de juridictions, sans qu'on ne puisse conclure pour autant que toutes les juridictions d'un groupe s'inscrivent à l'intérieur de cette fourchette. Les résultats retiennent à titre indicatif comme hypothèses un seuil de chiffre d'affaires mondial de 750 millions EUR, un seuil de rentabilité (basé sur le ratio bénéfice avant impôt/chiffre d'affaires) de 10 % ou 20 %, un taux de réattribution du bénéfice résiduel aux juridictions du marché de 10 % (Panneau A), 20 % (Panneau B) ou 30 % (Panneau C), un seuil de chiffre d'affaires établissant le lien de 1 million EUR pour le secteur ADS et de 3 millions EUR pour le secteur CFB. Les groupes de juridictions (à haut revenu, revenu intermédiaire et faible revenu) sont définis selon la classification de la Banque mondiale. Les centres d'investissement désignent les juridictions dont le stock total d'IDE entrant dépasse 150 % du PIB.
Source : Calculs du Secrétariat de l'OCDE.

2.10. Conclusion

155. Ce chapitre décrit la méthodologie et les sources de données utilisées par le Secrétariat de l'OCDE pour estimer l'ordre de grandeur des effets potentiels du Montant A du Pilier Un sur les recettes fiscales, à partir d'un éventail d'options et de paramètres, et présente, à titre d'illustration, les résultats obtenus pour de vastes groupes de juridictions.

156. Inévitablement, les données sous-jacentes à l'analyse présentée dans ce chapitre sont antérieures à la crise du COVID-19, ainsi qu'à d'autres évolutions importantes comme la mise en œuvre de diverses mesures au titre du Projet OCD/G20 BEPS et l'adoption de la loi « Tax Cuts and Jobs Act » (TCJA) aux États-Unis. On peut penser que les principaux résultats recensés dans ce chapitre resteront pertinents dans le contexte de l'après-pandémie de COVID-19 (comme la sensibilité des résultats aux différents paramètres qui seront retenus au titre du Pilier Un). La crise aura probablement néanmoins une incidence importante sur le montant du bénéfice résiduel mondial et sur l'ampleur précise des effets du Pilier Un sur les recettes fiscales. En particulier, comme indiqué dans ce chapitre, il est probable que l'essor du secteur ADS à l'avenir (en poids dans l'économie comme en pourcentage du bénéfice résiduel mondial combiné des secteurs ADS et CFB) soit plus important que ne le suggèrent les estimations présentées dans ce chapitre, du fait de l'accélération de la numérisation des économies.

References

Bailin Rivares, A. et al. (2019), "Like it or not? The impact of online platforms on the productivity of incumbent service providers", *OECD Economics Department Working Papers*, No. 1548, OECD Publishing, Paris, https://dx.doi.org/10.1787/080a17ce-en. [13]

Bajgar, M. et al. (2019), "Industry Concentration in Europe and North America", *OECD Productivity Working Papers*, No. 19, OECD, https://www.oecd-ilibrary.org/economics/industry-concentration-in-europe-and-north-america_2ff98246-en. [6]

Blouin, J. and L. Robinson (2019), "Double Counting Accounting: How Much Profit of Multinational Enterprises Is Really in Tax Havens?", *SSRN Electronic Journal*, http://dx.doi.org/10.2139/ssrn.3491451. [11]

Cadestin, C. et al. (2018), "Multinational enterprises and global value chains: the OECD analytical AMNE database", *OECD Trade Policy Papers*, No. 211, OECD Publishing, Paris, https://dx.doi.org/10.1787/d9de288d-en. [9]

Clausing, K. (2020), "Profit Shifting Before and After the Tax Cuts and Jobs Act", *SSRN Electronic Journal*, http://dx.doi.org/10.2139/ssrn.3274827. [12]

Eurostat (2008), "NACE Rev. 2 - Statistical classification of economic activities in the European Community", *Eurostat Methodologies and Working papers*, Eurostat, Luxembourg, https://ec.europa.eu/eurostat/documents/3859598/5902521/KS-RA-07-015-EN.PDF. [8]

Gal, P. (2013), "Mesurer la productivité totale des facteurs au niveau de l'entreprise à l'aide de la base de données OCDE-ORBIS", *Documents de travail du Département des Affaires économiques de l'OCDE*, No. 1049, Éditions OCDE, Paris, https://dx.doi.org/10.1787/5k46dsb25ls6-en. [4]

Hernández, H. et al. (2017), *The 2017 EU Industrial R&D Investment Scoreboard*, European Commission, https://ec.europa.eu/jrc/en/publication/eur-scientific-and-technical-research-reports/2017-eu-industrial-rd-investment-scoreboard. [3]

Johansson, Å. et al. (2017), "Planification fiscale des entreprises multinationales : Des preuves basées sur des données internationales d'entreprises", *Documents de travail du Département des Affaires économiques de l'OCDE*, No. 1355, Éditions OCDE, Paris, https://dx.doi.org/10.1787/9ea89b4d-en. [5]

OECD (2020), "Corporate Tax Statistics - Second Edition", OECD Publishing, https://www.oecd.org/tax/tax-policy/corporate-tax-statistics-second-edition.pdf. [10]

OECD (2020), *Tax Challenges Arising from Digitalisation – Report on Pillar One Blueprint: Inclusive Framework on BEPS*, OECD/G20 Base Erosion and Profit Shifting Project, OECD Publishing, Paris, https://dx.doi.org/10.1787/beba0634-en. [1]

Tørsløv, T., L. Wier and G. Zucman (2018), "The Missing Profits of Nations", *NBER Working Paper*, No. 24701, http://www.nber.org/papers/w24701.pdf. [2]

UNCTAD (2017), "The Top 100 Digital MNEs", in *World Investment Report 2017 - Investment and the Digital Economy*, https://unctad.org/en/PublicationChapters/wir2017ch4_Annex_en.pdf. [7]

Annexe 2.A. Principales étapes de l'élaboration du jeu de données d'états financiers consolidés des entreprises multinationales

157. Le jeu de données d'états financiers consolidés des EMN est essentiellement alimenté par la base de données ORBIS provenant du Bureau Van Dijk. Cette base de données est la plus grande base de données internationale sur la structure du capital et les états financiers des entreprises du monde entier. Elle s'appuie sur les informations tirées de différentes sources sous-jacentes, notamment des agences de notation de crédit (comme Cerved en Italie) et des banques nationales (Banque nationale de Belgique, par exemple). ORBIS contient des données portant à la fois sur des entreprises cotées et non cotées.

158. Dans la mesure où les données ORBIS ne sont pas recueillies essentiellement à des fins d'analyse statistique, elles nécessitent un important travail de traitement et de nettoyage aux fins d'en améliorer la fiabilité (suppression des doublons et des erreurs de déclaration, par exemple). Cela concerne les données financières et celles relatives à la structure du capital des entreprises. Les principales étapes du nettoyage des données dans chaque domaine tirent parti de l'expertise de la base de données ORBIS acquise par l'OCDE et suivent d'aussi près que possible les procédures appliquées dans les précédentes études de l'OCDE, en les adaptant le cas échéant en fonction des besoins propres à cet exercice. Ces principales étapes sont détaillées dans les sections ci-après.

159. Afin de garantir une couverture aussi large que possible, les informations provenant de la base de données ORBIS sont complétées par d'autres sources de données sur les entreprises, comme la base de données Worldscope, le Tableau de bord des investissements dans la R-D industrielle compilé par l'UE et le classement Fortune Global 500, ainsi que par des contrôles manuels et des calculs à partir des rapports annuels des entreprises.

Données ORBIS relatives à la structure du capital des entreprises

160. La base de données historique ORBIS sur la structure du capital des entreprises fournit de nombreuses informations sur les liens capitalistiques entre sociétés, qui peuvent être utilisées pour identifier les entités membres d'un même groupe d'entreprises. Suivcant la méthodologie de Bajgar et al., (2019[6]), les entités couvertes dans la base de données ORBIS sont réparties dans différents groupes d'entreprises selon leur propriétaire ultime au niveau mondial (GUO), avec une participation au moins égale à 50 %, et en considérant les GUO institutionnels (sociétés industrielles, banques, sociétés financières, compagnies d'assurance, etc.) afin d'éviter par exemple de rattacher au même groupe deux entreprises indépendantes appartenant à la même personne physique ou au même organisme public.

161. Les groupes d'EMN sont définis comme les groupes d'entreprises qui possèdent des entités dans au moins deux juridictions. Seuls les états consolidés du GUO correspondant sont conservés dans l'échantillon, afin d'éviter les doubles comptabilisations potentielles.

162. La procédure appliquée pour nettoyer les données et déterminer les liens capitalistiques dans ORBIS a été mise en œuvre par la Direction de la science, de la technologie et de l'innovation de l'OCDE, conformément à celle établie par Bajgar et al. (2019[6]), et la mettant à jour au titre de l'exercice 2016. Cette procédure est centrée sur toutes les entités qui réalisent un chiffre d'affaires au moins égal à 10

millions EUR et sur les participations supérieures au seuil de 50 %. Les liens manquants sont identifiés ou (plus rarement) les liens existants font l'objet de corrections, selon les étapes suivantes :

- utilisation de la base de données BvD Zephyr sur les fusions et acquisitions pour repérer les changements concernant les propriétaires directs (par opposition aux propriétaires ultimes), pour lesquels la base de données ORBIS ne contient pas d'informations ;
- utilisation des informations sur liens capitalistiques historiques d'ORBIS pour identifier les changements concernant les propriétaires directs pour lesquels la base de données ORBIS actuelle ne contient pas d'informations ;
- traduction de ces changements concernant les propriétaires directs (à partir des deux étapes ci-dessus) dans les données concernant les propriétaires ultimes ;
- calcul des informations manquantes sur la structure du capital des entreprises, à partir des données relatives aux fusions-acquisitions ou aux changements relatifs à la structure du capital survenus l'année précédente ou les années antérieures ;
- correction des informations sur les propriétaires ultimes des entreprises qui sont en fait détenues majoritairement par d'autres entreprises, dans la mesure où celles-ci ne peuvent, par définition, être considérées comme propriétaires ultimes ;
- suppression des données relatives aux changements temporaires qui se contredisent (sur un ou deux ans) concernant les propriétaires ultimes - dans la mesure où ce type de cas de figure est très peu probable dans la réalité et reflète vraisemblablement des incohérences de données concernant la structure de capital ;
- identification des liens manquants pour les grandes entreprises qui se retrouvent, d'une année sur l'autre avec un grand nombre de filiales, alors qu'elles n'en avaient pas précédemment ;
- identification des liens manquants pour les grandes entreprises qui n'ont jamais eu de filiales, ou pour les grands groupes de filiales, qui n'ont jamais eu de société mère avec des états financiers ;
- utilisation d'algorithmes de mise en correspondance afin d'identifier des liens potentiels, en conjonction avec des contrôles manuels détaillés (à l'aune des rapports annuels des entreprises, par exemple) pour contrôler la véracité de ces liens ;
- vérification manuelle des 300 entreprises les plus grandes, en rapprochant les données sur la structure des filiales dans les états financiers des données relatives à leur structure de capital.

163. Globalement, cette procédure a permis d'identifier le GUO de quelque 50 000 entités, pour lesquelles on ne disposait pas d'informations dans la base de données brutes d'ORBIS, et de rectifier celui de quelque 4 000 autres entités. Dans l'ensemble, ces entités (dont le GUO a été ajouté ou rectifié) représentent environ 4 % du chiffre d'affaires total de l'échantillon final d'états consolidés des groupes d'EMN.

Données relatives aux états financiers consolidés d'ORBIS

164. L'échantillon d'états financiers consolidés se compose uniquement d'entités qui sont GUO de leur groupe d'entreprises. Cet échantillon ne couvre que les groupes d'EMN, autrement dit les groupes d'entreprises qui ont des entités dans au moins deux juridictions.

165. Dans le jeu de données brutes d'ORBIS, les états financiers consolidés sont généralement de meilleure qualité que les données non consolidées, les montants financiers étant plus importants, en moyenne, ce qui donne à penser qu'ils sont soumis à des exigences déclaratives et de vérification plus strictes. Les données ORBIS nécessitent néanmoins d'être nettoyées à fin d'éliminer les valeurs suspectes qui pourraient résulter d'erreurs de déclaration.

166. La procédure de nettoyage des données issues des états consolidées se décompose comme suit en plusieurs étapes, qui s'inspirent de celles exposées dans l'ouvrage de Gal (2013[4]), Johansson et al. (2017[5]) et Bailin et al. (2019[13]) qui sont pertinentes aux fins de cet exercice :

- sélection de états consolidés en année pleine, avec une date de clôture se situant aux alentours de décembre 2016 (entre juillet 2016 et juin 2017) ;
- filtrage des doublons dans les observations entreprises-années, en privilégiant celles qui n'omettent aucune des principales variables financières, avec une date de clôture égale ou proche du 31 décembre ;
- suppression des valeurs improbables : actifs ou chiffre d'affaires négatifs, bénéfice ou chiffre d'affaires invraisemblablement élevé ;
- abandon des observations avec une marge bénéficiaire improbable (exemple : bénéfice avant impôt ou résultat d'exploitation rapporté au chiffre d'affaires inférieur à -100 % ou supérieur à 100 %) ;
- suppression manuelle des doublons restants apparents, autrement dit des entreprises ayant des identifiants BvD différents mais concernant un même groupe.

Autres sources de données sur les entreprises et contrôles manuels

167. Quoique la couverture d'ORBIS soit excellente au niveau des états consolidés (ce qui n'est pas le cas pour les états non consolidés), cette base de données n'est pas entièrement exhaustive, en particulier dans certains secteurs (banque, assurance), qui sont couverts dans des bases de données ORBIS distinctes qui ne contiennent pas toutes les variables qui nous intéressent ici. Cette base de données est donc, dans un souci d'amélioration de la couverture des données, enrichie par des données sur les entreprises provenant d'autres sources.

168. Le premier de ces jeux complémentaires de données est Worldscope, publié par Thomson Reuters, qui recense les informations réglementaires des sociétés cotées du monde entier. La fusion entre les données ORBIS et Worldscope a été effectuée en deux temps. La première étape a consisté à croiser les données sur les GUO des EMN d'ORBIS avec les données de la base de données Worldscope, à partir du code ISIN (International Securities Identification Number — ISIN), disponible dans cette dernière, en conservant les informations financières relatives aux GUO pour lesquelles ces données ne sont pas disponibles au niveau consolidé dans ORBIS. La seconde étape a consisté à prendre en compte les plus grandes sociétés recensées dans la base de données Worldscope qui ne correspondaient, sur la base du code ISIN, à aucun GUO dans la base de données ORBIS, et à ajouter celles qui quoique absentes de la base de données ORBIS, se sont révélées, sur la base de contrôles manuels, être des EMN.

169. La base de données a également été enrichie par les données issues du Tableau de bord des investissements dans la R-D industrielle compilé par l'UE, et les données provenant du classement Fortune Global 500, en adoptant la même approche que celle retenue pour la deuxième étape relative à la base de données Worldscope (contrôles manuels). Le Tableau de bord des investissements dans la R-D industrielle compilé par l'UE, qui s'appuie également sur les données de BvD, contient un nombre limité d'informations financières sur les 2 500 sociétés qui affichent les dépenses mondiales de R&D les plus élevées. Le classement Global Fortune 500, qui est publié par le magazine Fortune, contient des informations financières sur les 500 plus grandes entreprises mondiales, selon leur chiffre d'affaires total. Quelques groupes d'EMN manquants ont aussi été rajoutés manuellement, à partir des informations figurant dans leur rapport annuel.

170. Globalement, les sources de données complémentaires à ORBIS et les ajouts manuels ont permis d'enrichir la base avec les données de 963 groupes d'EMN, représentant près de 20 % du chiffre d'affaires de l'échantillon dans son ensemble.

171. Le jeu de données final a fait l'objet de contrôles manuels précis, une attention particulière ayant été accordée aux 500 plus grands groupes d'EMN (par le chiffre d'affaires), aux 100 groupes d'EMN réalisant le bénéfice résiduel le plus élevé, et aux 400 groupes d'EMN relevant des secteurs financiers qui affichent le bénéfice avant impôt le plus élevé (y compris les sociétés holding), aux 25 groupes d'EMN du secteur ADS réalisant le bénéfice résiduel le plus élevé, et aux 3 groupes d'EMN qui réalisent le bénéfice résiduel le plus élevé dans chaque secteur (30 secteurs ont été retenus, sur la classification NACE Rév. 2).

Annexe 2.B. Modélisation du seuil de chiffre d'affaires déclenchant le lien : tests de robustesse

Graphique 2.B.1. Effet estimé de l'application d'un seuil de chiffre d'affaires déclenchant le lien sur le bénéfice attribué, pour différentes valeurs du paramètre lambda.

Seuils de chiffre d'affaires déclenchant le lien de 1, 3 et 5 millions EUR, en comparaison de l'absence de seuil.

Partie A : En supposant que lambda=3

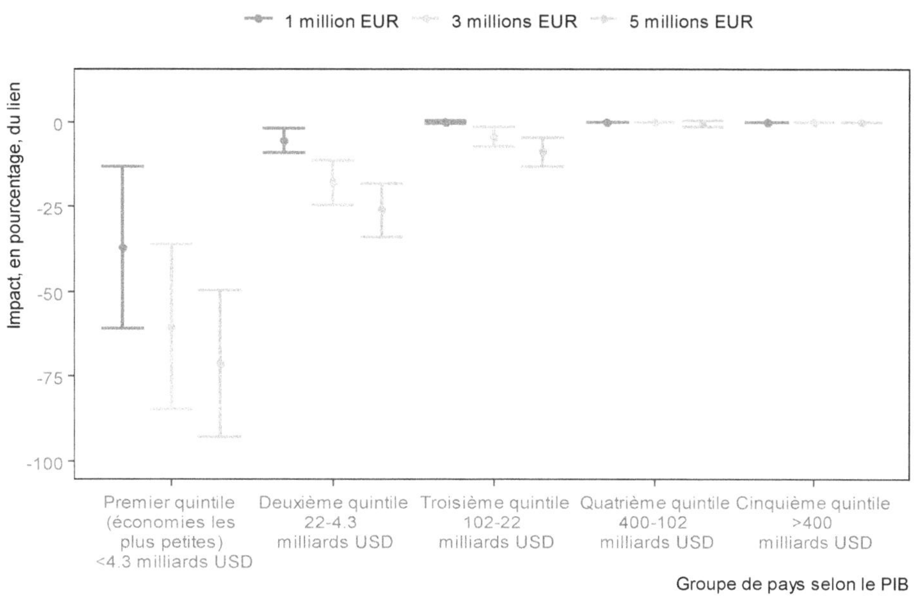

Partie B : En supposant que lambda=20

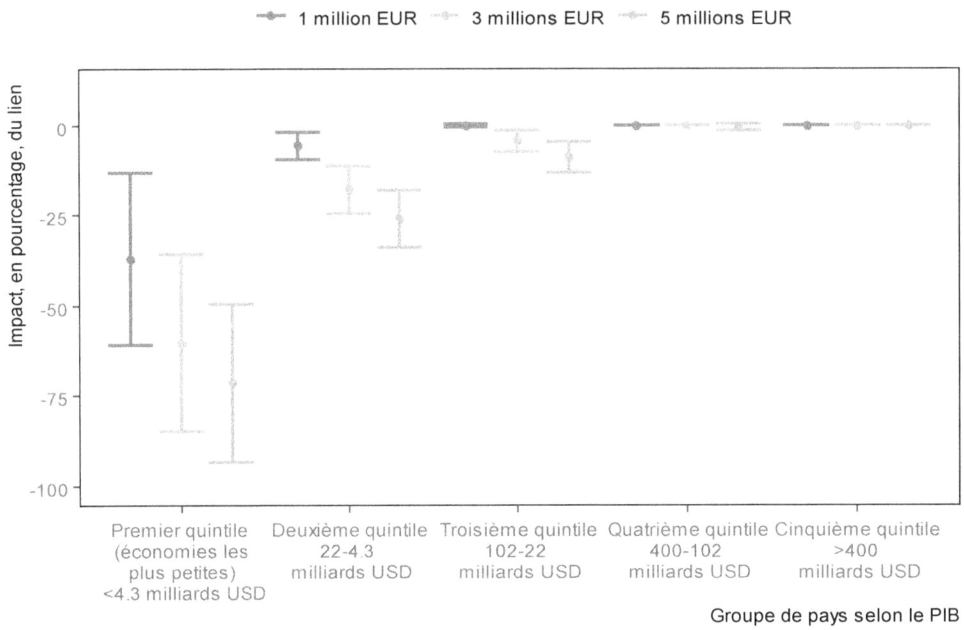

Note : Ces chiffres représentent des variantes du graphique 10, élaborées à partir de valeurs différentes du paramètre lambda, qui mesure la propension des EMN à être davantage présentes sur les grands marchés que sur les petits. Les écarts estimés sont inférieurs à 1 % en moyenne, quel que soit le groupe de pays et quel que soit le niveau de seuil déclenchant le lien, pour des valeurs de lambda comprises entre 2 et 50. La valeur de 7 est retenue dans l'estimation de référence pour le paramètre lambda.
Source : Calculs du Secrétariat.

Annexe 2.C. Effet estimé du Pilier Un sur les bases d'imposition

Graphique 2.C.1.. Effet estimé du Pilier Un sur les bases d'imposition, par groupes de juridictions

Partie A: réattribution de 10% au marché

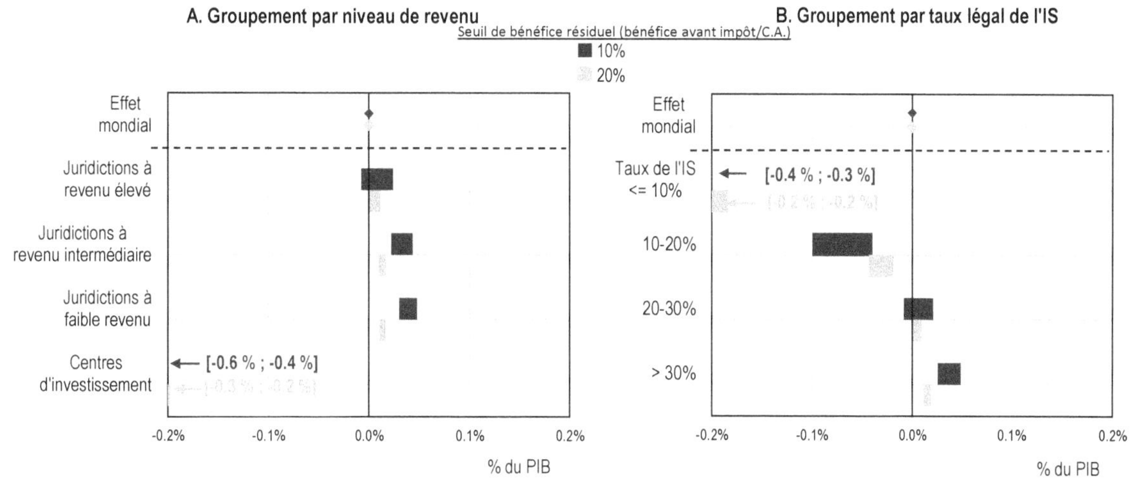

Partie B: réattribution de 20% au marché

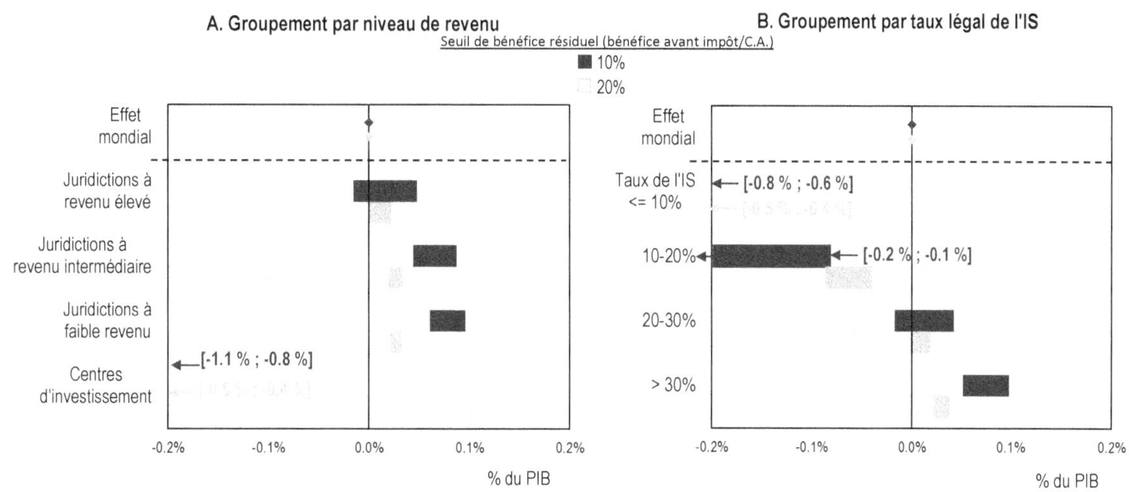

Partie C: réattribution de 30% au marché

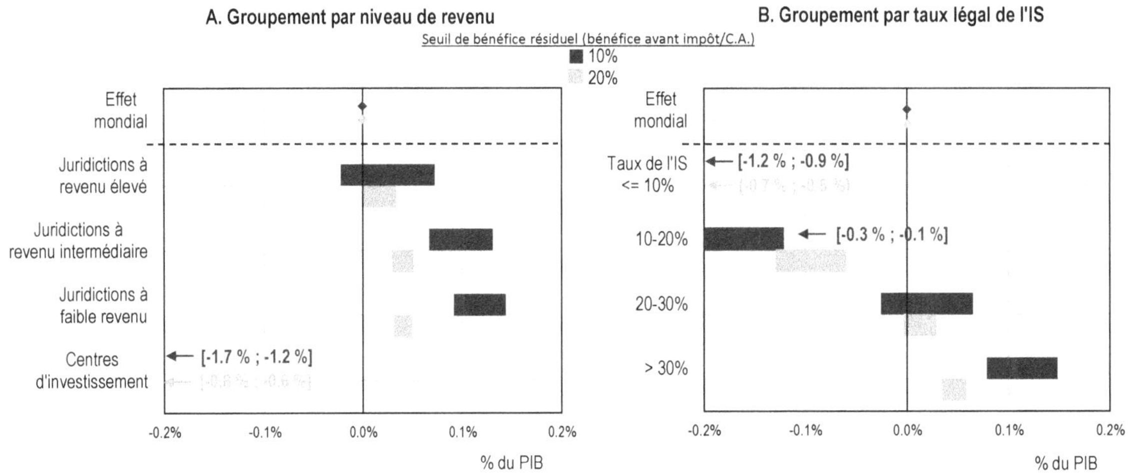

Note : Toutes les estimations se fondent sur la méthodologie présentée dans ce chapitre et sont soumises aux réserves énumérées dans la première section du document. Les estimations sont présentées sous la forme de fourchettes pour refléter l'incertitude relative aux données. Ces fourchettes mesurent l'incertitude qui entoure les estimations pour chaque groupe de juridictions, sans qu'il ne soit possible de conclure pour autant que toutes les juridictions du groupe s'inscrivent à l'intérieur de cette fourchette. Les résultats retiennent à titre indicatif comme hypothèses un seuil de chiffre d'affaires mondial de 750 millions EUR, un seuil de rentabilité (basé sur le ratio bénéfice avant impôt/chiffre d'affaires) de 10 % ou 20 %, un taux réattribution du bénéfice résiduel aux juridictions du marché de 10 % (Partie A), 20 % (Partie B) ou 30 % (Partie C), un seuil de chiffre d'affaires établissant le lien de 1 million EUR pour le secteur ADS et de 3 millions EUR pour le secteur CFB. Les groupes de juridictions (à haut revenu, revenu intermédiaire et faible revenu) sont définis d'après la classification de la Banque mondiale. Les centres d'investissement désignent les juridictions dont le stock total d'IDE entrant dépasse 150 % du PIB.
Source : Calculs du Secrétariat de l'OCDE.

Annexe 2.D. Robustesse des résultats au regard d'autres méthodes de modélisation de l'emplacement des ventes ADS

Comme indiqué à la section 2.5.3, la détermination de l'emplacement des ventes ADS par destination soulève plusieurs problèmes de données. Cette annexe contient un test de robustesse destiné à évaluer la sensibilité des estimations de chiffre d'affaires du Pilier Un aux hypothèses retenues dans la modélisation de l'emplacement des ventes ADS. Les résultats du scénario de référence présentés au Graphique 2.14 sont comparés aux résultats obtenus moyennant :

(i) une répartition différente des ventes ADS en prenant comme hypothèse un niveau de vente moins important dans les juridictions à faible revenu. Comparé au scénario de référence, les ventes ADS sont ainsi divisées par deux dans ces juridictions, par 1.5 dans les juridictions à revenu intermédiaire et restent inchangées dans les juridictions à revenu élevé. On peut interpréter que l'hypothèse qui sous-tend cette répartition différente est que la part des ventes ADS dans le panier de consommation moyen des internautes est plus faible dans les juridictions à faible revenu que dans les juridictions à revenu plus élevé. Finalement, c'est la *part* des ventes dans le total mondial qui est importante aux fins des estimations des recettes fiscales dans ce chapitre, et non le *niveau* absolu des ventes.

(ii) une répartition différente des ventes ADS calculées fondée sur la même méthode et les mêmes données que celles utilisées pour déterminer la répartition des ventes CFB (décrite à la section 2.5.2).

Globalement, les résultats sont assez peu sensibles à ces différentes hypothèses de modélisation.

Graphique 2.D.1 Effet estimé du Pilier Un sur les recettes fiscales, par groupe de juridictions, pour des hypothèses de modélisation différentes quant à l'emplacement des ventes ADS

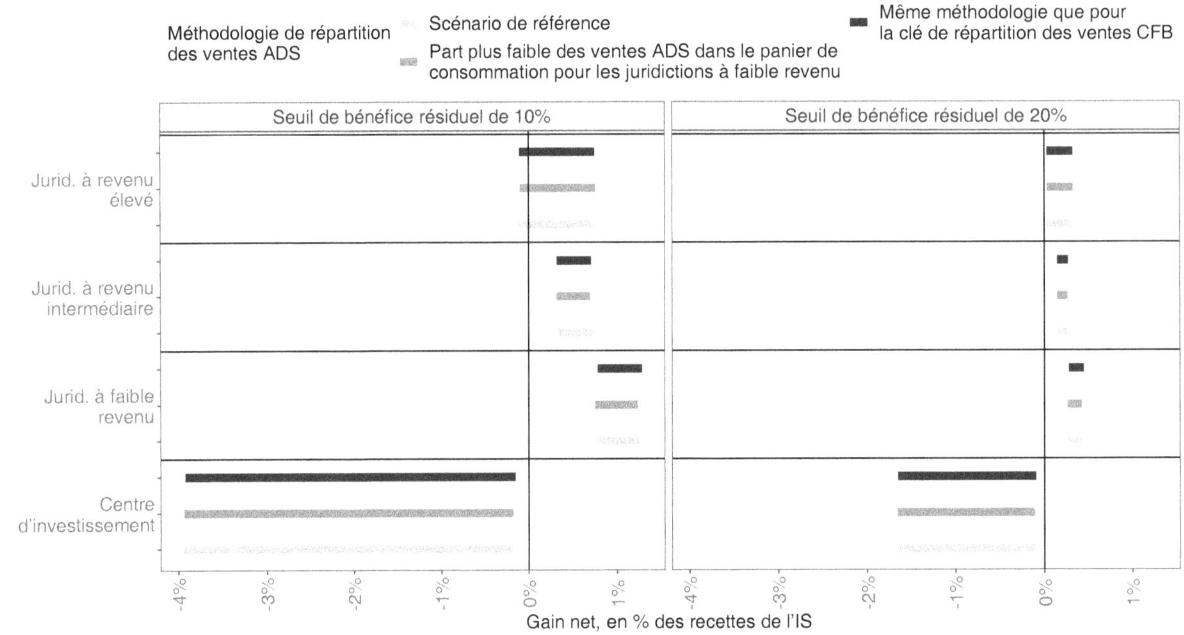

Note : Ce graphique présente les estimations de recettes au titre du Pilier Un, par groupe de juridictions, illustrant l'incidence de l'utilisation de différentes hypothèses pour modéliser l'emplacement des ventes ADS. Les estimations de référence apparaissant en bleu clair correspondent à celles présentées dans le graphique 2.14. Les autres hypothèses, figurées par différentes nuances de bleu foncé sont les suivantes : (i) la part des ventes ADS dans le panier de consommation d'un internaute est plus faible dans les juridictions à faible revenu que dans les juridictions à revenu plus élevé ; ou (ii) les ventes ADS sont calculées à partir de la même méthode et des mêmes données que celles utilisées pour déterminer la répartition des ventes CFB. Voir la section **2.5.3** pour plus de détails. Les résultats reposent, à titre d'illustration, sur un seuil de chiffre d'affaires mondial de 750 millions EUR, un seuil de rentabilité (basé sur le ratio bénéfice avant impôt/chiffre d'affaires) de 10 %, un taux de réattribution de 20 % du bénéfice résiduel aux juridictions du marché, un seuil de chiffre d'affaires déclenchant le lien de 1 million EUR pour les services ADS et de 3 millions EUR pour les activités CFB. Les groupes de juridictions (à revenu élevé, revenu intermédiaire et faible revenu) sont basés sur la classification de la Banque mondiale. Les centres d'investissement désignent les juridictions dont le stock total d'IDE entrant dépasse 150 % du PIB.
Source : calculs du Secrétariat de l'OCDE.

Notes

[1] Le paquet BEPS OCDE/G20 a été diffusé en octobre 2015 et diverses mesures qui y sont décrites ont été appliquées dans les années qui ont suivi. Plusieurs mesures dont l'application a été décidée par les membres du Cadre inclusif continuent d'être mises en œuvre par les juridictions, de sorte que les données disponibles au moment de cette analyse ne rendent pas pleinement compte de leur effet.

[2] Il s'ensuit, contrairement à certaines approches décrites dans la littérature, mais conformément au rapport sur le *Blueprint* du Pilier 1, que la possibilité de définir (et éventuellement de réattribuer) un 'bénéfice résiduel négatif' n'est pas envisagée dans ce chapitre.

[3] Le chiffre d'affaires total des groupes d'EMN recensés dans ORBIS et la production des EMN dans la base de données analytique AMNE ne sont pas parfaitement comparables pour deux raisons, dont les effets s'exercent dans des directions opposées et qui se neutralisent globalement : (i) le chiffre d'affaires dans la base AMNE inclut les transactions intragroupe (qui représentent environ un quart du total des transactions des groupes d'EMN selon les données agrégées tirées des déclarations pays par pays), alors qu'elles sont exclues des données ORBIS provenant des états consolidés ; (ii) les données de la base

analytique AMNE concernent essentiellement la production, qui est inférieure d'environ un quart au chiffre d'affaires (la différence est la plus marquée dans le secteur commercial).

[4] Par exemple, la catégorie 'logiciels et services informatiques' de la classification de la CNUCED regroupe à la fois les fabricants de logiciels automatisés 'à la demande', assimilés à des ADS dans ce chapitre, et les fabricants de logiciels plus personnalisés impliquant une plus grande intervention humaine, considérés comme non couverts. Les principaux fabricants de logiciels ont été classés manuellement pour opérer cette distinction. Un autre exemple concerne la catégorie de la NACE Rév. 2 correspondant aux « activités des sociétés holding », qui rassemble des groupes d'EMN exerçant des activités économiques dans différents secteurs. Ces groupes d'EMN ont été reclassés manuellement en fonction de la catégorie correspondant à leur activité économique.

[5] Cette estimation est basée sur les groupes d'EMN dont les données financières figurent dans la base ORBIS chacune des années comprises entre 2013 et 2016, dont le chiffre d'affaires mondial était supérieur à 750 millions EUR en 2016 et qui exerçaient leurs activités principales dans tous les secteurs hormis la finance et l'assurance.

[6] Le chiffre correspondant aux ventes mondiales des EMN utilisé dans le dénominateur comprend les ventes de tous les groupes d'EMN couverts, y compris ceux qui ne réalisent pas de ventes dans la juridiction considérée, à des fins de cohérence avec la composante A, qui s'intéresse au bénéfice résiduel de l'ensemble des groupes d'EMN couverts.

[7] Les données issues de l'enquête annuelle du BEA sur l'activité à l'étranger des multinationales américaines sont disponibles sur le site du BEA (https://www.bea.gov/international/di1usdop). Ces données annuelles comprennent des statistiques spécifiques sur les filiales à participation majoritaire, qui sont celles qui nous intéressent ici. En particulier, plusieurs tableaux présentés dans le tableau II.E. fournissent des informations sur la ventilation, par secteur d'activité et par zone géographique, des biens et services fournis par les filiales à l'étranger. Le tableau II.E.2 montre les biens et services fournis par des filiales, avec une ventilation par pays. En 2015, les filiales étrangères des EMN américaines ont fourni 3 300 milliards USD de biens et services dans leurs pays d'accueil, dont 3 100 milliards USD à des entités non affiliées.

[8] L'utilisation de données non publiées à l'appui de la base de données analytique AMNE de l'OCDE permet de déduire les consommations intermédiaires provenant d'entités d'EMN (aussi bien nationales qu'étrangères) situées dans la même juridiction que les entités d'EMN considérées. Cette approche permet de corriger le problème posé par les ventes intragroupes au sein d'un même pays (flèche correspondant à 5 dans le Graphique 2.3), l'inconvénient étant toutefois que la consommation intermédiaire au sein d'un même pays provenant d'entités indépendantes est également déduite, alors qu'elle ne devrait pas l'être.

[9] Les entités sont définies de manière identique dans la base de données analytique AMNE et dans les comptes nationaux, ce qui signifie, entre autres choses, que les établissements stables sont traités de la même façon que les filiales. Par conséquent, les ventes des EMN réalisées par l'intermédiaire d'établissements stables sont comptabilisées sur leur lieu de destination dans l'estimation des ventes par destination.

[10] La classification retenue dans le Tableau 2.2, partie B, implique que certains secteurs présentés dans la base de données analytique AMNE contiennent des sous-catégories qui relèvent des activités CFB et d'autres qui relèvent des activités ADS ou qui sont hors du périmètre d'application. Dans ce cas, le secteur est inclus proportionnellement à la part de ses activités qui relèvent du secteur CFB, à partir des données à quatre chiffres de la base de données ORBIS. Prenons à titre d'exemple un secteur A contenant deux

sous-catégories A1 (CFB) et A2 (hors du périmètre d'application) : les données comptables consolidées tirées de la base de données ORBIS sont utilisées pour évaluer l'importance relative des sous-catégories A1 et A2 au sein du secteur A, en prenant comme point de départ le chiffre d'affaires mondial des groupes d'EMN dans ces deux sous-catégories (70 % dans la sous-catégorie A1 et 30 % dans la sous-catégorie A2, par exemple). Enfin, le secteur A est pris en compte dans l'estimation des ventes par destination proportionnellement à la fraction qui relève du secteur CFB (70 % dans cet exemple). Autrement dit, l'approche consiste non pas à inclure dans l'indicateur le chiffre d'affaires du secteur diminué des exportations, mais plutôt à n'inclure que 70 % du chiffre d'affaires diminué de 70 % des exportations.

[11] Ce calcul est différent de celui retenu dans la version en ligne de la base de données analytique AMNE, qui n'est pas centrée spécifiquement sur les ventes par destination et qui repose par conséquent sur des calculs fondés sur une autre méthodologie, moins pertinente aux fins de la présente analyse.

[12] En définitive, cinq juridictions [Hong Kong (Chine), Inde, Islande, Maroc et Roumanie] sont considérées comme des valeurs extrêmes dans cette régression, d'après la distance de Cook, une mesure statistique utilisée pour les valeurs extrêmes. Pour ces cinq juridictions, les ventes sont fondées sur la prédiction de régression plutôt que sur le calcul décrit plus haut. Ces juridictions sont par ailleurs consécutivement exclues de la version finale de la régression d'extrapolation.

[13] Les envois de fonds perçus (https://donnees.banquemondiale.org/indicateur/BX.TRF.PWKR.CD.DT) et payés (https://donnees.banquemondiale.org/indicateur/BM.TRF.PWKR.CD.DT) correspondent à des estimations de la Banque mondiale fondées sur les données relatives à la balance des paiements du FMI. Les chiffres relatifs à l'aide extérieure sont tirés de la base de données Aide publique au développement (APD) nette de l'OCDE (https://data.oecd.org/fr/oda/apd-nette.htm).

[14] Une analyse de données plus désagrégées (non présentées dans ce chapitre) donne également à penser que la ventilation sectorielle des ventes par destination des entreprises multinationales ne varie pas beaucoup d'une juridiction à l'autre. Cela pourrait s'expliquer par le fait que la spécialisation sectorielle est moins marquée dans les schémas de consommation que dans les schémas de production. En effet, si les juridictions peuvent être amenées à se spécialiser dans la production de certains biens et services, elles consomment toutes généralement un large éventail de biens et services différents. Même les biens et services qui sont produits sur le territoire d'une juridiction plutôt qu'importés (en raison d'une spécialisation de la production) peuvent l'être par les entités d'une entreprise multinationale, et donc être intégrés dans les ventes par destination des EMN.

[15] Les données sur la consommation des ménages par habitant proviennent des Estimations des Comptes nationaux de la Division statistique des Nations Unies, qui fournit des estimations cohérentes sur les comptes nationaux de différents pays en USD, avec une vaste couverture géographique. Les données relatives à la part d'utilisateurs Internet provenant de l'Union internationale des télécommunications sont tirées du portail de données de la Banque mondiale (https://databank.banquemondiale.org/reports.aspx?source=2&series=IT.NET.USER.ZS&country=), qui montre le nombre de personnes ayant utilisé Internet dans les trois mois précédant l'enquête.

[16] L'extrapolation par régression des dépenses de consommation des ménages selon le PIB par habitant présente les valeurs extrêmes pour neuf juridictions (Brunei Darussalam, Kiribati, Macao (Chine), Nauru, Qatar, Sierra Leone, Turkménistan, Venezuela, et Yémen), qui ont été identifiées sur la base d'une distance de Cook élevée. La présence de bruit dans les données sous-jacentes de ces juridictions est donc possible. Afin de résoudre ce problème, on a utilisé pour ces juridictions les valeurs extrapolées à partir du PIB par habitant (qui selon toute vraisemblance, génèrent généralement moins de bruit).

[17] C'est la répartition (plutôt que le niveau absolu) des ventes mondiales qui compte dans l'estimation des effets du Pilier 1 sur les recettes fiscales dans ce chapitre, ainsi ces hypothèses doivent être considérées par rapport à leur effet sur la répartition des ventes, plutôt que sur leur niveau.

[18] On pourrait envisager d'affiner cette approche en faisant varier le coefficient de λ selon la taille de l'entreprise multinationale, pour tenir compte du fait que la propension à se concentrer uniquement sur les grands marchés est probablement plus forte parmi les petites entreprises que parmi les grandes.

[19] Dans le cas de certaines toutes petites juridictions, cette approche reviendra à assigner une présence commerciale à un nombre très restreint d'EMN. La probabilité d'une présence minimale est donc supposée dans ces toutes petites juridictions, afin qu'il y ait toujours des EMN présentes dans chaque juridiction. Dans le scénario de référence, on considère qu'un minimum de 50 EMN du secteur CFB et 15 EMN du secteur ADS sont présentes dans chaque juridiction.

[20] Le fait de prendre en compte la part de la juridiction *j* dans les ventes mondiales (secteur ADS ou CFB) constitue une hypothèse prudente, dans la mesure où l'EMN considérée peut ne pas réaliser de ventes dans toutes les juridictions. Une hypothèse moins prudente consisterait à se fonder sur la part de la juridiction *j* dans le total des ventes (secteur ADS ou CFB) dans l'ensemble des juridictions dans lesquelles l'EMN est supposée avoir une présence commerciale.

[21] Le nombre de simulations (200) est fixé à un niveau suffisamment élevé pour garantir des résultats similaires à ceux qui seraient obtenus à partir d'un nombre encore plus important de simulations.

[22] Implicitement, cela revient à admettre que si le bénéfice résiduel est attribué à une juridiction dans laquelle un groupe d'EMN enregistre des pertes, ce groupe ne peut imputer ces pertes sur le bénéfice résiduel.

[23] En revanche, des effets de consolidation peuvent aboutir à ce que la mesure « descendante » soit supérieure à celle « ascendante ». Tel est le cas si le dénominateur du ratio de rentabilité considéré (le chiffre d'affaires, par exemple) englobe des transactions intragroupe. Par exemple, un groupe d'EMN pourrait afficher un ratio bénéfice/chiffre d'affaires élevé au niveau consolidé (les transactions intragroupe sont consolidées et donc exclues du chiffre d'affaires), mais un ratio relativement bas au niveau des entités, où le chiffre d'affaires inclut les transactions intragroupe.

[24] En pratique, la matrice des bénéfices résiduels est construite à partir de plusieurs sources de données (voir ci-dessous), y compris les données anonymisées et agrégées issues des déclarations pays par pays qui retiennent pour hypothèse un seuil de chiffre d'affaires mondial de 750 millions EUR, et d'autres sources (ex. ORBIS) pour lesquelles ce seuil ne s'applique pas. Cette question est examinée plus avant dans le chapitre 5.

[25] La CNUCED établit une matrice des échanges de marchandises qui livre des informations sur les exportations de marchandises par pays d'origine, partenaire commercial et groupe de produit, en fonction de la Classification type pour le commerce international.

[26] Les données relatives aux états financiers non consolidés de la base ORBIS ont été nettoyées et dûment contrôlées, grâce à l'expertise acquise par l'OCDE à la faveur de plusieurs projets antérieurs. La procédure de nettoyage est la même que celle appliquée aux données sur les états financiers consolidés (décrite à l'Annexe 2.A), en ajoutant des étapes supplémentaires spécifiques aux données non consolidées (voir les détails dans le chapitre 5).

[27] Dans l'idéal, il est préférable de consolider plutôt que d'additionner le bénéfice et le chiffre d'affaires des entités appartenant au même groupe d'EMN (afin d'éliminer les transactions internes), mais les données disponibles dans ORBIS ne le permettent pas.

[28] Seuls les combustibles et les métaux sont pris en compte pour cet ajustement car l'analyse des états financiers consolidés des groupes d'EMN suggère que le bénéfice résiduel total dans le secteur de l'agriculture est très faible par rapport aux secteurs des combustibles et des métaux.

[29] Les données du BEA proviennent du tableau II.F.3 des données sur les activités des EMN américaines aux États-Unis. Le secteur de 'l'information' dans les données BEA regroupe les sous-catégories suivantes : édition ; industries du cinéma et de l'enregistrement sonore ; radiodiffusion et télécommunications ; traitement de données, hébergement de données et services connexes ; autres services d'information.

[30] Ce cas de figure est davantage susceptible de se produire lorsque le seuil de rentabilité a été fixé à un niveau relativement élevé. C'est pourquoi la 'mise à l'échelle' a pour effet de réduire davantage le montant global de bénéfice résiduel lorsqu'on retient un seuil de 20 %, plutôt qu'un seuil de 10 %, comme hypothèse (voir le Tableau 2.9 et le Tableau 210).

[31] Dans l'idéal, l'impact de seuils de chiffre d'affaires devrait aussi être pris en compte dans le calcul de la matrice 'ascendante' des bénéfices résiduels. Toutefois, c'est impossible en raison des limitations des données utilisées pour construire les matrices des bénéfices et des chiffres d'affaires.

[32] Plus précisément, l'intervalle est construit selon la formule ±[10%+s*10%], s désignant le bénéfice résiduel total qui est basé sur des extrapolations sur la ligne de la matrice correspondant à la juridiction considérée, divisé par le bénéfice résiduel total (extrapolé ou non) sur cette ligne. Le bénéfice résiduel est considéré comme étant basé sur des extrapolations dans les cellules de la matrice des bénéfices résiduels lorsque la matrice des bénéfices sur laquelle il est construit est renseignée au moyen d'extrapolations plutôt que de données agrégées provenant des déclarations pays par pays ou de la base ORBIS.

[33] Les juridictions qui appliquent un taux de l'IS d'exactement 20 % relèvent de la catégorie (10-20 %), et celles qui appliquent un taux d'exactement 30% relèvent de la troisième catégorie (20-30 %).

[34] Les hypothèses présentées dans les différentes sections de ce chapitre visent à déterminer des fourchettes de résultats pour chacune des juridictions. Les fourchettes définies pour les groupes de juridictions reposent sur des hypothèses cohérentes, en considérant le groupe comme une seule juridiction (fictive). À titre d'exemple, la méthodologie retenue pour estimer les ventes CFB dans la composante D (autrement dit, les ventes réalisées par les EMN du secteur CFB dans une juridiction donnée, en tant que fraction des ventes mondiales CFB des entreprises multinationales) consiste à définir une fourchette de ±10 % autour de l'estimation ponctuelle lorsque les estimations pour la juridiction se fondent sur des données concrètes et de ±20 % lorsqu'elles reposent sur des extrapolations. Pour un groupe de juridictions, la fourchette se situerait à [±10 %+s*10 %] autour de l'estimation ponctuelle (qui correspondrait au total des ventes des EMN dans le groupe de juridictions, exprimé en pourcentage des ventes mondiales des EMN), et s représentant la fraction des ventes des EMN dont le calcul est basé sur des extrapolations dans le groupe de juridictions considéré.

3 Effets du Pilier Deux sur les recettes fiscales

3.1. Introduction

174. Ce chapitre présente le cadre d'analyse et les sources de données utilisés par le Secrétariat de l'OCDE pour évaluer l'effet du Pilier Deux sur les recettes de l'impôt sur les bénéfices des sociétés. Il contient aussi des estimations à grands traits de l'incidence du Pilier Deux à l'échelle mondiale ainsi qu'au niveau de larges groupes de juridictions. Le Pilier Deux apporte une réponse aux problématiques de BEPS non résolues et entend faire en sorte que les grandes entreprises multinationales paient un niveau d'impôt minimum sur leurs bénéfices, indépendamment de la localisation de leur siège ou de la juridiction où elles exercent leurs activités.

175. Le cadre d'étude du présent chapitre englobe les implications i) de plusieurs options illustratives pour la conception et le paramétrage du Pilier Deux, ii) des interactions entre les Piliers Un et Deux et de la manière dont elles peuvent modifier les effets du Pilier Deux sur les recettes fiscales et iii) des réactions comportementales possibles des entreprises multinationales (ci-après « EMN » ou « groupes d'EMN ») et des États à la mise en place du Pilier Deux. Un certain nombre d'éléments de conception et de paramètres touchant au Pilier Un et au Pilier Deux feront l'objet de décisions futures de la part du Cadre inclusif. Les options de conception et de paramétrage envisagées pour les Piliers Un et Deux dans ce chapitre ne sont que des exemples aux fins d'illustration et ne préjugent pas des décisions finales qui seront prises par le Cadre inclusif.

176. Comme avec le cadre utilisé pour évaluer les effets du Pilier Un (voir le chapitre 2), le cadre présenté dans ce chapitre couvre plus de 200 juridictions en combinant diverses sources de microdonnées et de macrodonnées dans une structure cohérente, dont un élément central est une série de matrices de données qui fait l'objet d'une description détaillée dans le chapitre 5.

177. Le cadre d'étude s'appuie sur les meilleures sources de données dont dispose le Secrétariat de l'OCDE, les données sous-jacentes ayant été contrôlées et vérifiées par comparaison entre les différentes sources. Les estimations qui en résultent font néanmoins font l'objet de quelques mises en garde importantes, récapitulées ci-dessous.

- L'évaluation des effets du Pilier Deux sur les recettes fiscales qui est présentée ici repose sur plusieurs hypothèses simplificatrices quant à la conception et à la mise en œuvre du Pilier Deux, justifiées par la difficulté qu'il y a à modéliser certaines dispositions éventuelles du Pilier à l'aide des données disponibles. En particulier, la règle de substitution et la règle d'assujettissement à l'impôt n'ont pas été modélisées, tandis que la règle d'inclusion du revenu et la règle relative aux paiements insuffisamment imposés ne l'ont été que de manière assez simplifiée. L'effet possible des différences temporaires ou permanentes entre le résultat (bénéfice) comptable et la base d'imposition au titre du Pilier Deux et celui d'un mécanisme de report en avant des pertes en vertu du Pilier Deux (ou de tout autre mécanisme de lissage des résultats) n'ont pas été considérés. La modélisation d'une éventuelle exclusion fondée sur la substance et sur une formule repose sur un certain nombre d'hypothèses simplificatrices, comme nous le verrons plus loin.

- L'approche employée pour estimer l'effet du Pilier Deux se concentre sur les bénéfices faiblement imposés dans des juridictions à fiscalité globalement faible[1], mais laisse de côté les éventuels « réduits » de bénéfices faiblement imposés dans des juridictions à fiscalité « élevée », que les données disponibles ne permettent pas de couvrir. Afin d'en tenir compte, la limite supérieure des fourchettes d'incertitude entourant les estimations dans ce chapitre a été relevée, ce qui est décrit plus loin dans ce chapitre.
- Les limites des données ne permettent pas de prendre en considération, aux fins de la modélisation dans ce chapitre, l'effet de certaines dispositions (retenues à la source, règles relatives aux SEC (CFC)) grâce auxquelles les États peuvent peut-être déjà prélever des impôts sur des bénéfices qui seraient sans cela soumis à de faibles niveaux d'imposition effective, de sorte que les gains de recettes potentiels peuvent se trouver surestimés.
- Les données sur lesquelles se fonde l'analyse présentent certaines limites, que ce soit en termes de portée, de cohérence ou d'actualité. En particulier, l'utilisation de données agrégées dans certaines parties de l'analyse et pour certaines juridictions fait que l'hétérogénéité existant au niveau des entreprises peut ne pas transparaître, ce qui peut fausser les résultats. Les données sur les bénéfices des entreprises multinationales se rapportent principalement aux années 2016 et 2017. Elles sont donc, pour l'essentiel, antérieures à des évolutions importantes survenues par la suite, dont la mise en œuvre de diverses mesures dans le cadre du projet BEPS de l'OCDE et du G20[2], l'adoption de la loi « Tax Cuts and Jobs Act » (TCJA) aux États-Unis et, plus récemment, l'incidence de la crise du COVID-19. Plus précisément :
  - la mise en œuvre du plan d'action sur le BEPS devrait faire diminuer le montant des bénéfices faiblement imposés au niveau mondial en réduisant les possibilités pour les EMN de transférer des bénéfices vers des juridictions à faible fiscalité, ce qui amoindrit le potentiel de gains de recettes au titre du Pilier Deux ;
  - concernant les États-Unis et la TCJA, quoique le Cadre inclusif n'ait encore pris aucune décision, l'analyse utilise comme hypothèse illustrative que le régime GILTI (taxation des revenus mondiaux faiblement imposés issus de biens incorporels) en place depuis 2018 et qui se traduit par une forme d'impôt minimum sur les bénéfices des EMN américaines réalisés à l'étranger, « coexistera » avec le Pilier Deux. Le potentiel de gains de recettes au titre du Pilier Deux présenté dans ce chapitre exclut les EMN américaines sur la base de l'hypothèse que celles-ci resteraient assujetties au régime GILTI et ne seraient pas soumises aux règles du Pilier Deux. Les gains de recettes générés par le régime GILTI sont examinés à part, dans la section 3.8 de ce chapitre, sur la base des estimations ex ante établies par le Joint Committee Taxation (JTC) du Congrès américain (US Joint Committee on Taxation, 2017[1]) ;
  - la crise engendrée par la pandémie de COVID-19, qui, à la baisse de la demande des consommateurs ajoute des difficultés de production (confinement des travailleurs, restriction des déplacements, perturbations de la chaîne d'approvisionnement, notamment), va probablement engendrer une diminution de la rentabilité à court et à moyen terme de nombreuses entreprises multinationales – et, du même coup, celle des bénéfices entrant dans le champ du Pilier Deux. L'effet à plus long terme de la crise sur la rentabilité des EMN dépendra de la forme et de la vitesse de la reprise, ainsi que des changements structurels de l'économie qui pourraient se trouver déclenchés ou accélérés (transformation de la structure sectorielle des économies – notamment par la numérisation à marche forcée de certaines activités –, restructuration des chaînes de valeur mondiales, bouleversement de la dynamique concurrentielle des entreprises, ...).
- La méthodologie tient compte, de manière simplifiée, des réactions stratégiques et politiques que pourraient avoir les EMN et les États à la mise en place du Pilier Deux. Plus précisément, l'analyse

se concentre sur deux éventualités : i) un changement d'ampleur du transfert de bénéfices des EMN et ii) une augmentation de la fiscalité dans les juridictions où le taux effectif d'imposition (TEI) moyen est inférieur au taux minimum pour le Pilier Deux. Toutefois, il est difficile d'anticiper avec certitude la nature et l'intensité exactes de ces réactions, en particulier dans le contexte d'une réforme fiscale multilatérale coordonnée, alors que les études existantes se fondent principalement sur des réformes unilatérales propres à une juridiction. En particulier, il est malaisé d'anticiper précisément où iront se situer les bénéfices des EMN une fois le Pilier Deux en application, car les dispositifs de transfert de bénéfices des groupes d'EMN sont souvent complexes et pourraient changer d'une manière qu'il est difficile de prévoir après la mise en œuvre du Pilier Deux.

- L'analyse faite ici ne tente pas de modéliser d'autres réactions possibles des groupes d'EMN et des États, telles que, pour les premiers, un changement dans les décisions d'investissement réel et, pour les seconds, la réaction des autorités des autres juridictions. Les implications des Piliers Un et Deux pour les décisions d'investissement réel des EMN et pour la concurrence fiscale entre États sont examinées en détail dans le chapitre 4. Globalement, l'appréciation qui est faite au chapitre 4 est que les Piliers Un et Deux auraient, sur les investissements mondiaux des EMN, un petit effet direct négatif qui pourrait être partiellement, voire entièrement, compensé par des effets indirects positifs. Qui plus est, une solution multilatérale fondée sur un consensus associant les Piliers Un et Deux conduirait probablement à un environnement plus propice à l'investissement et à la croissance que ne le ferait une option qui n'aurait pas le soutien unanime du Cadre inclusif. Pour autant, le Pilier Deux pourrait conduire à d'importantes hausses des coûts d'investissement dans les juridictions où le TEI est actuellement inférieur au taux minimum susceptible d'être fixé au titre de ce pilier. Cela pourrait influencer assez fortement l'investissement des EMN dans ces juridictions et, par voie de conséquence, influencer les recettes de l'IS, mais aussi les recettes fiscales sur d'autres bases d'imposition – p. ex., l'impôt sur le revenu des personnes physiques (IR) ou la taxe sur la valeur ajoutée (TVA) – de ces mêmes juridictions.

178. Compte tenu de ces réserves, les estimations selon le cadre présenté dans ce chapitre doivent être interprétées comme des ordres de grandeur – et non comme des chiffrages précis – des implications du Pilier Deux. Les gains effectifs de recettes fiscales au titre du Pilier Deux différeront peut-être de ces estimations ex ante, car ils dépendront en dernier ressort des décisions finales du Cadre inclusif concernant la conception et le paramétrage du Pilier, de la réaction des EMN et des États à sa mise en place et de la conjoncture économique au moment de sa mise en œuvre. Pour ces raisons, les estimations présentées dans ce chapitre sont exprimées sous forme de fourchettes, afin de refléter l'incertitude qui les entoure. Par souci de simplicité, certains résultats intermédiaires sont énoncés dans ce chapitre comme des valeurs précises, mais tous les résultats globaux de la dernière partie sont exprimés sous la forme de fourchettes.

3.2. Hypothèses sur la conception du Pilier Deux sous-tendant les estimations

179. Comme expliqué dans le rapport sur le *blueprint* du Pilier Deux (OECD, 2020[2]), le Pilier Deux établit des règles interdépendantes qui visent à i) garantir un niveau minimum d'imposition tout en évitant une double imposition ou une imposition en l'absence de bénéfice économique, ii) gérer les différences de système fiscal entre juridictions et de modèles d'affaires entre entreprises, iii) assurer la transparence et l'égalité de traitement et iv) limiter au maximum les coûts d'administration et d'application.

- Le principal mécanisme permettant d'atteindre ce résultat est la **règle d'inclusion du revenu** (RIR), associée à la **règle relative aux paiements insuffisamment imposés** (RPII) en tant que filet de sécurité (ensemble, les « règles GloBE »). À certains égards, le fonctionnement de la RIR repose sur les principes des règles classiques applicables aux sociétés étrangères contrôlées (SEC), et déclenche une inclusion au niveau de l'actionnaire lorsque le revenu d'une entité étrangère contrôlée est taxé à un taux inférieur au taux d'imposition effectif minimum. Elle est complétée par une **règle de substitution** (RS) qui supprime les obstacles conventionnels empêchant son application à certaines succursales, et qui se déclenche lorsqu'une convention fiscale oblige par ailleurs un État contractant à employer la méthode de l'exemption. La RPII est une règle secondaire qui s'applique uniquement lorsqu'une entité constitutive n'est pas assujettie à une RIR. Néanmoins, la RPII fait partie intégrante de l'ensemble des règles parce qu'elle sert de filet de sécurité à la RIR, garantit l'égalité des règles du jeu et prévient les risques d'inversions motivées par des raisons fiscales.

- La **règle d'assujettissement à l'impôt** (RAI) complète ce dispositif. Il s'agit d'une règle conventionnelle qui cible les risques créés, pour les pays de la source, par les montages de BEPS liés aux paiements intragroupe qui exploitent la faiblesse des taux nominaux d'imposition dans l'autre juridiction contractante (la juridiction du bénéficiaire du paiement).

180. Dans le présent chapitre, pour évaluer les effets du Pilier Deux sur les recettes fiscales, on isole les bénéfices des EMN faiblement taxés (c'est-à-dire, imposés à un taux inférieur au taux minimum potentiel) et on suppose qu'un impôt complémentaire viendrait s'appliquer sur ces bénéfices (après mise en œuvre d'une éventuelle exclusion sur la substance selon une formule) jusqu'à atteindre le niveau du taux minimum (Graphique 3.1). Les quatre éléments énumérés ci-dessus (RIR, RPII, RS et RAI) contribueraient tous à ce résultat, mais en pratique, comme nous le verrons dans les paragraphes qui suivent, déterminer précisément leur contribution respective est compliqué par les limites des données et par les incertitudes sur la conception exacte des composantes du Pilier Deux et de leurs interactions, qui devra in fine être décidée par le Cadre inclusif.

Graphique 3.1. Formule simplifiée résumant l'approche du Pilier Deux

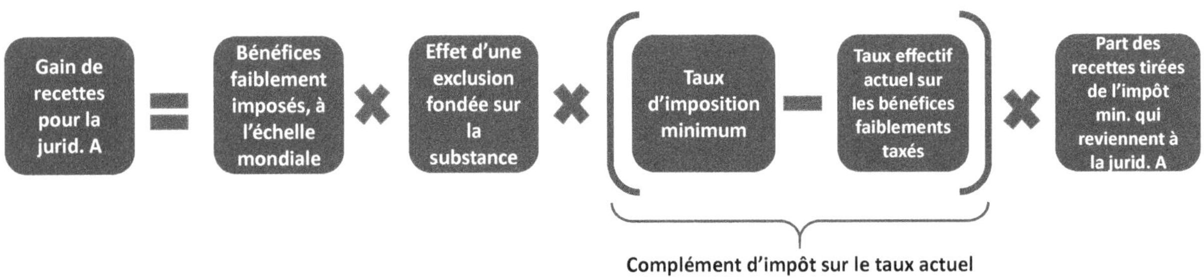

Note : le point de départ pour calculer les effets du Pilier Deux sur les recettes fiscales consiste à estimer le montant des bénéfices faiblement imposés des groupes d'EMN (c'est-à-dire, les bénéfices qui sont taxés à un taux inférieur au taux minimum potentiel). Une éventuelle exclusion sur la substance selon une formule aurait pour effet de sortir une fraction de ces bénéfices faiblement imposés du champ d'application du Pilier Deux. Le Pilier Deux fonctionnerait alors comme un complément d'impôt pour amener le taux effectif d'imposition des bénéfices faiblement taxés couverts par la proposition au niveau du taux minimum (la parenthèse de la formule). Enfin, la part des gains de recettes escomptés au titre du Pilier Deux qui reviendrait à chaque juridiction est déterminée à partir d'hypothèses sur le fonctionnement du Pilier Deux qui sont décrites dans ce chapitre.
Source : Secrétariat de l'OCDE.

181. Conformément à ce qui est énoncé dans le rapport sur le *blueprint* du Pilier Deux (OECD, 2020[2]), l'approche présentée dans ce chapitre part du principe que les bénéfices faiblement imposés des EMN seraient généralement soumis à un impôt complémentaire dans la juridiction de l'entité mère ultime (ci-après « EMU ») du groupe d'EMN en vertu de la **règle d'inclusion du revenu**. La **règle de substitution** n'est pas explicitement modélisée dans le présent chapitre, mais elle contribuerait implicitement à l'application étendue de la RIR. De même, il est difficile de déterminer, d'après la conception de la **règle d'assujettissement à l'impôt** et les données disponibles, quel serait l'effet de cette règle sur la base d'imposition d'un pays. Ces limites font que l'effet de la règle d'assujettissement à l'impôt n'a pu être modélisé dans le présent chapitre.

182. Dans les scénarios simplifiés retenus ici aux fins de la modélisation, la juridiction de l'EMU n'appliquerait pas nécessairement la RIR (p. ex., s'il s'agit d'un pays qui, aujourd'hui, n'a pas de système d'impôt sur les sociétés). Les bénéfices faiblement imposés des groupes d'EMN dont l'EMU réside dans une telle juridiction sont supposés être soumis à un impôt complémentaire dans d'autres juridictions, en proportion de leur volume d'activité économique dans ces dernières. Cette hypothèse est une approximation de la méthode fondée sur les transactions présidant à la **règle relative aux paiements insuffisamment imposés**, et repose sur l'idée que les opérations visées par cette règle sont susceptibles d'émaner de juridictions où le groupe d'EMN exerce effectivement une activité économique. Cette hypothèse peut aussi être vue comme une approximation éventuelle pour les situations où la juridiction d'une entité mère intermédiaire appliquerait la règle d'inclusion du revenu, comme envisagé dans le rapport sur le *blueprint* du Pilier Deux, en partant du principe que l'emplacement de cette entité mère intermédiaire (sur lequel, dans la plupart des juridictions, on ne dispose d'aucune information) est globalement le même que celui de l'activité économique.

183. Une autre question importante pour la conception du Pilier Deux est le degré d'agrégation (autrement dit, le niveau d'agrégation auquel le taux effectif d'imposition serait calculé et le taux minimum appliqué). Quoiqu'aucune décision n'ait encore été prise par le Cadre inclusif, on suppose, dans ce chapitre, que le Pilier Deux mettrait en œuvre une agrégation par juridiction selon les lignes du rapport sur le *blueprint* du Pilier Deux. Autrement dit, le taux d'imposition effectif d'un groupe d'EMN serait calculé sur la somme des impôts acquittés et des bénéfices réalisés au niveau de la juridiction, puis le TEI serait comparé au taux d'imposition minimum.

184. D'autres choix de conception et de paramétrage pour le Pilier Deux influenceront aussi les effets de ce pilier sur les recettes fiscales. Un paramètre clé est le taux d'imposition minimum potentiel – pour lequel ce chapitre examine plusieurs possibilités à titre d'illustration. Parmi les autres questions figurent la définition de la base d'imposition (y compris des questions relatives à des ajustements pour tenir compte des différences temporaires ou permanentes entre les résultats comptable et fiscal), la définition des impôts couverts par le calcul du TEI, l'existence et la conception d'un éventuel mécanisme de report en avant des pertes, ainsi que l'existence et la portée d'éventuelles « exclusions » sur les critères de la présence d'activités substantielles, du secteur ou de la taille des EMN. Conformément à ce qui est exposé dans le rapport sur le *blueprint* du Pilier Deux, les estimations incluses dans le présent chapitre supposent que les EMN dont le chiffre d'affaires mondial est inférieur à 750 millions EUR (soit le seuil utilisé pour la déclaration pays par pays) sortent du champ d'application du Pilier Deux. Les implications d'une éventuelle exclusion sur la substance selon une formule sont modélisées dans le présent chapitre, toujours à titre indicatif ; en revanche, du fait des limites des données, aucune exclusion sur le secteur d'activité n'est envisagée dans les estimations. Enfin, l'effet d'un éventuel mécanisme de report en avant des pertes n'est pas examiné, en raison du manque de données de séries chronologiques sur les bénéfices des EMN d'une juridiction à l'autre[3] – même si l'inclusion d'un tel mécanisme est susceptible d'amoindrir le potentiel de gains de recettes au titre du Pilier Deux.

185. Malgré l'inconnue que représente la décision à venir du Cadre inclusif, l'hypothèse sous-tendant les estimations illustratives contenues dans ce chapitre est que le régime GILTI des États-Unis « coexistera » avec le Pilier Deux. De ce fait, les estimations présentées dans ce chapitre excluent généralement les gains de recettes potentiels associés aux EMN américaines sur la base de l'hypothèse que celles-ci resteraient assujetties au au régime GILTI et ne seraient pas soumises aux règles du Pilier Deux. Par conséquent, les gains associés aux EMN américaines – gains directs (provenant de l'impôt minimum) et indirects (induits par la réduction du transfert de bénéfices ou par la hausse du TEI) – sont généralement exclus des estimations de gains de recettes fiscales au titre du Pilier Deux présentées dans les tableaux et graphiques ci-après. Cette précision figure chaque fois dans les sous-titres et les notes explicatives des tableaux et graphiques concernés. Les autres tableaux contenant des données ou des résultats intermédiaires qui ne concernent pas directement les gains au titre du Pilier Deux (p. ex., la matrice des bénéfices à un niveau agrégé) comprennent généralement les chiffres relatifs aux EMN

américaines, ce qui est indiqué dans les notes explicatives des tableaux en question. Les gains de recettes fiscales associés aux EMN américaines, calculés à partir des estimations ex ante du Joint Committee on Taxation (JTC) du Congrès américain pour les gains de recettes potentiels au titre du GILTI, sont examinés dans la section 3.8.

3.3. Scénarios envisagés concernant les réactions comportementales

186. Pour envisager les réactions comportementales possibles, on a modélisé une série de quatre scénarios simplifiés. Ces scénarios sont synthétisés dans le Graphique 3.2. Ces scénarios et la stratégie visant à quantifier leurs implications pour les recettes fiscales sont décrits plus en détail dans les sections qui suivent.

- Le **scénario 1**, qui constitue le point de départ pour les estimations, est un scénario « statique ». Il ne s'intéresse pas aux réactions comportementales potentielles des EMN et des États à la mise en place du Pilier Deux, et le Pilier Deux y est modélisé isolément, en ce sens que ses interactions potentielles avec le Pilier Un ne sont pas prises en considération.
- Le **scénario 2**, en revanche, tient compte des interactions entre le Pilier Un et le Pilier Deux. Dans ce scénario, on suppose que le Pilier Deux s'applique aux bénéfices après la réattribution résultant du montant A du Pilier Un, selon la modélisation effectuée dans le chapitre 2, sur la base d'hypothèses illustratives quant à la conception et au paramétrage du Pilier Un. D'autres résultats ignorant ces interactions mais tenant compte des réactions des EMN et des États telles qu'elles sont modélisées dans les scénarios 3 et 4 sont présentés à l'Annex 3.B.
- Le **scénario 3** reprend le scénario 2 en ajoutant l'hypothèse d'une diminution de l'ampleur du transfert de bénéfices des EMN en conséquence du Pilier Deux, selon le postulat que le Pilier Deux réduirait les écarts de taux d'imposition entre juridictions, qui sont l'une des principales causes du transfert de bénéfices. Cette réduction du transfert de bénéfices est évaluée à partir des hypothèses de modélisation simplifiées expliquées dans la section 3.6.
- Le **scénario 4**, à son tour, développe le scénario 3 en ajoutant l'hypothèse que certaines juridictions modifieraient leurs règles fiscales ou leurs taux d'imposition afin de relever le TEI sur les bénéfices des EMN qui sont actuellement imposés en dessous du taux minimum. Il s'agit d'une réaction plausible, car elle pourrait permettre aux juridictions qui relèvent leur TEI de percevoir une part plus importante des recettes fiscales mondiales, tandis qu'elle n'aurait qu'un effet généralement limité sur le volume global d'impôts acquittés par les groupes d'EMN (comme nous le verrons plus loin, cet effet dépendrait de la conception du Pilier Deux et, notamment, de la mise en place ou non d'une exclusion sur la substance selon une formule, ainsi que de la coexistence ou non du régime GILTI et du Pilier Deux).

Graphique 3.2. Scénarios retenus dans les estimations pour le Pilier Deux

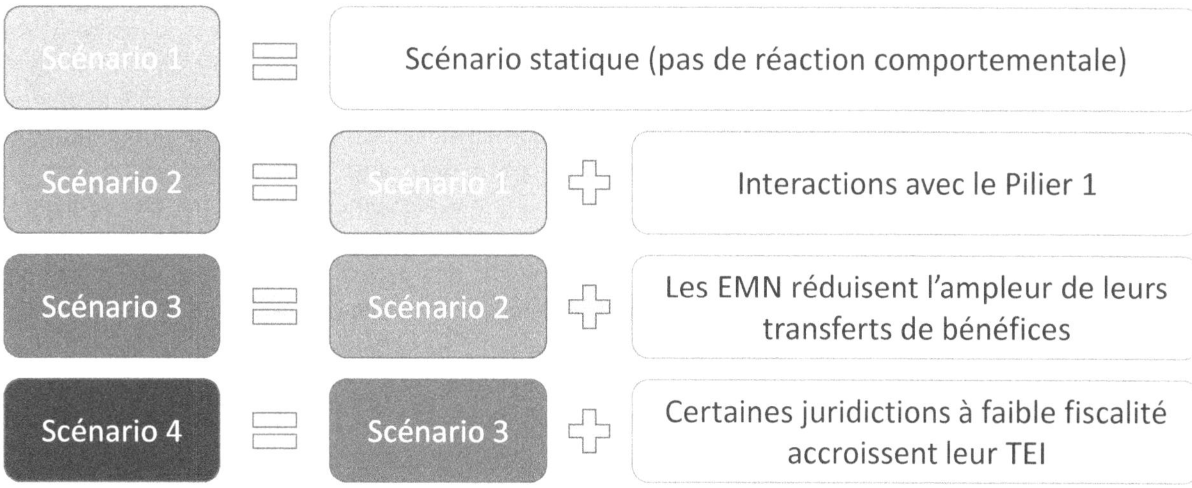

Note : d'autres réactions comportementales à la mise en place du Pilier Deux sont également possibles, mais elles ne sont pas modélisées dans ce chapitre ; il s'agit, par exemple, de la délocalisation par les EMN de leurs investissements « réels » (ce qui peut avoir des implications sur les recettes de l'IS, mais aussi sur celles d'autres bases d'imposition) ou encore, du changement de politique fiscale par les juridictions où le TEI moyen est supérieur au taux minimum. Ces réactions potentielles sont examinées dans le chapitre 4.
Source : Secrétariat de l'OCDE.

187. La séquence temporelle des réactions des EMN et des États envisagées dans les scénarios 3 et 4 est incertaine, ce qui soulève la question de l'ordre dans lequel il convient d'intégrer ces réactions à l'analyse. Il est possible que les groupes d'EMN soient plus prompts (et plus déterminés) à modifier leurs stratégies de transfert de bénéfices que les États leurs systèmes d'impôt sur les sociétés. En effet, ces derniers peuvent comporter une multitude de dispositions légales interconnectées, ayant toutes un effet particulier sur la situation fiscale d'entreprises variées, et tout ajustement pourrait impliquer un long processus législatif. C'est pourquoi il est logique d'envisager d'abord les réactions possibles des EMN (ce qui est fait dans le scénario 3), puis celles des États (scénario 4). Cela dit, compte tenu des scénarios et des postulats examinés dans ce chapitre, inverser cet ordre (c'est-à-dire considérer d'abord les réactions des États, puis celles des EMN) n'aurait pratiquement aucun effet (ou tout au plus un effet quantitativement faible) sur les résultats finaux. La raison en est que les réactions des États examinées dans ce chapitre n'ont pas d'incidence significative sur les incitations au transfert de bénéfices des groupes d'EMN, puisqu'elles ne modifient pas sensiblement le montant global des impôts payés par ceux-ci (elles ne font que changer le lieu où les impôts sont payés)[4]. Par conséquent, les réactions des EMN ne devraient pas différer sensiblement selon qu'elles interviennent avant ou après celles des États, du moins dans le cadre des scénarios simplifiés considérés ici.

188. Les quatre scénarios simplifiés présentés ici ne visent pas à couvrir tout l'univers des réactions possibles, mais à illustrer les implications de certaines des réactions les plus généralement attendues face au Pilier Deux. Les réactions envisagées ont été retenues à l'issue de discussions avec des représentants des juridictions, des universitaires, des représentants du secteur privé et d'autres organisations internationales. D'autres réactions possibles à la mise en place du Pilier Deux ne sont pas modélisées dans ce chapitre : le changement de comportement des EMN vis-à-vis de leurs investissements « réels » (par opposition à leur comportement en matière de transfert de bénéfices), une modification plus complexe des stratégies de transfert de bénéfices de ces mêmes EMN, et la modification des règles fiscales ou des taux d'imposition par les autorités de juridictions à fiscalité élevée (c'est-à-dire dont le TEI moyen est supérieur au taux minimum potentiel du Pilier Deux).

- **Concernant le comportement des EMN en matière d'investissements réels**, le Secrétariat de l'OCDE estime que le Pilier Deux n'aura que des effets limités sur les TEI moyens prospectifs au niveau mondial et dans la plupart des juridictions (chapitre 4). L'ampleur des effets sur les investissements réels serait donc globalement limitée (de plus, ces effets pourraient être partiellement, voire intégralement, compensés par des effets indirects évoqués au chapitre 4), ce qui contribue à justifier l'hypothèse de non-prise en considération de ces effets dans le présent chapitre. Une exception importante est que les juridictions qui ont actuellement un TEI inférieur au taux minimum potentiel pourraient voir ce taux augmenter substantiellement, ce qui mettrait un frein aux investissements des EMN dans ces juridictions, mais serait peut-être bénéfique pour les juridictions à fiscalité élevée, vers lesquelles certains investissements pourraient être redirigés. Dans ces juridictions à faible fiscalité, cela ferait diminuer les recettes de l'IS, mais aussi celles d'autres bases d'imposition – p. ex., l'impôt sur le revenu des personnes physiques (IR) ou la taxe sur la valeur ajoutée (TVA). Ces effets ne sont pas modélisés dans ce chapitre.

- **En ce qui concerne les stratégies de transfert de bénéfices des EMN**, la modélisation présentée dans ce chapitre repose sur les hypothèses simplifiées décrites ci-dessous concernant le rapport entre ampleur du transfert de bénéfices et écart de taux d'imposition d'une juridiction à l'autre. Dans la pratique, les dispositifs de transfert de bénéfices des groupes d'EMN sont souvent complexes et, pour l'essentiel, propres à une EMN. La nature exacte de la modification de ces dispositifs en réaction à l'instauration du Pilier Deux peut différer de ces hypothèses simplifiées, ce qui jouerait sur les résultats finaux, mais cette différence ne peut être modélisée avec précision, comme on l'évoque ci-dessous.
- **En ce qui concerne la réaction des autorités des juridictions à fiscalité « élevée »** (c'est-à-dire les juridictions dont le TEI moyen est supérieur au taux minimum potentiel), la réaction attendue est ambiguë et donc difficile à anticiper avec certitude, comme expliqué dans le chapitre 4. En théorie, la mise en place d'un taux minimum pourrait soit renforcer soit affaiblir la concurrence fiscale, selon les hypothèses considérées (Keen and Konrad, 2013[3])[5]. Une étude empirique montre que la mise en place, en 2004, d'un taux d'imposition minimum au niveau des communes allemandes a, en moyenne, conduit les collectivités locales ayant des taux supérieurs au minimum à augmenter sensiblement leur taux d'imposition (von Schwerin and Buettner, 2016[4]). Toutefois, il n'y a aucune certitude sur la mesure dans laquelle ces résultats, constatés dans le contexte d'un pays, peuvent être généralisés à un contexte international.

3.4. Scénario 1 – Estimations statiques des effets du Pilier Deux sur les recettes fiscales

189. L'approche simplifiée suivie dans ce chapitre consiste à identifier les juridictions où le TEI moyen (rétrospectif) sur les bénéfices des EMN est inférieur au taux d'imposition minimum potentiel. Tous les bénéfices des EMN dans ces juridictions sont supposés être imposés à ce taux moyen (du fait du manque de données disponibles sur le TEI au niveau des entreprises dans la plupart des juridictions) et donc – après application d'une éventuelle exclusion sur la substance selon une formule – être assujettis à un impôt complémentaire à concurrence du taux minimum.

190. Il s'agit d'une simplification en ce sens que cela ne tient pas compte de ce que i) certains bénéfices des EMN peuvent être soumis à un TEI plus élevé que le taux minimum dans les juridictions à faible fiscalité (« réduits » de bénéfices fortement imposés) et ii) certains bénéfices des EMN peuvent être soumis à un TEI plus bas que le taux minimum dans les juridictions à fiscalité élevée (« réduits » de bénéfices faiblement imposés). Les réduits de bénéfices faiblement imposés sont examinés plus en détail dans l'Encadré 3.1 ci-dessous et sont pris en considération dans les fourchettes d'incertitude entourant les résultats. Les réduits de bénéfices fortement imposés seront probablement moins courants que les réduits de bénéfices faiblement imposés et l'effet de leur omission est, a priori, indécis (parce que tenir compte des réduits de bénéfices fortement imposés réduirait le montant estimé des bénéfices assujettis au Pilier Deux dans les juridictions à faible fiscalité, mais réduirait aussi le TEI moyen sur les bénéfices

assujettis au Pilier Deux dans ces juridictions). En raison des limites des données, l'approche ne tient pas non plus compte du fait qu'une partie des bénéfices étrangers peuvent déjà être imposés au niveau de l'entité mère par le biais des règles concernant les sociétés étrangères contrôlées (SEC) et des retenues à la source. Ceci réduirait les gains au titre du Pilier Deux.

191. Cette approche de modélisation nécessite des données sur l'emplacement des bénéfices ainsi que sur les TEI. Les sources de données respectives pour les bénéfices et pour les TEI sont décrites dans les deux points qui suivent. La modélisation des implications d'une éventuelle exclusion sur la substance calculée selon une formule est décrite ensuite.

3.4.1. Source des données sur l'emplacement des bénéfices : la « matrice des bénéfices »

192. À l'instar du chapitre 2, le présent chapitre fonde son analyse sur la « matrice des bénéfices », qui combine les données de différentes sources sur l'emplacement des bénéfices des EMN (voir l'illustration simplifiée du Graphique 3.3 et la description détaillée au chapitre 5).

Graphique 3.3. Matrice des bénéfices : vue d'ensemble simplifiée et sources de données sous-jacentes

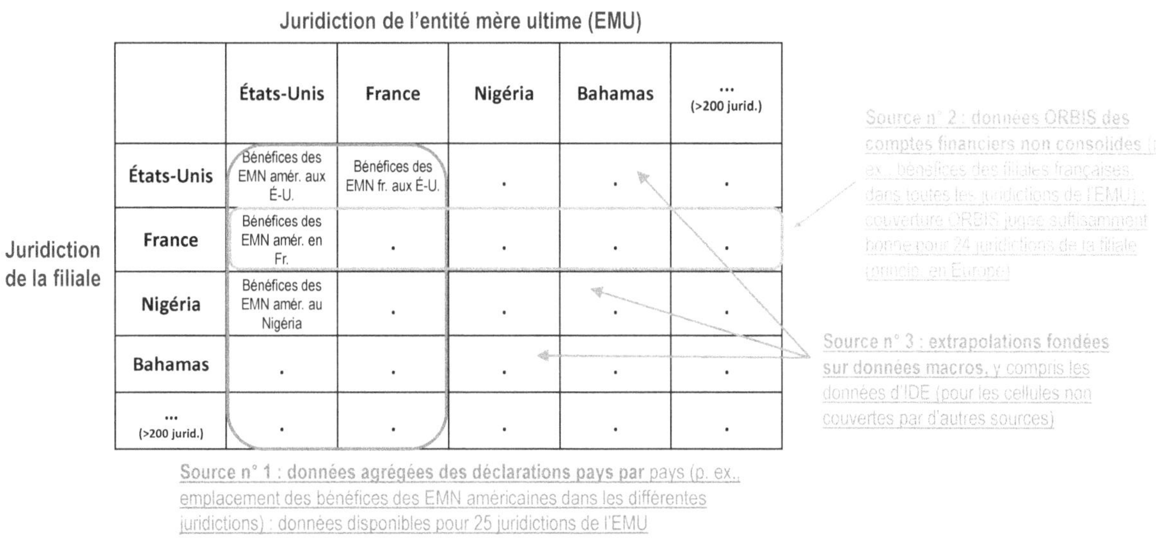

Note : les données agrégées issues des déclarations pays par pays sont utilisées pour remplir les *colonnes* de la matrice des bénéfices (p. ex., bénéfices des EMN françaises dans les différentes juridictions). Les données ORBIS sur les comptes non consolidés sont utilisées pour remplir les *lignes* de la matrice des bénéfices (p. ex., bénéfices des groupes d'EMN en France, ventilés entre juridictions de la société mère ultime). Ces deux sources ne sont employées que lorsqu'elles sont disponibles, et dans le cas d'ORBIS, lorsque la couverture des données est suffisamment bonne. Les autres cellules de la matrice sont remplies au moyen d'une extrapolation à partir des données macroéconomiques, y compris les chiffres des investissements directs étrangers (IDE).
Source : Secrétariat de l'OCDE.

193. La matrice des bénéfices s'appuie sur trois grandes sources de données qui sont, par ordre de préférence :

1) le contenu anonymisé et agrégé des déclarations pays par pays pour 25 juridictions de l'EMU (voir la liste en annexe 5.A. au chapitre 5)[6] ;

2) les données ORBIS sur les comptes non consolidés dans 24 juridictions de la filiale ayant une bonne couverture ORBIS (voir la liste en annexe 5.A. au chapitre 5) ;

3) les extrapolations basées sur des données macroéconomiques (p. ex., chiffres des IDE) dans d'autres cellules.

194. Dans la mesure du possible, les données de la matrice des bénéfices (et des matrices des actifs corporels et de la masse salariale) se concentrent sur les sous-groupes d'EMN bénéficiaires (c'est-à-dire, les entités appartenant à un groupe multinational qui déclare un bénéfice global dans la juridiction considérée), plutôt que sur tous les sous-groupes d'EMN (c'est-à-dire, EMN bénéficiaires *et* EMN enregistrant des pertes (« EMN déficitaires ») confondues). En effet, seuls les sous-groupes d'EMN dégageant des bénéfices sont éventuellement assujettis à des impôts supplémentaires au titre du Pilier Deux, tandis que les sous-groupes affichant des pertes ne paient généralement pas l'IS. Retrancher les pertes des sous-groupes d'EMN déficitaires lors du calcul des bénéfices totaux dans une juridiction pourrait donc conduire à une sous-estimation du montant des bénéfices susceptibles d'être soumis au Pilier Deux.

195. Néanmoins, une limitation de cette approche est que l'effet d'un mécanisme de report en avant des pertes au titre du Pilier Deux n'est pas pris en considération dans les estimations. Un tel mécanisme pourrait réduire les gains de recettes au titre du Pilier Deux dans les situations où un sous-groupe d'EMN dans une juridiction à faible fiscalité réalise un bénéfice (faiblement imposé) qu'il peut compenser partiellement ou intégralement au moyen de ses pertes passées dans cette juridiction. Pour estimer avec précision l'effet du mécanisme de report en avant de pertes, il faudrait disposer d'informations au niveau des entreprises sur la rentabilité des sous-groupes d'EMN durant plusieurs exercices successifs. Pour la plupart des juridictions, le Secrétariat de l'OCDE ne dispose pas de ces informations[7]. En pratique, l'effet du mécanisme de report en avant des pertes sur les gains de recettes fiscales au titre du Pilier Deux dépend de la fréquence à laquelle les sous-groupes d'EMN dans les juridictions à faible fiscalité passeront du statut de déficitaire à celui de bénéficiaire – c'est-à-dire, cesseront de déclarer des bénéfices pour déclarer des pertes et vice-versa. Cela peut dépendre de la conjoncture économique – par exemple, avec la crise liée à l'épidémie de COVID-19, il y a des chances pour que les pertes soient plus fréquentes –, mais aussi sur le comportement des EMN en matière de transfert des bénéfices et de transfert des pertes. Ainsi, même en tenant compte d'un mécanisme de report en avant au titre du Pilier Deux, cela peut rester avantageux pour les EMN d'inscrire des pertes dans les juridictions à fiscalité élevée plutôt que dans les juridictions à faible fiscalité, puisque ces pertes peuvent être utilisées pour compenser des bénéfices futurs imposés à un taux supérieur dans les juridictions à fiscalité élevée.

196. La matrice des bénéfices – à un niveau d'agrégation relativement élevé – est représentée dans le Tableau 3.1. La méthodologie complète qui sous-tend la construction de la matrice des bénéfices est présentée en détail dans le chapitre 5. Le chapitre 5 contient également des informations détaillées sur les sources de données utilisées dans la matrice des bénéfices, y compris un exposé des mises en garde concernant leur utilisation. En outre, il présente une version plus désagrégée de la matrice des bénéfices (c'est-à-dire avec des groupes de juridictions plus détaillés que dans le Tableau 3.1), ainsi que des informations sur l'importance relative des différentes sources de données sous-jacentes à la matrice. Enfin, le chapitre 5 contient les résultats de l'analyse comparative approfondie qui a été menée pour évaluer la qualité des données et leur cohérence d'une source à l'autre.

Tableau 3.1. Matrice des bénéfices : résultats agrégés par grand groupe de juridictions

		Juridiction de l'EMU				
	(milliards USD 2016)	Jur. à revenu élevé	Jur. à revenu intermédiaire	Jur. à faible revenu	Centres d'investissement	Total
Juridiction de la filiale	Jurid. à revenu élevé (64)	3 569.1	44.1	0.1	171.3	**3 784.5**
	Jurid. à revenu intermédiaire (105)	366.2	821.8	0.1	167.9	**1 356.0**
	Jur. à faible revenu (29)	1.3	1.3	3.1	0.2	**5.8**
	Centres d'investissement (24)	650.9	69.5	0.0	314.3	**1 034.7**
	Total	**4 587.4**	**936.7**	**3.3**	**653.7**	**6 181.1**

Note : les groupes de juridictions (à revenu élevé, à revenu intermédiaire et à faible revenu) sont définis selon la classification de la Banque mondiale. Le nombre de juridictions composant chaque groupe est indiqué entre parenthèses. Les centres d'investissement sont des juridictions dont le stock total d'IDE entrants représente plus de 150 % du PIB. Ce tableau inclut les groupes d'EMN ayant leur entité mère ultime aux États-Unis.

Source : calculs de l'OCDE à partir de diverses sources – données agrégées issues des déclarations pays par pays, base ORBIS, données macroéconomiques, notamment. Pour plus de précisions, voir le chapitre 5.

3.4.2. Sources des données sur les taux effectifs d'imposition (TEI)

197. Le TEI pertinent pour estimer si un groupe d'EMN a des bénéfices faiblement imposés dans une juridiction et serait assujetti au Pilier Deux sera calculé au niveau de chaque sous-groupe d'EMN dans chaque juridiction (en partant du principe que le Pilier Deux mettrait en œuvre l'agrégation par juridiction). Estimer avec précision l'effet du Pilier Deux nécessiterait donc des données sur les TEI à ce niveau. Or, pour la plupart des juridictions, le Secrétariat de l'OCDE ne dispose pas de ces informations, et les estimations se fondent donc sur les TEI moyens calculés à partir des données agrégées.

198. Le TEI moyen sur les bénéfices des EMN dans une juridiction correspond à l'estimation médiane obtenue à partir de trois sources de données :

- **Tørsløv et al.** (2018[5]). Ces données, elles-mêmes obtenues à partir d'une combinaison de sources et d'hypothèses, concernent le TEI sur les bénéfices d'EMN à capitaux étrangers dans une série de juridictions en 2015. Les données sous-jacentes ne distinguent généralement pas entre les sous-groupes d'EMN qui dégagent des bénéfices et les sous-groupes d'EMN qui enregistrent des pertes, ce qui peut donc conduire à des mesures du TEI plus élevées que des données qui se concentreraient sur les seuls sous-groupes bénéficiaires[8].
- **Données du BEA sur les EMN américaines.** Dans un rapport annuel sur l'activité mondiale des entreprises multinationales américaines, le Bureau of Economic Analysis (BEA) fournit des informations sur les impôts étrangers payés par les filiales des groupes d'EMN américains dans un ensemble de juridictions. Dans chacune de ces juridictions, le TEI moyen des EMN américaines se calcule en divisant le montant des impôts étrangers acquittés par le « rendement de type bénéfices », une mesure des bénéfices incluse dans les données du BEA qui vise à donner une approximation du bénéfice avant impôts et qui exclut diverses sources de revenus financiers. Pour réduire l'incidence d'une volatilité éventuelle des données, le TEI utilisé dans ce chapitre est calculé comme le TEI moyen sur plusieurs exercices (2013-2016), c'est-à-dire la somme des impôts payés dans une juridiction au cours de la période divisée par la somme des rendements de type bénéfices dans cette juridiction au cours de la même période[9]. Comme pour Tørsløv et al. (2018[5]), les données du BEA regroupent les statistiques relatives aux sous-groupes d'EMN bénéficiaires et d'EMN déficitaires, ce qui conduit à des TEI plus élevés que si l'on se concentrait uniquement sur les sous-groupes d'EMN dégageant des bénéfices.

- **Données anonymisées et agrégées issues des déclarations pays par pays.** Les données anonymisées et agrégées issues des déclarations pays par pays de 25 juridictions de l'EMU (voir la liste en annexe 5.A. au chapitre 5) ont servi à calculer les TEI moyens par juridiction de la filiale. Le TEI dans une juridiction « de la filiale » donnée se calcule comme le total des impôts payés par les EMN à capitaux étrangers (selon la méthode de la comptabilité d'exercice) divisé par le total des bénéfices des EMN à capitaux étrangers, où l'on ne retient que les les sous-groupes qui dégagent des bénéfices (contrairement aux deux autres sources). Les valeurs aberrantes extrêmes sont éliminées (p. ex., les TEI supérieurs à 100 %), et les juridictions couvertes dans les données de moins de trois juridictions de l'EMU sont exclues. Une mise en garde importante s'impose : en raison de l'inclusion potentielle des dividendes intra-groupe dans les bénéfices reportés sur les déclarations pays par pays, les TEI peuvent être sous-estimés, en particulier pour les juridictions qui accueillent de nombreuses entités mères (OECD, 2020[6]).

199. Aucune de ces trois mesures des TEI n'est concernée par le problème de la double comptabilisation des bénéfices évoqué dans Blouin et Robinson (2019[7]) – voir également Clausing (2020[8]). De plus, le recours à la valeur médiane entre les trois mesures réduit l'incidence potentielle des limites que présentent les différentes sources de données sur les estimations finales de recettes (liées, par exemple, à la possible inclusion des dividendes dans les données des déclarations pays par pays, qui peut conduire à surestimer les gains de recettes au titre du Pilier Deux, ou à l'inclusion des sous-groupes qui déclarent des pertes dans les données de Tørsløv et al. (2018[5]) et du BEA, ce qui peut conduire à sous-estimer les gains au titre du Pilier Deux). Une analyse de robustesse excluant les données des déclarations pays par pays du calcul et s'appuyant uniquement sur la moyenne des deux autres sources suggère qu'une telle méthode pourrait conduire à des estimations plus basses des gains au titre du Pilier Deux, mais sans modifier l'ordre de grandeur général des résultats (voir Annex 3.D).

200. Ces trois sources de données sont disponibles conjointement pour 42 juridictions représentant 86 % du PIB mondial (Tableau 3.2). Au moins une des trois sources de données est disponible pour 99 autres juridictions correspondant à 12 % du PIB mondial. Pour les 81 autres juridictions considérées dans l'analyse, qui sont principalement des juridictions à faible revenu représentant ensemble 1 % seulement du PIB mondial, aucune de ces trois sources n'est disponible et le TEI est supposé correspondre au taux légal de l'impôt sur les sociétés issu des statistiques de l'IS établies par l'OCDE (OECD, 2020[9]), complété par d'autres sources[10]. Il s'agit d'une hypothèse prudente, les taux effectifs étant généralement inférieurs au taux légal. Cependant, l'incidence de cette hypothèse sur les estimations mondiales sera probablement marginale, car, en réalité, moins de 1 % des bénéfices totaux des EMN se situe dans ces juridictions.

Tableau 3.2. Couverture des trois sources de données pour les taux effectifs d'imposition (TEI)

Nombre de sources disponibles pour les données sur les TEI	Nombre de juridictions	Part du PIB mondial	Part des bénéfices mondiaux des EMN
Les 3 sources disponibles	42	86 %	90 %
1 ou 2 sources disponibles	99	12 %	10 %
Aucune source disponible	81	1 %	0 %
Total	**222**	**100 %**	**100 %**

Note : trois sources de données sont utilisées pour mesurer les TEI sur les bénéfices des multinationales dans les différentes juridictions : i) Tørsløv et al. (2018[5]), ii) le Bureau of Economic Analysis (BEA) des États-Unis et iii) les statistiques anonymisées et agrégées issues des déclarations pays par pays. Toutes les sources ne sont pas disponibles pour toutes les juridictions. Par exemple, les trois sources sont disponibles simultanément pour 42 juridictions représentant 86 % du PIB mondial et 90 % des bénéfices des groupes d'EMN à l'échelle mondiale. L'emplacement des bénéfices est déterminé à partir de la base de la matrice des bénéfices présentée en détail dans le chapitre 5. Dans les juridictions où aucune source de données sur le TEI n'est disponible, le taux légal de l'IS est utilisé comme variable de substitution.
Source : calculs du Secrétariat de l'OCDE.

3.4.3. Bénéfices faiblement imposés et gains de recettes fiscales, au niveau mondial (avant exclusion)

201. Sur la base de la matrice des bénéfices et des données des TEI décrites ci-dessus, le montant mondial des bénéfices faiblement imposés (c'est-à-dire les bénéfices imposés en dessous d'un taux minimum potentiel) est présenté dans le Tabluea 3.3 pour une fourchette illustrative de taux minimum possibles. Pour estimer les gains au titre du Pilier Deux à l'échelle mondiale, on ajoute ensuite au taux d'imposition des bénéfices faiblement imposés le taux complémentaire à concurrence du taux minimum[11]. Une marge d'incertitude de ±10 % autour des estimations ponctuelles est appliquée pour tenir compte de l'incertitude des données. Les résultats, qui sont présentés dans le Tableau 3.3 correspondent aux gains de recettes dans le scénario 1 (c'est-à-dire dans un scénario statique qui ne tient compte ni des interactions avec le Pilier Un, ni des réactions comportementales des EMN et des États) en l'absence d'exclusion sur la substance calculée selon une formule. Conformément aux hypothèses relatives au régime GILTI étudiées ci-dessus, le tableau exclut les bénéfices faiblement imposés des EMN américaines et les gains de recettes correspondants (les gains de recettes associés au régime GILTI sont examinés à la section 3.8).

202. Ces estimations ne tiennent pas compte des gains potentiels liés aux réduits de bénéfices faiblement imposés dans les juridictions à fiscalité élevée (c'est-à-dire les juridictions ayant un TEI moyen supérieur au taux minimum). Ces réduits, bien que difficiles à évaluer avec les données disponibles, peuvent être substantiels, comme expliqué dans l'Encadré 3.1. Ne pas les prendre en considération pourrait conduire à sous-estimer sensiblement les gains de recettes au titre du Pilier Deux. C'est pourquoi la limite supérieure des fourchettes d'incertitude entourant les estimations des gains directs au titre du Pilier Deux dans le scénario 1 est augmentée de 50 % (dernière ligne du Tableau 3.3). Une telle augmentation des gains de recettes correspondrait à une situation dans laquelle les réduits de bénéfices faiblement imposés représenteraient près de 10 % des bénéfices totaux dans les juridictions à fiscalité plus élevée (Encadré 3.1). La limite inférieure des fourchettes d'incertitude n'est pas modifiée et suppose donc, de manière prudente, que ces réduits ne génèrent aucun gain de recettes. Dans les scénarios avec une exclusion sur la substance selon une formule (voir ci-dessous), l'incertitude autour de ces réduits diminue proportionnellement à la part des bénéfices exclus dans les juridictions à fiscalité élevée[12].

203. Les estimations du Tableau 3.3 sont globalement cohérentes avec des estimations récentes faites par l'Oxford University Centre for Business Taxation (Devereux et al., 2020[10]). En supposant un taux minimum d'imposition de 10 %, pas d'exclusion fondée sur la substance selon une formule, et l'inclusion des groupes d'EMN dont l'EMU réside aux États-Unis, elles donnent pour résultat que les gains à l'échelle mondiale au titre du Pilier Deux dans un scénario statique pourraient atteindre 20 milliards USD (1.1 % des recettes mondiales de l'IS) dans une approche excluant les réduits de bénéfices faiblement imposés dans les juridictions à fiscalité élevée, ou 32 milliards USD (1.8 % des recettes de l'IS au niveau mondial) dans une approche les incluant[13]. Ces chiffres sont supérieurs aux estimations avec les hypothèses correspondantes présentées dans le Tableau 3.3 (à savoir, des gains estimés de 0.8 à 1.0 % des recettes de l'IS exclusion faite des réduits de bénéfices faiblement imposés, et 0.8 à 1.5 % des recettes de l'IS avec inclusion des réduits de bénéfices faiblement imposés), mais la différence s'explique probablement en grande partie par le fait que les estimations du Tableau 3.3 n'intègrent pas les groupes d'EMN dont l'EMU réside aux États-Unis, tandis que celles figurant dans Devereux et al. (2020[10]) les incluent.

Tableau 3.3. Bénéfices faiblement imposés et gains de recettes fiscales au titre du Pilier Deux, au niveau mondial (scénario 1, pas d'exclusion)

Hors groupes d'EMN dont l'entité mère ultime réside aux États-Unis

Taux d'imposition minimum		7.5 %	10 %	12.5 %	15 %	17.5 %
Bénéfices faiblement imposés (dans des juridictions à faible fiscalité) assujettis au Pilier Deux, au niveau mondial (milliards USD)		329	478	604	639	1 043
Gains de recettes fiscales au titre du Pilier Deux, au niveau mondial (scénario 1)	...en milliards USD	10-12	18-22	28-34	40-48	52-64
	...en % des recettes de l'IS au niveau mondial	0.5 %-0.6 %	0.8 %-1.0 %	1.3 %-1.6 %	1.8 %-2.2 %	2.4 %-2.9 %
	Fourchette intégrant l'incertitude sur les « réduits » de bénéfices faiblement imposés dans des juridictions à fiscalité élevée (en % des recettes tirées mondiales de l'IS)	0.5 %-0.8 %	0.8 %-1.5 %	1.3 %-2.3 %	1.8 %-3.2 %	2.4 %-4.2 %

Note : les taux d'imposition minimum indiqués sont fournis à titre d'illustration. Pour chaque taux, le montant des bénéfices faiblement imposés (c'est-à-dire, imposés en dessous du taux minimum) est calculé à partir de la matrice des bénéfices et de la médiane entre trois sources de données concernant les TEI. Les gains à l'échelle mondiale au titre du Pilier Deux sont calculés par augmentation du taux d'imposition des bénéfices faiblement imposés jusqu'au niveau du taux minimum, avec application d'une marge d'incertitude de ±10 % pour tenir compte de l'incertitude des données. Ces estimations correspondent à l'hypothèse selon laquelle le Pilier Deux est appliqué avec une agrégation par juridiction et sans exclusion (les implications d'une exclusion sur la substance calculée par une formule sont examinées dans la section suivante), sur la base des hypothèses par juridiction concernant sa mise en œuvre, décrites au point 3.4.5. Les estimations correspondent à un scénario statique sans réactions comportementales des EMN et des États. Conformément à l'hypothèse d'une coexistence du régime GILTI et du Pilier Deux, les estimations excluent les bénéfices faiblement imposés des groupes d'EMN dont l'EMU réside aux États-Unis ainsi que les gains de recettes y associés. Pour tenir compte de l'incertitude liée aux réduits de bénéfices faiblement imposés dans les juridictions à fiscalité plus élevée (voir l'Encadré 3.1), la limite supérieure des fourchettes d'incertitude est augmentée de 50 % (dernière ligne du tableau).
Source : calculs du Secrétariat de l'OCDE.

Encadré 3.1. « Réduits » de bénéfices faiblement imposés dans des juridictions à fiscalité élevée

L'approche méthodologique présentée dans ce chapitre se concentre sur les bénéfices faiblement imposés dans les juridictions à faible fiscalité (c'est-à-dire les juridictions dont le TEI moyen est inférieur au taux minimum) et néglige les réduits potentiels de bénéfices faiblement imposés dans les juridictions à fiscalité élevée. Il n'est pas possible, avec les données disponibles, d'évaluer avec précision la taille de ces réduits. En effet, il faudrait pour cela disposer de données détaillées sur les bénéfices et les impôts payés au niveau des entreprises. Les sources limitées dont dispose le Secrétariat de l'OCDE (à savoir la base de données ORBIS dans les juridictions où la couverture des données est bonne et les renseignements confidentiels de sources nationales collectés par l'intermédiaire des délégués des juridictions auprès du Groupe de travail n° 2 sur l'analyse des politiques et les statistiques fiscales) laissent penser que la forme de la répartition des TEI des EMN varie beaucoup parmi les juridictions couvertes. En outre, si elles indiquent que ces réduits peuvent être importants, les sources en question donnent des signaux divergents sur la forme de la répartition des TEI dans certaines juridictions, qui pourraient évoquer des différences dans la définition des TEI considérés (p. ex., du fait de méthodes comptables différentes) ou des problèmes de qualité des données. En particulier, les données disponibles ne permettent pas forcément de mesurer les TEI d'une manière qui concorderait avec l'approche utilisée dans le contexte du Pilier Deux.

D'après une estimation fondée sur des hypothèses simplifiées et illustratives concernant la répartition des TEI entre les entreprises, les bénéfices faiblement imposés (c'est-à-dire, imposés à un TEI inférieur au taux minimum) pourraient représenter environ 8 % du total des bénéfices dans les juridictions à fiscalité élevée, dans l'hypothèse d'un taux d'imposition minimum de 12.5 %. Ce calcul repose sur une méthodologie élaborée par la Commission européenne et appliquée aux données qui sous-tendent ce chapitre[14]. Étant donné l'incertitude qui entoure la répartition réelle des TEI, cette estimation doit être interprétée comme un ordre de grandeur illustratif plutôt que comme une valeur précise.

Le montant total des bénéfices dans les juridictions à fiscalité élevée (c'est-à-dire, où le TEI moyen est supérieur au taux minimum) est d'environ 3 400 milliards USD, si l'on suppose, à titre indicatif, un taux minimum de 12.5 % (à des fins de comparaison avec les autres résultats présentés dans ce chapitre, cela exclut les EMN américaines). Si, sur ce total, on suppose – à titre d'illustration – que 5 à 10 % des bénéfices sont imposés en dessous du taux minimum (ce qui correspond à l'estimation de 8 % ci-dessus), cela représenterait 170 milliards à 340 milliards USD de bénéfices supplémentaires faiblement imposés au niveau mondial, qui viendraient s'ajouter aux 604 milliards USD de bénéfices dans les juridictions à faible fiscalité déjà pris en considération dans l'analyse (voir Tableau 3.3). Il pourrait en résulter une augmentation d'environ 30 à 60 %[15] des gains de recettes estimés (dans un scénario statique).

Comme nous le verrons plus loin, une exclusion sur la substance calculée par une formule pourrait amoindrir ces réduits. En effet, dans le cadre des options de conception et de paramétrage de l'exclusion envisagées ici, environ 10 à 35 % des bénéfices dans les juridictions à fiscalité élevée pourraient être exclus (Tableau 3.5), ce qui pourrait diminuer la taille de ces réduits.

3.4.4. Modélisation d'une exclusion sur la substance fondée sur une formule

Approche générale pour modéliser une exclusion sur la substance fondée sur une formule

204. Le rapport sur le *blueprint* du Pilier Deux envisage que les règles GloBE (la RIR et la RPII) pourraient intégrer une exclusion sur la substance selon une formule, fondée sur un pourcentage fixe de la masse salariale plus un pourcentage fixe de la charge d'amortissement d'une large palette d'immobilisations corporelles. Ces deux pourcentages pourraient être les mêmes, ou non. Les résultats présentés à titre d'illustration dans ce chapitre prennent pour hypothèse des pourcentages identiques.

205. Ainsi, si l'on suppose, à titre d'illustration, un pourcentage (ou « marge ») d'exclusion de 10 % pour la masse salariale comme pour la charge d'amortissement, les règles GloBE ne s'appliqueraient à un sous-groupe d'EMN donné dans une juridiction donnée que sur ses bénéfices qui dépassent 10 % de l'ensemble masse salariale plus charge d'amortissement dans ladite juridiction. Par exemple, si les bénéfices du sous-groupe sont de 100, sa masse salariale de 150 et sa charge d'amortissement de 50, le bénéfice auquel s'applique le Pilier Deux serait de 100-10 %*(150+50)=80.

206. Sur ces bénéfices, le Pilier Deux s'appliquerait, comme précédemment, en ajoutant un complément d'impôt au TEI moyen acquitté par le sous-groupe d'EMN dans cette juridiction afin de lui faire atteindre le niveau du taux d'imposition minimum convenu. Le Cadre inclusif définira ultérieurement les règles exactes pour le calcul de ce TEI en présence d'une exclusion et, en particulier celle qui devrait s'appliquer à un groupe d'EMN qui demanderait à bénéficier de l'avantage de l'exclusion, à savoir : serait-il tenu de procéder à un ajustement corrélatif et proportionnel des impôts couverts ? Par exemple, si, avant application de l'exclusion, un contribuable déclare un bénéfice de 100 EUR pour un impôt couvert de 20 EUR, le TEI en l'absence d'exclusion est de 20 % (20 EUR divisés par 100 EUR). Si l'exclusion ramène le bénéfice du contribuable à 80 EUR, alors, le TEI pour les besoins des règles GloBE pourrait être soit de i) 20 EUR d'impôts couverts divisés par 80 EUR de bénéfice (autrement dit, 25 %) si l'EMN n'est pas tenue d'effectuer un ajustement des impôts couverts, soit de ii) 16 EUR d'impôts couverts divisés par 80 EUR

de bénéfice (c'est-à-dire, 20 %) si l'EMN est tenue de procéder à un ajustement des impôts couverts qui soit corrélatif de et proportionnel à l'effet de l'exclusion sur le bénéfice. Cette seconde approche est celle qui est modélisée dans ce chapitre, puisque la modélisation repose sur les mêmes TEI dans les scénarios avec et sans exclusion. Ce choix s'explique par la difficulté qu'il y aurait à modéliser la situation sans ajustement à l'aide des données disponibles ; il ne préjuge pas des décisions qui seront prises ultérieurement par le Cadre inclusif sur cette question. Étant donné que la première approche (c'est-à-dire, sans ajustement) se traduirait par un TEI plus élevé qu'avec la seconde approche, cela donnerait lieu à des gains de recettes moindres (pour des niveaux donnés du taux minimum et du pourcentage d'exclusion).

207. Pour modéliser avec précision l'incidence d'une exclusion, il faudrait disposer d'informations, au niveau des entreprises et pour toutes les juridictions, concernant la charge d'amortissement des immobilisations corporelles et la masse salariale. La base de données ORBIS contient des statistiques suffisamment détaillées au niveau des comptes non consolidés des entreprises, avec une bonne couverture pour seulement 18 à 24 juridictions selon la variable considérée (voir la liste en annexe 5.A. au chapitre 5)[16]. Dans ces juridictions, la part des bénéfices exclus est calculée directement à l'aide des données ORBIS, au niveau de chaque sous-groupe d'EMN, comme expliqué ci-dessous. Dans les autres juridictions, l'approche consiste à s'appuyer sur des données plus agrégées, combinées à une analyse des données d'ORBIS sur la relation moyenne entre les statistiques au niveau des entreprises et les données agrégées, ce qui est également décrit ci-dessous.

208. La méthode retenue dans ce chapitre consiste à estimer la part du bénéfice exclu dans toutes les juridictions, même celles ayant un TEI moyens supérieur au taux minimum. Cela offre l'avantage d'aider à mesurer l'effet de l'exclusion sur les éventuels réduits de bénéfices faiblement imposés dans ces juridictions. Pour des raisons pratiques, l'exclusion sur la masse salariale et l'exclusion sur la charge d'amortissement sont modélisées séparément, et leurs effets sont additionnés pour aboutir à l'effet d'une exclusion combinée[17]. Il s'agit d'une approximation par rapport à l'effet réel d'une exclusion combinée, laquelle pourrait amener à comptabiliser deux fois les effets de l'exclusion dans les cas où la somme des montants exclus au titre de chaque exclusion individuelle dépasserait les bénéfices totaux du sous-groupe d'EMN considéré[18]. Les calculs à partir des données ORBIS au niveau des entreprises révèlent que cette double comptabilisation ne serait pas quantitativement significative pour les pourcentages d'exclusion envisagés dans ce chapitre, puisqu'elle se traduit par une surestimation de l'effet de l'exclusion inférieure à 4 % en moyenne d'une juridiction à l'autre.

209. La couverture de la charge d'amortissement dans ORBIS est moins large que la couverture des immobilisations corporelles. Qui plus est, la charge d'amortissement des immobilisations corporelles est le plus souvent agrégée à la charge d'amortissement des immobilisations incorporelles. Dans les données agrégées également, le niveau des immobilisations corporelles est en général mieux couvert que la dotation aux amortissements. Dans ce contexte, l'approche de l'approximation de la charge d'amortissement consiste à utiliser les données sur les immobilisations corporelles combinées à une hypothèse sur le taux d'amortissement moyen. Les données disponibles provenant du BEA américain et de la base ORBIS font ressortir un taux moyen d'amortissement des immobilisations corporelles d'environ 5 à 10 %[19] ; dans les estimations du présent chapitre, ce pourcentage est supposé être de 10 %.

Données agrégées dans les matrices des immobilisations corporelles et de la masse salariale

210. Les données agrégées sur l'emplacement des immobilisations corporelles et de la masse salariale des EMN dans les différentes juridictions reposent sur une « matrice des immobilisations corporelles » et une « matrice de la masse salariale » qui combinent diverses sources de données et extrapolations, dans le même esprit que la matrice des bénéfices. Ces sources de données et la méthodologie qui sous-tendent ces deux matrices, ainsi que des analyses comparatives et des vérifications approfondies pour évaluer

leur qualité, sont présentées dans le chapitre 5. Ces matrices sont présentées à un niveau agrégé dans le Tableau 3.4.

Tableau 3.4. Matrices des immobilisations corporelles et de la masse salariale : résultats agrégés par groupe de juridictions

Partie A : la matrice des immobilisations corporelles

		Juridiction de l'EMU				
	(milliards USD 2016)	**Jur. à revenu élevé**	**Jur. à revenu intermédiaire**	**Jur. à faible revenu**	**Centres d'investissement**	**Total**
Juridiction de la filiale	Jur. à revenu élevé (64)	11 463.1	314.5	6.2	614.8	12 398.7
	Jur. à revenu intermédiaire (105)	1 320.4	4 357.9	5.0	757.4	6 440.7
	Jur. à faible revenu (29)	20.5	11.2	17.1	4.2	53.1
	Centres d'investissement (24)	437.8	69.5	0.9	422.1	930.3
	Total	**13 241.8**	**4 753.2**	**29.2**	**1 798.5**	**19 822.8**

Partie B : la matrice de la masse salariale

		Juridiction de l'EMU				
	(milliards USD 2016)	**Jur. à revenu élevé**	**Jur. à revenu intermédiaire**	**Jur. à faible revenu**	**Centres d'investissement**	**Total**
Juridiction de la filiale	Jur. à revenu élevé (64)	6 967.3	153.6	3.0	472.2	**7 596.2**
	Jur. à revenu intermédiaire (105)	497.8	1 495.6	1.5	186.5	**2 181.4**
	Jur. à faible revenu (29)	7.0	3.1	6.8	1.8	**18.7**
	Centres d'investissement (24)	225.3	18.2	0.4	170.3	**414.2**
	Total	**7 697.5**	**1 670.5**	**11.8**	**830.7**	**10 210.5**

Note : les groupes de juridictions (à revenu élevé, à revenu intermédiaire et à faible revenu) sont définis selon la classification de la Banque mondiale. Le nombre de juridictions composant chaque groupe est indiqué entre parenthèses. Les centres d'investissement sont des juridictions dont le stock total d'IDE entrants représente plus de 150 % du PIB. Ces tableaux incluent les groupes d'EMN ayant leur entité mère ultime aux États-Unis.

Source : calculs du Secrétariat de l'OCDE (voir le chapitre 5 pour plus d'informations).

211. Une mise en garde importante pour l'analyse des exclusions est que la définition des immobilisations corporelles et de la masse salariale dans les données sous-jacentes aux matrices ne correspond pas nécessairement aux définitions exactes des variables considérées pour une exclusion sur la substance selon une formule. La matrice des immobilisations corporelles se concentre sur les immobilisations corporelles, nettes de l'amortissement cumulé, tandis que la matrice de la masse salariale se concentre sur les charges de personnel – traitements et salaires, primes, cotisations sociales et autres avantages (voir le chapitre 5). Bien que cela concorde globalement avec les variables envisagées pour une éventuelle exclusion, qui sont décrites dans le rapport sur le *blueprint* du Pilier Deux, il peut y avoir des différences – par exemple, dans le traitement des terrains ou de la main-d'œuvre en sous-traitance – qui, en fonction de la définition exacte de l'exclusion, pourraient influer sur la précision des estimations.

Graphique 3.4. Part des bénéfices exclus, estimée à partir des données au niveau des entreprises, et relation avec la rentabilité agrégée

Partie A : exclusion de 10 % sur l'amortissement des immobilisations corporelles (modélisé comme 1 % des immobilisations corporelles)

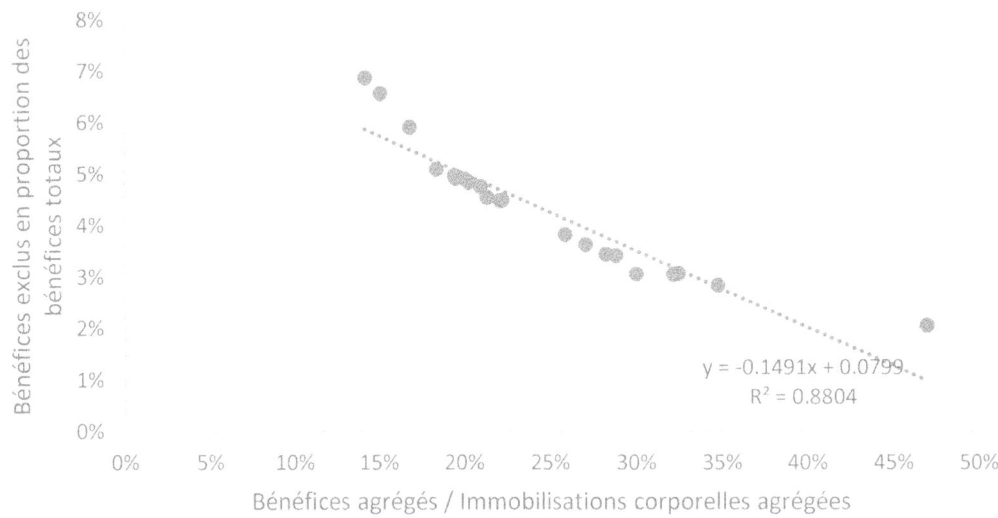

Partie B : exclusion de 10 % sur la masse salariale

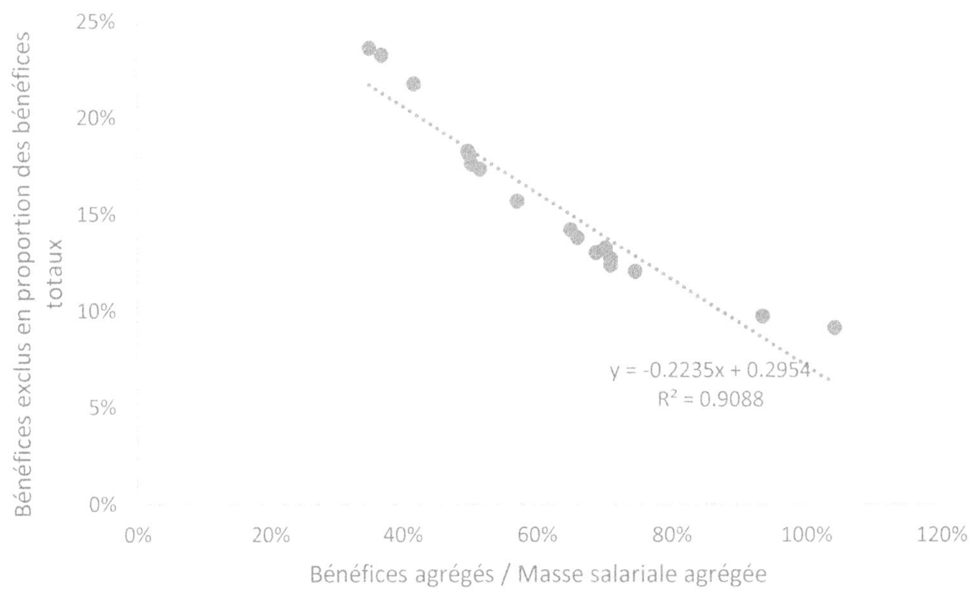

Note : chaque point correspond à une juridiction. Les bénéfices non concernés par l'exclusion sont calculés pour chaque sous-groupe d'EMN comme le bénéfice avant impôts supérieur à 1 % des immobilisations corporelles (Partie A) ou à 10 % de la masse salariale (Partie B). Ces chiffres portent sur tous les sous-groupes d'EMN bénéficiaires dans les juridictions considérées, indépendamment de leur TEI. Les sous-groupes d'EMN déficitaires dans la juridiction concernée ne sont pas inclus. L'échantillon est constitué de juridictions ayant une couverture relativement bonne des comptes non consolidés dans ORBIS sur les entités tant étrangères que nationales de groupes d'EMN, pour les variables considérées (immobilisations corporelles en Partie A, masse salariale en Partie B) – voir la liste en annexe 5.A. au chapitre 5.
Source : calculs du Secrétariat de l'OCDE à partir des données de la base ORBIS.

Relation moyenne entre estimations des bénéfices exclus au niveau des entreprises et données agrégées sur la rentabilité

212. La part des bénéfices qui seraient exclus pour une série de pourcentages d'exclusion indicatifs est calculée avec précision à l'aide des données ORBIS non consolidées au niveau des entreprises dans les juridictions où la couverture ORBIS est bonne pour les EMN tant étrangères que nationales (voir la liste en annexe 5.A. au chapitre 5). Les données ORBIS relatives aux états financiers et aux structures de participation qui ont servi pour cette analyse ont été largement épurées sur la base de l'expérience du Secrétariat de l'OCDE avec des projets antérieurs, comme décrit dans l'annexe 5.A. au chapitre 5.

213. Comme expliqué ci-dessus, les effets respectifs des composantes masse salariale et amortissement de l'exclusion sont calculés séparément, puis additionnés. Les conséquences sur la part du bénéfice exclu pour chaque composante sont présentées dans le Graphique 3.4 pour une valeur illustrative du pourcentage d'exclusion (10 %) dans toutes les juridictions bénéficiant d'une bonne couverture ORBIS (chaque point correspondant à une juridiction).

214. Les résultats présentés dans le Graphique 3.4 suggèrent que la part des bénéfices exclus dans une juridiction est relativement bien corrélée avec le ratio de rentabilité globale au niveau de la juridiction (bénéfices rapportés aux immobilisations corporelles ou à la masse salariale, selon la partie considérée dans le tableau). Par exemple, les résultats de la Partie A suggèrent que la part des bénéfices exclus, avec une exclusion de 10 % sur les immobilisations corporelles, est bien corrélée avec le ratio des bénéfices agrégés sur les immobilisations corporelles agrégées au niveau de la juridiction. Cette relation moyenne est utilisée pour extrapoler la part des bénéfices exclus dans les juridictions ayant une faible couverture ORBIS, à partir de données agrégées tirées des matrices des bénéfices, des immobilisations corporelles et de la masse salariale. L'approche est très semblable à celle utilisée dans l'évaluation au titre du Pilier Un pour estimer la part du bénéfice résiduel à partir des bénéfices et du chiffre d'affaires agrégés – voir le chapitre 2. Par exemple, dans le cas des immobilisations corporelles, la relation, qui est évaluée sur les juridictions j ayant une bonne couverture ORBIS, est la suivante :

$$\left(\frac{Profit\ exclu}{Profit\ total}\right)_j = \alpha + \beta\left(\frac{Profit\ total}{Actifs\ corporels\ totaux}\right)_j$$

215. Cette relation est estimée pour chaque pourcentage d'exclusion considéré dans l'analyse (5 %, 10 %, 15 % et 20 %). Il n'y a pas de raison théorique pour que cette relation soit linéaire, mais dans la pratique, une relation linéaire semble assez bien convenir et le nombre d'observations est insuffisant pour permettre d'étudier des spécifications plus complexes[20].

216. L'estimation avec un pourcentage d'exclusion de 10% est présentée dans le Graphique 3.4 pour la charge d'amortissement (Partie A) et la masse salariale (Partie B). La corrélation pour les autres pourcentages considérés dans l'analyse est globalement identique à la corrélation observée avec un pourcentage de 10%, mais les coefficients α et β diffèrent. De manière générale, un pourcentage d'exclusion plus élevé entraînerait une augmentation de α puisqu'il augmenterait la part des bénéfices exclus, tandis que la variation de β dépend de la forme de la répartition des bénéfices, des immobilisations corporelles et de la masse salariale parmi les juridictions. Les résultats présentés dans les sections qui suivent sont fondés sur les coefficients spécifiques α et β correspondant au pourcentage d'exclusion considéré (p. ex., les résultats pour un pourcentage d'exclusion de 5% reposent sur le α et le β estimés pour ce pourcentage).

Part des bénéfices exclus pour les différents groupes de juridictions

217. Sur la base de cette méthodologie, la part des bénéfices exclus dans chaque cellule de la matrice des bénéfices est calculée pour une fourchette des pourcentages d'exclusion. Les résultats sont présentés (à un niveau d'agrégation élevé) dans le Tableau 3.5. Par exemple, si l'on suppose un pourcentage d'exclusion de 10 % ce sont 15 % des bénéfices à l'échelle mondiale qui seront exclus. Cette part est

beaucoup plus faible dans les centres d'investissement (2 %) que dans les autres groupes de juridictions (16-19 %), ce qui montre qu'une part relativement élevée des bénéfices des EMN est située dans les centres d'investissement, par comparaison avec leur part des immobilisations corporelles et de la masse salariale. Au sein du groupe « centres d'investissement », la part des bénéfices exclus tend à être encore plus faible (moins de 1 %) dans les juridictions à fiscalité nulle que dans les juridictions à fiscalité non nulle (2 %).

Tableau 3.5. Part des bénéfices soumis à exclusion, par groupe de juridictions

Pourcentage d'exclusion	5 %	10 %	15 %	20 %
Jur. à revenu élevé	10 %	19 %	27 %	34 %
Jur. à revenu intermédiaire	8 %	16 %	23 %	29 %
Jur. à faible revenu	9 %	16 %	23 %	29 %
Centres d'investissement	1 %	2 %	3 %	4 %
dont à fiscalité non nulle	*1 %*	*2 %*	*4 %*	*4 %*
dont à fiscalité nulle	*0 %*	*0 %*	*0 %*	*0 %*
Moyenne mondiale	**8 %**	**15 %**	**22 %**	**28 %**

Note : par exemple, en supposant une exclusion de 10 % sur la masse salariale et la charge d'amortissement, la part des bénéfices qui seraient exclus dans les juridictions à revenu élevé serait en moyenne de 19 %. Les résultats présentés dans ce tableau portent sur l'ensemble des bénéfices, qu'ils soient faiblement imposés (et donc soumis au Pilier Deux) ou non. Comme le Pilier Deux fonctionne en permettant aux juridictions de « récupérer l'impôt sur » les bénéfices qui sont situés dans d'autres juridictions, la part des bénéfices exclus dans une juridiction influence les gains au titre du Pilier Deux dans d'autres juridictions. les groupes de juridictions (à revenu élevé, à revenu intermédiaire et à faible revenu) sont définis selon la classification de la Banque mondiale. Les centres d'investissement sont des juridictions dont le stock total d'IDE entrants représente plus de 150 % du PIB. Les juridictions « à fiscalité nulle » sont celles qui n'ont pas de système d'impôt sur les sociétés ou un système où le taux légal de l'IS est nul.
Source : calculs du Secrétariat de l'OCDE.

218. Comme le Pilier Deux fonctionne en permettant aux juridictions de « récupérer l'impôt » sur les bénéfices faiblement imposés qui sont situés dans d'autres juridictions, la part des bénéfices exclus dans une juridiction influe sur les gains au titre du Pilier Deux dans d'autres juridictions. En particulier, l'étroitesse relative de la part des bénéfices exclus dans les centres d'investissement (qui contraste avec l'ampleur de la part des bénéfices faiblement imposés à l'échelle mondiale qui est localisée dans les centres d'investissement) implique que les formules d'exclusion sur la substance examinées dans ce chapitre ont un effet limité sur les gains de recettes au titre du Pilier Deux dans les différentes juridictions, comme on peut le voir dans la section suivante.

Effet d'une exclusion sur la substance fondée sur une formule sur les gains au titre du Pilier Deux dans le scénario 1

219. L'effet du Pilier Deux dans un scénario statique (en l'occurrence, le scénario 1) avec exclusion sur la substance selon une formule est calculé de la même manière que l'effet avant l'exclusion, à la différence que le montant des bénéfices auxquels le Pilier Deux s'applique correspond à la part des bénéfices non exclus, et non aux bénéfices totaux. Les données sur les TEI sont les mêmes que dans le cas « sans exclusion », ce qui, comme nous l'avons vu précédemment, concorde avec l'hypothèse que les EMN seraient tenues de procéder à un ajustement des impôts couverts qui soit corrélatif de et proportionnel à l'effet de l'exclusion sur le bénéfice.

220. Les résultats, qui sont présentés au Tableau 3.6, suggèrent que l'effet d'une exclusion de type formule sur le critère de la substance sur les gains de recettes au titre du Pilier Deux est relativement faible, en particulier si l'on ne tient pas compte des « réduits » de bénéfices faiblement imposés dans les

juridictions à fiscalité élevée. Par exemple, dans le cas d'une exclusion de 10 %, les gains estimés au titre du Pilier Deux seraient réduits d'environ 3 %. Si l'on intègre aux fourchettes d'incertitude (dernière ligne du Tableau 3.6) l'effet potentiel de l'exclusion sur les réduits de bénéfices faiblement imposés, la limite supérieure des fourchettes est sensiblement abaissée par les exclusions. Cela montre que les bénéfices dans ces réduits sont plus susceptibles de profiter d'une exclusion sur la substance selon une formule que les bénéfices dans les juridictions où le TEI moyen est faible, qui accueillent généralement moins d'activité économique[21].

Tableau 3.6. Bénéfices faiblement imposés et gains de recettes relevant du Pilier Deux à l'échelle mondiale (scénario 1), avec exclusion sur le critère de la substance

En supposant, à titre d'illustration, un taux d'imposition minimum de 12.5 % et en excluant les groupes d'EMN dont l'entité mère ultime réside aux États-Unis

Pourcentage d'exclusion		Pas d'exclusion	5 %	10 %	15 %	20 %
Bénéfices faiblement imposés soumis au Pilier Deux, à l'échelle mondiale (milliards USD)		604	588	574	560	548
Gains de recettes fiscales au titre du Pilier Deux, au niveau mondial (scénario 1)	...en milliards USD	28-34	28-34	27-33	27-33	26-32
	...en % des recettes de l'IS	1.3 %-1.6 %	1.3 %-1.5 %	1.2 %-1.5 %	1.2 %-1.5 %	1.2 %-1.5 %
	...en % des recettes de l'IS, compte tenu de l'incertitude sur les réduits de bénéfices faiblement imposés	1.3 %-2.3 %	1.3 %-2.2 %	1.2 %-2.1 %	1.2 %-2.0 %	1.2 %-1.9 %

Note : les estimations pour l'absence d'exclusion correspondent à celles présentées dans leTableau 3.3, dans l'hypothèse d'un taux d'imposition minimum (à titre d'illustration) de 12.5 %. Les pourcentages d'exclusion envisagés sont donnés à titre d'illustration. Conformément à l'hypothèse d'une coexistence du régime GILTI et du Pilier Deux, les estimations excluent les bénéfices faiblement imposés des groupes d'EMN dont l'EMU réside aux États-Unis ainsi que les gains de recettes y associés. Pour calculer les fourchettes d'incertitude en tenant compte des réduits de bénéfices faiblement imposés dans les juridictions à fiscalité élevée, on relève la limite supérieure estimée de 50 % en l'absence d'exclusion, et d'un pourcentage moindre en présence d'une exclusion, en fonction de la part des bénéfices exclus dans ces juridictions (p. ex., si environ 20 % des bénéfices dans les juridictions à fiscalité élevée sont exclus, la limite supérieure est relevée de 40 % au lieu de 50 %).
Source : calculs du Secrétariat de l'OCDE.

3.4.5. Méthodologie pour l'estimation des gains de recettes au niveau des juridictions

221. Le calcul des gains de recettes fiscales au niveau des juridictions, puis au niveau des groupes de juridictions, se fait à partir des hypothèses de modélisation simplifiées ci-dessous (également résumées dans le Graphique 3.5), qui ne préjugent pas des décisions de mise en œuvre effectives des juridictions.

- **Groupe 1 : juridictions dont le TEI moyen est supérieur au taux minimum.** Ces juridictions sont supposées mettre en œuvre une règle d'inclusion du revenu (RIR), en ce sens qu'elles appliqueraient un impôt complémentaire de façon à imposer au moins au taux minimum les bénéfices des entités constitutives d'EMN (agrégés au niveau de la juridiction) dont elles accueillent l'entité mère ultime[22]. De même, elles sont supposées mettre en œuvre une règle relative aux paiements insuffisamment imposés (RPII). Conformément à ce qui est expliqué dans le rapport sur le *blueprint* du Pilier Deux, l'application de la RIR est supposée avoir la priorité sur celle de la RPII[23].
- **Groupe 2 : juridictions à taux d'IS nul.** Pour les besoins de la modélisation, ces juridictions sont supposées ne pas mettre en place de RIR ou de RPII, car cela imposerait aussi l'instauration d'un système d'impôt sur les sociétés (IS), dont nombre d'entre elles sont dépourvues. Par conséquent, ces juridictions ne taxeraient pas les bénéfices faiblement imposés des entités constitutives d'EMN

dont elles accueillent l'EMU sur leur territoire (puisqu'elles n'appliqueraient pas de RIR). Si une entité mère intermédiaire (c'est-à-dire, une entité mère qui n'est pas l'entité mère ultime) d'un groupe d'EMN est située dans une juridiction qui met en place une RIR, ces bénéfices faiblement imposés seraient taxés par la juridiction de cette entité mère intermédiaire (s'il y a plusieurs entités mères intermédiaires dans ce cas, la plus haut placée dans la chaîne de propriété aurait la priorité conformément au principe de l'approche descendante décrit dans le rapport sur le *blueprint* du Pilier Deux). Si les bénéfices faiblement imposés n'entrent pas dans le champ d'application d'une RIR (p. ex, dans les cas suivants : pas d'entité mère de niveau intermédiaire ; pas de mise en place d'une RIR dans la juridiction de l'entité mère ultime ; entité mère ultime située dans une juridiction à faible fiscalité), les bénéfices faiblement imposés pourraient être taxés en vertu de la RPII dans une juridiction mettant en place une telle règle et d'où émanent des paiements intragroupe.

  - Dans la pratique, il est difficile, à l'aide des données disponibles de modéliser ces règles avec précision, car on ne dispose que de peu d'informations sur l'emplacement des entités mères intermédiaires et l'origine des transactions. De ce fait, on suppose, pour les besoins de la modélisation dans ce chapitre, que les bénéfices des EMN dont l'entité mère ultime réside dans une juridiction du groupe 2 seraient soumis à un impôt complémentaire appliqué par d'autres juridictions, en proportion du volume de l'activité économique située sur leur territoire (représentant l'emplacement des entités mères intermédiaires dans le cas de la RIR et des transactions sous-jacentes dans le cas de la RPII).
  - L'activité économique est représentée par le chiffre d'affaires des EMN, extrait de la « matrice du chiffre d'affaires » décrite dans le chapitre 5[24,25]. Les résultats sont globalement identiques lorsque les immobilisations corporelles ou la masse salariale sont utilisées comme variable de substitution en lieu et place du chiffre d'affaires (voir l'Annex 3.C). Lorsque l'activité économique est située dans une juridiction qui n'applique ni RIR, ni RPII (p. ex., une juridiction du groupe 2), les bénéfices correspondants, faiblement imposés, sont supposés ne pas être soumis à l'impôt complémentaire. Cela représente toutefois une fraction relativement faible du total des bénéfices faiblement imposés selon les hypothèses considérées dans ce chapitre.

- **Groupe 3 : juridictions ayant un TEI moyen non nul inférieur au taux minimum.** Pour les besoins de ce scénario de modélisation, on suppose que la moitié des juridictions du groupe 3 mettent en œuvre une RIR et une RPII (à l'instar des juridictions du groupe 1), et que l'autre moitié ne pratiquent ni l'une ni l'autre (comme les juridictions du groupe 2). L'une des raisons pour lesquelles il est probable que toutes les juridictions de ce groupe ne mettront pas en œuvre une RIR et une RPII est que certaines d'entre elles jugeront qu'imposer, à un taux minimum, les bénéfices « étrangers » risque de paraître incohérent si, par ailleurs, les bénéfices « locaux » restent, eux, imposés à un TEI moyen inférieur à ce taux minimum. Il s'agit donc d'un choix qui peut être lié à d'autres choix de politique fiscale et, singulièrement, à celui d'un éventuel relèvement du TEI sur les bénéfices locaux, que toutes les juridictions de ce groupe ne sont peut-être pas disposées à mettre en œuvre (voir les hypothèses qui sous-tendent le scénario 4, au point 3.7.1 ci-dessous, avec lesquelles les présentes hypothèses visent à s'accorder). En pratique, il n'est pas simple d'identifier les juridictions de ce groupe qui mettraient en place une RIR et une RPII. Au lieu de sélectionner arbitrairement la moitié des juridictions du groupe, on fait l'hypothèse simplificatrice que toutes les juridictions de ce groupe appliquent une RIR et une RPII sur la moitié des bénéfices faiblement imposés sur lesquels elles pourraient les appliquer. Cette hypothèse n'est en aucun cas réaliste en soi, mais elle vise à être un substitut représentatif et neutre pour une situation où la moitié des juridictions de ce groupe appliqueraient ces règles et l'autre moitié ne les appliqueraient pas.

3.5. Scénario 2 – Prise en considération des interactions du Pilier Un avec le Pilier Deux

3.5.1. Justification de la prise en considération des interactions entre les deux piliers

222. Le scénario 1 considère le Pilier Deux isolément, sans tenir compte de ses interactions possibles avec le Pilier Un. Le scénario 2 vise à tenir compte de ces interactions, en supposant, à titre indicatif, que les deux piliers seraient mis en place ensemble et que le Pilier Deux s'appliquerait après la réattribution des bénéfices induite par le Pilier Un.

223. Par exemple, dans un cas extrême où un groupe d'EMN aurait tous ses bénéfices dans une juridiction qui les impose à un taux inférieur au taux minimum au titre du Pilier Deux, tous les bénéfices du groupe (après application éventuelle d'une exclusion sur la substance fondée sur une formule) seraient soumis au Pilier Deux si ce dernier était mis en place isolément (Graphique 3.6). Toutefois, si la réattribution des bénéfices induite par le Pilier Un était appliquée en premier, une portion de ces bénéfices (ou, plus précisément, les droits d'imposition correspondant à ces bénéfices) serait réattribuée aux juridictions de marché (en supposant que le groupe en question entre dans le champ d'application du Pilier Un et dépasse le seuil de bénéfices résiduels). Si le taux d'imposition dans ces juridictions de marché est supérieur au taux minimum du Pilier Deux, ces bénéfices réattribués ne lui seraient pas assujettis, ce qui minorerait les gains globaux de recettes au titre du Pilier Deux.

224. Dans cet exemple, calculer les gains de recettes fiscales au titre du Pilier Un et au titre du Pilier Deux indépendamment l'un de l'autre conduirait à surestimer les gains globaux, par rapport à un calcul de l'effet conjoint des deux piliers qui tiendrait compte des interactions entre eux. Il est possible d'envisager un exemple inverse, où la réattribution effectuée au titre du Pilier Un augmenterait le montant des bénéfices faiblement imposés et donc les gains de recettes au titre du Pilier Deux. Ce serait le cas, par exemple, si un groupe d'EMN réalisait la majeure partie de ses bénéfices dans des juridictions à fiscalité élevée et la majeure partie de son chiffre d'affaires dans des juridictions à faible fiscalité. Toutefois, dans la pratique, les bénéfices des EMN ont tendance à être plus concentrés dans les juridictions à faible fiscalité que ne l'est leur chiffre d'affaires, de sorte que la réattribution effectuée au titre du Pilier Un devrait réduire le montant des bénéfices faiblement imposés au niveau mondial. Par conséquent, la prise en considération des interactions avec le Pilier Un devrait réduire les gains de recettes estimés au titre du Pilier Deux.

Graphique 3.5. Hypothèses de modélisation simplifiées sur la règle d'inclusion du revenu (RIR) et la règle relative aux paiements insuffisamment imposés (RPII)

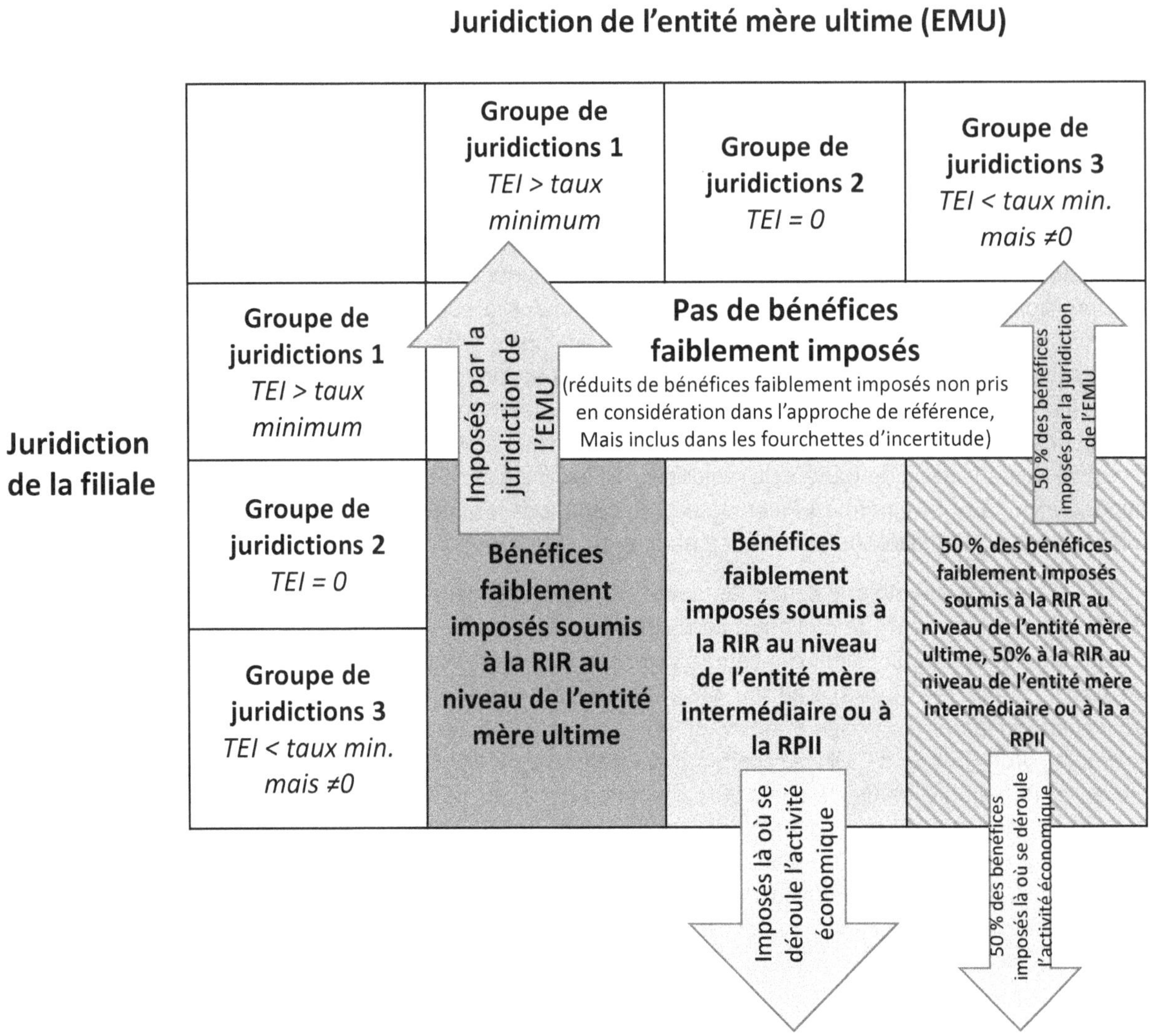

Note : il s'agit d'hypothèses de modélisation simplifiées qui ne préjugent pas de la mise en œuvre effective d'une RIR et d'une RPII. Les États-Unis (qui font partie du groupe 1) sont supposés appliquer le régime GILTI en lieu et place d'une règle d'inclusion du revenu.
Source : Secrétariat de l'OCDE.

Graphique 3.6. Exemple simplifié d'interaction entre le Pilier Deux et le Pilier Un

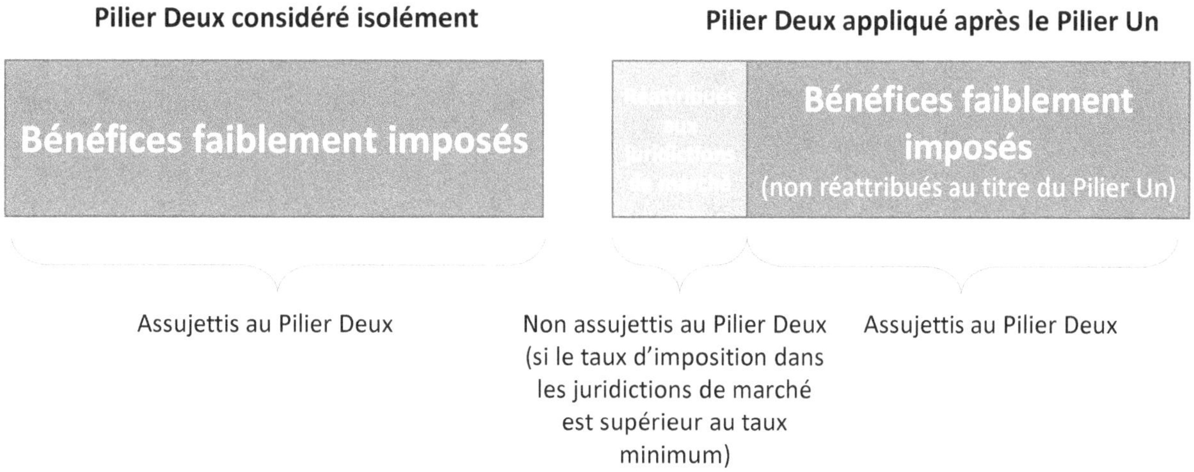

Source : Secrétariat de l'OCDE.

3.5.2. Méthodologie pour l'estimation des interactions entre les deux piliers

225. Pour tenir compte des interactions entre les deux piliers, le scénario 2 applique le Pilier Deux exactement de la même manière et avec les mêmes hypothèses que le scénario 1, mais après modification de l'emplacement du bénéfice en vertu de la réattribution induite par le Pilier Un. En pratique, cela consiste à calculer une matrice de bénéfices ajustée après la réattribution au titre du Pilier Un. Chaque cellule $Profit_{ij}$ de la matrice (correspondant aux bénéfices dans la juridiction *i* des groupes d'EMN dont l'entité mère ultime se trouve dans la juridiction *j*) est adaptée de la manière suivante :

$$Profit\ Adjusté\ du\ Pilier\ 1_{ij} = Profit_{ij} + Profit\ Reçu_{ij} - Profit\ Exonéré_{ij}$$

226. Le montant des bénéfices « reçus » et exonérés au titre du Pilier Un dans chaque cellule de la matrice est fondé sur les estimations du Pilier Un décrites dans le chapitre 2[26]. En théorie, cet ajustement peut être effectué pour toute combinaison d'options de conception et de paramétrage pour le Pilier Un. Par souci de simplicité, un seul jeu d'hypothèses (donné à titre d'illustration) sur la conception et le paramétrage du Pilier Un parmi ceux étudiés dans le chapitre 2 est pris en considération dans le présent chapitre (à savoir, pourcentage de seuil de bénéfices résiduels égal à 10 %, pourcentage de réattribution égal à 20 % et seuil de recettes au niveau mondial égal à 750 millions EUR).

3.5.3. Résultats pour le scénario 2

227. La matrice des bénéfices qui en résulte, adaptée en fonction de la réattribution au titre du Pilier Un, est présentée au Tableau 3.7. Par rapport à la matrice des bénéfices initiale (Tableau 3.1), le total de chaque colonne est identique (par construction), mais il y a eu une certaine redistribution entre les lignes, des centres d'investissement vers d'autres groupes de juridictions. L'ampleur de cette redistribution est limitée, ce qui signifie que le montant des bénéfices faiblement imposés au niveau mondial et les gains de recettes estimés au titre du Pilier Deux ne sont que légèrement réduits lorsque l'on tient compte des interactions avec le Pilier Un (Tableau 3.8). Dans la mesure où les interactions avec le Pilier Un n'ont qu'un effet modéré sur les résultats au titre du Pilier Deux, la prise en considération de différentes hypothèses concernant le Pilier Un n'affecterait probablement que marginalement les estimations du Pilier Deux.

Tableau 3.7. Matrice des bénéfices adaptée en fonction de la réattribution résultant du Pilier Un

		Juridiction de l'EMU				
	(milliards USD 2016)	Jur. à revenu élevé	Jur. à revenu intermédiaire	Jur. à faible revenu	Centres d'investissement	Total
Juridiction de la filiale	Jur. à revenu élevé (64)	3 567.4	48.4	0.1	175.1	**3 790.9**
	Jur. à revenu intermédiaire (105)	385.5	818.7	0.1	169.1	**1 373.4**
	Jur. à faible revenu (29)	1.6	1.3	3.1	0.2	**6.2**
	Centres d'investissement (24)	632.9	68.3	0.0	309.3	**1 010.5**
	Total	**4 587.4**	**936.7**	**3.3**	**653.7**	**6 181.1**

Note : les groupes de juridictions (à revenu élevé, à revenu intermédiaire et à faible revenu) sont définis selon la classification de la Banque mondiale. Les centres d'investissement sont des juridictions dont le stock total d'IDE entrants représente plus de 150 % du PIB. Les hypothèses concernant le Pilier Un (pourcentage de seuil de bénéfices résiduels égal à 10 %, pourcentage de réattribution égal à 20 % et seuil de recettes au niveau mondial égal à 750 millions EUR) sont fournies à titre d'illustration. Ce tableau inclut les groupes d'EMN ayant leur entité mère ultime aux États-Unis.
Source : calculs du de l'OCDE.

3.6. Scénario 3 – Prise en considération des réactions des EMN (réduction du transfert de bénéfices)

228. Le scénario 3 est fondé sur l'hypothèse que la mise en place du Pilier Deux diminuerait l'ampleur du transfert de bénéfices des groupes d'EMN, selon le postulat que le Pilier Deux réduirait les écarts de taux d'imposition entre juridictions, qui sont l'une des principales causes du transfert de bénéfices. Pour estimer l'effet de cette diminution de l'ampleur du transfert de bénéfices sur les recettes fiscales, on part de l'hypothèse que le transfert de bénéfices dépend généralement des écarts de taux d'imposition et on compare les écarts de taux d'imposition *avant* et *après* la mise en œuvre du Pilier Deux. De cette comparaison dérive une matrice des bénéfices ajustée intégrant la réduction de l'ampleur du transfert de bénéfices, comme développé ci-dessous.

229. À partir de cette matrice de bénéfices ajustée, on calcule les gains de recettes au titre du Pilier Deux dans le scénario 3 comme étant la somme de deux composantes : i) un effet sur les recettes dû à la moindre ampleur du transfert de bénéfices (puisque les bénéfices qui ne sont plus transférés sont désormais imposés dans la juridiction où ils ont été générés et non plus dans la juridiction vers laquelle ils auraient été transférés) et ii) les recettes collectées via la RIR et la RPII sur les bénéfices faiblement imposés restants, y compris les bénéfices qui continuent d'être transférés vers des juridictions à faible fiscalité. Ce deuxième élément sera probablement inférieur au montant des recettes perçues dans le scénario 2, car la réduction du transfert de bénéfices devrait minorer le montant des bénéfices faiblement imposés à l'échelle mondiale. Cependant, la somme des deux composantes devrait être supérieure aux gains totaux de recettes dans le scénario 2, étant donné qu'une partie des bénéfices qui ne sont plus transférés vers des juridictions à faible fiscalité pourrait finalement être imposée à un taux supérieur au taux minimum dans les juridictions où ils ont été générés.

Tableau 3.8. Bénéfices faiblement imposés et gains de recettes fiscales au titre du Pilier Deux à l'échelle mondiale (scénarios 1 et 2)

Les estimations figurant dans ces tableaux s'entendent hors EMN dont l'EMU réside aux États-Unis

	Taux d'imposition minimum	7.5 %	10 %	12.5 %	15 %	17.5 %
Scénario 1 (soit avant interactions avec le Pilier Un)	Bénéfices faiblement imposés, à l'échelle mondiale (milliards USD)	318	457	574	602	953
	Gains à l'échelle mondiale au titre du Pilier Deux (en % des recettes de l'IS)	0.4 %-0.5 %	0.8 %-1.0 %	1.2 %-1.5 %	1.8 %-2.1 %	2.3 %-2.8 %
	Gains à l'échelle mondiale au titre du Pilier Deux, compte tenu de l'incertitude sur les réduits de bénéfices faiblement imposés (en % des recettes de l'IS)	0.4 %-0.7 %	0.8 %-1.3 %	1.2 %-2.1 %	1.8 %-2.9 %	2.3 %-3.8 %
Scénario 2 (soit après interactions avec le Pilier Un)	Bénéfices faiblement imposés, à l'échelle mondiale (milliards USD)	313	451	566	595	943
	Gains à l'échelle mondiale au titre du Pilier Deux (en % des recettes de l'IS)	0.4 %-0.5 %	0.8 %-1.0 %	1.2 %-1.5 %	1.7 %-2.1 %	2.2 %-2.7 %
	Gains à l'échelle mondiale au titre du Pilier Deux, compte tenu de l'incertitude sur les réduits de bénéfices faiblement imposés (en % des recettes de l'IS)	0.4 %-0.7 %	0.8 %-1.3 %	1.2 %-2.0 %	1.7 %-2.9 %	2.2 %-3.7 %

Note : Les taux d'imposition minimum indiqués sont fournis à titre d'illustration. Pour chaque taux, le montant des bénéfices faiblement imposés (c'est-à-dire, imposés en dessous du taux minimum) est calculé à partir de la matrice des bénéfices et de la médiane entre trois sources de données concernant les TEI. Les gains à l'échelle mondiale au titre du Pilier Deux sont calculés par majoration du taux d'imposition des bénéfices faiblement imposés à concurrence du taux minimum. Ces estimations correspondent à l'hypothèse selon laquelle le Pilier Deux est appliqué avec agrégation par juridiction et avec une exclusion sur la substance de type formule fondée sur 10 % de la masse salariale plus la charge d'amortissement des immobilisations corporelles. Les scénarios 1 et 2 correspondent à des situations statiques sans réactions comportementales des groupes d'EMN et des États. Le scénario 2 tient compte des interactions entre le Pilier Un et le Pilier Deux, tandis que le scénario 1 ne tient compte d'aucune interaction. Les gains de recettes au titre du Pilier Un ne sont pas inclus dans ce tableau. Conformément à l'hypothèse d'une coexistence du régime GILTI et du Pilier Deux, les estimations excluent les bénéfices faiblement imposés des groupes d'EMN dont l'EMU réside aux États-Unis ainsi que les gains de recettes associés.
Source : calculs du Secrétariat de l'OCDE.

3.6.1. Évaluation des pratiques actuelles de transfert de bénéfices

230. Pour évaluer l'effet de la mise en place du Pilier Deux sur les pratiques de transfert de bénéfices des groupes d'EMN, la première étape consiste à évaluer les schémas *actuels* de transfert de bénéfices. Par souci de cohérence avec la méthodologie appliquée pour quantifier, dans ce chapitre, les effets du Pilier Deux sur les recettes, le transfert de bénéfices doit être évalué sur une base « trilatérale », c'est-à-dire pour chaque combinaison de i) juridiction où les bénéfices étaient situés avant le transfert (« juridiction d'origine »), ii) juridiction où les bénéfices ont été transférés (« juridiction de destination »), et iii) juridiction de l'entité mère ultime de l'entité transférant les bénéfices (« juridiction de l'EMU »)[27]. Cette dernière peut

ou non être la même que la « juridiction d'origine ». Ce niveau de granularité est nécessaire pour créer une matrice de bénéfices modifiée tenant compte de l'effet du Pilier Deux sur l'ampleur des transferts de bénéfices, de façon que le Pilier Deux puisse ensuite être appliqué à cette matrice de bénéfices ajustée (avec des hypothèses conformes à celles utilisées dans les scénarios 1 et 2). Il faut pour cela aller au-delà de la plupart des études sur le transfert de bénéfices, qui se concentrent souvent sur la mesure d'une semi-élasticité moyenne du transfert de bénéfices dans une série de pays de destination – pour des analyses récentes de ces études, voir par exemple Bradbury et al. (2018[11]) et Beer et al. (2019[12]).

Transfert de bénéfices : présentation générale de l'approche

231. Pour obtenir cette dimension « trilatérale » du transfert de bénéfices, l'approche adoptée dans ce chapitre repose sur les étapes ci-dessous, qui sont détaillées dans les sections suivantes et présentées de manière simplifiée dans le Graphique 3.7.

(i) **Identification des juridictions de « destination des bénéfices »**, c'est-à-dire des juridictions vers lesquelles les bénéfices peuvent avoir été transférés, sur la base des données relatives aux investissements directs étrangers (IDE) et au TEI ;

(ii) **Calcul du montant des bénéfices présumés transférés dans ces juridictions**, en supposant que les bénéfices jusqu'à un certain taux de rentabilité « normal » n'ont pas été transférés, mais peuvent refléter l'activité économique réelle dans ces juridictions. La part des bénéfices transférés est mesurée sur une base « bilatérale », c'est-à-dire pour chaque paire de juridiction « de destination » et de juridiction « de l'EMU » ;

(iii) **Identification de l'origine des bénéfices transférés**. Pour chaque paire de juridictions « de destination »–« de l'EMU », les bénéfices transférés doivent être réattribués aux juridictions « d'origine ». Cela se fait sur la base des écarts de taux d'imposition par rapport à la juridiction « de destination » (en supposant qu'une différence de taux d'imposition plus élevée entraîne un transfert de bénéfices plus important, toutes choses égales par ailleurs) et sur la répartition géographique de l'activité économique des EMN de la juridiction « de l'EMU » considérée (avec l'idée que les bénéfices sont plus susceptibles de provenir de juridictions où ces EMN ont une activité économique plus importante).

Graphique 3.7. Illustration simplifiée de la méthodologie d'évaluation du transfert de bénéfices

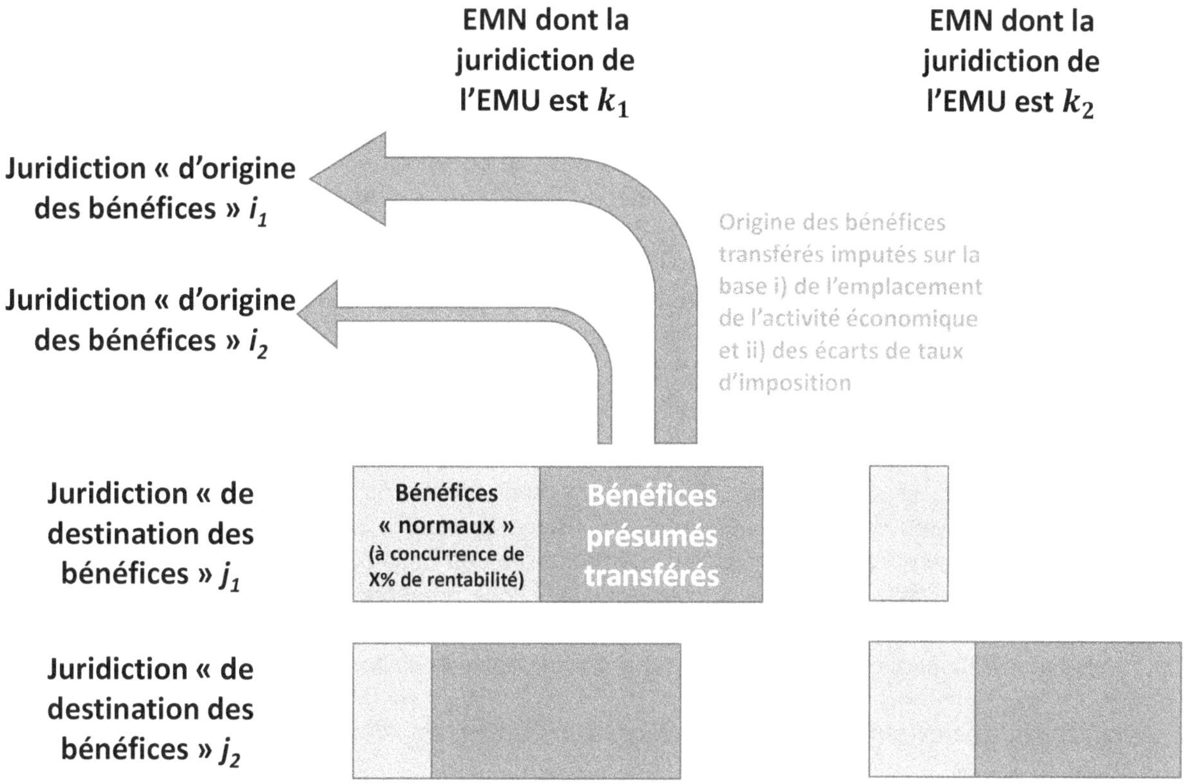

Note : dans cet exemple simplifié, seules deux juridictions « de l'EMU », deux juridictions « d'origine » et deux juridictions « de destination » sont représentées. En réalité, toutes les juridictions de la matrice des bénéfices (plus de 200) sont considérées comme des juridictions « de l'EMU » et sont soit juridiction « d'origine », soit juridiction « de destination », sur la base des critères décrits dans la section suivante (au moyen des données sur les IDE et les TEI). Pour chaque paire de juridictions « de l'EMU »–« de destination », les bénéfices jusqu'à un certain taux de rentabilité sont considérés comme « normaux » (barres orange), les autres – le cas échéant – étant présumés « transférés » (barres bleues). Dans cet exemple, une partie des bénéfices concernant les paires k_1-j_1, k_1-j_2 et k_2-j_2 – mais pas la paire k_2-j_1 – sont présumés transférés. Les bénéfices présumés transférés sont supposés provenir de juridictions « d'origine » d'une manière qui dépend de l'emplacement de l'activité économique des EMN et des écarts de taux d'imposition, comme décrit plus en détail ci-dessous. Cette relation est matérialisée par les flèches bleues du diagramme – dans cet exemple, on constate que les bénéfices concernant la paire k_1-j_1 proviennent principalement de la juridiction i_1 (flèche épaisse) et dans une moindre mesure de la juridiction i_2 (flèche fine). Les flèches correspondantes identifiant l'origine des bénéfices présumés transférés dans les paires de juridictions k_1-j_2 et k_2-j_2 ne sont pas représentées pour éviter de surcharger le diagramme.
Source : Secrétariat de l'OCDE.

232. Cette approche de la mesure du transfert de bénéfices est nouvelle, même si elle présente quelques points communs avec Tørsløv et al. (2018[5]), Cobham et al. (2019[13]) et Clausing (2020[8]). Elle est rendue possible par le niveau de détail qu'offrent la matrice des bénéfices et les sources de données sous-jacentes, y compris les statistiques anonymisées et agrégées des déclarations pays par pays, qui donnent un état détaillé du montant des bénéfices situés dans les juridictions à faible fiscalité pour chaque juridiction de l'EMU. Afin de comparer les résultats avec l'abondante littérature sur le transfert de bénéfices, une semi-élasticité globale moyenne du transfert de bénéfices est calculée sur la base des résultats et comparée avec les estimations existantes de cette semi-élasticité.

Transfert de bénéfices : identification des juridictions « de destination »

233. Les juridictions potentielles « de destination » des bénéfices sont supposées être celles qui remplissent simultanément deux critères :

- **avoir un ratio IDE entrant/PIB supérieur à 100 %**, selon un calcul à partir des données concrètes ou extrapolées sur les IDE – voir l'annexe C du chapitre 5 sur la méthodologie d'extrapolation des IDE[28] ;
- **avoir un TEI moyen sur les bénéfices des EMN inférieur à 17.5 %**, selon un calcul à partir de la médiane des trois sources de données évoquées dans le point 3.4.2 ci-dessus. Ce taux de 17.5 % n'est pas censé représenter un plafond de TEI au-delà duquel il n'y aurait pas de transfert de bénéfices. En effet, il peut y avoir un transfert de bénéfices entre des juridictions dont les TEI sont supérieurs à 17.5 %. Ce taux est plutôt le taux le plus élevé dans la gamme des taux minimaux possibles examinés à titre d'illustration dans ce chapitre. Étant donné que l'incitation à transférer les bénéfices vers des juridictions dont le TEI moyen est supérieur au taux minimum ne serait pas directement influencée par le Pilier Deux tel que modélisé dans ce chapitre[29], nous nous concentrons ici exclusivement sur les transferts de bénéfices vers des juridictions dont le TEI moyen est inférieur au taux minimum. Par exemple, lorsque le taux minimum est supposé être de 12.5 %, seuls les transferts de bénéfices vers les juridictions dont le TEI moyen est inférieur à 12.5 % sont supposés être modifiés par le Pilier Deux[30].

234. Sur la base de ces critères, 39 juridictions sont identifiées comme des « destinations de bénéfices » potentielles ; mais toutes ne sont pas considérées comme des « destinations de bénéfices » effectives, car cela dépend également du taux de rentabilité des EMN dans la juridiction concernée (voir la section suivante). Dans l'ensemble, la liste des juridictions présentant des montants substantiels de bénéfices présumés transférés recoupe largement d'autres listes établies par la littérature, telles que celle de Tørsløv et al. (2018[5]), qui se réfère souvent à la liste originelle élaborée par Hines et Rice (1994[14]).

Transferts de bénéfices : séparer les bénéfices « présumées transférés » des bénéfices « normaux »

235. Dans ces juridictions « de destination des bénéfices » potentielles, seule une partie des bénéfices déclarés est présumée transférée. En effet, les EMN peuvent y avoir une activité économique locale qui génère des bénéfices (non transférés) locaux. Pour cette raison, seuls les bénéfices dépassant un certain taux de rentabilité « normal » sont présumés transférés. Ce taux de rentabilité normal est fixé à 7.9 % (sur le rapport entre le bénéfice avant impôts et le chiffre d'affaires) dans les estimations de référence, ce qui correspond à la rentabilité moyenne des EMN à l'échelle mondiale observée dans l'échantillon ORBIS[31]. Des tests de robustesse ont été effectués avec d'autres taux, notamment 5 % et 10 %. Ils donnent des résultats qualitativement semblables à ceux de la référence (Tableau 3.9).

236. Sur la base des données de la matrice des bénéfices et des données sur les TEI du point 3.4.2, des estimations des bénéfices transférés sont dérivées pour chaque paire de juridictions « de destination »–« de l'EMU ». Au niveau agrégé, le montant des bénéfices présumés transférés est estimé dans une fourchette approximative de 650 milliards à 850 milliards USD, soit environ 10 à 14 % des bénéfices des groupes d'EMN au niveau mondial (Tableau 3.9)[32]. Ce chiffre est globalement conforme aux estimations de 741 milliards et 667 milliards USD obtenues par Tørsløv et al. (2019[15]; 2019[16]), qui sont des actualisations, pour 2017 et 2016 respectivement, de leur précédent chiffre, de 616 milliards USD pour 2015 (Tørsløv, Wier and Zucman, 2018[5]). La part des bénéfices présumés transférés dans les bénéfices totaux tend à être plus élevée dans les juridictions à fiscalité nulle (88-94 %) que dans les autres juridictions de « destination des bénéfices » (55-74 %), ce qui est conforme à l'intuition selon laquelle il y a moins de substance économique (et donc une plus grande part de bénéfices transférés) dans les juridictions à fiscalité nulle que dans les autres juridictions de « destination des bénéfices ».

Tableau 3.9. Estimation des bénéfices transférés vers des juridictions à faible fiscalité, au niveau mondial

		Estimation de référence (bénéfices « normaux » : 7.9 %)	Test de robustesse (bénéfices « normaux » : 5 %)	Test de robustesse (rentabilité « normale » : 10 %)
Montant estimé des bénéfices transférés par les EMN au niveau mondial...	...en milliards USD	727	837	662
	...en % des bénéfices mondiaux des EMN	11.3 %	13.5 %	10.7 %
Part des bénéfices transférés au sein des bénéfices totaux observés...	...dans les juridictions « de destination » à fiscalité nulle	90.8 %	94.1 %	88.5 %
	...dans les autres juridictions « de destination »	61.7 %	73.7 %	54.7 %

Note : l'estimation du montant des bénéfices transférés se fait à partir d'une « matrice des bénéfices » qui combine une série de sources de données afin de cartographier l'emplacement des bénéfices – voir le chapitre 5 – et la médiane de trois sources de données différentes sur les TEI concernant les bénéfices des EMN d'une juridiction à l'autre, selon une méthodologie décrite dans ce chapitre. Les juridictions sont identifiées comme « de destination » sur la base des données sur les IDE et les TEI. Seuls les bénéfices dépassant la rentabilité « normale » dans la juridiction « de destination » sont présumés transférés. Par exemple, en supposant une rentabilité « normale » de 7.9 % – rentabilité moyenne à l'échelle mondiale selon les données ORBIS (première colonne) –, les estimations laissent entendre que 727 milliards USD de bénéfices sont transférés, ce qui représente 11.3 % des bénéfices des EMN à l'échelle mondiale. Dans les « juridictions de destination », la part des bénéfices observés qui est transférée est de 90.8 % (en moyenne dans les juridictions « de destination » à fiscalité nulle) et de 61.7 % (en moyenne dans les autres juridictions « de destination »). Les juridictions « à fiscalité nulle » sont celles qui n'ont pas de système d'impôt sur les sociétés ou dont le taux légal de l'IS est nul. Pour des besoins de comparabilité avec la littérature économique, ce tableau inclut les groupes d'EMN ayant leur entité mère ultime aux États-Unis.
Source : Secrétariat de l'OCDE.

Transferts de bénéfices : identification des juridictions « d'origine »

237. Une fois que les bénéfices transférés ont été repérés, d'autres hypothèses sont nécessaires pour déterminer d'où proviennent les bénéfices, c'est-à-dire la juridiction où ils ont été générés avant d'être transférés. Cette analyse se fait au niveau de chaque paire de juridictions « de destination »–« de l'EMU », au moyen de la formule suivante :

$$BénéficesTransférés_{i,j,k} = \lambda_{j,k}.Y_{i,k}.f(\tau_i - \tau_j)$$

238. Dans cette formule, $ProfitShifted_{i,j,k}$ est le montant des bénéfices transférés de la juridiction *i* à la juridiction *j* par les EMN dont l'entité mère ultime réside dans la juridiction *k*. L'intuition est que ce bénéfice est proportionnel à l'activité économique dans la juridiction *i* des EMN dont l'entité mère ultime réside dans la juridiction *k*. Par exemple, il est peu probable qu'une EMN ayant une très faible activité économique dans une juridiction ait transféré ses bénéfices hors de cette juridiction, quel que soit l'écart de taux d'imposition avec cette juridiction. Cette activité économique est représentée par le chiffre d'affaires dans la juridiction *i* des EMN dont l'EMU réside dans la juridiction *k* (désigné $Y_{i,k}$), qui est tiré de la matrice du chiffre d'affaires[33]. Les résultats sont globalement identiques lorsque l'on applique le critère des immobilisations corporelles ou celui de la masse salariale au lieu du chiffre d'affaires (Annex 3.C).

239. On suppose de même que le montant des bénéfices transférés dépend de la différence de taux d'imposition entre les juridictions *i* et *j* : $f(\tau_i - \tau_j)$. Les taux d'imposition pris en considération sont les taux légaux d'IS dans les juridictions « d'origine » des bénéfices, conformément à la majorité de la littérature sur le transfert de bénéfices qui se concentre sur les taux légaux, et les TEI dans les juridictions « de destination » (avec les mêmes sources de données que dans le reste de ce chapitre), car les TEI

diffèrent parfois considérablement des taux légaux dans ces juridictions. Plusieurs formes de la relation entre l'ampleur du transfert de bénéfices et les écarts de taux d'imposition (c'est-à-dire de la fonction f) sont examinées dans ce chapitre, comme on le verra plus loin.

240. Enfin, le montant des bénéfices transférés dépend d'un ensemble de facteurs de mise à l'échelle $\lambda_{j,k}$, qui sont spécifiques à chaque paire de juridictions « de destination »–« de l'EMU ». Ces facteurs d'échelle montrent que certaines juridictions « de destination » des bénéfices sont plus attrayantes pour les EMN d'une juridiction « de l'EMU » donnée – en raison, par exemple, de la proximité géographique ou de l'environnement juridique – et que les écarts de taux d'imposition ne permettent pas à eux seuls de prédire où se trouvent les bénéfices transférés. Au lieu d'être tirés de la littérature ou fixés à des niveaux arbitraires, ils sont fixés à un niveau unique qui est cohérent avec le montant des bénéfices présumés transférés dans chaque paire de juridictions « de destination »–« de l'EMU », tel que calculé dans la section précédente. Formellement, ces facteurs $\lambda_{j,k}$ sont calculés selon la formule suivante :

$$\lambda_{j,k} = \frac{\sum_i Bénéfices\ Transférés_{i,j,k}}{\sum_i Y_{i,k}.f(\tau_i - \tau_j)}$$

241. Cette façon de définir les facteurs $\lambda_{j,k}$ garantit la cohérence de l'approche, en ce sens que les bénéfices totaux imputables aux différentes juridictions « d'origine » – pour une paire donnée de juridictions « de destination »–« de l'EMU » – correspondent exactement au bénéfices totaux présumés transférés dans cette paire de juridictions. In fine, la moyenne de ces facteurs $\lambda_{j,k}$ peut être comparée aux estimations de la sensibilité des bénéfices aux écarts de taux d'imposition tirées de la littérature, comme nous le verrons plus loin.

242. Une question centrale est la forme de la fonction f, c'est-à-dire la relation entre le transfert de bénéfices et les écarts de taux d'imposition. Cette question est importante pour la modélisation du transfert de bénéfices dans la présente section, mais aussi parce que cette hypothèse définit la manière dont la réduction des écarts de taux d'imposition dans le cadre du Pilier Deux influera sur l'ampleur du transfert de bénéfices. Les recherches académiques offrent un éclairage limité sur ce point. La plupart des études supposent une relation linéaire entre transfert de bénéfices et écarts de taux d'imposition légaux, et suggèrent que cette relation est significative, mais sans faire de tests empiriques sur d'autres formes possibles (voir, par exemple, Bradbury et al. (2018[11]) et Beer et al. (2019[12]) pour des revues de littérature récentes). Une relation linéaire de ce type est cohérente avec le cadre théorique de Huizinga et Laeven (2008[17]), qui repose sur l'hypothèse sous-jacente que le coût du transfert de bénéfices est quadratique, une solution « intérieure » au problème de maximisation des bénéfices de l'EMN impliquant alors un transfert de bénéfices proportionnel aux écarts de taux d'imposition.

243. Cependant, des études plus récentes suggèrent que la situation est en réalité plus complexe. Bilicka (2019[18]) et Johannesen et al. (2019[19]), notamment, montrent que nombre d'entités constitutives d'EMN déclarent un bénéfice nul dans les juridictions à fiscalité élevée. Cela laisserait entendre que ces EMN sont en mesure de transférer tous leurs bénéfices réalisés dans ces juridictions, auquel cas la solution au problème de maximisation des bénéfices de l'EMN n'est pas systématiquement « intérieure » et la relation entre transfert de bénéfices et écarts de taux d'imposition n'est plus linéaire. L'étude de Dowd et al. (2017[20]) constate une relation non linéaire selon laquelle les groupes d'EMN américains transfèrent plus de bénéfices vers des juridictions où les taux d'imposition sont très bas qu'une élasticité linéaire ne le laisserait supposer[34]. Cependant, la question étudiée par ces auteurs diffère quelque peu de celle qui est examinée dans ce chapitre. En effet, les travaux de Dowd et al. (2017[20]) se concentrent sur le choix des juridictions « de destination » possibles pour une juridiction « de l'EMU » donnée (auquel cas il peut sembler évident que les EMN transfèrent autant de bénéfices que possible vers les juridictions ayant les TEI les plus faibles), tandis que le présent chapitre vise à identifier les juridictions « d'origine » pour des juridictions « de l'EMU » et « de destination » données.

244. La littérature nous apprend également que, toutes choses égales par ailleurs, le transfert de bénéfices tend à être plus ample dans les juridictions à faible revenu que dans les juridictions à revenu

élevé. Par exemple, Fuest et al. (2011[21]), sur la base de microdonnées allemandes, constatent que le transfert de bénéfices via des prêts intra-groupe est environ deux fois plus important dans les pays en développement (de leur échantillon) que dans les autres juridictions, ce qui, selon eux, pourrait s'expliquer par la capacité limitée de ces pays à appliquer des politiques anti-évasion fiscale. Johannesen et al. (2019[19]) constatent qu'une diminution de dix points de pourcentage des taux d'imposition des filiales étrangères augmente de 4 points de pourcentage la probabilité qu'une EMN déclare des bénéfices nuls dans les pays à faible revenu ou à revenu intermédiaire, mais de seulement 1.7 point de pourcentage la même probabilité dans les pays à revenu élevé, sur la base des données d'ORBIS au niveau des entreprises. Enfin, Cobham et Janský (2018[22]), s'appuyant sur des données macroéconomiques, constatent que « l'intensité des pertes est nettement plus importante dans les juridictions à faible revenu et à revenu intermédiaire inférieur, ainsi qu'en Afrique subsaharienne, en Amérique latine et aux Caraïbes et en Asie du Sud par rapport à d'autres régions ».

245. Dans ce contexte, l'hypothèse de référence dans le présent chapitre est que le transfert de bénéfices est généralement proportionnel aux écarts de taux d'imposition, mais plus ample dans les juridictions à faible revenu. Formellement, on suppose que la fonction f est définie comme suit : $f(\tau_i - \tau_j) = \alpha_i.(\tau_i - \tau_j)$ si $(\tau_i - \tau_j)$ est positif, et zéro sinon. Le coefficient α_i est égal à 1 dans les juridictions à revenu élevé, à 1.5 dans celles à revenu intermédiaire et à 2 dans celles à faible revenu (sur la base de la classification par niveaux de revenu développée par la Banque mondiale). Cette forme de relation entre le transfert de bénéfices et les écarts de taux d'imposition est présentée dans le Graphique 3.8. Comme indiqué ci-dessus, les montants absolus de bénéfices transférés imputés à chaque juridiction « d'origine » dépendront des hypothèses présentées dans ce graphique, mais aussi des facteurs $\lambda_{j,k}$ qui capturent le montant des bénéfices présumés transférés dans chaque juridiction « de destination » (et pour chaque juridiction « de l'EMU »).

Transfert de bénéfices : différentes formes de la relation entre transfert de bénéfices et écarts de taux d'imposition

246. Compte tenu de la possibilité de forme non linéaire de la relation entre le transfert de bénéfices et les écarts de taux d'imposition, d'autres formes sont considérées comme des tests de robustesse. Ces formes sont utilisées aux fins de créer des fourchettes d'incertitude autour des estimations.

Graphique 3.8. Forme simplifiée de la relation entre ampleur du transfert de bénéfices et écarts de taux d'imposition (relation de référence)

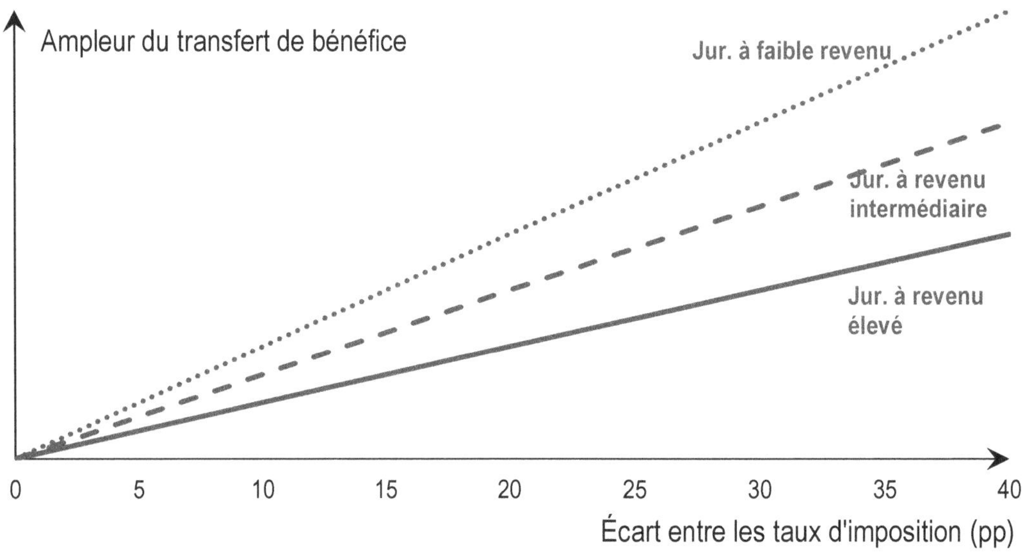

Note : selon les hypothèses présentées dans ce graphique, l'ampleur du transfert de bénéfices vers une juridiction est supposée être proportionnelle à l'écart de taux d'imposition par rapport à cette juridiction. L'ampleur du transfert de bénéfices est supposée être 1.5 fois plus grande pour les bénéfices transférés depuis des juridictions à revenu intermédiaire (2 fois plus grande pour les bénéfices transférés depuis des juridictions à faible revenu) par rapport aux juridictions à revenu élevé. Le montant des bénéfices transférés (échelle de l'axe des Y) dépendra des facteurs $\lambda_{j,k}$ définis ci-dessus, qui capturent le montant des bénéfices présumés transférés dans chaque juridiction de « destination » j (et pour chaque juridiction « de l'EMU » k).
Source : Secrétariat de l'OCDE.

247. Deux autres formes sont envisagées. La première repose sur l'idée que les juridictions à faible revenu peuvent souffrir du transfert de bénéfices pour des raisons fiscales, mais aussi non fiscales. Par exemple, les investisseurs peuvent transférer leurs bénéfices hors de ces juridictions par crainte de l'instabilité politique ou pour contourner le contrôle des capitaux (ce qui peut aussi être le cas dans les juridictions à revenu élevé, mais probablement moins fréquemment que dans les juridictions à faible revenu). En conséquence, le transfert de bénéfices peut exister dans ces juridictions même pour des écarts de taux d'imposition relativement faibles, et la pente ultérieure de la relation entre le transfert de bénéfices et les écarts de taux d'imposition peut être moins prononcée que celle envisagée dans le scénario de référence (Graphique 3.9, Partie A). Cette forme tient également compte de l'hypothèse selon laquelle, dans le cas d'écarts de taux d'imposition relativement minimes (c'est-à-dire, inférieurs à 5 points de pourcentage), les EMN peuvent aussi estimer que le coût du transfert de bénéfices serait supérieur aux gains (en économies d'impôt). C'est la raison pour laquelle, dans le Graphique 3.9 (Partie A), l'ampleur du transfert de bénéfices n'augmente pas avec l'écart de taux d'imposition tant que cet écart reste inférieur à 5 points de pourcentage.

248. La seconde autre forme prend le même point de départ, mais suppose également que la pente de la relation devient moins raide – dans toutes les catégories de revenu – au-dessus d'un certain niveau. L'idée est qu'au-delà d'un certain écart de taux d'imposition, les incitations des EMN à transférer leurs bénéfices sont de toute façon fortes, de sorte qu'une modification à la marge des écarts de taux d'imposition ne les influencerait pas sensiblement (Graphique 3.9, Partie B).

Graphique 3.9. Autres formes de la relation entre l'ampleur des transferts de bénéfices et les écarts de taux d'imposition

Partie A: autre forme (1), où les juridictions à faible revenu pâtissent d'un transfert de bénéfices lié à des facteurs non fiscaux

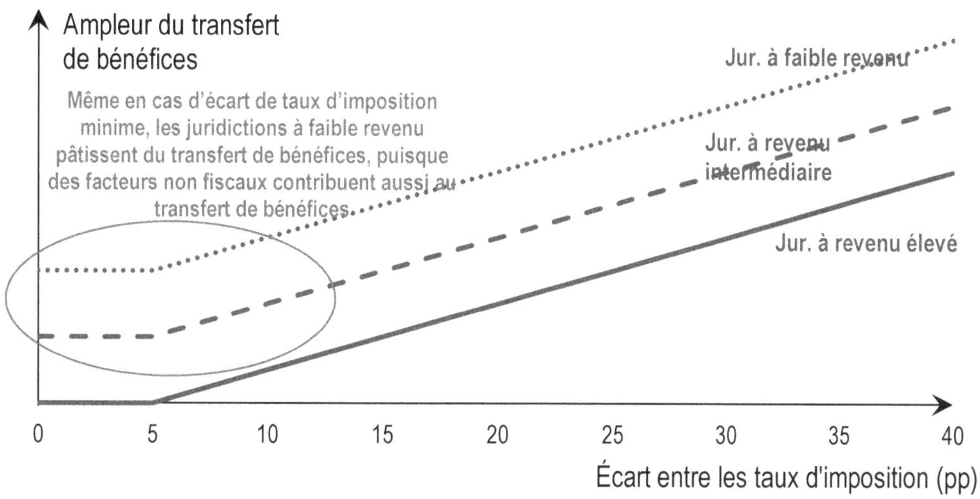

Partie B: autre forme (2), où l'ampleur du transfert de bénéfices est supposée devenir moins sensible aux écarts de taux d'imposition au-delà d'une certaine valeur de l'écart

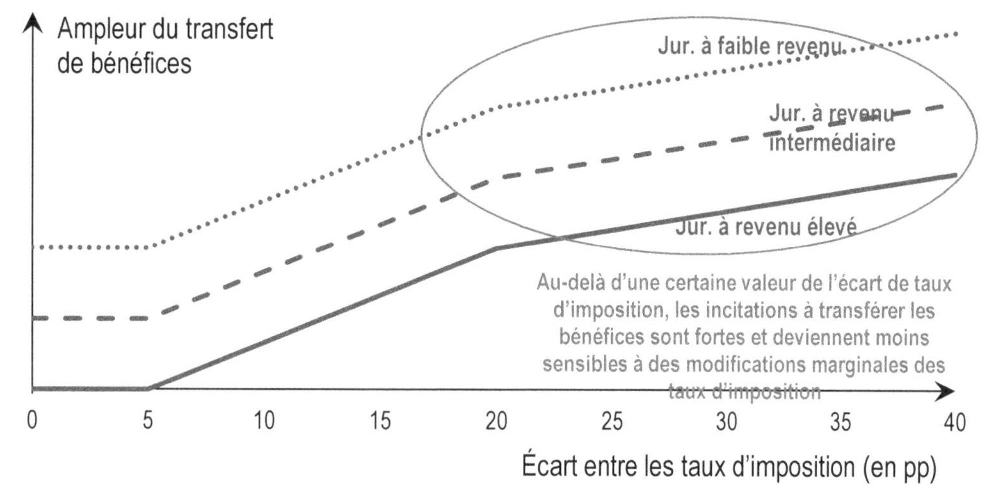

Note : dans la Partie A, l'ampleur du transfert de bénéfices est supposée être plus élevée dans les juridictions à faible revenu que dans les juridictions à revenu élevé, comme dans la référence (Graphique 3.8). Toutefois, on suppose que le transfert de bénéfices dans les juridictions à faible revenu est en partie déterminé par des facteurs non fiscaux, ce qui implique que ces juridictions sont confrontées au transfert de bénéfices même en cas d'écart de taux d'imposition minime (voire nul). De même, un resserrement des écarts de taux d'imposition dans les juridictions à faible revenu a moins d'effets restrictifs sur le transfert de bénéfices que dans le scénario de référence. Dans la Partie B, cette hypothèse est maintenue, mais, en outre, l'ampleur du transfert de bénéfices est supposée devenir moins sensible aux écarts de taux d'imposition au-delà d'une certaine valeur de l'écart. Cela pourrait signifier que, pour des écarts de taux d'imposition relativement amples, l'incitation à transférer les bénéfices est de toute façon forte, et donc moins influencée par le niveau exact de l'écart de taux. Dans les deux parties, le montant des bénéfices transférés (échelle de l'axe des Y) dépendra des facteurs $\lambda_{j,k}$ ci-dessus, qui capturent le montant des bénéfices présumés transférés dans chaque juridiction « de destination » j (et pour chaque juridiction « de l'EMU » k).
Source : Secrétariat de l'OCDE.

Transfert de bénéfices : comparaison de la semi-élasticité agrégée avec la littérature

249. Il est possible de comparer les estimations obtenues au moyen de la méthodologie décrite dans les sections qui précèdent avec la littérature existante en calculant une semi-élasticité moyenne agrégée des bénéfices par rapport aux écarts de taux d'imposition. En pratique, cela signifie qu'il faut calculer une moyenne pondérée des coefficients $\lambda_{j,k}.\alpha_i$ Dans le cas de référence décrit ci-dessus, cette élasticité agrégée du transfert de bénéfices est estimée à environ 1.2[35] – une valeur qui est proche de la semi-élasticité de 1 obtenue dans une méta-analyse récente réalisée par Beer et al. (2019[12]), mais aussi de la semi-élasticité de 0.8 constatée lors d'une méta-étude antérieure (Heckemeyer and Overesch, 2017[23]). La semi-élasticité constatée lors d'estimations antérieures de l'OCDE dans le cadre du rapport sur l'Action 11 du BEPS était d'environ 1 également (OCDE, 2017[24]; Johansson et al., 2017[25]). Dans l'ensemble, la méthodologie d'évaluation du transfert de bénéfices présentée dans ce chapitre, bien que fondée sur une approche et des sources de données différant de la plupart des études antérieures, serait donc assez conforme à ces études pour ce qui est des résultats globaux, comme le suggèrent aussi les résultats présentés dans le Tableau 3.9.

3.6.2. Effet du Pilier Deux sur les écarts de taux d'imposition et le transfert de bénéfices

250. Le Pilier Deux devrait permettre de réduire les écarts de taux d'imposition entre les juridictions. Plus précisément, il devrait réduire l'écart de taux d'imposition par rapport aux juridictions où le TEI est actuellement inférieur au taux minimum, en augmentant ce TEI à concurrence du taux minimum. Dans un scénario où les gouvernements de ces juridictions ne réagissent pas (scénario 3, par exemple), ce taux minimum serait acquitté dans une autre juridiction (p. ex., la juridiction de l'EMU dans le cas de la RIR). Si certaines des juridictions ayant un TEI inférieur au taux minimum augmentent leur TEI à concurrence du taux d'imposition minimum, comme envisagé dans le scénario 4, alors l'impôt serait payé dans ces juridictions.

251. Dans ces deux cas, les incitations des EMN à transférer leurs bénéfices vers des juridictions à faible fiscalité seraient réduites par rapport à un scénario sans le Pilier Deux. Il est également utile de noter que ces incitations seraient les mêmes que les juridictions à faible fiscalité augmentent ou non leur TEI, puisque le groupe d'EMN paierait le même montant d'impôts sur ses bénéfices transférés (la seule différence étant le lieu où ces impôts sont payés). C'est pourquoi l'ordre dans lequel les réactions respectives des EMN et des États sont prises en considération dans ce chapitre a relativement peu d'incidence sur le résultat final, comme mentionné précédemment[36].

252. On suppose que l'ampleur du transfert de bénéfices est sensiblement réduite par le resserrement des écarts de taux d'imposition induit par le Pilier Deux. Cependant, le transfert de bénéfices ne devrait pas être complètement éliminé par le Pilier Deux, car certains écarts de taux d'imposition persisteraient entre le taux minimum et le taux (plus élevé) qui s'applique dans les juridictions où le TEI est supérieur au taux minimum (voir l'exemple simplifié du Graphique 3.10). En pratique, la décision d'un groupe d'EMN de continuer ou non à pratiquer un certain dispositif de transfert de bénéfices dépendra de l'écart de taux d'imposition après la mise en œuvre du Pilier Deux et du coût du dispositif (p. ex., les coûts financiers et de conseil liés à sa mise en place, le coût de réputation). Dans certains cas, le groupe d'EMN peut continuer à utiliser le dispositif, tandis que dans d'autres, il peut estimer que les coûts dépasseront les avantages après la mise en place du Pilier Deux. Il est difficile d'évaluer à quel point la décision de réduire ou même d'arrêter le transfert de bénéfices sera fréquente, car le coût du transfert de bénéfices n'est pas connu avec précision et varie selon les groupes d'EMN et les juridictions.

253. En outre, les décisions des EMN peuvent être plus complexes que le simple choix entre la poursuite ou l'arrêt d'un dispositif de transfert de bénéfices, car une autre solution possible peut être de créer un dispositif différent pour transférer les bénéfices vers une autre juridiction (par exemple une juridiction ayant un TEI plus élevée mais vers laquelle transférer des bénéfices est moins coûteux), y compris, éventuellement, par le biais d'un changement de structure organisationnelle[37]. Ces réactions

complexes dépendront des circonstances et des choix particuliers de chaque groupe d'EMN, et leur modélisation va au-delà de l'ambition de ce chapitre. Si les réactions des EMN s'écartent sensiblement des hypothèses de modélisation simplifiées utilisées dans ce chapitre, qui sont décrites ci-dessous, cela pourrait influencer sensiblement les effets estimés sur les recettes fiscales au titre du Pilier Deux, en particulier au niveau des juridictions prises individuellement. Au niveau mondial, ou pour de larges groupes de juridictions, les effets de réactions différentes en matière de transfert de bénéfices pourraient s'annuler en partie (par exemple, si une juridiction du groupe reçoit plus de bénéfices, une autre juridiction du groupe en recevra peut-être moins).

Graphique 3.10. Exemple simplifié de l'effet du Pilier Deux sur l'ampleur du transfert de bénéfices

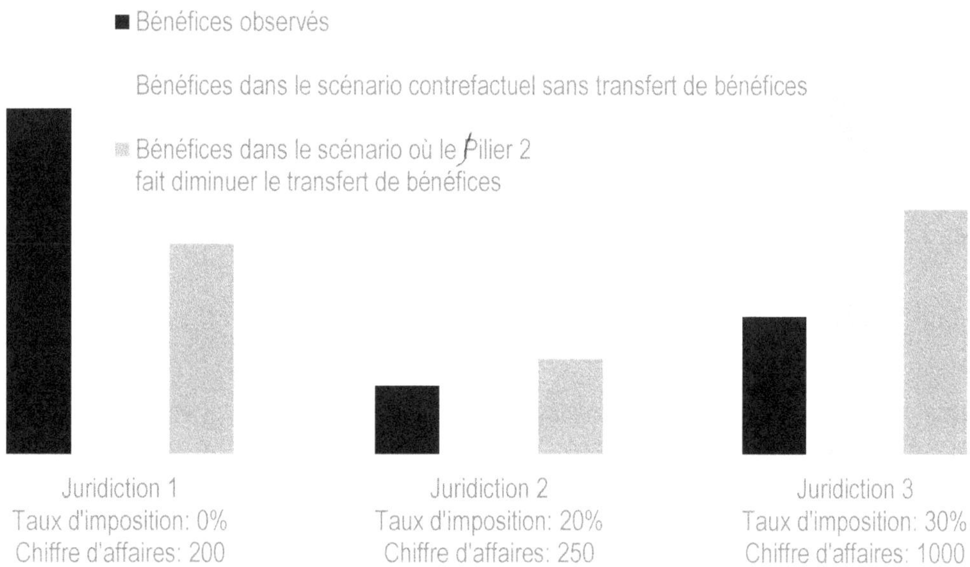

Note : cet exemple simplifié, basé sur des chiffres fictifs, illustre comment le Pilier Deux peut réduire le transfert de bénéfices mais pas l'éliminer. Dans la situation actuelle, la plupart des bénéfices du groupe d'EMN considéré se situent dans la juridiction 1, qui a un taux d'imposition de 0 %. La plupart de ces bénéfices sont présumés transférés, c'est pourquoi, dans le scénario contrefactuel sans transfert de bénéfices, il reste peu de bénéfices dans la juridiction 1. Les bénéfices transférés sont réattribués aux juridictions 2 et 3 sur la base de la modélisation du transfert de bénéfices décrite ci-dessus. Dans le scénario où le transfert de bénéfices diminue du fait du Pilier Deux (en supposant, à titre indicatif, un taux d'imposition minimum de 12.5 %), une plus grande part des bénéfices reste dans la juridiction 1, car l'écart de taux d'imposition par rapport aux juridictions 2 et 3 est resserré, mais non éliminé.
Source : Secrétariat de l'OCDE.

254. Dans ce contexte, l'hypothèse de référence simplifiée du présent chapitre est que le transfert de bénéfices diminuerait en proportion de la réduction des écarts de taux d'imposition induite par le Pilier Deux. Par exemple, si le Pilier Deux réduit d'un tiers l'écart de taux d'imposition entre deux juridictions, le transfert de bénéfices entre ces deux juridictions est supposé diminuer d'un tiers. Cette hypothèse est conforme à la modélisation de référence du transfert de bénéfices exposée ci-dessus.

255. Toutefois, cette hypothèse ne tient pas compte des faits suivants : i) une partie du transfert de bénéfices dans les juridictions à faible revenu est liée à des facteurs non fiscaux et peut perdurer après la mise en place du Pilier Deux et ii) en cas d'écarts taux d'imposition importants, une modification à la marge de l'écart peut ne pas modifier notablement l'ampleur du transfert de bénéfices, puisque l'incitation au transfert est de toute façon forte (autrement dit, le gain résultant du transfert de bénéfices est tellement supérieur au coût dans ce cas qu'une réduction marginale de ce gain ne modifierait pas le choix du groupe d'EMN de pratiquer le transfert de bénéfices). Ces considérations sont intégrées dans le scénario de test de robustesse fondé sur les deux autres formes de la relation entre ampleur du transfert de bénéfices et

écarts de taux d'imposition (Graphique 3.9). En particulier, avec la seconde forme, les incitations à transférer les bénéfices deviennent moins sensibles aux écarts de taux d'imposition lorsque ceux-ci sont relativement grands. Ces deux scénarios de test de robustesse sont utilisés pour construire les fourchettes d'incertitude autour des estimations.

256. Sur la base des hypothèses décrites ci-dessus, une matrice des bénéfices modifiée tenant compte de la diminution de l'ampleur du transfert de bénéfices est présentée dans le Tableau 3.10 pour un taux d'imposition minimum indicatif de 12.5 %. Les résultats sont d'abord calculés pour la forme de référence de la relation entre ampleur du transfert de bénéfices et écarts de taux d'imposition (Partie A), puis pour les deux autres formes illustrées dans le Graphique 3.9 (Parties B et C). Par rapport au Tableau 3.7, le montant total des bénéfices dans chaque colonne est le même (par construction), mais la localisation des bénéfices s'est déplacée entre les lignes de la matrice. De façon générale, les bénéfices ont été redistribués entre les groupes, au profit des trois grands groupes de juridictions. Le montant des bénéfices dans les centres d'investissement est réduit d'environ 9 à 10 % par rapport au Tableau 3.7 (selon la partie considérée) et le montant des bénéfices dans les autres groupes de juridictions est augmenté de 1 à 8 % selon le groupe et la partie considérés. En particulier, les juridictions à revenus intermédiaire et faible ont tendance à récupérer moins de bénéfices au titre des autres formes de la relation entre ampleur du transfert de bénéfices et écarts de taux d'imposition (Parties B et C) qu'au titre de la forme de référence (Partie A), ce qui est cohérent avec les hypothèses qui sous-tendent ces autres formes, qui sont développées à la section précédente.

Tableau 3.10. Matrice des bénéfices intégrant la réduction de l'ampleur du transfert de bénéfices induite par le Pilier Deux (taux d'imposition minimum de 12.5 %, pas d'exclusion)

Hors changements de l'ampleur du transfert de bénéfices des groupes d'EMN dont l'entité mère ultime réside aux États-Unis

Partie A : forme de référence de la relation entre ampleur du transfert de bénéfices et écarts de taux d'imposition						
		Juridiction de l'EMU				
	(milliards USD 2016)	**Jur. à revenu élevé**	**Jur. à revenu intermédiaire**	**Jur. à faible revenu**	**Centres d'investissement**	**Total**
Juridiction de la filiale	Jur. à revenu élevé (64)	3 592.8	48.7	0.1	198.8	**3 840.3**
	Jur. à revenu intermédiaire (105)	390.2	827.4	0.1	198.2	**1 415.9**
	Jur. à faible revenu (29)	1.7	1.3	3.1	0.5	**6.7**
	Centres d'investissement (24)	602.7	59.2	0.0	256.2	**918.1**
	Total	**4 587.4**	**936.7**	**3.3**	**653.7**	**6 181.1**

Partie B : autre forme (1) de la relation entre ampleur du transfert de bénéfices et écarts de taux d'imposition						
		Juridiction de l'EMU				
	(milliards USD 2016)	**Jur. à revenu élevé**	**Jur. à revenu intermédiaire**	**Jur. à faible revenu**	**Centres d'investissement**	**Total**
Juridiction de la filiale	Jur. à revenu élevé (64)	3 600.8	48.8	0.1	204.5	**3 854.2**
	Jur. à revenu intermédiaire (105)	389.5	826.3	0.1	194.4	**1 410.3**
	Jur. à faible revenu (29)	1.7	1.3	3.1	0.4	**6.5**
	Centres d'investissement (24)	595.4	60.2	0.0	254.4	**910.0**
	Total	**4 587.4**	**936.7**	**3.3**	**653.7**	**6 181.1**

Partie C : autre forme (2) de la relation entre ampleur du transfert de bénéfices et écarts de taux d'imposition						
		Juridiction de l'EMU				
	(milliards USD 2016)	**Jur. à revenu élevé**	**Jur. à revenu intermédiaire**	**Jur. à faible revenu**	**Centres d'investissement**	**Total**
Juridiction de la filiale	Jur. à revenu élevé (64)	3 598.0	48.8	0.1	198.7	**3 845.5**
	Jur. à revenu intermédiaire (105)	389.2	825.4	0.1	193.0	**1 407.8**
	Jur. à faible revenu (29)	1.7	1.3	3.1	0.4	**6.5**
	Centres d'investissement (24)	598.5	61.2	0.0	261.6	**921.3**
	Total	**4 587.4**	**936.7**	**3.3**	**653.7**	**6 181.1**

Note : les résultats de la Partie A sont fondés sur la relation de référence entre l'ampleur des transferts de bénéfices et les écarts de taux d'imposition (illustrée au Graphique 3.8). Les résultats des Parties B et C sont fondés sur les autres relations, représentées dans le Graphique **3.9**. Les résultats dépendent du taux minimum considéré. Dans ce tableau, on suppose un taux d'imposition minimum de 12,5 % et on tient compte des interactions avec le Pilier Un (comme dans le scénario 2). On ne suppose pas d'exclusion. L'effet d'une exclusion sur la substance de type formule sur les comportements en matière de transfert de bénéfices est examiné plus en détail ci-dessous. Les groupes de juridictions (à revenu élevé, à revenu intermédiaire et à faible revenu) sont définis selon la classification de la Banque mondiale. Les centres d'investissement sont des juridictions dont le stock total d'IDE entrants représente plus de 150 % du PIB. Pour des raisons de comparabilité avec la matrice de bénéfices originale, ces tableaux incluent les EMN dont l'entité mère ultime réside aux États-Unis, mais la modification potentielle de l'ampleur du transfert de bénéfices de ces EMN américaines n'est pas prise en considération dans ce tableau. L'effet du Pilier Deux sur le transfert de bénéfices des groupes d'EMN américains est examiné dans la section 3.8.
Source : calculs du de l'OCDE.

3.6.3. Implications d'une exclusion sur la substance de type formule sur les comportements en matière de transfert de bénéfices

257. Les estimations de la section précédente reposent sur un scénario dans lequel le Pilier Deux ne comprendrait pas d'exclusion de type formule sur le critère de la substance. Cette section examine comment l'intégration d'une exclusion potentielle fondée sur une formule pourrait modifier l'effet du Pilier Deux sur les incitations au transfert de bénéfices des EMN.

258. L'exclusion sur la substance selon une formule pourrait avoir deux effets principaux sur le comportement des EMN en matière de transfert de bénéfices. Premièrement, une exclusion pourrait en théorie réduire l'effet du Pilier Deux sur le transfert de bénéfices dans des situations spécifiques où un groupe d'EMN transférerait ses bénéfices vers une juridiction où il possède déjà un volume substantiel d'immobilisations corporelles ou de masse salariale, ou les deux. En pratique, cela ne devrait pas être très fréquent, car les bénéfices ont de fortes chances d'être (et sont généralement) transférés vers des juridictions où les groupes d'EMN ont des niveaux minimes d'activité substantielle (voir le Tableau 3.5, par exemple). Par exemple, si l'on suppose qu'après la mise en place du Pilier Deux, i) les incitations à

transférer les bénéfices ne sont pas modifiées tant que les bénéfices transférés font finalement l'objet d'une exclusion au titre du Pilier Deux et ii) le Pilier Deux a le même effet sur le transfert de « bénéfices non exclus » que l'absence d'exclusion[38], alors, l'effet du Pilier Deux sur le montant global des bénéfices transférés se trouve réduit de moins de 1 % par rapport à une situation où le Pilier est appliqué sans exclusion[39].

259. Deuxièmement, l'existence d'une exclusion de type formule sur le critère de la substance pourrait encourager les groupes d'EMN à transférer des immobilisations corporelles ou de la main-d'œuvre vers des juridictions à faible fiscalité où ils transfèrent déjà des bénéfices (ou pourraient le faire à l'avenir) afin de bénéficier de l'exclusion. Cet effet est difficile à modéliser car il dépend du coût de cette relocalisation d'immobilisations corporelles ou de main-d'œuvre entre deux juridictions, coût qui varie bien entendu selon le groupe d'EMN et selon la juridiction. Dans la pratique, les immobilisations corporelles et la main-d'œuvre sont généralement moins faciles à déplacer que les actifs incorporels. Compte tenu des pourcentages d'exclusion envisagés dans ce chapitre, il semble peu probable que de telles délocalisations se produisent en grand nombre[40]. Néanmoins, une exclusion sur la substance fondée sur une formule peut inciter les EMN qui pratiquent la planification fiscale à reclasser le lieu des immobilisations corporelles ou de la main d'oeuvre à des fins fiscales sans modifier sensiblement leur emplacement physique réel, ou à chercher d'autres mécanismes pour tenter de bénéficier de l'exclusion sans pour autant déplacer les immobilisations corporelles ou la main-d'œuvre. Dans cette optique, il est important que l'exclusion soit conçue de manière à éviter les abus, en ce sens qu'elle n'ouvre des droits d'exclusion que lorsqu'ils sont justifiés par l'emplacement effectif des immobilisations corporelles ou de la main-d'œuvre.

260. Dans ce contexte, les estimations présentées ici supposent que l'effet du Pilier Deux sur l'ampleur du transfert de bénéfices est le même dans les scénarios avec exclusion sur la substance selon une formule et dans le scénario sans exclusion.

3.6.4. Gains de recettes fiscales à l'échelle mondiale au titre du Pilier Deux selon le scénario 3

261. Les gains de recettes au titre du Pilier Deux dans le scénario 3 sont calculés sur la base des hypothèses décrites aux sections précédentes et présentées dans le Tableau 3.11. Par souci de simplicité, les estimations sont présentées sous la forme de valeurs précises et les fourchettes reflétant l'incertitude relative aux réduits de bénéfices faiblement imposés ne sont pas incluses dans ce tableau (elles le sont dans les tableaux récapitulatifs présentés à la section 3.9). Les gains de recettes fiscales se composent de deux éléments :

- **L'effet de la diminution de l'ampleur du transfert de bénéfices** : les bénéfices qui ne sont plus transférés sont supposés être imposés au taux légal de l'IS dans les juridictions « d'origine » où ils ont été générés. Cette hypothèse concorde avec la littérature sur le transfert de bénéfices, qui suppose généralement que le taux marginal d'imposition qui serait sinon appliqué aux bénéfices transférés est le taux légal[41]. En revanche, les juridictions « de destination » recevraient moins de bénéfices transférés, ce qui leur ferait perdre des recettes fiscales. Pour ces juridictions, on suppose que les bénéfices transférés étaient imposés au TEI moyen des EMN, pour tenir compte du fait que certaines de ces juridictions imposent les bénéfices des EMN à un taux bien inférieur au taux légal[42]. Globalement, au niveau mondial, cela se traduit par un gain de recettes fiscales, puisque le taux d'imposition appliqué est plus élevé dans les juridictions « d'origine » que dans les juridictions « de destination » des bénéfices :
- **Les recettes perçues grâce à l'impôt minimum** : même si l'ampleur du transfert de bénéfices des EMN est amoindrie, une partie des bénéfices resterait située dans des juridictions où le TEI est inférieur au taux minimum. Les bénéfices dans ces juridictions (à l'exception de ceux des groupes d'EMN américains, auxquels le régime GILTI s'appliquerait) seraient soumis à la RIR et à la RPII, qui sont modélisées avec les mêmes hypothèses que dans les scénarios 1 et 2. Les

interactions avec le Pilier Un sont prises en considération de la même manière que dans le scénario 2, sur la base de la matrice des bénéfices adaptée en fonction des nouveaux schémas de transfert de bénéfices.

Tableau 3.11. Gains à l'échelle mondiale au titre du Pilier Deux (scénario 3), en % des recettes mondiales de l'IS

Les estimations figurant dans ces tableaux s'entendent hors EMN dont l'EMU réside aux États-Unis

(en % des recettes de l'IS au niveau mondial)	**Taux d'imposition minimum**	**7.5 %**	**10 %**	**12,5 %**	**15 %**	**17.5 %**
Scénario de référence	Effet de la diminution du transfert de bénéfices	0.3 %	0.6 %	0.9 %	1.3 %	1.6 %
	Recettes générées par les RIR et RPII	0.4 %	0.7 %	1.0 %	1.3 %	1.7 %
	Total	0.8 %	1.3 %	1.9 %	2.6 %	3.3 %
Autre forme (1) du transfert de bénéfices	Effet de la diminution du transfert de bénéfices	0.4 %	0.7 %	1.0 %	1.4 %	1.7 %
	Recettes générées par les RIR et RPII	0.4 %	0.7 %	1.0 %	1.3 %	1.6 %
	Total	0.8 %	1.3 %	2.0 %	2.7 %	3.3 %
Autre forme (2) du transfert de bénéfices	Effet de la diminution du transfert de bénéfices	0.3 %	0.5 %	0.8 %	1.2 %	1.6 %
	Recettes générées par les RIR et RPII	0.4 %	0.7 %	1.0 %	1.4 %	1.7 %
	Total	0.7 %	1.2 %	1.9 %	2.6 %	3.2 %

Note : les résultats de ces tableaux se concentrent sur les gains de recettes au titre du Pilier Deux dans le cadre du scénario 3 (c'est-à-dire, en tenant compte des interactions avec le Pilier Un et de la réaction des EMN). Par souci de simplicité, les estimations sont présentées sous la forme de valeurs précises et les fourchettes reflétant l'incertitude relative aux réduits de bénéfices faiblement imposés ne sont pas incluses dans ce tableau (voir la section 3.9 pour les résultats définitifs comprenant les fourchettes d'incertitude). Le scénario de référence correspond à une situation où le transfert de bénéfices est supposé être proportionnel aux écarts de taux d'imposition (comme dans le Graphique 3.8), tandis que les autres scénarios correspondent à deux autres versions de la forme de la relation entre écarts de taux d'imposition et ampleur du transfert de bénéfices (présentées dans le Graphique **3.9**). Les taux d'imposition minimum indiqués sont fournis à titre d'illustration. Les résultats se concentrent, à titre d'illustration, sur un scénario supposant une exclusion de 10 % sur la masse salariale et la charge d'amortissement des immobilisations corporelles. Comme indiqué ci-dessus, l'effet du Pilier Deux sur l'ampleur du transfert de bénéfices est supposé être le même dans les deux scénarios. Conformément à l'hypothèse selon laquelle le régime GILTI coexisterait avec le Pilier Deux, les estimations de ces tableaux excluent les gains de recettes liés aux EMN dont l'entité mère ultime réside aux États-Unis (tant pour l'effet du transfert de bénéfices que pour les recettes générées par la RIR et la RPII).
Source : calculs du Secrétariat de l'OCDE.

262. Dans la dernière partie de ce chapitre, les résultats sont présentés sous forme de fourchettes afin de refléter l'incertitude entourant les estimations. Dans le cas de l'effet de la diminution du transfert de bénéfices, la fourchette est définie de la manière suivante : pour chaque juridiction, le point inférieur(supérieur) de la fourchette est la valeur minimale(maximale) des résultats obtenus avec les trois formes de la relation entre ampleur du transfert de bénéfices et écarts de taux d'imposition considérées dans le présent chapitre (formes de référence et autres formes n° 1 et n° 2, décrites dans le Graphique 3.8 et le Graphique **3.9**).

3.7. Scénario 4 – Prise en considération des réactions des États

263. Dans le scénario 4, on suppose qu'une partie des juridictions modifieraient certaines de leurs règles ou leurs taux d'imposition pour augmenter leur TEI sur les bénéfices actuellement imposés en

dessous du taux minimum. Cette réaction se justifie par le fait qu'un relèvement du TEI (à concurrence d'un niveau inférieur ou égal au taux minimum) ne modifierait pas nécessairement le montant global de l'impôt acquitté par les groupes d'EMN, mais permettrait aux juridictions qui augmentent leur TEI de capter une plus grande part des recettes fiscales mondiales.

264. En pratique, savoir si une telle augmentation du TEI modifierait ou non le montant global de l'impôt payé par les EMN n'est pas évident, car cela dépend de la conception du Pilier Deux et de l'EMN considérée. En particulier, si le Pilier Deux comprend une exclusion sur la substance déterminée par une formule, un relèvement du TEI pourrait accroître le montant global de l'impôt payé par certaines EMN, car ces dernières « perdraient le bénéfice » de l'exclusion dans les pays qui relèvent leur TEI (c'est-à-dire qu'elles devraient acquitter le taux d'imposition minimum sur la totalité de leurs bénéfices, y compris ceux qui ont été exclus au titre du Pilier Deux)[43,44]. Dans le cas des EMN américaines, dans l'hypothèse de la coexistence du GILTI et du Pilier Deux, l'augmentation du TEI par une juridiction à faible fiscalité entraînerait également une augmentation du montant global de l'impôt acquitté[45].

265. L'incertitude autour de l'augmentation ou non du montant de l'impôt mondial acquitté par les EMN en cas de relèvement local du TEI ne permet pas de déterminer avec certitude quelles juridictions décideraient de relever leur TEI en réaction à la mise en place du Pilier Deux. D'autres considérations (examinées dans la section suivante), telles que les coûts administratifs liés à la création ex nihilo d'un système d'IS dans une juridiction ou les répercussions possibles sur l'imposition des entreprises non multinationales, ajoutent également à cette incertitude. En conséquence, les hypothèses présentées dans la section qui suit ne doivent être considérées que comme des hypothèses simplifiées et illustratives.

3.7.1. Hypothèses sur les réactions des États

266. La modélisation du scénario 4 dans ce chapitre repose sur certaines hypothèses concernant les réactions des États, résumées dans le Tableau 3.12, qui sont conformes à celles formulées dans le point 3.4.5 ci-dessus concernant la mise en œuvre du Pilier Deux. Elles ne dépendent pas de l'hypothèse d'une éventuelle exclusion de type formule sur le critère de la substance, même si, comme nous l'avons vu plus haut, une telle exclusion tendrait à réduire les incitations des juridictions à faible fiscalité à augmenter leur TEI.

- **Groupe 1 : juridictions dont le TEI moyen est supérieur au taux minimum.** Aucune réaction n'est modélisée. Cela s'explique par le fait que, comme nous l'avons vu plus haut, la réaction potentielle des autorités des juridictions dont le TEI est supérieur au taux minimum est a priori incertaine[46].
- **Groupe 2 : juridictions à taux d'IS nul.** Aux fins de la modélisation présentée dans ce chapitre, les juridictions de ce groupe ne sont pas supposées relever leur TEI et ce, parce qu'elles ne disposent généralement pas d'un système d'impôt sur les sociétés (IS). La mise en place d'un système d'IS ex nihilo engendrerait des coûts administratifs importants, pourrait amener ces juridictions à être considérées comme des destinations d'investissement moins attrayantes et pourrait également avoir des retombées sur d'autres secteurs de leur économie puisque les entreprises non multinationales devraient éventuellement être soumises à l'IS nouvellement mis en place. Si l'on part du principe que le Pilier Deux comprend une exclusion sur la substance selon une formule, un argument supplémentaire est qu'une augmentation du TEI ne serait plus neutre pour le montant global de l'impôt acquitté par les EMN, comme nous l'avons vu plus haut. Dans l'hypothèse d'une coexistence du GILTI avec le Pilier Deux, l'augmentation du TEI ne serait pas non plus neutre pour les EMN américaines.
- **Groupe 3 : juridictions ayant un TEI moyen non nul inférieur au taux minimum.** Les juridictions de ce groupe ont un système d'impôt sur les sociétés ; il leur est donc plus facile qu'aux juridictions du groupe 2 d'augmenter leur TEI. Néanmoins, il semble plausible que toutes n'augmenteront pas leur TEI, y compris pour les raisons évoquées ci-dessus. En outre, les TEI

auxquels sont soumises les EMN peuvent ne pas être homogènes, car ils reflètent l'application de dispositions fiscales variées (p. ex., différents types de déductions fiscales et de régimes préférentiels), auquel cas il n'est peut-être pas simple de porter le TEI de toutes les entités des groupes d'EMN au niveau du taux minimum. Au vu de ces éléments :

- l'hypothèse retenue dans ce chapitre est que la moitié des juridictions du groupe 3 augmenteraient leur TEI sur les bénéfices des EMN à concurrence du taux minimum au titre du Pilier Deux, tandis que l'autre moitié ne le feraient pas. Cela concorde avec les hypothèses relatives à la mise en œuvre des RIR et RPII, exposées dans le point 3.4.5, où la moitié des juridictions de ce groupe sont supposées mettre en œuvre une RIR et une RPII. Les gains de recettes potentiels liés à une hausse du TEI des entités non constitutives d'EMN ne sont pas pris en considération dans ce chapitre.
- En pratique, et comme ci-dessus, il n'est pas simple d'identifier les juridictions du groupe 3 qui augmenteraient leur TEI ; aussi une méthodologie semblable à celle utilisée pour la mise en œuvre des RIR et RPII dans le scénario 1 est-elle appliquée. Au lieu de sélectionner arbitrairement la moitié des juridictions du groupe, on fait l'hypothèse simplificatrice que toutes les juridictions de ce groupe augmentent leur TEI pour combler la moitié de l'écart par rapport au taux minimum. Là encore, cette hypothèse n'a pas l'ambition d'être réaliste en soi, mais se veut plutôt un substitut raisonnable pour une situation dans laquelle la moitié des juridictions de ce groupe augmenteraient leur TEI pour atteindre le niveau du taux minimum et l'autre moitié ne modifieraient pas leur TEI. Pour les besoins de l'établissement de fourchettes d'incertitude autour des estimations, on suppose qu'entre un tiers et deux tiers des juridictions de ce groupe augmenteraient leur TEI jusqu'au niveau du taux minimum (au lieu de la moitié dans le scénario de référence).

Tableau 3.12. Hypothèses résumées des réactions des États par groupe de juridictions

	Définition du groupe	Mise en œuvre de la RIR et de la RPII dans les scénarios 1 à 4	Augmentation du TEI dans le scénario 4
Groupe 1 de juridictions	TEI moyen supérieur au taux minimum	Oui	Non
Groupe 2 de juridictions	Taux d'imposition nul	Non	Non
Groupe 3 de juridictions	TEI moyen non nul mais inférieur au taux minimum	Oui pour la moitié des juridictions, non pour l'autre moitié	Relèvement du TEI à concurrence du taux minimum pour la moitié des juridictions, pas de réaction pour l'autre moitié

Note : ces hypothèses sont uniquement utilisées à des fins de modélisation et ne préjugent pas des décisions et réactions réelles des États. La justification sous-jacente est examinée aux points 3.4.5 et 3.7.1. Pour le groupe 3, on suppose que la moitié des juridictions mettraient en œuvre une RIR et une RPII et relèveraient leur TEI, mais il n'est pas facile d'identifier précisément les juridictions qui entreraient dans chacune des moitiés. Pour éviter de sélectionner les juridictions arbitrairement, on fait une hypothèse technique (qui n'est pas censée être réaliste en soi) selon laquelle toutes les juridictions de ce groupe appliquent une RIR et une RPII sur la moitié des bénéfices concernés, et augmentent leur TEI pour combler la moitié de l'écart par rapport au taux minimum.
Source : Secrétariat de l'OCDE.

3.7.2. Méthodologie et résultats pour le scénario 4

267. La méthode de calcul des gains de recettes permis par le scénario 4 est relativement simple, puisque l'emplacement des bénéfices est le même que dans le scénario 3 (Tableau 3.10). La principale différence avec le scénario 3 est la répartition des gains de recettes entre les juridictions, car les juridictions qui augmentent leur TEI captent une plus grande part des gains de recettes au niveau mondial. Dans la pratique, les gains spécifiques à chaque juridiction sont calculés conformément aux scénarios 1 à 3 ci-

dessus, avec l'hypothèse supplémentaire que les bénéfices réalisés dans une juridiction qui relève son TEI sont imposés par cette juridiction, au lieu d'être soumis aux RIR et RPII d'autres juridictions (Graphique 3.11).

Graphique 3.11. Illustration simplifiée concernant les hypothèses du scénario 4

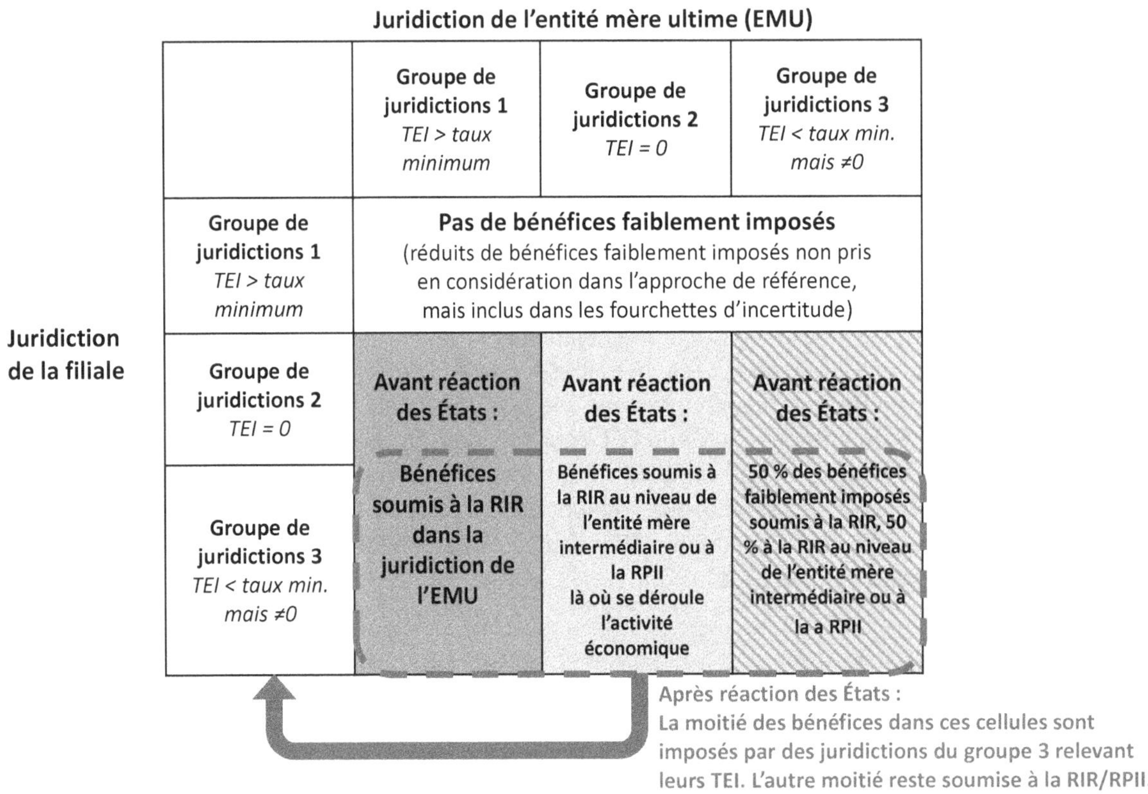

Note : ce schéma analytique illustre la manière dont la réaction des États est prise en considération dans le scénario 4. Par souci de simplicité, il se cantonne à un scénario ne prévoyant pas de formule d'exclusion sur la substance. Par rapport aux illustrations similaires concernant les scénarios 1 à 3 (Graphique 3.5), la moitié des bénéfices situés dans les pays du groupe 3 se retrouvent imposés par ces juridictions à mesure qu'elles augmentent leur TEI. Pour l'autre moitié, ils restent assujettis à la RIR et à la RPII comme dans les scénarios 1 à 3.
Source : Secrétariat de l'OCDE.

268. Les gains de recettes au niveau mondial dans le scénario 4 sont présentés dans le Tableau 3.13. Par souci de simplicité, les estimations sont présentées sous la forme de valeurs précises et les fourchettes reflétant l'incertitude relative aux réduits de bénéfices faiblement imposés ne sont pas incluses dans ce tableau (elles le sont dans les tableaux récapitulatifs présentés à la section 3.9). Toujours dans un souci de simplicité, les résultats du Tableau 3.13 se concentrent uniquement sur la forme de référence de la relation entre ampleur du transfert de bénéfices et écarts de taux d'imposition. Les résultats pour les deux autres formes évoquées ci-dessus sont exposés à l'Annex 3.A.

Tableau 3.13. Gains à l'échelle mondiale au titre du Pilier Deux (scénario 4), en % des recettes mondiales de l'IS

Les estimations figurant dans ces tableaux s'entendent hors EMN dont l'EMU réside aux États-Unis

Taux d'imposition minimum	7.5 %	10 %	12.5 %	15 %	17.5 %
Effet de la diminution du transfert de bénéfices	0.3 %	0.6 %	0.9 %	1.3 %	1.6 %
Recettes générées par les RIR et RPII	0.4 %	0.5 %	0.7 %	0.9 %	1.1 %
Gains tirés du relèvement du TEI dans certaines juridictions	0.0 %	0.2 %	0.3 %	0.5 %	0.8 %
Total	0.8 %	1.3 %	2.0 %	2.7 %	3.5 %

Note : les résultats de ces tableaux se concentrent sur les gains de recettes au titre du Pilier Deux dans le cadre du scénario 4 (c'est-à-dire, en tenant compte des interactions avec le Pilier Un et des réactions possibles des EMN) et sont fondés sur la relation de référence entre écarts de taux d'imposition et ampleur du transfert de bénéfices (illustrée au Graphique 3.8). Les résultats fondés sur les deux autres formes présentées dans le Graphique **3.9** sont exposés à l'Annex 3.A. Par souci de simplicité, les estimations sont présentées sous la forme de valeurs précises et les fourchettes reflétant l'incertitude relative aux réduits de bénéfices faiblement imposés ne sont pas incluses dans ce tableau (voir la section 3.9 pour les résultats définitifs comprenant les fourchettes d'incertitude). Les taux d'imposition minimum indiqués sont fournis à titre d'illustration. Les résultats se concentrent, à titre d'illustration, sur un scénario supposant une exclusion de 10 % sur la masse salariale et l'amortissement des immobilisations corporelles. Comme indiqué ci-dessus, l'effet du Pilier Deux sur l'ampleur du transfert de bénéfices est supposé être le même dans les deux scénarios. Conformément à l'hypothèse selon laquelle le régime GILTI coexisterait avec le Pilier Deux, les estimations figurant dans ces tableaux excluent les gains de recettes liés aux EMN dont l'entité mère ultime réside aux États-Unis (tant pour l'effet du transfert de bénéfices que pour les recettes générées par la RIR et la RPII et les gains liés au relèvement des TEI).
Source : calculs du Secrétariat de l'OCDE.

3.8. Gains de recettes liés aux EMN dont l'entité mère ultime réside aux États-Unis

269. Comme indiqué ci-dessus, bien qu'aucune décision n'ait encore été prise par le Cadre inclusif, il est supposé à titre indicatif dans ce chapitre que le régime GILTI coexisterait avec le Pilier Deux. Cela implique a priori que les États-Unis percevraient les recettes fiscales au titre du GILTI, au lieu de la RIR, sur les bénéfices étrangers faiblement imposés de leurs groupes d'EMN.

270. Le régime GILTI partage certaines caractéristiques avec la proposition GloBE, en ce sens qu'il implique un niveau minimum d'imposition sur les bénéfices étrangers des EMN américaines ; il en diffère également à plusieurs égards. Une différence notable est le niveau d'agrégation : le régime GILTI retient – essentiellement, mais pas complètement – une agrégation des bénéfices étrangers au niveau mondial, alors que GloBE (selon les hypothèses illustratives de ce chapitre) mettrait en œuvre une agrégation par juridiction. D'autres différences (qui dépendront aussi de la conception définitive du régime GloBE) pouraient concerner notamment l'existence d'un seuil de recettes « mondial », la définition exacte de la base d'imposition, l'inclusion de dispositions relatives aux reports des pertes et des crédits d'impôt, la définition des impôts couverts ainsi que l'existence et la structure d'éventuelles exclusions (voir le rapport sur le *blueprint* du Pilier Deux). Le taux d'imposition du GILTI varie entre 10.5 % et 13.125 % selon le montant des impôts étrangers acquittés[47]. Ces taux devraient monter à 13.125 % au minimum et 16.406 % au maximum en 2026. Le régime GILTI s'applique aux bénéfices dépassant 10 % de la valeur comptable des immobilisations corporelles utilisées dans la production du revenu assujetti à la taxe, moins certaines charges d'intérêt (soit la définition des « immobilisations admissibles employées dans l'activité », *qualified business asset investments*, QBAI).

271. Il va au-delà de l'ambition de ce chapitre de modéliser avec précision les gains de recettes au titre du GILTI, en raison notamment des nombreuses différences de règles potentielles avec la proposition GloBE. Les estimations ex ante du JCT concernant les gains possibles au titre du régime GILTI sont présentées dans le Tableau 3.14 (US Joint Committee on Taxation, 2017[1]). Sur la période de 2018 à 2025, les gains estimés représentent environ 9 milliards à 10 milliards USD par an. Les gains de recettes

devraient passer à 21 milliards USD en 2027, en raison de l'augmentation prévue du taux du GILTI. À ce jour, aucune évaluation ex post du régime GILTI n'a été publiée par les autorités américaines. Par rapport à l'évaluation ex ante du JCT, il a été avancé que les gains de recettes réels pourraient être plus élevés (Horst, 2019[26]), car certaines dispositions de la loi (notamment sur l'imputation des dépenses déductibles) sont plus strictes que prévu lors de l'évaluation ex ante.

Tableau 3.14. Gains de recettes fiscales estimés au titre du GILTI aux États-Unis

Estimations ex ante du Joint Committee on Taxation (JCT) du Congrès américain

Exercice	2018	2019	2020	2021	2022	2023	2024	2025	2026	2027
Gains de recettes fiscales estimés (milliards USD)	7.7	12.5	9.6	9.5	9.3	9.0	9.2	9.3	15.1	21.2

Source : https://www.jct.gov/publications.html?func=startdown&id=5053 (section III.B.1)

272. On peut s'attendre à ce que le régime GILTI ait eu un effet sur le transfert de bénéfices des groupes d'EMN américains en réduisant les gains potentiels associés au transfert de bénéfices vers des juridictions à faible fiscalité, ce qui pourrait influer sur les recettes fiscales aux États-Unis et dans d'autres juridictions. Toutefois, la quantification de cet effet est compliquée par le fait que le régime GILTI a été mis en place dans le cadre d'une vaste et complexe réforme de l'IS aux États-Unis, comprenant une réduction du taux d'imposition légal et plusieurs autres mesures importantes – telles que le régime FDII (*Foreign-Derived Intangible Income*) ou encore la BEAT (*Base Erosion and Anti-abuse Tax*)– qui ont aussi, probablement, modifié les incitations au transfert de bénéfices des EMN. Une autre complication vient de la nature du régime GILTI qui procède par agrégation au niveau mondial, de sorte que les incitations au transfert de bénéfices ne sont pas modifiées de la même manière pour toutes les entreprises, selon que le TEI moyen sur les revenus étrangers de l'EMN est supérieur ou inférieur au taux du GILTI. Par exemple, le taux du GILTI ne réduit pas les incitations au transfert de bénéfices des groupes d'EMN lorsqu'il reste inférieur au TEI moyen sur leurs bénéfices étrangers (même s'il est supérieur au TEI pratiqué dans certaines juridictions). En outre, le taux du GILTI peut inciter à des réactions plus complexes comme de transférer certains actifs corporels hors des États-Unis aux fins de bénéficier d'une exclusion plus importante[48].

273. Les estimations présentées dans ce chapitre n'incluent normalement pas les groupes d'EMN dont l'entité mère ultime réside aux États-Unis. Aux fins de l'évaluation des gains de recettes à l'échelle mondiale (y compris ceux liés aux EMN américaines) dans le point 3.9.2, on suppose que les gains réalisés par les États-Unis au titre du régime GILTI se situeraient dans une fourchette de 9 milliards à 21 milliards USD. L'utilisation d'une fourchette permet d'intégrer à la fois l'incertitude autour des estimations ex ante faites par le JCT et celle générée par l'augmentation prévue des taux à partir de 2026.

3.9. Aperçu des résultats dans les quatre scénarios

3.9.1. Gains de recettes fiscales à l'échelle mondiale, hors EMN américaines

274. Les estimations des effets nets du Pilier Deux pour les recettes au niveau mondial dans les quatre scénarios envisagés – à l'exclusion des gains liés aux EMN américaines – sont résumées dans le Tableau 3.15, où sont couverts différents taux minimum pris à titre d'illustration. Les résultats sont présentés sans exclusion sur la substance de type formule (Partie A) ou avec exclusion de 10 % sur la masse salariale plus l'amortissement des immobilisations corporelles (Partie B).

275. Les résultats sont présentés sous forme de fourchettes, afin de refléter l'incertitude entourant trois facteurs :

- dans les quatre scénarios, le montant des bénéfices faiblement imposés assujettis à la RIR ou à la RPII est supposé être assorti d'un facteur d'incertitude de ±10 % autour de la valeur d'estimation précise. En outre, la limite supérieure de la fourchette du scénario 1 est relevée de 50 % pour l'option sans exclusion, ou de 40 % pour l'option avec une exclusion de 10 %, afin d'intégrer l'incertitude autour des réduits de bénéfices faiblement imposés dans les juridictions à fiscalité élevée, comme expliqué au point 3.4.3. La limite inférieure de la fourchette est inchangée. Dans les scénarios 2 à 4, la limite supérieure de la fourchette est relevée du même montant absolu que dans le scénario 1, eu égard au fait que le niveau absolu d'incertitude entourant ces réduits est le même dans les quatre scénarios ;
- dans les scénarios 3 et 4, l'effet de la réduction du transfert de bénéfices est supposé se situer dans une fourchette formée par les estimations minimales et maximales pour les trois formes de la relation entre ampleur du transfert de bénéfices et écarts de taux d'imposition qu'envisage l'analyse (à savoir, la forme de référence illustrée dans le Graphique 3.8 et les deux « autres formes » représentées dans le Graphique 3.9). Lorsque l'on considère les estimations à l'échelle mondiale (par opposition aux estimations au niveau des groupes de juridictions), les effets de l'utilisation de ces différentes formes se compensent en partie. Par exemple, lorsqu'un groupe de juridictions tend à gagner plus de recettes avec une forme, les autres groupes tendent à en gagner moins, et l'estimation au niveau mondial varie peu (comme on peut le voir dans le Tableau 3.11). Pour éviter que cet effet ne produise des fourchettes trop étroites de l'effet d'une réduction du transfert de bénéfices au niveau mondial, on rajoute des marges d'incertitude de ±10 % ; concrètement, lors de la construction des fourchettes « mondiales », on applique -10 % au résultat minimum pour les trois formes de transfert de bénéfices et une marge de +10 % au résultat maximum.
- Dans le scénario 4, la part des juridictions à faible fiscalité (du groupe 3) augmentant leur TEI est supposée se situer entre un tiers et deux tiers. Comme on l'a vu au point 3.7.1, l'estimation de référence est un relèvement de leur TEI par la moitié des juridictions de ce groupe.

Tableau 3.15. Gains de recettes au titre du Pilier Deux à l'échelle mondiale (hors EMN américaines), en % des recettes mondiales de l'IS

Les estimations figurant dans ces tableaux excluent les gains liés aux EMN dont l'entité mère ultime réside aux États-Unis.

	Partie A : pas d'exclusion sur la substance selon une formule				
Taux d'imposition minimum	**7.5 %**	**10.0 %**	**12.5 %**	**15.0 %**	**17.5 %**
Scénario 1	0.5 %-0.8 %	0.8 %-1.5 %	1.3 %-2.3 %	1.8 %-3.2 %	2.4 %-4.2 %
Scénario 2	0.5 %-0.8 %	0.8 %-1.5 %	1.3 %-2.3 %	1.8 %-3.2 %	2.3 %-4.2 %
Scénario 3	0.6 %-1.1 %	1.1 %-2.0 %	1.7 %-3.0 %	2.4 %-4.1 %	3.0 %-5.2 %
Scénario 4	0.6 %-1.1 %	1.1 %-2.0 %	1.7 %-3.0 %	2.4 %-4.2 %	3.1 %-5.4 %

Partie B : exclusion de 10 % sur la masse salariale et l'amortissement des immobilisations corporelles					
Taux d'imposition minimum	**7.5 %**	**10.0 %**	**12.5 %**	**15.0 %**	**17.5 %**
Scénario 1	0.4 %-0.7 %	0.8 %-1.3 %	1.2 %-2.1 %	1.8 %-2.9 %	2.3 %-3.8 %
Scénario 2	0.4 %-0.7 %	0.8 %-1.3 %	1.2 %-2.0 %	1.7 %-2.9 %	2.2 %-3.7 %
Scénario 3	0.6 %-1.1 %	1.1 %-1.9 %	1.7 %-2.8 %	2.3 %-3.8 %	2.9 %-4.7 %
Scénario 4	0.6 %-1.1 %	1.1 %-1.9 %	1.7 %-2.8 %	2.4 %-3.9 %	3.0 %-5.0 %

Note : tous les chiffres sont exprimés en % des recettes tirées de l'IS au niveau mondial. Le scénario 1 est un scénario statique sans réactions comportementales. Le scénario 2 prend en considération les interactions du Pilier Deux avec le Pilier Un (sans inclure les gains de recettes au titre du Pilier Un). Le scénario 3 ajoute la réaction des EMN sous la forme d'une réduction de l'ampleur du transfert de bénéfices. Le scénario 4 ajoute la réaction des États, sous la forme d'un relèvement du TEI dans des juridictions où il est inférieur au taux minimum. Conformément à l'hypothèse selon laquelle le régime GILTI coexisterait avec le Pilier Deux, les estimations figurant dans ces tableaux excluent les gains de recettes liés aux EMN dont l'EMU réside aux États-Unis. Les fourchettes traduisent l'incertitude des données, et leur limite supérieure fait aussi la part de l'incertitude liée aux réduits de bénéfices faiblement imposés dans les juridictions à fiscalité élevée.
Source : calculs du Secrétariat de l'OCDE.

276. Une ventilation plus détaillée de la contribution des différentes composantes à ce résultat est présentée à titre d'illustration dans le Graphique 3.12 ; le cas avec un taux minimum de 12.5 % est pris comme exemple, dans une situation sans exclusion (Partie A), puis dans la situation d'une exclusion de 10 % sur la masse salariale et l'amortissement des immobilisations corporelles (Partie B). Dans l'ensemble, ces résultats suggèrent que les interactions avec le Pilier Un n'ont qu'une incidence limitée sur les gains de recettes au titre du Pilier Deux (scénario 2). La réduction de l'ampleur du transfert de bénéfices des EMN entraîne une augmentation substantielle des gains de recettes fiscales au niveau mondial (scénario 3). Enfin, l'augmentation du TEI dans certaines juridictions ne modifie que légèrement[49] les gains de recettes au niveau mondial, mais change sensiblement la répartition de ces gains entre les juridictions (scénario 4). Dans les quatre scénarios, l'effet d'une exclusion sur la substance selon une formule sur les gains estimés est relativement faible.

3.9.2. Gains de recettes fiscales à l'échelle mondiale, y compris EMN américaines

277. Dans un souci d'exhaustivité, il est intéressant d'examiner les gains de recettes fiscales à l'échelle mondiale en incluant ceux qui proviennent des EMN américaines. Ces derniers correspondent à l'effet du GILTI dans l'hypothèse illustrative que ce régime coexisterait avec le Pilier Deux, appréhendé au moyen des estimations du JCT du Congrès américain décrites à la section 3.8 Le Tableau 3.16 fournit une vue d'ensemble des résultats à l'échelle mondiale incluant les EMN américaines, pour plusieurs taux d'imposition minimum (10 %, 12.5 % et 15 %) dans deux scénarios illustratifs supposant soit l'absence d'exclusion, soit une exclusion de 10 % sur la masse salariale plus l'amortissement des immobilisations corporelles. Les résultats se concentrent sur le scénario 3 (c'est-à-dire, celui qui inclut les interactions avec le Pilier Un et la réaction des EMN). Par exemple, en supposant un taux d'imposition minimum de 12.5 %, la somme des gains au titre du Pilier Deux (effets directs et indirects) et au titre du régime GILTI pourrait totaliser entre 2.0 et 3.8 % des recettes de l'IS.

Graphique 3.12. Gains à l'échelle mondiale au titre du Pilier Deux, en % des recettes mondiales de l'IS (hors EMN américaines)

Les estimations figurant dans ces tableaux excluent les gains liés aux EMN dont l'entité mère ultime réside aux États-Unis.

Partie A: pas d'exclusion sur la substance selon une formule

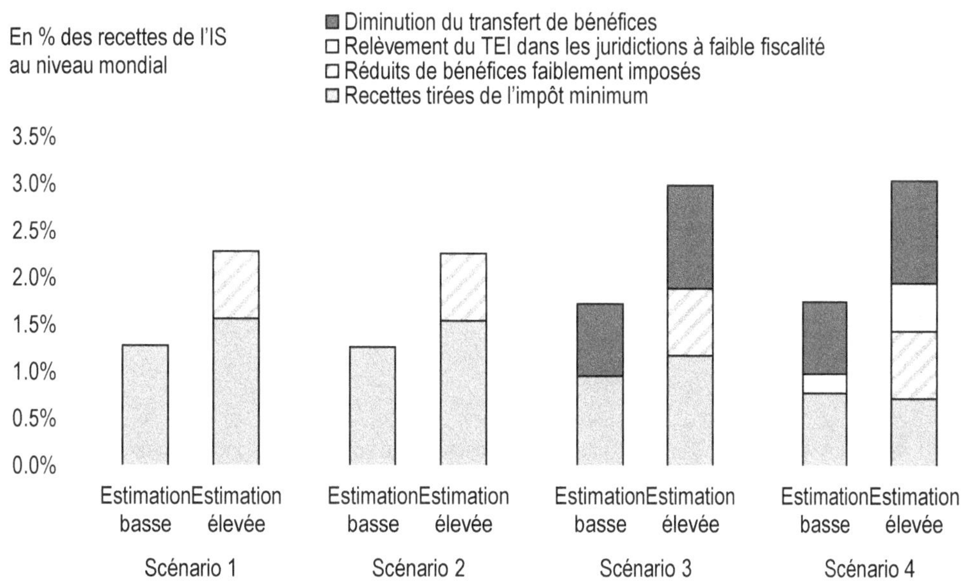

Partie B: exclusion de 10 % sur la masse salariale et l'amortissement des immobilisations corporelles

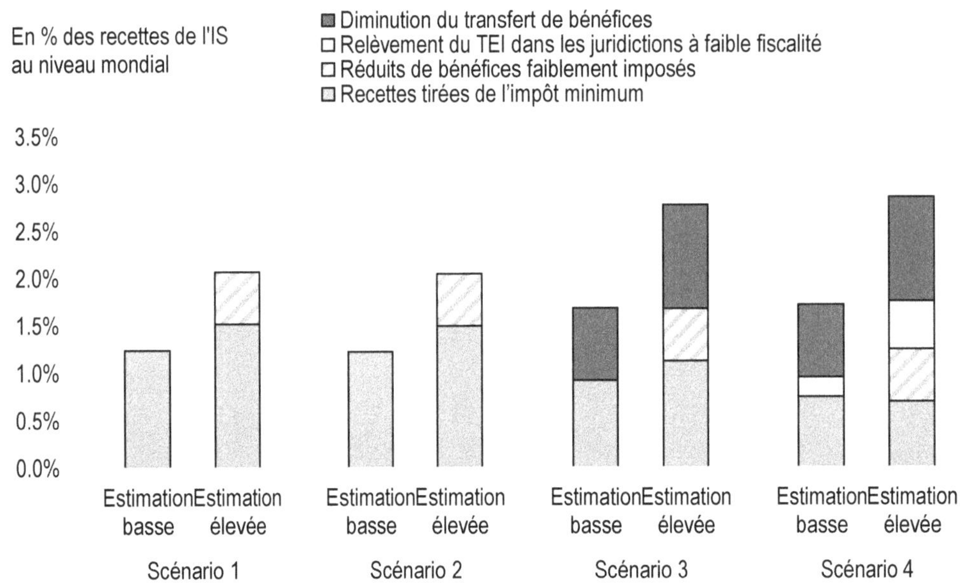

Note : Le scénario 1 est un scénario statique sans réactions comportementales. Le scénario 2 intègre les interactions du Pilier Deux avec le Pilier Un. Le scénario 3 ajoute la réaction des EMN sous la forme d'une diminution de l'ampleur du transfert de bénéfices. Le scénario 4 ajoute la réaction des États, sous la forme d'un relèvement du TEI, dans des juridictions où il est inférieur au taux minimum, afin de le porter au niveau du taux minimum. Les résultats se concentrent, à titre d'illustration, sur un scénario sans exclusion sur la substance de type formule (Partie A) ou sur un scénario avec exclusion de 10 % sur la masse salariale plus la charge d'amortissement des immobilisations corporelles (Partie B). Conformément à l'hypothèse selon laquelle le régime GILTI coexisterait avec le Pilier Deux, les estimations figurant dans ces graphiques excluent les gains de recettes liés aux EMN dont l'EMU réside aux États-Unis. Les fourchettes entre les estimations basses et hautes reflètent l'incertitude des données, et la limite supérieure des fourchettes tient également compte de l'incertitude liée aux réduits de bénéfices faiblement imposés dans les juridictions à fiscalité élevée.
Source : calculs du Secrétariat de l'OCDE.

3.9.3. Gains de recettes fiscales au niveau des grands groupes de juridictions

278. Les résultats par grand groupe de juridictions dans les quatre scénarios et sur la base de plusieurs taux d'imposition minimum illustratifs (10 %, 12.5 % et 15 %) sont détaillés dans le Graphique 3.13. Ces résultats excluent les gains de recettes liés aux EMN américaines, et le groupe des juridictions à revenu élevé n'inclut pas les États-Unis. La Partie A concerne les quatre groupes considérés dans l'analyse (juridictions à revenu élevé, juridictions à revenu intermédiaire, juridictions à faible revenu et centres d'investissement) ; la Partie B présente les mêmes résultats mais pour les seuls trois premiers groupes de juridictions (c'est-à-dire, en excluant les centres d'investissement). L'exclusion des centres d'investissement permet d'utiliser une échelle différente et améliore la lisibilité des résultats pour les autres groupes.

Tableau 3.16. Gains au titre du Pilier Deux à l'échelle mondiale (y compris EMN américaines), en % des recettes mondiales de l'IS

Scénario illustratif incluant les interactions avec le Pilier Un et la réaction des EMN (scénario 3)

Taux d'imposition minimum	10 %		12.5 %		15 %	
Exclusion	Pas d'exclusion	Exclusion combinée de 10 % sur la masse salariale et la charge d'amortissement	Pas d'exclusion	Exclusion combinée de 10 % sur la masse salariale et la charge d'amortissement	Pas d'exclusion	Exclusion combinée de 10 % sur la masse salariale et la charge d'amortissement
Effet de la diminution du transfert de bénéfices	0.5 %-0.7 %	0.5 %-0.7 %	0.8 %-1.1 %	0.8 %-1.1 %	1.1 %-1.5 %	1.1 %-1.5 %
Recettes générées par les RIR et RPII	0.7 %-1.3 %	0.6 %-1.1 %	1.0 %-1.9 %	0.9 %-1.7 %	1.3 %-2.6 %	1.2 %-2.3 %
Recettes liées au GILTI	0.4 %-0.8 %					
Total	**1.5 %-2.8 %**	**1.5 %-2.7 %**	**2.1 %-3.8 %**	**2.0 %-3.6 %**	**2.7 %-4.9 %**	**2.7 %-4.6 %**

Note : contrairement aux résultats présentés dans les autres tableaux de ce chapitre, les estimations figurant dans ce tableau incluent les gains liés aux EMN américaines (c'est-à-dire, les recettes générées par le régime GILTI) telles qu'estimés par le JCT du Congrès américain (voir la section 3.8 ci-dessus). Les résultats rassemblés dans ce tableau sont axés sur le scénario 3 (c'est-à-dire un scénario qui intègre les interactions avec le Pilier Un et les réactions des EMN). Les fourchettes traduisent l'incertitude des données, et leur limite supérieure fait aussi la part de l'incertitude liée aux réduits de bénéfices faiblement imposés dans les juridictions à fiscalité élevée.
Source : calculs du Secrétariat de l'OCDE.

279. Les juridictions à revenu élevé, intermédiaire et faible tireraient des recettes de l'application du Pilier Deux dans les quatre scénarios envisagés. Si les gains de recettes tendent à être plus importants dans les juridictions à revenu élevé que dans celles à faible revenu, c'est que la plupart des entités mères ultimes de groupes d'EMN résident dans des juridictions à revenu élevé, de sorte que les gains associés à la RIR reviennent principalement à ces juridictions. Néanmoins, les gains dans les juridictions à revenus intermédiaire et faible ne sont pas négligeables, surtout si l'on intègre la réduction de l'ampleur du transfert de bénéfices des EMN (scénarios 3 et 4).

280. Pour les centres d'investissement, les gains de recettes seraient surtout tangibles dans les scénarios 1 et 2, mais moins importants, en moyenne, dans le scénario 3. Selon le niveau du taux d'imposition minimum, ce scénario pourrait même leur occasionner des pertes de recettes (Graphique 3.13, Partie A). En effet, une diminution des transferts de bénéfices des EMN rétrécirait la base d'imposition dans un certain nombre de centres d'investissement qui sont actuellement destinataires de ces transferts. Toutefois, l'ampleur de cette perte moyenne de recettes est difficile à mesurer avec précision, car elle dépend du taux d'imposition effectif sur les bénéfices ainsi transférés. Pour les centres d'investissement, la perte peut être encore alourdie par les répercussions sur d'autres bases d'imposition d'une éventuelle réduction des investissements, qui ne sont pas prises en compte dans les estimations. Il faut ajouter que les résultats varient selon les centres d'investissement, lesquels forment un groupe relativement hétérogène. Enfin, dans le scénario 4, les centres d'investissement bénéficieraient en moyenne de gains de recettes relativement importants, ce qui concorde avec l'hypothèse selon laquelle ils seraient nombreux à relever leur TEI sur les bénéfices faiblement imposés. Étant donné que les centres d'investissement captent une part plus grande des gains de recettes à l'échelle mondiale, les gains dans les autres groupes de juridictions sont mécaniquement plus faibles dans le scénario 4 que dans le scénario 3.

281. Les résultats des scénarios hybrides intégrant les réactions des EMN et des États (scénarios 3 et 4), mais non les interactions avec le Pilier Un, sont exposés dans l'Annex 3.B ; ils s'apparentent qualitativement aux résultats du Grapique 3.13. Les résultats du Graphique 3.13 supposent, à titre indicatif, une exclusion de 10 % sur la masse salariale et l'amortissement des immobilisations corporelles. Les résultats d'un scénario sans formule d'exclusion sur la substance sont présentés à l'Annex 3.E. Eux aussi sont qualitativement semblables à ceux du Graphique 3.13, mais les gains de recettes pour tous les groupes sont légèrement plus élevés que dans le scénario avec exclusion.

Graphique 3.13. Gains de recettes au titre du Pilier Deux, au niveau des groupes de juridictions

Partie A : tous groupes de juridictions, y compris les centres d'investissement

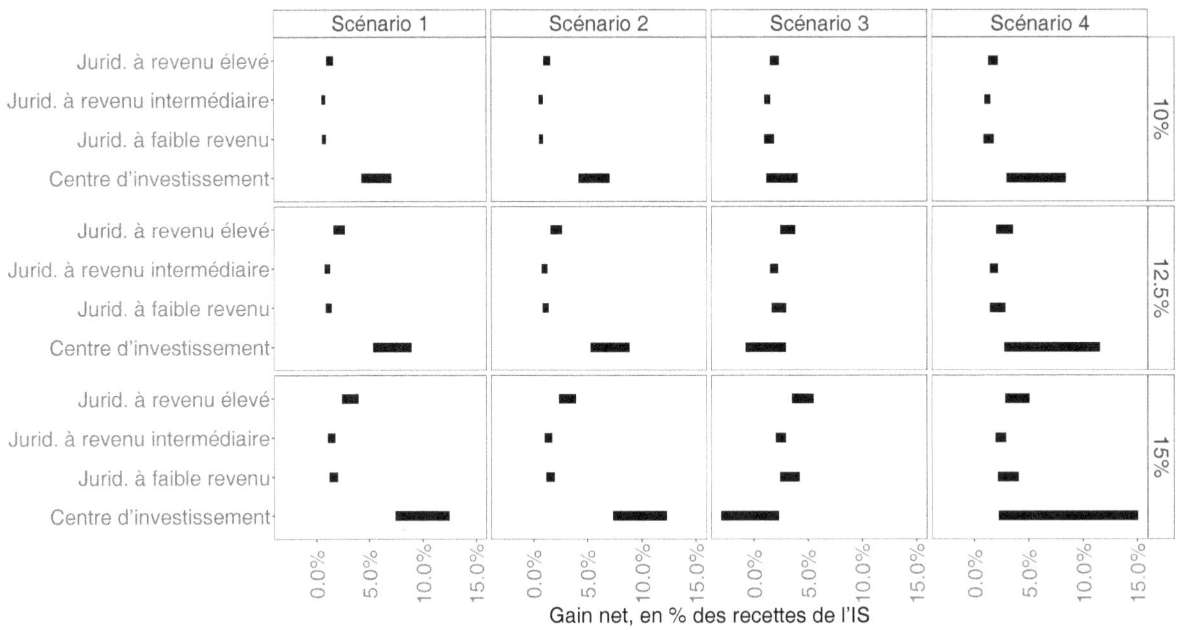

Partie B : les mêmes résultats, pour les groupes autres que les centres d'investissement et avec une autre échelle

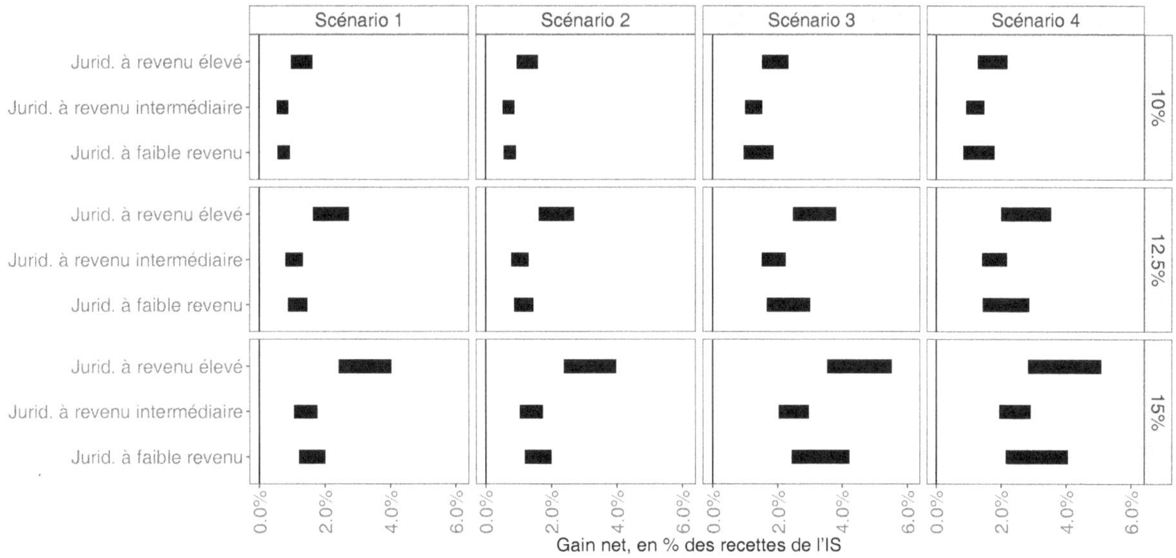

Note : Chaque quadrilatère du diagramme correspond à l'un des quatre scénarios (colonnes) et à l'un des trois taux d'imposition minimums illustratifs (lignes). les résultats de la Partie B sont identiques aux résultats de la Partie A, mais le groupe des centres d'investissement est exclu, ce qui permet d'utiliser une échelle différente et augmente la lisibilité des résultats pour les autres groupes. Le scénario 1 est un scénario statique sans réactions comportementales. Le scénario 2 intègre les interactions du Pilier Deux avec le Pilier Un. Le scénario 3 ajoute la réaction des EMN sous la forme d'une diminution de l'ampleur du transfert de bénéfices. Le scénario 4 ajoute la réaction des États, sous la forme d'un relèvement du TEI, dans des juridictions où il est inférieur au taux minimum, afin de le porter au niveau du taux minimum. Les résultats se concentrent, à titre d'illustration, sur un scénario avec une exclusion de 10 % sur la masse salariale et la charge d'amortissement des immobilisations corporelles (les résultats hors exclusion sont présentés à l'Annex 3.E). Les groupes de juridictions (à revenu élevé, à revenu intermédiaire et à faible revenu) sont définis selon la classification de la Banque mondiale. Les centres d'investissement sont des juridictions dont le stock total d'IDE entrants représente plus de 150 % du PIB. Le groupe des juridictions à revenu élevé exclut les États-Unis, compte tenu de l'hypothèse illustrative selon laquelle le régime GILTI coexisterait avec le Pilier Deux. Les fourchettes traduisent l'incertitude des données, et leur limite supérieure fait aussi la part de l'incertitude liée aux réduits de bénéfices faiblement imposés dans les juridictions à fiscalité élevée.
Source : calculs du Secrétariat de l'OCDE.

3.10. Conclusion

282. Ce chapitre décrit la méthodologie et les sources de données utilisées par le Secrétariat de l'OCDE pour estimer l'ordre de grandeur des implications potentielles du Pilier Deux sur les recettes fiscales, selon une série d'options de conception et de paramétrage pour le Pilier Deux retenues à titre d'illustration et une sélection d'hypothèses simplifiées sur les possibles réactions comportementales des EMN et des États. Il présente également les gains de recettes estimés au niveau mondial et au niveau des grands groupes de juridictions sur lesquels s'exerceraient les effets de ce Pilier Deux.

283. Comme expliqué dans le chapitre 1, les résultats concernant les recettes fiscales au niveau des différentes juridictions ont été communiqués à la plupart des membres du Cadre inclusif sur une base bilatérale et confidentielle. Le Secrétariat de l'OCDE a transmis des estimations à plus de 115 juridictions à leur demande. Ces résultats ont été diffusés sous la forme d'outils d'estimation des recettes fiscales. Ces outils permettent aux juridictions d'analyser l'effet estimatif sur leurs recettes fiscales d'un éventail de paramètres possibles pour le Pilier Deux (taux minimum d'imposition, pourcentage d'exclusion, par exemple). Les estimations dans les outils sont présentées sous la forme de fourchettes pour refléter l'incertitude relative aux données. À l'issue de consultations approfondies avec les membres du Cadre inclusif, aucun consensus n'a pu être trouvé sur l'opportunité de rendre publiques les estimations propres

aux juridictions dans le cadre de l'évaluation d'impact économique. Au regard de l'absence de consensus, ce chapitre ne contient pas d'estimations spécifiques aux juridictions.

284. Les résultats présentés ici encouragent à pronostiquer des gains de recettes au titre du Pilier Deux non négligeables dans tous les groupes de juridictions. En réduisant l'ampleur du transfert de bénéfices des EMN, le Pilier Deux donnerait probablement lieu à des gains de recettes fiscales supplémentaires, qui viendraient s'ajouter aux gains directs générés par l'impôt minimum dans de nombreuses juridictions. Les interactions du Pilier Un avec le Pilier Deux ne restreindraient qu'à la marge les gains de recettes estimés au titre du Pilier Deux. Ceux-ci dépendent beaucoup du taux d'imposition minimum considéré – alors qu'ils sont modérément influencés par la formule d'exclusion sur la substance telle que modélisée dans le cadre de ce chapitre. Enfin, la répartition des gains entre les juridictions sera conditionnée par les réactions des États et, par le choix que feront peut-être certaines autorités fiscales de relever leur TEI en réponse à la mise en place du Pilier Deux.

285. Comme expliqué dans l'introduction et en divers autres passages de ce chapitre, les estimations reposent sur un certain nombre d'hypothèses simplificatrices relatives à la conception du Pilier Deux et à la modélisation des réactions comportementales à sa mise en place. Les réactions comportementales sont toujours difficiles à anticiper, surtout dans un domaine aussi complexe que celui des comportements des entreprises multinationales en matière de transfert de bénéfices. En outre, les données sous-jacentes à l'analyse présentent un certain nombre de limites. Elles sont, évidemment, antérieures à la crise du COVID-19, et, pour l'essentiel, à d'autres évolutions également importantes telles que la mise en œuvre de diverses mesures dans le cadre du projet BEPS de l'OCDE et du G20 et l'adoption de la loi « Tax Cuts and Jobs Act » (TCJA) aux États-Unis. On peut s'attendre à ce qu'une bonne partie des estimations clés de cette analyse restent valables dans l'environnement post-COVID-19 (p. ex., en ce qui concerne la sensibilité des résultats aux différents choix de paramétrage du Pilier Deux, ou les implications des réactions comportementales envisagées). Cependant, pour nombre d'EMN, à court et moyen terme, leur capacité à générer des bénéfices va être fortement malmenée par la crise et, tant que cela durera, les gains potentiels au titre du Pilier Deux pourraient peiner à se matérialiser. Les implications à plus long terme de la crise sur les gains de recettes au titre du Pilier Deux dépendront des changements structurels de l'économie que la crise pourrait précipiter ou faciliter, mais qui restent largement incertains à ce stade.

Références

Beer, S., R. de Mooij and L. Liu (2019), "International Corporate Tax Avoidance: A Review of the Channels, Magnitudes, and Blind Spots", *Journal of Economic Surveys*, pp. 1-29, http://dx.doi.org/10.1111/joes.12305. [12]

Bilicka, K. (2019), "Comparing UK Tax Returns of Foreign Multinationals to Matched Domestic Firms", *American Economic Review*, Vol. 109/8, pp. 2921-2953, http://dx.doi.org/10.1257/aer.20180496. [18]

Blouin, J. and L. Robinson (2019), "Double Counting Accounting: How Much Profit of Multinational Enterprises Is Really in Tax Havens?", *SSRN Electronic Journal*, http://dx.doi.org/10.2139/ssrn.3491451. [7]

Bradbury, D., T. Hanappi and A. Moore (2018), "Estimating the fiscal effects of base erosion and profit shifting: data availability and analytical issues", *Transnational Corporations*, Vol. 25/2, https://dx.doi.org/10.18356/e1d7a8b4-en. [11]

Clausing, K. (2020), "Profit Shifting Before and After the Tax Cuts and Jobs Act", *SSRN Electronic Journal*, http://dx.doi.org/10.2139/ssrn.3274827. [8]

Clifford, S. (2019), "Taxing multinationals beyond borders: Financial and locational responses to CFC rules", *Journal of Public Economics*, Vol. 173, pp. 44-71, http://dx.doi.org/10.1016/j.jpubeco.2019.01.010. [27]

Cobham, A., T. Faccio and V. FitzGerald (2019), "Global inequalities in taxing rights: An early evaluation of the OECD tax reform proposals", *SocArXiv Papers*, http://dx.doi.org/10.31235/osf.io/j3p48. [13]

Cobham, A. and P. Janský (2018), "Global distribution of revenue loss from corporate tax avoidance: re-estimation and country results", *Journal of International Development*, Vol. 30/2, pp. 206-232, http://dx.doi.org/10.1002/jid.3348. [22]

Damgaard, J., T. Elkjaer and N. Johannesen (2019), "What Is Real and What Is Not in the Global FDI Network?", *IMF Working Papers*, Vol. 19/274, http://dx.doi.org/10.5089/9781513521527.001. [28]

Devereux, M. et al. (2020), *The OECD Global Anti-Base Erosion ("GloBE") proposal*, https://www.sbs.ox.ac.uk/sites/default/files/2020-02/OECD_GloBE_proposal_report.pdf. [10]

Dowd, T., P. Landefeld and A. Moore (2017), "Profit shifting of U.S. multinationals", *Journal of Public Economics*, Vol. 148, pp. 1-13, http://dx.doi.org/10.1016/j.jpubeco.2017.02.005. [20]

Fuest, C., S. Hebous and N. Riedel (2011), "International debt shifting and multinational firms in developing economies", *Economics Letters*, Vol. 113/2, pp. 135-138, http://dx.doi.org/10.1016/j.econlet.2011.06.012. [21]

Heckemeyer, J. and M. Overesch (2017), "Multinationals' profit response to tax differentials: Effect size and shifting channels", *Canadian Journal of Economics/Revue canadienne d'économique*, Vol. 50/4, pp. 965-994, http://dx.doi.org/10.1111/caje.12283. [23]

Hines, J. and E. Rice (1994), "Fiscal Paradise: Foreign Tax Havens and American Business", *The Quarterly Journal of Economics*, Vol. 109/1, pp. 149-182, http://dx.doi.org/10.2307/2118431. [14]

Horst, T. (2019), "Preliminary Esmates of the Likely Actual Revenue Effects of the TCJA's Provisions", *Tax Notes International*, http://www.horstfrisch.com/pdf/003.pdf. [26]

Huizinga, H. and L. Laeven (2008), "International profit shifting within multinationals: A multi-country perspective", *Journal of Public Economics*, Vol. 92/5-6, pp. 1164-1182, http://dx.doi.org/10.1016/j.jpubeco.2007.11.002. [17]

Johannesen, N., T. Tørsløv and L. Wier (2019), "Are Less Developed Countries More Exposed to Multinational Tax Avoidance? Method and Evidence from Micro-Data", *The World Bank Economic Review*, Vol. 2019, pp. 1-20, http://dx.doi.org/10.1093/wber/lhz002. [19]

Johansson, Å. et al. (2017), "Planification fiscale des entreprises multinationales : Des preuves basées sur des données internationales d'entreprises", *Documents de travail du Département des Affaires économiques de l'OCDE*, No. 1355, Éditions OCDE, Paris, https://dx.doi.org/10.1787/9ea89b4d-en. [25]

Keen, M. and K. Konrad (2013), "The theory of international tax competition and coordination", *Handbook of Public Economics*, Vol. 5, pp. 257-328, http://dx.doi.org/10.1016/B978-0-444-53759-1.00005-4. [3]

OCDE (2017), *Mesurer et suivre les données relatives au BEPS, Action 11 - Rapport final 2015*, Projet OCDE/G20 sur l'érosion de la base d'imposition et le transfert de bénéfices, Éditions OCDE, Paris, https://dx.doi.org/10.1787/9789264282711-fr. [24]

OECD (2020), "Anonymised and aggregated Country-by-Country Report statistics", *Corporate Tax Statistics - Second Edition*, OECD Publishing, https://www.oecd.org/tax/beps/corporate-tax-statistics-database.htm. [6]

OECD (2020), "Corporate Tax Statistics - Second Edition", OECD Publishing, https://www.oecd.org/tax/tax-policy/corporate-tax-statistics-second-edition.pdf. [9]

OECD (2020), *Tax Challenges Arising from Digitalisation – Report on Pillar Two Blueprint: Inclusive Framework on BEPS*, OECD/G20 Base Erosion and Profit Shifting Project, OECD Publishing, Paris, https://dx.doi.org/10.1787/abb4c3d1-en. [2]

Tørsløv, T., L. Wier and G. Zucman (2019), "The Missing Profits of Nations: 2017 Figures", https://missingprofits.world/wp-content/uploads/2020/04/TWZUpdate.pdf. [15]

Tørsløv, T., L. Wier and G. Zucman (2019), *The Missing Profits of Nations: Updated Figures*, https://missingprofits.world/wp-content/uploads/2019/09/TWZUpdate.pdf. [16]

Tørsløv, T., L. Wier and G. Zucman (2018), "The Missing Profits of Nations", *NBER Working Paper*, No. 24701, http://www.nber.org/papers/w24701.pdf. [5]

US Joint Committee on Taxation (2017), *Estimated budget effects of the conference agreement for H.R. 1, the "Tax Cuts and Jobs Act"*, JCX-67-17, https://www.jct.gov/publications.html?func=startdown&id=5053. [1]

von Schwerin, A. and T. Buettner (2016), *Constrained Tax Competition – Empirical Effects of the Minimum Tax Rate on the Tax Rate Distribution*, Annual Conference 2016 (Augsburg): Demographic Change 145642, Verein für Socialpolitik / German Economic Association, http://hdl.handle.net/10419/145642www.econstor.eu. [4]

Annex 3.A. Résultats pour les autres hypothèses sur la forme du transfert de bénéfices

Tableau d'annexe 3.A.1. Gains de recettes fiscales au titre du Pilier Deux à l'échelle mondiale (scénario 4) avec d'autres formes du transfert de bénéfices

Les estimations figurant dans ces tableaux s'entendent hors EMN dont l'EMU réside aux États-Unis

(% des recettes de l'IS au niveau mondial)	Autre forme (1) du transfert de bénéfices					Autre forme (2) du transfert de bénéfices				
Taux d'imposition minimum	**7.5 %**	**10 %**	**12.5 %**	**15 %**	**17.5 %**	**7.5 %**	**10 %**	**12.5 %**	**15 %**	**17.5 %**
Effet de la diminution du transfert de bénéfices	0.4 %	0.7 %	1.0 %	1.4 %	1.7 %	0.3 %	0.5 %	0.8 %	1.2 %	1.6 %
Recettes générées par les RIR et RPII	0.4 %	0.5 %	0.7 %	0.9 %	1.0 %	0.4 %	0.6 %	0.7 %	0.9 %	1.1 %
Gains tirés du relèvement du TEI dans certaines juridictions	0.0 %	0.2 %	0.3 %	0.5 %	0.8 %	0.0 %	0.2 %	0.3 %	0.5 %	0.8 %
Total	0.8 %	1.4 %	2.0 %	2.8 %	3.5 %	0.7 %	1.3 %	1.9 %	2.7 %	3.5 %

Note : les résultats de ces tableaux se concentrent sur les gains de recettes au titre du Pilier Deux dans le cadre du scénario 4 (c'est-à-dire, en tenant compte des interactions avec le Pilier Un et des réactions des EMN). Le Tableau 3.13 présente d'autres versions des résultats, correspondant aux deux autres formes de la relation entre écarts de taux d'imposition et ampleur du transfert de bénéfices, figurées dans le Graphique **3.9**. Les taux d'imposition minimum indiqués sont fournis à titre d'illustration. Les résultats se concentrent, à titre d'illustration, sur un scénario supposant une exclusion de 10 % sur la masse salariale et la charge d'amortissement des immobilisations corporelles (Partie B). Conformément à l'hypothèse selon laquelle le régime GILTI coexisterait avec le Pilier Deux, les estimations figurant dans ces tableaux excluent les gains de recettes liés aux EMN dont l'entité mère ultime réside aux États-Unis (tant pour l'effet du transfert de bénéfices que pour les recettes générées par la RIR et la RPII et les gains liés au relèvement des TEI).
Source : calculs du Secrétariat de l'OCDE.

Annex 3.B. Résultats n'incluant pas les interactions avec le Pilier Un

286. Les résultats des scénarios 2 à 4 de ce chapitre tiennent compte de la manière dont les interactions avec le Pilier Un modifieraient les résultats du Pilier Deux. Cette annexe présente des variantes des résultats où l'effet de ces interactions est ignoré. Dans l'ensemble, ces résultats sont très proches de ceux intégrant les interactions, lesquelles, de fait, n'ont qu'une incidence minime dans le cadre des hypothèses du présent chapitre sur la conception et le paramétrage des Piliers Un et Deux.

Tableau d'annexe 3.B.1. Gains de recettes fiscales au niveau mondial (EMN américaines comprises) au titre du Pilier Deux, avec ou sans prise en considération des interactions avec le Pilier Un

Scénario illustratif intégrant les réactions des EMN, dans le cas d'une exclusion de 10 % sur la masse salariale et l'amortissement des immobilisations corporelles

Taux d'imposition minimum	**10 %**		**12.5 %**		**15 %**	
Gains de recettes, en % des recettes de l'IS	Y compris interactions avec le Pilier Un	Hors interactions avec le Pilier Un	Y compris interactions avec le Pilier Un	Hors interactions avec le Pilier Un	Y compris interactions avec le Pilier Un	Hors interactions avec le Pilier Un
Effet de la diminution du transfert de bénéfices	0.5 %-0.7 %		0.8 %-1.1 %		1.1 %-1.5 %	
Recettes générées par les RIR et RPII	0.6 %-1.1 %	0.6 %-1.1 %	0.9 %-1.7 %	0.9 %-1.7 %	1.2 %-2.3 %	1.2 %-2.3 %
Recettes liées au GILTI	0.4 %-0.8 %					
Total	**1.5 %-2.7 %**	**1.5 %-2.7 %**	**2.0 %-3.6 %**	**2.0 %-3.6 %**	**2.7 %-4.6 %**	**2.7 %-4.6 %**

Note : ce tableau compare les résultats agrégés du Pilier Deux présentés dans le Tableau 3.16 avec les résultats excluant l'effet des interactions entre le Pilier Un et le Pilier Deux. L'absence d'interactions tend à augmenter les recettes au titre du Pilier Deux, car le Pilier Un induit une réattribution des bénéfices des juridictions à faible fiscalité vers les juridictions à fiscalité élevée où ils ne sont pas assujettis au Pilier Deux. La variation est toutefois trop faible pour modifier visiblement les résultats dans ce tableau. La diminution du transfert de bénéfices est supposée se produire avant l'application du Pilier Un et n'est donc pas influencée par les interactions avec le Pilier Un. Les fourchettes traduisent l'incertitude des données, et leur limite supérieure fait aussi la part de l'incertitude liée aux réduits de bénéfices faiblement imposés dans les juridictions à fiscalité élevée.
Source : calculs du Secrétariat de l'OCDE.

Graphique d'annexe 3.B.1. Gains de recettes estimés au titre du Pilier Deux par grand groupe de juridictions, avec ou sans prise en considération des interactions avec le Pilier Un

Dans l'hypothèse d'une absence d'exclusion sur la substance selon une formule

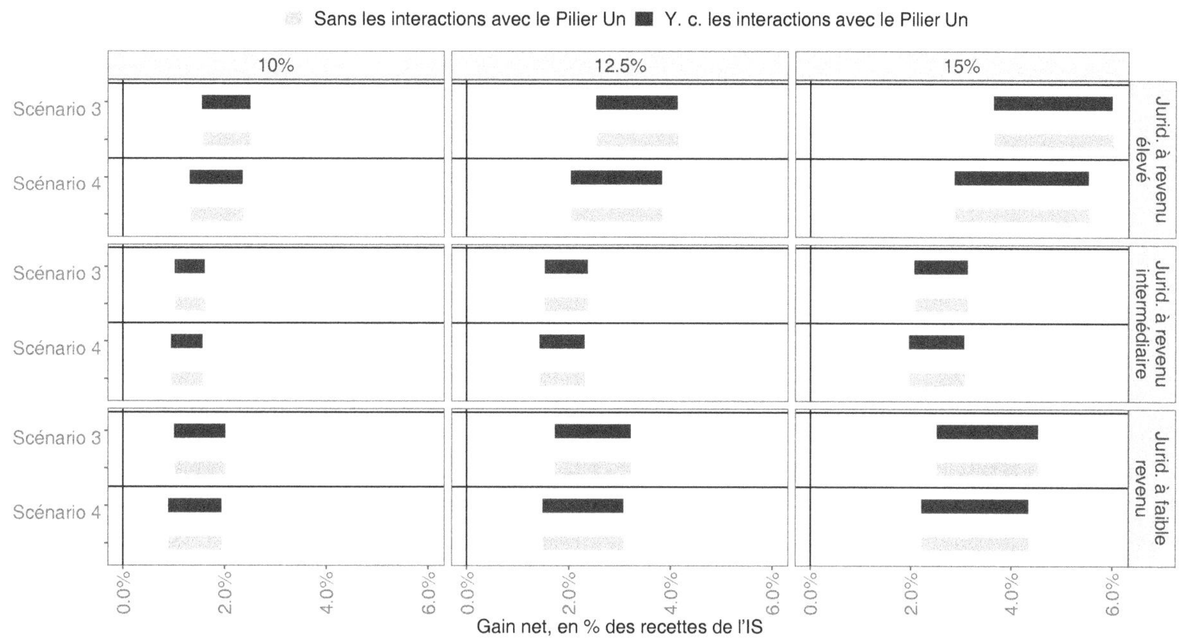

Note : les intervalles en bleu clair correspondent aux résultats du Pilier Deux présentés dans le corps du texte, qui tiennent compte des interactions avec le Pilier Un (voir, par exemple, le Graphique 3.13). Les intervalles en bleu foncé ne tiennent pas compte de ces interactions et peuvent donc être interprétés comme l'effet du Pilier Deux s'il était mis en œuvre isolément. Par souci de simplicité, les résultats se concentrent, à titre d'illustration, sur un scénario sans exclusion sur la substance selon une formule. Seuls les scénarios 3 et 4 sont présentés (sans les interactions avec le Pilier Un, le scénario 2 est identique au scénario 1, ce qui est décrit dans le corps du texte du présent chapitre). Le groupe des juridictions à revenu élevé exclut les États-Unis, compte tenu de l'hypothèse illustrative selon laquelle le régime GILTI coexisterait avec le Pilier Deux. Les fourchettes traduisent l'incertitude des données, et leur limite supérieure fait aussi la part de l'incertitude liée aux réduits de bénéfices faiblement imposés dans les juridictions à fiscalité élevée.
Source : calculs du Secrétariat de l'OCDE.

Annex 3.C. Robustesse des résultats à l'utilisation des immobilisations corporelles ou de la masse salariale au lieu du chiffre d'affaires comme variables de substitution pour l'activité économique

287. Des mesures de l'activité économique sont nécessaires dans deux parties de l'analyse : i) comme variables de substitution pour imputer les gains de recettes provenant de la règle relative aux paiements insuffisamment imposés (RPII) et ii) comme variables de substitution pour évaluer l'origine des bénéfices transférés dans la modélisation du transfert de bénéfices des groupes d'EMN. Dans les deux cas, les résultats de référence présentés dans ce chapitre reposent sur le chiffre d'affaires utilisé comme mesure de l'activité économique. Les données sur le chiffre d'affaires sont tirées de la « matrice du chiffre d'affaires » décrite dans le chapitre 5. Dans cette annexe sont aussi exposés les résultats obtenus à partir de deux autres variables : les immobilisations corporelles et la masse salariale, pour lesquelles les données ont été extraites de matrices similaires, également décrites dans le chapitre 5.

288. La présentation des résultats dans cette annexe vise à décrire la sensibilité des résultats à la variable de substitution utilisée pour l'imputation des gains de recettes provenant de la RPII (Tableau d'annexe 3.C.1 et Graphique d'annexe 3.C.1) puis leur sensibilité à la variable de substitution utilisée pour la modélisation du transfert de bénéfices (Tableau annexe 3.C.2 et Graphique d'annexe 3.C.2). Dans l'ensemble, les résultats sont assez peu sensibles à ces différentes hypothèses de modélisation.

Tableau d'annexe 3.C.1. Robustesse des résultats au niveau mondial avec d'autres variables de substitution pour imputer les gains provenant de la RPII

Gains de recettes provenant de la RIR et de la RPII au niveau mondial, hors groupes d'EMN dont l'entité mère ultime réside aux États-Unis, en % des recettes mondiales de l'IS

	Taux d'imposition minimum	**7.5 %**	**10.0 %**	**12.5 %**	**15.0 %**	**17.5 %**
	Scénario 1					
Variable de substitution pour l'imputation des gains au titre de la RPII	Immobilisations corporelles	0.5 %	0.9 %	1.4 %	1.9 %	2.5 %
	Masse salariale	0.5 %	0.9 %	1.4 %	2.0 %	2.6 %
	Chiffre d'affaires (référence)	0.5 %	0.9 %	1.4 %	2.0 %	2.6 %
	Scénario 2					
Variable de substitution pour l'imputation des gains au titre de la RPII	Immobilisations corporelles	0.5 %	0.9 %	1.3 %	1.9 %	2.4 %
	Masse salariale	0.5 %	0.9 %	1.4 %	2.0 %	2.5 %
	Chiffre d'affaires (référence)	0.5 %	0.9 %	1.4 %	2.0 %	2.6 %
	Scénario 3					
Variable de substitution pour l'imputation des gains au titre de la RPII	Immobilisations corporelles	0.4 %	0.7 %	1.0 %	1.4 %	1.7 %
	Masse salariale	0.4 %	0.7 %	1.1 %	1.4 %	1.7 %
	Chiffre d'affaires (référence)	0.4 %	0.7 %	1.1 %	1.4 %	1.8 %
	Scénario 4					
Variable de substitution pour l'imputation des gains au titre de la RPII	Immobilisations corporelles	0.4 %	0.5 %	0.7 %	0.9 %	1.1 %
	Masse salariale	0.4 %	0.6 %	0.7 %	0.9 %	1.1 %
	Chiffre d'affaires (référence)	0.4 %	0.6 %	0.8 %	1.0 %	1.1 %

Note : les résultats de ces tableaux se concentrent sur les gains de recettes au titre du Pilier Deux provenant de la RIR et de la RPII, en fonction de la variable de substitution utilisée pour l'activité économique aux fins d'imputer les recettes générées par la RPII. Les taux d'imposition minimum indiqués sont fournis à titre d'illustration. Par souci de simplicité, les estimations sont présentées sous la forme de valeurs précises et les fourchettes reflétant l'incertitude relative aux réduits de bénéfices faiblement imposés ne sont pas incluses dans ce tableau. Les résultats se concentrent, à titre d'illustration, sur un scénario sans exclusion. Le scénario 1 est un scénario statique sans réactions comportementales. Le scénario 2 intègre les interactions du Pilier Deux avec le Pilier Un. Le scénario 3 ajoute la réaction des EMN sous la forme d'une diminution de l'ampleur du transfert de bénéfices. Le scénario 4 ajoute la réaction des États, sous la forme d'un relèvement du TEI dans des juridictions où il est inférieur au taux minimum. Conformément à l'hypothèse d'une coexistence du régime GILTI et du Pilier Deux, les estimations excluent les bénéfices faiblement imposés des groupes d'EMN dont l'EMU réside aux États-Unis ainsi que les gains de recettes y associés.
Source : calculs du Secrétariat de l'OCDE.

Graphique d'annexe 3.C.1. Robustesse des résultats au niveau des groupes de juridictions dans le cas d'autres variables de substitution pour imputer les gains provenant de la RPII

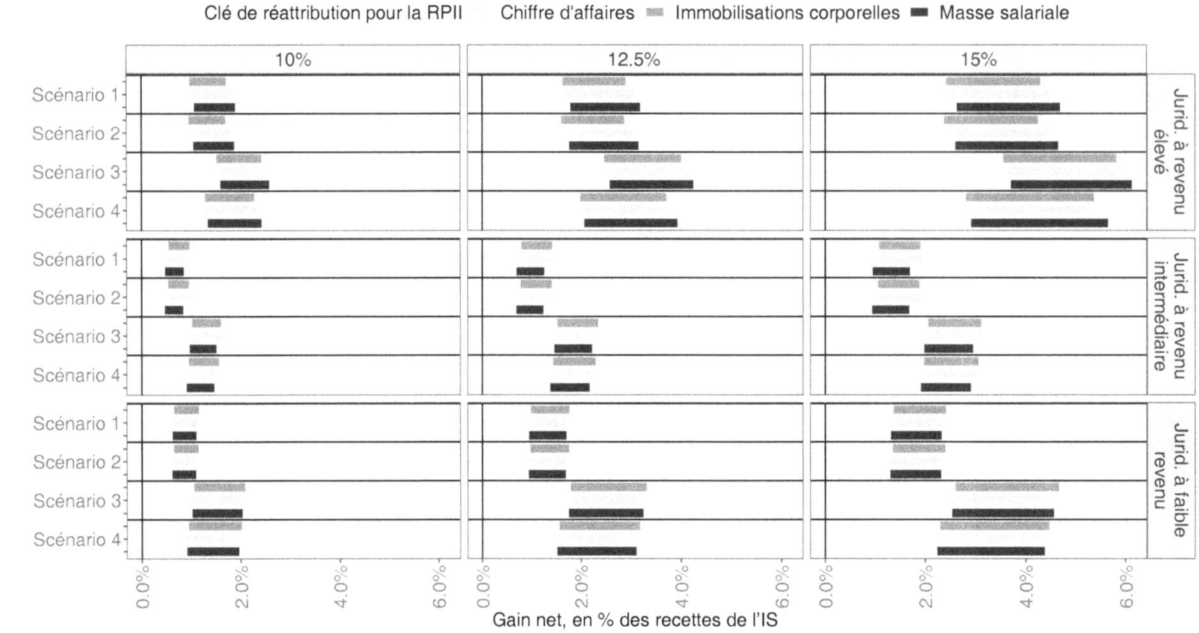

Note : ce graphique présente les estimations pour le Pilier Deux par groupe de juridictions, illustrant les implications de l'utilisation de différentes variables de substitution pour l'activité économique aux fins d'imputer les recettes générées par la RPII, à savoir : le chiffre d'affaires (comme dans les résultats de référence), les immobilisations corporelles et la masse salariale. Le scénario 1 est un scénario statique sans réactions comportementales. Le scénario 2 intègre les interactions du Pilier Deux avec le Pilier Un. Le scénario 3 ajoute la réaction des EMN sous la forme d'une diminution de l'ampleur du transfert de bénéfices. Le scénario 4 ajoute la réaction des États, sous la forme d'un relèvement du TEI dans des juridictions où il est inférieur au taux minimum. Les résultats se concentrent, à titre d'illustration, sur un scénario sans exclusion. Retirer les centres d'investissement de l'analyse permet d'augmenter la lisibilité des résultats pour les autres groupes. Le groupe des juridictions à revenu élevé exclut les États-Unis, compte tenu de l'hypothèse illustrative selon laquelle le régime GILTI coexisterait avec le Pilier Deux. Les fourchettes traduisent l'incertitude des données, et leur limite supérieure fait aussi la part de l'incertitude liée aux réduits de bénéfices faiblement imposés dans les juridictions à fiscalité élevée.

Source : calculs du Secrétariat de l'OCDE.

Tableau annexe 3.C.2. Robustesse des résultats à l'échelle mondiale (scénario 3) vis-à-vis de la variable utilisée pour attribuer l'origine des bénéfices transférés

Les estimations figurant dans ces tableaux s'entendent hors groupes d'EMN dont l'entité mère ultime réside aux États-Unis, dans l'hypothèse d'une absence d'exclusion sur la substance selon une formule et en % des recettes de l'IS à l'échelle mondiale.

(en % des recettes de l'IS au niveau mondial)	**Taux d'imposition minimum**	**7.5 %**	**10 %**	**12,5 %**	**15 %**	**17.5 %**
Origine du transfert, sur la base du chiffre d'affaires (référence)	Effet de la diminution du transfert de bénéfices	0.3 %	0.6 %	0.9 %	1.3 %	1.6 %
	Recettes générées par les RIR et RPII	0.4 %	0.7 %	1.1 %	1.4 %	1.8 %
	Total	0.8 %	1.3 %	2.0 %	2.7 %	3.4 %
Origine du transfert, sur la base des immobilisations corporelles	Effet de la diminution du transfert de bénéfices	0.4 %	0.6 %	0.9 %	1.3 %	1.7 %
	Recettes générées par les RIR et RPII	0.4 %	0.7 %	1.1 %	1.4 %	1.8 %
	Total	0.8 %	1.3 %	2.0 %	2.7 %	3.4 %
Origine du transfert, sur la base de la masse salariale	Effet de la diminution du transfert de bénéfices	0.3 %	0.6 %	0.9 %	1.3 %	1.6 %
	Recettes générées par les RIR et RPII	0.4 %	0.7 %	1.1 %	1.4 %	1.8 %
	Total	0.8 %	1.3 %	2.0 %	2.7 %	3.4 %

Note : les résultats de ce tableau présentent la sensibilité des gains estimés du Pilier Deux dans le scénario 3 à l'utilisation d'autres indicateurs de l'activité économique pour évaluer l'origine des bénéfices transférés des EMN. Les résultats de référence dans ce chapitre sont fondés sur le chiffre d'affaires (c'est-à-dire que l'on suppose que les bénéfices des groupes d'EMN proviennent de juridictions où les EMN qui transfèrent leurs bénéfices réalisent un chiffre d'affaires), et les autres résultats dans ce tableau se concentrent sur les immobilisations corporelles et la masse salariale. La méthode de modélisation du transfert de bénéfices est la même que celle décrite dans le texte principal de ce chapitre, à l'exception de variable de substitution employée pour évaluer l'origine des bénéfices. Les taux d'imposition minimum indiqués sont fournis à titre d'illustration. Les résultats se concentrent, à titre d'illustration, sur un scénario sans exclusion. Conformément à l'hypothèse d'une coexistence du régime GILTI et du Pilier Deux, les estimations excluent les bénéfices faiblement imposés des groupes d'EMN dont l'EMU réside aux États-Unis ainsi que les gains de recettes y associés.
Source : calculs du Secrétariat de l'OCDE.

Graphique d'annexe 3.C.2. Robustesse des résultats à la variable utilisée pour attribuer l'origine des bénéfices transférés, par groupe de juridictions

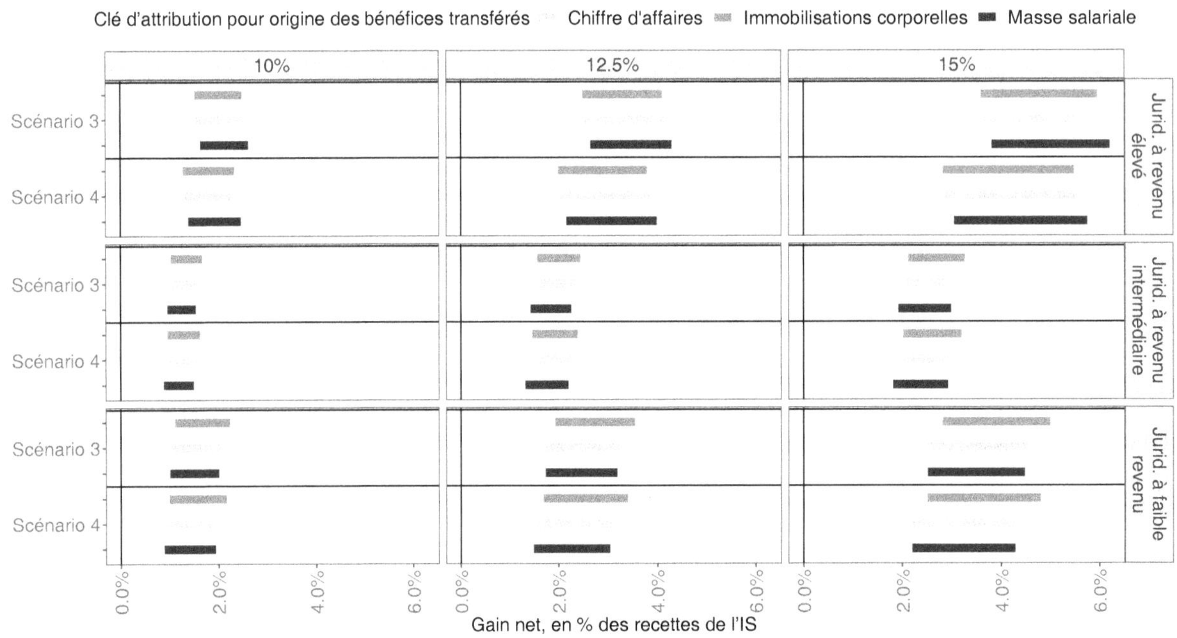

Note : les résultats de ce graphique présentent la sensibilité des gains estimés au titre du Pilier Deux dans les scénarios 3 et 4 à l'utilisation d'autres indicateurs de l'activité économique pour évaluer l'origine des bénéfices transférés des EMN. Les résultats de référence dans ce chapitre sont fondés sur le chiffre d'affaires (c'est-à-dire que l'on suppose que les bénéfices des EMN proviennent de juridictions où les groupes d'EMN qui transfèrent des bénéfices réalisent un chiffre d'affaires), et les autres résultats dans ce graphique se concentrent sur les immobilisations corporelles et la masse salariale. La méthode de modélisation du transfert de bénéfices est la même que celle décrite dans le texte principal de ce chapitre, à l'exception de variable de substitution employée pour évaluer l'origine des bénéfices. Seuls les scénarios 3 et 4 sont inclus, car les scénarios 1 et 2 ne dépendent pas de la modélisation du transfert de bénéfices. Les résultats se concentrent, à titre d'illustration, sur un scénario sans exclusion. Le groupe des juridictions à revenu élevé exclut les États-Unis, compte tenu de l'hypothèse illustrative selon laquelle le régime GILTI coexisterait avec le Pilier Deux. Les fourchettes traduisent l'incertitude des données, et leur limite supérieure fait aussi la part de l'incertitude liée aux réduits de bénéfices faiblement imposés dans les juridictions à fiscalité élevée.
Source : calculs du Secrétariat de l'OCDE.

Annex 3.D. Robustesse des résultats à l'exclusion des déclarations pays par pays comme source de données sur les TEI

289. Les taux effectifs d'imposition (TEI) au niveau des juridictions jouent un rôle important dans l'évaluation des gains de recettes au titre du Pilier Deux, puisqu'il s'agit des taux qui sont comparés à l'impôt minimum et qui peuvent être relevés dans le scénario 4. Ils entrent également dans les écarts de taux d'imposition utilisés pour évaluer l'origine des bénéfices transférés et la réduction induite par l'impôt minimum. Dans l'analyse de référence, le TEI moyen sur les bénéfices des EMN dans une juridiction est mesuré comme l'estimation médiane obtenue à partir de trois sources de données (voir le point 3.4.2), dont les déclarations pays par pays (données anonymisées et agrégées).

290. Les résultats présentés dans cette annexe se concentrent sur la sensibilité des résultats à l'exclusion des déclarations pays par pays en tant que source de données sur les TEI. Dans l'ensemble, les résultats suggèrent que cette exclusion conduirait à des estimations plus faibles des gains au titre du Pilier Deux, mais sans modifier l'ordre de grandeur général des résultats.

Tableau d'annexe 3.D.1. Robustesse des gains de recettes au niveau mondial à l'exclusion des déclarations pays par pays en tant que source de données sur les TEI

Les estimations figurant dans ces tableaux s'entendent hors groupes d'EMN dont l'entité mère ultime réside aux États-Unis, dans l'hypothèse d'une absence d'exclusion sur la substance selon une formule et en % des recettes de l'IS.

Partie A : Scénario 3

(en % des recettes de l'IS au niveau mondial)	**Taux d'imposition minimum**	**7.5 %**	**10.0 %**	**12.5 %**	**15.0 %**	**17.5 %**
Utilisation du TEI médian issu de 3 sources (référence)	Effet de la diminution du transfert de bénéfices	0.3 %	0.6 %	0.9 %	1.3 %	1.6 %
	Recettes générées par les RIR et RPII	0.4 %	0.7 %	1.1 %	1.4 %	1.8 %
	Total	0.8 %	1.3 %	2.0 %	2.7 %	3.4 %
Exclusion des déclarations pays par pays comme source de données sur les TEI	Effet de la diminution du transfert de bénéfices	0.3 %	0.5 %	0.7 %	1.0 %	1.4 %
	Recettes au titre de la RIR et de la RPII	0.4 %	0.7 %	0.9 %	1.2 %	1.6 %
	Total	0.8 %	1.2 %	1.6 %	2.2 %	3.0 %

	Partie B : Scénario 4					
(en % des recettes de l'IS au niveau mondial)	**Taux d'imposition minimum**	**7.5 %**	**10.0 %**	**12.5 %**	**15.0 %**	**17.5 %**
Utilisation du TEI médian issu de 3 sources (référence)	Effet de la diminution du transfert de bénéfices	0.3 %	0.6 %	0.9 %	1.3 %	1.6 %
	Recettes générées par les RIR et RPII	0.4 %	0.6 %	0.8 %	1.0 %	1.1 %
	Gains tirés du relèvement du TEI dans certaines juridictions	0.0 %	0.2 %	0.3 %	0.5 %	0.8 %
	Total	0.8 %	1.4 %	2.0 %	2.8 %	3.6 %
Exclusion des déclarations pays par pays comme source de données sur les TEI	Effet de la diminution du transfert de bénéfices	0.3 %	0.5 %	0.7 %	1.0 %	1.4 %
	Recettes générées par les RIR et RPII	0.4 %	0.5 %	0.7 %	0.9 %	1.1 %
	Gains tirés du relèvement du TEI dans certaines juridictions	0.1 %	0.1 %	0.3 %	0.4 %	0.7 %
	Total	0.8 %	1.2 %	1.7 %	2.3 %	3.2 %

Note : les résultats de ce tableau présentent la sensibilité des gains estimés au titre du Pilier Deux dans les scénarios 3 et 4 à une exclusion des déclarations pays par pays en tant que source de données lors du calcul des TEI au niveau des juridictions qui sont utilisés dans l'analyse. Les résultats de référence dans le présent chapitre calculent les TEI en prenant la médiane de trois sources (Tørsløv et al. (2018[5]), BEA (États-Unis), et déclarations pays par pays). Le contrôle de robustesse exclut de ce calcul les données des déclarations pays par pays. Les taux d'imposition minimum indiqués sont fournis à titre d'illustration. Les résultats se concentrent, à titre d'illustration, sur un scénario sans exclusion. Conformément à l'hypothèse d'une coexistence du régime GILTI et du Pilier Deux, les estimations excluent les bénéfices faiblement imposés des groupes d'EMN dont l'EMU réside aux États-Unis ainsi que les gains de recettes y associés.
Source : calculs du Secrétariat de l'OCDE.

Graphique d'annexe 3.D.1. Robustesse des résultats à l'exclusion des déclarations pays par pays comme source de données sur les TEI, par groupe de juridictions

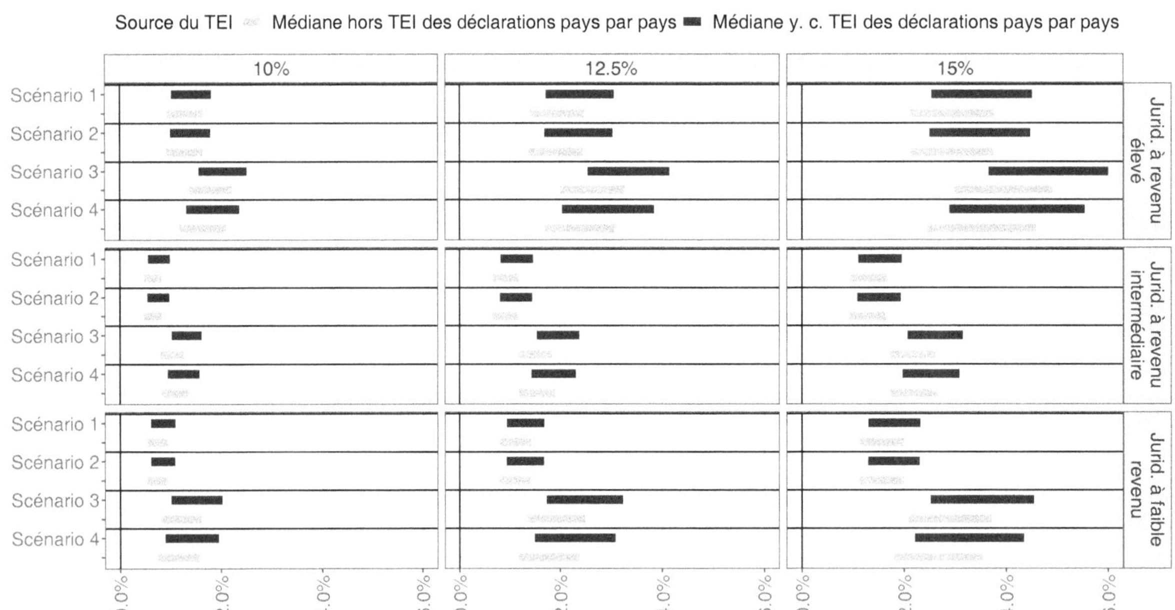

Note : les résultats de ce graphique présentent la sensibilité des gains estimés au titre du Pilier Deux à une exclusion des déclarations pays par pays en tant que source de données lors du calcul des TEI au niveau des juridictions utilisés dans l'analyse. Les résultats de référence dans le présent chapitre calculent les TEI en prenant la médiane de trois sources (Tørsløv et al., BEA (États-Unis), et déclarations pays par pays). (2018[5]) Le contrôle de robustesse exclut de ce calcul les données des déclarations pays par pays. Les résultats se concentrent, à titre d'illustration, sur un scénario sans exclusion. Le groupe des juridictions à revenu élevé exclut les États-Unis, compte tenu de l'hypothèse illustrative selon laquelle le régime GILTI coexisterait avec le Pilier Deux. Les fourchettes traduisent l'incertitude des données, et leur limite supérieure fait aussi la part de l'incertitude liée aux réduits de bénéfices faiblement imposés dans les juridictions à fiscalité élevée.
Source : calculs du Secrétariat de l'OCDE.

Annex 3.E. Gains de recettes au titre du Pilier Deux, par grand groupe de juridictions en l'absence d'exclusion

Graphique d'annexe 3.E.1. Gains de recettes au titre du Pilier Deux par groupe de juridictions, dans l'hypothèse d'une absence d'exclusion sur la substance selon une formule

Partie A : tous groupes de juridictions, y compris les centres d'investissement

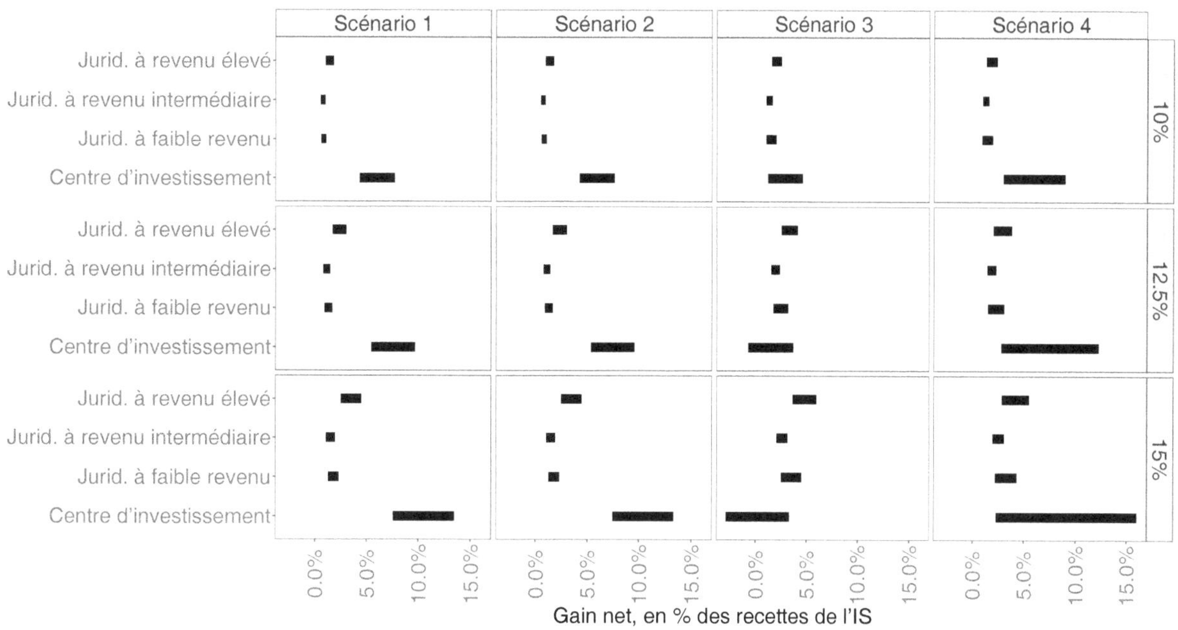

Partie B : les mêmes résultats, pour les groupes autres que les centres d'investissement et avec une autre échelle

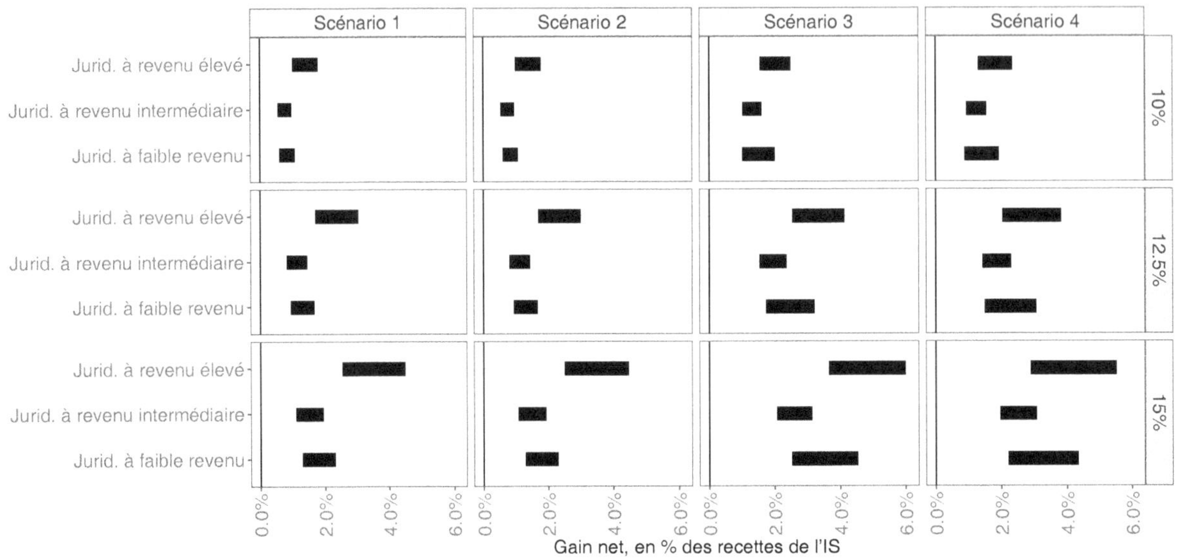

Note : ce graphique est identique au Graphique 3.13 à la différence qu'il ne suppose pas d'exclusion sur la substance selon une formule (alors que le Graphique 3.13 suppose une exclusion combinée de 10 % sur la masse salariale et l'amortissement des immobilisations corporelles). Le scénario 1 est un scénario statique sans réactions comportementales. Le scénario 2 intègre les interactions du Pilier Deux avec le Pilier Un. Le scénario 3 ajoute la réaction des EMN sous la forme d'une diminution de l'ampleur du transfert de bénéfices. Le scénario 4 ajoute la réaction des États, sous la forme d'un relèvement du TEI dans des juridictions où il est inférieur au taux minimum. Le groupe des juridictions à revenu élevé exclut les États-Unis, compte tenu de l'hypothèse illustrative selon laquelle le régime GILTI coexisterait avec le Pilier Deux. Les fourchettes traduisent l'incertitude des données, et leur limite supérieure fait aussi la part de l'incertitude liée aux réduits de bénéfices faiblement imposés dans les juridictions à fiscalité élevée.
Source : calculs du Secrétariat de l'OCDE.

Notes

[1] Dans tout ce chapitre, les « juridictions à faible fiscalité » désignent les juridictions dont le TEI moyen est inférieur au taux minimum (plusieurs niveaux possibles pour ce dernier étant envisagés ici à titre indicatif) et les « juridictions à fiscalité élevée », celles dont le TEI moyen est supérieur au taux minimum.

[2] Le paquet BEPS OCDE/G20 a été diffusé en octobre 2015 et diverses mesures qui y sont décrites ont été appliquées dans les années qui ont suivi. Plusieurs mesures dont l'application a été décidée par les membres du Cadre inclusif continuent d'être mises en œuvre par les juridictions, de sorte que les données disponibles au moment de cette analyse ne rendent pas pleinement compte de leur effet.

[3] Par exemple, les données des déclarations pays par pays, qui constituent une source importante pour l'analyse, ne portent que sur une année (2016) et ne contiennent aucune information sur la rentabilité, au cours des exercices précédents, de sous-groupes d'EMN ayant dégagé des bénéfices (« EMN bénéficiaires ») dans une juridiction en 2016.

[4] En présence d'une formule d'exclusion sur le critère de la substance, une augmentation du TEI dans une juridiction à faible fiscalité pourrait légèrement accroître le volume global d'impôts acquittés par un groupe d'EMN, puisque celui-ci perdrait l'avantage de l'exclusion sur ses bénéfices dans cette juridiction.

Néanmoins, comme nous le verrons plus loin, cet effet est quantitativement faible sous le régime de paramètres envisagé dans ce chapitre.

5 Si l'on suppose une fixation des taux d'imposition dans un jeu simultané et non coopératif (équilibre de Nash), l'instauration d'un taux minimum tend à amener la juridiction à fiscalité élevée à augmenter son taux d'imposition ; dans un jeu séquentiel, en revanche, la juridiction à fiscalité élevée, qui est un « pilote » au sens de la théorie de Stackelberg (« leader de Stackelberg »), aura tendance à baisser son taux en réaction à la mise en place de l'impôt minimum (Keen and Konrad, 2013[3]). Dans un jeu simultané, la « meilleure solution » d'une juridiction est généralement de relever son taux d'imposition lorsque les autres juridictions augmentent le leur, car, si les taux d'imposition dans ces autres juridictions sont plus élevés, alors, elle peut augmenter son propre taux (pour accroître ses recettes) sans perdre son attrait. L'instauration d'un impôt minimum tend à augmenter le taux de « meilleure solution » des juridictions au-delà de l'impôt minimum dans ce contexte. Dans un jeu séquentiel à la Stackelberg, le premier à agir (le « leader ») tient compte du fait que fixer un taux d'imposition bas pourrait ne pas être bénéfique, puisque les « suiveurs » peuvent eux aussi abaisser leur taux. Avec un taux d'imposition minimum, cette « menace des suiveurs » est moins prégnante.

6 Les données des déclarations pays par pays présentent deux grandes limites : i) il y a des incohérences dans la manière dont les dividendes des filiales sont déclarés (parfois inclus, parfois non) et ii) certaines juridictions déclarent les bénéfices pour des entités « apatrides », notion qui peut recouvrir diverses situations, y compris des entités « intermédiaires » uniquement chargées de la transmission de fonds – voir l'encadré 3 dans le document OCDE (2020[6]), ainsi que http://www.oecd.org/fr/fiscalite/politiques-fiscales/statistiques-anonymisees-et-agregees-cbcr-avertissement.pdf. Les bénéfices correspondant à ces entités « apatrides » ne sont, de ce fait, pas inclus dans la matrice des bénéfices. Une analyse comparative approfondie des données issues de cette source et de celles puisées dans d'autres sources (telles qu'ORBIS) laisser penser que ces contraintes ne modifient pas sensiblement le tableau général, comme expliqué plus avant dans le chapitre 5.

7 Le montant des pertes des sous-groupes d'EMN déficitaires au cours d'un exercice donné n'indique pas clairement quelle ampleur prendrait l'effet d'un mécanisme de report en avant des pertes appliqué au titre du Pilier Deux. Par exemple, il est possible que certains sous-groupes d'EMN dégagent constamment des bénéfices dans une juridiction (et ne profitent donc jamais de la possibilité du report de pertes) tandis que d'autres affichent en permanence des pertes (et n'ont jamais de dette fiscale au titre du Pilier Deux qu'ils pourraient apurer avec leurs reports de pertes).

8 Par exemple, si les sous-groupes « bénéficiaires » réalisent des bénéfices de 100 et paient des impôts de 20, alors que les sous-groupes « déficitaires » enregistrent des pertes de 15 et ne paient pas d'impôt, le TEI moyen des sous-groupes bénéficiaires est de 20/100=20 %, tandis que le TEI moyen pour l'ensemble des sous-groupes, bénéficiaires et déficitaires, est de 20/(100-15)=24 %. Un TEI axé uniquement sur les sous-groupes bénéficiaires serait plus cohérent avec l'analyse du Pilier Deux présentée dans ce chapitre.

9 Cette méthodologie axée sur les impôts étrangers et les bénéfices des EMN américaines est utilisée pour calculer les TEI dans des juridictions autres que les États-Unis. Pour compléter cette méthode, on calcule un TEI moyen des entreprises multinationales – à capitaux étrangers – aux États-Unis, en utilisant la même méthodologie que celle appliquée aux données du BEA sur les IDE aux États-Unis.

10 Ces autres sources sont le Bureau international de documentation fiscale (IBFD) et les enquêtes en libre accès de KPMG, Ernst & Young et de la Tax Foundation sur les taux d'imposition .

[11] Les gains estimés tiennent également compte des hypothèses spécifiques à chaque juridiction concernant la mise en œuvre du Pilier Deux, décrites au point 3.4.5, dont la conséquence est qu'une petite part des bénéfices faiblement imposés n'est pas soumise à l'impôt complémentaire.

[12] Par exemple, si l'on estime qu'environ 20 % des bénéfices dans les pays à fiscalité élevée sont exclus, la limite supérieure de la fourchette d'incertitude du Pilier Deux est augmentée de 40 % (c'est-à-dire 50 % * (1-20 %)) au lieu de 50 %.

[13] Ces chiffres sont fondés sur les estimations des recettes de l'IS au niveau mondial dans Devereux et al. (2020[10]), qui sont inférieures à celles figurant dans ce rapport en raison de la couverture géographique moins étendue et du centrage sur une année de référence antérieure.

[14] L'hypothèse est que les TEI dans chaque juridiction suivent une distribution bilinéaire entre zéro et le taux légal, avec, en son centre, le TEI moyen. Cela revient à supposer qu'une fraction des bénéfices est uniformément répartie entre zéro et le TEI moyen, et que le reste est uniformément réparti entre le TEI moyen et le taux légal. La part des bénéfices dans chaque groupe est déterminée de manière à ce que la moyenne des TEI au sein de la distribution corresponde au TEI moyen dans la juridiction.

[15] Cela suppose implicitement que le TEI moyen actuel dans ces réduits de bénéfices faiblement imposés (qui n'est pas observé) est le même que le TEI moyen dans les juridictions à faible fiscalité. Une hypothèse différente donnerait d'autres estimations.

[16] Dans ORBIS, la couverture des immobilisations corporelles (la variable utilisée comme base pour l'approximation de la charge d'amortissement) est globalement meilleure que celle de la masse salariale.

[17] De fait, s'il est relativement simple de calculer directement l'effet d'une exclusion combinée à l'aide des données au niveau de l'entreprise dans les juridictions où ces données sont disponibles, il est moins aisé de le faire pour les juridictions où seules les données agrégées sont disponibles.

[18] Par exemple, si le bénéfice d'un sous-groupe d'EMN est de 15 EUR, sa masse salariale de 100 EUR et sa charge d'amortissement de 100 EUR, une exclusion de 10 % sur la masse salariale retrancherait un montant de 10 EUR et une exclusion de 10 % sur la charge d'amortissement retrancherait aussi un montant de 10 EUR. Additionner les deux exclusions produirait un effet total de 20 EUR, alors que l'exclusion combinée ne donne qu'un montant de 15 EUR (c'est-à-dire le bénéfice total du sous-groupe).

[19] Le BEA fournit des données détaillées sur l'amortissement par catégorie d'actifs dans le secteur privé sans distinguer entre les entités constitutives d'EMN et entités non constitutives d'EMN (la base de données du BEA sur l'activité des EMN américaines fournit également des données sur l'amortissement, mais ne fait pas de distinction entre les immobilisations corporelles et incorporelles). Si l'on considère les immobilisations privées hors immeubles (c'est-à-dire, les équipements et installations), le ratio des charges d'amortissement sur le stock d'immobilisations corporelles, estimé au coût actuel, est stable, autour de 6.3-6.5 %, entre 2011 et 2018. La désagrégation au niveau du secteur (code à deux chiffres du SCIAN) suggère une hétérogénéité entre les secteurs d'activité, le taux d'amortissement moyen se situant entre 2.6 % (immobilier, location et crédit-bail) et 12.7 % (construction). Une mise en garde s'impose concernant ces chiffres : l'amortissement dans les comptes nationaux peut différer de l'amortissement dans les comptes fiscaux et financiers. Le tableau 7.13 des National Income and Product Accounts (les comptes de la nation des États-Unis) rapproche les amortissements tels que les rapporte l'Internal Revenue Service et tels qu'ils figurent dans les comptes nationaux, et laisse à penser que la plupart des divergences proviennent sans doute de la différence de traitement des immobilisations incorporelles. Les données des bilans et des comptes de résultat disponibles dans ORBIS constituent une autre source d'information sur l'amortissement. Les données ORBIS contiennent des informations sur l'amortissement des actifs au

niveau des entreprises, mais sans distinction entre l'amortissement des immobilisations corporelles et celui des immobilisations incorporelles. En moyenne, pour les entreprises nationales et multinationales incluses dans ORBIS, le ratio de l'amortissement sur le total des immobilisations (corporelles et incorporelles) a été d'environ 5.8 % au cours des vingt dernières années. Les immobilisations corporelles représentant environ la moitié du total des immobilisations et le taux d'amortissement étant probablement plus élevé pour les immobilisations incorporelles que pour les immobilisations corporelles, ces chiffres suggèrent que 10 % serait en effet une limite supérieure pour le taux d'amortissement moyen des immobilisations corporelles.

[20] Prendre pour hypothèse une relation linéaire implique que, au-dessus d'un certain niveau du ratio de rentabilité globale, aucun bénéfice ne serait exclu, ce qui n'est pas totalement réaliste. Cependant, un test de robustesse faisant l'hypothèse qu'au moins un pourcentage minimum du bénéfice (p. ex., 1 %) serait exclu dans toutes les juridictions révèle que cela a probablement un effet minime sur les résultats d'ensemble (à savoir, une réduction de moins de 2 % des gains de recettes totaux au titre du Pilier Deux).

[21] Les hypothèses relatives à la limite supérieure de la fourchette pour tenir compte de l'incertitude liée aux réduits de bénéfices faiblement imposés sont les suivantes : +50 % dans un scénario sans exclusion (comme indiqué au point 3.4.3), +45 % lorsque le pourcentage d'exclusion est de 5 %, +40 % lorsque le pourcentage d'exclusion est de 10 %, +35 % lorsque le pourcentage d'exclusion est de 15 et +30 % lorsque le pourcentage d'exclusion est de 20 %. Ces hypothèses se veulent relativement simples et en même temps cohérentes avec les estimations de la part des bénéfices exclus dans les juridictions à fiscalité élevée. Par exemple, avec un pourcentage d'exclusion égal à 10 %, on estime que 16 à 19 % des bénéfices réalisés dans les juridictions à fiscalité élevée sont exclus (voir le Tableau 3.5). Si l'hypothèse est que 20 % des bénéfices dans les juridictions à fiscalité élevée sont exclus, alors la limite supérieure de la fourchette d'incertitude augmenterait de 40 % (soit 50 % * (1-20%)) au lieu de 50 % dans le scénario sans exclusion.

[22] Comme on l'a vu, les États-Unis constituent une exception, car on suppose ici que le GILTI coexisterait avec le Pilier Deux et que les États-Unis appliqueraient le GILTI (au lieu d'une RIR) aux groupes d'EMN dont l'EMU réside sur leur territoire – voir la section 3.8.

[23] Comme indiqué ci-dessus, la règle de substitution et la règle d'assujettissement à l'impôt contribueraient également à porter le TEI sur les bénéfices faiblement imposés au niveau du taux minimum, mais elles ne sont pas modélisées dans ce chapitre en raison des limites des données.

[24] Une autre approche consisterait à utiliser des données bilatérales sur l'IDE (par exemple sur les flux de redevances et d'intérêts) pour identifier les transactions susceptibles d'être soumises à la RPII. Cette démarche est peut-être plus proche de l'esprit réel de la RPII, mais elle pose d'autres problèmes méthodologiques, liés à la double comptabilisation possible des flux qui transitent par plusieurs juridictions, ainsi qu'aux lacunes des données dans les statistiques bilatérales sur les flux d'IDE (voir l'annexe 5.C. du chapitre 5).

[25] Le chiffre d'affaires des EMN dans certaines juridictions peut être gonflé en conséquence de stratégies de planification fiscale. Pour éviter que cela n'ait un effet disproportionné sur les résultats, la solution est de plafonner le chiffre d'affaires des groupes d'EMN à 100 % du PIB dans toutes les juridictions.

[26] En pratique, le montant des bénéfices résiduels exonérés au titre du Pilier Un a été calculé pour chaque paire de juridictions de la matrice des bénéfices du chapitre 2, tandis que le montant des bénéfices résiduels reçus a été calculé uniquement au niveau de la juridiction « réceptrice » (plutôt que pour la paire de juridictions). Pour désagréger de façon bilatérale le montant des bénéfices résiduels reçus, on prend pour hypothèse que le bénéfice dans chaque colonne (c'est-à-dire, chaque juridiction de l'EMU) est

redistribué selon la clé de répartition utilisée, au chapitre 2, pour la réattribution des bénéfices résiduels au niveau mondial – c'est-à-dire, sur la base de la répartition géographique du chiffre d'affaires par juridiction de destination. C'est ainsi que l'on assure la cohérence entre les chiffres agrégés obtenus dans l'estimation et les estimations du Pilier Un obtenues dans le chapitre 2.

[27] Dans le présent chapitre, pour des raisons pratiques, les juridictions sont considérées soit comme « juridiction d'origine » des bénéfices soit comme « juridiction de destination » des bénéfices, mais pas les deux.

[28] Sur le lien entre stocks d'IDE élevés et transfert des bénéfices, voir, par exemple, Damgaard et al. (2019[28])

[29] En effet, les bénéfices transférés vers des juridictions où le TEI moyen est supérieur au taux minimum ne seraient généralement pas soumis au Pilier Deux. Toutefois, des situations dans lesquelles le TEI sur ces bénéfices transférés serait inférieur au taux minimum pourraient se produire (et ces bénéfices seraient soumis au Pilier Deux) en raison de l'existence de réduits de bénéfices faiblement imposés dans les juridictions à fiscalité élevée.

[30] Il est possible que la diminution des incitations à transférer les bénéfices vers des juridictions où le TEI moyen est inférieur au taux minimum puisse accroître la volonté des EMN de transférer leurs bénéfices vers des juridictions où le TEI moyen est supérieur au taux minimum. Cette possibilité n'est pas modélisée dans ce chapitre, car il n'existe pas de moyen clair d'identifier l'ampleur de cet effet et les juridictions où une plus grande partie des bénéfices serait transférée sans disposer de données plus granulaires sur le coût du transfert de bénéfices vers différentes juridictions.

[31] D'autres ratios de rentabilité pourraient être envisagés pour définir les bénéfices « normaux » (p. ex., bénéfice/actif total). Le ratio bénéfices/chiffre d'affaires a été choisi parce qu'il pouvait être facilement calculé pour toutes les paires de juridictions sur la base des données disponibles dans les matrices des bénéfices et du chiffre d'affaires.

[32] Cette estimation inclut les EMN dont l'EMU réside aux États-Unis, pour des besoins de comparabilité avec les estimations que l'on trouve dans la littérature économique.

[33] Sur les sources de données qui sous-tendent la matrice du chiffre d'affaires et sa construction, voir le chapitre 5.

[34] En revanche, Johansson et al. (2017[25]) décèlent plutôt une semi-élasticité du taux d'imposition moyen moins forte vis-à-vis des juridictions à fiscalité nulle que parmi les juridictions à taux d'imposition strictement positifs

[35] Pour obtenir cette semi-élasticité globale, on divise la part des bénéfices transférés au sein des bénéfices totaux (observés et transférés) dans les juridictions « d'origine » (12.5%), par l'écart moyen de taux d'imposition légal entre les juridictions « d'origine » et les juridictions « de destination » (10.3 points de pourcentage). Ces taux d'imposition sont pondérés par le chiffre d'affaires. Bien que ce chapitre utilise une combinaison de taux d'imposition légaux et effectifs pour modéliser le transfert de bénéfices, ce calcul est fondé exclusivement sur les taux d'imposition légaux pour la comparabilité avec la littérature (qui s'appuie généralement sur les taux légaux). La semi-élasticité est estimée avec un certain degré d'incertitude, car elle dépend, entre autres, des hypothèses sur le niveau de rentabilité « normal » considéré, la forme de la relation entre le transfert de bénéfices et les écarts de taux d'imposition, ou les pondérations utilisées pour agréger les coefficients.

[36] En présence d'une exclusion de type formule sur le critère de la substance, une augmentation du TEI dans une juridiction à faible fiscalité pourrait entraîner un montant de taxe légèrement plus élevé pour une EMN, car elle perdrait le bénéfice de l'exclusion sur le critère de substance comprise dans le Pilier Deux. Néanmoins, comme nous le verrons plus loin, cet effet est quantitativement faible.

[37] Par exemple, Clifford (2019[27]) constate qu'en réaction aux règles sur les SEC, les groupes d'EMN réorientent les bénéfices des filiales qui sont sous le seuil de « faible imposition » des SEC vers des filiales juste au-dessus de ce seuil, et changent leurs modes de constitution afin de placer moins de filiales sous le seuil et plus au-dessus. Environ la moitié de l'augmentation des recettes fiscales mondiales qui en résulte revient à la juridiction appliquant les règles.

[38] Cette hypothèse ne serait pas valable si les règles de calcul du TEI en présence d'une exclusion n'imposaient pas aux EMN de procéder à un ajustement des impôts couverts associés au bénéfice exclu.

[39] Ce calcul suppose, à titre indicatif, un taux d'imposition minimum de 12.5 % et un pourcentage d'exclusion de 10 %. La réduction du transfert de bénéfices est également très faible avec d'autres hypothèses sur l'impôt minimum et les taux d'exclusion prises en considération dans ce chapitre.

[40] Par exemple, le transfert de collaborateurs représentant 10 millions USD de masse salariale dans une juridiction à fiscalité nulle offrirait une exclusion de 1 million USD (en supposant un taux d'exclusion de 10 %), qui, si elle était utilisée dans son intégralité, réduirait le montant de l'impôt payé au titre du Pilier Deux de 0.125 million USD (en supposant un taux d'imposition minimum de 12.5 %). Il est peu probable que cette économie d'impôt justifie le coût de la délocalisation.

[41] En effet, les facteurs qui contribuent aux différences entre les taux légaux et effectifs (p. ex., les règles d'amortissement, les déductions fiscales, les crédits d'impôt) sont généralement liés à l'activité économique réelle.

[42] La différence avec le raisonnement de la précédente note de fin est que les bénéfices transférés peuvent se voir appliquer un traitement de faveur dans les juridictions « de destination », et que le TEI qui en résulte reflétera peut-être ce taux préférentiel, sans être nécessairement lié au taux légal dans ces juridictions.

[43] Considérons par exemple un groupe d'EMN ayant des bénéfices de 100 EUR, une masse salariale de 40 EUR et une dotation aux amortissements de 10 EUR, et qui n'a payé aucun impôt dans une certaine juridiction. Dans le cadre du Pilier Deux, en supposant un taux d'imposition minimum de 12.5 % et un taux d'exclusion de 10 %, ce groupe d'EMN devrait verser 12.5 %*(100-10 %*(40+10))=11.9 EUR. Si la juridiction augmente le TEI de cette EMN à 12.5 %, le groupe devrait acquitter ce taux sur la totalité de ses bénéfices (100 EUR), ce qui se traduirait par un impôt de 12.5 %*100=12.5 EUR, soit un total supérieur aux 11.9 EUR payés avant l'augmentation du TEI.

[44] Si les juridictions qui augmentent leur TEI veulent préserver la neutralité du montant global de l'impôt acquitté par les EMN, elles pourraient s'inspirer du fonctionnement du Pilier Deux pour leur système fiscal et concevoir une augmentation du TEI qui comprendrait une clause d'exclusion reprenant les termes (structure, pourcentage) de l'exclusion sur la substance fondée sur une formule dans le Pilier Deux. Dans la pratique, toutefois, un tel mécanisme n'est peut-être pas simple à concevoir ou à ajuster pour qu'il ne soit pas en conflit avec les autres caractéristiques du système d'IS de la juridiction.

[45] Pour les EMN dont les bénéfices étrangers sont soumis à un TEI moyen supérieur au taux du GILTI (et qui ne paient donc pas d'impôts au titre du GILTI), le relèvement du TEI dans une juridiction à fiscalité nulle se traduirait intégralement par une augmentation globale de l'impôt. Pour les EMN dont le TEI moyen est inférieur au taux du GILTI, un relèvement du TEI dans une juridiction à fiscalité nulle se traduirait aussi

par une augmentation globale de l'impôt, puisque seuls 80 % des impôts étrangers sont crédités au titre du GILTI dans cette situation. Dans ce cas, l'augmentation globale de l'impôt représenterait 20 % de l'obligation fiscale découlant de l'augmentation du TEI.

[46] Les autorités des juridictions de ce groupe peuvent envisager d'augmenter le TEI sur les éventuels réduits de bénéfices faiblement imposés dans leur juridiction. Par souci de simplicité et en raison du manque de données sur ces réduits, cette réaction potentielle n'est pas prise en considération dans ce chapitre.

[47] Les sociétés sont soumises à une obligation fiscale aux États-Unis à un taux de 10.5 % sur le revenu concerné et perçoivent un crédit d'impôt non remboursable sur 80 % des impôts étrangers payés. Si le TEI étranger est égal ou supérieur à 13.125 %, le crédit d'impôt couvre la totalité de l'obligation fiscale contractée aux États-Unis. Selon la même logique, l'obligation fiscale aux États-Unis, à 13.125 % à partir de 2026, avec le même crédit d'impôt, donne une limite supérieure de 16.40625 %. Il s'agit là des taux d'imposition déterminés en application des règles légales du GILTI et qui ne tiennent pas compte d'autres caractéristiques du système américain de fiscalité internationale, telles que l'imputation des dépenses, qui peuvent effectivement accroître l'obligation fiscale globale d'un contribuable américain en limitant la déductibilité des impôts étrangers.

[48] Une première évaluation de l'incidence du régime GILTI sur le transfert de bénéfices a été réalisée par Clausing (2020[8]). Elle conclut que le nouveau régime fiscal pourrait « réduire les bénéfices des filiales des EMN américaines dans les pays « refuges » d'environ 12 à 16 % » et entraîner de ce fait « une hausse de l'ordre de 8 à 9 % de la base de l'IS des entités américaines dans les juridictions étrangères au-delà du seuil d'imposition minimum et une augmentation de 15 milliards à 30 milliards USD de la base de l'IS aux États-Unis chaque année ». Toutefois, ces résultats sont très sensibles aux hypothèses concernant la part respective des EMN américaines dont les bénéfices étrangers sont soumis à un TEI moyen supérieur ou inférieur au taux du GILTI (voir l'annexe C dans Clausing (2020[8])).

[49] Les gains de recettes au niveau mondial dans les scénarios 3 et 4 sont similaires, ce qui concorde avec le fait que la réaction modélisée dans le scénario 4 modifie surtout la répartition de ces gains entre les juridictions. On observe néanmoins une petite variation à la hausse des gains de recettes au niveau mondial entre les scénarios 3 et 4, qui s'explique par deux raisons. Premièrement, les augmentations du TEI dans le scénario 4 réduisent le montant (relativement modeste) des bénéfices faiblement imposés à l'échelle mondiale qui ne sont pas entièrement imposés au titre du Pilier Deux selon les hypothèses examinées dans ce chapitre (voir le point 3.7.1 ci-dessus). Ce serait le cas, par exemple, du bénéfice de l'entité d'une EMN située dans une juridiction du groupe 3 (qui augmenterait son TEI dans le scénario 4), dont l'entité mère ultime réside dans une juridiction du groupe 2 (qui n'applique pas de RIR) et dont l'activité économique se déroule aussi dans une juridiction du groupe 2 (qui n'applique pas de RPII). Deuxièmement, le relèvement des TEI implique qu'une partie des bénéfices faiblement imposés qui ont profité d'une exclusion de type formule sur le critère de la substance au titre du Pilier Deux seraient taxés, ce qui augmenterait le volume global des gains de recettes.

4 Impacts sur l'investissement du Pilier Un et du Pilier Deux

4.1. Résumé

4.1.1. Les nouvelles règles fiscales ont des répercussions sur les structures d'incitation des EMN et des pouvoirs publics

291. Les propositions au titre du Pilier Un et du Pilier Deux entraîneraient d'importantes modifications des règles fiscales internationales, dont les effets sur les incitations présentées aux entreprises multinationales et aux pouvoirs publics se répercuteraient sur l'investissement à l'échelle mondiale. Le Montant A du Pilier Un prévoit la création d'un nouveau droit d'imposition et la réattribution aux juridictions de marché d'une part des bénéfices résiduels déterminée au niveau du groupe d'EMN et calculée par l'application d'une formule. Le Pilier Deux, qui porte sur les problématiques de BEPS subsistantes, est conçu pour veiller à ce que les entreprises qui exercent leur activité à l'échelle internationale s'acquittent systématiquement d'un impôt minimum, indépendamment de la localisation de leur siège ou de la juridiction où elles exercent leurs activités. Sans préjuger de la conception et des choix de paramètres finaux, qui font encore l'objet de discussions entre les membres du Cadre inclusif sur le BEPS, les changements structurels induits par ces nouvelles règles pourraient avoir d'importants effets directs et indirects sur l'investissement et la production économique.

292. **Les nouvelles règles ne concernent pas toutes les entreprises multinationales, mais visent les grands groupes d'EMN très rentables (Pilier Un) et les grands groupes d'EMN dont les taux d'imposition effectifs sont faibles (Pilier Deux).** L'inclusion de plusieurs restrictions du champ d'application signifierait que les effets des Piliers Un et Deux sur les coûts d'investissement ne toucheraient pas l'ensemble des EMN, mais seulement un sous-ensemble d'entre elles. Par exemple, bien qu'une décision politique n'ait pas encore été tranchée à cet égard, le critère relatif au champ d'application à l'étude pour le Montant A du Pilier Un ne concerne que les entreprises ou les branches d'activité dont les activités répondent aux définitions des services numériques automatisés (ADS) et des activités en relation étroite avec les consommateurs (CFB) à l'étude. Il prévoit aussi, et c'est important de le souligner, un seuil de rentabilité déterminé au niveau du groupe d'EMN, l'objectif de ces règles étant de cibler les EMN très rentables. Le Pilier Un prendra également en compte un seuil de chiffre d'affaires mondial, pour faire en sorte que seuls les plus grands groupes d'EMN soient ciblés. Le Pilier Deux, quant à lui, se concentre sur les grandes EMN dont les taux d'imposition effectifs sont faibles et vise donc principalement les entreprises qui déclarent des bénéfices importants dans des juridictions à faible fiscalité. Ceci sera particulièrement vrai en cas d'adoption d'une exception fondée sur la substance calculée au moyen d'une formule.

4.1.2. Réactions en matière d'investissement au niveau des entités des EMN

293. **Au niveau des entités des entreprises multinationales, l'augmentation des coûts d'investissement pourrait entraîner un certain degré de relocalisation des investissements hors**

des juridictions à faible fiscalité. La hausse des coûts d'investissement est principalement un effet imputable au Pilier Deux et concerne surtout les entités des EMN dont le taux d'imposition effectif (TIE) serait sinon inférieur au taux d'imposition minimum. Une nouvelle étude empirique sur la sensibilité fiscale de l'investissement vient confirmer la littérature existante en suggérant qu'on peut s'attendre à ce que les entités des EMN concernées réagissent à d'éventuelles augmentations de coûts en diminuant ou en relocalisant leur investissement, en l'absence d'autres considérations commerciales.

294. **La relocalisation de l'investissement d'une juridiction à une autre n'entraîne pas forcément une baisse de l'investissement global, dès lors qu'elle est associée à une hausse de l'investissement ailleurs.** La relocalisation des activités des EMN peut conduire à une répartition plus efficace du capital entre juridictions, dans les cas où auparavant les décisions d'investissement étaient principalement motivées par des considérations fiscales. Les EMN fondent leurs décisions d'investissement sur un éventail de considérations commerciales, la fiscalité étant l'une d'entre elles. Dès lors que la fiscalité exerce de l'influence, les décisions d'investissement sont dictées par des considérations de rendement après impôt plutôt que de rendement avant impôt. Étant donné que les différentiels de TIE peuvent être importants, des EMN pourraient potentiellement être incitées à privilégier des lieux où l'investissement produit un taux de rendement avant impôt plus faible, mais un taux de rendement après impôt plus élevé. Les propositions au titre des Piliers Un et Deux réduisent les différentiels de TIE entre juridictions, ce qui aura pour effet de limiter les distorsions dans les décisions d'investissement induites par la fiscalité et pourra potentiellement conduire à une allocation plus efficace du capital et à un niveau de production mondiale plus élevé.

4.1.3. Les réactions des pouvoirs publics peuvent avoir des effets indirects sur l'investissement

295. **Des recettes fiscales supplémentaires peuvent avoir des effets positifs indirects sur l'économie, en soutenant par exemple la mobilisation des ressources intérieures dans les pays en développement.** Tandis que le niveau optimal de recettes fiscales, la structure optimale du système d'imposition et l'utilisation optimale des fonds publics dépendent du contexte propre à chaque pays, il n'en reste pas moins que des recettes fiscales supplémentaires pourraient être profitables à l'économie, si elles sont utilisées par exemple pour soutenir l'investissement public ou privé, pour réduire les niveaux de la dette publique ou encore pour financer des réductions sur d'autres impôts. La diminution des différentiels de TIE réduit les gains potentiels découlant du transfert de bénéfices, ce qui implique une possible élasticité réduite des bases de l'impôt sur les bénéfices des sociétés et une possible efficacité accrue de la levée de fonds publics. Ces effets indirects positifs sur la capacité fiscale sont particulièrement importants pour les pays en développement, qui sont souvent confrontés à des contraintes de capacité plus strictes.

296. **Les réactions des pouvoirs publics aux modifications apportées au système fiscal international pourraient avoir de forts effets indirects sur l'attrait de leur juridiction pour les investissements étrangers.** Il est possible que le Pilier Deux réduise l'efficacité de certaines incitations fiscales que confère le système de l'impôt sur les bénéfices des sociétés (l'IS). Il n'en demeure pas moins que les pouvoirs publics pourront toujours s'appuyer sur un large éventail d'instruments fiscaux et non fiscaux pour soutenir des objectifs tels que le renforcement de l'innovation ou le développement économique. Toutefois, en réponse à des changements structurels, certaines juridictions pourraient adapter leurs politiques afin d'améliorer leur attractivité pour les investissements étrangers au-delà des simples considérations de coût fiscal. Par exemple, une utilisation plus limitée et plus efficiente des incitations fiscales à l'investissement pourrait renforcer la mobilisation des ressources intérieures dans les pays en développement. Ces réactions renforceraient l'une comme l'autre les effets positifs sur l'allocation du capital à l'échelle internationale.

4.1.4. Réactions en matière d'investissement au niveau des groupes d'EMN

297. **Au niveau des groupes d'EMN, la hausse moyenne pondérée en fonction du PIB des taux marginaux d'imposition effectifs pourrait se situer aux alentours de 1.4 point de pourcentage, ce qui suggère des effets limités sur les niveaux d'investissement à l'échelle mondiale.** L'augmentation moyenne pondérée en fonction du PIB mondial des taux d'imposition effectifs moyens (TIEM) est estimée à environ 0.3 point de pourcentage, ce qui représente un faible impact au regard du TIEM moyen pondéré de l'échantillon (24 %) et de la baisse de 6 points de pourcentage du TIEM moyen non pondéré observée entre 1999 et 2017. La hausse correspondante des taux marginaux d'imposition effectifs (TMIE) est estimée à environ 1.4 point de pourcentage, ce qui représente ici encore une faible variation au regard du TMIE pondéré moyen d'environ 25 %. Ces effets représentent des moyennes mondiales pour l'ensemble des EMN ; la hausse correspondante des TIEM et des TMIE serait généralement plus élevée pour les EMN qui relèvent du champ d'application du Pilier Un ou du Pilier Deux. Ces effets sont principalement attribuables au Pilier Deux et sont plus marqués pour les projets établis dans des centres d'investissement, dont les taux d'imposition effectifs actuels sont pour la plupart comparativement faibles.[1]

298. **La relocalisation des investissements devrait être faible pour les entités des groupes d'EMN touchés par les réformes** : de nouvelles données suggèrent en effet que les entités des groupes d'EMN plus rentables sont moins sensibles aux augmentations d'impôts que celles de groupes d'EMN hors du champ d'application. Plus précisément, les entités des groupes d'EMN dont le taux de rentabilité se situe entre 0 % et 10 % réduiraient, en moyenne, leur taux d'investissement sur le plan national d'environ 0.15 point de pourcentage après une augmentation d'un point de pourcentage du TMIE dans la juridiction concernée. L'ampleur de cet effet peut être quasiment divisée par deux pour les entités des groupes d'EMN dont les ratios de rentabilité sont supérieurs à 10 % et divisée par trois pour les entités des groupes d'EMN au taux de rentabilité supérieur à 15 %.

299. **Les propositions devraient produire des conditions de concurrence plus équitables parmi les EMN et vis-à-vis de leurs concurrents plus petits et nationaux.** Le Pilier Un ciblerait les grandes EMN rentables, tandis que le Pilier Deux ferait en sorte que toutes les EMN paient un impôt minimum dans chaque juridiction dans laquelle elles opèrent, où que leur siège soit basé.

4.1.5. Incidences sur l'économie mondiale en cas d'absence de consensus

300. **Ces résultats sont à comparer aux répercussions pour l'économie mondiale d'un scénario contrefactuel où il n'est pas possible de parvenir à une solution multilatérale de consensus**. Il serait erroné de supposer que le scénario contrefactuel équivaut au statu quo. Il est impératif également que l'évaluation tienne compte de l'évolution du scénario de référence en raison de la pandémie de COVID-19.

301. **Ne pas parvenir à trouver une solution de consensus aurait pour effet d'accroître les pressions exercées au niveau national auprès des pouvoirs publics** pour qu'ils relèvent de manière unilatérale les défis fiscaux soulevés par la numérisation, et conduirait donc probablement de plus en plus de juridictions à introduire des taxes sur les services numériques ou des mesures similaires. Un nombre croissant de juridictions imposent des taxes sur les services numériques ou envisagent de le faire, alors que parmi les autres mesures unilatérales adoptées, on compte des applications alternatives du seuil de l'établissement stable, des retenues à la source ou encore des impôts sur les bénéfices détournés. L'adoption de telles mesures, ainsi que d'autres potentiellement plus agressives de la part des administrations fiscales, pourraient se répercuter de manière indirecte sur l'investissement en provoquant davantage de différends entre les pays et les EMN, ce qui engendrerait des coûts administratifs et des coûts de conformité élevés.

302. **Une prolifération des taxes sur les services numériques (TSN) entraînerait des pertes d'efficacité économique, et par conséquent un repli de l'investissement et de la production à l'échelle mondiale**. Les taxes sur les services numériques ne sont pas conçues comme des impôts sur les bénéfices des sociétés, mais comme des impôts sur le chiffre d'affaires total associé à des types spécifiques de transactions numériques. Elles risquent donc d'assujettir à des impôts des entreprises déficitaires ainsi que d'infliger une double imposition économique, de sorte qu'elles occasionnent plus de distorsions que les impôts basés sur les bénéfices, avec pour conséquence potentielle de faire monter les prix, de peser sur les ventes et de pénaliser les investissements dans les secteurs concernés. Étant donné qu'elles sont généralement prélevées sur des services intermédiaires, comme la publicité en ligne par exemple, il est fort possible qu'elles aient un effet boule de neige sur un bien plus grand nombre d'entreprises et de secteurs, et ce d'autant plus si ces services intermédiaires sont fournis par des plateformes en ligne ayant un certain degré de pouvoir de marché.

303. **Il est fort probable que l'adoption plus généralisée de TSN provoquerait une augmentation des différends commerciaux,** en plus de ses effets négatifs immédiats sur l'efficacité économique.

304. **Le tort que des conflits prolongés portant sur des questions fiscales et commerciales pourraient causer à l'économie est susceptible d'être conséquent, variant entre environ -0.1 % et -1.2 % du PIB mondial**. En fonction des différents taux de TSN et des mesures de représailles envisagés, les simulations font apparaître un recul du PIB mondial compris entre -0.1% et -0.2% si un groupe restreint de juridictions est impliqué dans le conflit, et entre -0.4% et -1.2% s'il en concerne un plus grand nombre, par rapport à un scénario dépourvu de différends fiscaux et commerciaux. Ces résultats représentent une forte baisse du PIB mondial, attribuable aux pertes d'efficacité dues aux droits de douane, exacerbées par la baisse des salaires et des rendements du capital, ainsi que par un ralentissement des investissements imputable au recul des exportations. Les effets sur les revenus des ménages seraient de même ampleur que sur le PIB, de sorte que ce sont les ménages qui supporteraient le plus les coûts de la contraction de l'économie. Les échanges mondiaux, mesurés en volumes réels d'importations mondiales, reculent d'environ deux fois le taux du PIB réel.

305. **En revanche, dans le cadre du scénario avec consensus, l'approximation des effets de la hausse des coûts d'investissement suggère un repli de moins de 0.1 % du PIB mondial,** par rapport à un scénario hypothétique dans lequel l'absence de consensus n'entraînerait aucuns conflits fiscaux et commerciaux futurs.

4.1.6. Évaluation globale dans le contexte du COVID-19

306. **Dans un scénario comme dans l'autre, la pandémie de COVID-19 nuit gravement à l'investissement et à la production à l'échelle mondiale**. Les répercussions de la crise du COVID-19 sur les entreprises, les économies et les gouvernements pourraient modifier les effets attendus de la réforme. Par exemple, la crise économique aura fortement entamé la rentabilité de la plupart des EMN à court, voire à moyen terme. Dans la perspective du scénario avec consensus, en raison des dispositifs de report des pertes, les éventuelles incidences du Pilier Un et du Pilier Deux sur les coûts d'investissement, et donc sur l'investissement mondial, risquent d'être moindres que celles estimées et de ne véritablement se concrétiser qu'à beaucoup plus long terme. Étant donné la structure de certains marchés à forte composante numérique, une demande accrue de services numériques pourrait se traduire par une hausse de rentabilité pour certains grands groupes d'EMN, auquel cas une plus grande part des bénéfices serait soumise au Pilier Un.

307. **Dans le contexte de la crise du COVID-19, l'absence de consensus serait probablement encore plus dommageable.** Au vu de l'extrême fragilité de l'économie mondiale, des différends fiscaux et commerciaux aggravés pourraient exacerber les effets de la crise du COVID ou entraver la reprise d'après-crise. Des TSN pourraient être cause de double imposition et d'asymétrie dans la fiscalité des entreprises, incitant ces dernières à renoncer à des opportunités d'investissement qui seraient

économiquement viables sans ces taxes. La pression politique exercée sur les pouvoirs publics augmentera, alors que d'un côté, les défis fiscaux liés à la numérisation ne sont toujours pas résolus et que de l'autre, de nombreuses EMN à forte composante numérique voient leurs ventes et leur valorisation augmenter.

308. **Une solution de consensus face aux défis fiscaux soulevés par la numérisation soutiendra l'investissement mondial**, contrairement aux scénarios contrefactuels, susceptibles d'aggraver des perspectives économiques déjà sombres. S'il est possible que, dans le scénario avec consensus, l'augmentation des coûts d'investissement pèse légèrement sur l'investissement mondial, il s'agirait là d'un effet négatif quantitativement faible par rapport aux coûts potentiels d'autres scénarios prévoyant des conflits fiscaux et commerciaux qui pourraient survenir en l'absence de solution de consensus. Sans compter que la réforme aurait pour effet de renforcer la cohérence et la certitude en matière fiscale, ainsi que l'efficacité de l'allocation du capital par rapport au scénario sans consensus, autant de facteurs propices à l'investissement et à la croissance.

4.2. Introduction

309. Le Cadre inclusif sur le BEPS de l'OCDE et du G20 a adopté en mai 2019 un Programme de travail visant à élaborer une solution fondée sur un consensus pour relever les défis fiscaux soulevés par la numérisation de l'économie (le Programme de travail) (OECD, 2019[1]), qui a été approuvé par les ministres des Finances et les dirigeants du G20 lors de leur réunion de juin 2019. Le Programme de travail a pour finalité d'élaborer des propositions de réforme en matière de fiscalité internationale des entreprises, prenant appui sur deux piliers : Le Pilier Un introduit de nouvelles règles relatives à la répartition des bénéfices et au lien fiscal aux fins d'une réattribution d'une partie des droits d'imposition aux juridictions de marché ; le Pilier Deux, quant à lui, prévoit des règles afin d'assurer un niveau minimum d'imposition effective et de remédier aux problèmes de BEPS qui demeurent.

310. Dans le cadre du Programme de travail, le Cadre inclusif a demandé au Secrétariat de l'OCDE de procéder à une analyse économique et à une évaluation d'impact des propositions au titre des Piliers Un et Deux, en mettant l'accent sur les effets des propositions tant sur les recettes publiques que sur l'investissement. L'analyse des répercussions des propositions sur les recettes publiques et sur l'investissement fournira de précieux renseignements tant aux pouvoirs publics qu'aux entreprises, aux organisations de la société civile et au grand public. Dans le cadre de ce travail, le présent document se concentre sur l'analyse par le Secrétariat de l'OCDE des effets des propositions au titre des Piliers Un et Deux sur l'investissement et la production économique à l'échelle mondiale.

4.3. Approche conceptuelle

311. Les propositions introduiraient plusieurs éléments entièrement nouveaux dans l'architecture internationale de l'imposition des bénéfices des sociétés, qui entraîneraient un certain nombre de modifications importantes des modalités d'imposition des entreprises multinationales (EMN). Bien qu'à ce stade, plusieurs choix de conception restent à trancher, on s'attend à ce que les modifications les plus importantes apportées aux incitations présentées aux multinationales et aux pouvoirs publics proviennent des éléments schématiques suivants.

- Au titre du Pilier Un, le Montant A prévoit la création d'un nouveau lien fiscal, non tributaire de l'exigence de présence physique, et la réattribution aux juridictions de marché[2] d'une part des bénéfices résiduels déterminée au niveau du groupe d'EMN et calculée par l'application d'une formule.

- Au titre du Pilier Deux, plusieurs règles interdépendantes visent à remédier aux problématiques de BEPS subsistantes et à faire en sorte que les grandes entreprises opérant à l'international paient un impôt minimum, indépendamment de la localisation de leur siège ou de la juridiction où elles exercent leurs activités.

312. Nonobstant d'autres éléments pertinents et nouveaux des propositions, ainsi que certains choix de conception qui restent à faire à ce stade, les évolutions proposées représentent une réforme structurelle importante du système fiscal international, dont on peut attendre un impact sur les décisions d'investissement des EMN. Par exemple, la mise en œuvre des Piliers Un et Deux pourrait entraîner des changements dans la structure organisationnelle et les niveaux d'investissement mondiaux, ainsi que l'éventuelle relocalisation d'activités économiques réelles. Si certes ces possibles réactions comportementales[3] des EMN peuvent ne pas s'observer immédiatement après leur mise en œuvre, il est probable que les réformes aient des répercussions à long terme sur la croissance économique mondiale, ainsi que sur les recettes publiques.

313. Il est difficile de procéder à l'analyse des incidences des propositions sur l'investissement, et pour plusieurs raisons. Premièrement, certains aspects fondamentaux de la conception des règles sont toujours à l'étude. Deuxièmement, les propositions actuellement envisagées sont ambitieuses en ce qui concerne leurs objectifs stratégiques sous-jacents, leur complexité technique et leur champ d'application. Troisièmement, les données disponibles sont limitées et, quatrièmement, les conséquences économiques de la pandémie de COVID-19 constituent une évolution importante par rapport au scénario de référence qui sous-tend l'analyse (voir l'Encadré 4.1 qui développe ce point).

Graphique 4.1. Approche conceptuelle

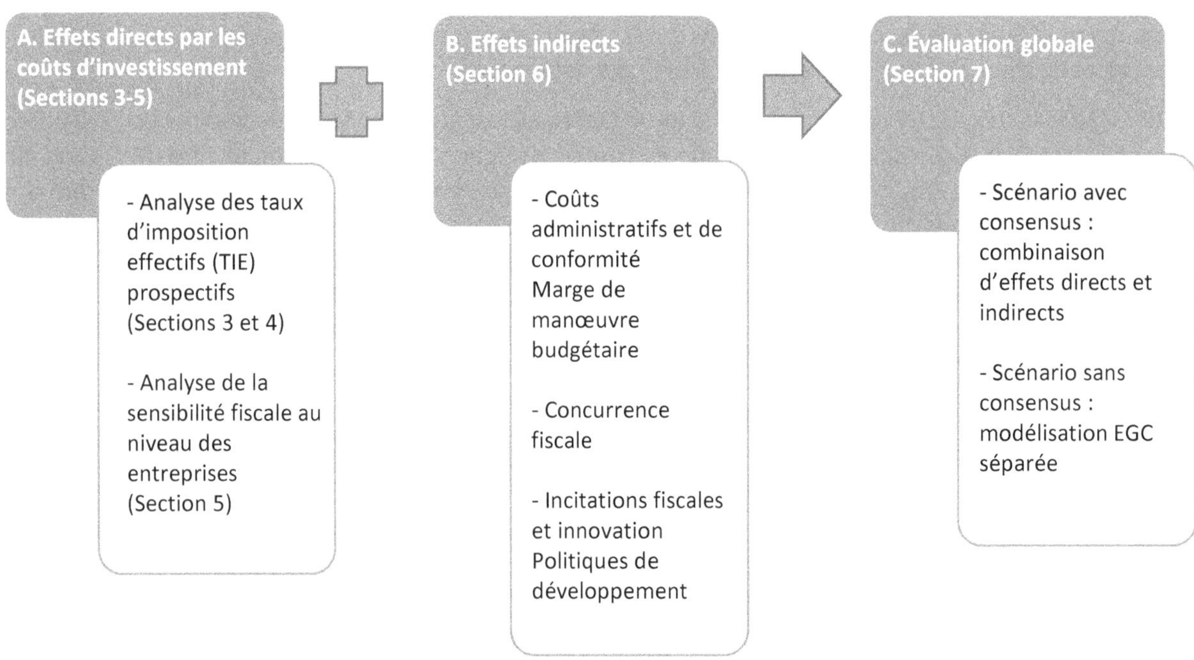

Source : Illustration de l'OCDE

314. En dépit de ces difficultés, le présent document propose un examen approfondi de la question, couvrant les aspects les plus pertinents des débats actuels autour de l'impact des propositions sur l'investissement et qui s'appuie sur des travaux de recherche originaux ainsi que sur des éléments tirés de la littérature économique pertinente. Sur le plan conceptuel, l'analyse repose sur trois grandes composantes, telles que visées au Graphique 4.1 :

- **Incidences sur l'investissement induites par les coûts d'investissement :** Cette composante fait la synthèse de deux nouvelles études empiriques. La première évalue l'incidence des propositions sur les taux d'imposition effectifs (TIE) prospectifs calculés au niveau du groupe d'EMN. La deuxième s'appuie sur les données recueillies au niveau des entreprises pour estimer le degré de sensibilité fiscale de l'investissement des EMN au niveau de leurs entités, en tenant compte des différences de rentabilité qui existent entre groupes d'EMN. À elles deux, ces études produisent d'importantes données empiriques quant à l'effet des propositions sur l'investissement des EMN.

- **Effets indirects sur l'investissement et la production économique des EMN** : En s'appuyant sur la littérature économique existante, cette composante analyse les effets des propositions sur l'investissement et la production économique des EMN induits par un éventail de canaux de transmission indirects. Par exemple, une marge de manœuvre budgétaire accrue, une hausse des coûts administratifs et de conformité ou des changements dans le comportement des contribuables et des pouvoirs publics en réponse à la concurrence fiscale internationale, à des incitations fiscales et à la concurrence entre entreprises, sont autant de facteurs susceptibles d'avoir de fortes répercussions.

- **Évaluation globale des incidences sur l'investissement et la croissance** : Cette composante agrège les résultats quantitatifs sur les coûts d'investissement, auxquels s'ajoutent des indications supplémentaires sur les effets indirects, pour dresser une évaluation globale des incidences probables des propositions sur l'investissement et la croissance des EMN. Cette évaluation est comparée à une série de scénarios contrefactuels, qui seront modélisés à l'aide d'un modèle d'équilibre général calculable (EGC) (Modèle METRO de l'OCDE), pour évaluer les répercussions sur le commerce d'une prolifération de mesures unilatérales qui pourraient être prises en cas d'échec à parvenir à un consensus international.

315. La section 4.4 explique la distinction entre l'investissement des EMN au niveau du groupe d'EMN et au niveau de ses entités. La section 4.5 dresse l'analyse des TIE prospectifs, tandis que la section 4.6 présente l'analyse au niveau des entreprises de la sensibilité fiscale de l'investissement des EMN. La section 4.7 expose les réflexions sur les effets indirects sur l'investissement et la production économique des EMN. La section 4.8 présente une évaluation globale des incidences sur l'investissement et la production, avec et en l'absence d'un consensus multilatéral.

Encadré 4.1. Effets de la pandémie de COVID-19 sur l'évaluation

Les répercussions de la crise du COVID-19 sur les entreprises, les économies et les pouvoirs publics sont telles qu'elles pourraient modifier les effets attendus de la réforme, principalement à court terme, mais aussi à plus long terme. En premier lieu, les préoccupations liées à la sécurité de l'approvisionnement dans un environnement post-COVID-19 pourraient inciter les EMN à revoir leurs chaînes de valeur mondiales (CVM) afin de réduire leur vulnérabilité aux perturbations d'approvisionnement, conduisant ainsi au rapatriement ou à la relocalisation de la production de certains produits pour les rapprocher de leurs marchés de consommation. Dans le cas du scénario avec consensus, examiné en détail à la section 4.8, les différentiels de TIE seront plus faibles et le poids relatif des facteurs non fiscaux dans les décisions de localisation sera proportionnellement plus élevé, d'où la possibilité que les considérations qui ont trait à la vulnérabilité des chaînes d'approvisionnement se mettent à peser davantage dans les décisions de localisation. Cependant, dans un scénario d'absence de consensus multilatéral, ceci risque d'être moins vrai : à mesure que s'accentuera l'incohérence de la fiscalité des sociétés entre les juridictions, il est possible en effet que les EMN soient plus enclines à privilégier les économies d'impôt sur d'autres considérations.

En deuxième lieu, la crise économique aura fortement entamé la rentabilité de beaucoup d'EMN à court, voire à moyen terme. Par conséquent, le montant de bénéfices résiduels destinés à être réattribués au titre du Pilier Un devrait baisser, à l'instar du montant global des bénéfices des EMN, réduisant ainsi le regroupement de bénéfices faiblement imposés assujettis à l'impôt supplémentaire prévu au titre du Pilier Deux. Même si ces effets s'estomperont une fois que les économies et les bénéfices des EMN se rétabliront de la crise, les dispositifs de report permettent aux entreprises d'imputer leurs pertes sur des bénéfices futurs, ce qui signifie que les éventuelles incidences du Pilier Un et du Pilier Deux sur les coûts d'investissement, et donc sur l'investissement mondial, sont susceptibles de mettre plus longtemps à prendre effet. Ainsi, quand bien même un consensus serait trouvé en 2020 et la réforme mise en œuvre peu après, tous les effets potentiels sur les coûts d'investissement, qui d'après cette analyse ne devraient être que limités, risquent de mettre du temps à se matérialiser, c'est-à-dire une fois que la rentabilité des EMN aura retrouvé ses niveaux d'avant la crise.

En revanche, comme l'indique la section 4.8, l'échec à dégager une solution à consensus à l'issue du processus multilatéral du Cadre inclusif pourrait conduire à une rapide prolifération de mesures unilatérales, dont les TSN ne sont qu'un exemple parmi d'autres. Ces TSN étant essentiellement un impôt sur le chiffre d'affaires, elles imposeraient d'importantes dettes fiscales trans-juridictionnelles, non seulement aux entreprises rentables, mais aussi à celles déficitaires, ce qui rendrait la reprise bien d'autant plus difficile. En outre, les TSN pourraient être cause de double imposition et d'asymétrie dans la fiscalité des sociétés, ce qui pourrait fausser les décisions d'investissement au détriment de projets risqués, c'est-à-dire inciter les entreprises à renoncer à des opportunités d'investissement qui seraient économiquement viables en l'absence de TSN, au moment même où des investissements supplémentaires seraient plus nécessaires que jamais. Ces enjeux seront particulièrement épineux dans le contexte de la crise économique résultant de la pandémie COVID-19.

Troisièmement, la dépendance des consommateurs et des entreprises vis-à-vis des services numériques était déjà en plein essor avant la crise. Or les mesures de confinement et les restrictions de déplacement imposées pendant la crise n'ont fait qu'accélérer cette tendance structurelle, ce qui devrait probablement induire une mutation permanente en faveur d'une numérisation accrue et l'augmentation correspondante de la taille des activités ADS. Compte tenu de la structure de certains marchés à forte composante numérique, parfois caractérisés par une dynamique du « winner-takes-most » où le gagnant rafle l'essentiel de la mise, la demande accrue de services numériques pourrait se traduire par une rentabilité plus élevée pour certains grands groupes d'EMN (Calligaris, Criscuolo and Marcolin, 2018[2]) (Bessen, 2017[3]). Dans le scénario avec consensus, cela implique qu'à terme, davantage d'EMN, surtout celles se livrant à des activités ADS, relèveront du champ d'application du Pilier Un, à mesure que leur rentabilité augmentera. En revanche, dans le scénario sans consensus, les pouvoirs publics risqueraient de subir des pressions politiques de plus en plus fortes, alors que les défis fiscaux liés à la numérisation restent non résolus et que, dans le même temps, les EMN à forte composante numérique se portent de mieux en mieux. Face à cela, il est probable qu'un nombre croissant de pays auraient recours à des mesures unilatérales, contribuant ainsi encore plus à la fragmentation du système fiscal international et augmentant la menace de conflits commerciaux préjudiciables, ce qui entraverait l'efficacité économique et compromettrait la reprise mondiale.

Dans le contexte de la crise du COVID-19, les conséquences négatives d'une incapacité à parvenir à une solution de consensus à l'issue du processus multilatéral du Cadre inclusif visé à la section 4.8 seraient donc vraisemblablement encore plus graves. La fragmentation du système fiscal international rendrait la restructuration des CVM d'autant plus coûteuse, les pressions politiques ne feraient que s'intensifier et inciter les pouvoirs publics à s'en remettre de plus en plus à des mesures fiscales unilatérales inefficaces et enfin, les entreprises déficitaires seraient contraintes d'absorber des effets négatifs encore plus forts. De surcroît, le risque de différends commerciaux prolongés ne ferait que se renforcer, avec pour conséquence potentielle de prolonger et d'intensifier une crise économique mondiale déjà extrêmement grave.

4.4. Réactions en matière d'investissement au niveau des groupes d'EMN et de leurs entités

316. Comme le suggèrent des données empiriques, à l'instar du risque politique, de la transparence, des niveaux de salaire, des infrastructures ou encore du fonctionnement des marchés de produits, la fiscalité est l'un des nombreux facteurs qui influent sur les décisions d'investissement des entreprises multinationales ((Hajkova et al., 2006[4]) (Arnold et al., 2011[5]) (Feld and Heckemeyer, 2011[6]) (Sorbe and Johansson, 2017[7])). Toutes choses étant égales par ailleurs, l'impôt sur les bénéfices des sociétés augmente le coût du capital pour l'utilisateur, c'est-à-dire le taux de rendement minimum avant impôt qu'une entreprise doit obtenir pour ne produire ni profit ni perte après impôt (Creedy and Gemmell, 2017[8]). Tandis que d'autres canaux de transmission par lesquels la réforme pourrait nuire à l'investissement et à la production mondiale sont étudiés à la section 4.7, la section 4.5 se concentre sur les effets sur l'investissement induits par les coûts d'investissement.

317. L'introduction des Piliers Un et Deux pourrait avoir des répercussions importantes sur l'imposition des EMN qui relèvent du champ d'application des mesures proposées, dépendant des choix de conception spécifiques retenus concernant les seuils et les exceptions. Dans la mesure où les propositions conduisent à des changements dans leurs coûts d'investissement, on peut s'attendre à ce que la réaction des EMN soit d'ajuster leurs décisions d'investissement, potentiellement en matière de localisation comme d'échelle.

318. Dans les travaux empiriques, les incidences des réformes de l'impôt sur les sociétés sur les coûts d'investissement sont souvent évaluées sur la base de taux d'imposition effectifs (TIE) prospectifs, c'est-à-dire des indicateurs de politique fiscale synthétiques basés sur des modèles, qui combinent des informations sur les systèmes d'impôt sur les sociétés dans un cadre comparable à l'échelle internationale (Devereux et Griffith ; Hanappi (2018[9])). Par rapport aux taux légaux de l'IS, les TIE prospectifs ont l'avantage de rendre compte aussi des composantes types de la base de l'impôt sur les sociétés, par exemple l'amortissement. Dans les études empiriques sur l'investissement, les TIE prospectifs constituent la mesure préférée car ils évitent l'endogénéité inhérente aux TIE rétrospectifs, calculés comme une mesure observée de manière empirique des impôts payés sur les bénéfices (Feld and Heckemeyer, 2011[6]).

319. Lors de l'évaluation des incidences sur l'investissement d'une modification de la fiscalité des entreprises, il est important de faire la distinction entre d'une part la relocalisation de l'investissement au niveau des entités de l'EMN et d'autre part, les évolutions dans l'investissement global au niveau du groupe d'EMN.

- **L'investissement au niveau des entités** représente les investissements réalisés par les filiales qui font partie du groupe d'EMN, qu'elles soient ou non implantées dans la juridiction de l'entité mère ultime. Les décisions d'investissement de ces filiales ont tendance à prendre en compte les TIE en vigueur basés sur les règles fiscales nationales de la juridiction concernée.
- **L'investissement au niveau du groupe** représente les investissements combinés du groupe d'EMN considéré. Quelle que soit la juridiction où l'entité mère ultime du groupe d'EMN est implantée, l'investissement au niveau du groupe d'EMN cumule les investissements réalisés dans toutes les autres entités filiales du groupe. Les TIE au niveau du groupe d'EMN reflètent la structure organisationnelle du groupe d'EMN, ainsi que les règles fiscales en vigueur dans les juridictions respectives.

320. Bien que la littérature empirique confirme que l'investissement au niveau des entités réagit de manière négative à une hausse du taux marginal d'imposition effectif (TMIE) dans un lieu donné (Feld and Heckemeyer, 2011[6]), il ne faudrait pas pour autant en déduire que l'investissement au niveau du groupe d'EMN diminuera lui aussi. Par exemple, une baisse de l'investissement constatée en réaction à une hausse du TMIE dans un lieu donné pourra aller de pair avec la relocalisation d'activités à d'autres endroits où sont implantées des filiales du groupe d'EMN (voire potentiellement à un endroit où le groupe établira une nouvelle filiale). Dans ce cas, l'investissement au niveau du groupe d'EMN restera à un niveau similaire et la production mondiale[4] demeurera inchangée. En fait, ce résultat suggère que la fiscalité aurait faussé les décisions de localisation passées. La relocalisation présente ainsi la possibilité d'une allocation plus efficace du capital et, par conséquent, d'une augmentation de la production mondiale du fait justement de cette relocalisation.

321. Bien que les données disponibles ne permettent pas de démêler facilement les effets au niveau de l'entité de ceux qui interviennent au niveau du groupe, des éléments recueillis récemment sur l'effet de l'introduction de règles relatives aux prix de transfert suggèrent que les modifications des règles fiscales au niveau de la juridiction entraînent principalement une relocalisation de l'investissement d'une EMN plutôt qu'une réduction du niveau global d'investissement du groupe d'EMN (de Mooij and Liu, 2020[10]). Bien que ces effets de transfert soient certainement importants du point de vue de chaque pays concerné, les effets sur l'investissement au niveau du groupe d'EMN sont susceptibles d'être des moteurs plus pertinents de la croissance économique mondiale. La section 4.5 examine les répercussions sur les coûts d'investissement au niveau du groupe d'EMN, tandis que la section 4.6 étudie les retombées sur l'investissement au niveau des entités. Pour autant, les effets indirects envisagés à la section 4.7 pourraient s'appliquer tant au niveau des entités de l'EMN qu'au niveau du groupe.

4.5. Incidences sur les coûts d'investissement au niveau du groupe d'EMN

322. Pour obtenir une estimation des incidences des propositions sur les coûts d'investissement au niveau du groupe d'EMN, l'analyse reprend le cadre théorique des taux d'imposition effectifs prospectifs élaboré par Devereux et Griffith (2003[11]) et l'étend à deux égards importants. Premièrement, l'analyse tient compte de la possibilité que les EMN se servent de leur structure organisationnelle pour en dériver des avantages fiscaux en procédant à un transfert de leurs bénéfices. Deuxièmement, elle évalue l'incidence des dispositions fiscales schématisées[5] proposées au titre du Pilier Un, en se concentrant sur le Montant A, ainsi qu'au titre du Pilier Deux. Ces deux extensions sont décrites en détail dans Hanappi et González Cabral (2020[12]). Les résultats présentés dans le présent document reprennent la teneur des dernières discussions du Cadre inclusif, exposées dans les *Blueprints* des rapports sur le Pilier Un et le Pilier Deux, couvrant la majorité des choix de conception récents. En particulier, bien qu'il reste des décisions politiques à prendre, le Montant A au titre du Pilier Un devrait se limiter aux services numériques automatisés (ADS) et aux activités en relation étroite avec les consommateurs (CFB) ; les incidences du Pilier Deux n'envisagent que l'impact de la règle d'inclusion du revenu (voir la section 4.7.3) et tiennent compte d'une exception fondée sur la substance basée sur une formule sur la dotation aux amortissements, tandis que l'impact de l'exception sur la masse salariale ne peut pas être couvert dans ce chapitre faute de données suffisantes (voir Hanappi et González Cabral (2020[12]) pour une description détaillée de l'approche de modélisation).[6]

4.5.1. Approche méthodologique

323. En cohérence avec la perspective au niveau des groupes d'EMN, l'approche empirique envisage une structure organisationnelle schématisée qui reste constante tout au long de l'analyse et qui est calibrée en fonction de données spécifiques aux juridictions quant à la localisation des bénéfices et des actifs. Aux fins du calibrage empirique, on suppose que l'entité mère ultime du groupe d'EMN procède à un

investissement dans la juridiction où elle est implantée, exerce ses opérations par l'intermédiaire de ses filiales implantées dans d'autres juridictions incluses dans le jeu de données et produit un bien de consommation final qui est vendu à une clientèle mondiale. Il est supposé aussi que l'entreprise est une grande EMN en situation bénéficiaire, qui finance ses investissements à partir de ses bénéfices non distribués ; l'hypothèse d'une entreprise déficitaire n'est donc pas retenue. L'investissement est déterminé sous la forme d'une moyenne non pondérée répartie entre trois grandes catégories d'actifs : les constructions à usage non résidentiel, les actifs corporels et les actifs incorporels acquis. Les taux d'imposition légaux, les règles relatives à l'amortissement et les paramètres macroéconomiques sont issus de la base de données des Statistiques de l'impôt sur les sociétés compilée par l'OCDE (OECD, 2020[13]).[7] Ne sont pas pris en compte l'impôt sur le revenu des personnes physiques et les autres impôts au niveau international, par exemple les retenues à la source.

324. Les taux marginaux d'imposition effectifs (TMIE) et les taux d'imposition effectifs moyens[8] (TIEM) sont calculés au niveau du groupe d'EMN pour un investissement supplémentaire dans la juridiction de l'entité mère ultime[9], en supposant qu'une part de ses bénéfices est transférée à d'autres filiales du groupe situées dans des juridictions dont les taux d'imposition sont plus faibles. L'ampleur approximative du transfert de bénéfices est déterminée d'après les estimations qui font consensus dans les publications disponibles sur le transfert de bénéfices (Johansson et al., 2017[14]), (Heckemeyer and Overesch, 2017[15]), (Beer, de Mooij and Liu, 2020[16]). La localisation des bénéfices transférés ainsi que la structure des revenus sont soumises à un calibrage empirique, conforme à la base de données établie pour procéder à des estimations des recettes fiscales (voir le chapitre 5) ; les bénéfices transférés, quant à eux, sont imposés aux taux légaux respectifs de l'IS (voir Hanappi et González Cabral (2020[12]) pour l'analyse de sensibilité). Cette approche fait en sorte de refléter dans l'analyse l'hétérogénéité entre pays des activités des EMN et par conséquent des incidences potentielles des propositions.

325. Pour saisir les incidences des propositions, les TIE sont d'abord calculés[10] pour un cas de référence de transfert de bénéfices, en s'appuyant sur les données de 2019 sur les taux et les bases de l'impôt sur les sociétés publiées dans la base de données des Statistiques de l'impôt sur les sociétés de l'OCDE (OECD, 2020[17]). En maintenant constants la structure organisationnelle et l'emplacement des bénéfices, le cas de référence est alors comparé au cas après mise en œuvre pour déterminer les variations de TIE au niveau du groupe d'EMN. Les Piliers Un et Deux comprennent dans leur conception plusieurs caractéristiques qui déterminent leur degré d'incidence exercé sur les TIE au niveau du groupe d'EMN. Bien qu'il reste encore à déterminer les paramètres précis à appliquer, l'analyse repose sur un ensemble d'hypothèses, sans préjuger de leur approbation ultérieure, pour modéliser les effets attendus des deux piliers.[11] La spécification sous-tendant l'analyse exposée ci-dessous suppose[12] que le Montant A[13] au titre du Pilier Un entraîne un seuil de rentabilité de 10 % basé sur le bénéfice avant impôt sur le chiffre d'affaires, un pourcentage de 20 % de réattribution des bénéfices aux juridictions du marché et une application restreinte aux activités ADS et CFB. Au titre du Pilier Deux, on suppose un taux de 12.5 % avec agrégation par juridiction ; l'exception de 10 % de la dotation aux amortissements est estimée en utilisant la valeur et l'emplacement des actifs corporels, tandis que l'exception sur la masse salariale ne peut pas être couverte dans le présent chapitre faute de données suffisantes. Un seuil de chiffre d'affaires de 750 millions EUR est modélisé pour les deux piliers. Ces paramètres sont utilisés pour calibrer la part des entreprises et des bénéfices qui relève du champ d'application du Pilier Un et celle du Pilier Deux en utilisant des données au niveau des entreprises spécifiques aux juridictions[14]. Des résultats supplémentaires pour un éventail d'options de conception et de valeurs de paramètres sont présentés dans Hanappi et González Cabral (2020[12]).

4.5.2. Résultats empiriques

326. En cohérence avec les hypothèses sur les structures organisationnelles schématisées, les résultats présentés au Graphique 4.2 relèvent les variations de TIE au niveau du groupe d'EMN associées à des investissements réels dans la juridiction de l'entité mère ultime.[15] Le calcul des TIE au niveau du

groupe d'EMN ne tient pas compte des changements en matière de transfert de bénéfices dus à la mise en œuvre des propositions. Comme on l'a vu au chapitre 3, les nouvelles dispositions sont censées réduire le montant des bénéfices transférés vers des juridictions à faible fiscalité ; cela signifie que l'imposition effective globale augmenterait, en moyenne, alors que les impôts à payer au titre du Pilier Deux diminueraient une fois pris en compte les changements survenus en matière de transfert de bénéfices. Dans ce cas, l'incidence directe de l'imposition minimale effective sur le TIE au niveau du groupe serait plus faible. En suivant l'approche adoptée en ce qui concerne les résultats sur les recettes, les résultats spécifiques aux juridictions sont regroupés en trois groupes basés sur le PIB par habitant : les juridictions à revenu élevé, celles à revenu faible et intermédiaire et les centres d'investissement.[16] Les résultats agrégés pondérés en fonction du PIB sont présentés, pour chacun des trois groupes ainsi que pour la moyenne mondiale, au Graphique 4.2.

327. Plusieurs observations initiales ressortent de l'analyse des TIE au niveau du groupe d'EMN. Premièrement, la part des EMN non touchées par les nouvelles règles demeure importante, en raison du seuil de chiffre d'affaires et de diverses restrictions concernant le champ d'application.[17] Deuxièmement, les résultats suggèrent que les effets des Piliers Un et Deux sur les taux d'imposition effectifs moyens (TIEM) et les taux marginaux d'imposition effectifs (TMIE) seront faibles en moyenne dans l'ensemble des EMN. La variation moyenne pondérée en fonction du PIB mondial des TIEM découlant des Piliers Un et Deux est estimée à un peu plus de 0.3 point de pourcentage (Partie A), ce qui représente un faible impact au regard de la moyenne pondérée de 24 % des TIEM dans l'échantillon et de la baisse de 6 points de pourcentage des TIEM observée au cours de la période 1999-2017 (section 4.7.3). La variation correspondante des TMIE est estimée à environ 1.4 point de pourcentage, ce qui représente ici encore une faible évolution au regard du TMIE pondéré moyen d'environ 25%. Troisièmement, une grande part de cette augmentation est due au Pilier Deux. Bien que la variation moyenne pondérée globale du TIEM due au Pilier Un soit proche de zéro (0.01 point de pourcentage), celle due au Pilier Deux est estimée à environ 0.3 point de pourcentage. On observe le même schéma pour le TMIE (Partie B au Graphique 4.2). Quatrièmement, l'effet des nouvelles règles sur l'investissement réel dans les centres d'investissement est plus important que celui sur l'investissement dans d'autres juridictions.

Graphique 4.2. Modifications des taux d'imposition effectifs attribuables aux Piliers Un et Deux

Les TIE sont calculés au niveau du groupe d'EMN, en supposant un investissement dans la juridiction de l'entité mère ultime. L'axe vertical indique les variations moyennes pondérées en fonction du PIB des TIE en points de pourcentage par groupes de revenu.

Panel A: Taux d'Imposition Effectif Moyen

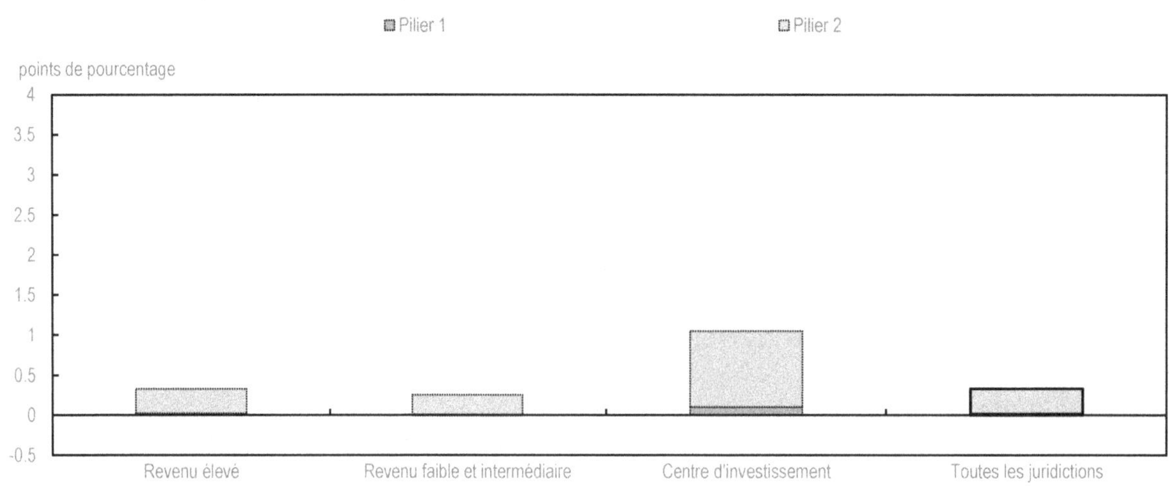

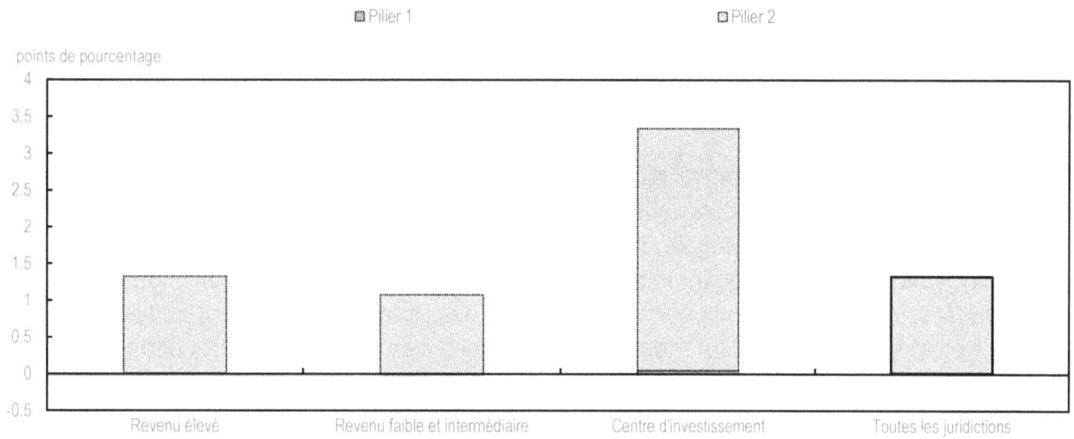

Note : Le Pilier Un (Montant A uniquement) retient un seuil de rentabilité de 10 % sur le ratio bénéfices/C.A., un pourcentage de réattribution au marché de 20 % et un champ d'application circonscrit aux secteurs ADS et CFB. Le Pilier Deux envisage un taux de 12.5 % avec agrégation par juridiction et une exception de 10 % sur la dotation aux amortissements (estimée en fonction de la valeur de l'emplacement des actifs corporels). En outre, on suppose qu'un groupe d'EMN qui se réclame de l'exception devrait être tenu de procéder à un ajustement correspondant et proportionnel aux taxes couvertes pour le calcul du TEI. L'alternative (à savoir, se passer d'un ajustement correspondant et proportionnel aux taxes couvertes) serait difficile à modéliser avec les données disponibles. Voir le chapitre 3 pour plus de détails. Comme l'indique la note en bas de page 12, ne sont pas pris en compte les investissements réels dans les juridictions qui ne disposent pas d'un système d'impôt sur les bénéfices des sociétés à part entière ; ces juridictions sont donc exclues du Graphique, néanmoins des bénéfices peuvent toujours être transférés vers ces juridictions. Un seuil de chiffre d'affaires de 750 millions EUR est supposé, sans préjuger de son approbation ultérieure, pour la modélisation des deux Piliers. L'effet des interactions entre les deux Piliers n'est pas pris en compte dans l'effet combiné. Les résultats présentés dans le Graphique reflètent les effets moyens dans l'ensemble des EMN. Le nombre de juridictions est limité à celles disponibles dans les Statistiques de l'impôt sur les sociétés de l'OCDE (OECD, 2020[17]), à l'exception de l'Estonie et de la Lettonie où l'imposition des bénéfices ne se fait qu'au moment de la distribution. Les groupes de juridictions reprennent la classification par la Banque mondiale des pays par groupe de revenu. Un centre d'investissement est défini comme une juridiction dont la position totale de l'IDE entrant est supérieure à 150 % du PIB, sur la base des données brutes de l'IDE (voir le chapitre 5).
Source : Hanappi et González Cabral (2020[12]).

328. Toute une série d'autres enjeux sont à prendre en compte lors de l'interprétation de ces résultats en ce qui concerne leurs impacts sur l'investissement et la production mondiale. Bien que l'analyse quantitative ci-dessus se concentre sur les TIE au niveau du groupe, d'autres éclairages sur les TIE au niveau des entités apparaissent comme un corollaire ; en particulier, les deux Piliers restreignent la dispersion des TIEM et des TMIE au niveau des entités et au niveau du groupe entre les juridictions. Cette contraction de la dispersion des taux d'imposition réduit les gains fiscaux découlant des transferts de bénéfices, ce qui est susceptible de se traduire par une réduction correspondante du montant des bénéfices transférés. Avec ce rétrécissement du gain marginal induit par le transfert de bénéfices, les bases de l'impôt sur les sociétés pourraient perdre de leur élasticité et, par conséquent, une augmentation donnée du taux d'imposition pourrait s'accompagner d'un coût moindre en termes d'érosion de la base d'imposition due à la relocalisation : les États pourraient ainsi être en mesure de lever des fonds plus efficacement.

329. En outre, une réduction des différentiels de TIE entre juridictions devrait améliorer l'efficacité de l'allocation internationale du capital (Englisch and Becker, 2019[18]). Les entreprises prennent des décisions d'investissement en fonction de leurs rendements après impôt plutôt qu'avant impôt. Si les bénéfices sont imposés à la source et les revenus provenant de sources étrangères sont exonérés d'impôt, comme c'est de plus en plus le cas[18], les différentiels de TIE peuvent être importants, ce qui peut potentiellement inciter les entreprises à choisir des localisations où l'investissement produit un rendement avant impôt moins élevé, mais plus élevé après impôt. Avec la contraction des différentiels de TIE au niveau des entités sous l'effet des nouvelles règles fiscales, le champ d'action des distorsions induites par

la fiscalité s'en trouverait réduit et la production mondiale[19] pourrait donc augmenter du fait d'une allocation du capital plus efficace entre les juridictions.[20]

4.5.3. Incidence de l'impôt

330. L'incidence de la réforme sur l'impôt peut se répercuter sur les agents économiques et leur comportement en matière d'investissement, d'où la nécessité de l'envisager dans l'évaluation. Contrairement à l'incidence légale (c.-à-d. l'obligation légale de s'acquitter de l'impôt), l'incidence économique associée à un nouvel impôt sur les sociétés peut être à la charge des actionnaires ou peut être transférée à d'autres agents économiques, par exemple, les travailleurs ou les consommateurs, par le biais d'ajustements de prix. La mesure dans laquelle ces différents agents économiques supporteront l'incidence de la réforme pourrait affecter l'impact des augmentations de coûts sur l'investissement des entreprises, ce qui induit d'importantes implications pour l'évaluation des nouvelles règles en termes d'efficacité.[21] Par exemple, dans le cas d'une augmentation des coûts d'investissement principalement supportée par les travailleurs ou les consommateurs, la réduction de l'investissement des entreprises pourrait être moins marquée que si c'était les actionnaires qui en supportaient une plus grande part.

331. En général, le degré de transfert sur d'autres agents de l'incidence économique dépend de tout un éventail de facteurs, notamment de l'élasticité de l'offre et de la demande, ainsi que de la structure du marché (Fullerton and Metcalf, 2002[19]) (Auerbach, 2006[20]). Dans le contexte de la fiscalité des entreprises, on suppose généralement que dans les économies ouvertes (dotées de marchés de produits concurrentiels), où le capital est relativement mobile entre juridictions, ce qui est moins le cas pour la main-d'œuvre, les entreprises pourront transférer une part relativement importante de la charge sur les travailleurs par des baisses de salaire. Cependant, seuls quelques articles empiriques examinent spécifiquement ces idées théoriques et des recherches ultérieures ont remis en question les hypothèses sous-jacentes, en suggérant que, d'après les estimations empiriques, les actionnaires supportent en fait une plus grande part de l'incidence économique que précédemment supposé (voir Gravelle (2013[21]), Clausing (2012[22]) (2013[23]) et les références dans ce document).

332. Bien que la recherche empirique sur l'incidence fiscale ne soit pas concluante en raison de la rareté des données ventilées au niveau des entreprises, des études récentes suggèrent que souvent, les ajustements de prix en fonction des variations fiscales suivent des schémas plus complexes, surtout quand les hypothèses théoriques classiques ne se vérifient pas complètement. Par exemple, si les entreprises dégagent plus que le rendement normal du capital, par ex. en raison de leur position dominante sur un marché donné, ce sont les rentes économiques qui supporteraient, du moins en partie, la charge de l'impôt sur les sociétés ; il s'ensuivrait que l'allocation du capital serait moins déformée et la pression à la baisse sur les salaires serait moindre (Auerbach, 2006[20]). Par ailleurs, Clausing (2013[23]) fait valoir que le transfert de bénéfices permet aux entreprises multinationales de dissocier le lieu où elles déclarent leurs bénéfices de celui de leurs activités économiques, ce qui a ainsi pour effet d'isoler partiellement les travailleurs dans les juridictions à fiscalité élevée des effets négatifs sur les salaires associés à une augmentation donnée de l'impôt sur les sociétés (2013[23]). En outre, des études récentes fondées sur des données désagrégées suggèrent que l'hétérogénéité au niveau des entreprises et le partage des rentes entre travailleurs et actionnaires pourraient avoir des répercussions sur l'incidence fiscale (Arulampalam et al. (2012[24]); Suarez Serrato et Zirdar (2018[25]) ; Fuest, Peichl et Siegloch (2018[26])). En outre, les constatations présentées à la section 4.6 suggèrent que l'investissement des entités qui appartiennent à des groupes d'EMN plus rentables est moins sensible à la fiscalité, un résultat qui pourrait également être dû à l'existence de rentes économiques au niveau du groupe d'EMN.

333. La littérature sur l'incidence de l'impôt sur les sociétés suppose souvent que les marchés de produits sont concurrentiels, auquel cas les entreprises sont dans l'impossibilité d'en transférer l'incidence sur les consommateurs. Bien que cette hypothèse puisse être justifiée dans des contextes plus généraux, elle est moins susceptible de s'appliquer aux entreprises à forte composante numérique qui opèrent sur

des marchés caractérisés par une dynamique du « winner-takes-all » ou du « winner-takes-most ». En particulier, la présence de marchés multi-faces pourrait avoir des répercussions sur l'analyse de l'incidence fiscale, ce qui pourrait avoir des répercussions sur les décisions d'investissement. La recherche théorique suggère que sur les marchés multi-faces, les prix optimaux ne correspondent pas forcément aux coûts marginaux (Rochet et Tirole (2003[27]), (2006[28])). Si c'est le cas, il est possible que les modifications fiscales induisent un ajustement de la structure de prix optimale, par exemple, si la plateforme numérique détient un certain degré de pouvoir de marché et partage des rentes économiques avec différents groupes d'utilisateurs finaux. Pour autant, la littérature universitaire sur ce sujet spécifique reste limitée et des contributions récentes laissent à penser qu'il existe un degré d'incertitude considérable quant à l'incidence fiscale sur les marchés multifaces (Kind, Koethenbuerger et Schfeldup (2008[29]), (2010[30])Belleflamme et Toulemonde (2016[31]), Kind et Koethenbuerger (2017[32]), Tremblay et Tremblay (2017[33]), Bourreau, Caillaud et de Nijs (2018[34]), Cui (2019[35]), Bibler, Teltser et Tremblay (2019[36])).

334. Au-delà de ces considérations, les nouvelles règles sont susceptibles de provoquer d'autres changements de comportement de la part des EMN et des pouvoirs publics, qui pourraient induire d'autres effets indirects sur l'efficacité et la production mondiale, comme l'évoque la section 4.7.

4.6. Sensibilité à l'impôt de l'investissement des EMN

335. Bien que ces résultats suggèrent qu'il faut s'attendre à une légère hausse en moyenne au niveau mondial des TIE au niveau des groupes, du point de vue de la moyenne mondiale, l'effet de cette hausse sur la croissance économique dépendra de la manière dont les EMN y réagiront en adaptant leur comportement d'investissement en conséquence. En particulier, l'augmentation des TIE au niveau des groupes pourrait à son tour se répercuter sur les décisions d'investissement des EMN, avec des incidences potentielles sur l'investissement mondial et les choix d'implantation des investissements dans les juridictions. À plus long terme, ces changements dans les schémas d'investissement pourraient avoir des répercussions sur la croissance mondiale.

336. Comme l'a montré la section 4.4, en réduisant le taux de rendement de l'investissement après impôt, une hausse de l'impôt sur les bénéfices des sociétés pourrait conduire les entreprises à renoncer à certains projets d'investissement, à les revoir à la baisse ou à les relocaliser. Toutes choses étant égales par ailleurs, une hausse de l'impôt sur les bénéfices des sociétés dans un pays a tendance à entraîner une baisse des investissements des EMN dans le pays en question (Sorbe and Johansson, 2017[7]; Feld and Heckemeyer, 2011[6]). Toutefois, la sensibilité de l'investissement d'une entreprise aux taux d'imposition des sociétés dépend du type d'entreprise concerné. Les résultats d'études antérieures suggèrent que cette sensibilité dépend, par exemple, de caractéristiques telles que la structure de financement des investissements et les contraintes de liquidité (Zwick and Mahon, 2017[37]), de la structure du marché, en particulier le pouvoir de marché de l'entreprise (Kopp et al., 2019[38]), et plus spécifiquement pour les multinationales, des possibilités de planification fiscale (Sorbe and Johansson, 2017[7]).

337. Des études récentes ont documenté l'émergence de « sociétés superstar », c'est-à-dire des entreprises innovantes et hautement productives, qui souvent ont fortement recours à des actifs incorporels. Ces entreprises opèrent généralement à l'échelle mondiale et tendent à dominer de plus en plus certains marchés de produits, en particulier dans les secteurs du numérique et ceux caractérisés par une dynamique du « winner-takes-all » ou du « winner-takes-most » (Calligaris, Criscuolo and Marcolin, 2018[2]; Bajgar et al., 2019[39]; Gutiérrez and Philippon, 2019[40]; Autor et al., 2017[41]). Dans le contexte des propositions fiscales internationales à l'étude, ces tendances pourraient revêtir une importance particulière, compte tenu de la portée des propositions de réforme.

338. En particulier, les entreprises appartenant à des groupes d'EMN plus rentables pourraient réagir autrement que celles qui appartiennent à des groupes qui le sont moins, et ce pour plusieurs raisons. En premier lieu, les groupes plus rentables sont susceptibles de disposer de davantage de ressources

financières (par exemple, davantage de liquidités disponibles) que ceux qui le sont moins, de sorte qu'ils sont moins limités en matière de crédit et seraient donc moins sensibles à une possible augmentation de la fiscalité. En deuxième lieu, leurs taux de rentabilité élevés peuvent être attribuables à des positions monopolistiques ou oligopolistiques, auquel cas l'incidence tend à retomber sur les rentes de monopole plutôt que sur les rendements normaux du capital (voir la section 4.5.3), ce qui peut induire des réponses comportementales moins marquées en matière de décisions d'investissement (Kopp et al., 2019[38]). En outre, il est possible que ces positions monopolistiques soient le résultat d'investissements passés importants (par exemple par l'octroi de brevets ou sous l'effet d'une dynamique du « winner-takes-all » ou « winner-takes-most »), auquel cas les groupes d'EMN pourraient être réticents à réduire leurs investissements futurs, au risque de menacer leur position dominante sur le marché. Enfin, il est possible que davantage d'occasions et d'incitations à se livrer à des pratiques de planification fiscale se présentent aux groupes plus rentables.[22] Par exemple, du fait que fréquemment, ces entreprises se reposent davantage sur des actifs incorporels, il leur est plus facile de se livrer à des activités de planification fiscale par la localisation stratégique de leurs actifs incorporels. De surcroît, en raison des coûts fixes de la planification fiscale, les groupes moins rentables peuvent avoir moins d'incitations à se livrer à certaines stratégies de transfert des bénéfices.

339. Par exemple, des données récentes sur les réactions des entreprises américaines à la « Tax Cuts and Jobs Act » (loi sur les réductions d'impôts et l'emploi) suggèrent que les sociétés superstar, qui se caractérisent généralement par des taux de marge et de rentabilité très élevés, sont en effet susceptibles de réagir différemment des autres entreprises aux changements dans la fiscalité des entreprises (Kopp et al., 2019[38]). Dans la mesure où elles sont aussi plus susceptibles qu'une entreprise ordinaire d'être concernées par les réformes fiscales internationales actuellement à l'étude, la variation de la sensibilité fiscale entre ces sociétés et les autres pourrait avoir des répercussions notables sur les effets globaux de la réforme sur l'investissement.

340. Au titre du Pilier Un, de nouvelles obligations fiscales ne surviendront qu'au-dessus d'un certain seuil de rentabilité défini, par exemple par rapport au bénéfice avant impôt sur le chiffre d'affaires. S'ajoute à cela la possibilité que les multinationales plus rentables sont plus susceptibles d'avoir transféré des bénéfices vers des juridictions à faible fiscalité ; cela implique, toutes choses étant égales par ailleurs, qu'elles seront également plus touchées par l'imposition minimale effective au titre du Pilier Deux. Pour étudier les effets potentiels de la réforme, de nouvelles analyses empiriques ont été effectuées. Le document Millot et al. (2020[42]) fournit des observations quant à l'effet de l'impôt sur les sociétés sur l'investissement des EMN au niveau de leurs entités, en se concentrant sur la variation de la sensibilité fiscale de l'investissement entre les groupes d'EMN, plus particulièrement en fonction du taux de rentabilité du groupe.

Graphique 4.3. Sensibilité à l'impot de l'investissement en fonction de la rentabilité au niveau du groupe d'EMN

Variation du taux d'investissement (ratio de l'investissement par rapport au stock de capital retardé), en point de pourcentage après une augmentation de 1 point de pourcentage du TMIE ; rentabilité au niveau du groupe d'EMN mesurée par le bénéfice avant impôt sur le chiffre d'affaires

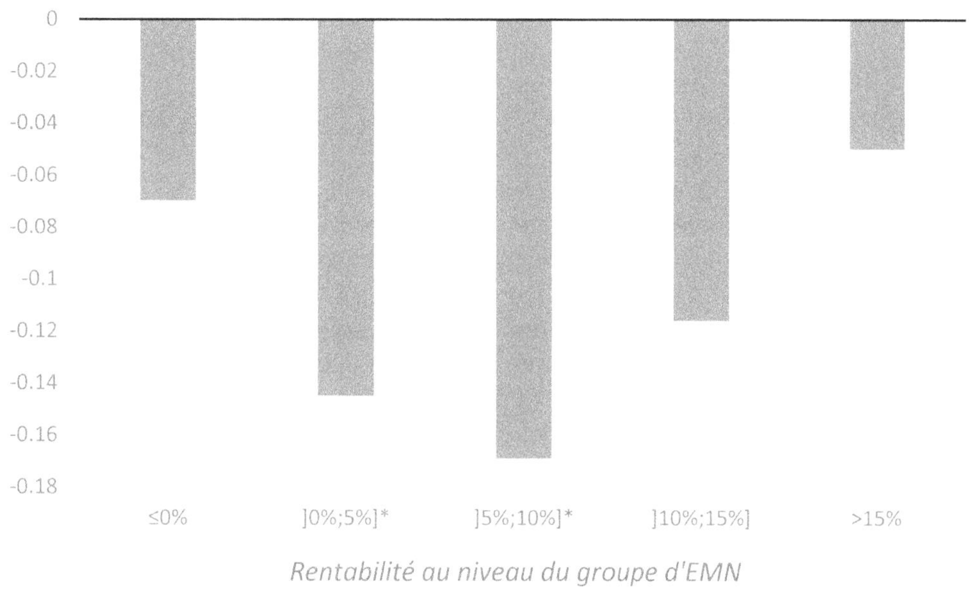

Note : Estimations fondées principalement sur les données au niveau des entreprises issues de la base de données ORBIS, ainsi que sur les données ETR du ZEW. Les effets estimés pour les groupes de rentabilité marqués d'un astérisque (*) sont statistiquement significativement différents de zéro au niveau de 10 %, tandis que ce n'est pas le cas pour les effets pour les autres groupes de rentabilité.
Source : Voir Millot et al. (2020[42]).

341. S'appuyant sur un cadre économétrique au niveau des entreprises, auprès d'un panel estimé d'environ 26 000 entités d'EMN implantées dans 17 pays principalement européens au cours de la période 2007-2016, l'analyse confirme les constats de publications antérieures démontrant la réaction négative de l'investissement des EMN dans une juridiction suite à une hausse du TMIE au niveau de la juridiction concernée.[23]

342. Poussant l'analyse plus loin, les résultats de l'analyse suggèrent que la sensibilité fiscale à court terme[24] de l'investissement des EMN est moindre parmi les entités appartenant à des groupes qui présentent une rentabilité relativement élevée. Comme le montre le Graphique 4.3, la sensibilité à l'impôt des entités d'un groupe d'EMN dont la rentabilité est supérieure à 15 %, calculée en termes de bénéfice avant impôt sur le chiffre d'affaires, serait nettement moins aiguë que celle d'une entité d'un groupe dont la rentabilité est comprise entre 0% et 10 %. Plus précisément, les entités des groupes d'EMN dont le taux de rentabilité se situe entre 0 % et 10 % réduiraient, en moyenne, leur taux d'investissement au niveau local d'environ 0.15 point de pourcentage après une augmentation d'un point de pourcentage du TMIE dans la juridiction concernée. Cet effet se trouve quasiment divisé par deux pour les entités des groupes d'EMN dont les ratios de rentabilité sont supérieurs à 10 % et par plus de trois pour celles des groupes d'EMN au taux de rentabilité supérieur à 15 %. La différence entre les sensibilités estimées pour les différents groupes de rentabilité est par ailleurs statistiquement significative quand on tient compte de toutes les sources potentielles d'hétérogénéité non observée au travers d'effets fixes au niveau des entreprises et au niveau pays/année. D'autres résultats de régression suggèrent que cette sensibilité

fiscale moindre parmi les entités des groupes d'EMN à forte rentabilité peut être liée au fait que ces groupes sont moins susceptibles de faire face à des contraintes de liquidité.

343. Globalement, ces résultats suggèrent que, dans leur comportement en matière d'investissement, les entités des groupes d'EMN qui sont plus susceptibles d'être touchés par les nouvelles règles fiscales proposées au titre des Piliers Un et Deux sont potentiellement moins sensibles à l'impôt que les entités d'une EMN moyenne.

4.7. Effets indirects sur l'investissement et la production économique des EMN

344. Comme on l'a vu aux sections 4.4 et 4.5, les nouvelles règles fiscales affecteront directement l'investissement réel en raison de leur incidence sur les coûts d'investissement. Il n'en reste pas moins que les propositions comprennent plusieurs éléments totalement nouveaux qui sont susceptibles de susciter des réactions comportementales de la part des EMN et des pouvoirs publics. Le Montant A du Pilier Un prévoit la création d'un nouveau lien fiscal et la réattribution aux juridictions du marché[25] d'une part des bénéfices résiduels déterminée au niveau du groupe d'EMN ou d'un segment et calculée par l'application d'une formule. Le Pilier Deux vise à remédier aux problématiques de BEPS subsistantes et à faire en sorte que les grandes entreprises opérant à l'échelon international paient un impôt minimum, indépendamment de la localisation de leur siège ou de la juridiction où elles exercent leurs activités. Sans préjuger de la conception et des choix de paramètres finaux, il est clair que les changements structurels introduits dans ces nouvelles règles pourraient avoir des effets indirects supplémentaires sur l'investissement et la production économique par le biais de divers canaux de transmission. Pour intégrer ces effets indirects dans l'analyse, cette section reprend et développe la littérature économique, en en examinant les observations empiriques et théoriques pertinentes en vue de dresser l'évaluation globale présentée à la section 4.8.

345. Le Graphique 4.4 illustre les effets indirects les plus pertinents. Pour commencer, la marge de manœuvre budgétaire supplémentaire produite par les recettes fiscales au titre du Pilier Un et du Pilier Deux pourrait avoir des effets positifs indirects sur l'investissement. Dans la mesure où l'analyse des coûts d'investissement visée à la section 4.5 se concentre uniquement sur les augmentations de coûts induites par l'impôt, il y a lieu de tenir compte également dans l'évaluation globale des autres évolutions de coûts subies par les contribuables et les pouvoirs publics, notamment les coûts administratifs et de conformité. Du côté des entreprises, les coûts de conformité sont évoqués dans une sous-section distincte ; du côté des pouvoirs publics, les coûts administratifs sont abordés dans l'analyse plus large portant sur la marge de manœuvre budgétaire.

346. S'ajoutant à ces effets, on s'attend aussi à ce que l'introduction d'éléments entièrement nouveaux modifie la structure d'incitation sous-jacente au système fiscal international, ce qui pourrait potentiellement se répercuter sur l'allocation du capital entre les projets ou les emplacements, et donc la production économique globale. Ainsi, les interactions stratégiques à l'œuvre dans la conception par les juridictions de leurs règles fiscales peuvent donner lieu à des externalités budgétaires, lorsque les choix de politique fiscale des pouvoirs publics dans une juridiction affectent le positionnement optimal d'autres pays en ce qui concerne leur propre politique fiscale. L'introduction d'éléments entièrement nouveaux dans le système fiscal international pourrait changer la structure de ces externalités budgétaires et par voie de conséquence modifier les choix des pays en matière de politique fiscale optimale, de même que les réactions des entreprises confrontées à un paysage fiscal en mutation. Les effets indirects découlant de ces externalités budgétaires sont examinés dans la sous-section sur la concurrence fiscale internationale.

Graphique 4.4. Vue d'ensemble : effets indirects sur l'investissement et la production économique

Ce graphique illustre les canaux de transmission indirects les plus pertinents sur le plan quantitatif par l'intermédiaire desquels les nouvelles règles fiscales pourraient se répercuter sur l'investissement mondial.

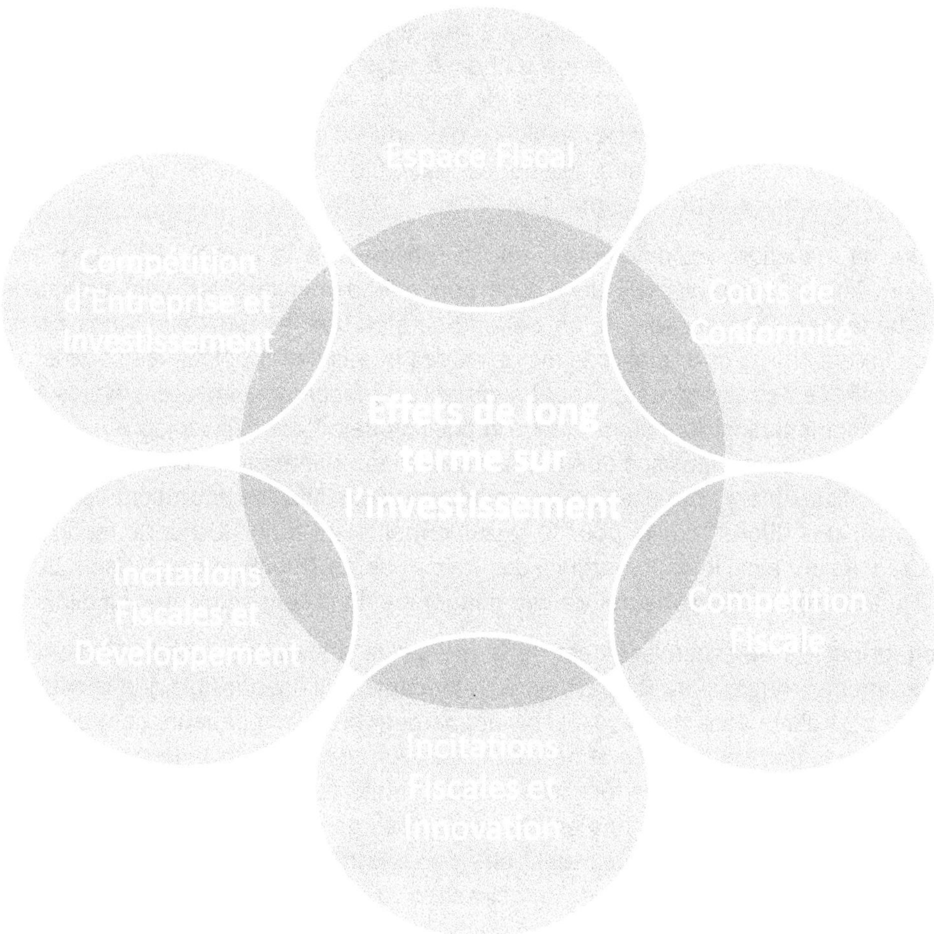

Source : Secrétariat de l'OCDE.

347. Dans certains domaines d'action, l'existence de défaillances du marché ou d'externalités positives fournit une justification politique à l'appui de projets d'investissement spécifiques. Puisque c'est souvent par le biais du système de l'impôt sur les sociétés que les autorités déploient leur soutien, les nouvelles règles, en particulier l'imposition minimale effective prévue au titre du Pilier Deux, pourraient réduire les options stratégiques à la disposition des pouvoirs publics, avec pour effet potentiel d'entraîner un sous-investissement dans des projets qui auraient sinon reçu davantage de soutien public. Les deux principaux domaines d'action dans lesquels les incitations fiscales sont souvent défendues sur la base de cet argument sont l'innovation et le développement économique. Une sous-section distincte est consacrée à chacun de ces domaines d'action.

348. Enfin, une augmentation du pouvoir de marché, telle que mesurée en termes de concentration sur un marché ou dans un secteur donné, peut dans certaines circonstances, diminuer les incitations des entreprises à innover et à investir. Alors que les nouvelles règles contribueront à des conditions de concurrence plus équitables entre les entreprises, une possible réduction du pouvoir de marché pourrait avoir des effets indirects positifs sur l'innovation et l'investissement : cet argument est développé dans une sous-section distincte.

4.7.1. Marge de manœuvre budgétaire

349. Ayant déjà considéré les effets directs correspondants sur l'investissement à la section 4.5, l'évaluation globale[26] des nouvelles règles doit également tenir compte des augmentations attendues de la marge de manœuvre budgétaire. Comme le montrent les analyses des recettes, les nouvelles règles fiscales devraient avoir pour effet direct d'accroître les recettes fiscales de la plupart des pays (voir chapitre 2 et chapitre 3). Bien qu'il appartienne à chaque pays de décider de l'utilisation optimale de sa marge de manœuvre budgétaire supplémentaire en fonction de sa situation propre, une hausse des recettes fiscales, ayant déjà pris en compte l'évolution des coûts d'investissement, devrait avoir des effets positifs sur l'économie, car elle pourra être utilisée, par exemple, pour soutenir l'investissement public ou privé ou pour réduire les niveaux de dette publique.

350. En outre, la réduction des différentiels de TIE observée à la section 4.5 a une incidence non seulement sur l'investissement réel, mais elle a aussi pour effet de diminuer les gains potentiels découlant du transfert de bénéfices. Par conséquent, on s'attendrait à ce que les EMN aient moins tendance à se livrer à l'évasion fiscale et à ce que l'élasticité moyenne des bases de l'impôt sur les sociétés diminue, par exemple, si la sensibilité des bénéfices à l'impôt augmente de façon non linéaire avec les écarts de taux d'imposition. Une augmentation donnée du taux d'imposition serait donc associée à un coût moindre en termes d'érosion de la base d'imposition due à la relocalisation et permettrait ainsi aux États de renflouer leurs caisses plus efficacement ; par exemple, les administrations fiscales pourraient dégager les mêmes recettes moyennant des efforts réduits pour le recouvrement de l'impôt. De cette façon, les nouvelles règles fiscales réduiraient ainsi le coût marginal des fonds publics (Slemrod and Wilson, 2009[43]), ce qui consoliderait d'autant plus la marge de manœuvre budgétaire dans l'ensemble des juridictions.

351. Les effets positifs de l'accroissement de la marge de manœuvre budgétaire sont susceptibles d'être particulièrement marqués pour les pays en développement. Il est possible que le coût marginal des fonds publics soit plus élevé dans les pays en développement en raison de leurs contraintes de capacité concernant l'application des lois fiscales et de l'administration fiscale (Dabla-Norris et al., 2019[44]; Keen et al., 2015[45]). Dans la mesure où les fonctions de conformité et d'administration prévues au titre des Piliers Un et Deux sont exécutées par des entités implantées dans la juridiction de l'entité mère ultime, des recettes fiscales supplémentaires pourraient être perçues moyennant un moindre coût par unité de fonds publics. Par ailleurs, le besoin de mobilisation des ressources intérieures pour soutenir l'investissement public tend à être plus important dans les pays en développement, ce qui suggère que dans ces pays, l'investissement public pourrait produire des effets positifs plus importants que dans les pays développés, où le retour sur l'investissement public supplémentaire risque d'être moindre (Besley and Persson, 2014[46]).

352. La mise en œuvre de la réforme pourrait accroître les coûts administratifs pour les administrations fiscales. Cela pourrait être particulièrement le cas pour les juridictions où sont implantées des entités accordant un allègement destiné à éviter la double imposition ou celles où sont implantées des entités servant de « guichet unique » potentiel, par l'intermédiaire desquelles une EMN s'acquitte de ses obligations fiscales à l'échelle mondiale en ayant principalement recours à une seule administration fiscale. Lorsque ces fonctions de conformité sont situées à l'extérieur des juridictions de plus petite taille, les coûts connexes sont susceptibles d'être supportés principalement par les administrations de plus grande taille. De plus, en fonction de la conception des règles, il est possible que les administrations fiscales puissent bénéficier de l'éventuelle réduction des différends résultant de l'élargissement des procédures de prévention des différends.

4.7.2. Coûts administratifs et de conformité

353. L'introduction de nouvelles dispositions fiscales pour la mise en œuvre des Piliers Un et Deux augmentera les obligations de dépôt, et les coûts de conformité, pour les EMN qui entrent dans leur champ d'application. Comme indiqué aux chapitre 2 et chapitre 3, la conception des règles prévoit plusieurs

restrictions de champ d'application, impliquant que seules seront concernées les grandes EMN relativement rentables. Par conséquent, les augmentations des coûts de conformité seront principalement supportées par les entreprises dont les coûts actuels de conformité sont les plus faibles en proportion du chiffre d'affaires (voir Encadré 4.2). De surcroît, il est possible que certaines administrations fiscales enregistrent une hausse de leur charge administrative en raison de la mise en œuvre des nouvelles règles. Des formalités administratives simplifiées actuellement à l'étude pour diverses composantes des deux piliers permettraient de limiter ces coûts.

Graphique 4.5. Tendances des cas soumis à la procédure amiable (PA) pour les pays de l'OCDE

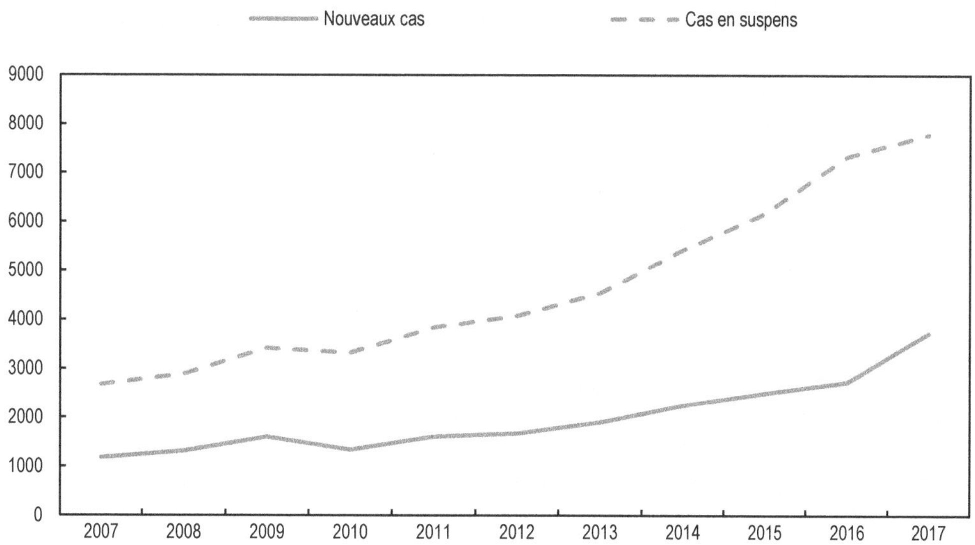

Source : Calculs de l'OCDE basés sur les statistiques de l'OCDE relatives à la procédure amiable, à la page : https://www.oecd.org/ctp/dispute/ Pour garantir un groupe équilibré, les données sont fournies uniquement pour les pays suivants : Allemagne, Australie, Autriche, Belgique, Canada, Chili, Corée, Danemark, Espagne, Estonie, États-Unis, Finlande, France, Grèce, Hongrie, Islande, Irlande, Israël, Italie, Japon, Luxembourg, Mexique, Nouvelle-Zélande, Norvège, Pays-Bas, Pologne, Portugal, République slovaque, République tchèque, Royaume-Uni, Slovénie, Suède, Suisse et Turquie.

Graphique 4.6. Délai de clôture des cas soumis à la procédure amiable

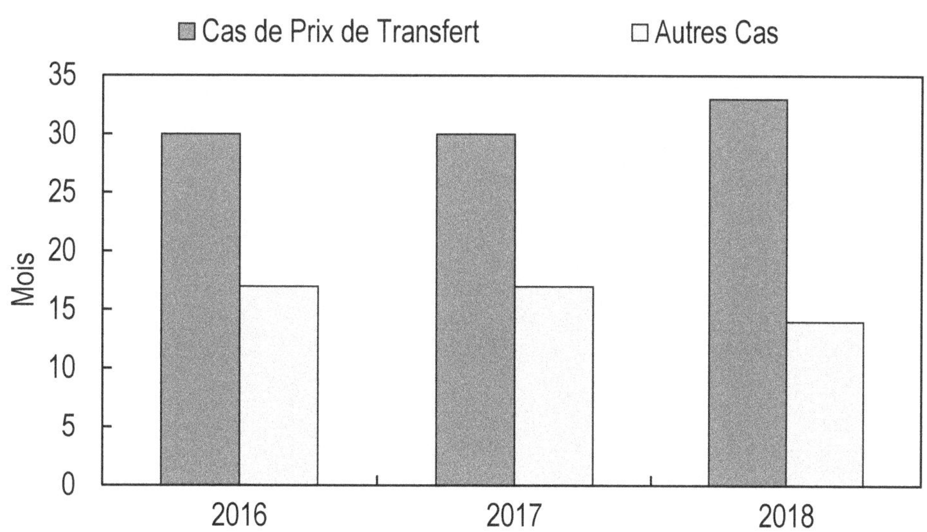

Source : Calculs de l'OCDE basés sur les statistiques de l'OCDE relatives à la procédure amiable, à la page : https://www.oecd.org/ctp/dispute.

354. Plusieurs effets indirects sur le comportement des entreprises pourraient atténuer, du moins en partie, l'augmentation anticipée des coûts de conformité. Premièrement, la planification fiscale représente une plus grande proportion de la charge administrative des grandes EMN que de celles de plus petite taille (voir l'Encadré 4.2). Les nouvelles règles devraient avoir pour effet de réduire les incitations pour les EMN de se livrer à des transferts de bénéfices. Dans la mesure où les entreprises réduisent ou abandonnent, à moyen terme, leur recours à des structures de planification fiscale complexes, on pourrait constater une baisse des coûts de conformité pour les entreprises et des coûts d'administration pour les autorités fiscales.

355. Deuxièmement, il s'est produit une augmentation des cas soumis à la procédure amiable (PA), de sorte que le système fiscal international connaît un volume croissant de cas en suspens soumis à la PA (Graphique 4.5). Ces cas suscitent déjà d'importants coûts de conformité pour les EMN. Il convient de noter qu'une grande partie de ces cas soumis à la PA (51 % d'entre eux en 2018) sont des cas relatifs aux prix de transfert, qui prennent généralement beaucoup plus de temps à conclure (Graphique 4.6). Bien que le délai de clôture reste élevé pour les cas de prix de transfert, celui-ci a récemment été réduit pour les cas autres que ceux liés aux prix de transfert. Certains cas de prix de transfert font référence à des distributeurs de parties liées, en particulier à des distributeurs assumant des risques limités. En normalisant la rémunération des distributeurs de parties liées, le Montant B du Pilier Un réduirait la probabilité que ces cas se soldent par des procédures amiables. [27]

356. Troisièmement, on s'attend à ce que les réformes envisagées au titre des Piliers Un et Deux élargissent et améliorent les procédures de prévention des différends, ce qui laisse présager d'une possible réduction des contraintes de conformité liées à la mise en œuvre des propositions. En effet, les EMN seraient contraintes de consacrer moins de ressources à des procédures d'appel, de litige et d'audit, dans la mesure où celles-ci seraient moins nombreuses. Tous ces aspects, associés à une possible diminution des différends se concluant par une procédure amiable attribuable aux simplifications au titre du Montant B du Pilier Un, pourraient atténuer toute augmentation des coûts de conformité pour les EMN résultant de la mise en œuvre des nouvelles règles.

357. Dans la mesure où la mise en œuvre des propositions induit des coûts de conformité supplémentaires pour les EMN qui relèvent du champ d'application, il est possible aussi qu'elle entraîne des coûts d'administration supplémentaires pour les autorités fiscales. Comme c'est le cas pour les EMN, une réduction du nombre de différends due à l'élargissement des procédures de prévention et de règlement des différends pourrait avoir pour effet de baisser les coûts administratifs. Des mesures de simplification (telles que le Montant B) peuvent elles aussi permettre d'éviter des différends liés aux prix de transfert dans certains domaines. Quoi qu'il en soit, il est possible que le niveau global des coûts administratifs augmente malgré tout en raison de la mise en œuvre des propositions. Il est possible que l'augmentation des coûts d'administration soit plus marquée pour les administrations qui assument la fonction d'administration fiscale principale dans le cadre de la proposition du système d'administration centralisé et simplifié et que, par conséquent, elle varie d'une juridiction à l'autre.

Encadré 4.2. Coûts de conformité

Les coûts de conformité sont non seulement difficiles à mesurer, mais ils sont de surcroît soumis à de grandes incertitudes. La plupart des études examinant les coûts de conformité reposent sur des données d'enquête dont les échantillons sont relativement petits (Eichfelder and Vaillancourt, 2014[47]). Il est difficile aussi de généraliser les constats quant aux sous-composantes des coûts de conformité, qui n'impactent pas de la même et dans la même mesure toutes les entreprises. Une grande partie de la documentation existante sur les coûts de conformité porte sur les petites et moyennes entreprises, un moins grand nombre d'études (par ex. Slemrod et Venkatesh (2002[48]) et Erard (1997[49])) se concentrant sur les entreprises de plus grande taille. Il y a lieu de croire que les coûts de conformité peuvent varier considérablement d'une entreprise à l'autre, notamment en fonction de l'ancienneté, de la taille de l'entreprise, du nombre d'entités dans le groupe et de la forme juridique de l'entreprise (voir Stamatopoulos, Hadjidema et Eleftheriou (2017[50]) , Eichfelder et Vaillancourt (2014[47]) pour des analyses).

En dépit de ces incertitudes, il ressort de la littérature que le respect des obligations fiscales constitue une part importante des contraintes de conformité globales. On constate qu'en règle générale, en termes absolus, les coûts de conformité des grandes entreprises sont plus élevés que ceux des petites. En revanche, en proportion du chiffre d'affaires, les études suggèrent que les coûts de conformité sont plus élevés pour les petites entreprises que pour les grandes (Eichfelder and Vaillancourt, 2014[47]; Slemrod and Venkatesh, 2002[48]; Ariff, Cheung and Chan, 1999[51]). La charge proportionnellement plus élevée pour les petites entreprises s'explique en partie par des coûts de conformité qui sont fixes. Les coûts de conformité sont donc régressifs en raison de ces déséconomies d'échelle.

De plus, la littérature désagrège les contraintes globales de conformité fiscale. D'après les études, les principales composantes des coûts de conformité sont les coûts de dépôt des déclarations de revenus et les coûts de tenue des registres (Lignier and Evans, 2012[52]; Colmar Brunton, 2005[53]). Pour de nombreuses entreprises, une part majeure de leurs coûts de conformité financière est attribuable à l'établissement de leurs états financiers (Asatryan and Peichl, 2018[54]; Eichfelder and Vaillancourt, 2014[47]).

La planification fiscale à proprement parler contribue de manière importante aux coûts de conformité dans les grandes entreprises. La littérature suggère que cette contribution est plus significative dans les grandes entreprises que dans les petites (Slemrod and Venkatesh, 2002[48]), ce qui pourrait s'expliquer par le fait que la planification fiscale est plus rentable pour les grandes entreprises.

Les contrôles fiscaux et les recours fiscaux sont également des contributeurs majeurs aux coûts de conformité et à la complexité fiscale (Hoppe et al., 2019[55]), qui peuvent peser sur les investissements (Hoppe et al., 2020[56]). D'après les entreprises, les problèmes d'incohérence des approches de la part des différentes autorités fiscales quant à l'application des normes fiscales internationales contribuent pour beaucoup à l'incertitude fiscale (IMF/OECD, 2017[57]).

La littérature économique suggère que dans les coûts que représentent les contraintes de conformité, le coût des contrôles, des recours et des litiges augmente proportionnellement avec la taille de l'entreprise (Eichfelder and Vaillancourt, 2014[47]). Slemrod et Blumenthal (1996[58]) suggèrent qu'environ un quart du total des coûts de conformité pour les grandes entreprises est attribuable aux recours, litiges et contrôles, sans compter les éventuels coûts d'atteinte à la réputation. Cela pourrait s'expliquer par des économies d'échelle dans le processus de conformité, une probabilité plus élevée de contrôle fiscal pour les entreprises de grande taille et une plus grande disposition de la part des grandes entreprises à intenter des litiges. La décision de réaliser un contrôle fiscal peut être motivée par une augmentation des activités de planification fiscale de la part d'une grande entreprise multinationale, ainsi que par le fait qu'il s'agit là d'un moyen pour les pouvoirs publics de faire entrer d'importantes recettes fiscales dans les caisses de l'État.

Outre les coûts associés à la conformité pour les entreprises, il est important aussi de tenir compte des augmentations de coûts du point de vue des administrations fiscales. Si certes la conformité peut représenter des contraintes importantes pour les entreprises, une fiscalité complexe peut aussi être plus difficile et plus coûteuse à administrer pour les administrations fiscales. Force est de constater que les impôts sur les sociétés figurent parmi les impôts les plus complexes à administrer pour les administrations fiscales et que les audits et les enquêtes représentent un fardeau important pour les administrations fiscales (Díaz de Sarralde Miguez, 2018[59]). Les pays en développement sont davantage susceptibles de souffrir de la charge que représente l'administration d'une fiscalité complexe (Dabla-Norris et al., 2019[44]; Keen et al., 2015[45]), et sont moins en mesure de supporter les coûts induits par la mise en application de lois fiscales complexes. Il n'en reste pas moins que les investissements dans les administrations fiscales induisent des bénéfices bien supérieurs à leurs coûts (Chatib Basri et al., 2019[60]), en particulier dans les contextes de faible capacité. La mise en œuvre de régimes fiscaux simplifiés peut être un levier utile pour réduire les coûts pour les administrations fiscales.

4.7.3. Concurrence fiscale internationale

358. Comme le confirment les données empiriques, les juridictions tendent à se servir de leur système de l'impôt sur les bénéfices des sociétés, y compris des taux légaux et de la définition des bases de l'impôt sur les sociétés, pour se disputer l'investissement des EMN et les recettes fiscales qu'il génère sur la durée (voir Encadré 4.3). Premièrement, les taux légaux de l'IS sont en baisse depuis le milieu des années 1980, non seulement dans les pays de l'OCDE, mais aussi dans de nombreuses économies en développement et émergentes (Devereux et al., 2002[61]) (Klemm and Van Parys, 2012[62]). Le taux légal moyen non pondéré de l'IS, en particulier, est passé de plus de 32 % en 2000 à environ 23 % en 2020 dans les pays de l'OCDE, et d'environ 28 % à un peu moins de 21 % dans un échantillon couvrant plus de 90 pays en développement et développés au cours de la même période (voir le Graphique 4.7 basé sur les Statistiques de l'impôt sur les sociétés de l'OCDE (2020[17])). Deuxièmement, les données disponibles sur les taux d'imposition effectifs moyens[28] (TIEM) prospectifs, reflétant non seulement les taux légaux, mais aussi les composantes standards de la base de l'impôt sur les sociétés, font état d'un recul de 29 % à environ 23 % du taux d'imposition effectif moyen non pondéré dans un panel équilibré de pays de l'OCDE et du G20 entre 1999 et 2017. Une autre source de données couvrant la plupart des pays européens montre une baisse similaire du TIEM non pondéré de 24 % à 20 % entre 2005 et 2018 (Graphique 4.8).

359. En outre, les recherches empiriques relèvent également des interactions stratégiques à l'œuvre dans la conception par les juridictions de leurs règles fiscales, de sorte que les choix d'un pays donné concernant ses taux et ses bases d'imposition sont affectés par les choix de politique fiscale d'autres pays (voir Annexe 4.A). Des interactions peuvent intervenir dans de nombreux domaines, au-delà des taux légaux et des bases de l'IS : les décisions relatives aux régimes préférentiels, les règles régissant les SEC ou encore les conventions préventives de la double imposition sont autant de facteurs qui peuvent avoir des répercussions sur la conception des politiques dans d'autres juridictions. Au bout du compte, ces réactions stratégiques à la concurrence fiscale produisent des externalités budgétaires (ou retombées) négatives qui peuvent entraîner les taux d'imposition effectifs des sociétés en dessous de leur niveau optimal et conduire à une imposition inefficacement élevée des bases d'imposition moins mobiles, telles que la main-d'œuvre ou la consommation. Dans ce cas, une action publique unilatérale (ou non coordonnée) est susceptible de produire un résultat globalement inefficace, c'est-à-dire une réduction de la production économique mondiale par rapport à ce que permet de faire une action publique multilatérale (ou coordonnée) (Gupta et al., 2014[63]).

360. Toutefois, la littérature théorique examinée à l'Annexe 4.A présente aussi des arguments en faveur des effets potentiellement propices à l'amélioration de l'efficacité de la concurrence fiscale. Par exemple, la pression concurrentielle est susceptible d'avoir des effets positifs sur l'efficacité si le capital

devient partiellement immobile une fois que la décision de localisation a été prise et que les pouvoirs publics ne peuvent pas s'engager de manière crédible à maintenir des taux d'imposition effectifs stables en l'absence de concurrence fiscale. Par ailleurs, des effets positifs sur l'efficacité pourraient également se matérialiser si la pression concurrentielle vient limiter une croissance du secteur public alimentée par la recherche de rentes ou des comportements intéressés de la part des dirigeants politiques et de responsables gouvernementaux.

Graphique 4.7. Taux légaux combinés de l'IS de 2000 à 2020, par région (non pondérés)

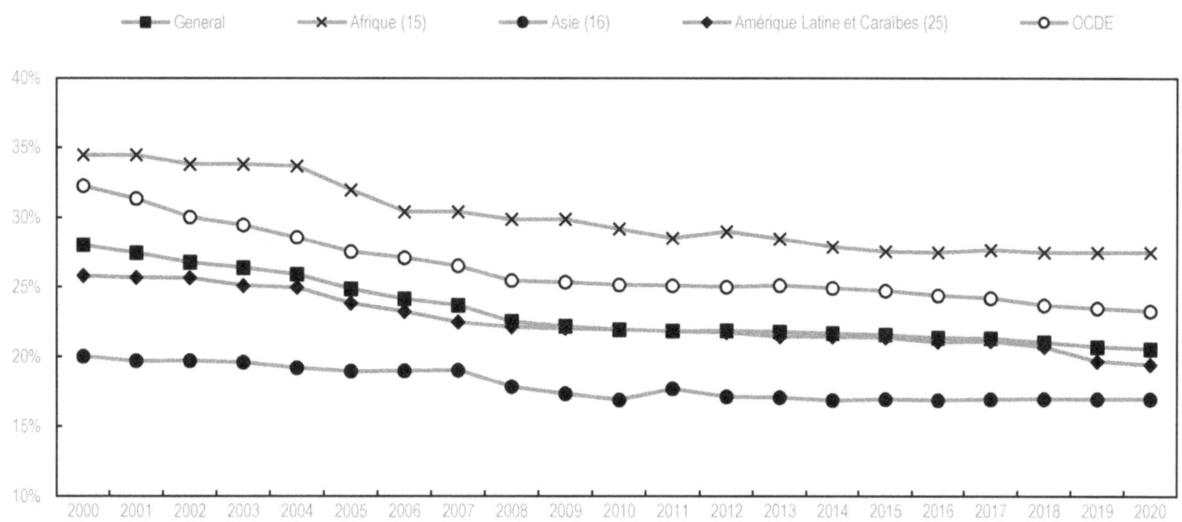

Note : La série de données représente les taux combinés moyens non pondérés de l'IS dans tous les pays couverts par la deuxième édition des Statistiques de l'impôt sur les sociétés de l'OCDE ; les juridictions à fiscalité nulle sont incluses ; dans le cas des systèmes d'impôt progressif, le taux applicable le plus élevé est utilisé.
Source : Statistiques de l'impôt sur les sociétés de l'OCDE (2020[17]).

361. Les nouvelles règles fiscales introduites au titre des Piliers Un et Deux auront une incidence sur les interactions stratégiques à l'œuvre dans la conception par les juridictions de leur politique fiscale, ce qui pourrait réduire la mesure dans laquelle les gouvernements se livrent à une concurrence fiscale. Au titre du Pilier Un, la part de la base de l'impôt sur les sociétés qui relève du champ d'application du Montant A est déterminée par référence à la rentabilité au niveau du groupe d'EMN ; une fraction de cette part est ensuite réattribuée aux juridictions du marché[29] et imposée aux taux en vigueur. Cette approche est susceptible de réduire la pression concurrentielle exercée sur les pays de deux manières. Premièrement, les consommateurs et les utilisateurs peuvent généralement être considérés comme relativement immobiles : l'attribution d'une part de la base de l'impôt sur les sociétés aux juridictions du marché réduira donc directement l'assiette fiscale pouvant être attirée par une imposition effective plus faible. Deuxièmement, il est probable que l'évaluation des bases de l'impôt sur les sociétés au niveau du groupe d'EMN, plutôt que sur une base distincte pour chacune des entités du groupe, réduira la sensibilité de l'investissement des EMN aux taux d'imposition pratiqués dans des lieux spécifiques. Dans la mesure où la quantité d'investissements pouvant être attirés par une réduction donnée du taux d'imposition effectif sera plus faible, les pays disposeront d'une certaine marge de manœuvre pour maintenir des niveaux plus élevés (d'imposition effective ou résister aux pressions d'en abaisser les taux) par rapport au cas sans une évaluation au niveau du groupe d'EMN.

362. Au titre du Pilier Deux, l'imposition minimale est mise en œuvre par l'introduction de quatre nouvelles règles, ayant d'importantes conséquences pour les pays en ce qui concerne leurs choix en matière de politique fiscale optimale. Il appartient au Cadre inclusif d'entériner l'objectif des nouvelles dispositions, qui vise à garantir de porter à ce taux minimum le taux effectif d'imposition sur les bénéfices des EMN qui seraient autrement imposés en dessous d'un taux minimum convenu. La règle d'inclusion du revenu autorisera la juridiction où est implantée l'entité mère ultime à exiger un impôt supplémentaire sur les bénéfices faiblement imposés réalisés par ses filiales implantées dans d'autres juridictions, ce qui aura pour effet d'élever à un taux minimum donné les taux d'imposition effectifs. En l'absence de règles complémentaires, l'EMN pourrait être incitée à délocaliser son siège, c'est-à-dire à changer de résidence à des fins fiscales, afin d'éviter une imposition minimale si certaines juridictions n'adoptent pas la règle d'inclusion du revenu (voir l'Annexe 4.C). Pour éviter de créer toute incitation de la sorte, la règle relative aux paiements insuffisamment imposés imputerait un impôt supplémentaire de manière proportionnelle entre les entités appliquant cette règle ; il s'agirait de l'appliquer de manière coordonnée, en commençant par les entités qui procèdent à des paiements directs à l'entité de l'EMN à faible imposition, puis entre toutes les entités du groupe qui ont des dépenses nettes intragroupes (Englisch and Becker, 2019[18]). En outre, ces règles sont étayées de deux composantes supplémentaires, la règle de substitution et la règle d'assujettissement à l'impôt, qui contribuent à l'objectif d'assurer une imposition minimale effective.

363. Le Pilier Deux instaure un plancher aux taux d'imposition effectifs que les pays peuvent offrir en vue d'attirer des investissements étrangers, limitant ainsi la mesure dans laquelle la concurrence peut s'exercer par le biais du système de l'impôt sur les bénéfices des sociétés. Il n'empêche qu'il est possible que la pression concurrentielle persiste et que certains pays réagissent en offrant d'autres formes de soutien public. Dans certains cas (par exemple s'il s'agit de subventions), ce soutien sera plus transparent que s'il était fourni au travers du système fiscal. En outre, l'existence d'un plancher ne signifie pas pour autant que les taux d'imposition effectifs resteront stables (voire augmenteront) dans toutes les juridictions participantes. Comme l'examine l'Annexe 4.A, certains modèles théoriques[30] suggèrent qu'une réduction du taux d'imposition effectif dans les juridictions à taux relativement élevés pourrait, selon certaines hypothèses, devenir plus attrayante avec l'adoption d'une imposition minimale effective, car il est de notoriété publique que toute juridiction à faible imposition ne peut pas abaisser ses taux en dessous d'un certain minimum. Pour autant, il n'est pas certain que ce résultat théorique soit empiriquement pertinent, à la lumière des éléments d'appréciation récents au niveau infranational allemand qui penchent dans le sens contraire (Schwerin and Buettner, 2016[64]).

Graphique 4.8. Taux d'imposition effectifs moyens (TIEM) par source de données (non pondérés)

Deux sources différentes fournissent actuellement des données de séries chronologiques sur les TIEM : l'Oxford Centre for Business Taxation (CBT) et le Centre de Leibniz pour la recherche économique européenne (ZEW) ; les moyennes non pondérées indiquées dans ce graphique sont calculées pour des panels équilibrés, l'un composé de 38 pays et l'autre de 35.

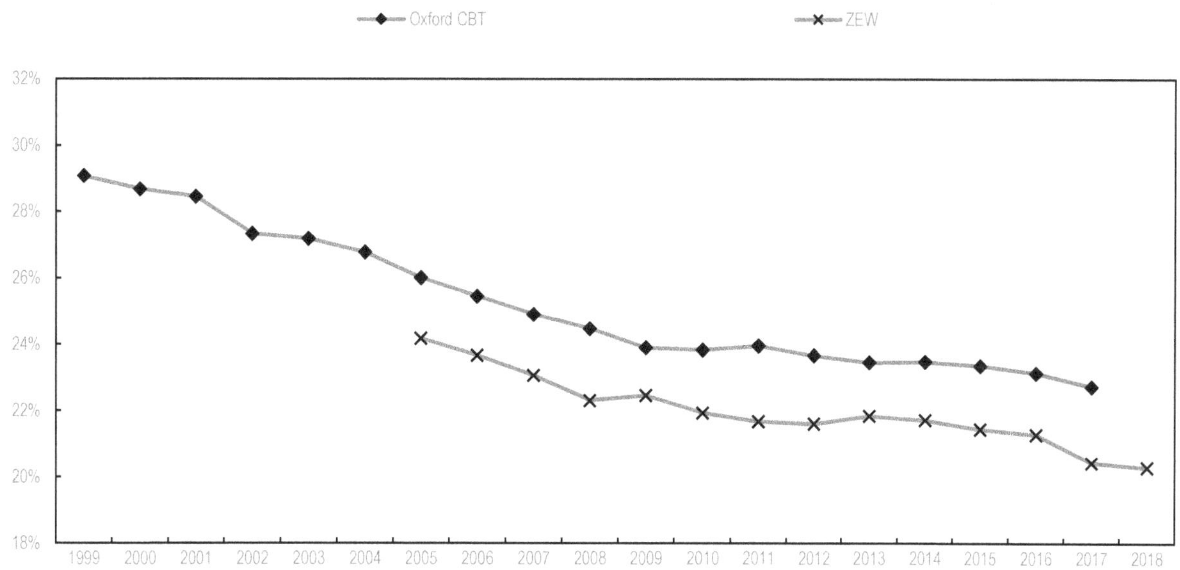

Note : La série chronologique de ZEW couvre 35 pays, principalement européens, sur la période de 2005 à 2018 : Autriche, Belgique, Bulgarie, Canada, Suisse, Chypre31, République tchèque, Allemagne, Danemark, Estonie, Espagne, Finlande, France, Royaume-Uni, Grèce, Croatie, Hongrie, Irlande, Italie, Japon, Lituanie, Luxembourg, Lettonie, Macédoine, Malte, Pays-Bas, Norvège, Pologne, Portugal, Roumanie, Suède, Slovénie, République slovaque, Turquie et États-Unis. La série chronologique d'Oxford University Centre for Business Taxation couvre 38 pays, sur la période de 1999 à 2017 : Argentine, Autriche, Brésil, Belgique, Bulgarie, Canada, Suisse, Chili, Allemagne, Danemark, Estonie, Espagne, Finlande, France, Royaume-Uni, Grèce, Hongrie, Indonésie, Irlande, Israël, Inde, Islande, Italie, Japon, République de Corée, Luxembourg, Mexique, Pays-Bas, Nouvelle-Zélande, Norvège, Pologne, Portugal, Russie, Suède, Slovénie, Turquie, États-Unis et Afrique du Sud.
Source : Les taux de ZEW sont basés sur le projet de la Commission de l'Union européenne TAXUD/2018/DE/307 ; les taux d'Oxford CBT ont été extraits du site internet.

364. Un autre volet de la littérature théorique étudie le rôle des juridictions à fiscalité nulle spécialisées dans l'attraction des bénéfices comptables transférés depuis d'autres juridictions. D'une part, l'existence de ce type de juridictions a pour effet d'accroître le coût marginal des fonds publics supporté par d'autres juridictions, ce qui implique une perte nette pour la production économique mondiale (Slemrod and Wilson, 2009[43]). D'autre part, il a aussi été argumenté que le fait d'autoriser un certain degré de transfert de bénéfices vers d'autres juridictions pourrait relever d'une stratégie efficace dans un contexte où les pays se disputent des bases d'imposition mobiles et immobiles, mais où la politique fiscale n'est pas capable de faire la distinction entre les deux (Dharmapala, 2020[65]).

365. À eux tous, ces éclairages théoriques et empiriques suggèrent que, sans pour autant mettre un terme à la concurrence fiscale, les nouvelles règles devraient atténuer la pression à la baisse sur les taux d'imposition effectifs dans de nombreuses juridictions, principalement en raison de la réduction des différentiels de TIE. Bien que les dispositions envisagées au titre du Pilier Un réduisent clairement les externalités budgétaires négatives, les limites du champ d'application auront pour effet de restreindre les impacts globaux de ces changements dans la structure des incitations au niveau mondial. Certes,

l'imposition minimale effective au titre du Pilier Deux instaure un plancher à la concurrence fiscale ; pour autant, les modifications qui en résultent au niveau de la structure des incitatifs sont complexes et les réponses politiques optimales dépendront d'un éventail d'autres facteurs, comme la taille et la structure de l'économie, les interactions régionales ou encore la structure fiscale générale.

Encadré 4.3. Données empiriques sur la concurrence fiscale

La tendance à la baisse séculaire des taux légaux de l'impôt sur les sociétés fournit une première preuve empirique de la concurrence fiscale qui s'opère au niveau international, comprise comme étant la fixation interdépendante de taux de l'impôt sur les bénéfices des sociétés et de bases d'imposition par les pouvoirs publics nationaux (Devereux and Loretz, 2013[66]). Les premières contributions théoriques, notamment celles de Zodrow et Mieskowski (1986[67]) et de Wilson (1986[68]), suggèrent que les taux légaux de l'IS opèrent, dans certaines circonstances, comme des compléments stratégiques en ce sens qu'une baisse dans un pays entraîne des baisses dans d'autres (et vice versa), avec la possibilité d'aboutir à des taux de l'IS inefficacement bas et à une fourniture déficitaire de biens publics, faute de marge de manœuvre budgétaire.

Les recherches empiriques ont souvent commencé à partir de l'hypothèse selon laquelle l'intégration économique augmente avec le temps, ce qui accroît les pressions concurrentielles exercées sur les taux de l'IS (voir Devereux et Loretz (2013[66]) pour un examen des diverses stratégies empiriques). Les contributions empiriques récentes visent à déterminer la pente de la fonction de réaction des pouvoirs publics directement, d'après Devereux, Lockwood et Redoano (2008[69]). En dépit des suggestions émises par Chirinko et Wilson (2017[70]) que les fonctions de réaction des pouvoirs publics des États américains pourraient suivre une pente descendante, l'immense majorité des études empiriques confirment que les fonctions de réaction des pouvoirs publics suivent une pente positive, autrement dit, qu'il existe une complémentarité stratégique entre les taux de l'IS d'un pays à l'autre (Leibrecht et HochGatterer (2012[71]) ; Davies et Voget (2011[72]) ; Costa-Font, de-Albuquerque et Doucouliagos (2014[73]) ; Redoano (2014[74])). L'étude la plus récente, Lee (2020[75]), examine la concurrence fiscale sur les taux de l'IS dans 67 pays entre 1981 et 2015, et confirme à nouveau les fonctions de réaction en pente ascendante.

Quoique la plupart des ouvrages empiriques sur la concurrence fiscale supposent une réaction simultanée des pays aux choix de fixation des taux par les autres, il a été reconnu que la concurrence fiscale pourrait également s'opérer de manière séquentielle (Gordon ; Keen et Konrad (2013[76])). En particulier, de grands pays, comme les États-Unis, pourraient remplir la fonction de leader en étant les premiers à fixer leur propre taux, les autres pays leur faisant suite en choisissant leur taux en fonction du choix du leader. Dans un tel modèle (qui revient à appliquer le concept d'équilibre de Stackelberg), les pays choisiraient des taux d'imposition plus élevés que dans le modèle standard avec des choix simultanés (à savoir en appliquant le concept d'équilibre de Nash). Altshuler et Goodspeed (2015[77]) sont les premiers à fournir un test empirique pour le modèle séquentiel, avec des preuves à l'appui des fonctions de réaction positives ; après examen des données de 1968 à 2008, ils constatent que les États-Unis ont rempli le rôle de leader à fixer le taux de l'IS. Leurs résultats rejettent tout rôle de leader pour l'Allemagne ou le Royaume-Uni au cours de la même période.

Bien que le modèle séquentiel prévoie qu'un impôt minimum pourrait inciter les pays leaders et suiveurs à choisir des taux de l'IS plus bas (Konrad (2009[78]) ; Kiss (2012[79])), les preuves empiriques provenant du niveau infranational allemand semblent indiquer le contraire (Schwerin and Buettner, 2016[64]). Plus précisément, Schwerin et Buettner (2016[64]) exploitent une récente réforme de la fiscalité des entreprises dans la Fédération allemande qui a introduit un impôt minimum dans le but de réduire la concurrence fiscale entre les administrations infranationales. Des données quasi expérimentales suggèrent que les municipalités infranationales rivalisant avec des régions infranationales à faible imposition ont réagi à la réforme en augmentant leurs taux d'imposition sur les sociétés.

4.7.4. Incitations fiscales à l'appui de l'innovation

366. L'innovation est un moteur essentiel de la productivité, de l'investissement et de la croissance, tant au niveau des entreprises que pour les économies dans leur entièreté. Cependant, en raison de la nature intrinsèque de l'innovation, faute d'intervention des pouvoirs publics, il existe des raisons de croire que le niveau d'innovation de la part des entreprises et des entrepreneurs individuels pourrait être inférieur au seuil socialement optimal (voir l'Encadré 4.4).

367. Pour soutenir l'innovation et les activités d'innovation[32] telles que la recherche et le développement (R&D), les pouvoirs publics disposent de tout un arsenal de politiques. Les politiques ciblées peuvent prendre la forme d'un soutien direct par le biais de subventions ou par la passation de marchés publics de services de R&D, ou d'un soutien indirect par le biais du système fiscal, par exemple des incitations fiscales à la R&D. Bien que, souvent, les gouvernements optent pour une combinaison de mesures directes et indirectes, on constate depuis quelques années une hausse généralisée du recours à des instruments de soutien indirect dans l'ensemble de l'OCDE. Dans certains cas, les gouvernements combinent des incitations fiscales qui offrent un traitement préférentiel aux intrants de l'innovation (par exemple, les dépenses de R&D telles que le salaire des chercheurs) à d'autres qui offrent un traitement préférentiel aux extrants de l'innovation (par exemple, les recettes provenant d'un brevet) (Appelt, Galindo-Rueda and González Cabral, 2019[80]) (voir l'Encadré 4.4). Cependant, malgré le recours accru à des incitations fiscales dans les politiques, les preuves de leur efficacité sont mitigées et semblent indiquer des résultats plus positifs pour les incitations basées sur les intrants que sur celles basées sur les extrants (voir l'Annexe 4.B). [33] En outre, force est de constater que le traitement préférentiel des revenus provenant d'actifs très mobiles entraîne une localisation stratégique des actifs de propriété intellectuelle, stratégie majeure utilisée pour le transfert de bénéfices relevée dans la littérature (Beer, de Mooij and Liu, 2020[16]).

Encadré 4.4. Soutien de l'État à la R&D et à l'innovation des entreprises

Plusieurs raisons sont souvent invoquées dans la littérature pour appuyer l'argument selon lequel, faute d'intervention de la part de l'État, le niveau d'innovation des marchés n'est pas aussi soutenu qu'il devrait l'être. Premièrement, le savoir est en principe non rival. Les activités d'innovation entraînent des retombées non chiffrées pour d'autres agents de l'économie, ce qui empêche la pleine appropriation des rendements de l'innovation (Romer, 1990[81]; Aghion and Howirrt, 1992[82]). Deuxièmement, le caractère risqué et incertain de l'innovation, qui ne peut être entièrement assuré ou dilué, peut conduire à une sous-affectation aux activités innovantes (Arrow, 1962[83]). Troisièmement, en conséquence de ce qui précède, le coût de financement de ces investissements sera plus élevé que d'autres possibilités d'investissement qui ne posent pas le même niveau de risque et d'incertitude, ce qui pénalise particulièrement les entreprises plus limitées financièrement. Ce problème est particulièrement préoccupant pour les jeunes entreprises et les PME dépourvues tant des garanties que des antécédents nécessaires pour obtenir des financements externes (Hall and Lerner, 2010[84]). Quatrièmement, le sous-investissement peut être fréquent dans des domaines de recherche d'intérêt public qui sont non rivaux et non exclusifs, par exemple, des biens publics comme le changement climatique ou la santé (Hall, 2019[85]).

Souvent, l'État peut apporter un soutien direct à la R&D et à l'innovation des entreprises par le biais de subventions ou de marchés publics de services de R&D, ou un soutien indirect par le biais du système fiscal prenant la forme d'incitations fiscales. Ces deux instruments sont toutefois de nature très différente. Le financement direct est discrétionnaire et permet aux États de financer des domaines de recherche spécifiques aux retombées importantes. Il cible souvent la recherche fondamentale, encourageant ainsi des innovations radicales plutôt que progressives (Akcigit, Hanley and Serrano-Velarde, 2013[86]).

Les incitations fiscales, quant à elles, constituent généralement une mesure d'intervention non discrétionnaire, basée sur le marché. Elles n'opèrent pas de discrimination à l'égard d'entreprises ou d'activités : toutes les entreprises qui répondent aux critères pour obtenir l'incitation pourront bénéficier de l'allégement fiscal, de sorte que ce soutien est plus facile à administrer que des mesures de soutien direct. Par conséquent, les incitations fiscales sont bien adaptées pour promouvoir la R&D et l'innovation dans toutes sortes de secteurs et de types d'entreprises. En revanche, en tant que mesure ciblée, elles peuvent ne pas être aussi bien adaptées pour stimuler les domaines qui souffrent d'un éventuel sous-investissement et dont on est en droit d'attendre de meilleurs rendements sociaux. En outre, d'aucuns s'inquiètent parfois de la capacité des administrations fiscales à faire la distinction entre des demandes qui portent sur la R&D et des activités qui ne le sont pas, c'est-à-dire à repérer les activités qualifiées à tort de R&D.

Des incitations fiscales à la R&D peuvent apporter un allégement accru aux intrants de l'innovation (c'est-à-dire aux dépenses de R&D, comme le salaire des chercheurs en R&D) et/ou aux extrants (c'est-à-dire les revenus provenant de la R&D et d'autres activités d'innovation, comme les revenus tirés d'un brevet). Les incitations fiscales à la R&D basées sur les intrants ont des incidences plus directes sur la décision de l'entreprise de se livrer à des activités d'innovation, dans la mesure où des allègements sont accordés aux dépenses qui sont sous le contrôle de l'entreprise. Des incitations fiscales basées sur les extrants, en tant qu'allègement sur le résultat, ne sont accordées quant à elles que dans les cas où l'innovation a été couronnée de succès, ce qui dépend de facteurs qui peuvent être hors du contrôle de l'entreprise. Ceux-ci peuvent inciter les entreprises à faire protéger par un brevet des innovations qui sinon n'auraient pas été brevetées en l'absence de cette politique, ce qu'on qualifie de brevets zombies, ou à se prêter à d'autres comportements fortuits, comme les fameux « patent trolls » (Appelt et al., 2016[87]; Klemens, 2016[88]; Gaessler, Hall and Harhoff, 2018[89]).

368. Quelle que soit l'incidence de l'environnement fiscal élargi sur l'innovation, les nouvelles règles prévues au titre des Piliers Un et Deux induisent un changement radical, à savoir la limite potentielle du recours à des mesures ciblées telles que des incitations fiscales basées sur les dépenses ou sur le revenu pour favoriser l'innovation. En particulier, l'imposition minimale effective, telle que proposée au titre du Pilier Deux, aura pour effet de limiter les avantages fiscaux potentiels que les pouvoirs publics peuvent accorder par l'intermédiaire de ces instruments. L'ampleur des avantages fiscaux offerts dépendra à la fois de la conception de l'incitation et des caractéristiques générales du régime fiscal (voir l'Annexe 4.B). Par conséquent, cette réduction potentielle de générosité ne sera tangible que dans les situations où les incitations fiscales ont un effet sur l'imposition effective au niveau de la juridiction[34], c'est-à-dire en tenant compte de l'imposition sur d'autres revenus non admissibles, en dessous du seuil minimum. Dans les cas où le seuil minimum restreint les avantages des incitations fiscales au titre du Pilier Deux, seul serait concerné un sous-ensemble de grandes EMN tandis que les entreprises nationales et potentiellement aussi les multinationales de plus petite taille pourraient continuer à bénéficier d'incitations fiscales comme auparavant. Alors que les paramètres de la conception finale au titre du Pilier Deux sont encore à l'étude, l'introduction d'exceptions réduirait aussi le nombre d'entreprises concernées et limiterait la réduction des avantages fiscaux découlant du Pilier Deux à un nombre final cas encore plus restreint.

369. Les dispositions envisagées au titre du Pilier Un auront quant à elles bien moins d'effet direct sur le recours à des incitations fiscales pour soutenir l'innovation. Les deux types d'incitations fiscales : tant celles basées sur les dépenses que celles sur les revenus, diminuent l'imposition effective des projets novateurs, ce qui en augmente la rentabilité. Dans la mesure où la réattribution d'un pourcentage des bénéfices résiduels au titre du Pilier Un entraîne une hausse des taux d'imposition des revenus issus de projets innovants, les nouvelles règles pourraient atténuer la baisse de l'imposition effective prévue par les incitations fiscales. Cet effet est plus susceptible de se produire dans le cas des incitations basées sur les revenus.[35] Toutefois, compte tenu de la taille du pourcentage de réattribution actuellement à l'étude, on peut s'attendre à ce que cette éventuelle interaction avec une réattribution des assiettes fiscales au

titre du Pilier Un n'influe guère sur la générosité et l'efficacité des incitations fiscales fondées sur les dépenses et les revenus. Globalement, seul un sous-ensemble relativement restreint de groupes d'EMN de grande taille et très rentables seront concernés, de la manière déterminée par le champ d'application du Pilier Un.

Graphique 4.9. Dépenses R&D des entreprises, par type de dépenses

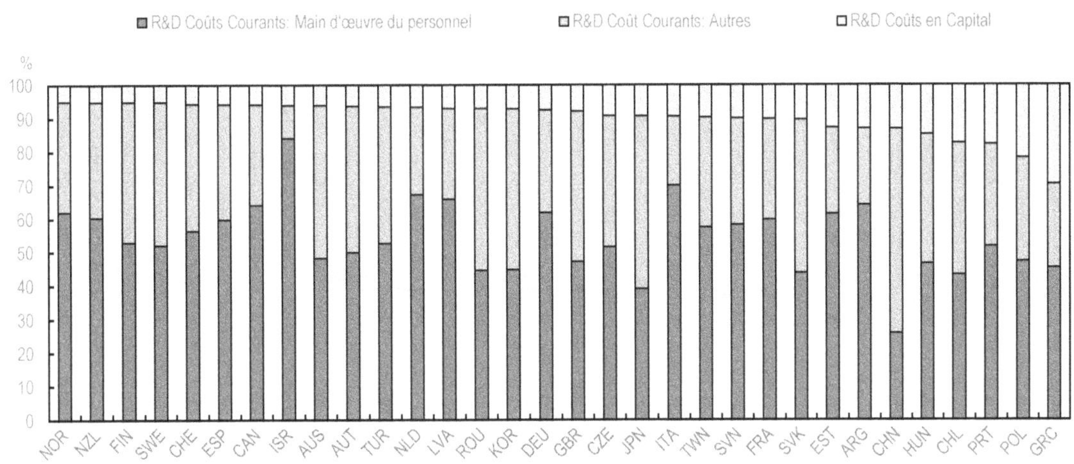

Note : Les définitions utilisées dans le graphique sont basées sur le manuel Frascati. Les dépenses courantes sont composées des coûts de main-d'œuvre du personnel de R&D et des autres coûts courants de la R&D. Les autres dépenses courantes sont définies dans le manuel Frascati au paragraphe 4.23 comme étant les achats de matériel, de fournitures, d'équipement et de services autres qu'en capital pour soutenir la R&D, y compris le personnel de R&D externe. La couverture par pays de cet indicateur est limitée aux données disponibles dans les statistiques de R&D de l'OCDE. Les données sous-jacentes renvoient à la dernière année disponible, principalement l'année 2017. Les données du graphique font référence à 2018 pour le Taipei chinois, le Japon et la Corée, à 2016 pour l'Argentine, le Chili, l'Estonie, la Lettonie, la Pologne et le Royaume-Uni, à 2013 pour la France et la Nouvelle-Zélande, à 2011 pour la Chine et à 2009 pour les Pays-Bas.
Source : OCDE, Statistiques R&D, septembre 2020.

370. L'ensemble des politiques d'innovation disponibles est assez large pour permettre aux pouvoirs publics de réagir avec souplesse et d'adapter leur dosage de mesures à ces changements structurels dans l'environnement fiscal international si le niveau d'innovation dans leurs économies est jugé préoccupant.[36] Après tout, les incitations par le biais du système fiscal ne sont qu'un instrument parmi d'autres dans la boîte à outils stratégique des pouvoirs publics. Par exemple, des mesures de soutien direct pourraient toujours être utilisées.[37] Toutefois, même dans le cadre du régime fiscal, les incitations fiscales présentées par l'IS ne sont pas les seuls instruments dont disposent les pays pour soutenir l'innovation. Premièrement, les incitations fiscales basées sur les dépenses qui offrent des exonérations de prélèvements sur les salaires ou sur les cotisations de sécurité sociale ne seront pas concernées, en principe, car elles ne dépendent pas de l'impôt sur les bénéfices des sociétés. Ces types d'incitations représentent une subvention immédiate aux coûts de main-d'œuvre, lesquels représentent une part majeure des dépenses de la R&D, soit environ 60 % du total, comme l'illustre le Graphique 4.9.

Graphique 4.10. Entreprises innovantes actives en R&D, en pourcentage des entreprises actives dans le domaine de l'innovation, 2016

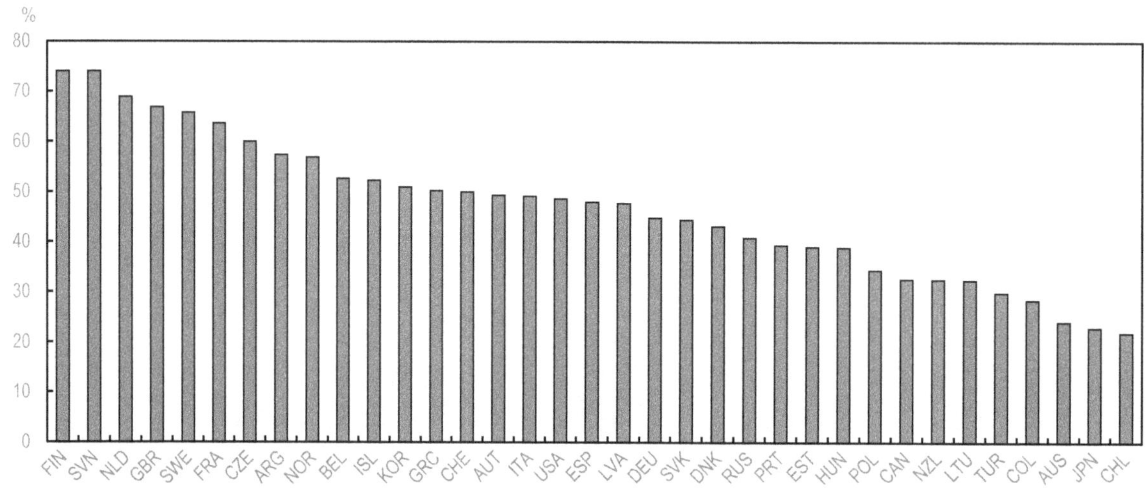

Note : L'indicateur fait référence à des entreprises innovatrices de produits ou de procédés. Les données couvrent l'OCDE et les économies partenaires. Les données sur Israël, le Mexique, l'Irlande et le Luxembourg ne sont pas disponibles. Les statistiques pour la Colombie et l'Argentine se rapportent au secteur manufacturier.
Source : OCDE, sur la base de l'enquête de l'OCDE de 2019 sur les statistiques nationales de l'innovation et de l'enquête communautaire sur l'innovation d'Eurostat (CIS-2016), http://oe.cd/inno-stats, janvier 2020. Données et notes disponibles ici : https://www.oecd.org/sti/inno/innovation-indicators-2019.zip

371. Deuxièmement, hormis des incitations fiscales ciblées sur la R&D, il existe d'autres instruments fiscaux qui peuvent être utilisés pour promouvoir les activités d'innovation. En fait, le type d'activités d'innovation auxquelles se prêtent les entreprises varie selon les pays, les secteurs et les types d'entreprises (Castellacci, 2008[90]; Galindo-Rueda and Verger, 2016[91]; Galindo-Rueda, Verger and Ouellet, 2020[92]), et il en va donc de même pour le dosage de mesures optimal. Parmi les entreprises actives dans le domaine de l'innovation, la part de celles qui sont actives en R&D est en moyenne de 47 % pour les pays de l'OCDE pour lesquels des données sont disponibles, avec de grands écarts entre les juridictions, voir le Graphique 4.10.[38] Ceci ne fait que souligner le rôle des activités d'innovation au-delà de la R&D. L'acquisition d'immobilisations et de savoir représente généralement une part importante du total des dépenses dans l'innovation, atteignant environ 50 % des dépenses d'innovation dans les juridictions de l'UE pour lesquelles cette ventilation est disponible, avec des variations importantes d'une juridiction à l'autre (Eurostat, 2020[93]). Des régimes d'amortissement accéléré visant à réduire le coût d'acquisition de nouveaux équipements, comme du matériel ou des logiciels informatiques, et qui semblent être des outils efficaces pour promouvoir l'investissement (Ohrn, 2019[94]; Zwick and Mahon, 2017[37]), pourraient être envisagés dans le cadre de ce dosage de mesures.[39]

372. En fin de compte, la fiscalité n'est que l'un des nombreux facteurs qui influent sur les décisions en matière d'innovation. Des marchés des produits, du travail et des capitaux qui fonctionnent bien, s'accompagnant de réglementations qui ne pénalisent pas trop l'échec, peuvent chacun à leur façon agir pour accroître les rendements de l'innovation (Andrews, Criscuolo and Menon, 2014[95]). Une main-d'œuvre qualifiée, un environnement propice à une innovation intensive, des conditions macroéconomiques et réglementaires stables, la concurrence et l'ouverture aux échanges et des politiques qui aident à surmonter les obstacles à l'innovation (par exemple, les obstacles réglementaires à la concurrence ou un capital humain insuffisant) sont autant d'éléments essentiels au développement d'un environnement d'innovation sain (Bloom, Van Reenen and Williams, 2019[96]; OECD, 2015[97]; OECD,

2010[98]). En dépit des limites que les réformes du Pilier Un et du Pilier Deux imposeront à l'utilisation d'incitations fiscales liées à l'IS, les pouvoirs publics resteront en capacité de s'appuyer sur un large éventail d'instruments pour rééquilibrer leur dosage de mesures visant l'innovation afin d'atténuer les répercussions sur le soutien que reçoivent les entreprises concernées par les nouvelles règles, si nécessaire.

373. Bien que les nouvelles règles, en particulier l'imposition minimale effective prévue au titre du Pilier Deux, soient susceptibles de limiter la générosité de certaines incitations fiscales à la R&D et à l'innovation dans des circonstances spécifiques, elles limiteront également les gains fiscaux potentiels découlant des transferts de bénéfices opérés grâce à la localisation stratégique des actifs de propriété intellectuelle. Cela atténuera les incitations pour les pouvoirs publics à se livrer à des pratiques de concurrence fiscale sur les bases d'imposition mobiles. Dans la mesure où la localisation des activités liées à la R&D et à l'innovation était auparavant motivée par des considérations fiscales, plutôt que par d'autres considérations commerciales, les nouvelles règles devraient donc soutenir une relocalisation de ces activités qui augmenterait l'efficacité. Cet effet ne fait que renforcer plus encore l'incidence de la contraction des différentiels de TIE sur l'efficacité de l'allocation internationale du capital, comme on l'a vu à la section 4.4. À eux tous, ces changements dans la structure d'incitation des EMN et des pouvoirs publics sont donc susceptibles de conduire à une localisation plus efficace des activités d'innovation, et des investissements plus généralement, qui serait plus fortement déterminée par des considérations non fiscales liées à des conditions économiques et commerciales plus larges.

4.7.5. Incitations fiscales à l'appui du développement économique

374. L'investissement direct étranger (IDE) peut jouer un rôle important dans la promotion du développement économique en raison de son potentiel à générer des effets externes positifs dans l'économie locale, en ayant par exemple des retombées sur les connaissances et le savoir-faire pour les travailleurs et les entreprises du pays. Les pouvoirs publics se servent d'incitations fiscales à l'investissement pour influencer l'ampleur ainsi que la localisation sectorielle ou régionale de l'IDE, dans le but[40], par exemple, de créer des emplois et de stimuler les exportations dans leur juridiction (voir l'Encadré 4.5).[41]

375. Les juridictions diffèrent quant à leurs structures fiscales générales et au type d'incitations utilisées. Les juridictions à faible revenu (ou les pays en développement), en particulier, perçoivent beaucoup moins de recettes fiscales en proportion du PIB par rapport aux juridictions à revenu plus élevé, constatation empirique qui est souvent rattachée à un manque de capacité administrative (Besley and Persson, 2014[46]). Compte tenu des différences qui existent dans les domaines des infrastructures publiques, du capital humain et de l'environnement général des entreprises, leur avantage comparatif est généralement lié au coût, par exemple, des écarts de coût de la main-d'œuvre plus importants ou une fiscalité des entreprises plus faible (Vukšić, 2013[99]). Dans ce contexte, les juridictions à revenu élevé ont tendance à s'appuyer davantage sur les incitations fiscales liées à la R&D, qui sont généralement de portée plus étroite et sont plus tributaires de la capacité administrative de l'État, tandis que les juridictions à faible revenu ont souvent recours à des incitations fiscales plus généreuses telles que, par exemple, des congés d'impôt ou des exonérations fiscales, qui sont d'une portée plus large mais exigent moins de capacité à administrer (IMF-OECD-UN-World Bank, 2015[100]). Dans certains cas, les incitations fiscales sont combinées à d'autres mesures, comme des politiques visant à créer un environnement commercial et juridique favorable, dans une zone économique spéciale (ZES), approche qui est également plus répandue dans les juridictions à revenu faible et intermédiaire (Graphique 4.11).

Graphique 4.11. Zones économiques spéciales (ZES) par groupe de revenu

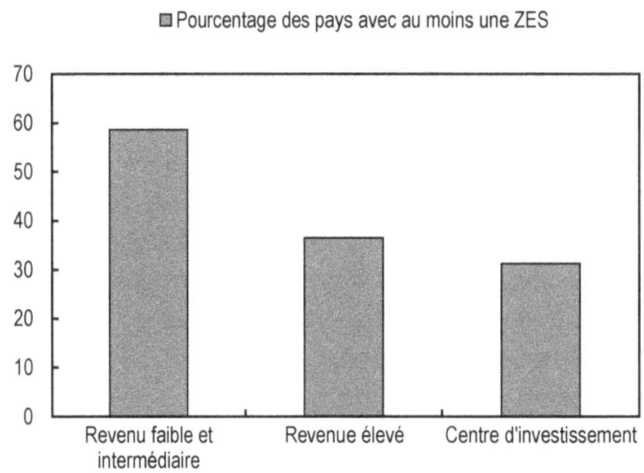

Source : CNUCED (2019).
Note : Les zones économiques spéciales n'incluent pas les pôles logistiques.

376. Dans certaines circonstances, les nouvelles règles fiscales proposées pourraient servir à limiter la capacité des pouvoirs publics à fournir des incitations fiscales généreuses, y compris des incitations fiscales à l'investissement. En particulier, les dispositions fiscales au titre du Pilier Deux visent à assurer un niveau minimum d'imposition effective. Cela sous-entend que le niveau maximal d'avantages fiscaux que les pouvoirs publics pourront offrir à des investisseurs étrangers sera limité étant donné que d'autres juridictions (par exemple, dans le cas de l'application de la règle d'inclusion du revenu, la juridiction mère ultime) seront en mesure d'imputer l'impôt supplémentaire sur les bénéfices faiblement imposés afin de ramener au taux minimum les taux d'imposition effectifs au niveau de la juridiction. Même s'il est possible aussi que le taux d'imposition minimum devienne contraignant dans le cas de crédits et d'abattements très généreux, cet effet sera plus marqué pour les incitations fiscales les plus généreuses, comme les congés d'impôt ou les exonérations fiscales, qui réduisent souvent à zéro l'IS exigible, que ce soit indéfiniment ou pendant une période déterminée. Les dispositions fiscales introduites au titre du Pilier Un sont moins susceptibles de limiter les avantages fiscaux obtenus par les incitations fiscales à l'investissement, car une réattribution potentielle des bases d'imposition sera déterminée au niveau du groupe d'EMN, ou de la branche d'activité, et entraînera la réattribution d'une part seulement des bénéfices résiduels. Toutefois, même après la mise en œuvre du Pilier Un et du Pilier Deux, les pouvoirs publics pourront toujours utiliser des incitations fiscales comme auparavant pour attirer l'IDE, tant que les taux d'imposition effectifs ne tomberont pas en dessous du taux minimum au niveau de la juridiction.

377. Bien que la possible limitation de la générosité des incitations fiscales puisse réduire la portée de certaines mesures d'intervention à la disposition des pouvoirs publics pour attirer des investissements étrangers, il est peu probable qu'elle produise des pertes d'efficacité au niveau de la juridiction ou au niveau mondial. Premièrement, l'effet des incitations fiscales sur les écarts de coûts entre les juridictions pourrait être moins marqué que prévu si la concurrence fiscale encourage un nombre croissant de juridictions à offrir des incitations, ce qui conduit à un effet de nivellement sans créer d'avantage comparatif pour quelque juridiction que ce soit. Deuxièmement, les incitations fiscales peuvent entraîner des distorsions entre différents investissements et produire des gains exceptionnels pour des projets qui auraient de toute façon été réalisés sans ces incitations. Troisièmement, la pression concurrentielle est susceptible d'être plus forte dans les pays en développement, en raison des besoins en ressources associés à l'administration, à l'audit et à l'évaluation de régimes ciblés basés sur un champ d'application plus étroit, ce qui a pour effet de limiter d'autant plus la mobilisation potentielle de ressources.

Quatrièmement, il est peu probable que les réductions des ressources intérieures à la disposition des administrations des pays en développement soient compensées par des augmentations au niveau mondial si les investissements sont simplement délocalisés dans d'autres juridictions aux caractéristiques économiques similaires. Il y a donc un risque que les incitations fiscales ne parviennent pas à atteindre les objectifs énoncés au niveau de la juridiction, tout en entraînant dans le même temps une répartition du capital globalement inefficace.

378. Confortant ces arguments, la littérature ne trouve que des preuves limitées de l'efficacité des incitations fiscales comme moyen d'attirer des IDE supplémentaires. D'un côté, la littérature existante n'examine généralement pas si les incitations fiscales à l'investissement obtenues dans une juridiction spécifique conduisent à une augmentation de l'investissement mondial d'un groupe d'EMN donné, par exemple, sous l'effet d'une baisse du taux d'imposition effectif au niveau du groupe. De l'autre, même au niveau des juridictions, on ne trouve que des preuves mitigées de leur efficacité à attirer des investissements étrangers (Encadré 4.5 et Hajkova et al. (2006[4])).

379. Quoi qu'il en soit, quand bien même elles parviennent à attirer des investissements, les incitations fiscales ne constituent sans doute pas l'utilisation la plus rentable des fonds publics pour promouvoir l'investissement. Compte tenu de la perte de recettes fiscales qu'elles induisent, les avantages nets des incitations fiscales à l'investissement sont souvent mal compris, en raison de contraintes de capacité et/ou de l'absence d'une évaluation approfondie. Ces contraintes sont particulièrement importantes pour les pays en développement, où l'on ne dispose souvent pas d'informations fiables sur les recettes perdues. Étant donné que les recettes fiscales sont une source essentielle de financement pour la fourniture de biens et services publics qui font souvent défaut dans les pays en développement, tels que l'éducation et le développement des compétences, la santé et les infrastructures, on peut penser que d'autres mesures d'intervention[42] produiraient de meilleurs résultats en matière d'investissement, de croissance et de développement durable.

Graphique 4.12. Répartition des taux légaux de l'IS par groupe de revenu

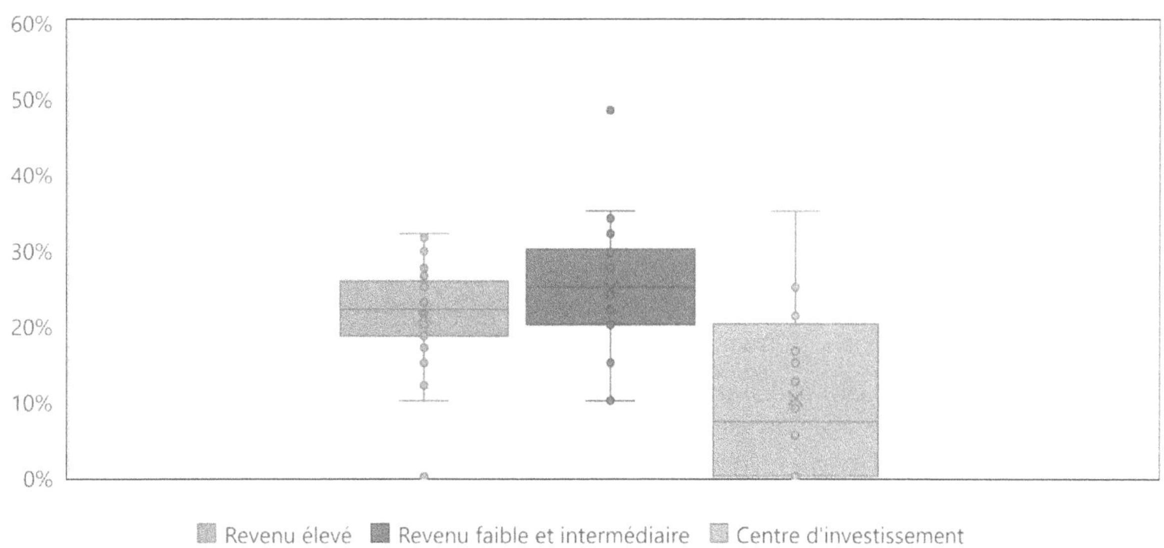

Note : Pour chacun des groupes de revenu, le graphique indique le 25e centile (bord inférieur de la case), le centile médian (ligne horizontale dans la case) et le 75e centile (bord supérieur de la case) ; la moyenne est indiquée par une croix et chaque cercle correspond à une observation.
Source : Statistiques de l'impôt sur les sociétés de l'OCDE.

380. Indépendamment de la rentabilité et de l'efficacité des incitations fiscales en général, il restera aux pays en développement une marge de manœuvre conséquente pour soutenir les investissements étrangers par le biais de leurs systèmes d'impôt sur les sociétés, même après l'introduction des règles proposées. Le Graphique 4.12 montre que, sur la base des données disponibles les plus récentes, les taux légaux d'IS sont, en moyenne, les plus élevés dans les pays à revenu inférieur et intermédiaire ; les taux d'imposition effectifs moyens prospectifs, tenant compte des composantes types de la base d'imposition des sociétés, ont également tendance à être plus élevés dans les pays en développement (OECD, 2020[13]). En moyenne, dans les pays en développement, les deux types de taux sont généralement bien supérieurs aux seuils d'imposition effectifs minimaux qui font l'objet des présents débats (Graphique 4.12). Les pays en développement conserveront donc une marge de manœuvre considérable pour le recours à des incitations fiscales, même après la mise en œuvre du Pilier Un et du Pilier Deux, en particulier par rapport aux économies émergentes ou avancées. Comme pour les incitations fiscales en R&D visées plus haut, les pouvoirs publics continueront de pouvoir s'appuyer sur des incitations fiscales à l'investissement pour encourager la localisation de l'IDE dans leur juridiction, tant que les taux d'imposition effectifs résultants se maintiendront au-dessus du seuil minimum. Étant donné que dans un certain nombre de pays en développement, les régimes d'incitation actuels sont très généreux, principalement basés par exemple sur des congés d'impôt ou des exonérations fiscales, une adaptation des stratégies de promotion de l'investissement aux fins d'une utilisation efficiente des incitations fiscales pourrait donc s'avérer être une priorité clef pour ces pays s'ils souhaitent favoriser le développement économique dans le contexte d'un système fiscal international en mutation.

381. Une fois combinées, les données disponibles suggèrent que, faute de conditions économiques autrement attrayantes, la rentabilité et l'efficacité des incitations fiscales est limitée. De surcroît, les incitations fiscales pourraient avoir pour effet d'accroître la concurrence fiscale et de saper les efforts nationaux de mobilisation des recettes, en particulier dans les pays en développement. Dans ce contexte, l'introduction de nouvelles règles fiscales au titre du Pilier Un et du Pilier Deux pourrait renforcer la position de négociation des pays en développement désireux d'abandonner certains choix d'action publique, particulièrement coûteux, aux avantages nets difficiles à cerner. Avec un recours réduit aux incitations fiscales, les décisions de localisation des EMN relèveraient par ailleurs davantage de considérations commerciales que fiscales, ce qui contribuerait potentiellement à renforcer les effets positifs sur l'efficacité de l'allocation du capital à l'échelle internationale, comme on l'a vu dans le contexte des incitations fiscales à la R&D et, plus généralement à la section 4.4.

Encadré 4.5. Incitations fiscales à l'investissement et développement durable

L'investissement direct étranger (IDE) peut jouer un rôle important dans la promotion du développement. L'IDE peut servir de vecteur pour la diffusion de technologies et de compétences propices à l'accroissement de la productivité, à la création d'emploi, à la stimulation des exportations, au déclenchement d'innovations et, plus généralement, à l'avancement du développement durable (Javorcik, 2004[101]; Farole and Winkler, 2014[102]; OECD, 2019[103]).

Les incitations fiscales sont des leviers d'action largement utilisés dans les pays développés et en développement pour attirer les investissements et influencer leur ampleur, leur localisation ou les orienter vers un secteur. Les pays à revenu faible et intermédiaire, où, en moyenne, les taux légaux de l'IS sont plus élevés (Graphique 4.12), ont tendance à offrir des réductions d'impôts plus élevées pour attirer des investissements (IMF-OECD-UN-World Bank, 2015[100]). La concurrence entre pays en développement pour attirer les investissements a donné jour à des régimes fiscaux spéciaux de plus en plus généreux, alors que les juridictions interviennent pour égaler voire dépasser les incitations fiscales offertes par d'autres et ramener le TIE de certaines entreprises à des niveaux extrêmement bas (Abbas and Klemm, 2013[104]; World Bank, 2017[105]; Wiedemann and Finke, 2015[106]; World Bank, 2017[105]).

Cependant, les régimes d'incitations fiscales des économies développées et en développement diffèrent généralement dans leur conception, les secondes comptant davantage sur des congés fiscaux, des exonérations et des taux réduits, tandis que les premières tendent à offrir des abattements et les crédits d'impôt moins généreux souvent liés à des activités spécifiques de R&D (James, 2013[107]). Ces différences de conception jouent un rôle important dans la détermination de l'efficacité de l'incitation fiscale à réaliser les objectifs stratégiques visés (IMF-OECD-UN-World Bank, 2015[100]; OECD, 2015[108]; Wells et al., 2001[109]).

Les résultats empiriques sur l'efficacité des incitations fiscales à attirer de l'IDE dans les pays en développement sont mitigés, ce qui peut être dû en partie à la difficulté de distinguer le rôle de la fiscalité dans le cadre plus large de l'intervention publique et d'en déterminer précisément le rapport coûts-avantages (Feld and Heckemeyer, 2011[6]) (Redonda and Neubig, 2018[110]). D'après une étude, la baisse des taux légaux de l'IS et l'allongement des exonérations temporaires d'impôt s'accompagnent d'une augmentation des IDE dans les pays d'Amérique latine et des Caraïbes, mais pas parmi les pays africains, ce qui indique que d'autres facteurs peuvent jouer sur l'efficacité des incitations (Klemm and Van Parys, 2012[62]). Bien que les études constatent elles aussi une corrélation positive, la stimulation de l'investissement induite par des incitations fiscales semble se produire à un faible taux (Abbas and Klemm, 2013[104]). Il est possible que la motivation de l'IDE ait un rôle à jouer pour expliquer la variation des résultats dans les études. Par exemple, les IDE comme plateforme à l'exportation des EMN des États-Unis se sont révélés plus sensibles à la fiscalité du pays d'accueil, en particulier dans les pays en développement (Mutti and Grubert, 2004[111]; Azermar and Desbordes, 2010[112]).

La concurrence peut n'entraîner qu'une variation relative limitée de l'écart de taux d'imposition entre juridictions, c'est à dire, de leur avantage concurrentiel en termes de coûts d'investissement. En Asie-Pacifique, par exemple, des TIE à régime fiscal spécial se sont avérés entraîner une baisse d'une ampleur similaire entre juridictions par rapport à leurs taux légaux (Wiedemann and Finke, 2015[106]). Li (2016[113]) confirme cette idée, en relevant des indices concordants de tendances à la baisse des taux fiscaux infranationaux à l'intérieur des pays, sous l'effet de la concurrence régionale.

En règle générale, les investisseurs internationaux ne citent pas les incitations fiscales parmi les facteurs les plus importants pour décider de la localisation de leurs investissements, par rapport à ceux concernant les infrastructures offertes, ainsi qu'un cadre réglementaire simplifié facilitant la création et la gestion d'entreprises (UNIDO, 2013[114]; IMF-OECD, 2017[115]; Canh et al., 2013[116]). On constate une étroite corrélation entre l'existence d'infrastructures immatérielles ou matérielles et la présence d'un investisseur étranger, surtout si celui-ci est tourné vers l'exportation, d'après des données recueillies au niveau des entreprises de 77 pays en développement (Kinda, 2010[117]). Les pays sont susceptibles de bénéficier le plus d'incitations fiscales lorsque celles-ci sont combinées à un climat d'investissement fort, une bonne stabilité macroéconomique, un accès aisé au marché et des droits de propriété intellectuelle clairement établis (Thomsen, 2004[118]).

C'est souvent dans les zones économiques spéciales (ZES), plus répandues dans les pays à revenu faible et intermédiaire (Graphique 4.11), qu'est offert le régime fiscal spécial le plus généreux d'un pays. Les ZES offrent un ensemble d'avantages aux investisseurs, y compris des incitations fiscales (98 % des ZES) et des régimes douaniers spéciaux (94 %), entre autres (UNCTAD, 2019[119]). Les ZES peuvent servir de pôles pour attirer l'IDE et lorsque des liens se développent avec le reste de l'économie, elles produisent de la croissance économique et ont des retombées positives sur l'économie en général (Wang, 2013[120]; Chaurey, 2017[121]). Malgré leur prévalence, les études économétriques trouvent des preuves limitées que les incitations fiscales seraient le principal facteur déterminant pour investir dans la zone (Hsu et al., 2019[122]; Lin and Wang, 2014[123]) tout comme de leurs retombées positives sur le reste de l'économie.

4.7.6. Concurrence entre entreprises et investissement

382. Des études récentes suggèrent que les transformations économiques structurelles qui sont liées à la numérisation et à la mondialisation ont d'importants effets sur la concentration des entreprises et sur la marge sur coût de revient au niveau des marchés et des secteurs. Bien que le débat sur ces effets ne soit pas encore tranché, les données des dernières décennies suggèrent que, dans certains pays et dans certains secteurs, un moins grand nombre d'entreprises sont responsables d'une plus grande part des revenus, de la production et/ou de l'emploi (voir l'Encadré 4.6). En particulier, plusieurs études empiriques suggèrent que ces évolutions sont principalement attribuables aux secteurs de l'économie à forte composante numérique, alors que les effets de réseau induisent une dynamique du « winner-takes-all » (ou « winner-takes-most ») permettant à certaines entreprises d'acquérir des avantages concurrentiels (Bauer and Latzer, 2016[124]) (OECD, 2018[125]) (OECD, 2019[126]). Dans la mesure où ces constats sont associés à une diminution de l'intensité de la concurrence entre les entreprises,[43] ils pourraient sous-entendre une réduction du bien-être des consommateurs, ainsi que de l'investissement des entreprises, de l'innovation et de la croissance de la productivité (Gutiérrez and Philippon, 2017[127]).

383. Les propositions au titre des Piliers Un et Deux ne visent pas à influencer la dynamique de la concurrence entre entreprises, une telle démarche relevant principalement des politiques de concurrence et de réglementation plutôt que de la politique fiscale. Il n'en reste pas moins que, du point de vue fiscal, les Piliers Un et Deux devraient contribuer à des conditions de concurrence plus équitables entre EMN, ainsi qu'entre entreprises multinationales et entreprises non multinationales. Par contrecoup, cela pourrait contribuer à réduire, ou du moins à ralentir, la tendance à une concentration accrue et à d'autres effets potentiellement défavorables associés à une telle concentration.

384. Les incidences des propositions varient d'une entreprise à l'autre, en raison des seuils et des restrictions de champ d'application intégrés dans les nouvelles dispositions. La conception du Pilier Un vise les EMN en fonction de leur taille, en établissant un seuil de chiffre d'affaires mondial, et de leur rentabilité, par le biais du seuil de rentabilité (OECD/G20 Inclusive Framework on BEPS, 2020[128]). En outre, son application se limite potentiellement aux entreprises fournissant des services numériques automatisés (ADS) et à celles en relation étroite avec les consommateurs (CFB). Les nouvelles dispositions au titre du Pilier Un visent donc les EMN les plus grandes et les plus rentables, celles-là même qui ont été les plus fortement associées aux tendances séculaires de concentration des entreprises et de la marge sur le coût de revient (Calligaris, Criscuolo et Marcolin ; Bailin Rivares et al. (2019[129])). Au titre du Pilier Deux, aucune restriction du champ d'application à spécificité sectorielle n'est prise en compte. En revanche, les nouvelles dispositions introduites pour assurer une imposition minimale effective auront pour effet de soumettre les EMN qui transfèrent des bénéfices vers des juridictions à faible fiscalité à des hausses d'impôt plus importantes au titre du Pilier Deux, conformément à l'objectif visé de remédier aux problèmes subsistants en matière d'érosion de la base d'imposition et de transfert de bénéfices (BEPS). Puisque les grandes EMN sont plus enclines à se livrer à des activités de planification fiscale et à profiter des économies fiscales ainsi dégagées pour évincer d'autres entreprises (Sorbe and Johansson, 2017[130]), la réduction attendue du transfert de bénéfices sous l'effet des nouvelles règles fiscales, et du Pilier Deux en particulier, pourrait faire encore plus contrepoids aux tendances concentrationnaires observées.

385. Les effets des Piliers Un et Deux se renforcent mutuellement, ce qui pourrait contribuer au ralentissement de la tendance à une concentration accrue au niveau des marchés et des secteurs. Dans la mesure où ce sont les EMN les plus grandes et les plus rentables, en particulier celles qui se livrent à des transferts de bénéfices, qui seront les plus touchées, les nouvelles règles devraient produire des conditions de concurrence plus équitables entre les EMN, et entre elles et entre leurs concurrents nationaux de plus petite taille, ainsi que les entreprises qui ne se livrent pas à des activités de transfert de bénéfices. S'il s'avère qu'il existe une corrélation entre des marchés et des secteurs moins concentrés, ainsi qu'une hausse de l'investissement et de l'innovation de la part des entreprises, la réforme pourrait

avoir encore plus d'effets bénéfiques sur la croissance par ce biais. Pour autant, la politique fiscale n'est que l'un des nombreux facteurs se répercutant sur la dynamique de la concentration ; en effet, son impact quantitatif dépend également du contexte plus large de la concurrence et de la politique de réglementation.

Encadré 4.6. Concurrence entre entreprises et investissement

Les propositions pourraient se répercuter sur l'investissement et la croissance en influant sur l'intensité de la concurrence et le pouvoir de marché et, par conséquent, sur l'investissement. Elles devraient avoir des incidences sur les entreprises qui sont en mesure d'imposer des majorations de prix en vertu de leur position dominante sur le marché et sur celles qui ont plus d'opportunités de se livrer à des activités de planification fiscale. Dans la mesure où elles réduisent les incitations au transfert de bénéfices et les possibilités en la matière, et où elles soumettent les entreprises qui réalisent le plus de marge bénéficiaire à des taux d'imposition effectifs plus élevés, ces propositions pourraient avoir pour effet de mettre les différentes catégories d'entreprises sur un pied d'égalité. Dès lors que les entreprises ont moins d'incitations à investir et à innover là où elles occupent une position dominante sur le marché, ces conditions de concurrence plus équitables peuvent à leur tour augmenter les niveaux d'investissement (Gutiérrez and Philippon, 2019[40]).

Une littérature de plus en plus fournie fait apparaître une concentration croissante du marché qui s'accompagne d'une baisse de l'intensité de la concurrence, quoique cette question soit loin d'être tranchée dans les milieux universitaires (voir Syverson (2019[131]) pour un examen). Furman et Orszag (2015[132]) et Autor et al. (2017[41]) (2020[133]) font état d'une concentration accrue et d'un recul de l'intensité de la concurrence aux États-Unis en particulier. Bajgar et al. (2019[39]) constatent aussi l'existence d'une concentration accrue en dehors des États-Unis. De Loecker, Eeckhout et Unger (2020[134]) relèvent une augmentation du pouvoir de marché en examinant à la fois la marge bénéficiaire et la rentabilité, constatant ainsi un transfert de la part de marché des entreprises à faible marge vers celles à forte marge.

Plusieurs études empiriques récentes suggèrent que les augmentations du pouvoir de marché sont plus prononcées dans les secteurs de l'économie à forte composante numérique. En raison des effets de réseau qui s'opèrent dans le secteur numérique, certaines entreprises parviennent à acquérir des avantages concurrentiels par rapport à d'autres et à décourager l'entrée de plus petites entreprises (Bauer and Latzer, 2016[124]) (OECD, 2018[125]) (OECD, 2019[126]). Par exemple, Bailin Rivares et al. (2019[129]) relèvent des niveaux élevés de concentration parmi les plateformes en ligne. Calligaris, Criscuolo et Marcolin (2018[2]) interprètent les indications de hausse de la marge bénéficiaire dans les secteurs à forte intensité numérique comme preuve d'une contraction de la concurrence. Certains articles ont également établi des corrélations entre la hausse de la marge bénéficiaire et des pratiques de planification fiscale. Sorbe et Johansson (2017[130]) constatent que les multinationales adeptes de la planification fiscale ont des taux de marge bénéficiaire plus élevés que d'autres entreprises, même après prise en compte d'autres facteurs qui influent sur les marges. Ils font observer que le sens de causalité est difficile à établir, puisqu'un taux de marge bénéficiaire plus élevé peut être un facteur qui incite une entreprise à se livrer à de la planification fiscale.

Certains auteurs lient à l'investissement ces indications de plus en plus nombreuses d'accroissement de la concentration sectorielle, du pouvoir de marché et de la marge bénéficiaire. Gutiérrez et Philippon (2019[135]; 2017[127]) attribuent les faibles niveaux d'investissement à une variété de facteurs, parmi lesquels l'accroissement de la concentration du marché et l'affaiblissement de l'environnement concurrentiel. Ils constatent que la concentration des entreprises et les problèmes de gouvernance représentent 75 % du déficit d'investissement dans leur analyse, et que les secteurs à plus forts degrés de concentration se caractérisent par des niveaux d'investissement plus faibles, même après prise en compte des conditions actuelles du marché et de l'intensité de la nature incorporelle du secteur. Ils observent également que les entreprises qui creusent le déficit d'investissement reversent une part disproportionnée de leur flux de trésorerie disponibles aux actionnaires. Des tendances de concentration accrue ont également été constatées en Europe. Toutefois, d'autres articles suggèrent que le pouvoir de marché pourrait être le résultat d'une augmentation des investissements dans des actifs incorporels de la part de certaines entreprises, qui pourrait avoir des effets de renforcement de l'efficacité (Crouzet and Eberly, 2019[136]).

Le Pilier Deux se concentre sur les entreprises dont le TIE est plus faible, qui sont susceptibles de se livrer à des pratiques agressives de planification fiscale et de transfert de bénéfices. Ceci suggère que la mise en œuvre des propositions pourrait contribuer à l'instauration de conditions de concurrence plus équitables entre les entreprises qui disposent d'un meilleur accès à des possibilités de planification fiscale, et plus spécifiquement celles qui se livrent à des pratiques de transfert de bénéfices, et les autres. Pour les raisons exposées ci-dessus concernant les éventuelles corrélations entre la concentration du marché et les niveaux d'investissement, cela pourrait à son tour avoir des effets positifs sur l'investissement.

4.8. Effets sur l'investissement et la production avec et sans consensus multilatéral

386. Les sections 4.3 à 4.7 ont été consacrées à l'examen détaillé des effets des propositions sur l'investissement, basé sur de nouvelles recherches empiriques ainsi que sur des éléments tirés de la littérature économique. La présente section rassemble les principaux résultats de ces analyses pour dresser une évaluation globale de ces propositions si elles devaient définir la base d'une solution de consensus. Ce scénario de consensus suppose également le retrait des actuelles TSN, ainsi que l'engagement à s'abstenir d'introduire de telles mesures à l'avenir. Toutefois, pour que l'évaluation du scénario avec consensus soit utile, il convient d'en comparer le résultat avec un scénario contrefactuel plausible. Il serait faux de supposer que ce scénario contrefactuel équivaut au statu quo. Le scénario avec consensus doit plutôt être évalué au regard d'un scénario reflétant l'état projeté de l'économie mondiale dans le cas où une solution de consensus ne serait pas trouvée pour relever les défis fiscaux soulevés par la numérisation à l'issue du processus multilatéral du Cadre inclusif. Il est tout aussi important que ces deux scénarios reconnaissent le fait que le scénario de référence, qui reflète la situation avant la mise en œuvre potentielle des réformes, a évolué depuis la pandémie de COVID-19. Tandis que l'Encadré 4.1 traite de l'incidence de la pandémie et de ses répercussions économiques sur l'évaluation, les deux sous-sections suivantes se livrent à un examen qualitatif des scénarios avec et sans consensus avant d'élaborer des estimations quantitatives pour les deux scénarios en s'appuyant sur une série d'outils de modélisation supplémentaires ainsi que des éléments issus de la littérature connexe.

4.8.1. Implications économiques mondiales dans le cas d'une solution de consensus

387. En faisant le bilan des constats présentés aux sections 4.3 à 4.7, plusieurs grandes observations se dégagent quant aux effets attendus sur l'investissement au niveau des groupes et des entités, comme le résume le Graphique 4.13. Pour commencer, il convient de souligner que les propositions opèrent au niveau du groupe d'EMN, en déterminant les bases d'imposition d'après les résultats mondiaux du groupe d'EMN comme formant un tout, plutôt que sur la base de ses entités distinctes. En fonction de la conception finale des règles, l'inclusion d'un certain nombre de restrictions du champ d'application signifierait que les effets des Piliers Un et Deux sur les coûts d'investissement seraient limités à un sous-ensemble d'EMN. Il est actuellement proposé que le champ d'application du Pilier Un soit limité aux groupes d'EMN qui se livrent à des activités ADS et CFB, qu'un seuil de rentabilité cible l'impact des règles sur les EMN plus

rentables et qu'un seuil de chiffre d'affaires les groupes d'EMN les plus grands. Le Pilier Deux, quant à lui, vise les grandes EMN dont les taux d'imposition effectifs sont faibles au niveau des juridictions. En particulier, en cas d'application d'une exception fondée sur la substance calculée au moyen d'une formule, il est probable que ces règles concerneront principalement les entreprises qui se livrent à des transferts de bénéfices.

Réactions des EMN au niveau des entités

388. L'augmentation des dettes fiscales au niveau du groupe d'EMN se traduit par une augmentation des impôts à payer par certaines entités affiliées et donc de leurs coûts d'investissement.[44] Dans le cas du Pilier Deux, les entités de l'EMN dont le TIE aurait sinon été inférieur au seuil minimum pourraient voir leurs coûts d'investissement augmenter. Comme le montre la littérature sur la sensibilité fiscale des investissements étrangers et nationaux, les estimations empiriques suggèrent que les EMN touchées réagiront aux possibles augmentations de coûts en réduisant leurs investissements ou en transférant une partie d'entre eux vers d'autres juridictions. Dans ces conditions, les propositions pourraient provoquer une délocalisation des investissements hors des juridictions à faible fiscalité. Pour autant, la relocalisation d'une juridiction à l'autre ne se traduit pas forcément par une réduction des investissements mondiaux dès lors qu'elle se rattache à une augmentation des investissements dans un autre endroit.[45] Comme l'a montré la section 4.4, la relocalisation peut accroître l'efficacité de l'allocation du capital entre juridictions, dans les cas où auparavant les décisions d'investissement étaient motivées par des considérations fiscales. Une utilisation d'un meilleur rapport coût-efficacité des incitations fiscales pourrait renforcer les effets positifs sur l'allocation du capital. S'ajoute à cela que les entités des groupes d'EMN plus rentables peuvent être moins sensibles aux augmentations d'impôts, ce qui suggère que les entités des groupes d'EMN concernés par les réformes pourraient avoir moins tendance à relocaliser leurs investissements que celles d'un groupe d'EMN moyen, comme on le voit à la section 4.6.

Réactions des pouvoirs publics et autres effets indirects sur l'investissement

389. Comme on l'a vu à la section 4.7, les effets indirects potentiels sur l'investissement dépendent généralement du contexte. En outre, les effets indirects peuvent agir les uns sur les autres, tant de manière positive que négative, ce qui pourrait renforcer ou compenser les effets globaux sur l'investissement au niveau des juridictions. Par conséquent, l'orientation globale de ces effets au niveau des juridictions dépend essentiellement des réactions des pouvoirs publics face à l'évolution du système fiscal international. Par exemple, une plus grande marge de manœuvre budgétaire pourrait être mise à bon escient pour renforcer le soutien à l'innovation des entreprises ou pour élargir les administrations fiscales dans le but de réduire les coûts de conformité ; l'établissement de conditions de concurrence plus équitables pour les entreprises nationales et multinationales pourrait être combiné à un soutien supplémentaire pour les jeunes entreprises innovantes ; l'allègement de la pression concurrentielle sur les taux d'imposition effectifs pourrait faciliter l'élaboration d'une stratégie différente de promotion de l'investissement. Par conséquent, l'adaptation réussie des politiques nationales à l'évolution de la structure des incitations pourrait avoir d'autres effets positifs sur l'investissement et la production économique dans le monde.

390. En particulier, l'analyse met en évidence plusieurs domaines d'action dans lesquels la réponse des pouvoirs publics aux évolutions du système fiscal international pourrait avoir des effets importants sur l'investissement au niveau des juridictions et, en fin de compte, au niveau mondial. Pour commencer, les coûts d'investissement augmenteront dans les juridictions où, avant la réforme, les entreprises étaient soumises à des TIE inférieurs au seuil minimum, en raison soit d'une imposition minimale effective au titre du Pilier Deux, soit d'une hausse des TIE nationaux des juridictions à faible fiscalité. Il en résultera une contraction des différentiels de TIE entre juridictions, ce qui impliquera des gains fiscaux moindres provenant de la relocalisation et donc un plus grand rôle des facteurs non fiscaux dans les décisions de localisation. De plus, des incitations moindres au transfert de bénéfices feraient baisser le coût des fonds

publics dans la mesure où les administrations fiscales auraient moins à dépenser dans des activités coercitives. En réponse à cette transformation structurelle, les juridictions à faible fiscalité pourraient décider d'adapter leurs stratégies politiques globales pour améliorer leur attractivité pour les investissements étrangers, au-delà de simples considérations de coût. Comme on l'a vu à la section 4.7, une réponse similaire pourrait être adoptée par les pays, y compris ceux en développement, ayant choisi jusque-là d'accorder des incitations fiscales généreuses, et souvent inefficaces, pour attirer l'IDE, en optant pour un renforcement de la mobilisation des ressources nationales et l'élargissement de leur marge de manœuvre budgétaire en faveur de l'investissement public.

391. Par ailleurs, il convient d'envisager spécifiquement les domaines d'action où l'investissement génère des externalités positives, dans la mesure où il est souvent fait recours à des politiques fiscales pour répondre à des craintes de sous-investissement dans de tels contextes. Bien que les retombées de l'IDE puissent également avoir des effets positifs sur les économies locales, le principal domaine d'action où les effets externes devraient être quantitativement pertinents est celui de l'innovation et, en particulier, de la R&D des entreprises. La section 4.7 a présenté un examen approfondi de diverses politiques fiscales et non fiscales visant à soutenir l'innovation et de leur efficacité en se fondant sur des données empiriques. Cette analyse suggère que, bien que dans certaines juridictions les stratégies politiques puissent devoir être adaptées (par exemple pour mettre les régimes préférentiels en conformité avec les recommandations du projet OCDE/G20 sur l'érosion de la base d'imposition et le transfert de bénéfices, ou pour réorienter le soutien public en passant de mesures de soutien indirectes à des mesures de soutien directes), les pouvoirs publics continueront de disposer d'un large éventail de moyens d'action après la mise en œuvre des Piliers Un et Deux pour atteindre les objectifs visés.

392. Si l'évolution de la structure d'incitation est susceptible d'induire des réactions comportementales de la part des EMN et des pouvoirs publics qui aboutiraient à une allocation du capital plus efficace entre les juridictions, et par conséquent à une hausse de la production économique mondiale, tel que résumé au Tableau 4.2, la quantification de ces effets sort du champ de cette évaluation globale. Toutefois, on peut estimer que certains effets positifs potentiels sur l'efficacité générés au niveau mondial par la mise en œuvre des Piliers Un et Deux viendraient, du moins partiellement, compenser les effets négatifs associés à des coûts d'investissement plus élevés au niveau des groupes d'EMN.

Graphique 4.13. Effets sur l'investissement au niveau du groupe d'EMN et de ses entités

Réactions des EMN au niveau du groupe et effets sur le PIB mondial

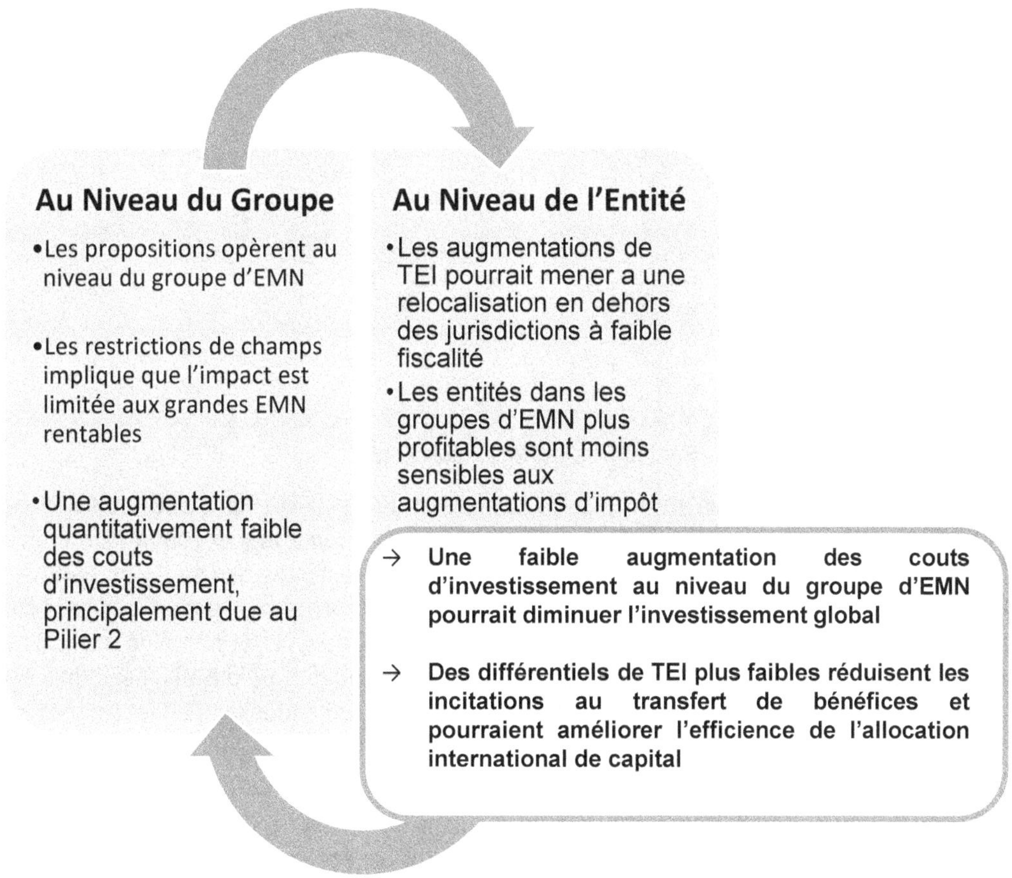

393. En ce qui concerne l'analyse des coûts d'investissement au niveau du groupe d'EMN, les résultats empiriques montrent qu'en moyenne, les effets des Piliers Un et Deux sur les taux d'imposition effectifs moyens et les taux marginaux d'imposition effectifs ne sont que d'ampleur limitée.[46] La variation moyenne pondérée en fonction du PIB mondial des TIEM est estimée à seulement 0.35 point de pourcentage et celle des TMIE à environ 1.40 point de pourcentage, la majeure partie de cette augmentation étant due au Pilier Deux. En outre, l'effet sur les coûts d'investissement est plus marqué pour les projets situés dans des centres d'investissement, dont la plupart sont soumis à des taux d'imposition effectifs comparativement faibles. Ces résultats reposent sur les hypothèses illustratives suivantes concernant la conception du Pilier Un et du Pilier Deux. Au Pilier Un, seul le Montant A est modélisé, supposant un seuil de rentabilité de 10 % basé sur le bénéfice avant impôt sur le chiffre d'affaires, un pourcentage de 20 % de réattribution des bénéfices aux juridictions du marché et une application restreinte aux activités ADS et CFB. Pour la modélisation du Pilier Deux, on suppose un taux de 12.5 % avec agrégation par juridiction, comprenant une exception de 10 % sur la dotation aux amortissements (estimée en fonction de la valeur et de l'emplacement des actifs corporels).

394. Ces résultats constituent un point de départ pour déterminer dans quelle mesure l'éventuelle mise en œuvre des propositions au titre des Piliers Un et Deux pourrait conduire à une réduction du niveau mondial de l'investissement des EMN. En particulier, il est possible de dériver une approximation quantitative des effets globaux sur la production mondiale à moyen et long terme (soit au cours des 10 années suivant la mise en œuvre) en combinant les résultats empiriques des sections 4.5 et 4.6 à l'aide d'autres hypothèses et techniques de modélisation. Afin de fournir une approximation quantitative des

effets sur l'investissement qui soit compatible avec le modèle de l'OCDE pour les projections à long terme[47], il est possible d'estimer l'évolution du taux d'investissement total des entreprises, d'après le calcul illustré au Graphique 4.14.

Graphique 4.14. Estimation de la variation du taux d'investissement total des entreprises

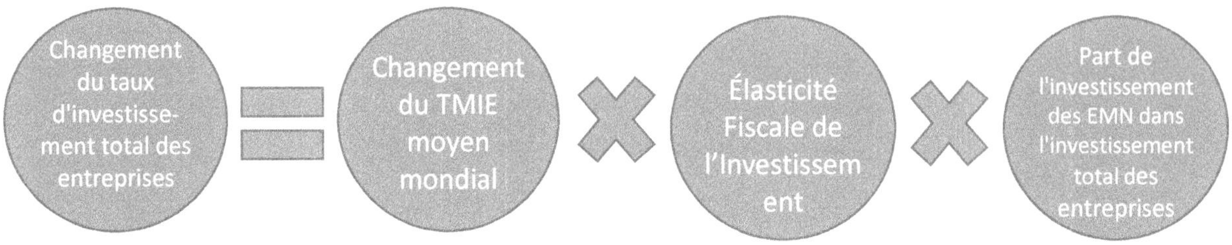

Source : Illustration de l'OCDE.

395. Les calculs sont basés sur les chiffres agrégés suivants.

- **Variation du TMIE moyen mondial.** En supposant un seuil de rentabilité de 10 % basé sur le bénéfice avant impôt sur le chiffre d'affaires, un pourcentage de réattribution de 20 % aux juridictions du marché et une application circonscrite aux activités des secteurs ADS et CFB pour le Montant A au titre du Pilier Un, et un taux de 12.5 % avec agrégation par juridiction et une exception de 10 % sur les actifs corporels pour le Pilier Deux, l'effet combiné sur le TMIE moyen pondéré en fonction du PIB mondial,[48] mesuré au niveau du groupe d'EMN, est d'environ 1.4 point de pourcentage. L'approximation utilise le taux marginal d'imposition effectif plutôt que le taux d'imposition effectif moyen pour rester plus en phase avec les travaux de la littérature empirique quant à la sensibilité fiscale de l'investissement.
- **Élasticité fiscale de l'investissement**. La sensibilité fiscale de l'investissement repose sur les estimations au niveau sectoriel élaborées par Sorbe et Johansson (2017[7]), car leur approche empirique est alignée sur les estimations visées à la section 4.6, tout en permettant une approximation cohérente des effets à long terme sur l'investissement. Sur la base de cette approche, la sensibilité à court terme, de -0.05, se traduit par une sensibilité à long terme de -0.12, et ajustée à la baisse à -0.08 pour tenir compte de la constatation empirique que les sensibilités fiscales sont en moyenne environ 35 % moins élevées parmi les groupes d'EMN dont la rentabilité est supérieure à 10 %.[49]
- **Part de l'investissement des EMN**. Les résultats empiriques des sections 4.5 et 4.6 concernent les coûts d'investissement et les élasticités des EMN ; toutefois, les investissements des entreprises ne proviennent pas tous d'EMN. Dans la mesure où les données ne relèvent pas directement la part des EMN dans l'investissement mondial des entreprises, celle-ci est estimée[50] d'après la part moyenne mondiale des EMN dans la valeur ajoutée brute (32 %), y compris des EMN nationales et étrangères, à partir des données fournies par la base de données analytique AMNE[51].

396. Le regroupement des chiffres agrégés, comme illustré au Graphique 4.14, suggère que l'augmentation des coûts d'investissement entraînerait une baisse du taux d'investissement total des entreprises d'environ 0.04 point de pourcentage (1.4 x -0.08 x 0.32 = 0.04). Bien que cette approximation tienne compte des sensibilités fiscales moindres de la part des groupes d'EMN visés par les nouvelles règles, elle correspond à une valeur maximale, étant donné que la sensibilité fiscale ignore le fait que les réactions au niveau du groupe sont susceptibles d'être moins marquées en raison de la relocalisation de l'investissement au sein du groupe. Il convient toutefois d'accompagner cette approximation provisoire de

plusieurs réserves qui ont été mises en évidence dans les travaux empiriques sous-jacents discutés tout au long de ce document ainsi que dans les deux notes techniques.

397. Une fois estimée la variation du taux d'investissement total des entreprises, il est possible d'estimer à son tour la variation du PIB, en utilisant un cadre schématique conforme au modèle de l'OCDE pour les projections économiques à long terme (voir l'Encadré 4.7 pour la description succincte de l'approche de modélisation). Sur la base de cette approche, la variation du taux d'investissement, de -0.04, se traduit par une réduction du PIB d'environ 0.07 % à un horizon de court à moyen terme.

398. Bien que le calcul ci-dessus ne représente qu'une simple estimation des effets probables sur le PIB, une analyse de sensibilité peut être effectuée pour comprendre l'évolution du résultat quantitatif en fonction de plusieurs hypothèses sous-jacentes. Plus précisément, le même calcul peut être fait en utilisant la sensibilité fiscale moyenne de l'investissement, de -0.12, sans ajustement à la baisse pour tenir compte de la sensibilité fiscale moindre des EMN hautement rentables. Dans ce cas, la variation du taux d'investissement est estimée à -0,05 (1.4*-0.12*0.32=-0.05), ce qui entraîne une réduction légèrement plus importante du PIB, soit 0.11 % sur le même horizon. Sinon, il est possible d'utiliser la variation du TIEM au lieu de celle du TMIE, pour estimer les impacts des propositions sur les TEI rétrospectifs. En utilisant comme base pour l'estimation la variation du TIEM moyen pondéré en fonction du PIB mondial, de 0.35 point de pourcentage, on aurait un effet nettement moins négatif sur le PIB, à savoir de -0.02 %, sur le même horizon.

Encadré 4.7. Modélisation de projections économiques à long terme

Les effets d'une réduction du taux d'investissement sur le PIB peuvent être évalués sur la base du cadre suivant, qui peut être considéré comme une version schématique et simplifiée du modèle de l'OCDE pour les projections économiques à long terme. On suppose que la production dans l'économie est une fonction de Cobb-Douglas du capital K et du travail L, avec une part de travail, $1-\alpha$.

$$Y_t = AK_t^{\alpha}L^{1-\alpha}$$

Dans cette équation, A représente la productivité totale des facteurs. Le capital se déprécie à un taux constant, δ, de sorte que son évolution est déterminée par l'équation d'accumulation.

$$K_{t+1} = (1-\delta)K_t + I_{t+1}$$

I_{t+1} représente l'investissement, qui est supposé être une part constante, γ, du PIB, $I_{t+1} = \gamma Y_t$. Étant donné qu'à l'état stable, le taux d'investissement est fixé au niveau du taux de dépréciation, $\frac{I}{K} = \delta$, la baisse de l'investissement est appliquée comme une réduction permanente du ratio investissement/PIB, γ. Pour aligner les paramètres sur le modèle à long terme de l'OCDE, on suppose que le ratio capital/production est égal à 1.5, $\frac{K}{Y} = 1.5$, ce qui implique qu'un choc de ϵ sur le taux d'investissement, $\frac{I}{K}$, tel que calculé dans les estimations économétriques, peut se traduire par une réduction permanente de γ de $1.5 \cdot \epsilon$. Le choc est appliqué en partant d'une situation où l'économie se trouve à un état stable, avec les paramètres initiaux fixés à $\alpha = 0.24$, $\delta = 5\%$ (par an) et $\gamma = 7.5\%$ avant le choc.

399. Conjugués l'un à l'autre, les deux principaux canaux de transmission par lesquels les propositions se répercutent sur l'investissement et la production à l'échelle mondiale sont, premièrement, une augmentation des coûts d'investissement au niveau du groupe d'EMN, qui a pour effet de réduire les niveaux d'investissement mondiaux et, deuxièmement, une réduction des différentiels de TIE, qui entraîne une réduction du transfert de bénéfices et l'amélioration de l'allocation du capital à l'échelle internationale entre les juridictions. Le premier effet est négatif et une quantification provisoire suggère qu'il pourrait

entraîner une réduction du PIB mondial de moins de 0.1%. En revanche, il pourrait se produire un deuxième effet compensatoire sur le PIB mondial si l'allocation du capital entre les différentes juridictions devenait plus efficace. Cependant, la mesure dans laquelle cela sera le cas dépendra des réponses politiques des pays aux évolutions du système fiscal international, ainsi que des réponses des EMN et d'autres marges de décision, notamment en ce qui concerne leur structure organisationnelle. Dans la mesure où ces effets sont difficiles à quantifier, seul l'effet du premier canal est modélisé dans cette évaluation quantitative.

Tableau 4.1. Scénario avec consensus : Résumé

Effets directs sur l'investissement	Effets indirects	Résumé
Du fait des restrictions du champ d'application, beaucoup d'EMN ne seront pas concernées et les augmentations des coûts d'investissement visent les groupes d'EMN hautement rentables et ceux qui se prêtent au transfert de bénéfices	La marge de manœuvre budgétaire augmente pour la plupart des juridictions et en raison de la diminution des incitations au transfert de bénéfices, il pourrait être plus facile de lever des fonds publics supplémentaires	L'augmentation des coûts d'investissement pourrait entraîner un léger repli de l'investissement mondial
Les hausses des coûts d'investissement devraient être quantitativement faibles, principalement sous l'effet du Pilier Deux	Les coûts de conformité et d'administration pourraient augmenter, quoique sans doute de façon moins marquée qu'en cas d'absence d'accord	Cela pourrait entraîner une réduction du PIB mondial de moins de 0.1 %, qui peut être partiellement ou entièrement compensée par des effets indirects positifs
Les hausses du TEI au niveau de l'entité peuvent entraîner des délocalisations abandonnant les juridictions à faible fiscalité	Les effets indirects sont souvent spécifiques au contexte et dans certaines juridictions, il pourrait être nécessaire d'adapter le dosage des mesures	Les modifications apportées au système fiscal international pourraient nécessiter une adaptation des mesures d'intervention dans certaines juridictions
Les entreprises dans les groupes d'EMN les plus rentables sont moins sensibles aux hausses d'impôt	De nombreux moyens d'action restent disponibles après la mise en œuvre du Pilier Un et du Pilier Deux pour atteindre les objectifs visés	
La contraction des différentiels de TIE entre juridictions devrait atténuer les incitations au transfert de bénéfices et pourrait améliorer l'efficacité de l'allocation du capital à l'échelle internationale	L'efficacité économique pourrait augmenter, notamment en cas de concurrence accrue entre les entreprises	Une solution multilatérale fondée sur le consensus déboucherait sur un environnement plus favorable à l'investissement et à la croissance, que ce qui serait envisageable en l'absence d'accord

Source : Illustration de l'OCDE.

4.8.2. Implications économiques mondiales en cas d'absence de consensus

400. Les défis fiscaux soulevés par la numérisation ont été décrits en détail dans le Rapport sur l'Action 1 du BEPS (OECD, 2015[137]). Malgré les différentes options envisagées par le rapport pour relever ces défis, aucune n'avait débouché sur un accord à l'époque. Par la suite, le rapport intitulé *Les défis fiscaux soulevés par la numérisation de l'économie – rapport intérimaire 2018* relevait la nécessité de modifier les règles fiscales internationales et d'entreprendre un examen cohérent et simultané de deux aspects majeurs du cadre existant, à savoir les nouvelles règles relatives au lien fiscal et à la répartition des bénéfices, dans l'optique de parvenir à un consensus mondial en 2020 (OECD, 2018[125]).

401. Comme l'indiquait le rapport intérimaire, certaines juridictions ont adopté la position selon laquelle, faute d'une solution de consensus à l'échelle mondiale, des mesures provisoires unilatérales pourraient être mises en œuvre pour répondre aux préoccupations concernant les défis fiscaux soulevés par la numérisation. En dépit des positions divergentes qui existaient tant sur le bien-fondé que sur la nécessité de mesures provisoires telles que des taxes sur les services numériques (TSN) spécifiques aux transactions, un nombre croissant de juridictions appliquent une TSN ou envisagent de le faire. Ajoutons à cela que plusieurs juridictions ont introduit d'autres mesures unilatérales, y compris des applications alternatives du seuil d'établissement stable (ES), des retenues à la source ou des régimes spécifiques ciblant les EMN de grande taille, par exemple l'impôt sur les bénéfices détournés. Bien que ces mesures

unilatérales additionnelles ne soient pas incluses, le Tableau 4.2 présente un aperçu des juridictions soit qui ont ratifié l'application d'une TSN ou d'une mesure similaire, soit qui envisagent de le faire.

Tableau 4.2. Taxes sur les services numériques et mesures similaires

Juridiction	Mesure	Taux	État d'avancement
Autriche	Taxe sur la publicité numérique	5.0 %	En vigueur
France	Taxe sur les services numériques	3.0 %	En vigueur (recouvrement différé)
Hongrie	Taxe sur la publicité numérique	7.5 %	En vigueur (0 % jusqu'à décembre 2022)
Inde	Prélèvement de péréquation	2 et 6 %	En vigueur
Indonésie	Taxe sur les transactions électroniques	À déterminer	Législation adoptée
Italie	Taxe sur les services numériques	3.0 %	En vigueur
Tunisie	Taxe sur les services numériques	3.0 %	Législation adoptée
Turquie	Taxe sur les services numériques	7.5 %	En vigueur
Royaume-Uni	Taxe sur les services numériques	2.0 %	Législation adoptée
Australie	Taxe sur les services numériques ou mesure similaire en cas d'absence de solution internationale	-	À l'étude
Belgique	Taxe sur les services numériques ou mesure similaire au niveau de l'UE en cas d'absence de solution internationale	-	À l'étude
Bulgarie	Taxe sur les services numériques ou mesure similaire au niveau de l'UE en cas d'absence de solution internationale	-	À l'étude (UE)
Brésil	Taxe sur les services numériques	1 à 5 %	À l'étude
Croatie	Taxe sur les services numériques ou mesure similaire au niveau de l'UE en cas d'absence de solution internationale	-	À l'étude (UE)
Chypre[52]	Taxe sur les services numériques ou mesure similaire au niveau de l'UE en cas d'absence de solution internationale	-	À l'étude (UE)
République tchèque	TSN ou mesure similaire au niveau de l'UE ou au niveau national en cas d'absence de solution internationale	7.0 %	À l'étude
Danemark	Taxe sur les services numériques ou mesure similaire au niveau de l'UE en cas d'absence de solution internationale	-	À l'étude (UE)
Estonie	Taxe sur les services numériques ou mesure similaire au niveau de l'UE en cas d'absence de solution internationale	-	À l'étude (UE)
Finlande	Taxe sur les services numériques ou mesure similaire au niveau de l'UE en cas d'absence de solution internationale	-	À l'étude (UE)
Allemagne	Taxe sur les services numériques ou mesure similaire au niveau de l'UE en cas d'absence de solution internationale	-	À l'étude (UE)
Grèce	Taxe sur les services numériques ou mesure similaire au niveau de l'UE en cas d'absence de solution internationale	-	À l'étude (UE)
Irlande	Taxe sur les services numériques ou mesure similaire au niveau de l'UE en cas d'absence de solution internationale	-	À l'étude (UE)
Israël	Taxe sur les services numériques ou mesure similaire en cas d'absence de solution internationale	3 ou 5 %	À l'étude
Kenya	Taxe sur les services numériques	1.5 %	À l'étude
Lettonie	TSN ou mesure similaire au niveau de l'UE ou au niveau national en cas d'absence de solution internationale	3.0 %	À l'étude
Lituanie	Taxe sur les services numériques ou mesure similaire au niveau de l'UE en cas d'absence de solution internationale	-	À l'étude (UE)
Luxembourg	Taxe sur les services numériques ou mesure similaire au niveau de l'UE en cas d'absence de solution internationale	-	À l'étude (UE)
Malte	Taxe sur les services numériques ou mesure similaire au niveau de l'UE en cas d'absence de solution internationale	-	À l'étude (UE)
Pays-Bas	Taxe sur les services numériques ou mesure similaire au niveau de l'UE en cas d'absence de solution internationale	-	À l'étude (UE)
Nouvelle-Zélande	Taxe sur les services numériques ou mesure similaire en cas d'absence de solution internationale	3.0 %	À l'étude

Norvège	Taxe sur les services numériques ou mesure similaire en cas d'absence de solution internationale	-	À l'étude
Philippines	Taxe sur les services numériques	-	À l'étude
Pologne	Taxe sur les services numériques ou mesure similaire au niveau de l'UE en cas d'absence de solution internationale	-	À l'étude
Portugal	Taxe sur les services numériques ou mesure similaire au niveau de l'UE en cas d'absence de solution internationale	-	À l'étude (UE)
Roumanie	Taxe sur les services numériques ou mesure similaire au niveau de l'UE en cas d'absence de solution internationale	-	À l'étude (UE)
Russie	Taxe sur les services numériques ou mesure similaire en cas d'absence de solution internationale		À l'étude
Slovaquie	Taxe sur les services numériques ou mesure similaire au niveau de l'UE en cas d'absence de solution internationale	-	À l'étude (UE)
Slovénie	TSN ou mesure similaire au niveau de l'UE ou au niveau national en cas d'absence de solution internationale	3.0 %	À l'étude
Espagne	TSN ou mesure similaire au niveau de l'UE ou au niveau national en cas d'absence de solution internationale	3.0 %	À l'étude
Suède	Taxe sur les services numériques ou mesure similaire au niveau de l'UE en cas d'absence de solution internationale	-	À l'étude (UE)
Zimbabwe	Taxe sur les services numériques ou mesure similaire	-	À l'étude

Note : Le tableau répertorie les juridictions où une taxe sur les services numériques (TSN) a été appliquée et est en vigueur, ainsi que celles où une taxe sur les services numériques ou une mesure similaire est à l'étude (ou l'a été) par le gouvernement ou le parlement.
Source : Secrétariat de l'OCDE.

Taxes sur les services numériques

402. Dans le contexte de ces évolutions, l'échec à trouver une solution de consensus à l'issue du processus multilatéral du Cadre inclusif aurait pour effet d'accroître considérablement les pressions exercées au niveau national auprès des pouvoirs publics pour qu'ils relèvent de manière unilatérale les défis fiscaux soulevés par la numérisation, et conduirait donc probablement à l'introduction de TSN ou de mesures similaires dans un nombre croissant de juridictions. Du fait de l'absence de concertation de ces mesures unilatérales, il est impossible d'en modéliser les effets, y compris leurs interactions, sur l'investissement et la production économique avec le même niveau de détail que pour les propositions au titre des Piliers Un et Deux. Néanmoins, l'évaluation du scénario avec consensus nécessite une comparaison avec un scénario contrefactuel tenant compte des principales incidences pour l'économie mondiale qu'aurait l'absence de solution de consensus aux défis fiscaux soulevés par la numérisation.

403. Et surtout, faute d'une solution mondiale, on peut s'attendre à une très forte hausse du nombre de juridictions envisageant l'introduction de TSN ou de mesures similaires, ce qui aurait pour effet d'accroître les distorsions dans le comportement des EMN induites par l'impôt et de réduire la production économique mondiale. Bien que les éléments de conception diffèrent d'une juridiction à l'autre, les TSN sont, en général, des impôts sur les revenus perçus par certaines EMN à forte composante numérique provenant de transactions liées aux activités en ligne des utilisateurs résidant dans la juridiction fiscale. Comme les transactions imposables sont généralement déterminées en fonction de la localisation de l'utilisateur (par exemple, la juridiction du spectateur d'une publicité ou du destinataire d'un service en ligne), les TSN ont tendance à s'appliquer aux EMN résidentes et non résidentes, indépendamment de l'ampleur de leur présence physique dans la juridiction fiscale (OECD, 2018[125]).

404. D'un point de vue économique, les TSN s'accompagnent d'un certain nombre de lacunes. Contrairement à l'impôt sur les bénéfices des sociétés (IS), les TSN sont un impôt sur le chiffre d'affaires et non sur les bénéfices (c.-à-d. le total des recettes moins le total des coûts). Au lieu de cela, le total du chiffre d'affaires associé à des types spécifiques de transactions numériques est assujetti à l'impôt, indépendamment des coûts engagés dans la prestation des services numériques respectifs, ce qui conduit, par exemple, à soumettre des entreprises déficitaires à des passifs d'impôt positifs. Une double

imposition économique pourrait se produire si des TSN sont perçues auprès des résidents et des non-résidents qui ne sont pas en mesure de créditer l'impôt sur l'IS prélevé sur le même revenu. Par conséquent, les TSN ont un plus grand effet de distorsion que les impôts sur les bénéfices, ce qui entraîne des hausses de prix, une baisse de la production et un recul de l'investissement dans les secteurs touchés (Lowry, 2019[138]). Dans la mesure où ces taxes sont généralement prélevées sur des services intermédiaires (par exemple la publicité en ligne), les effets préjudiciables de la double imposition économique pourraient avoir un effet boule de neige auprès d'un nombre bien plus élevé d'entreprises et de secteurs. Comme on l'a vu à la section 4.5.3, le degré de possible transmission de cet effet dépend de toute une série d'autres facteurs, tels que le degré de la puissance de marché et la prévalence des rentes économiques, d'où la difficulté de l'évaluer, en particulier dans le contexte des marchés multi-faces.

405. Une autre conséquence majeure qui découlerait de l'absence de solution de consensus à l'issue du processus multilatéral du Cadre inclusif serait une fragmentation croissante de la fiscalité internationale due à la prolifération de mesures unilatérales variées, aggravée par la forte augmentation des coûts de conformité pour les contribuables et des coûts administratifs pour les pouvoirs publics. Du fait qu'elles ciblent spécifiquement certains services numériques, une adoption plus généralisée de TSN, en particulier, introduirait des distorsions supplémentaires dans les projets et les modèles d'affaires,[53] ce qui ne ferait qu'exacerber la fragmentation. En outre, par rapport au scénario avec consensus, l'incertitude fiscale augmenterait devant l'échec des pays à coordonner leurs réponses, et les retombées fiscales négatives pourraient donner lieu à des résultats inefficaces partout dans le monde (voir la section 4.7). De même, les différentiels de TIE tendraient à se creuser sous l'effet du nombre croissant de TSN spécifiques aux transactions, avec pour conséquence de potentielles pertes d'efficacité dans la répartition du capital entre juridictions.

Le risque d'une escalade des différends commerciaux

406. Outre les effets immédiats en termes de perte d'efficacité économique, un échec à trouver une solution de consensus à l'issue du processus multilatéral du Cadre inclusif pourrait avoir des répercussions géopolitiques plus larges qui se répercuteraient à leur tour dans l'évaluation économique du scénario contrefactuel. En particulier, une adoption plus généralisée de TSN entraînerait probablement une multiplication des différends commerciaux. La possibilité d'une telle escalade a été mise en évidence dans le contexte de l'introduction d'une TSN par les autorités françaises. Dans cette affaire, les États-Unis ont riposté à l'introduction de la TSN en France par une décision du bureau du représentant des États-Unis pour les questions commerciales internationales (USTR) d'ouvrir une enquête en vertu de la section 301 de l'US Trade Act 1974.

407. À l'issue de son enquête lancée en juillet 2019, l'USTR a publié un rapport sur la TSN française en décembre 2019 (USTR, 2019[139]). Le document soulignait ce que l'USTR considérait comme les « aspects discriminatoires, déraisonnables et pesants de la TSN française ».[54] Dans son Avis de décision et Appel à commentaires concernant une action engagée en vertu de la section 301 : « France's Digital Services Tax » (USTR, 2019[140]), l'USTR faisait observer que la section 301, paragraphe (c), alinéa (1), point (B), de l'US Trade Act autorisait l'USTR à imposer des droits sur les marchandises du pays étranger faisant l'objet de l'enquête, et indiquait que, conformément à la section 301, paragraphes (b) et (c), l'USTR considérait que l'action était appropriée en ce qui concerne la TSN française. Il ajoutait que les mesures appropriées pourraient inclure l'imposition de droits ad valorem supplémentaires pouvant atteindre 100 % de leur valeur sur certains produits originaires de France et dressait une liste préliminaire de 63 sous-positions tarifaires visées, dont le montant des importations pour l'année civile 2018 était estimé à environ 2.4 milliards USD, soit environ cinq fois le total des recettes attendues de la première année de l'application de la TSN en France.[55] Le 10 juillet 2020, en référence à l'enquête sur la TSN française, l'USTR a annoncé que son bureau allait intervenir en imposant des droits supplémentaires de 25 % sur les produits français, ciblant 21 sous-positions tarifaires, d'une valeur commerciale estimée pour l'année civile 2019 à environ 1.3 milliard USD, soit un montant approximativement proportionnel au montant des

recettes attendues de la TSN française au cours de sa première année d'application auprès d'EMN américaines (USTR, 2020[141]).

408. À plusieurs reprises, la Commission européenne a répondu à l'évolution de la situation en soulignant son engagement en faveur d'une réponse commune au niveau de l'UE. En janvier 2020, le commissaire européen au Commerce a publié une déclaration indiquant qu'il considérait le cas comme une affaire européenne et que, comme dans toutes les questions liées au commerce, l'UE agirait et réagirait de manière solidaire (EU Commission, 2020[142]). Plus récemment, le commissaire européen à l'Économie a indiqué que la Commission ferait bloc avec tous les États membres confrontés à la menace de sanctions américaines pour avoir avancé dans la mise en place de leurs propres taxes sur les services numériques. Et que si nécessaire, l'UE réagirait de façon unie (EU Commission, 2020[143]).

409. À la suite de ces rebondissements, les États-Unis ont accepté de suspendre l'application de tarifs supplémentaires, tandis que la France a reporté le recouvrement des recettes de la taxe sur les services numériques. Toutefois, faute d'un accord international à l'issue du processus multilatéral du Cadre inclusif, le nombre de pays impliqués dans des différends similaires pourrait augmenter considérablement. Parallèlement à ces développements, le 2 juin 2020, l'USTR a annoncé que son bureau avait ouvert des enquêtes en vertu de la section 301 de l'US Trade Act 1974 portant sur des TSN ou mesures similaires adoptées, ou envisagées, par un certain nombre de partenaires commerciaux des États-Unis, à savoir l'Autriche, le Brésil, l'Espagne, l'Union européenne, l'Inde, l'Indonésie, l'Italie, la République tchèque, le Royaume-Uni et la Turquie (USTR, 2020[144]). Bien que ces enquêtes supplémentaires viennent tout juste d'être ouvertes, les développements récents suggèrent qu'un échec à trouver une solution de consensus aux défis fiscaux soulevés par la numérisation à l'issue du processus multilatéral du Cadre inclusif aggraverait considérablement le risque de différends commerciaux prolongés impliquant plusieurs grandes économies, y compris des membres du G20.

Modélisation des répercussions économiques des différends fiscaux et commerciaux

410. Les scénarios contrefactuels cherchent à envisager la situation potentielle de l'économie mondiale en supposant l'échec d'un accord sur la fiscalité internationale. Comme on l'a vu plus haut, un tel accord repose sur le postulat qu'il sera le résultat d'un consensus sur la conception des propositions, ainsi que d'un engagement à retirer toutes les TSN existantes et à s'abstenir de mettre en œuvre de telles mesures à l'avenir. A contrario, les scénarios contrefactuels ne se contentent pas de rendre compte des effets économiques de mesures unilatérales sur l'investissement et la production à l'échelle mondiale, mais aussi des conséquences potentielles sur le commerce d'une fragmentation croissante du système fiscal international et, en particulier, de ses retombées sur les résultats économiques. À cette fin, l'analyse suivante s'appuie sur un travail de coopération avec la Direction commerce et agriculture de l'OCDE en utilisant METRO, le modèle commercial de l'OCDE[56] : ce modèle d'équilibre général calculable (EGC) permet de simuler, dans un cadre cohérent, les incidences économiques des taxes ainsi que des représailles tarifaires.

411. Le modèle METRO de l'OCDE, est couramment utilisé pour étudier des scénarios d'évolution en matière de politique commerciale ainsi que d'autres facteurs (voir l'Annexe 4.D et la documentation du modèle (OECD, 2020[145])). Il couvre 65 pays et regroupements régionaux et 65 biens et services marchands dans l'économie mondiale, et s'appuie sur des sources de données externes et internes, telles que la base de données sur les échanges en valeur ajoutée[57] (TiVA), pour analyser les interactions entre la production et les échanges dans les chaînes de valeur mondiales et la répartition entre les activités économiques des ressources telles que la main-d'œuvre, le capital et les ressources naturelles. Il permet de simuler les effets économiques d'un large éventail de politiques commerciales, y compris les taux tarifaires frontaliers, les mesures non tarifaires, les restrictions à l'exportation, les taxes intérieures et les programmes de soutien en vigueur.

Encadré 4.8. Les taxes sur les services numériques et les tarifs douaniers punitifs dans METRO, le modèle commercial de l'OCDE

La TSN est appliquée sous la forme d'une taxe ad valorem sur les ventes intermédiaires du secteur des services aux entreprises à tous les acheteurs, en supposant que les revenus provenant des services fournis numériquement, comme ceux provenant de la publicité sur une plateforme numérique, se situent exclusivement dans ce secteur.[58]

Si certes la TSN ne constitue pas l'élément central de la présente analyse, son application par le groupement de pays correspondant dans chaque scénario détermine l'ampleur des représailles tarifaires et des contre-représailles. Pour calibrer le taux de la TSN, l'affaire française sert de point de référence, en s'appuyant sur l'observation que la TSN de 3 % en France devrait engendrer des recettes d'environ 450 millions EUR au cours de sa première année d'application. À partir de cette information et en prenant comme référence la valeur des ventes intermédiaires de services aux entreprises en France, un taux de TSN correspondant sur le secteur des services aux entreprises peut être estimé à soit 3 % soit 5 %[59] pour chaque pays ; en revanche, il n'est pas possible de modéliser les recettes ou les seuils de revenu, car le modèle ne fait pas de distinction entre les entreprises individuelles.

Compte tenu de cette approche, le taux de 3 % de la TSN en France se traduit par un impôt de 0.12 % sur l'ensemble du secteur des services aux entreprises, c'est-à-dire le taux d'imposition sectoriel équivalent à la TSN. Par conséquent, l'hypothèse implicite est qu'environ 1/30e des ventes intermédiaires de services aux entreprises correspond à des services fournis numériquement qui relèvent du champ d'application de la TSN. Ce taux d'imposition équivalent à la TSN est appliqué aux ventes intermédiaires de services aux entreprises dans tous les pays pour lesquels l'application d'une TSN est simulée, donnant les recettes fiscales ciblées visées au Tableau d'annexe 4.D.1 à l'Annexe 4.D.

La région à l'origine des représailles, à savoir les États-Unis, applique des tarifs douaniers punitifs sur des secteurs ciblés pour faire en sorte qu'ils soient équivalents au montant des recettes de TSN dans les pays qui en appliquent une, multiplié par un facteur de représailles de un ou cinq. Le taux des tarifs douaniers punitifs (ad valorem) est donc une fonction des recettes de la TSN dans le pays d'application, des importations aux États-Unis des secteurs visés dans les données de référence et de l'ampleur du facteur de représailles. Les droits de douane sont simulés sur les échanges dans les secteurs non liés aux services, réputés être couramment la cible de mesures tarifaires, et ils sont appliqués symétriquement aux mêmes produits, ce qui rend les résultats comparables d'un pays à l'autre.

Sur la base de ces hypothèses, les tarifs douaniers punitifs augmentent en même temps que le taux de la TSN et le facteur de représailles, ce qui aboutit à un ensemble de taux tarifaires calibrés. Les tarifs douaniers de contre-représailles sont supposés correspondre exactement aux tarifs douaniers punitifs imposés par les États-Unis en termes de recettes, sans majoration supplémentaire de contre-représailles (voir OCDE (2018[146]) et l'Annexe 4.D). Tous les taux fiscaux et tarifaires contrefactuels sont supposés être permanents et calculés à partir de données de référence, c'est-à-dire,, sans tenir compte des ripostes et des ajustements qui se produiront une fois qu'une taxe ou un tarif sera mis en place.

412. Bien que la TSN ne soit pas incluse dans l'ensemble des mesures de politique commerciale ordinaires, elle peut l'être de manière schématisée sous forme de taxe ad valorem sur la part des ventes intermédiaires livrées numériquement du secteur des services aux entreprises vers d'autres secteurs. Comme le décrit l'Encadré 4.8, sa conception est calibrée sur la base des dispositions et des estimations de recettes de la TSN française pour produire une approximation de la base de cette taxe. Conformément à la variation des TSN entre les juridictions, le taux de ces taxes est supposé être de 3 % ou de 5 %

(Tableau 4.2). Les tarifs douaniers punitifs constituent une caractéristique type de modélisation des échanges prise en compte dans le cadre existant. Dans le calibrage utilisé pour cette analyse, un éventail de facteurs de représailles plausibles est envisagé. Dans le pire des cas, un facteur de représailles de cinq est envisagé, reflétant l'ampleur des représailles tarifaires qui ont été annoncées initialement dans le conflit entre la France et les États-Unis. Dans le meilleur des cas, un scénario de représailles proportionnelles est envisagé, qui correspond à peu près à la riposte tarifaire annoncée par l'USTR le 10 juillet 2020 (voir l'Annexe 4.D pour les analyses de sensibilité).

Graphique 4.15. Représailles commerciales : séquence des événements

La simulation des différentes affaires suit une séquence d'événements en trois étapes.

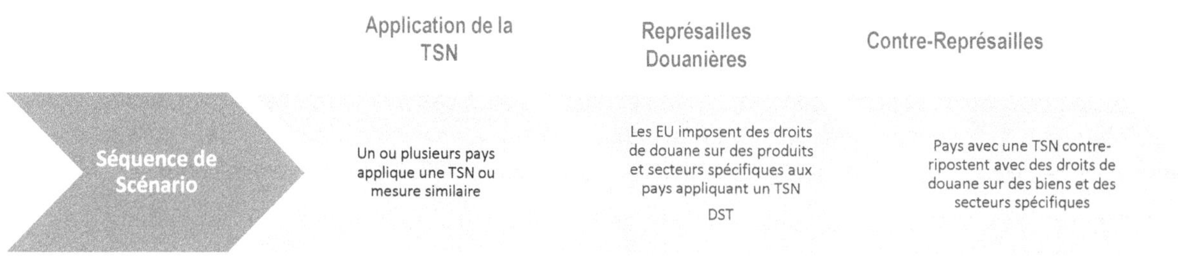

Source : Dans chacun des cas, le nombre de pays appliquant une TSN ou une mesure similaire varie et le groupe de pays lançant des contre-représailles varie en conséquence. Les groupes de pays sont décrits aux Tableau 4.3 et Tableau 4.4.

Le Graphique 4.15 décrit la séquence de la mise en œuvre de TSN, des représailles tarifaires et des contre-représailles qui sous-tendent les simulations contrefactuelles présentées dans cette section (voir l'Annexe 4.D pour une description d'autres résultats de simulation). Pour rendre compte d'un large éventail d'évolutions possibles des échanges, comme on l'a vu plus haut, deux cas sont envisagés, chacun correspondant à un groupe distinct de pays appliquant une TSN. Dans le cas d'une application étroite de TSN, seules les juridictions qui ont déjà ratifié de telles taxes ou qui font l'objet d'une enquête de la part de l'USTR au titre de la section 301 sont supposées adopter de telles mesures dans l'éventualité où le processus multilatéral ne déboucherait pas sur un consensus, c'est-à-dire les groupes 1, 2 et 3 au Tableau 4.3.

. Dans le cas[60] d'une application large de TSN, toutes les juridictions du modèle, à l'exception des États-Unis, de la République populaire de Chine et de Hong Kong (Chine), appliquent une TSN ou une mesure similaire, c'est-à-dire les groupes 1, 2, 3 et 6 au Tableau 4.3.[61]

Tableau 4.3. Groupements de pays

Les groupes de pays suivants sont utilisés pour l'élaboration des simulations au Tableau 4.4.

Groupe	Label	Pays	Part du PIB mondial
1	TSN ratifiée et/ou en vigueur	France	4 %
2	Enquête en cours au titre de la section 301 - UE	Autriche, République tchèque, Hongrie, Italie, Espagne, Belgique, Bulgarie, Croatie, Chypre[62], Danemark, Estonie, Finlande, Allemagne, Grèce, Irlande, Lettonie, Lituanie, Luxembourg, Malte, Pays-Bas, Pologne, Portugal, Roumanie, Slovaquie, Slovénie, Suède	16 %
3	Enquête en cours au titre de la section 301 - non-UE	Brésil, Inde, Indonésie, Turquie, Royaume-Uni	12 %
4	Représailles	États-Unis	22 %
5	Pas de TSN, pas de représailles	Chine, Hong Kong (Chine)	14 %
6	Autre (pas de TSN sauf en cas d'application large)	Reste du monde	33 %

Note : Dans le cas d'une application étroite de TSN, seules les juridictions qui ont déjà ratifié de telles taxes ou qui font l'objet d'une enquête de la part de l'USTR au titre de la section 301 sont supposées adopter de telles mesures dans l'éventualité où le processus multilatéral ne déboucherait pas sur un consensus, c'est-à-dire les groupes 1, 2 et 3. Dans le cas d'une application large de TSN, toutes les juridictions du modèle, à l'exception des États-Unis, de la République populaire de Chine et de Hong Kong (Chine), appliquent une TSN ou une mesure similaire, c'est-à-dire les groupes 1, 2, 3 et 6. Le Groupe 6 comprend les pays suivants : Australie, Canada, Israël, Nouvelle-Zélande, Norvège, Philippines, Tunisie, Russie, Kenya, Japon, Corée, Brunei Darussalam, Cambodge, Philippines, Singapour, Viet Nam, Argentine, Chili, Colombie, Pérou, Costa Rica, Suisse, Kazakhstan, Arabie saoudite, Maroc, Afrique du Sud, Malaisie, Mexique, Thaïlande, ainsi qu'une catégorie regroupée couvrant le reste de l'économie mondiale.
Source : OCDE.

413. Dans un cas comme dans l'autre, il est supposé que l'application unilatérale de TSN ou de mesures similaires est suivie par l'imposition de la part des États-Unis de tarifs douaniers punitifs sur des biens et secteurs spécifiques dans les pays qui appliquent ces taxes. Les secteurs ciblés sont choisis en fonction des annonces officielles et de l'expérience des différends commerciaux passés (voir l'Encadré 4.8 et l'Annexe 4.D). Enfin, les pays qui ont appliqué une TSN à la première étape du scénario sont supposés contre-riposter contre les États-Unis à mesure égale (OECD, 2018[146]). Cette hypothèse de simulation se fonde également sur des déclarations publiques faites par des représentants français et de l'Union européenne. Encore une fois, les secteurs ciblés sont choisis en fonction des annonces officielles et de l'expérience passée.

Tableau 4.4. Vue d'ensemble des cas simulés

Les différents taux de TSN et facteurs de représailles sont simulés dans les deux cas. Les numéros de groupe reprennent les groupes de pays visés au Tableau 4.3.

Cas	DST rate	Facteur de représailles tarifaires	Simulations
Application étroite de TSN	3 %, 5 %	1, 5	TSN appliquée : groupe 1,2,3 Représailles tarifaires : groupe 4 Contre-représailles tarifaires : groupe 1,2,3
Application large de TSN	3 %, 5 %	1, 5	TSN appliquée : groupe 1,2,3,6 Représailles tarifaires : groupe 4 Contre-représailles tarifaires : groupe 1,2,3,6

Note : Pour l'analyse de sensibilité, d'autres scénarios ont été simulés et sont décrits à l'Annexe 4.D.
Source : OCDE

Différends fiscaux et commerciaux : incidences sur le PIB mondial

414. Les résultats montrent que les différends commerciaux simulés pourraient avoir d'importantes répercussions sur le PIB mondial, mesurées en termes réels. En fonction de la combinaison de taux de TSN et de facteurs de représailles, les simulations estiment que la baisse du PIB mondial pourrait être comprise entre -0.09 % et -0.24 % dans le cas d'une application étroite de TSN (par rapport à un scénario sans différend commercial relatif à des taxes), et entre -0.44 % et -1.21 % dans le cas d'une application large (Tableau 4.5)[63]. Ces résultats représentent un effet négatif potentiellement important sur le niveau du PIB mondial, attribuable aux pertes d'efficacité dues aux droits de douane, exacerbé par la baisse des salaires et des rendements du capital, ainsi que par un ralentissement des investissements dû au recul des exportations. Le revenu des ménages diminue dans des proportions similaires, ce qui indique que c'est eux qui supporteraient la plus grosse part des coûts de la contraction de l'économie, dans la mesure où il subit le double contrecoup des augmentations tarifaires. D'une part, leurs achats deviennent plus coûteux, à mesure que les prix des importations frappées de droits de douane augmentent, et d'autre part, le revenu des facteurs diminue à mesure que l'économie se contracte. Les échanges mondiaux, mesurés en volumes réels d'importations mondiales, reculent d'environ deux fois le taux du PIB réel.

Tableau 4.5. Représailles commerciales : résultats de la simulation (variations pondérées en pourcentage)

Effets sur les indicateurs macroéconomiques en pourcentage pour certains scénarios par rapport à une situation sans TSN et sans représailles commerciales.

	Application étroite de TSN				Application large de TSN			
Facteur de représailles tarifaires des États-Unis	1		5		1		5	
DST rate	3 %	5 %	3 %	5 %	3 %	5 %	3 %	5 %
PIB mondial (réel)	-0.09	-0.15	-0.15	-0.24	-0.44	-0.72	-0.73	-1.21
Revenu mondial des ménages	-0.08	-0.14	-0.14	-0.23	-0.38	-0.64	-0.64	-1.07
Importations mondiales (réelles)	-0.17	-0.28	-0.34	-0.53	-0.68	-1.14	-1.25	-2.04

Note : Pour les analyses de sensibilité, d'autres résultats correspondant à des facteurs de représailles de 0.5 et 4 sont fournis à l'Annexe 4.D.
Source : Base de données METRO v3, calculs de l'OCDE.

415. La comparaison des deux cas de figure suggère que les coûts économiques augmentent à mesure de l'application d'une TSN et que les représailles tarifaires ultérieures se généralisent. Toutefois, d'autres résultats présentés à l'Annexe 4.D révèlent une hétérogénéité très marquée entre les groupes de pays. En particulier, les pays qui se livrent à des actions unilatérales sont les plus pénalisés, tandis que ceux non impliqués dans le différend commencent par bénéficier de glissements de l'activité économique en leur faveur. Toutefois, à mesure que les différends fiscaux et commerciaux concernent un nombre croissant de pays, les options de réattribution des échanges et de la production entre les pays s'amenuisent. La contraction des économies qui se livrent à des représailles tarifaires a des effets de plus en plus néfastes. Au fur et à mesure que leurs échanges diminuent, les revenus baissent et la demande d'importations recule encore plus. Dans la lignée de ces résultats, le taux de repli des échanges bilatéraux entre les pays impliqués dans le conflit pourrait être supérieur à 10 %. Si certes les exportations des pays non impliqués pourraient connaître une légère augmentation, y compris les échanges entre eux, leurs échanges vers les pays touchés par des hausses tarifaires n'augmenteraient que de manière marginale. Il s'ensuit que la réorientation des courants d'échanges n'est que limitée, du fait que la demande d'importation diminue en phase avec la contraction économique globale. Le Tableau 4.6 résume les effets directs et indirects sur l'investissement du scénario sans consensus.

Tableau 4.6. Scénario sans consensus : Résumé

Effets directs sur l'investissement	Effets indirects	Résumé
Des mesures unilatérales, comme des taxes sur les services numériques et des mesures similaires, augmentent les coûts de l'investissement pour des entreprises spécifiques	L'augmentation de la marge de manœuvre budgétaire pourrait avoir des effets indirects positifs sur l'investissement et la production économique	Des coûts d'investissement plus élevés ont un effet négatif sur l'investissement et la production à l'échelle mondiale
Les différends commerciaux pourraient conduire à une succession de droits punitifs, s'ajoutant aux hausses des coûts de l'investissement	Les incitations au transfert de bénéfices demeurent fortes et pourraient s'intensifier du fait de la fragmentation et de l'incohérence croissantes de la fiscalité internationale	Des différends commerciaux risquent de se produire, avec la possibilité de réduire de manière significative l'investissement et la production à l'échelle mondiale
Les juridictions à l'origine de mesures unilatérales sont les plus pénalisées, avec la possibilité d'un taux de recul des échanges bilatéraux de plus de 10 %	Les coûts administratifs et de conformité sont susceptibles d'augmenter plus fortement du fait d'un système fiscal de plus en plus incohérent	Les impacts économiques des différends commerciaux pourraient entraîner une contraction du PIB mondial d'environ -0.1 % à -0.2 % si un nombre restreint de juridictions est impliqué, et de -0.4 % à -1.2 % si davantage le sont
Les différentiels de TIE risquent de se creuser du fait de la fragmentation et de l'incohérence de la fiscalité internationale (par ex. des TSN spécifiques aux transactions)	La concurrence sur les bases fiscales mobiles pourrait s'intensifier, ce qui pourrait avoir un impact sur l'efficacité économique	
Les TSN présentent un risque de double imposition, qui viendrait s'ajouter à l'augmentation des coûts d'investissement et fausserait les décisions d'investissement	L'imposition sur le chiffre d'affaires, et le risque d'imposer des entreprises déficitaires, réduit l'efficacité économique et la production mondiale, surtout en périodes de récession économique	Renforcement de l'incertitude, de la fragmentation et de l'incohérence de la fiscalité internationale, dû à une dépendance croissante à l'égard de l'imposition sur le chiffre d'affaires

Source : Illustration de l'OCDE.

Références

Abbas, S. and A. Klemm (2013), "A partial race to the bottom: corporate tax developments in emerging and developing economies", *Int Tax Public Finance*, Vol. 20, pp. 596–617, http://dx.doi.org/10.1007/s10797-013-9286-8. [104]

Acemoglu, D. et al. (2018), "Innovation, Reallocation, and Growth †", *American Economic Review*, Vol. 108/11, pp. 3450-3491, http://dx.doi.org/10.1257/aer.20130470. [184]

Aghion, P. and P. Howirrt (1992), "A Model of Growth Through Creative Destruction", *Econometrica*, Vol. 60/2, pp. 323-351, http://dx.doi.org/10.3386/w3223. [82]

Aguiar, A. et al. (2019), *The GTAP Data Base: Version 10.* [193]

Akcigit, U. et al. (2018), *Taxation and Innovation in the 20th Century*, National Bureau of Economic Research, Cambridge, MA, http://dx.doi.org/10.3386/w24982. [200]

Akcigit, U., D. Hanley and N. Serrano-Velarde (2013), *Back to Basics: Basic Research Spillovers, Innovation Policy and Growth*, National Bureau of Economic Research, Cambridge, MA, http://dx.doi.org/10.3386/w19473. [86]

Almus, M. and D. Czarnitzki (2003), "The effects of public R and D subsidies on firms' innovation activities: The case of Eastern Germany", *Journal of Business and Economic Statistics*, Vol. 21/2, pp. 226-236, http://dx.doi.org/10.1198/073500103288618918. [175]

Alstadsaeter, A. et al. (2015), "Patent Boxes Design, Patents Location and Local R&D", No. No 6/2015, IPTS Working Papers on Corporate R&D and Innovation, https://ec.europa.eu/jrc (accessed on 26 March 2020). [172]

Altshuler, R. and T. Goodspeed (2015), "Follow the Leader? Evidence on European and US Tax Competition", *Public Finance Review*, Vol. 43/4, pp. 485-504. [77]

Andrews, D., C. Criscuolo and C. Menon (2014), "Do resources Flow to Patenting Firms?", *OECD Economics Department Working Papers*, No. 1127, OECD, http://dx.doi.org/10.1787/5JZ2LPMK0GS6-EN. [95]

Appelt, S. et al. (2016), "R&D Tax Incentives: Evidence on design, incidence and impacts", in *OECD Science, Technology and Industry Policy Papers*, OECD Publishing, Paris, https://doi.org/10.1787/5jlr8fldqk7j-en. [87]

Appelt, S., F. Galindo-Rueda and A. González Cabral (2019), "Measuring R&D tax support: Findings from the new OECD R&D Tax Incentives Database", *OECD Science, Technology and Industry Working Papers*, No. 2019/06, OECD Publishing, Paris, https://dx.doi.org/10.1787/d16e6072-en. [80]

Ariff, M., D. Cheung and S. Chan (1999), "Compliance costs of corporate taxation in Hong Kong", *International Tax Journal*, Vol. 25, https://research.monash.edu/en/publications/compliance-costs-of-corporate-taxation-in-hong-kong (accessed on 23 April 2020). [51]

Arnold, B. et al. (2011), "Tax Policy for Economic Recovery and Growth", *Economic Journal*, Vol. 120/550, pp. F59-F80. [5]

Arrow, K. (1962), "Economic Welfare and the Allocation of Resources for Invention", in *The Rate and Direction of Inventive Activities: Economic and Social Factors*, Princeton University Press, Princeton, NJ, http://www.nber.org/chapters/c2144 (accessed on 27 March 2020). [83]

Arulampalam, W., M. Devereux and G. Maffini (2012), "The direct incidence of corporate income tax on wages", *European Economic Review*, Vol. 56/6, pp. 1038-1054. [24]

Asatryan, Z. and A. Peichl (2018), "Responses of Firms to Tax, Administrative and Accounting Rules: Evidence from Armenia", *CESifo Working Paper Series*, No. 6754, https://papers.ssrn.com/sol3/papers.cfm?abstract_id=3106710 (accessed on 23 April 2020). [54]

Auerbach, A. (2006), *Who Bears the Corporate Tax? A Review of WhatWeKnow*, National Bureau of Economic Research. [20]

Autor, D. et al. (2020), "The Fall of the Labor Share and the Rise of Superstar Firms", *The Quarterly Journal of Economics*, http://dx.doi.org/10.1093/QJE/QJAA004. [133]

Autor, D. et al. (2017), "The Fall of the Labor Share and the Rise of Superstar Firms", *NBER Working Papers*, No. 23396, http://www.nber.org/papers/w23396.pdf. [41]

Azermar, C. and R. Desbordes (2010), "Short-run Strategies for Attracting Foreign Direct Investment", Vol. 33/7, https://doi.org/10.1111/j.1467-9701.2010.01226.x|. [112]

Bailin Rivares, A. et al. (2019), "Like it or not? The impact of online platforms on the productivity of incumbent service providers", *OECD Economics Department Working Papers*, No. 1548, OECD Publishing, Paris, https://dx.doi.org/10.1787/080a17ce-en. [129]

Bajgar, M. et al. (2019), "Industry Concentration in Europe and North America", *OECD Productivity Working Papers*, No. 18, OECD Publishing, Paris, https://dx.doi.org/10.1787/2ff98246-en. [39]

Baldwin, R. and P. Krugman (2004), "Agglomeration, integration and tax harmonisation", *European Economic Review*, Vol. 48/1, pp. 1-23. [149]

Bauer, J. and M. Latzer (2016), "The economics of the Internet: an overview", in *Handbook on the Economics of the Internet*, Edward Elgar Publishing, http://dx.doi.org/10.4337/9780857939852.00007. [124]

Becker, J. and N. Riedel (2012), "Cross-border tax effects on affiliate investment - Evidence from European multinationals", *European Economic Review*, Vol. 56. [208]

Beer, S., R. de Mooij and L. Liu (2020), "International Corporate Tax Avoidance: A review of the channels, magnitudes and blind spots", *Journal of Economic Surveys*, Vol. 34/3, pp. 660-688, http://dx.doi.org/10.1111/joes.12305. [16]

Belleflamme, P. and E. Toulemonde (2016), "Tax Incidence on Competing Two-Sided Platforms: Lucky Break or Double Jeopardy", *CESifo Working Paper 5882*. [31]

Benz, S. and F. Gonzales (2019), "Intra-EEA STRI Database: Methodology and Results". [195]

Benz, S. and A. Jaax (2020), "The costs of regulatory barriers to trade in services NEW ESTIMATES OF AD VALOREM TARIFF EQUIVALENTS", *OECD Trade Policy Papers*, Vol. No. 238/OECD Publishing, Paris. [196]

Bermejo Carbonell, J. and R. Werner (2018), “Does Foreign Direct Investment Generate Economic Growth? A New Empirical Approach Applied to Spain”, *Economic Geography*, Vol. 94/4, pp. 425-456. [206]

Besley, T. and T. Persson (2014), “Why do developing countries tax so little?”, *Journal of Economic Perspectives*, Vol. 28/4, pp. 99-120. [46]

Bessen, J. (2017), “Information Technology and Industry Concentration”, *Law and Economics Research Papers*, Vol. 17-41. [3]

Bibler, A., K. Teltser and M. Tremblay (2019), “Inferring Tax Compliance from Pass-through: Evidence from Airbnb Tax Enforcement Agreements”, *CESifo Working Papers 7747*. [36]

Bloom, N., M. Schankerman and J. Reenen (2013), “Identifying Technology Spillovers and Product Market Rivalry”, *Econometrica*, Vol. 81/4, pp. 1347-1393, http://dx.doi.org/10.3982/ecta9466. [180]

Bloom, N., J. Van Reenen and H. Williams (2019), *A toolkit of policies to promote innovation*, American Economic Association, http://dx.doi.org/10.1257/jep.33.3.163. [96]

Blundell, R., R. Griffiths and J. Van Reenen (1999), “Market Share, Market Value and Innovation in a Panel of British Manufacturing Firms”, *Review of Economic Studies*, Vol. 66/3, pp. 529-554, http://dx.doi.org/10.1111/1467-937X.00097. [182]

Bourreau, M., B. Caillaud and R. De Nijs (2018), “Taxation of a digital monopoly platform”, *Journal of Public Economic Theory*, Vol. 20/1, pp. 40-51. [34]

Brennan, G. and J. Buchanan (1980), *The Power to Tax*. [158]

Busom, I. (2000), “An Empirical Evaluation of The Effects of R&D Subsidies”, *Economics of Innovation and New Technology*, Vol. 9/2, pp. 111-148, http://dx.doi.org/10.1080/10438590000000006. [174]

Cadot, O. et al. (2018), “Estimating Ad Valorem Equivalents of Non-Tariff Measures COMBINING PRICE-BASED AND QUANTITY-BASED APPROACHES”. [194]

Calligaris, S., C. Criscuolo and L. Marcolin (2018), “Mark-ups in the digital era”, *OECD Science, Technology and Industry Working Papers*, No. 2018/10, OECD Publishing, Paris, https://dx.doi.org/10.1787/4efe2d25-en. [2]

Canh, N. et al. (2013), “Measuring the Effectiveness of Corporate Income Tax Investment Incentives for Domestic Companies in Vietnam”, *Journal of Emerging Issues in Economics, Finance and Banking*, Vol. 1/1. [116]

Cappelen, Å., A. Raknerud and M. Rybalka (2012), “The effects of R&D tax credits on patenting and innovations”, *Research Policy*, http://dx.doi.org/10.1016/j.respol.2011.10.001. [169]

Castellacci, F. (2008), “Technological paradigms, regimes and trajectories: Manufacturing and service industries in a new taxonomy of sectoral patterns of innovation”, *Research Policy*, Vol. 37/6-7, pp. 978-994, http://dx.doi.org/10.1016/j.respol.2008.03.011. [90]

Castellacci, F. and C. Lie (2015), *Do the effects of R&D tax credits vary across industries? A meta-regression analysis*, Elsevier B.V., http://dx.doi.org/10.1016/j.respol.2015.01.010. [165]

Chalk, N., M. Keen and V. Perry (2018), *The Tax Cuts and Jobs Act: An Appraisal IMF Working Paper Fiscal Affairs and Western Hemisphere Departments The Tax Cuts and Jobs Act: An Appraisal.* [202]

Chatib Basri, M. et al. (2019), "Tax administration vs. Tax Rates: Evidence from Corporate Taxation in Indonesia", No. 26150, NBER Working Papers, http://www.nber.org/papers/w26150.ack (accessed on 23 September 2020). [60]

Chaurey, R. (2017), "Location-based tax incentives: Evidence from India", *Journal of Public Economics*, Vol. 156, pp. 101-120, https://doi.org/10.1016/j.jpubeco.2016.08.013. [121]

Chirinko, R. and D. Wilson (2017), "Tax competition among U.S. states: Racing to the bottom or riding on a seesaw?", *Journal of Public Economics*, Vol. 155, pp. 147-163. [70]

Ciaramella, L. (2017), "Patent Boxes and the Relocation of Intellectual Property", *SSRN Electronic Journal*, http://dx.doi.org/10.2139/ssrn.2943435. [173]

Clausing, K. (2013), *WHO PAYS THE CORPORATE TAX IN A GLOBAL ECONOMY?.* [23]

Clausing, K. (2012), "In Search of Corporate Tax Incidence", *Tax Law Review*, Vol. 65. [22]

Clausing, K., T. Miller and W. Mintz (2014), *Corporate Inversions*, Tax Policy Center, https://www.taxpolicycenter.org/sites/default/files/alfresco/publication-pdfs/413207-Corporate-Inversions.PDF (accessed on 8 April 2020). [186]

Clifford, S. (2019), "Taxing multinationals beyond borders: Financial and locational responses to CFC rules", *Journal of Public Economics*, Vol. 173, pp. 44-71, http://dx.doi.org/10.1016/j.jpubeco.2019.01.010. [191]

Colmar Brunton (2005), *Measuring the tax compliance costs of small and medium-sized businesses-a benchmark survey*, Inland Revenue, Wellington. [53]

Congressional Budget Office (2017), *An analysis of corporate inversions*, http://www.cbo.gov/publication/53093 (accessed on 8 April 2020). [185]

Congressional Research Service (2019), *Corporate Expatriation, Inversions, and Mergers: Tax Issues*, https://crsreports.congress.gov (accessed on 17 April 2020). [188]

Costa-Font, J., F. De-Albuquerque and H. Doucouliagos (2014), "Do jurisdictions compete on taxes? A meta-regression analysis", *Public Choice*, Vol. 161/3-4, pp. 451-470. [73]

Covarrubias, M., G. Gutiérrez and T. Philippon (2019), "From Good to Bad Concentration? U.S. Industries over the Past 30 Years", *National Bureau of Economic Research*, http://dx.doi.org/10.3386/w25983. [135]

Creedy, J. and N. Gemmell (2017), "TAXATION AND THE USER COST OF CAPITAL", *Journal of Economic Surveys*, Vol. 31/1, pp. 201-225. [8]

Crouzet, N. and J. Eberly (2019), *Understanding Weak Capital Investment: the Role of Market Concentration and Intangibles*, National Bureau of Economic Research, Cambridge, MA, http://dx.doi.org/10.3386/w25869. [136]

Cui, W. (2019), "The Digital Services Tax on the Verge of Implementation", *Canadian Tax Journal/Revue fiscale canadienne*, Vol. 67/4, pp. 1135-1152. [35]

Czarnitzki, D., P. Hanel and J. Rosa (2011), "Evaluating the impact of R&D tax credits on innovation: A microeconometric study on Canadian firms", *Research Policy*, Vol. 40/2, pp. 217-229, http://dx.doi.org/10.1016/j.respol.2010.09.017. [167]

Dabla-Norris, E. et al. (2019), "The quality of tax administration and firm performance: evidence from developing countries", *International Tax and Public Finance*, pp. 1-38, http://dx.doi.org/10.1007/s10797-019-09551-y. [44]

Davies, R. and J. Voget (2011), *Tax Competition in an Expanding European Union.* [72]

de Boer, P. et al. (2019), *Evaluation Dutch R&D tax credit scheme (WBSO) 2011-2017*, https://www.dialogic.nl/wp-content/uploads/2019/04/Evaluation-WBSO-2011-2017-Summary-8-03-2019-def.pdf (accessed on 25 March 2020). [163]

De Loecker, J. and J. Eeckhout (2017), *The Rise of Market Power and the Macroeconomic Implications*, National Bureau of Economic Research, Cambridge, MA, http://dx.doi.org/10.3386/w23687. [183]

De Loecker, J., J. Eeckhout and G. Unger (2020), "The Rise of Market Power and the Macroeconomic Implications", *The Quarterly Journal of Economics*, Vol. 135/2, pp. 561–644, https://doi.org/10.1093/qje/qjz041. [134]

de Mooij, R. and L. Liu (2020), "At a Cost: The Real Effects of Transfer Pricing Regulations", *IMF Economic Review*, Vol. 68, pp. 268-306, http://dx.doi.org/10.1057/s41308-019-00105-0. [10]

Dechezleprêtre, A. et al. (2016), "Do tax incentives for research increase firm innovation? An RD design for R&D", in *National Bureau of Economic Research*, http://dx.doi.org/10.3386/w22405. [166]

Dernis, H. et al. (2019), "World Corporate Top R&D investors: Shaping the Future of Technologies and of AI. A joint JRC and OECD report.", *Publications Office of the European Union*, http://dx.doi.org/10.2760/16575. [178]

Desai, M., C. Foley and J. Hines (2006), "The demand for tax haven operations", *Journal of Public Economics*, Vol. 90/3, pp. 513-531. [153]

Desai, M. and J. Hines (2002), "Chains of Ownership, Regional Tax Competition, and Foreign Direct Investment", *National Bureau of Economic Research*, http://dx.doi.org/10.3386/w9224. [198]

Desai, M. and J. Hines (2002), *Expectations and Expatriations: Tracing the Causes and Consequences of Corporate Inversions*, National Bureau of Economic Research, Cambridge, MA, http://dx.doi.org/10.3386/w9057. [189]

Devereux, -. et al. (2002), "Corporate Income Tax: Reforms and International Tax Competition", *Economic Policy*, Vol. 17/35, pp. 449-495. [61]

Devereux, M. and R. Griffith (2003), "Evaluating Tax Policy for Location Decisions", *International Tax and Public Finance*, Vol. 10/2, pp. 107-126, http://dx.doi.org/10.1023/A:1023364421914. [11]

Devereux, M., B. Lockwood and M. Redoano (2008), "Do countries compete over corporate tax rates?", *Journal of Public Economics*, Vol. 92/5-6, pp. 1210-1235. [69]

Devereux, M. and S. Loretz (2013), "What Do We Know About Corporate Tax Competition?", *National Tax Journal*, Vol. 66/3, pp. 745-774. [66]

Dharmapala, D. (2020), *Do Multinational Firms Use Tax Havens to the Detriment of Other Countries?*. [65]

Dharmapala, D. (2008), *What problems and opportunities are created by tax havens*. [150]

Dharmapala, D. and J. Hines (2006), *Which Countries Become Tax Havens?*. [152]

Díaz de Sarralde Miguez, S. (2018), *Tax Administrations: Collection, Costs and Personnel Evidence for the CIAT Countries with data of ISORA*, Interamerican Center of Tax Administration - CIAT. [59]

Edwards, J. and M. Keen (1996), "Tax competition and Leviathan", *European Economic Review*, Vol. 40, pp. 113-134. [159]

Egger, P., K. Erhardt and C. Keuschnigg (2018), "Heterogeneous Tax Sensitivity of Firm-level Investments", *CEPR Discussion Papers*. [199]

Eggert, W. and P. Sørensen (2008), "The effects of tax competition when politicians create rents to buy political support", *Journal of Public Economics*, Vol. 92/5-6, pp. 1142-1163. [160]

Eichfelder, S. and F. Vaillancourt (2014), "Tax Compliance Costs: A Review of Cost Burdens and Cost Structures", *SSRN Electronic Journal*, http://dx.doi.org/10.2139/ssrn.2535664. [47]

Englisch, J. and J. Becker (2019), *International effective minimum taxation-the GLOBE proposal*. [18]

Erard, B. (1997), *The income tax compliance burden on Canadian big business*, prepared for the Technical Committee on Business Taxation, Department of Finance, Ottawa., https://www.researchgate.net/publication/228582929_The_income_tax_compliance_burden_on_Canadian_big_business. [49]

Ernst, C. and C. Spengel (2011), "Taxation, R&D Tax Incentives and Patent Application in Europe", No. Discussion Paper No. 11-024, ftp://ftp.zew.de/pub/zew-docs/dp/dp11024.pdf (accessed on 25 March 2020). [168]

EU Commission (2020), *Extract of remarks by Commissioner Phil Hogan at exchange with press in Paris*, https://ec.europa.eu/commission/commissioners/2019-2024/hogan/announcements/extract-remarks-commissioner-phil-hogan-exchange-press-paris_en. [142]

EU Commission (2020), *Paolo Gentiloni - Press Conference*. [143]

Eurostat (2020), *Community Innovation Survey 2016*. [93]

Farole, T. and D. Winkler (2014), *Making Foreign Direct Investment Work for Sub-Saharan Africa*, World Bank,, http://dx.doi.org/10.1596/978-1-4648-0126-6. [102]

Feld, L. and J. Heckemeyer (2011), "FDI and taxation: A meta-study", *Journal of Economic Surveys*, Vol. 25/2, pp. 233-272, https://doi.org/10.1111/j.1467-6419.2010.00674.x. [6]

Forslid, R. (2005), *Tax competition and agglomeration: Main effects and empirical implications*. [147]

Fuest, C., A. Peichl and S. Siegloch (2018), "Do Higher Corporate Taxes Reduce Wages? Micro Evidence from Germany", *American Economic Review*, Vol. 108/2, pp. 393-418. [26]

Fullerton, D. and G. Metcalf (2002), *NBER WORKING PAPER SERIES TAX INCIDENCE*. [19]

Furman, J. and P. Orszag (2015), *A Firm-Level Perspective on the Role of Rents in the Rise in Inequality for US*. [132]

Gaessler, F., B. Hall and D. Harhoff (2018), *Should There Be Lower Taxes on Patent Income?*, National Bureau of Economic Research, Cambridge, MA, http://dx.doi.org/10.3386/w24843. [89]

Galindo-Rueda, F. and F. Verger (2016), "OECD Taxonomy of Economic Activities Based on R&D Intensity", *OECD Science, Technology and Industry Working Papers*, No. 2016/4, OECD Publishing, Paris, https://dx.doi.org/10.1787/5jlv73sqqp8r-en. [91]

Galindo-Rueda, F., F. Verger and S. Ouellet (2020), "Patterns of innovation, advanced technology use and business practices in Canadian firms", *OECD Science, Technology and Industry Working Papers*, No. 2020/02, OECD Publishing, Paris, https://dx.doi.org/10.1787/6856ab8c-en. [92]

Gravelle, J. (2013), *CORPORATE TAX INCIDENCE: REVIEW OF GENERAL EQUILIBRIUM ESTIMATES AND ANALYSIS*. [21]

Griffith, R., H. Miller and M. O'Connell (2014), "Ownership of intellectual property and corporate taxation", *Journal of Public Economics*, Vol. 112, pp. 12-23, http://dx.doi.org/10.1016/j.jpubeco.2014.01.009. [171]

Gupta, S. et al. (2014), *SPILLOVERS IN INTERNATIONAL CORPORATE TAXATION 2 INTERNATIONAL MONETARY FUND Approved By*. [63]

Gutiérrez, G. and T. Philippon (2019), "Fading Stars", *NBER Working Papers*, No. 25529, National Bureau of Economic Research, https://www.nber.org/papers/w25529?utm_campaign=ntwh&utm_medium=email&utm_source=ntwg22 (accessed on 11 February 2019). [40]

Gutiérrez, G. and T. Philippon (2017), "Investmentless Growth: An Empirical Investigation", *BPEA Conference Drafts*, https://www.brookings.edu/wp-content/uploads/2017/09/2_gutierrezphilippon.pdf (accessed on 24 April 2020). [127]

Hajkova, D. et al. (2006), "Taxation, Business Environment and FDI Location in OECD Countries", *OECD Economics Department Working Papers*, No. 502, http://dx.doi.org/10.1787/874058477248. [4]

Hall, B. (2019), *Tax Policy for Innovation*, National Bureau of Economic Research, Cambridge, MA, http://dx.doi.org/10.3386/w25773. [85]

Hall, B. and J. Lerner (2010), "The financing of R&D and innovation", in *Handbook of the Economics of Innovation*, Elsevier B.V., http://dx.doi.org/10.1016/S0169-7218(10)01014-2. [84]

Hall, B. and A. Maffioli (2008), *Evaluating the Impact of Technology Development Funds in Emerging Economies: Evidence from Latin America*, National Bureau of Economic Research, Cambridge, MA, http://dx.doi.org/10.3386/w13835. [176]

Hall, B. and J. Van Reenen (2000), "How effective are fiscal incentives for R&D? A review of the evidence", *Research Policy*, Vol. 29/4-5, pp. 449-469. [161]

Hanappi, T. (2018), "Corporate Effective Tax Rates: Model Description and Results from 36 OECD and Non-OECD Countries". [9]

Hanappi, T. and A. González Cabral (2020), "The impact of the pillar one and pillar two proposals on MNE's investment costs : An analysis using forward-looking effective tax rates", *OECD Taxation Working Papers*, No. 50, OECD Publishing, Paris, https://dx.doi.org/10.1787/b0876dcf-en. [12]

Heckemeyer, J. and M. Overesch (2017), "Multinationals' profit response to tax differentials: Effect size and shifting channels", *Canadian Journal of Economics/Revue canadienne d'économique*, Vol. 50/4, pp. 965-994, http://dx.doi.org/10.1111/caje.12283. [15]

Hines, J. and J. Park (2019), "Investment ramifications of distortionary tax subsidies", *Journal of Public Economics*, Vol. 172, pp. 36-51. [201]

Hong, Q. and M. Smart (2010), *In praise of tax havens: International tax planning and foreign direct investment.* [154]

Hoppe, T. et al. (2020), "The Relation between Tax Complexity and Foreign Direct Investments: Evidence Across Countries", *SSRN Electronic Journal*, http://dx.doi.org/10.2139/ssrn.3526177. [56]

Hoppe, T. et al. (2019), "Measuring Tax Complexity Across Countries: A Survey Study on MNCs", *SSRN Electronic Journal*, http://dx.doi.org/10.2139/ssrn.3469663. [55]

Hsu, M. et al. (2019), "Tax incentives and foreign direct investment in China", *Applied Economics Letters*, Vol. 26/9, pp. 777-780, http://dx.doi.org/10.1080/13504851.2018.1495817. [122]

Huizinga, H. and S. Nielsen (2008), "Must losing taxes on saving be harmful?", *Journal of Public Economics*, Vol. 92/5-6, pp. 1183-1192. [148]

IMF/OECD (2017), *Report for the G20 Finance Ministers on Tax Certainty*, https://www.oecd.org/tax/tax-policy/tax-certainty-report-oecd-imf-report-g20-finance-ministers-march-2017.pdf (accessed on 23 April 2020). [57]

IMF-OECD (2017), *Tax certainty*, IMF/OECD Report for the G20 Finance Ministers. [115]

IMF-OECD-UN-World Bank (2015), *Options for Low Income Countries' Effective and Efficient Use of Tax Incentives for Investment*, A report prepared for the G-20 Development Working Group by the IMF, OECD, UN and World Bank., http://www.imf.org/external/pp/ppindex.aspx. [100]

James, S. (2013), *Tax and Non-Tax Incentives and Investments: Evidence and Policy Implications*, http://ssrn.com/abstract=2401905http://ssrn.com/abstract=2401905. [107]

Javorcik, B. (2004), "Does Foreign Direct Investment Increase the Productivity of Domestic Firms? In Search of Spillovers Through Backward Linkages", *American Economic Review*, pp. 605-627. [101]

Johannesen, N. (2010), "Imperfect tax competition for profits, asymmetric equilibrium and beneficial tax havens", *Journal of International Economics*, Vol. 81/2, pp. 253-264. [155]

Johansson, Å. et al. (2017), *Tax planning by multinational firms: firm-level evidence from a cross-country database*, OECD, http://www.oecd.org/eco/workingpapers. [14]

Joint Committee of Taxation (2011), *Background and Selected Issues Related to the U.S. Internaitonal Tax System and Systems that Exempt Foreign Business Income*, https://www.jct.gov/publications.html?func=startdown&id=3793 (accessed on 8 April 2020). [204]

Keen, M. (2001), "Preferential Regimes Can Make Tax Competition Less Harmful", *National Tax Journal*, Vol. 14/4. [156]

Keen, M. and K. Konrad (2013), *The theory of international tax competition and coordination*, Elsevier B.V. [76]

Keen, M. et al. (2015), "Current Challenges in Revenue Mobilisation: Improving Tax Compliance", *IMF Staff Report*, https://www.imf.org/external/np/pp/eng/2015/020215a.pdf (accessed on 23 April 2020). [45]

Kinda, T. (2010), "Investment Climate and FDI in Developing Countries: Firm-Level Evidence", *World Development*, Vol. 38/4, pp. 498-513, https://doi.org/10.1016/j.worlddev.2009.12.001. [117]

Kind, H. and M. Koethenbuerger (2017), "Taxation in digital media markets", *Journal of Public Economic Theory*, Vol. 1. [32]

Kind, H., M. Koethenbuerger and G. Schjelderup (2010), "Tax responses in platform industries", *Oxford Economic Papers*, Vol. 62/4. [30]

Kind, H., M. Koethenbuerger and G. Schjelderup (2008), "Efficiency enhancing taxation in two-sided markets", *Journal of Public Economics*, Vol. 92/5-6. [29]

Kiss, Á. (2012), "Minimum taxes and repeated tax competition", *International Tax and Public Finance*, Vol. 19/5, pp. 641-649. [79]

Klemens, B. (2016), "A Boxing Match: Can Intellectual Property Boxes Achieve Their Stated Goals?", *SSRN Electronic Journal*, http://dx.doi.org/10.2139/ssrn.2822575. [88]

Klemm, A. and S. Van Parys (2012), "Empirical Evidence on the Effects of Tax Incentives", *International Tax and Public Finance*, Vol. 19/3, pp. 393-423. [62]

Konrad, K. (2009), "Non-binding minimum taxes may foster tax competition", *Economics Letters*, Vol. 102/2, pp. 109-111. [78]

Kopp, E. et al. (2019), "U.S. Investment Since the Tax Cuts and Jobs Act of 2017", *IMF Working Papers*, No. 19/120, https://www.imf.org/en/Publications/WP/Issues/2019/05/31/U-S-46942 (accessed on 25 February 2020). [38]

Lee, Y. (2020), *Competition in Corporate and Personal Income Tax: Evidence from 67 Developed and Developing Countries**. [75]

Leibrecht, M. and C. Hochgatterer (2012), "Tax competition as a cause of falling corporate income tax rates: A survey of empirical literature", *Journal of Economic Surveys*, Vol. 26/4, pp. 616-648. [71]

Lignier, P. and C. Evans (2012), "The Rise and Rise of Tax Compliance Costs for the Small Business Sector in Australia", *Australian Tax Forum*, Vol. 27/3, https://papers.ssrn.com/sol3/papers.cfm?abstract_id=2128418 (accessed on 23 April 2020). [52]

Lin, W. and J. Wang (2014), "Do Tax Incentives Encourage Direct Investment in China by Taiwanese Enterprises?", *Journal of Accounting and Taxation*, Vol. 6/2, pp. 38–53, http://dx.doi.org/10.5897/JAT2014.0143. [123]

Li, Q. (2016), "Fiscal decentralization and tax incentives in the developing world", *Review of International Political Economy*, Vol. 23/2, pp. 232-260, https://doi.org/10.1080/09692290.2015.1086401. [113]

Lowry, S. (2019), *Digital Services Taxes (DSTs): Policy and Economic Analysis*. [138]

Mairesse, J. and P. Mohnen (2010), *Using Innovations Surveys for Econometric Analysis*, National Bureau of Economic Research, Cambridge, MA, http://dx.doi.org/10.3386/w15857. [162]

Millot, V. et al. (2020), "Corporate Taxation and Investment of Multinational Firms: Evidence from Firm-Level Data", *OECD Taxation Working Papers*, No. 51, OECD Publishing, Paris, https://dx.doi.org/10.1787/9c6f9f2e-en. [42]

Mohnen, P., P. Vankan and B. Verspagen (2017), "Evaluating the innovation box tax policy instruments in the Netherlands, 2007-13", *Oxford Review of Economic Policy*, Vol. 33/1, pp. 141-156, https://doi.org/10.1093/oxrep/grw038. [170]

Mongrain, S. and J. Wilson (2017), *Tax Competition with Heterogeneous Capital Mobility*. [157]

Mutti, J. and H. Grubert (2004), "Empirical Asymmetries in Foreign Direct Investment and Taxation", *Journal of International Economics*, Vol. 62/2, pp. 337-358, http://dx.doi.org/10.1016/S0022-1996(03)00016-3. [111]

OECD (2020), *Corporate Tax Statistics database*, https://oe.cd/corporate-tax-stats (accessed on 22 October 2019). [17]

OECD (2020), *Corporate Tax Statistics. Corporate Effective Tax Rates: Explanatory Annex.*, https://www.oecd.org/tax/tax-policy/explanatory-annex-corporate-effective-tax-rates.pdf. [13]

OECD (2020), *METRO Version 3: Model Documentation*, OECD Publishing, Paris, https://one.oecd.org/document/TAD/TC/WP/RD(2020)1/FINAL/en/pdf. [145]

OECD (2020), "The effects of R&D tax incentives and their role in the innovation policy mix: Findings from the OECD microBeRD project, 2016-19", *Confidential document DSTI/CIIE/STP(2019)1/REV1*. [164]

OECD (2019), *FDI Qualities Indicators: Measuring the sustainable development impacts of investment*, OECD Publishing. [103]

OECD (2019), *OECD R&D Tax Incentive Database*, http://oe.cd/rdtax (accessed on 16 April 2020). [177]

OECD (2019), "OECD time series estimates of government tax relief for business R&D", No. TAX4INNO Project 674888, http://www.oecd.org/sti/rd-tax-stats-tax-expenditures.pdf (accessed on 1 April 2020). [179]

OECD (2019), *Programme of Work to Develop a Consensus Solution to the Tax Challenges Arising from the Digitalisation of the Economy, OECD/G20 Inclusive Framework on BEPS*, OECD, Paris, https://www.oecd.org/tax/beps/programme-of-work-to-develop-a-consensus-solution-to-the-tax-challenges-arising-from-the-digitalisation-of-the-economy.pdf. [1]

OECD (2019), *Vectors of Digital Transformation*. [126]

OECD (2018), *Tax Challenges Arising from Digitalisation – Interim Report 2018*, OECD, https://doi.org/10.1787/9789264293083-en. [125]

OECD (2018), *Trade Facilitation and the Global Economy*, OECD. [197]

OECD (2018), *Trade Policy and the Global Economy - Scenario 2: Increasing Tariffs*, https://issuu.com/oecd.publishing/docs/oecd-trade-scenario-2-increasing_ta?e=3055080/65009159. [146]

OECD (2015), *Addressing the Tax Challenges of the Digital Economy, Action 1 - 2015 Final Report*, OECD. [137]

OECD (2015), *Designing Effective Controlled Foreign Company Rules, Action 3 - 2015 Final Report*, OECD/G20 Base Erosion and Profit Shifting Project, OECD Publishing, Paris, https://dx.doi.org/10.1787/9789264241152-en. [190]

OECD (2015), *Policy Framework for Investment, 2015 Edition*, OECD Publishing, Paris, https://dx.doi.org/10.1787/9789264208667-en. [108]

OECD (2015), *The Innovation Imperative: Contributing to Productivity, Growth and Well-Being*, OECD Publishing, Paris, https://dx.doi.org/10.1787/9789264239814-en. [97]

OECD (2010), *The OECD Innovation Strategy: Getting a Head Start on Tomorrow*, OECD Publishing, Paris, https://dx.doi.org/10.1787/9789264083479-en. [98]

OECD/G20 Inclusive Framework on BEPS (2020), *Statement by the OECD/G20 Inclusive Framework on BEPS on the Two-Pillar Approach to Address the Tax Challenges Arising from the Digitalisation of the Economy*, OECD, Paris, http://www.oecd.org/tax/beps/statement-by-the-oecd-g20-inclusive-framework-on-beps-january-2020.pdf. (accessed on 23 April 2020). [128]

OECD-WTO-IMF (2020), *Handbook on Measuring Digital Trade*. [207]

Ohrn, E. (2019), "The effect of tax incentives on U.S. manufacturing: Evidence from state accelerated depreciation policies", *Journal of Public Economics*, Vol. 180, p. 104084, http://dx.doi.org/10.1016/j.jpubeco.2019.104084. [94]

Redoano, M. (2014), "Tax competition among European countries. Does the EU matter?", *European Journal of Political Economy*, Vol. 34, pp. 353-371. [74]

Redonda and Neubig (2018), *Assessing Tax Expenditure Reporting in G20 and OECD Economies*, Council on Economic Policies. [110]

Rochet, J. and J. Tirole (2006), "Two-sided markets: a progress report", *RAND Journal of Economics*, Vol. 37/3, pp. 645-667. [28]

Rochet, J. and J. Tirole (2003), "Platform Competition in Two-Sided Markets", *Journal of the European Economic Association*, Vol. 1/4, pp. 990-1029. [27]

Romer, P. (1990), "Endogenous technological change", *Journal of Political Economy*, Vol. 98/5, pp. S71-S102, http://dx.doi.org/10.3386/w3210. [81]

Schwerin, V. and A. Buettner (2016), *A Service of zbw Leibniz-Informationszentrum Wirtschaft Leibniz Information Centre for Economics*. [64]

Slemrod, J. (2008), "Why Is Elvis on Burkina Faso Postage Stamps? Cross-Country Evidence on the Commercialization of State Sovereignty", *Journal of Empirical Legal Studies*, Vol. 5/4, pp. 683-712. [151]

Slemrod, J. and M. Blumenthal (1996), *The Income Tax Compliance Cost of Big Business.* [58]

Slemrod, J. and V. Venkatesh (2002), "The Income Tax Compliance Cost of Large and Mid-Size Businesses", No. 914, Ross School of Business Paper, http://dx.doi.org/10.2139/ssrn.913056. [48]

Slemrod, J. and J. Wilson (2009), "Tax competition with parasitic tax havens", *Journal of Public Economics*, Vol. 93/11-12, pp. 1261-1270. [43]

Sorbe, S. and Å. Johansson (2017), "International tax planning and fixed investment", *OECD Economics Department Working Papers*, No. 1361, OECD Publishing, Paris, https://dx.doi.org/10.1787/83239540-en. [7]

Sorbe, S. and Å. Johansson (2017), "International tax planning, competition and market structure", *OECD Economics Department Working Papers* No. 1358. [130]

Squicciarini, M. and H. Dernis (2013), "A Cross-Country Characterisation of the Patenting Behaviour of Firms based on Matched Firm and Patent Data", *OECD Science, Technology and Industry Working Papers*, No. 05, http://dx.doi.org/10.1787/5k40gxd4vh41-en. [181]

Stamatopoulos, I., S. Hadjidema and K. Eleftheriou (2017), "Corporate income tax compliance costs and their determinants: Evidence from greece", *Advances in Taxation*, Vol. 24, pp. 233-270, http://dx.doi.org/10.1108/S1058-749720170000024006. [50]

Suárez Serrato, J. (2018), "Unintended Consequences of Eliminating Tax Havens", *NBER Working Papers*, Vol. 24850. [25]

Syverson, C. (2019), *Macroeconomics and market power: Context, implications, and open questions*, American Economic Association, http://dx.doi.org/10.1257/jep.33.3.23. [131]

Thierfelder, K. and S. Mcdonald (2012), *Globe v1: A SAM Based Global CGE Model using GTAP Data.* [192]

Thomsen, S. (2004), *Investment Incentives and FDI in Selected ASEAN Countries*, OECD Publishing. [118]

Tremblay, M. and V. Tremblay (2017), "Tax Incidence and Demand Convexity in Cournot, Bertrand, and Cournot–Bertrand Models", *Public Finance Review*, Vol. 45/6. [33]

U.S. Department of the Treasury (2016), *Treasury Announces Additional Action to Curb Inversions, Address Earnings Stripping*, https://www.treasury.gov/press-center/press-releases/Pages/jl0405.aspx (accessed on 17 April 2020). [205]

U.S. Department of the Treasury (2014), *Fact Sheet: Treasury Actions to Rein in Corporate Tax Inversions*, https://www.treasury.gov/press-center/press-releases/Pages/jl2645.aspx (accessed on 17 April 2020). [203]

UNCTAD (2019), *World Investment Report 2019: Special Economic Zones*, United Nations Conference on Trade and Development, http://dx.doi.org/ISBN 978-92-1-112949-6. [119]

UNIDO (2013), *Africa Investor Survey*, United Nations Industrial Development Organization, http://dx.doi.org/978-92-1-106450-6. [114]

USTR (2020), *Initiation of Section 301 Investigations of Digital Services Taxes.* [144]

USTR (2020), *Notice of Action in the Section 301 Investigation of France's Digital Services Tax.* [141]

USTR (2019), *Notice of Determination and Request for Comments Concerning Action Pursuant to Section 301: France's Digital Services Tax*. [140]

USTR (2019), *Report on France's Digital Services Tax Prepared in the Investigation under*. [139]

Voget, J. (2011), "Relocation of headquarters and international taxation", *Journal of Public Economics*, Vol. 95/9-10, pp. 1067-1081, http://dx.doi.org/10.1016/j.jpubeco.2010.11.019. [187]

Vukšić, G. (2013), "Developing countries in competition for foreign investment", *Journal of International Trade and Economic Development*, Vol. 22/3, pp. 351-376. [99]

Wang, J. (2013), "The economic impact of Special Economic Zones: Evidence from Chinese municipalities", *Journal of Development Economics*, Vol. 101, pp. 133-147, https://doi.org/10.1016/j.jdeveco.2012.10.009. [120]

Wells, L. et al. (2001), *Using tax incentives to compete for foreign investment - Are they worth the costs?*, http://documents.worldbank.org/curated/en/164401468770722428/Using-tax-incentives-to-compete-for-foreign-investment-Are-they-worth-the-costs. [109]

Wiedemann, V. and K. Finke (2015), *Taxing investments in the Asia-Pacific region: The importance of cross-border taxation and tax incentives*, ZEW Discussion Paper No. 15-014, http://ftp.zew.de/pub/zew-docs/dp/dp15014.pdf. [106]

Wilson, J. (1986), *A Theory of Interregional Tax Competition*. [68]

World Bank (2017), *Corporate Tax Incentives and FDI in Developing Economies*, World Bank, https://doi.org/10.1596/978-1-4648-1175-3. [105]

Zodrow, G. and P. Mieszkowski (1986), *Pigou, Tiebout, Property Taxation, and the Underprovision of Local Public Goods*. [67]

Zwick, E. and J. Mahon (2017), "Tax policy and heterogeneous investment behavior", *American Economic Review*, Vol. 107/1, pp. 217-248, http://dx.doi.org/10.1257/aer.20140855. [37]

Annexe 4.A. Concurrence fiscale : Observations théoriques

416. La présente annexe donne une vue d'ensemble des travaux récents qui ont alimenté la littérature théorique sur la concurrence fiscale. Elle complète l'Encadré 4.3 qui se concentre principalement sur les études empiriques.

417. Des contributions antérieures à la littérature théorique sur la concurrence fiscale, revues par Forsild (2005[147]), Keen et Konrad (2013[76]) ou Devereux et Loretz (2013[66]) entre autres, ont produit des observations qui ont stimulé la recherche empirique. Huizinga et Nielsen (2008[148]), par exemple, construisent un modèle dans lequel la production multinationale crée des rentes économiques et où la propriété des entreprises est répartie entre propriétaires nationaux et étrangers. Une telle extension du cadre type souligne que les pouvoirs publics peuvent être incités à augmenter les taux de l'IS à la source pour imposer une partie de la rente économique engrangée par les propriétaires étrangers ; cet effet, à son tour, affaiblit la pression concurrentielle exercée sur les taux de l'IS. Baldwin et Krugman (2004[149]) remettent en question l'idée que l'intégration économique a forcément pour effet d'accroître la pression concurrentielle exercée sur les taux d'imposition des sociétés. Leur modèle tient compte des rentes spécifiques à un emplacement découlant de l'agglomération économique, c'est-à-dire de l'émergence de nœuds hautement productifs au sein de l'économie mondiale. Comme l'observent Huizinga et Nielsen (2008[148]), des rentes spécifiques à l'emplacement peuvent inciter les pouvoirs publics à fixer des taux de l'IS plus élevés, ce qui atténue la concurrence fiscale ; étant donné que l'intensification de l'intégration économique commence par accroître pour ensuite faire baisser l'agglomération économique, ils en concluent une possible non-linéarité de la relation entre intégration économique et concurrence fiscale.

418. Dans le contexte de ces modèles, la littérature théorique a également examiné le rôle de certaines juridictions à fiscalité nulle, dont la spécialité est d'attirer à elles les bénéfices comptables transférés d'autres juridictions. L'existence de juridictions à fiscalité nulle et de centres d'investissement peut avoir un impact sur la concurrence fiscale pour les investissements réels qui survient entre d'autres pays (voir Dharmapala (2008[150]) pour un examen). Le propre de cette littérature est d'introduire la possibilité pour les EMN de transférer leurs bénéfices comptables d'une juridiction à une autre tout en maintenant inchangées leurs décisions de production réelle ; elle considère globalement les juridictions à fiscalité nulle et les centres d'investissement comme des juridictions à économie réelle réduite (ou négligeable), dont la spécialité est d'attirer des bénéfices comptables issus d'autres pays en contrepartie d'un paiement minime. Slemrod (2008[151]) fait valoir que cette stratégie équivaut à une commercialisation de la souveraineté d'une juridiction, dont le coût est une grave perte de réputation, d'où le constat que ce sont surtout des pays faiblement peuplés qui adoptent une telle stratégie (Dharmapala and Hines, 2006[152]).

419. Slemrod et Wilson (2009[43]) formalisent cette idée dans le contexte d'un modèle de concurrence fiscale ; ils en concluent que les activités d'évasion fiscale (par ex. quand des consultants fiscaux aident à transférer les bénéfices vers des juridictions à faible fiscalité) représentent une perte sociale nette pour l'économie et qu'une augmentation des coûts de transfert a pour effet de réduire le coût marginal des fonds publics. D'autres études ont remis en question ce point de vue, faisant valoir que l'existence de juridictions à faible fiscalité permet à d'autres juridictions d'offrir des taux marginaux d'imposition effectifs (au niveau du groupe d'EMN) plus bas lorsque la politique fiscale n'est pas capable de faire de distinction entre bases d'imposition mobiles et immobiles. Selon cet argument, l'existence de juridictions à faible fiscalité peut donc potentiellement induire une augmentation de l'investissement réel qui pourrait l'emporter sur les autres coûts associés (Desai, Foley et Hines (2006[153]); Hong et Smart (2010[154])). Enfin,

Johannesen (2010[155]) étudie plus avant les effets sur la concurrence fiscale, suggérant que l'existence de juridictions à fiscalité nulle et de centres d'investissement pourrait contraindre les pays dont la fiscalité effective est faible à choisir de poursuivre ou non une stratégie à fiscalité nulle. En conséquence, les autres juridictions auraient des incitations à agir de concert en faveur d'une stratégie à fiscalité plus élevée, ce qui atténuerait les niveaux de concurrence fiscale.

420. Keen (2001[156]) fait valoir qu'une différenciation des taux d'imposition entre les bases d'imposition mobiles et immobiles, au travers de régimes préférentiels, peut accroître la concurrence pour les bases mobiles tout en l'atténuant pour les bases immobiles, ce qui pourrait éventuellement entraîner un impact positif global sur les recettes. Mongrain et Wilson (2017[157]) s'appuient sur cette approche, en introduisant un modèle où les décideurs fiscaux ne sont pas en mesure d'observer directement la mobilité de la base d'imposition. Étant donné que la discrimination entre les bases d'imposition devient de plus en plus coûteuse dans ce cadre, les pays pourraient décider de renoncer à l'introduction de régimes préférentiels, ce qui pourrait entraîner, dans certaines circonstances, une augmentation de leurs recettes fiscales globales.

421. Un autre volet de la littérature théorique sur la concurrence fiscale s'est concentré sur les processus politiques qui sous-tendent les choix nationaux de politique fiscale, c'est-à-dire en abandonnant l'hypothèse selon laquelle l'État agit comme un planificateur bienveillant. Au lieu de cela, cette littérature introduit dans le cadre de modélisation les effets de politiques électorales ou de décisions politiques égoïstes de la part de dirigeants politiques pour en étudier les répercussions sur la concurrence fiscale (par exemple, Brennan et Buchanan (1980[158]) ou Edwards et Keen (1996[159])). Egggert et Soerensen (2008[160]), plus récemment, ont élaboré un modèle où des dirigeants politiques, dans une démarche d'optimisation électoraliste, ont tout à gagner à accroître la taille du secteur public en vue de créer des rentes économiques pour les employés du secteur public ; dans cette perspective, la concurrence fiscale se révèle être potentiellement propice au renforcement du bien-être, du fait qu'elle limite ce type de comportement intéressé.

Annexe 4.B. Incitations fiscales à l'appui de l'innovation

Preuves du recours à des incitations fiscales en faveur de la R&D et de leur efficacité

422. L'efficacité du soutien des pouvoirs publics à la R&D peut être évaluée du côté intrants, quant à sa capacité à générer des investissements supplémentaires en R&D, ou du côté extrants, quant à sa capacité à générer de l'innovation.

423. Les incitations fiscales à la R&D basées sur les dépenses se sont avérées efficaces pour engendrer à la fois des investissements supplémentaires en R&D par les entreprises (additionnalité des dépenses, « input additionality »), ainsi qu'une augmentation de l'innovation (additionnalité des résultats, « output additionality »), bien que les preuves de cette dernière soient plus rares. Les estimations les plus récentes montrent qu'un euro d'allégement fiscal en R&D octroyé par les pouvoirs publics se traduit par au moins un euro supplémentaire d'investissement en R&D par les entreprises (Hall and Van Reenen, 2000[161]; Mairesse and Mohnen, 2010[162]; de Boer et al., 2019[163]; OECD, 2020[164]). En outre, l'additionnalité des dépenses induite par les incitations fiscales à la R&D basées sur les dépenses s'avère plus forte pour les jeunes et les petites et moyennes entreprises (PME) que pour les entreprises de plus grande taille (Castellacci and Lie, 2015[165]; Dechezleprêtre et al., 2016[166]). Ces estimations tendraient à exagérer l'additionnalité des incitations fiscales à la R&D basées sur les dépenses compte tenu des effets potentiels de requalification de dépenses non liées à la R&D comme dépenses de R&D pour bénéficier de l'allégement fiscal, ou d'incitation à la relocalisation de l'activité de R&D plutôt qu'à une augmentation de la R&D globale (Bloom, Van Reenen and Williams, 2019[96]). L'additionnalité des résultats est plus difficile à mesurer en raison du possible laps de temps entre la R&D et l'innovation, de la nature imparfaite des indicateurs d'innovation et des difficultés de mesure liées aux effets d'entraînement potentiels (également appelés « spillovers ») (Appelt et al., 2016[87]; Mairesse and Mohnen, 2010[162]). Plusieurs études avancent des éléments de preuve positifs indiquant de plus grands volumes de ventes d'innovations, de nouveaux produits et de brevets (Czarnitzki, Hanel and Rosa, 2011[167]; Ernst and Spengel, 2011[168]; Cappelen, Raknerud and Rybalka, 2012[169]) en réponse à l'allègement d'impôt.

424. Bien que les données soient plus positives et concluantes quant à l'efficacité des incitations fiscales à la R&D basées sur les dépenses, il n'en va pas de même pour celles basées sur le revenu. Du côté des intrants, les preuves de la capacité à induire des dépenses supplémentaires en R&D de la part des entreprises sont mitigées (Mohnen, Vankan and Verspagen, 2017[170]; Gaessler, Hall and Harhoff, 2018[89]). Du côté des extrants, la mesure de leur impact sur l'innovation pose des difficultés méthodologiques en raison de la tendance séculaire à la hausse des brevets et du manque de sources de variation entre les pays et dans le temps, ce qui peut expliquer les différences de résultats dans la littérature passée (Gaessler, Hall and Harhoff, 2018[89]; Hall, 2019[85]). Cependant, alors que les incitations fiscales à la R&D basées sur le revenu sont conçues pour promouvoir les résultats des activités de R&D, des données récentes suggèrent l'absence d'augmentation statistiquement significative d'inventions brevetées dans les pays offrant des régimes de propriété intellectuelle par rapport à ceux qui n'en offrent pas ; au contraire, certaines observations suggèrent un léger impact négatif sur le nombre d'inventions brevetées (Gaessler, Hall and Harhoff, 2018[89]). Cet échec apparent à atteindre l'objectif énoncé de la politique, combiné à des éléments de preuve limités quant à leur efficacité, jette un doute sur la raison d'être de ce levier d'action (Gaessler, Hall and Harhoff, 2018[89]; Bloom, Van Reenen and Williams, 2019[96]).

425. En raison de la nature mobile des actifs incorporels, il est plus facile pour les entreprises multinationales d'en décider l'emplacement de manière stratégique, et donc celui des revenus qui en découlent, en réponse à un traitement préférentiel du revenu afin de minimiser leurs passifs d'impôts mondiaux (Griffith, Miller and O'Connell, 2014[171]). D'après les données, l'emplacement et le transfert des brevets sont sensibles à des taux d'imposition préférentiels, offerts par le biais des régimes de propriété intellectuelle, si aucune condition de développement sur le plan national n'est imposée (Alstadsaeter et al., 2015[172]; Ciaramella, 2017[173]). Dans le cadre du projet sur l'érosion de la base d'imposition et le transfert de bénéfices (BEPS), les pouvoirs publics se sont efforcés en priorité de réduire le recours à ces incitations à des fins néfastes, ce qui a abouti aux exigences relatives au lien fiscal introduites au titre de l'Action 5 du BEPS et à d'autres recommandations concernant les règles régissant les sociétés étrangères contrôlées (SEC) au titre de l'Action 3 du BEPS. L'introduction de conditions de développement comme exigence préalable à la fourniture d'avantages provenant d'incitations basées sur le revenu s'avère atténuer la tendance au transfert de brevets à des fins purement fiscales (Gaessler, Hall and Harhoff, 2018[89]).

426. Outre le soutien indirect par le biais du système fiscal, le soutien direct des pouvoirs publics par l'intermédiaire, par exemple, de subventions s'avère avoir des impacts positifs tant sur les investissements en R&D que sur la production d'innovations (Busom, 2000[174]; Almus and Czarnitzki, 2003[175]; Hall and Maffioli, 2008[176]; OECD, 2020[164]).

Considérations en matière de conception : quelle ampleur, pour qui et pourquoi ?

427. La conception des incitations fiscales à la R&D joue un rôle majeur pour déterminer le degré de générosité attendu des avantages fiscaux et les types d'entreprises et d'activités auxquels ils sont destinés.

428. Premièrement, outre les caractéristiques générales des systèmes fiscaux, la conception des incitations fiscales à la R&D influe sur la générosité de ces mesures. Une comparaison entre les pays dessine un paysage très hétérogène, le taux implicite de subvention de la R&D calculé d'après les incitations fiscales à la R&D basées sur les dépenses allant de presque 0 à 0.41 EUR pour chaque euro supplémentaire de R&D investi par les grandes entreprises rentables (OECD, 2019[177]). La générosité de ces régimes s'est également accrue au fil du temps, la subvention implicite moyenne passant de 0.03 en 2000 à 0.14 en 2019 pour les grandes entreprises rentables. On retrouve des tendances similaires pour les entreprises de différents types et de différents niveaux de rentabilité (Appelt, Galindo-Rueda and González Cabral, 2019[80]).

429. Deuxièmement, bien que les incitations fiscales soient des instruments non discrétionnaires, les pouvoirs publics peuvent concevoir des incitations fiscales en R&D ciblant certaines activités ou certains types d'entreprises afin de pallier des défaillances spécifiques du marché. Certaines juridictions accordent un traitement préférentiel aux jeunes et aux petites et moyennes entreprises au moyen de taux préférentiels ; des dispositions plus généreuses sont parfois appliquées en cas d'insuffisance d'impôts à payer (par ex. des dispositions de remboursement ou des dispositions de report plus généreuses) ou en cas de projets menés dans le cadre d'une collaboration (par ex. avec des universités). Dans certains pays, il est fait recours à des plafonds pour limiter la générosité des dispositions, en particulier pour les grands demandeurs, et pour protéger les finances publiques. Contrairement aux incitations basées sur le volume qui offrent un allégement sur l'ensemble des dépenses de R&D, les incitations fiscales progressives offrent un allégement accru sur les dépenses de R&D au-dessus d'un certain montant de base pour éviter de financer des activités de R&D qui auraient été entreprises en l'absence de soutien, dans un effort de protection des finances publiques (Appelt et al., 2016[87]).

430. Au-delà de la conception des incitations fiscales à la R&D, il est essentiel d'analyser le recours à ces dispositions pour évaluer si l'objectif politique visé est atteint ou non. La répartition du soutien fiscal entre les entreprises et les activités dépend au final des types d'entreprises qui ont recours aux incitations fiscales, ainsi que de l'interaction de leurs caractéristiques avec la conception de l'incitation (par ex., les avantages pour les entreprises déficitaires dépendront de la disponibilité ou non de dispositions de report ou de remboursement) (Appelt, Galindo-Rueda and González Cabral, 2019[80]).

431. La littérature récente s'est penchée sur ces questions et en a ressorti plusieurs observations importantes :

- **L'innovation, la R&D et le soutien des pouvoirs publics sont très concentrés :** Les 2000 premiers acteurs de la R&D sont responsables de près des deux tiers des brevets déposés auprès des cinq plus grands offices de propriété intellectuelle au monde (Dernis et al., 2019[178]). De surcroît, ce sont les grands contribuables qui bénéficient aussi de la majorité de l'aide publique – à la fois sous forme de subventions directes et d'aides fiscales, quoiqu'ils soient à l'origine d'un plus petit nombre de demandes (OECD, 2019[179]). Tous ces signes de concentration des brevets, en particulier des brevets à revenu élevé, entre une poignée de grandes EMN, semblent indiquer que ce sont principalement les entreprises multinationales qui bénéficient le plus des régimes préférentiels.

  La justification avancée pour expliquer cette orientation du soutien public vers de grands acteurs tient à leur capacité à générer des effets d'entraînement et des externalités de plus grande envergure, en particulier si ce soutien vise des activités de recherche de base (Bloom, Schankerman and Reenen, 2013[180]; Akcigit, Hanley and Serrano-Velarde, 2013[86]).[64]
- **Le soutien des pouvoirs publics aux EMN pourrait être d'une plus grande ampleur qu'escompté :** L'expansion des chaînes de valeur mondiales offre aux EMN la possibilité de localiser leur activité, y compris leurs activités de R&D et leurs actifs incorporels, de manière efficace sur le plan fiscal (Ernst and Spengel, 2011[168]). Ce facteur est susceptible de stimuler le rendement que les EMN sont en mesure de tirer de l'innovation par rapport aux acteurs nationaux, lesquels peuvent ainsi se retrouver comparativement désavantagés du fait de ces mesures, sans que cet effet n'ait été anticipé au moment de la conception de la politique. Devant la générosité accrue des incitations fiscales à la R&D et la mondialisation croissante des entreprises, on peut s'attendre à ce que ce problème ne fasse que s'aggraver. De plus, le transfert de brevets vers d'autres juridictions est susceptible aussi de se traduire par des situations où des juridictions qui accordent un allégement fiscal à la R&D peuvent ne pas en récolter les avantages escomptés, dès lors que les retombées se matérialisent en dehors de l'économie nationale (OECD, 2015[97]).
- **Les jeunes entreprises et les PME jouent un rôle majeur dans la stimulation de l'innovation** : Si l'on considère l'activité de brevetage comme une mesure imparfaite de l'innovation, le premier brevetage se produit généralement dans les dix ans suivant la création de l'entreprise (Squicciarini and Dernis, 2013[181]), et ce sont les entreprises jeunes qui sont plus susceptibles d'introduire des innovations radicales (Andrews, Criscuolo and Menon, 2014[95]). Ces constats soulignent toute l'importance de faciliter l'entrée des jeunes entreprises et des PME sur le marché, qui les unes comme les autres tendent à se heurter à de plus grandes difficultés d'accès au financement (Hall and Lerner, 2010[84]), ainsi qu'à des coûts fixes d'entrée plus élevés, compte tenu du caractère généralement régressif des coûts de conformité réglementaire.
- **Les acteurs en place peuvent être incités à innover pour préserver leur position sur le marché :** Quoique les opérateurs existants bénéficiant de rentes de monopole puissent ne pas être incités à innover en tant que tel, le défi que leur posent les nouveaux entrants, qui ont des incitations à s'emparer de ces rentes, peut les pousser à le faire pour protéger leur position dominante sur le marché (Blundell, Griffiths and Van Reenen, 1999[182]). Cet effet pourrait être particulièrement pertinent dans les secteurs à forte composante numérique et très dépendants des actifs incorporels, où la concentration du marché s'est intensifiée plus fortement que dans d'autres

(De Loecker and Eeckhout, 2017[183]; Autor et al., 2020[133]; Calligaris, Criscuolo and Marcolin, 2018[2]). Subventionner de grands opérateurs existants pourrait être contre-productif si cela encourage la survie d'entreprises disposant de faibles capacités d'innovation en empêchant l'allocation de ressources à celles ayant de fortes capacités d'innovation (Acemoglu et al., 2018[184]).

Annexe 4.C. Inversions fiscales

432. Comme on l'a vu à la section 4.7, l'application d'une règle d'inclusion du revenu agit à la manière d'un impôt supplémentaire sur les bénéfices faiblement imposés que réalisent des filiales. Prises isolément, les EMN pourraient avoir des incitations à délocaliser leur siège, c'est-à-dire à changer de résidence fiscale, afin de se soustraire à l'impôt. La règle relative aux paiements insuffisamment imposés a pour effet d'empêcher une telle incitation en refusant à l'entité mère ultime la possibilité de procéder à des déductions au titre des paiements intra-groupe. La présente annexe présente un examen de la littérature sur les inversions fiscales par les EMN à la lumière des récentes évolutions en matière de fiscalité.

433. Les opérations internationales des EMN leur permettent de recourir à tout un arsenal de stratégies pour changer la manière dont leur revenu est imposé et choisir le lieu où il est imposé. Au rang de ces stratégies figurent les inversions fiscales, par lesquelles une EMN entreprend une opération qui transfère l'emplacement de son entité mère ultime et, par conséquent, sa résidence fiscale, dans une juridiction étrangère. Bien que de nombreux facteurs puissent expliquer une inversion fiscale, certaines inversions sont motivées par des considérations fiscales. D'après les estimations, les entreprises qui ont délocalisé leur siège hors des États-Unis entre 1994 et 2014 ont réduit leur ratio de charge d'impôt sur le bénéfice à l'échelle mondiale d'une moyenne de 9 points de pourcentage, passant ainsi d'une moyenne de 29 % avant la délocalisation du siège à 18 % l'année suivant cette délocalisation (Congressional Budget Office, 2017[185]).[65]

434. Plusieurs inversions fiscales de grandes sociétés ont été documentées au cours des dix dernières années ; cependant, des données anecdotiques indiqueraient un ralentissement depuis quelques années (Clausing, Miller and Mintz, 2014[186]; Voget, 2011[187]; Congressional Budget Office, 2017[185]; Congressional Research Service, 2019[188]).[66] L'évolution récente de la fiscalité internationale et nationale et le recours accru à des réglementations de lutte contre l'inversion expliquent sans doute cette tendance plus récente. Globalement, les incitations aux inversions fiscales peuvent varier selon les juridictions en fonction de leur structure et de leur niveau d'imposition, ainsi que de la rigueur des réglementations de lutte contre l'érosion de la base d'imposition et le transfert de bénéfices (BEPS).

435. Tout d'abord, dans les systèmes fiscaux mondiaux, les impôts sur les revenus actifs étrangers peuvent généralement être reportés jusqu'à leur rapatriement. Un tel système peut amener les EMN à accumuler de grandes quantités de bénéfices non rapatriés dans des juridictions étrangères, ce qui augmente la motivation à procéder à une inversion fiscale (Clausing, Miller and Mintz, 2014[186]; Desai and Hines, 2002[189]).[67] Cet effet est d'autant plus marqué que l'imposition est élevée au niveau de la juridiction du siège. Selon les estimations disponibles, une augmentation de 10 points de pourcentage des impôts de rapatriement augmenterait de 2.2 points de pourcentage la part des EMN qui délocalisent (Voget, 2011[187]). On constate toutefois depuis quelques années une nette tendance en faveur de la territorialité, avec seulement quatre pays de l'OCDE sur 37[68] à conserver une fiscalité mondiale. Dans le cadre des systèmes fiscaux territoriaux, les incitations aux inversions sont bien plus faibles, dans la mesure où le revenu actif des filiales étrangères est exonéré au moment de son rapatriement.

436. Deuxièmement, la tendance à la fiscalité territoriale a intensifié les pressions en vue de réduire l'érosion de la base d'imposition et le transfert de bénéfices. Dans le cadre de l'imposition territoriale, l'exonération du revenu actif étranger crée des incitations à transférer le revenu vers des juridictions à faible fiscalité. Celles-ci ont conduit à des efforts internationaux concertés pour introduire des règles de lutte contre les pratiques de BEPS, qui visent à protéger les bases de l'impôt sur les sociétés. À titre d'exemple, les règles sur les sociétés étrangères contrôlées (SEC) autorisent la société mère à introduire

un revenu passif faiblement imposé dans la base d'imposition nationale, ce qui a pour effet de réduire l'incitation à transférer les bénéfices (OECD, 2015[190]).[69] De fait, les règles relatives aux SEC semblent inciter les multinationales non seulement à localiser moins de bénéfices mais aussi moins de filiales dans des juridictions au-dessous du seuil applicable, avec davantage de revenu déplacé vers des environnements plus imposés (Clifford, 2019[191]). Toutefois, la présence de règles relatives aux SEC semble également accroître la probabilité de délocalisation du siège (Voget, 2011[187]).[70]

437. Troisièmement, certaines juridictions ont cherché à renforcer la réglementation nationale afin d'entraver la capacité des sociétés à délocaliser leur siège dans l'optique d'en dériver un avantage fiscal. Il s'agit notamment de réglementations qui renforcent les conditions applicables en ce qui concerne le classement des entreprises comme sociétés étrangères, par exemple en imposant des critères plus stricts sur le contrôle ou la substance économique, ainsi que de réglementations visant à contrer les stratégies déployées par les entreprises pour éroder la base d'imposition (Congressional Research Service, 2019[188]).[71] Toutefois, les mesures visant à décourager les inversions fiscales sont tributaires du cadre réglementaire de la juridiction qui les adopte ; ainsi, dans l'Union européenne, la liberté d'établissement est l'une des libertés fondamentales du marché unique européen.

438. Bien que le changement de structure organisationnelle ait pour finalité d'en dériver un avantage fiscal, les inversions fiscales s'accompagnent de coûts et d'incertitudes considérables. Outre les coûts nécessaires à l'établissement de la structure organisationnelle, la restructuration est susceptible d'entraîner des passifs fiscaux supplémentaires sur d'autres bases d'imposition, par exemple, des impôts sur les transactions ou des impôts sur les plus-values[72], en fonction du cadre réglementaire de la juridiction concernée. Les inversions fiscales ont des conséquences qui vont au-delà de la fiscalité, liées au changement dans le contrôle de l'entreprise, les actionnaires pouvant perdre de leur influence sur l'avenir de l'entreprise, au nouvel environnement réglementaire du pays où l'entreprise délocalise son siège, et aux coûts de réputation qui peuvent entacher les sociétés qui procèdent à une inversion fiscale (Congressional Budget Office, 2017[185]). Dans de nombreux cas, il est bien possible que ces coûts cachés associés aux inversions fiscales l'emportent sur les avantages fiscaux découlant de la restructuration.

Annexe 4.D. Simulations des échanges commerciaux

439. La présente annexe fournit d'autres résultats concernant le calibrage empirique des simulations des échanges commerciaux examinées à la section 4.8, qui étudie les effets des représailles tarifaires sur le commerce hors services en réaction aux TSN imposées unilatéralement par un sous-ensemble de pays. Les chiffres sont obtenus à l'aide du modèle METRO de l'OCDE. Ce modèle d'équilibre général calculable (EGC) retrace les interdépendances internationales complexes qui existent dans un cadre théoriquement et empiriquement cohérent.[73]

Description du modèle

Pour cette analyse, le modèle METRO est calibré sur 6 régions (Tableau 4.3), 19 secteurs et 8 facteurs de production (OECD, 2020[145]). Les simulations représentent des chocs à court et moyen terme, où les facteurs de production sont mobiles dans tous les secteurs, mais où la dotation globale en main-d'œuvre reste fixe tout en tenant compte du chômage, et où les stocks de capital réagissent aux investissements.

440. À l'instar de nombreux modèles EGC, METRO repose sur la spécification complète de toute l'activité économique à l'intérieur des pays et parfois entre eux (et donc des différentes interactions qui les lient). Le modèle s'appuie sur le modèle GLOBE élaboré par McDonald et Thierfelder (2012[192]). La nouveauté et la force de METRO tiennent à sa structuration détaillée des échanges commerciaux et sa différenciation des produits et services de base en fonction de leur utilisation finale. Plus précisément, il fait la distinction entre les produits et services de base, et par conséquent les flux commerciaux, selon qu'ils sont destinés à un usage intermédiaire, à l'usage des ménages, à la consommation des administrations publiques ou à l'investissement.

441. Le cadre sous-jacent de METRO se compose d'une série d'économies spécifiées individuellement, liées par des relations commerciales. Comme c'est souvent le cas dans les modèles EGC, le système de prix est linéairement homogène, l'accent étant mis sur les variations de prix relatives et non absolues. Chaque région a son propre numéraire, généralement l'indice des prix à la consommation, et un taux de change nominal (un indice des taux de change des régions de référence sert de numéraire modèle). Les prix entre régions changent par rapport à la région de référence.

442. La base de données du modèle s'appuie sur la base de données GTAP v10 (Aguiar et al., 2019[193]), ainsi que sur les matrices d'entrées-sorties inter-pays de l'OCDE, qui représentent la principale source des indicateurs sur les échanges en valeur ajoutée de l'OCDE, de sorte que le modèle est capable de faire la distinction entre les échanges commerciaux qui servent la production intermédiaire et la demande finale. Les informations sur les politiques combinent les données tarifaires et fiscales du GTAP aux estimations de l'OCDE sur les mesures non tarifaires concernant les produits (Cadot et al., 2018[194]), les services (Benz and Gonzales, 2019[195]) (Benz and Jaax, 2020[196]), la facilitation du commerce (OECD, 2018[197]) et les mesures de restriction des exportations. La base de données METRO contient 65 pays et regroupements régionaux et 65 produits et services de base.

443. Le modèle est fermement ancré dans la théorie microéconomique, où les entreprises maximisent leurs bénéfices et créent des produits à partir d'intrants primaires (c.-à-d., les terres, les ressources naturelles, le travail et le capital), qui sont combinés à l'aide d'une technologie à élasticité de substitution constant (CES), et d'intrants intermédiaires dans des proportions fixes (technologie Leontief). On suppose

que les ménages maximisent l'utilité soumise à une fonction d'utilité de Stone-Geary, qui permet l'inclusion d'un niveau de consommation de subsistance. Toutes les taxes sur les produits et les activités sont exprimées en taux d'imposition ad valorem et les taxes constituent l'unique source de recettes pour les pouvoirs publics.

444. Dans les simulations pour cette analyse, la balance commerciale est fixe et le taux de change nominal est flexible. Les salaires sont considérés comme étant rigides à la baisse, mais les taux de rémunération de tous les autres facteurs (terres, capital, ressources naturelles) sont supposés s'ajuster. Tous les taux d'imposition et tarifaires sont exogènes et fixes, les dépenses publiques sont fixes aux niveaux de base en valeur (c.-à-d. qu'il n'y a pas de réaffectations budgétaires). L'excédent ou le déficit public est souple et s'ajuste en fonction des variations au niveau des recettes fiscales et tarifaires. Le taux d'épargne global est fixe pour chaque groupe de pays.

Calibrage : taxes sur les services numériques et représailles tarifaires

445. Comme le décrit l'Encadré 4.8, la TSN est appliquée en tant que taxe ad valorem sur les ventes intermédiaires par le secteur des services aux entreprises à tous les acheteurs, en utilisant la TSN française comme référence. Les taux d'imposition sectoriels équivalents à la TSN sont appliqués de manière permanente à tous les pays inclus dans les simulations. L'Tableau d'annexe 4.D.2 montre les recettes fiscales correspondantes produites dans chacun des groupes de pays. Les droits de douane sont simulés sur les échanges dans les secteurs non liés aux services, réputés être couramment la cible de mesures tarifaires, et ils sont appliqués symétriquement aux mêmes produits à titre permanent, ce qui rend les résultats comparables d'un pays à l'autre (Tableau d'annexe 4.D.1).[74]

Tableau d'annexe 4.D.1 Secteurs ciblés pour des représailles ou contre-représailles tarifaires

Les secteurs ciblés font l'objet de représailles ou de contre-représailles tarifaires.

Tous les secteurs	Secteurs ciblés
Grains de céréales	*Grains de céréales*
Autres produits agricoles et alimentaires	
Boissons et produits du tabac	*Boissons et produits du tabac*
Graines oléagineuses	*Graines oléagineuses*
Ressources naturelles	
Viandes	*Viandes*
Produits minéraux et métalliques	
Véhicules motorisés et pièces	*Véhicules motorisés et pièces*
Équipement de transport	Équipement de transport
Équipement électronique	Équipement électronique
Machines et matériel	Machines et matériel
Autre fabrication	
Services de transport	
Services de communication	
Services financiers	
Assurance	
Services aux entreprises	
Services d'éducation	
Administration publique et défense	

Source : Simulations et base de données METRO v3, calculs de l'OCDE.

Tableau d'annexe 4.D.2 Recettes des TSN ciblées de base (millions USD)

Facteur de représailles des États-Unis	0.5		1		4		5	
DST rate	3 %	5 %	3 %	5 %	3 %	5 %	3 %	5 %
Paramètre fiscal de la TSN du modèle	0.12 %	0.20 %	0.12 %	0.20 %	0.12 %	0.20 %	0.12 %	0.20 %
1 TSN ratifiée	454	757	454	757	454	757	454	757
2 Pays de l'UE sujets à la section 301	2167	3612	2167	3612	2167	3612	2167	3612
3 Pays non-UE sujets à la section 301	824	1373	824	1373	824	1373	824	1373
6 Autres	2460	4101	2460	4101	2460	4101	2460	4101

Source : Base de données METRO v3, calculs de l'OCDE.

Dans la région de représailles, à savoir les États-Unis, l'ampleur du taux tarifaire (ad valorem) est fonction des recettes de la TSN dans le pays d'application, des importations aux États-Unis des secteurs visés dans les données de référence et du facteur de représailles. Les tarifs douaniers punitifs moyens par groupe de pays sont illustrés au Tableau d'annexe 4.D.3. Les taux tarifaires calibrés sont généralement proches entre groupes de pays, sauf pour le groupe de pays 6 qui contient un ensemble très mixte d'économies à différents stades de développement. Par conséquent, le niveau moyen de servicification dans ce groupe est inférieur à celui des autres groupes, de sorte que les recettes d'une taxe sur les services numériques à un taux d'imposition donné sont elles aussi moins élevées par rapport à leur pondération dans l'économie mondiale (voir les proportions du PIB au Tableau 4.3 et les recettes de la TSN visée au Tableau d'annexe 4.D.2). Cela se traduit par un niveau relativement moindre de tarifs douaniers punitifs.

Tableau d'annexe 4.D.3 Tarifs douaniers punitifs américains sur des secteurs ciblés

Le tableau indique le taux tarifaire moyen non pondéré dans tous les secteurs ciblés (Tableau d'annexe 4.D.1), fonction du volume des recettes de la TSN (Tableau d'annexe 4.D.2) et du facteur de représailles correspondant.

Facteur de représailles des États-Unis	0.5		1		4		5	
DST rate	3 %	5 %	3 %	5 %	3 %	5 %	3 %	5 %
Paramètre fiscal de la TSN du modèle	0.12 %	0.20 %	0.12 %	0.20 %	0.12 %	0.20 %	0.12 %	0.20 %
1 TSN ratifiée	1.1 %	1.8 %	2.1 %	3.6 %	8.6 %	14.3 %	10.7 %	17.9 %
2 Pays de l'UE sujets à la section 301	0.9 %	1.4 %	1.7 %	2.8 %	6.8 %	11.4 %	8.5 %	14.2 %
3 Pays non-UE sujets à la section 301	1.1 %	1.8 %	2.2 %	3.7 %	8.8 %	14.7 %	11.1 %	18.4 %
6 Autres	0.3 %	0.4 %	0.5 %	0.9 %	2.1 %	3.5 %	2.6 %	4.4 %

Source : Base de données METRO v3, calculs de l'OCDE.

446. Dans les scénarios avec contre-représailles, les pays réagissent aux tarifs douaniers punitifs imposés par les États-Unis de sorte que les contre-représailles correspondent aux représailles en termes de revenus tarifaires, sans majoration supplémentaire. Les tarifs douaniers de contre-représailles, indiqués au Tableau d'annexe 4.D.4, sont proches des tarifs douaniers punitifs initiaux imposés par les États-Unis, sans être égaux à ces derniers, parce que la taille du flux d'importation dans les pays de contre-représailles ne correspond généralement pas au volume de leurs exportations sur lesquelles se basent les tarifs douaniers punitifs initiaux des États-Unis.

Tableau d'annexe 4.D.4 Tarifs douaniers de contre-représailles sur des secteurs ciblés

Le tableau indique le taux tarifaire moyen non pondéré dans tous les secteurs ciblés (Tableau d'annexe 4.D.1), fonction du volume des recettes de la TSN (Tableau d'annexe 4.D.2) et du facteur de représailles correspondant.

Facteur de représailles des États-Unis	0.5		1		4		5	
DST rate	3 %	5 %	3 %	5 %	3 %	5 %	3 %	5 %
Paramètre fiscal de la TSN du modèle	0.12 %	0.20 %	0.12 %	0.20 %	0.12 %	0.20 %	0.12 %	0.20 %
1 TSN ratifiée	1.4 %	2.3 %	2.8 %	4.6 %	11.1 %	18.4 %	13.8 %	23.0 %
2 Pays de l'UE sujets à la section 301	1.7 %	2.8 %	3.3 %	5.5 %	13.3 %	22.1 %	16.6 %	27.6 %
3 Pays non-UE sujets à la section 301	1.0 %	1.7 %	2.1 %	3.4 %	8.2 %	13.7 %	10.3 %	17.2 %
6 Autres	0.3 %	0.5 %	0.6 %	1.0 %	2.4 %	4.0 %	3.0 %	4.9 %

Source : Base de données METRO v3, calculs de l'OCDE.

Résultats supplémentaires

447. La série de simulations pour chaque combinaison de paramètres suit la séquence visée au Tableau d'annexe 4.D.5. Premièrement, l'application de la TSN est simulée (S0) ; deuxièmement, le nouvel équilibre après l'application de la TSN est pris comme point de départ pour simuler les représailles tarifaires (S1) ; troisièmement, en partant du nouvel équilibre après que les représailles tarifaires ont eu lieu, les contre-représailles sont simulées dans le cas d'une application étroite de la TSN (S2) et ainsi de suite. Entre chacune de ces étapes, l'économie retrouve un nouvel équilibre, qui reflète les ajustements survenus au niveau des échanges commerciaux, de la production et des prix qui résultent de la mise en œuvre des mesures correspondantes.

Tableau d'annexe 4.D.5 Vue d'ensemble des cas simulés

Deux taux de TSN et facteurs de représailles sont simulés pour les cas S1, S2 et S3. Les numéros de groupe reprennent les groupes de pays visés au Tableau 4.3 ; la séquence des événements est décrite au Graphique 4.15.

Cas	DST rate	Facteur de représailles tarifaires	Simulations
Première étape de la séquence (S0)	3 %, 5 %	-	TSN appliquée : groupe 1
Première et deuxième étapes de la séquence (S1)	3 %, 5 %	0.5, 1, 4, 5	TSN appliquée : groupe 1 Représailles tarifaires, groupe 4
Application étroite de TSN - séquence complète (S2)	3 %, 5 %	0.5, 1, 4, 5	TSN appliquée : groupe 1,2,3 Représailles tarifaires : groupe 4 Contre-représailles tarifaires : groupe 1,2,3
Application large de TSN - séquence complète (S3)	3 %, 5 %	0.5, 1, 4, 5	TSN appliquée : groupe 1,2,3,6 Représailles tarifaires : groupe 4 Contre-représailles tarifaires : groupe 1,2,3,6

Note : Le texte principal ne fait référence qu'aux cas où l'application des TSN est étroite et large ; les autres cas de figure ne sont examinés que dans la présente annexe.
Source : OCDE.

448. Les résultats agrégés sont examinés dans le texte principal (Tableau 4.5) et Tableau d'annexe 4.D.6. Il existe toutefois une hétérogénéité considérable entre les groupes de pays, invisible d'après les moyennes mondiales des variations du PIB. Cette hétérogénéité provient de diverses sources : les liens commerciaux avec les États-Unis, les liens commerciaux entre les groupes de pays et au sein de ceux-ci, le poids des secteurs visés par les tarifs douaniers dans l'économie et, surtout, la séquence des mesures politiques prises. Le Graphique d'annexe 4.D.1. illustre la répartition des variations du PIB par scénario et par combinaison de paramètres.

449. L'impact de l'application de la TSN dans un pays (S0) est très faible et se concentre sur le pays qui en est à l'origine. Les représailles tarifaires qui en résultent (S1) en propagent plus largement les effets négatifs. Les deux pays engagés à ce stade subissent le contrecoup négatif des tarifs douaniers, le PIB du pays d'application de la TSN (la France) reculant entre -0.1 % et -0.3 % et celui du pays de représailles (les États-Unis) jusqu'à -0.08 %. Des retombées, positives ou négatives, sont susceptibles d'impacter d'autres groupes de pays à mesure que les deux pays engagés dans les représailles voient leurs échanges diminués. Par exemple, d'autres pays de l'UE sont susceptibles de récupérer une partie des échanges perdus par le pays d'application de la TSN, tandis que les liens de la chaîne de valeur mondiale sont susceptibles de nuire aux échanges de certains pays de l'UE et non-UE qui passent par le pays de l'UE d'application de la TSN avant de finir leur chemin aux États-Unis.

450. Dès lors que l'application d'une TSN, que les représailles tarifaires et que les contre-représailles sont plus répandues (S2), le coût économique augmente et l'écart entre pays se creuse. Les pays qui se livrent à des représailles tarifaires subissent des retombées négatives plus prononcées, tandis que ceux qui restent à l'écart des différends sont susceptibles de récupérer à leur compte une partie de l'activité commerciale et économique. À ce stade, deux groupes de pays verraient leur PIB augmenter, de 0.38 % au plus pour le groupe 5 (Chine et Hong-Kong) et de 0.32 % au plus pour le groupe 6 (comprenant tous les autres pays). Malgré cette réattribution conséquente, le PIB mondial moyen accuserait une baisse, comme le montre le Tableau 4.5 dans le texte principal et au Tableau d'annexe 4.D.6.

451. Avec des TSN et des représailles tarifaires encore plus généralisées (S3), les options de réattribution deviennent moins nombreuses et le PIB mondial s'en trouve encore plus affecté, avec un recul pouvant atteindre -1.2 % et de très fortes variations d'impact entre les groupes de pays. La contraction des économies qui se livrent à des représailles tarifaires engendre des effets de plus en plus négatifs. Au fur et à mesure que leurs échanges diminuent, les revenus baissent et la demande d'importations recule davantage encore. Le groupe de pays 5, qui est le seul à ne pas être impliqué dans les différends, reprend à son compte une partie de l'activité économique (avec une croissance du PIB allant jusqu'à 1.3 %), sans pour autant évidemment absorber toute la pression exercée sur l'économie mondiale.

452. Le fait de rester spectateur et de ne pas prendre part aux différends fiscaux et commerciaux semble être payant. S'il faut toujours s'attendre à des retombées positives sur les pays qui restent à l'écart des différends commerciaux, les effets positifs sur le groupe de pays 6 dans le cas où ils y prennent part ne relèvent en revanche pas de l'évidence (Graphique d'annexe 4.D.2). Ceci peut notamment s'expliquer par le fait que ce groupe de pays tirerait parti d'une réattribution d'activités au cours des étapes précédentes de la simulation (S0 à S2). Les droits de douane imposés lorsqu'ils entrent dans la dernière étape (S3) n'effacent pas ces gains précédents, même si les effets différentiels entre S2 et S3 leur sont défavorables. Une autre raison à cela est que leurs taux tarifaires sont comparativement inférieurs à ceux imposés par les autres groupes de pays (Tableau d'annexe 4.D.3 et Tableau d'annexe 4.D.4).

Tableau d'annexe 4.D.6 Résultats de la simulation (variations pondérées en pourcentage)

	Application étroite de TSN (S2)								Application large de TSN (S3)							
Facteur de représailles tarifaires	0.5		1		4		5		0.5		1		4		5	
DST rate	3 %	5 %	3 %	5 %	3 %	5 %	3 %	5 %	3 %	5 %	3 %	5 %	3 %	5 %	3 %	5 %
PIB réel	-0.08	-0.14	-0.09	-0.15	-0.13	-0.22	-0.15	-0.24	-0.40	-0.66	-0.44	-0.72	-0.66	-1.08	-0.73	-1.21
Revenu réel des ménages	-0.08	-0.13	-0.08	-0.14	-0.13	-0.21	-0.14	-0.23	-0.35	-0.59	-0.38	-0.64	-0.57	-0.95	-0.64	-1.07
Importations réelles	-0.14	-0.23	-0.17	-0.28	-0.30	-0.48	-0.34	-0.53	-0.61	-1.02	-0.68	-1.14	-1.11	-1.81	-1.25	-2.04

Source : Simulations et base de données METRO v3. Calculs de l'OCDE.

Graphique d'annexe 4.D.1 Répartition des variations du PIB par scénario, par rapport aux données de base (%)

Variations du PIB par scénario pour toutes les combinaisons de paramètres.

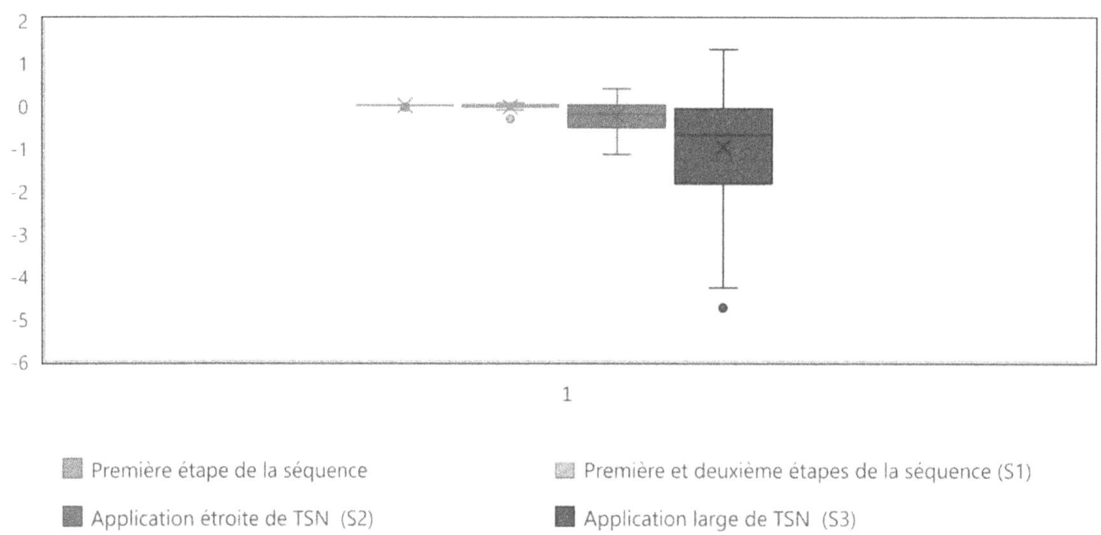

Note : Le bord supérieur de la case correspond au 75e centile, le bord inférieur de la case correspond au 25e centile, la ligne médiane de la case correspond à la médiane tandis que la moyenne non pondérée est indiquée par une croix.
Source : Simulations et base de données METRO v3. Calculs de l'OCDE.

Graphique d'annexe4.D.2 Répartition des variations du PIB par groupe de pays, par rapport aux données de base (%)

Variations du PIB par scénario pour toutes les combinaisons de paramètres.

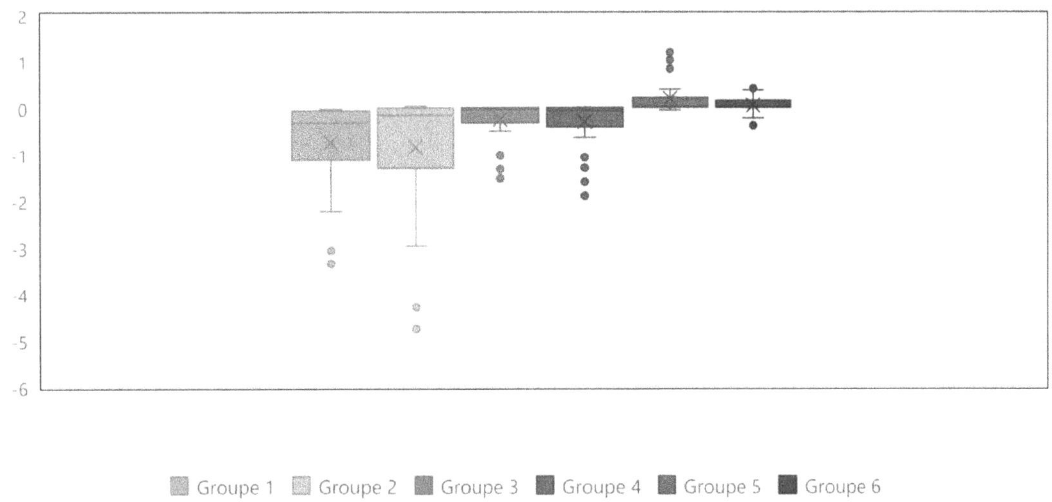

Note : Le bord supérieur de la case correspond au 75e centile, le bord inférieur de la case correspond au 25e centile, la ligne médiane de la case correspond à la médiane tandis que la moyenne non pondérée est indiquée par une croix.
Source : Simulations et base de données METRO v3. Calculs de l'OCDE.

453. Plus les droits de douane et les contre-droits sont répandus, plus le ralentissement des échanges se généralise (Tableau d'annexe 4.D.7). Dans le cas d'une application étroite de TSN (S2) entre les pays qui s'imposent mutuellement des droits de douane, la baisse des échanges bilatéraux pourrait être supérieure à 10 %. Par exemple, les exportations des pays de l'UE vers les États-Unis pourraient diminuer de 10.8 %, tandis que les flux commerciaux correspondants dans l'autre sens pourraient reculer de 11.5 %. Dans ce scénario, les pays restés en dehors des différends enregistreraient une légère hausse de leurs exportations, y compris de leurs échanges entre eux. Pour autant, leur commerce dans les pays subissant les droits de douane n'augmenterait que de façon marginale. La réorientation des courants d'échanges est limitée, du fait que la demande d'importation diminue parallèlement à la contraction économique globale.

454. La baisse des exportations n'est pas seulement le résultat des tarifs douaniers punitifs imposés par les partenaires commerciaux, mais une conséquence aussi de l'effet de l'imposition des exportations induit par les droits de douane à l'importation (effet Lerner).

455. Dans le cas d'une application large de TSN (S3), les pays du groupe 6, en prenant à leur tour part aux différends, subiraient des pertes de marché à l'échelle mondiale, sans que n'en soient néanmoins affectés leurs échanges intra-groupe et leurs échanges avec les pays restés en dehors des différends, à savoir le groupe de pays 5, (Chine et Hong Kong (Chine)). Leurs échanges avec les autres régions s'effondreraient davantage avec l'aggravation du déclin mondial de l'activité économique.

Tableau d'annexe 4.D.7 Variation de la matrice du commerce bilatéral (taux de TSN = 5 %, facteur de représailles = 5), par rapport à la base (%)

Application étroite de TSN						
À :	1 TSN	2 Pays de l'UE sujets à la section 301	3 Pays non-UE sujets à la section 301	4 Représailles	5 Pas de TSN, pas de représailles	6 Autres
de :						
1 TSN	0.0	-0.4	-0.4	-25.0	-2.0	-1.0
2 Pays de l'UE sujets à la section 301	-1.0	-0.7	-0.2	-10.8	-0.1	-0.1
3 Pays non-UE sujets à la section 301	-0.7	-0.4	-0.1	-8.1	0.5	0.3
4 Représailles	-14.8	-11.5	-9.0	0.0	1.1	0.9
5 Pas de TSN, pas de représailles	-0.6	0.1	0.7	1.0	0.0	0.4
6 Autres	-0.7	-0.3	0.0	1.3	0.7	0.5
Application large de TSN						
À :	1 TSN	2 Pays de l'UE sujets à la section 301	3 Pays non-UE sujets à la section 301	4 Représailles	5 Pas de TSN, pas de représailles	6 Autres
de :						
1 TSN	0.0	-4.4	-2.7	-26.7	-3.3	-2.6
2 Pays de l'UE sujets à la section 301	-4.7	-5.7	-3.6	-13.7	-2.7	-3.0
3 Pays non-UE sujets à la section 301	-2.1	-3.2	-1.1	-9.2	1.0	-0.1
4 Représailles	-15.5	-13.3	-9.4	0.0	2.0	-4.2
5 Pas de TSN, pas de représailles	-0.4	-1.0	1.4	3.1	0.0	1.7
6 Autres	-1.2	-2.1	0.1	-2.5	2.4	1.6

Source : Simulations et base de données METRO v3. Calculs de l'OCDE.

Notes

[1] Cette spécification modélise uniquement le Montant A au titre du Pilier Un, supposant un seuil de rentabilité de 10 % basé sur le bénéfice avant impôt sur le chiffre d'affaires, un pourcentage de réattribution de 20 % aux juridictions du marché et une application restreinte aux activités ADS et CFB. Pour la modélisation du Pilier Deux, on suppose un taux de 12.5 % avec agrégation par juridiction, comprenant une exception de 10 % sur la dotation aux amortissements (estimée en fonction de la valeur et de l'emplacement des actifs corporels).

[2] Aux fins de ce document, par juridictions du marché/de l'utilisateur (ci-après les « juridictions du marché »), on entend les juridictions dans lesquelles un groupe d'entreprises multinationales commercialise ses produits ou services, ou, dans le cas d'entreprises à forte composante numérique, fournit ses services aux utilisateurs ou sollicite et recueille des données et des contenus auprès d'eux.

[3] L'analyse des effets sur les recettes fiscales des propositions au titre du Pilier Deux au chapitre 3 portait sur plusieurs scénarios, y compris les réactions comportementales des pouvoirs publics et des EMN. Du côté des pouvoirs publics, ces réactions ne portaient que sur des augmentations des taux d'imposition effectifs dans la moitié des juridictions où le taux d'imposition effectif moyen rétrospectif sur les bénéfices des EMN est actuellement inférieur au taux minimum mais n'est pas nul et dans aucune des juridictions à fiscalité nulle - des situations où les bénéfices respectifs seraient sinon imposés au taux minimum dans une autre juridiction. Du côté des entreprises, l'analyse n'a porté que sur des modifications au niveau de l'intensité du transfert de bénéfices, par exemple, lorsqu'une EMN décide de déplacer moins de bénéfices vers des juridictions à imposition plus faible en raison de l'introduction de l'impôt minimum. L'analyse des recettes fiscales présentée jusqu'à présent n'a pas tenu compte des incidences sur les activités économiques réelles des EMN, notamment les incidences des propositions sur la croissance et l'investissement.

[4] Si la relocalisation implique une baisse de l'efficacité de la production, la production mondiale pourrait toujours diminuer. Les effets des changements survenus en matière d'efficacité de la production sont toutefois difficiles à évaluer, dans la mesure où il n'est pas possible de déterminer le degré de distorsion de l'allocation du capital avant (et après) la relocalisation.

[5] Étant donné que les débats du Cadre inclusif sur la conception des règles et les paramètres clés sont encore en cours, toutes les hypothèses de modélisation sont faites sans préjuger de leur approbation ultérieure.

[6] Les juridictions ne présentent pas toutes des données facilement accessibles sur la dotation aux amortissements. Dans les calculs du TEI, l'incidence d'une exception sur la dotation aux amortissements est donc estimée en fonction de la valeur et de l'emplacement des actifs corporels. Ce cadre ne permet pas de modéliser correctement l'exception sur les charges de la masse salariale. Voir Hanappi et González Cabral (2020[12]) pour en savoir plus.

[7] Les données requises de la base de données des Statistiques de l'impôt sur les sociétés compilée par l'OCDE sont disponibles pour 72 juridictions (à l'exclusion de l'Estonie et de la Lettonie).

[8] La littérature fait généralement la distinction entre les taux d'imposition effectifs moyens (TIEM) et les taux marginaux d'imposition effectifs (TMIE). Les TMIE indiquent dans quelle mesure l'impôt augmente le taux de rendement avant impôt exigé pour réaliser un investissement ne produisant ni profit ni perte. Cet indicateur est utilisé pour déterminer dans quelle mesure la fiscalité influe sur l'incitation à accroître les investissements existants dans un lieu donné (le long de la marge intensive). Les TIEM, quant à eux, reflètent la contribution fiscale moyenne d'une entreprise sur un projet d'investissement lui valant de réaliser des bénéfices économiques supérieurs à zéro. Cet indicateur est utilisé pour analyser les décisions d'investissement distinctes entre deux ou plusieurs projets différents (le long de la marge extensive).

[9] Tout au long de cette analyse, la structure organisationnelle de l'EMN est maintenue constante et les calibrages empiriques sont fondés sur l'hypothèse que l'investissement est effectué dans la juridiction de l'entité mère ultime. Il serait toutefois possible d'ajuster le calibrage empirique pour analyser les investissements à l'emplacement de toute filiale donnée, en supposant que l'entité mère ultime se trouve dans une autre juridiction ; en théorie, cette approche devrait alors envisager dans les données toutes les juridictions de la société mère et des filiales pour tenir compte de l'ensemble complet des combinaisons possibles. Malgré l'attrait conceptuel que cette approche peut présenter, en raison des limitations liées aux données, les résultats risqueraient d'être moins fiables que ceux basés sur l'approche plus étroite mais plus précise proposée ici.

[10] Dans la base de données des Statistiques de l'impôt sur les sociétés de l'OCDE, les TIE s'appuient sur des informations obtenues directement auprès du délégué concerné pour chacune des juridictions participantes, et soumises à plusieurs séries de commentaires et d'exercices d'assurance qualité. Une interprétation différente des classes d'actifs d'une juridiction à l'autre pourrait toutefois nuire à la comparabilité des données au niveau des juridictions.

[11] Aux fins de l'analyse des TIE, les effets possibles de l'interaction entre les Piliers 1 et Pilier Deux ne sont pas pris en compte. La modélisation simultanée des effets des deux Piliers compliquerait de beaucoup les dérivations formelles, sans forcément fournir d'éclairages supplémentaires, au-delà des résultats empiriques décrits dans l'analyse des revenus.

[12] Comme il ressort des Statistiques de l'impôt sur les bénéfices des sociétés (OECD, 2020[13]), certaines juridictions ne disposent pas des dispositions fiscales et de l'infrastructure administrative nécessaires au fonctionnement d'un véritable système d'impôt sur les bénéfices des sociétés. C'est généralement le cas des juridictions où le taux légal est égal à zéro et où par conséquent le besoin d'infrastructure est faible. Compte tenu de ce manque d'infrastructure dans les juridictions à fiscalité nulle, les incidences des propositions sur l'investissement réel, par opposition au transfert de bénéfices, dans ces juridictions dépendront fortement des mesures en matière de politique fiscale que prendront les pays concernés après la mise en œuvre des propositions au titre du Pilier Un et du Pilier Deux. Pour cette raison, et pour opérer sans préjuger de son approbation ultérieure, la modélisation empirique ne tient pas compte des incidences de cette refonte plus large de la politique fiscale dans le cas des juridictions à fiscalité nulle. En revanche sont prises en compte les incidences des propositions sur les bénéfices étrangers transférés dans ces juridictions.

[13] Le Montant B n'est pas modélisé dans le cadre du TIE en raison des difficultés méthodologiques à le faire. Plus précisément, la modélisation du Montant B nécessiterait un ensemble de données transnational complet au niveau des entités, regroupant des informations sur (i) la nature des activités de chaque entité (pour identifier celles susceptibles d'être concernées par le Montant B) et (ii) leurs informations financières (pour quantifier l'effet de l'application du Montant B).

[14] Comme le décrit le chapitre 5, pour ce calibrage, les données au niveau des entreprises ont été recueillies auprès de plusieurs sources, parmi elles la base de données ORBIS et Worldscope. D'ORBIS, seules les données des états financiers consolidés ont été utilisées pour cette partie de l'analyse, ce qui fait perdre de leur pertinence aux préoccupations concernant la couverture par pays, dans la mesure où la couverture des états financiers consolidés est bien plus étendue dans l'ensemble des pays que celle des états financiers non consolidés.

[15] Comme l'indique la note de fin de chapitre 9, cette approche est principalement motivée par la nécessité de procéder à un calibrage empirique et elle est susceptible de produire les résultats les plus précis compte tenu des limites des données.

[16] Les groupes de juridictions reprennent la classification par la Banque mondiale des pays par groupe de revenu. Un centre d'investissement est défini comme une juridiction dont la position totale de l'IDE entrant est supérieure à 150 % du PIB, sur la base des données brutes de l'IDE et (lorsque les données brutes de l'IDE sont incomplètes) sur les données de l'IDE extrapolées de la manière décrite au chapitre 5.

[17] L'examen isolé du sous-ensemble d'entreprises concernées par le Pilier Un (chiffre d'affaires supérieur à 750 millions EUR, dans les secteurs CFB ou ADS, dont les bénéfices résiduels sont définis en utilisant un seuil de 10 %), la variation des TEI est estimée à 0.12 point de pourcentage pour le TIEM et à 0.07 point de pourcentage pour le TMIE. Néanmoins, ces chiffres ne reflètent pas les restrictions du champ d'application du Pilier Un, qui ne cibleront qu'un sous-ensemble d'EMN. Le chiffre d'affaires des

entreprises relevant du champ d'application du Pilier Un tel que défini ci-dessus, qui est utilisé pour pondérer l'impact du Pilier Un sur les TEI, ne représente que 10 % du chiffre d'affaires de toutes les EMN dans l'analyse. Il en va de même pour le champ d'application du Pilier Deux. La modélisation suppose que le Pilier Deux ne s'applique qu'aux EMN dont le chiffre d'affaires est supérieur à 750 millions EUR, de sorte que l'impact du Pilier Deux sur les TEI est pondéré par la part du chiffre d'affaires des EMN supérieure au seuil de 750 millions EUR. Bien que ce sous-ensemble d'EMN comprenne toujours plus de 90 % du chiffre d'affaires de toutes les entreprises de l'économie, seules celles dont les bénéfices sont faiblement imposés seront concernées par le Pilier Deux.

[18] Seuls 4 des 37 pays de l'OCDE ont conservé un système d'imposition mondial en 2020. Il s'agit du Chili, d'Israël, du Mexique et de la Corée du Sud. Ces juridictions n'offrent pas d'exonérations fiscales des participations pour les plus-values et les dividendes de sources étrangères.

[19] Toutefois, les priorités politiques et les structures fiscales diffèrent d'une juridiction à l'autre, de sorte qu'il est possible que les coûts associés à différentes distorsions soient évalués différemment d'une juridiction à l'autre, ce qui se répercute sur les choix quant aux politiques optimales au niveau des juridictions.

[20] En fait, une réduction des écarts de taux d'imposition peut être interprétée comme une évolution en faveur de la neutralité à l'exportation de capitaux (NEC).

[21] Plus généralement, l'incidence de l'impôt a également des répercussions évidentes sur la progressivité de la fiscalité des entreprises ; pour autant, l'analyse des répercussions des nouvelles règles sur la progressivité des systèmes fiscaux existants sort du champ d'étude du présent document.

[22] Les constats empiriques évoqués dans ce paragraphe pourraient s'expliquer par plusieurs effets sous-jacents, qu'il s'agisse de manques de liquidités, de rentes économiques ou de transfert de bénéfices, pour ne citer qu'eux. Compte tenu de la difficulté de démêler les effets de manière empirique, il n'est pas possible de déterminer à ce stade si l'élimination d'un effet spécifique (parmi bien d'autres) modifierait les résultats, et en l'occurrence dans quelle mesure.

[23] L'analyse au niveau des entreprises repose sur les données d'ORBIS au niveau des entreprises. Bien qu'ORBIS couvre un grand nombre de pays, l'échantillon final de pays a été arrêté en fonction de la disponibilité de données financières au niveau des entités. Si l'échantillon au niveau des entités est limité à 17 pays – la plupart européens –, ces résultats sont susceptibles de s'appliquer à d'autres dans la mesure où le modèle estime les effets de l'impôt sur les sociétés au niveau des entreprises toutes choses étant égales par ailleurs, et que la liste des pays couverts (notamment les pays nordiques, les pays d'Europe de l'Est et du Sud et les grands pays de l'Union européenne) est relativement variée tant en termes de fiscalité que de structure économique.

[24] En raison des limites des données disponibles, l'analyse met l'accent sur les réactions à court terme de l'investissement à des changements fiscaux. La littérature économique suggère que l'investissement se fait en bloc et que les réactions aux changements de taux d'imposition sont plus marquées à long terme qu'à court terme (Sorbe and Johansson, 2017[7]). La moindre sensibilité à l'impôt des groupes d'EMN rentables par rapport à ceux à plus faible rentabilité à court terme suggère qu'il est possible qu'il en aille aussi de même à long terme.

[25] Dans certains modèles économiques, la réattribution du bénéfice résiduel se fera à la faveur de la juridiction de l'utilisateur plutôt qu'à celle du consommateur.

[26] Pour les entreprises qui entrent dans le champ d'application des nouvelles dispositions, l'augmentation du coût du capital est due à une augmentation donnée de l'impôt effectif, avec pour effet de les inciter à

réduire leurs investissements en réaction à la réforme. Toutefois, la production économique globale ne diminue que dans la mesure où le recul de la demande d'investissement dépasse les recettes fiscales supplémentaires qui entrent dans les caisses de l'État. Par conséquent, plus la demande d'investissement sera élastique, plus le coût social de la fiscalité des entreprises sera élevé.

[27] En fonction de la conception finale des propositions, il peut y avoir un risque d'augmenter le nombre de différends découlant de l'interaction des Montants A et B avec le système existant de prix de transfert.

[28] Les données disponibles font apparaître un recul des TMIE au cours de la période observée (Devereux et al., 2002[61]).

[29] Aux fins de ce document, par « juridictions du marché », on entend les juridictions dans lesquelles un groupe d'EMN commercialise ses produits ou services, ou, dans le cas d'entreprises à forte composante numérique, fournit ses services aux utilisateurs ou sollicite et recueille auprès d'eux des données et des contenus.

[30] En supposant la fixation simultanée du taux d'imposition (c.-à-d. un équilibre de Nash), l'introduction de l'imposition minimale conduit la juridiction à fiscalité élevée à augmenter son taux. En supposant que la fixation séquentielle des taux d'imposition se fait avec la juridiction à fiscalité élevée en tant que leader (c.-à-d., équilibre de Stackelberg), la juridiction à fiscalité élevée tend à réduire son taux quand une imposition effective minimale est introduite (Keen and Konrad, 2013[76]). Dans un jeu simultané, en matière de taux d'imposition effectif, la meilleure réponse d'une juridiction donnée consiste à augmenter son taux d'imposition effectif au niveau de ceux des autres juridictions : ainsi, une juridiction peut augmenter son propre taux sans perdre de son attrait tant que les taux d'imposition effectifs des autres juridictions sont plus élevés. Dans ce cas-là, l'introduction d'une imposition minimale effective a pour effet d'augmenter le taux d'imposition optimal choisi par les juridictions dont les taux sont supérieurs au minimum. Cependant, dans un jeu séquentiel, le leader tient compte du fait que fixer un taux d'imposition plus bas pourrait ne pas être payant dans la mesure où les suiveurs sont susceptibles de diminuer le leur. Avec un taux d'imposition effectif minimum, cette menace de la part des suiveurs est moindre.

[31] Note de la Turquie : Les informations figurant dans ce document qui font référence à « Chypre » concernent la partie méridionale de l'île. Aucun organisme ne représente à la fois les Chypriotes turcs et grecs sur l'île. La Turquie reconnaît la République Turque de Chypre Nord (RTCN). Jusqu'à ce qu'une solution durable et équitable soit trouvée dans le cadre des Nations Unies, la Turquie maintiendra sa position sur la « question chypriote ».

Note de tous les États de l'Union européenne membres de l'OCDE et de l'Union européenne : La République de Chypre est reconnue par tous les membres des Nations Unies sauf la Turquie. Les informations contenues dans ce document concernent la zone placée sous le contrôle effectif du gouvernement de la République de Chypre.

[32] Les activités d'innovation sont définies comme « toutes les mesures scientifiques, technologiques, organisationnelles, financières et commerciales qui, de fait ou théoriquement, conduisent à la mise en œuvre d'innovations » et le manuel d'Oslo en reconnaît huit grandes catégories, dont l'investissement dans la recherche et le développement (R&D) ne constitue que l'une d'entre elles. Les autres activités d'innovation reconnues dans le manuel d'Oslo sont les suivantes : les activités d'ingénierie, de conception et autres activités de création ; les activités de commercialisation et d'image de marque ; les activités liées à la propriété intellectuelle ; les activités de formation des salariés ; les activités de développement de logiciels et de bases de données ; les activités liées à l'acquisition ou à la location d'actifs corporels et les activités de gestion de l'innovation. À noter que les activités d'innovation peuvent ou non conduire à des innovations.

33 L'accent mis sur les dispositions fiscales ciblées est dû à leur interaction directe avec les nouvelles règles au titre des Piliers Un et Deux.

34 En supposant que le Pilier Deux opère avec agrégation des revenus par juridiction.

35 Par exemple, au titre du Pilier Un, une part des bénéfices précédemment attribués à des régimes préférentiels pourrait être réattribuée, et donc soumise à une imposition plus élevée ; cependant, cet effet dépendra grandement de la conception du Pilier Un, en particulier des règles destinées à éviter la double imposition, et ne concernera que la part admissible des revenus, telle que définie dans le régime préférentiel.

36 Il est important de noter que même si l'innovation semble sensible à la fiscalité, il faut s'attendre à une réaction hétérogène de la part des entreprises, qui pourra varier en fonction du secteur et des marchés où elles opèrent, de leur type de modèle d'affaires, de leur structure organisationnelle, de gestion et de propriété, ou encore de la technologie qu'elles utilisent (Desai and Hines, 2002[198]; Egger, Erhardt and Keuschnigg, 2018[199]; Griffith, Miller and O'Connell, 2014[171]). Les effets d'agglomération diminuent également la sensibilité des entreprises à la fiscalité (Akcigit et al., 2018[200]).

37 Selon la conception des règles, il pourra y avoir des cas où les avantages accordés par des mesures de soutien direct seront atténués. Les incitations fiscales destinées aux entreprises plus jeunes ou de plus petite taille qui ne sont pas visées par les nouvelles dispositions ne seront probablement pas concernées par ces changements.

38 Cet indicateur fait référence aux entreprises actives dans le domaine de l'innovation en matière de produits et de procédés. L'innovation s'entend selon la définition qui lui est donnée dans l'édition de 2005 du Manuel d'Oslo. L'innovation de produit est définie comme l'introduction d'un bien ou d'un service qui est nouveau ou considérablement amélioré en ce qui concerne ses caractéristiques ou ses utilisations prévues. Cette définition inclut les améliorations sensibles des spécifications techniques, des composants et des matières, du logiciel intégré, de la convivialité ou autres caractéristiques fonctionnelles. L'innovation de procédé est définie comme étant la mise en œuvre d'une méthode de production ou de distribution nouvelle ou sensiblement améliorée. Cette notion implique des changements significatifs dans les techniques, le matériel et/ou le logiciel. De plus amples informations sur cet indicateur sont disponibles dans le lien sur les données fourni à la note d'accompagnement du Graphique 4.10.

39 Le degré d'accélération accordé à ces investissements impactera la générosité de ces incitations et, si celle-ci ressort excessive, il y aura un risque d'entraîner les TIE en dessous du seuil minimum. Toutefois, cet effet sera moins prononcé que dans le cas de dispositions renforcées qui offrent des exonérations d'un montant supérieur à la valeur de l'investissement.

40 Des recherches empiriques récentes suggèrent toutefois que les effets de l'IDE sur la croissance pourraient être plus faibles que ce que l'on pensait auparavant (Bermejo Carbonell and Werner, 2018[206]).

41 De même, des incitations fiscales à l'investissement sont parfois utilisées pour stimuler l'investissement intérieur dans des régions spécifiques moins avancées au sein d'un pays.

42 Visant par exemple à promouvoir et faciliter l'investissement en simplifiant les formalités administratives des entreprises dans l'exercice de leurs activités, les environnements juridique et institutionnel existants pouvant parfois s'avérer complexes ; ou visant à renforcer les infrastructures ainsi que la stabilité institutionnelle.

43 Une concentration croissante sur un marché n'est pas forcément synonyme d'affaiblissement de la concurrence. Par exemple, une grande entreprise qui compte de nombreux concurrents de petite taille

peut être soumise à une pression concurrentielle moindre qu'une grande entreprise qui compte une poignée seulement de concurrents aussi grands qu'elle. Par ailleurs, les études existantes mesurent généralement la concentration au niveau agrégé du secteur, ce qui a peu de chance de refléter la dynamique concurrentielle qui s'opère à l'intérieur des marchés.

[44] Les différentes options stratégiques pour y parvenir sont encore à l'étude.

[45] Reste à déterminer le degré de délocalisation des investissements. Si des investissements dans une société étrangère affiliée peuvent être remplacés par des investissements dans une autre société affiliée, les effets globaux sur les investissements au niveau du groupe seraient faibles ; en revanche, les effets négatifs sur les investissements au niveau du groupe seraient relativement plus importants si les investissements étrangers et les investissements intérieurs étaient des compléments les des autres (Becker and Riedel, 2012[208]) (Suárez Serrato, 2018[25]).

[46] Les TIEM et les TMIE au niveau des groupes sont calculés pour un investissement hypothétique dans la juridiction de l'entité mère ultime, en tenant compte de la possibilité de transférer des bénéfices vers d'autres sites au sein du groupe d'EMN.

[47] Le modèle est décrit en ligne à l'adresse suivante : https://www.oecd.org/economy/growth/scenarios-for-the-world-economy-to-2060.htm#papers.

[48] Ce résultat correspond à l'effet au niveau du groupe d'EMN pour un projet d'investissement schématique comportant une combinaison d'actifs, c'est-à-dire une structure non résidentielle, des actifs corporels et des actifs incorporels acquis. Le calibrage empirique suppose que l'investissement a lieu dans la juridiction de l'entité mère ultime, de sorte que l'emplacement observé empiriquement des bénéfices et des actifs corporels correspond à celui d'une entité mère ultime dont le siège social se trouve dans la juridiction correspondante. Comme on l'a vu dans Hanappi et González Cabral (2020[12]), le chiffre agrégé est établi comme une moyenne pondérée par le PIB pour l'ensemble des résultats au niveau de la juridiction.

[49] Comme le précisent Millot et al., (2020[42])la sensibilité fiscale des entités des groupes d'EMN dont la rentabilité est supérieure à 10 % est estimée à -0.085, tandis que celle des groupes d'EMN moyens est estimée à -0.131. La sensibilité fiscale à court terme est donc inférieure d'environ 35 % pour les entités des groupes d'EMN plus rentables. L'ajustement suppose que cette différence se maintient aussi à long terme.

[50] Les parts des EMN dans l'investissement des entreprises et la valeur ajoutée peuvent différer. Toutefois, des contrôles croisés supplémentaires montrent que la part des EMN étrangères dans l'investissement des entreprises et la valeur ajoutée est quasiment identique dans l'Union européenne (voir les données EURtat sur la structure et l'activité des filiales étrangères).

[51] La base de données analytique AMNE est accessible en ligne à l'adresse https://www.oecd.org/industry/ind/analytical-amne-database.htm.

[52] Note de la Turquie : Les informations figurant dans ce document qui font référence à « Chypre » concernent la partie méridionale de l'île. Aucun organisme ne représente à la fois les Chypriotes turcs et grecs sur l'île. La Turquie reconnaît la République Turque de Chypre Nord (RTCN). Jusqu'à ce qu'une solution durable et équitable soit trouvée dans le cadre des Nations Unies, la Turquie maintiendra sa position sur la « question chypriote ».

Note de tous les États de l'Union européenne membres de l'OCDE et de l'Union européenne : La République de Chypre est reconnue par tous les membres des Nations Unies sauf la Turquie. Les informations contenues dans ce document concernent la zone placée sous le contrôle effectif du gouvernement de la République de Chypre.

[53]Hines et Park (2019[201]) étudient les effets des subventions fiscales sur les investissements dans des actifs spécifiques (mais pas d'autres) et suggèrent qu'une telle approche sélective conduit à des effets de substitution susceptibles de faire largement contrepoids aux effets positifs sur l'investissement. Si de tels effets de substitution se matérialisaient également en réponse à des TSN (par exemple, des annonces numériques en faveur d'autres formes de publicité), un effet similaire pourrait nuire aux recettes issues des TSN.

[54] Les préoccupations soulevées portaient sur les points suivants : (i) la nature potentiellement discriminatoire de la TSN ; (ii) la rétroactivité ; (iii) l'application de la TSN sur le chiffre d'affaires plutôt que sur les bénéfices ; (iv) son application sur le chiffre d'affaires non lié à une présence physique en France ; et (v) son application à un petit groupe d'entreprises numériques.

[55] Étant donné que la TSN française devrait lever entre 450 et 500 millions EUR la première année, la riposte américaine proposée, s'élevant à 2.4 milliards USD, correspondait quasiment au quintuple des recettes prévues au titre de la TSN.

[56] Une brève description du modèle est disponible en ligne.

[57] La base de données est accessible en ligne, ainsi que sa documentation.

[58] Il convient de noter que la classification statistique des services numériques fait encore l'objet de nombreux débats. Le choix retenu dans cette étude suit de près les observations du Manuel sur la mesure du commerce numérique, version 1, OCDE, OMC et FMI (2020[207]) et la cartographie dans le regroupement sectoriel GTAP v10 qui est reprise dans la base de données METRO. Davantage d'informations sont disponibles à l'adresse https://www.oecd.org/sdd/its/Handbook-on-Measuring-Digital-Trade.htm.

[59] Le taux de 5 % est également modélisé du fait que plusieurs juridictions ont proposé des TSN d'un taux supérieur à celui de la France (voir le Tableau 4.1 ci-dessus).

[60] Chaque cas simulé prend comme point de départ le nouvel équilibre atteint dans le cadre de la simulation précédente ; voir l'Annexe 4.D pour une description détaillée.

[61] Compte tenu de l'opposition aux TSN et à des mesures similaires exprimées par les États-Unis et de leur position politique clairement énoncée de riposter à de pareilles mesures par des représailles commerciales, il est supposé qu'ils n'introduiront jamais une TSN, mais riposteront en cas d'introduction de taxes de ce type ou de mesures similaires. La Chine a également manifesté publiquement sa très vive opposition à des TSN et à des mesures similaires, bien qu'elle n'ait pas déclaré publiquement qu'elle prendrait des mesures commerciales de représailles le cas échéant. Sur cette base, il n'est pas envisagé que la Chine mette en œuvre une TSN, même dans le cadre du scénario de large application de ces taxes, et il n'est pas supposé non plus que la Chine ripostera par des mesures commerciales de représailles dans l'un quelconque des scénarios.

[62] Note de la Turquie : Les informations figurant dans ce document qui font référence à « Chypre » concernent la partie méridionale de l'île. Aucun organisme ne représente à la fois les Chypriotes turcs et grecs sur l'île. La Turquie reconnaît la République Turque de Chypre Nord (RTCN). Jusqu'à ce qu'une solution durable et équitable soit trouvée dans le cadre des Nations Unies, la Turquie maintiendra sa position sur la « question chypriote ».

Note de tous les États de l'Union européenne membres de l'OCDE et de l'Union européenne : La République de Chypre est reconnue par tous les membres des Nations Unies sauf la Turquie. Les informations contenues dans ce document concernent la zone placée sous le contrôle effectif du gouvernement de la République de Chypre.

[63] Bien que les effets sur le PIB ne soient pas linéaires quant aux paramètres de modélisation dans le modèle METRO de l'OCDE, il est probable que dans les scénarios intermédiaires (par ex. quand différents groupes de juridictions appliquent des TSN ou quand différents taux de TSN ou des facteurs de représailles sont choisis), les effets sur le PIB seront compris dans les fourchettes visées dans ce paragraphe.

[64] Bien que les hauts coûts de financement soient l'une des raisons du soutien à l'innovation, les grands acteurs ne sont pas particulièrement confrontés à des coûts de financement élevés et, par conséquent, l'intervention des pouvoirs publics en faveur des grands acteurs sur la base de ces motifs ne semble pas justifiée (Hall and Lerner, 2010[84]).

[65] Cette estimation obtenue par le CBO tient compte des sociétés qui ont déclaré un revenu positif au cours de l'exercice avant et après l'inversion fiscale. On constate une variabilité dans la situation des entreprises après l'inversion.

[66] Voget (2011[187]) constate que 6 % des multinationales ont délocalisé leur siège social entre 1997 et 2007. Le CBO (2017[185]) a relevé soixante inversions fiscales depuis les États-Unis de 1983 à 2015. Quatorze inversions ont été proposées entre 2014 et 2017, dont onze étaient achevées dès 2016. Bien que ces chiffres puissent sembler peu élevés, un autre indicateur sans doute plus intéressant à observer pour mesurer les inversions fiscales est celui du niveau total des actifs détenus par les entreprises concernées : en 2001, trois entreprises américaines délocalisaient leur siège pour un montant total d'actifs de 22 milliards USD, contre six d'entre elles en 1999 pour un montant total d'actifs de 13 milliards USD. En 2014, 10 sociétés envisageant de procéder à une inversion fiscale aux États-Unis représentaient quelque 300 milliards USD d'actifs au total et détenaient une bien plus grande part de bénéfices étrangers que les sociétés précédentes qui avaient délocalisé leur siège de cette manière, lesquels seraient réinvestis de manière permanente sans être imposés à nouveau aux États-Unis. Seules quatre sociétés ont achevé leur inversion fiscale après le durcissement des règles d'inversion en 2014 annoncé par le Trésor américain (U.S. Department of the Treasury, 2014[203]).

[67] Pour certains types de revenu passif très mobiles, l'imposition se fait sur une base courante, c'est-à-dire non différée. Les règles qui s'appliquent sont celles qui régissent les sociétés étrangères contrôlées. Dans la pratique, les systèmes territoriaux ne prévoient pas une exonération complète du revenu étranger et certains types de revenu, par exemple le revenu passif, sont imposés comme revenu mondial (Joint Committee of Taxation, 2011[204]).

[68] Il s'agit du Chili, d'Israël, du Mexique et de la Corée du Sud. Ces juridictions n'offrent pas d'exonérations fiscales des participations pour les plus-values et les dividendes de sources étrangères.

[69] Ces règles éloignent cependant le système fiscal d'un système purement territorial en imposant certains types de revenu à l'échelle mondiale.

[70] Indépendamment du système d'imposition, les règles relatives aux SEC rendent l'impôt à payer exigible et, par conséquent, empêchent toute possibilité de report supplémentaire.

[71]Au nombre de ces réglementations figurent par exemple l'American Jobs Creation Act de 2004, celles du Trésor américain de 2014 et 2016, ainsi que les mesures les plus récentes introduites aux États-Unis

également dans le cadre de la Tax Cut and Jobs Act (U.S. Department of the Treasury, 2014[203]) (U.S. Department of the Treasury, 2016[205]) (Chalk, Keen and Perry, 2018[202]).

[72] Il a été suggéré que les inversions fiscales pourraient être sensibles à des variations de ces impôts, c'est-à-dire qu'elles pourraient être plus nombreuses lorsqu'on s'attend à une hausse du taux d'imposition sur les plus-values pour la vente des titres donnant lieu à l'inversion fiscale, ou lors de ralentissements économiques lorsque le montant des plus-values risque d'être moins élevé.

[73] Voir https://www.oecd.org/trade/topics/metro-trade-model/ pour en obtenir un aperçu..

[74] Il ne fait pas de doute que les résultats dépendent du choix de ces secteurs. L'autre solution consisterait à concevoir une règle qui sélectionne des secteurs pour chaque pays en fonction de plusieurs critères objectifs, comme leur pondération dans le total des exportations d'un pays ou en valeur ajoutée. Même en appliquant une telle règle, il y aurait de fortes chances de passer à côté des détails des droits qui sont fixés à un niveau très désagrégé (par exemple, des droits sur le cognac sont très ciblés, or cette boisson relève de la catégorie plus globale « agriculture et alimentation » de la base de données du modèle). L'approche adoptée dans cette analyse contourne ces subtilités, ce qui ne l'empêche pas pour autant de relever les secteurs où historiquement ont eu lieu les différends commerciaux les plus fréquents. Une analyse publiée récemment sous les auspices du Comité des échanges de l'OCDE suit essentiellement la même approche (excepté pour ce qui concerne l'électronique) : https://issuu.com/oecd.publishing/docs/oecd-trade-scenario-2-increasing_ta?e=3055080/65009159.

5 Construction des « matrices » de données sous-tendant l'évaluation d'impact

5.1. Introduction et présentation générale

458. Disposer de données fiables et pertinentes sur la localisation des activités économiques des entreprises multinationales (EMN) et des bénéfices qu'elles génèrent est essentiel pour étudier au mieux l'incidence de réformes de la fiscalité internationale des entreprises telles que les propositions au titre du Pilier Un et du Pilier Deux actuellement en cours d'examen par les membres du Cadre inclusif OCDE/G20 sur l'érosion de la base d'imposition et le transfert de bénéfices (BEPS). Or, malgré les diverses sources d'informations très précieuses sur les bénéfices et les activités des EMN, aucune n'est assez complète, en matière de couverture géographique ou de variables disponibles, pour permettre, lorsqu'elle est utilisée seule, une évaluation complète de l'impact des réformes, couvrant les 137 juridictions membres du Cadre inclusif OCDE/G20 sur le BEPS (Cadre inclusif).

459. Le Secrétariat de l'OCDE a donc entrepris de regrouper un ensemble de sources existantes en un cadre cohérent, qui sert d'outil central pour étayer l'analyse de l'évaluation d'impact présentée dans ce rapport. Ce cadre est constitué de quatre matrices : une pour les bénéfices, axée sur la localisation des bénéfices des EMN dans les différentes juridictions, et trois autres qui portent sur les indicateurs de l'activité économique des EMN (chiffre d'affaires, actifs corporels et coûts salariaux). Chaque matrice analyse les données par EMN et les ventile sur plus de 200 juridictions de l'entité mère ultime (chacune d'elles correspond à une *colonne*) et sur plus de 200 juridictions de la filiale (chacune d'elles correspond à une *ligne*). Une matrice se présente donc sous la forme d'un tableau de plus de 200 lignes et d'autant de colonnes. Ainsi, la cellule France/États-Unis de la matrice des bénéfices afficherait-elle les bénéfices réalisés en France par les EMN américaines (c'est-à-dire celles dont la société mère ultime est basée aux États-Unis).

460. Les matrices associent des données tirées de diverses sources et s'appuient sur des travaux antérieurs de mise en correspondance des bénéfices et de l'activité des EMN à des fins d'analyse du transfert de bénéfices (Tørsløv, Wier et Zucman, 2018[1]), ainsi que sur l'étude des chaînes de valeur mondiales (CVM) (Cadestin et al., 2018[2]). Elles utilisent comme principale source les statistiques anonymisées et agrégées tirées des déclarations pays par pays disponibles depuis peu[1] ; ces données collectées à la suite de la mise en œuvre du Plan d'action BEPS de 2015 ont été publiées pour la première fois par l'OCDE en juillet 2020 (OCDE, 2020[3]). Elles puisent également dans la base de données ORBIS des états financiers par entreprise (pour les juridictions bénéficiant d'une bonne couverture dans ORBIS), la base de données AMNE de l'OCDE (associant des informations de la base de données FATS d'Eurostat et du Bureau of Economic Analysis du ministère américain du Commerce) et la base de données analytique AMNE de l'OCDE (Cadestin et al., 2018[2]), qui s'appuie sur la base de données AMNE, et la

complète. Les données retenues portent essentiellement sur l'année 2016, à savoir la plus récente pour laquelle des sources sont disponibles parmi toutes celles utilisées.

461. Ces diverses sources se complètent mutuellement car leur couverture géographique ainsi que leurs variables sont différentes ; en d'autres termes, le jeu de données combiné obtenu est plus riche que chaque source prise individuellement. De plus, elles présentent des recoupements importants en termes de couverture. Pour leur comparaison, ceux-ci ont été mis à profit afin de prendre en compte et pallier leurs limites respectives et assurer la cohérence globale de l'approche mise en œuvre, comme expliqué plus loin. La méthodologie adoptée vise à optimiser la comparabilité des données des quatre matrices pour permettre leur utilisation conjointe (des matrices des bénéfices et des chiffres d'affaires pour calculer la rentabilité moyenne, par exemple). Des sources de données comparables ont par conséquent été utilisées dans la mesure du possible pour une même cellule des différentes matrices. Ainsi, si une cellule de la matrice des bénéfices est renseignée avec des statistiques des déclarations pays par pays (par exemple, les bénéfices générés par les EMN américaines en France), la cellule correspondante des autres matrices extrait des statistiques de ces déclarations (par exemple, le chiffre d'affaires réalisé par les EMN américaines en France).

462. Les cellules pour lesquelles aucune source de données « effectives » n'est disponible sont alimentées avec des estimations extrapolées à partir de données macroéconomiques (sur l'IDE, le PIB ou le PIB par habitant, etc.). La méthodologie d'extrapolation repose généralement sur les informations des cellules renseignées avec des données effectives, pour garantir la cohérence *au sein de* chaque matrice. Elle vise également à assurer une comparabilité optimale des données *entre* les quatre matrices. Par exemple, les extrapolations des matrices des actifs corporels et des coûts salariaux s'appuient sur les données de celle des chiffres d'affaires.

463. Des quatre variables analysées par les matrices, le bénéfice est sans doute celle qui rend l'extrapolation la plus difficile, car les juridictions où les EMN réalisent leurs bénéfices et celles où elles exercent leurs activités ne coïncident pas toujours. Pour résoudre le problème, une méthodologie d'extrapolation sophistiquée basée sur les données relatives à l'investissement direct étranger (IDE) a été mise au point. Inspirée des travaux de Damgaard et Elkjaer (2017[4]) et de Casella (2019[5]), elle comporte différentes étapes et vise à identifier, pour l'IDE vers une juridiction donnée, l'investisseur étranger ultime à l'aide d'itérations successives sur les données relatives aux investisseurs étrangers « immédiats » en éliminant les IDE dits « de transit ». En guise de résultat intermédiaire, on obtient une matrice complète des IDE par juridiction de l'investisseur ultime, elle-même intrinsèquement intéressante.

464. Grâce aux différentes extrapolations, toutes les cellules des différentes matrices sont renseignées et sont donc beaucoup plus faciles à utiliser à des fins d'analyse économique. Par ailleurs, les extrapolations ne représentent qu'une proportion modérée des totaux dans les matrices (25 % en moyenne pour les quatre), qui contiennent donc essentiellement des données effectives, préférables aux valeurs extrapolées, qui sont plus incertaines. Cette proportion de valeurs extrapolées présente toutefois des variations géographiques importantes. Elle est relativement faible dans les juridictions à revenu élevé, plus forte dans les juridictions à revenu intermédiaire et très importante dans les juridictions à faible revenu[2]. Dans les centres d'investissement, cette proportion, bien que substantielle (elle avoisine 40 % dans la matrice des bénéfices), est beaucoup plus faible qu'elle ne l'aurait été en l'absence des statistiques issues des déclarations pays par pays. Cela montre que ces déclarations constituent une nouvelle source essentielle de renseignements sur les bénéfices réalisés dans les centres d'investissement.

465. À l'instar de toute source de données économiques, toutes celles qui ont servi à élaborer les matrices présentent certaines limites. Un premier problème concerne le traitement ambigu des dividendes intragroupe et des entités dites « sans résidence fiscale » (ou apatrides) dans les données de bénéfice des déclarations pays par pays, dû au fait que c'est à partir de 2016 que ces statistiques ont été recueillies (OCDE, 2020[3]). Ce traitement peut occasionner dans certains cas la double comptabilisation de bénéfices ou de chiffre d'affaires[3]. Le fait que les données provenant des états non consolidés d'ORBIS ont une

couverture inégale selon les juridictions est également un facteur limitant tenant aux sources de données. Pour en tenir compte, les données d'ORBIS ne sont utilisées dans les matrices que pour renseigner les cellules correspondant aux juridictions pour lesquelles sa couverture est jugée suffisamment bonne, mais même pour celles-ci, elle n'est pas toujours exhaustive. Quant à la base de données analytique AMNE, certaines valeurs sont basées sur des imputations ou tirées d'autres sources pour combler les lacunes en termes de couverture des données sous-jacentes (Cadestin et al., 2018[2]). Enfin, la base de données AMNE de l'OCDE n'inclut pas le secteur financier dans ses données sur les investissements entrants dans les juridictions européennes.

466. Afin d'évaluer les implications de ces limites, d'améliorer la qualité des données et d'assurer la cohérence entre les différentes données utilisées dans les matrices[4], des analyses comparatives et des contrôles de qualité approfondis ont été exécutés en vertu du présent chapitre. Les analyses comparatives tirent parti du fait que de nombreuses cellules des matrices peuvent extraire simultanément leurs données de plusieurs sources, ce qui permet d'évaluer leur cohérence. Les données des matrices ont également été croisées aux fins de vérification avec d'autres sources pertinentes, notamment avec les données fiscales ou provenant des états financiers transmises au Secrétariat de l'OCDE par les représentants des juridictions. Dans l'ensemble, les contrôles de cohérence révèlent quelques discordances, mais suggèrent une bonne comparabilité globale des données entre les sources. Ainsi, la corrélation entre les statistiques des déclarations pays par pays et les estimations fondées sur ORBIS (calculées dans les cellules où ces deux sources sont disponibles) dépasse 90 % dans les matrices des bénéfices et des chiffres d'affaires. Quant à la corrélation entre les estimations basées sur des extrapolations et celles reposant sur des données effectives, elle varie entre 64 % et 96 % pour les quatre matrices ainsi que les différentes sources de données effectives prises en compte.

467. Le Secrétariat de l'OCDE a largement utilisé les quatre matrices dans le cadre de son évaluation des effets du Pilier Un et du Pilier Deux sur les recettes fiscales (chapitres 2 et 3 de ce rapport) et le comportement des EMN en matière d'investissement (chapitre 4). Dans le cas du Pilier Un, les matrices des bénéfices et des chiffres d'affaires ont servi à déterminer la localisation du bénéfice résiduel des groupes EMN (à l'aide d'une « matrice des bénéfices résiduels »), pour identifier les juridictions qui devraient accorder un 'allégement visant à éliminer la double imposition', c'est-à-dire en provenance desquelles le bénéfice résiduel serait réalloué dans le cadre du Pilier Un (voir chapitre 2).

468. Dans le cas du Pilier Deux, la matrice des bénéfices a été utilisée, associée à des données sur les taux effectifs d'imposition, pour évaluer les montants et la localisation des bénéfices « faiblement imposés » des EMN (c'est-à-dire actuellement imposés à un taux effectif inférieur au taux minimum d'imposition potentiel). La matrice des bénéfices et celle des chiffres d'affaires ont également été utilisées pour évaluer l'ampleur du transfert de bénéfices par les EMN, la manière dont l'introduction du Pilier Deux permettrait de réduire ce transfert (les matrices des actifs corporels et des coûts salariaux ont également être utilisées en lieu et place de la matrice des chiffres d'affaires à des fins d'évaluation de la robustesse) et, par conséquent, son incidence potentielle sur les recettes fiscales des juridictions (voir chapitre 3). De plus, la matrice des chiffres d'affaires a servi à déterminer, de manière indirecte, la juridiction à laquelle reviendrait une partie des recettes générées par l'impôt minimum (les matrices des actifs corporels et des coûts salariaux ont également être appliquées à des fins de vérification de la robustesse des résultats)[5]. Enfin, les matrices des actifs corporels et des coûts salariaux ont permis de modéliser les implications d'éventuelles « exceptions » à l'impôt minimum fondées sur la substance économique[6].

469. Dans l'analyse d'impact sur l'investissement, les matrices ont servi à calibrer le cadre utilisé pour évaluer l'impact du Pilier Un et du Pilier Deux sur les taux effectifs d'imposition prospectifs (voir le chapitre 4 et Hanappi et González Cabral (2020[6])).

470. Ce chapitre contient une version préliminaire des quatre matrices, présentées dans un format agrégé (par groupes de revenu et grandes juridictions). À l'issue de vastes consultations avec les membres du Cadre inclusif, aucun consensus n'a été trouvé sur la question de savoir s'il conviendrait, ou non, de

publier, dans le cadre de l'évaluation de l'impact économique, les données par juridiction figurant dans les quatre matrices. En l'absence de consensus, aucune donnée par juridiction n'apparaît dans ce chapitre.

471. À l'avenir, l'utilisation des matrices présentées ici pourrait être élargie, notamment au domaine de l'analyse des politiques fiscales et à d'autres fins, comme indiqué dans la conclusion de ce chapitre.

5.2. Principales sources de données disponibles sur les bénéfices et les activités des entreprises multinationales

472. La localisation des bénéfices et de l'activité économique des EMN peut être déterminée à l'aide d'une série de sources de données, dont les avantages, les limites et la couverture varient, comme indiqué par exemple dans OCDE (2017[7]) et (OCDE, 2018[8]). Cette section propose un bref aperçu des principales sources disponibles afin de fournir des explications utiles concernant la méthodologie employée pour l'élaboration des matrices. Toutes les sources qu'elle décrit ont en effet été mises à profit, à des degrés divers, pour créer et évaluer les matrices présentées dans ce chapitre. Les statistiques provenant des déclarations pays par pays, les données issues d'ORBIS ainsi que les informations des bases de données AMNE et analytique AMNE de l'OCDE sont utilisées directement dans les matrices, mais aussi pour les comparer les unes aux autres. Les données relatives à l'IDE sont employées pour effectuer les extrapolations dans la matrice des bénéfices. Enfin, les données émanant du Bureau of Economic Analysis (BEA) des États-Unis sont réservées aux analyses comparatives. Cette section propose une description générale de ces sources, tandis que les sections suivantes s'intéressent à leurs modalités précises d'utilisation au sein des matrices (par ordre de préférence, méthodologie d'extrapolation, etc.).

5.2.1. Statistiques anonymisées et agrégées issues des déclarations pays par pays

473. L'obligation pour les groupes EMN dont le chiffre d'affaires annuel consolidé est supérieur à 750 millions d'euros de déposer des déclarations pays par pays renseignant leurs bénéfices et leurs activités économiques a été instaurée en 2016 dans le cadre de la mise en œuvre du Projet BEPS OCDE/G20, l'objectif étant de soutenir les juridictions dans la lutte contre l'érosion de la base d'imposition et le transfert de bénéfices. Si la principale finalité de ces déclarations est d'aider les administrations fiscales à identifier et à évaluer les risques liés aux prix de transfert et les autres risques en matière de BEPS, les données qu'elles permettent de recueillir peuvent également être très utiles pour l'analyse économique des pratiques BEPS et des EMN en général.

474. Les groupes EMN déposent leurs déclarations pays par pays auprès des administrations fiscales, généralement dans la juridiction de leur entité mère ultime. Bien qu'en règle générale, ces déclarations individuelles ne soient pas rendues publiques, il a été décidé, dans le cadre de l'Action 11 du Projet BEPS, que les administrations des juridictions les utiliseraient pour compiler des statistiques agrégées et anonymisées, qu'elles fourniraient à l'OCDE pour publication (OCDE, 2017[7]).

475. La première compilation de statistiques agrégées et anonymisées tirées des déclarations pays par pays a été publiée en juillet 2020 dans le cadre de l'édition 2020 des Statistiques de l'impôt sur les sociétés de l'OCDE (OECD, 2020[9]). Le jeu de statistiques porte sur l'année 2016 ainsi que sur près de 4 000 groupes EMN et sur les 26 juridictions de résidence de leur entité mère ultime (voir la liste fournie à l'Annexe 5.A). Il contient un large éventail d'informations sur les activités financières et économiques au niveau mondial de ces groupes EMN, concernant notamment le nombre de salariés, le chiffre d'affaires réalisé avec des parties liées et indépendantes, les bénéfices générés et les impôts acquittés (ces informations étant généralement basées sur des données de comptabilité financière), ainsi que les principales fonctions exercées au sein des juridictions ou des groupes de juridictions.

476. La méthode utilisée pour la collecte des données garantit que l'ensemble des activités et des bénéfices des groupes EMN couverts sont inclus, même lorsqu'il s'agit de juridictions pour lesquelles la

couverture pose souvent problème (notamment les juridictions à fiscalité nulle et les centres d'investissement). Ainsi, les statistiques issues des déclarations pays par pays s'imposent comme une nouvelle source d'informations encore plus essentielle, en particulier pour l'analyse des pratiques BEPS. À l'instar de toute source, ces statistiques présentent certaines limites. Tout d'abord, leur première compilation est restreinte en cela que plusieurs pays, dont quelques grands, n'ont pas communiqué leurs statistiques agrégées à des fins de publication par l'OCDE. Ensuite, en raison du manque de clarté en ce qui concerne le traitement à appliquer aux dividendes intragroupe et aux « entités apatrides », les variables relatives aux bénéfices et, dans une moindre mesure, au chiffre d'affaires peuvent être sujettes à une double comptabilisation[7]. Pour une description complète du jeu de statistiques provenant des déclarations pays par pays, une présentation de la méthodologie de collecte et d'agrégation, et des explications sur les principales limites des données et les statistiques synthétiques tirées de celles-ci, voir le document OCDE (2020[3]).

5.2.2. Base de données ORBIS

477. Fournie par Bureau van Dijk (BvD), la base de données ORBIS est la plus importante ressource internationale d'informations sur l'actionnariat et les états financiers d'entreprises du monde entier. Ses informations proviennent de diverses sources sous-jacentes, proposées notamment par des agences de notation de crédit (telles que Cerved en Italie) et des banques nationales (dont la Banque nationale de Belgique). ORBIS contient des données par entreprise, tant pour les sociétés cotées en bourse que pour les entités privées. Ses variables concernent entre autres des éléments du bilan (actifs, passifs, etc.), des informations du compte de résultat (chiffre d'affaires, coût de la main-d'œuvre, résultat avant intérêts et impôts, bénéfice avant impôt, etc.), le nombre de salariés et des informations sur l'actionnariat (propriétaires directs et ultimes d'une entité, parts détenues, etc.).

478. ORBIS contient des données de comptabilité financière provenant à la fois des états consolidés (par groupe EMN) et des états non consolidés (par entité). Si la couverture des données des états consolidés est bonne dans la plupart des juridictions de l'entité mère ultime, celle des états non consolidés manque fortement d'uniformité d'une juridiction à l'autre. Ainsi, cette couverture est correcte dans de nombreuses juridictions européennes mais médiocre aux États-Unis et dans la plupart des économies en développement, des juridictions à fiscalité nulle et des centres d'investissement. Aux fins de ce chapitre, les données non consolidées d'ORBIS ont été utilisées uniquement pour les juridictions bénéficiant d'une bonne couverture (voir la liste à l'Annexe 5.A). Malgré les disparités en matière de couverture des données issues des états non consolidés, ORBIS offre des informations complètes sur l'actionnariat. Ainsi, le propriétaire ultime au niveau mondial de chaque entité y est généralement identifié, même s'il se trouve dans une juridiction où la couverture des états financiers non consolidés est faible[8]. Dès lors, la juridiction de la société mère ultime des entités des EMN peut être identifiée de façon précise dans ORBIS.

479. Étant donné que le but premier de la collecte des données ORBIS n'est pas l'analyse statistique, un important travail de traitement et d'épurement est nécessaire pour améliorer leur fiabilité (en éliminant les doublons et les erreurs de déclaration notamment). Dans le jeu de données ORBIS utilisé pour élaborer les matrices présentées ici, les informations sur l'actionnariat et les statistiques financières ont été corrigées de façon rigoureuse, en mettant à profit les solides connaissances d'ORBIS acquises par l'OCDE (pour plus de détails, voir l'Annexe 5 B).

5.2.3. Base de données AMNE de l'OCDE

480. Cette base de données contient des informations sur les activités exercées dans les pays de l'OCDE par les filiales détenues à l'étranger par les EMN (activité « domestique ») et sur les activités exercées à l'étranger par les filiales des EMN ayant leur siège dans un pays de l'OCDE (activité « à l'étranger »). Elle s'appuie sur les données communiquées à l'OCDE et à d'autres institutions dans le cadre d'enquêtes annuelles sur les activités des entreprises à capitaux étrangers et des filiales étrangères situées hors de

leur juridiction et contrôlées par des résidents du pays déclarant. Il s'agit notamment d'Eurostat (données incluses dans la base de données FATS Eurostat) et du Bureau of Economic Analysis des États-Unis (données incluses dans la base de données AMNE américaine).

481. La base de données AMNE contient 17 variables avec ventilation par pays d'origine (investissements entrants) ou de destination (investissements sortants) et par secteur d'activité (50 au total) pour 31 pays membres de l'OCDE. Entre autres variables disponibles, citons la production, la valeur ajoutée, le nombre de personnes occupées, la rémunération des salariés, les dépenses en recherche et développement, les exportations, les investissements bruts en biens corporels et l'excédent brut d'exploitation. Parmi celles-ci, l'excédent brut d'exploitation est la mesure qui se rapproche le plus du bénéfice, mais il présente d'importantes dissimilitudes conceptuelles par rapport au bénéfice avant impôt tel que présenté dans les états financiers des entreprises. Il repose en effet sur une méthodologie comptable nationale afin de prendre en compte la dépréciation, et les intérêts versés ne sont pas soustraits du bénéfice.

482. Les principales limites de la base de données AMNE dans le cadre de la présente analyse sont les suivantes : (i) elle ne contient pas de données sur les entités détenues par les EMN dans leur juridiction et (ii) le secteur financier est exclu du champ d'application des données dans certaines juridictions (par exemple, les États membres de l'UE). En outre, les données AMNE bilatérales sont parfois incomplètes en raison essentiellement de problèmes de confidentialité car certaines valeurs au niveau de la paire de pays ne portent que sur un petit nombre d'EMN. Enfin, les données relatives à l'activité domestique et à l'activité à l'étranger n'offrent pas les mêmes variables ; ainsi, celles pour l'étranger ne comprennent pas l'excédent brut d'exploitation.

5.2.4. Base de données analytique AMNE de l'OCDE

483. Cette base de données contient une matrice bilatérale complète sur la production des filiales étrangères des EMN dans 59 pays, ainsi que sur la production agrégée pour les autres pays du monde. Les données sont ventilées par pays d'accueil et de la société mère ainsi que par secteur (les 34 secteurs d'activité de la nomenclature NACE Rév. 2 sont représentés (Eurostat, 2008[10])). La base de données analytique AMNE comprend également des informations relatives à la valeur ajoutée, aux exportations et aux importations des intrants intermédiaires par pays d'accueil et par secteur, mais sans ventilation par pays de la société mère ultime. Ces données éclairent sur la manière dont les EMN étrangères contribuent à ces variables. En outre, une deuxième série de tableaux fournit des informations sur la production, la valeur ajoutée, les exportations et les importations des intrants intermédiaires pour les entreprises multinationales et non multinationales de la juridiction.

484. La base de données analytique AMNE de l'OCDE a été créée à partir de la base de données AMNE de l'OCDE (voir la section précédente). Il se peut qu'elle ne contienne pas les informations relatives à certains pays et secteurs ; des estimations ont alors été produites à l'aide de sources nationales supplémentaires et par l'application de diverses méthodologies statistiques (pour plus de détails, voir Cadestin et al. (2018[2])).

485. Le principal inconvénient de la base de données analytique AMNE au regard du présent chapitre est qu'elle offre un nombre limité de variables et ne contient aucun indicateur du bénéfice (contrairement à la base de données AMNE de l'OCDE, qui comporte des données sur l'excédent brut d'exploitation), ni sur les actifs corporels et les coûts salariaux. Par ailleurs, ses données AMNE sous-jacentes se concentrent sur les EMN à capitaux étrangers et, par conséquent, les informations qu'elle fournit au sujet des EMN à capitaux nationaux sont moins fiables car elles s'appuient davantage sur d'autres sources (parfois moins bien harmonisées) et sur des imputations.

5.2.5. Données relatives à l'investissement direct étranger (IDE)

486. Plusieurs organisations internationales (telles que l'OCDE, le FMI et la CNUCED) publient des données bilatérales sur l'IDE qui couvrent un large éventail de juridictions. Ces données sont généralement collectées pour les besoins des statistiques de la balance des paiements. Les données sur l'IDE concernent les positions (ou stocks) d'investissement et les flux d'investissement transfrontaliers ; il s'agit d'investissements caractérisés par une relation à long terme, un intérêt durable et un certain degré de contrôle (la participation au capital doit atteindre le seuil de 10 %). Les flux financiers se composent de prises de participation, de réinvestissements de bénéfices et de prêts intragroupe. Les données sur l'IDE portent également sur le revenu d'investissement (dividendes, intérêts) et les flux de redevances. Les données bilatérales sur l'IDE sont généralement communiquées par l'investisseur et la juridiction destinataire, mais des valeurs différentes peuvent être transmises pour un même point de données en raison de divergences méthodologiques entre les juridictions déclarantes[9].

487. Aux fins de ce chapitre, les données sur l'IDE présentent l'avantage de bénéficier d'une large couverture géographique, qui s'étend à la plupart des paires de juridictions enregistrant des investissements transfrontaliers importants. Les données sur les stocks d'IDE et le revenu de l'IDE peuvent servir dans le cadre de mesures des bénéfices des EMN dans les juridictions étrangères. En revanche, les données sur l'IDE ne renseignent pas de manière directe sur le chiffre d'affaires, les actifs corporels ou les coûts salariaux. On sait que les comportements BEPS peuvent fausser les données sur l'IDE, ce qui est problématique pour l'analyse de l'activité d'investissement « réelle » fondée sur l'IDE (Damgaard, Elkjaer et Johannesen, 2019[11]). Néanmoins, une telle distorsion n'entrave pas nécessairement l'identification des juridictions où sont localisés les bénéfices, qui constitue la finalité de la matrice des bénéfices. Un avantage connu des données sur l'IDE est en effet qu'elles offrent des renseignements concernant la localisation des bénéfices transférés par les EMN (Bolwijn, Casella et Rigo, 2018[12]).

488. Un important point faible des données sur l'IDE est qu'elles se concentrent habituellement sur les investisseurs directs dans une juridiction, et non sur les investisseurs ultimes. Cela peut poser problème car certains investissements peuvent passer par plusieurs juridictions avant d'atteindre leur destination finale (Borga et Caliandro, 2018[13]), notamment dans le cas de montages de transfert de bénéfices. Ces dernières années, l'OCDE a commencé à publier des statistiques sur les positions d'IDE entrant par investisseur ultime (plutôt que par investisseur immédiat) pour un sous-ensemble de 15 juridictions destinataires. Aux fins du présent chapitre, ces données par investisseur ultime sont utilisées lorsqu'elles sont disponibles. Pour les autres juridictions destinataires, une méthodologie sophistiquée inspirée des travaux de Damgaard et Elkjaer (2017[4]) et de Casella (2019[5]) est appliquée. Celle-ci traite au moyen d'itérations les données sur les IDE directs et élimine les investissements « de transit » (ou « relais ») afin de mesurer les stocks d'IDE par investisseur ultime (voir l'Annexe 5 C).

5.2.6. Données provenant du Bureau of Economic Analysis (États-Unis)

489. Bien que dépourvues de la perspective transnationale des sources décrites précédemment, les sources nationales peuvent offrir des données supplémentaires sur l'activité et les bénéfices des EMN. Les données transmises par le Bureau of Economic Analysis (BEA) du ministère américain du Commerce constituent la source nationale la plus détaillée. Avec sa base de données sur les activités des entreprises multinationales américaines, le BEA fournit des statistiques relatives aux activités de ces multinationales dans le monde, notamment des données issues du bilan et du compte de résultat, relatives à l'effectif, aux salaires et charges sociales, sur les échanges de biens et services et les dépenses en recherche et développement. Les données sont ventilées à la fois par juridiction de la filiale et par secteur économique, avec différents niveaux de répartition (géographique et sectorielle) selon le tableau. Bien que les données AMNE de l'OCDE pour les États-Unis reposent sur une partie des données du BEA concernant les EMN américaines, ces dernières sont à bien des égards plus détaillées que celles de l'OCDE relatives aux activités des EMN américaines.

490. Les données du BEA comportent deux indicateurs du bénéfice : (i) le résultat net (net income), provenant du compte de résultat (tableau II.D 1 de la base de données du BEA), sujet à une double comptabilisation des bénéfices issus des participations (Blouin et Robinson, 2019[14]), et (ii) le rendement de type profit (profit-type return), issu de la décomposition de la valeur ajoutée (tableau II.F 1 de la base de données du BEA), qui correspond à l'indicateur le plus proche du bénéfice en comptabilité financière et n'est pas sujet au problème de la double comptabilisation (voir aussi Clausing (2020[15]). Les données fournies par le BEA comprennent également des indicateurs du chiffre d'affaires (« Sales », à savoir les ventes, correspondant au chiffre d'affaires dans le compte de résultat), des actifs corporels (« Property, plant and equipment » dans le tableau II.B 1-2 de la base de données du BEA, c'est-à-dire les immobilisations corporelles dans le bilan des filiales) et des coûts salariaux (« Compensation of employees », à savoir les salaires et charges sociales, dans la décomposition de la valeur ajoutée).

5.3. Aperçu de la méthodologie qui sous-tend les matrices

491. L'approche adoptée pour pallier les limites en matière de couverture inhérentes aux sources existantes consiste à combiner des données de différentes sources en un cadre cohérent (c'est-à-dire un ensemble de matrices). L'objectif est d'obtenir une couverture géographique mondiale des bénéfices et de l'activité économique des EMN, tout en utilisant pour chaque point de données la source la plus fiable disponible. De plus, l'approche a la particularité de tirer parti des cas où plusieurs sources peuvent s'appliquer à un même point de données pour les rapprocher entre elles et ainsi améliorer la qualité et la cohérence des données.

5.3.1. Exemple simplifié illustrant la méthodologie

492. En pratique, chaque matrice analyse les données par EMN et les ventile sur plus de 200 juridictions de la filiale (lignes de la matrice) et sur plus de 200 juridictions de l'entité mère ultime (colonnes de la matrice). Elle se présente ainsi sous la forme d'un tableau carré de plus de 200 lignes et de plus de 200 colonnes (les mêmes juridictions sont représentées dans les lignes et les colonnes). Par exemple, la cellule France/États-Unis de la matrice des bénéfices indique les bénéfices réalisés en France par les EMN américaines (c'est-à-dire celles dont la société mère ultime est située aux États-Unis). Chaque cellule des matrices tire ses données d'une source spécifique mais, lorsque plusieurs sources sont disponibles, selon leur ordre de préférence prédéfini, comme expliqué ci-dessous.

493. Comme le montre le Graphique 5.1. , qui présente de manière schématique les sources qui sous-tendent la matrice des bénéfices, les sources associées diffèrent en termes de couverture. En particulier, les statistiques tirées des déclarations pays par pays permettent de renseigner les *colonnes* et les données issues d'ORBIS, les *lignes*. En effet, ces statistiques contiennent généralement, pour une juridiction donnée de l'entité mère ultime, des informations détaillées portant sur les différentes juridictions où sont implantées les filiales. Quant aux données provenant des états non consolidés d'ORBIS, elles comprennent, pour les juridictions de la filiale qui bénéficient d'une bonne couverture dans ORBIS, des informations détaillées sur les entités des EMN de tous les pays où la société mère ultime est établie.

Graphique 5.1. Matrice des bénéfices : vue d'ensemble schématique et sources de données sous-jacentes

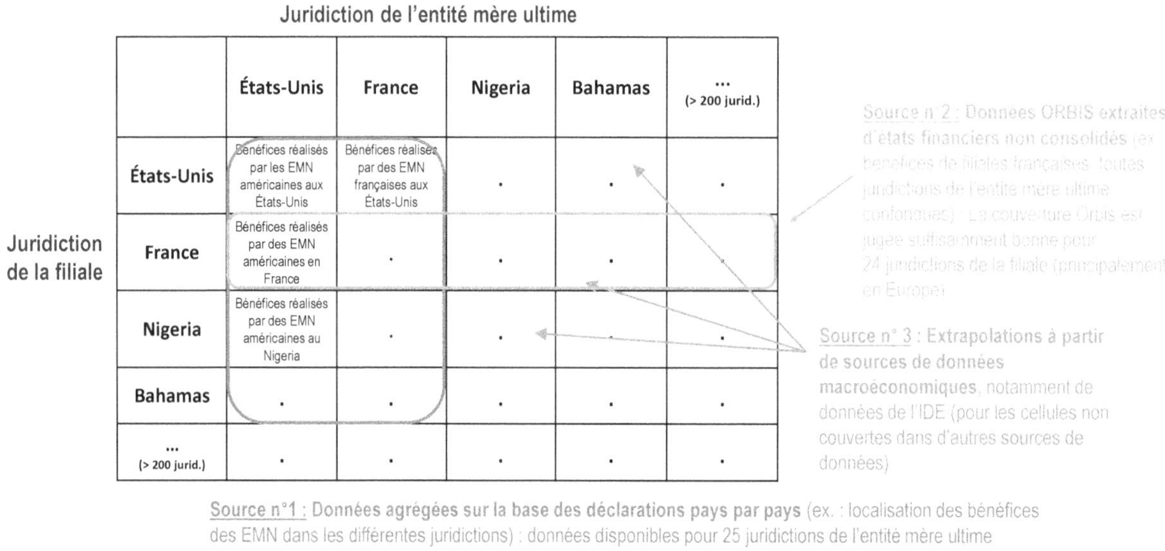

Note : Les statistiques issues des déclarations pays par pays sont utilisées pour renseigner les *colonnes* de la matrice des bénéfices (par exemple, les bénéfices des EMN françaises dans les différentes juridictions). Les données provenant des états non consolidés d'ORBIS servent à renseigner les *lignes* de cette même matrice (par exemple, les bénéfices réalisés par les EMN en France, répartis entre les juridictions de la société mère ultime). Ces deux sources ne s'appliquent qu'aux cellules pour lesquelles leurs données sont disponibles et, dans le cas d'ORBIS, lorsque la couverture des données est suffisamment bonne. Les autres cellules de la matrice des bénéfices sont renseignées au moyen d'extrapolations basées sur des données macroéconomiques, notamment celles relatives à l'IDE. Voir Annexe 5.A pour trouver la liste des juridictions dans lesquelles les statistiques issues des déclarations pays par pays et les données d'ORBIS sont utilisées.
Source : Secrétariat de l'OCDE.

5.3.2. Définitions des variables incluses dans les matrices

494. Les définitions des quatre variables analysées par les matrices (bénéfices, chiffre d'affaires, actifs corporels et coûts salariaux) sont indiquées dans le Tableau 5.1. . Elles ont été formulées de façon à répondre aux besoins de l'évaluation d'impact du Pilier Un et du Pilier Deux, tout en tenant compte des contraintes liées aux sources de données existantes. Ainsi, ces quatre variables reposent sur des concepts qui sous-tendent les données de comptabilité financière (et non les données fiscales ou de comptabilité nationale). Les matrices portent sur 2016, à savoir la dernière année pour laquelle des données sont disponibles parmi toutes les sources utilisées.

495. Les définitions présentées au Tableau 5.1. constituent les « objectifs à atteindre », en ce sens que les quatre matrices sont renseignées à partir de variables aussi proches que possible de ces définitions. Toutefois, les valeurs exactes insérées dans les cellules peuvent s'écarter de ces définitions cibles en raison des limites inhérentes aux données disponibles utilisées pour renseigner les matrices (par exemple, les dividendes intragroupe sont partiellement inclus dans les statistiques issues des déclarations pays par pays). Les variables exactes analysées dans chacune des sources sous-jacentes sont présentées à la Section 5.4.

Tableau 5.1. Définitions des variables analysées par les quatre matrices

Variable	Définition
Bénéfice	Bénéfice avant impôt, sans les dividendes reçus des filiales
Chiffre d'affaires	Revenus des ventes à des entités tierces et intragroupe
Actifs corporels	Immobilisations corporelles, nettes d'amortissement
Coûts salariaux	Dépenses pour les traitements et salaires, y compris les primes, les cotisations sociales et autres avantages sociaux

Note : Les définitions exactes des variables telles qu'elles sont utilisées dans les cellules d'une matrice peuvent différer de celles énoncées dans ce tableau en raison des limites inhérentes aux données sous-jacentes disponibles (voir la Section 5.4). Les quatre variables sont basées sur des données de comptabilité financière. Les données relatives aux entités d'un même groupe EMN sont consolidées au niveau de la juridiction. Seules les données qui concernent les groupes EMN enregistrant des bénéfices positifs dans la juridiction visée sont retenues, comme indiqué à la Section 5.4.
Source : Secrétariat de l'OCDE.

5.3.3. Aperçu des sources de données classées par ordre de préférence

496. D'une manière générale, la même méthodologie est appliquée pour le remplissage des quatre matrices. Toutefois, comme les variables disponibles diffèrent selon les sources (ainsi, les bénéfices, le chiffre d'affaires et les actifs corporels sont inclus dans les statistiques issues des déclarations pays par pays, ce qui n'est pas le cas des coûts salariaux), les quatre matrices n'utilisent pas tout à fait la même combinaison de sources (voir le Tableau 5.2.). Dans les quatre matrices, des extrapolations sont appliquées « en dernier recours » aux cellules pour lesquelles il n'est pas possible d'obtenir de données effectives. Même si les valeurs extrapolées comportent évidemment un plus grand degré d'incertitude que les valeurs tirées de données effectives, cette approche garantit que toutes les cellules sont finalement renseignées.

497. Comme plusieurs sources de données sont parfois disponibles pour un même point de données, les sources doivent être classées par ordre de préférence. Afin d'assurer la cohérence des quatre matrices, les sources ont été priorisées de la manière la plus homogène possible. Par ailleurs, en règle générale, les données effectives ont été privilégiées par rapport aux extrapolations. Une fois ces principes établis, il restait plusieurs possibilités en matière de classement, sans que l'on puisse déterminer avec certitude la meilleure option au vu des avantages et inconvénients inhérents aux sources disponibles (par exemple, les statistiques tirées des déclarations pays par pays ou les données issues d'ORBIS). Il a été décidé d'accorder la priorité aux statistiques issues des déclarations pays par pays, puisque c'est la source qui offre la plus large couverture géographique pour plusieurs des variables analysées. La base de données ORBIS occupe le deuxième rang car elle offre l'avantage de couvrir les quatre variables. Viennent ensuite la base de données analytique AMNE de l'OCDE (dans la matrice des chiffres d'affaires), la base de données AMNE de l'OCDE (dans les matrices des chiffres d'affaires et des coûts salariaux) et, enfin, les extrapolations propres à chaque matrice. Un test de robustesse qui consiste à modifier le classement des sources établi est présenté à la Section 5.8.5 pour en illustrer les implications potentielles.

498. La disponibilité de plusieurs sources couvrant les mêmes points de données est très utile pour comparer les sources entre elles et, plus largement, pour évaluer la qualité des données. Les analyses comparatives approfondies effectuées dans le cadre de la préparation des matrices sont présentées à la Section 5.8

Tableau 5.2. Vue d'ensemble et ordre de préférence des sources de données sous-jacentes à l'ensemble de matrices

Source de données (ordre de préférence)	Matrice des bénéfices	Matrice des chiffres d'affaires	Matrice des actifs corporels	Matrice des coûts salariaux
1	Statistiques issues des déclarations pays par pays	Statistiques issues des déclarations pays par pays	Statistiques issues des déclarations pays par pays	Données issues d'ORBIS
2	Données issues d'ORBIS	Données issues d'ORBIS	Données issues d'ORBIS	Données AMNE de l'OCDE
3	Extrapolations basées sur des données macroéconomiques (p. ex. IDE)	Données analytiques AMNE de l'OCDE	Extrapolations basées sur la matrice des chiffres d'affaires	Extrapolations basées sur la matrice des chiffres d'affaires
4		Données AMNE de l'OCDE		
5		Extrapolations basées sur des données macroéconomiques (p. ex. modèle gravitationnel)		

Note : La combinaison des sources diffère selon la matrice étant donné que toutes ne proposent pas les mêmes variables. Le classement des sources par ordre de préférence est nécessaire pour déterminer, parmi différentes sources possibles pour une cellule, celles qui sont les plus pertinentes pour la renseigner. Par souci de cohérence entre les matrices, elles respectent le plus possible ce même ordre de priorité. Enfin, à chaque matrice est appliquée une méthode d'extrapolation (les valeurs ainsi obtenues étant toutefois plus incertaines que celles tirées des données effectives) qui assure le remplissage de toutes ses cellules.
Source : Secrétariat de l'OCDE.

5.4. Méthodologie sous-jacente à l'utilisation des données effectives

499. Quatre sources de données effectives sont utilisées pour renseigner les matrices : (i) statistiques issues des déclarations pays par pays (toutes les matrices sauf celle des coûts salariaux), (ii) données issues d'ORBIS (les quatre matrices), (iii) données analytiques AMNE de l'OCDE (matrice des chiffres d'affaires) et (iv) données AMNE de l'OCDE (matrices des chiffres d'affaires et des coûts salariaux). Cette section décrit de façon plus précise les modalités d'utilisation de chacune de ces sources. Les méthodes d'extrapolation appliquées pour renseigner les cellules qui ne peuvent être alimentées avec des données effectives sont exposées à la section suivante.

5.4.1. Statistiques agrégées et anonymisées tirées des déclarations pays par pays

500. Ces statistiques ont été utilisées directement, dans les cas où elles étaient disponibles, pour renseigner les cellules des matrices des bénéfices, des chiffres d'affaires et des actifs corporels. Les données sont extraites du cadre « Subgroups with positive profits » (Sous-groupes enregistrant des bénéfices positifs) du Tableau I. Les variables utilisées sont respectivement les suivantes : bénéfice (perte) avant impôts, chiffre d'affaires total, actifs corporels hors trésorerie et équivalents de trésorerie (OCDE, 2020[3]).

501. Les données sur les sous-groupes enregistrant des bénéfices positifs portent uniquement sur les entités appartenant à des groupes EMN qui enregistrent des bénéfices positifs dans la juridiction considérée et excluent donc les entités qui sont en perte dans cette juridiction. Il aurait également été envisageable d'utiliser les données pour tous les sous-groupes EMN, qu'ils soient bénéficiaires ou déficitaires. Dans ce cas, les bénéfices cumulés auraient été plus faibles, car les bénéfices des sous-groupes enregistrant des bénéfices positifs auraient été déduits des pertes des sous-groupes déficitaires.

En revanche, les totaux des chiffres d'affaires et des actifs corporels auraient été plus élevés, car un plus grand nombre de groupes EMN auraient été pris en compte dans leur calcul[10].

502. Le choix de privilégier les sous-groupes enregistrant des bénéfices positifs a été motivé par la finalité des matrices, à savoir éclairer l'évaluation de l'impact du Pilier Un et du Pilier Deux. Cette approche accroît la pertinence des matrices aux fins de cette évaluation étant donné que, de toute évidence, les deux piliers auront essentiellement un effet sur l'imposition des groupes EMN dans les pays où ils sont bénéficiaires (voir chapitres 2 et 3). Elle a été appliquée de manière systématique aux matrices des bénéfices, des chiffres d'affaires et des actifs corporels pour garantir leur cohérence en cas d'utilisation conjointe. Dans la mesure du possible et sur la base de postulats semblables, la priorité a été accordée aux sous-groupes enregistrant des bénéfices positifs pour d'autres sources (i.e. ORBIS) et implicitement pour les extrapolations, comme expliqué plus loin.

503. Les statistiques issues des déclarations pays par pays ont été utilisées pour 25 juridictions de l'entité mère ultime, c'est-à-dire pour renseigner les *colonnes* des matrices (voir la liste des juridictions dans l'Annexe 5.A)[11]. Certaines de ces juridictions ont fourni ces statistiques pour chaque juridiction de résidence de leurs filiales. Dans d'autres, elles les ont communiquées pour des groupes de juridictions (par exemple, par continent, ou, dans les cas extrêmes de consolidation, uniquement en séparant leur propre juridiction des juridictions étrangères), ou pour une combinaison de juridictions individuelles et de groupes (« autres juridictions européennes », « autres juridictions africaines », etc.). La raison de ce regroupement est généralement d'éviter d'enfreindre les règles relatives à la confidentialité des informations des contribuables. Pour renseigner les matrices, les données relatives aux groupes de juridictions n'ont pas été utilisées car il est impossible de les attribuer directement à des juridictions individuelles. Par conséquent, les statistiques issues des déclarations pays par pays ont été considérées comme étant manquantes pour ces cellules, et ces dernières ont été renseignées à l'aide des autres sources disponibles (ou par des extrapolations) en respectant l'ordre de préférence établi (voir le Tableau 5.2.).

504. Les statistiques issues des déclarations pays par pays portent sur 2016 : c'est (pour le moment) la seule année pour laquelle l'on dispose de statistiques pour la majorité des juridictions de l'entité mère ultime, à l'exception des États-Unis qui ont déjà publié celles de 2017. Aux États-Unis, le dépôt de ces déclarations, à titre volontaire en 2016, est devenu obligatoire en 2017, ce qui a entraîné une augmentation de plus de 40 % du nombre de groupes EMN déclarants[12]. Cela étant, il a été décidé d'utiliser les statistiques de 2017 pour les États-Unis au lieu de celles de 2016. Bien que cette exception engendre une légère incohérence temporelle par rapport aux autres sources des matrices, il a été jugé qu'elle se justifiait par le fait qu'elle assure une meilleure couverture des groupes EMN.

505. Les statistiques issues des déclarations pays par pays ne portent que sur les groupes EMN dont le chiffre d'affaires annuel consolidé est supérieur à 750 millions d'euros, vu que ceux qui n'atteignent pas ce seuil sont exemptés de l'obligation déclarative. Dans le cadre de l'évaluation de l'impact du Pilier Un et du Pilier Deux, il pourrait être intéressant d'exclure des données les groupes EMN de plus petit calibre, afin de rendre les estimations plus précises dans l'hypothèse à visée illustrative où le Pilier Un et le Pilier Deux prévoiraient un seuil de chiffre d'affaires consolidé d'un montant semblable à celui fixé pour les déclarations pays par pays. Toutefois, ce seuil de chiffre d'affaires comporte une part d'incohérence par rapport à d'autres sources de données ne permettant pas de l'appliquer directement. Une analyse détaillée basée sur les données issues des états consolidés d'ORBIS (telle que celle décrite au chapitre 2) suggère que plus de 90 % du total des bénéfices des EMN proviennent de groupes EMN dont le chiffre d'affaires est supérieur au seuil fixé pour l'obligation de déclaration pays par pays. Il en va de même pour les autres variables analysées (chiffre d'affaires, actifs corporels et coûts salariaux). Il est donc probable que l'incohérence créée par le seuil de chiffre d'affaires consolidé afférent aux statistiques provenant des déclarations pays par pays n'ait qu'un impact global limité sur les matrices.

506. Comme expliqué à la Section 5.2.1 ci-dessus, les statistiques issues des déclarations pays par pays présentent un certain nombre de limites[13]. Premièrement, la déclaration au titre de bénéfices des dividendes reçus des filiales peut être incohérente (ils peuvent être inclus ou non). Les analyses approfondies comparant les statistiques issues des déclarations pays par pays aux autres sources présentées ci-dessous indiquent toutefois qu'une telle incohérence ne semble pas affecter outre mesure la qualité globale de ces données. Pour autant, l'impact peut être plus problématique dans certaines juridictions selon les orientations qui leur sont fournies concernant la déclaration et l'importance de leurs dividendes intragroupe. Deuxièmement, la présence dans ces statistiques de bénéfices et d'activités affichant la mention « stateless » (entité sans résidence fiscale) peut notamment correspondre à des entités « intermédiaires » dont les activités et les bénéfices figurent déjà ailleurs dans les données. Par conséquent, les activités et bénéfices de ces entités sans résidence fiscale ont été exclus des matrices afin d'éviter le risque de double comptage.

507. Dans les statistiques provenant des déclarations pays par pays, la variable des actifs corporels comprend les immobilisations corporelles, mais aussi éventuellement les stocks. En d'autres termes, elle ne correspond pas exactement à la définition des actifs corporels indiquée dans le Tableau 5.1. et n'est pas en totale adéquation avec les données correspondantes d'autres sources, qui excluent les stocks. Pour régler ce problème, les valeurs d'actifs corporels extraites des statistiques issues de ces déclarations ont été réduites en excluant les stocks ; pour ce faire, la part que ces derniers représentent dans les actifs corporels des EMN américaines (qui sont supposées être représentatives des EMN des autres juridictions), calculée à l'aide des données fournies par le BEA[14].

5.4.2. Données issues d'ORBIS

508. Utilisées pour renseigner les cellules des matrices des bénéfices, des chiffres d'affaires, des actifs corporels et des coûts salariaux, les données issues d'ORBIS ont été extraites des états financiers non consolidés des entreprises appartenant à des groupes EMN (identifiés grâce aux données sur l'actionnariat provenant d'ORBIS, décrites en détail dans l'Annexe 5.B). La qualité de la couverture des données provenant de ces états financiers non consolidés a été jugée suffisante pour qu'ORBIS soit utilisé pour renseigner les matrices dans 24 juridictions de la filiale (voir la liste à l'Annexe 5.A)[15]. Pour chacune de ces juridictions, ORBIS contient des informations financières relatives aux entités des EMN de toutes les juridictions de la société mère ultime (même lorsque cette société se trouve dans une juridiction pour laquelle la couverture des données issues des états non consolidés d'ORBIS est faible). Par conséquent, les données issues d'ORBIS peuvent être utilisées pour renseigner les *lignes* qui correspondent à ces juridictions. Les variables utilisées pour les quatre matrices sont respectivement les suivantes : bénéfice (perte) avant impôts, résultat d'exploitation, actif immobilisé et coût de la main-d'œuvre.

509. Avant d'être utilisées, les données issues d'ORBIS ont été épurées et vérifiées en profondeur en mettant à profit les solides connaissances acquises par l'OCDE grâce à toute une série de projets antérieurs. Ce travail de correction est nécessaire pour améliorer la fiabilité des données car, fondamentalement, les données issues d'ORBIS ne sont pas recueillies à des fins d'analyse statistique. Les données sur l'actionnariat issues d'ORBIS utilisées dans ce projet ont été soumises à une révision minutieuse (y compris par l'identification des liens de propriété manquants dans la base de données ORBIS d'origine) mise en œuvre par la Direction de la science, de la technologie et de l'innovation (STI) de l'OCDE, conformément à la méthodologie de Bajgar et al. (2019[16]). En ce qui concerne les données issues des états financiers, la procédure appliquée pour les épurer a quant à elle été inspirée des travaux de Gal (2013[17]), Johansson et al. (2017[18]) et de ceux de Bailin et al. (2019[19]). La procédure détaillée de correction des données relatives à l'actionnariat et des données provenant des états financiers d'ORBIS est présentée à l'Annexe 5 B.

510. Les données issues d'ORBIS contiennent deux mesures du bénéfice : (I) le bénéfice avant impôt (PBT) et (ii) le résultat avant intérêts et impôts (EBIT). Ces mesures sont différentes en cela que le bénéfice

avant impôt inclut les dividendes reçus mais pas les intérêts versés, alors que l'EBIT n'inclut pas les dividendes et n'est pas net des intérêts. Ni l'une ni l'autre ne correspond de manière exacte au concept de bénéfice tel qu'il est constaté dans les statistiques issues des déclarations pays par pays (qui est net des intérêts et peut inclure ou non les dividendes). Bien que ces deux mesures constituent des indicateurs pertinents des bénéfices, il a été décidé d'utiliser le bénéfice avant impôt, plus pertinent pour l'évaluation de l'impact du Pilier Un et du Pilier Deux, dans la matrice des bénéfices. Par exemple, le bénéfice avant impôt est la mesure du bénéfice considéré comme la base pouvant être retenue pour définir le bénéfice résiduel dans le cadre du Pilier Un. Pour autant, comme le résultat avant intérêts et impôts constitue également une mesure informative, il a été préféré au bénéfice avant impôt en tant que référence lors des contrôles de cohérence des données issues d'ORBIS (voir la Section 5.8.2).

511. Afin d'améliorer la cohérence avec les statistiques issues des déclarations pays par pays, qui, comme indiqué précédemment, se focalisent sur les « sous-groupes enregistrant des bénéfices positifs » (c'est-à-dire les entités d'une EMN qui enregistrent un bénéfice positif dans la juridiction visée), la même approche a été adoptée pour les données issues d'ORBIS[16]. Toujours par souci de cohérence avec ces statistiques, l'appartenance d'une entité à un groupe donné est déterminée en tenant compte d'un seuil de participation au capital fixé à 50 %. En revanche, le seuil de chiffre d'affaires annuel total de 750 millions d'euros n'a pas été appliqué, dans la mesure où les informations financières consolidées du groupe EMN auquel chaque entité appartient n'apparaissent pas toujours dans les données[17].

512. Dans les données issues des états non consolidés d'ORBIS, les actifs corporels et les coûts salariaux ont une couverture moins étendue que le chiffre d'affaires. Pour les 24 juridictions où les données issues d'ORBIS sont utilisées pour renseigner les matrices, le chiffre d'affaires des entités des EMN pour lesquelles il manque des informations sur les actifs corporels représente en moyenne environ 16 % du chiffre d'affaires total des entités des EMN, les chiffres exacts dépendant de la juridiction analysée. Dans ORBIS, la couverture des coûts salariaux est généralement moins bonne que celle des autres variables examinées dans le présent chapitre. Par conséquent, les données issues d'ORBIS ne sont utilisées pour renseigner la matrice des coûts salariaux que dans 18 juridictions, contre 24 juridictions pour les autres variables (voir la liste à l'Annexe 5.A). Dans ces 18 juridictions, la proportion moyenne d'informations manquantes sur les coûts salariaux est de 26 %. Pour éviter que ces écarts de couverture n'introduisent un biais négatif dans les données issues d'ORBIS, les valeurs d'actifs corporels et de coûts salariaux tirées d'ORBIS ont été revues à la hausse proportionnellement au taux de sous-couverture estimé en fonction de la juridiction et de la variable concernées[18].

5.4.3. Données AMNE de l'OCDE

513. Les informations extraites de la base de données AMNE de l'OCDE ont servi à renseigner les cellules des matrices des chiffres d'affaires et des coûts salariaux, où elles font office respectivement de quatrième et de deuxième source possible (voir le Tableau 5.2). Cette base de données contient des informations sur le chiffre d'affaires (« Chiffre d'affaires ») et les coûts salariaux (« Dépenses de personnel ») pour les paires de juridictions « entité mère ultime - filiale », principalement dans les économies de l'OCDE. Ses sources sous-jacentes sont la base de données FATS d'Eurostat et celle sur les activités des multinationales du BEA des États-Unis. Les matrices utilisent tant les données sur l'activité domestique que celles sur l'activité à l'étranger d'AMNE, et une préférence a été accordée aux premières dans les cas où les deux sont disponibles pour une même cellule.

514. Cependant, les données AMNE de l'OCDE ne sont pas représentatives de l'ensemble de l'économie ; par exemple, le secteur financier est exclu des statistiques sur les investissements entrants vers les pays européens. S'agissant du chiffre d'affaires, les données AMNE ont été utilisées pour remplir la matrice des chiffres d'affaires uniquement lorsqu'elles couvrent l'ensemble de l'économie. En ce qui concerne la matrice des coûts salariaux, pour laquelle les autres sources de données sont moins nombreuses, les données AMNE ont été utilisées même lorsqu'elles ne couvrent pas l'ensemble de

l'économie, moyennant des réajustements destinés à les rendre aussi cohérentes que possible avec les données relatives à l'ensemble de l'économie. Plus précisément, les valeurs qui en sont extraites ont été multipliées par le rapport entre le chiffre d'affaires global pour tous les secteurs (tiré de la cellule pertinente de la matrice des chiffres d'affaires) et le chiffre d'affaires des secteurs couverts par les données AMNE. Par exemple, les coûts salariaux des EMN américaines établies en France tirés des données AMNE ont été multipliés par le rapport entre le chiffre d'affaires de ces EMN extrait de la matrice des chiffres d'affaires et leur chiffre d'affaires issu des données AMNE. Lorsque la base de données AMNE et les données sous-jacentes à la matrice des chiffres d'affaires présentent la même couverture sectorielle, le rapport est proche de 1 et l'ajustement n'est pas significatif. Si la couverture sectorielle d'AMNE est plus restreinte, le rapport est supérieur à 1, et le recalcul garantit le remplissage de la matrice des coûts salariaux avec des données représentatives de l'ensemble de l'économie, du moins de manière approximative, et cohérentes avec la matrice des chiffres d'affaires[19].

5.4.4. Données analytiques AMNE de l'OCDE

515. Les données analytiques AMNE de l'OCDE ont été utilisées uniquement dans la matrice des chiffres d'affaires, où elles constituent la troisième source par ordre de préférence, après les statistiques issues des déclarations pays par pays et les données issues d'ORBIS. Au niveau de ventilation requis pour les matrices (par paire de juridictions), la base de données analytique AMNE contient des informations sur la production brute des EMN, mais pas directement sur leur chiffre d'affaires. Ses données à un niveau plus agrégé (par juridiction), qui rendent compte à la fois de la production brute et du chiffre d'affaires, suggèrent que ces deux variables sont généralement étroitement liées, sauf dans certains secteurs spécifiques (en particulier, le commerce de gros et la vente au détail ; voir Graphique 2 in Cadestin et al. (2018[2]).

516. Afin de « convertir » la production brute en une mesure du chiffre d'affaires par paire de juridictions, la production brute constatée dans un secteur et une paire de juridictions donnée a été multipliée par le ratio production brute/chiffre d'affaires pour ce secteur et cette paire de juridictions, déterminé à partir des données (non publiées) sous-jacentes à la base de données analytique AMNE. Dans le cas des paires de juridictions pour lesquelles ce ratio n'était pas disponible, le ratio moyen production brute/chiffre d'affaires a été appliqué, soit au niveau « juridiction du marché - secteur », soit au niveau du secteur, en fonction des données disponibles.

5.5. Méthodologie sous-jacente aux extrapolations de données

517. La méthodologie d'extrapolation varie selon la matrice, car la nature des données effectives manquantes ainsi que les substituts disponibles à des fins d'extrapolation dépendent de la variable considérée. À titre d'exemple, les données sur l'IDE peuvent être utilisées pour extrapoler la localisation des bénéfices, mais elles conviennent moins à l'extrapolation des autres variables étudiées.

518. L'approche générale adoptée présente toutefois des similitudes importantes entre les quatre matrices. Le principal point commun est que la méthodologie d'extrapolation couvre l'ensemble des cellules d'une même matrice, de sorte que toutes sont complètement renseignées une fois finalisées. En outre, elle s'appuie souvent sur les informations présentes dans les cellules renseignées avec des données effectives afin d'assurer une cohérence optimale entre les valeurs extrapolées et les données de ces cellules. Enfin, les extrapolations visent à optimiser la comparabilité des données des quatre matrices, en tenant compte du fait que ces dernières devront peut-être être utilisées conjointement. Par exemple, les extrapolations des matrices des actifs corporels et des coûts salariaux reposent sur les données de la matrice des chiffres d'affaires.

5.5.1. Extrapolations dans la matrice des bénéfices

519. Dans cette matrice, des méthodes d'extrapolation différentes ont été appliquées aux cellules de la diagonale (bénéfices des EMN dans la juridiction de l'entité mère ultime) et aux cellules hors diagonale (bénéfices des EMN dans les juridictions étrangères). Ce choix s'explique par le fait que les données disponibles diffèrent. Pour les cellules hors diagonale, l'extrapolation est principalement basée sur les données bilatérales sur l'IDE, qui sont indisponibles pour les cellules de la diagonale car, par définition, l'IDE représente l'investissement étranger. C'est pourquoi la méthodologie d'extrapolation utilisée pour les cellules de la diagonale recourt à d'autres données macroéconomiques agrégées, comme expliqué plus loin.

Extrapolations dans les cellules hors diagonale de la matrice des bénéfices

520. Dans ces cellules, les bénéfices sont extrapolés sur la base des stocks d'IDE bilatéraux et d'un postulat concernant le taux de rendement de l'IDE, qui tient compte des hétérogénéités de ce taux de rendement entre juridictions investisseuses et destinataires. Cette section propose un aperçu de cette méthodologie et l'Annexe 5 C décrit en détail toutes ses composantes.

521. Les stocks d'IDE pris en compte sont basés sur la localisation de l'investisseur *ultime* (par opposition à l'investisseur *immédiat*) dans une juridiction, par souci de cohérence avec les autres sources sous-jacentes à la matrice des bénéfices, qui s'appuient également sur le concept d'investisseur ultime (plus précisément, la localisation de la société mère ultime du groupe EMN investisseur). L'investisseur ultime apparaît dans les données disponibles de l'OCDE pour 15 juridictions. Pour les autres juridictions, sa localisation est identifiée au moyen d'itérations sur les données relatives aux IDE immédiats, en respectant et en affinant la méthodologie de Casella (2019[5]).

522. Cette méthodologie est affinée de deux manières : (I) la probabilité que l'IDE en provenance d'une juridiction donnée soit un investissement de transit (c'est-à-dire que l'investisseur ultime ne soit pas situé dans cette juridiction) – un élément qui lui est capital – est estimée sur la base des données dont dispose l'OCDE sur l'IDE par investisseur ultime, et non par investisseur immédiat, comme expliqué dans l'Annexe 5 C. Cette mesure, plus directe et bénéficiant d'une couverture géographique plus large que celle utilisée dans les études précédentes (Damgaard et Elkjaer, 2017[4] ; Casella, 2019[5] ; Damgaard, Elkjaer et Johannesen, 2019[11]), est basée sur la part que représentent les entités à vocation spéciale (EVS) dans l'investissement étranger direct sortant d'une juridiction; (ii) après identification de l'investisseur ultime correspondant à une position d'IDE donnée, les positions intermédiaires correspondant aux IDE « de transit » (ou « relais ») sont éliminées des données, comme illustré au Graphique 5.2 – cette étape vient s'ajouter à celles de la méthodologie de Casella (2019[5]).

523. Les données sur l'IDE par investisseur ultime proviennent des statistiques de l'OCDE sur l'IDE, et les données sur l'IDE par investisseur immédiat sont issues des statistiques de l'OCDE sur l'IDE et de l'Enquête coordonnée sur l'investissement direct (ECID) du FMI. Dans le cas des paires de juridictions pour lesquelles aucune donnée sur les IDE immédiats n'est disponible, les stocks d'IDE sont imputés en utilisant un modèle gravitationnel standard reposant sur des variables telles que la distance qui sépare les juridictions investisseurs et destinataires, leur PIB et leur PIB par habitant. Ces imputations fondées sur le modèle gravitationnel garantissent le remplissage complet de la matrice contenant les données sur les IDE immédiats et, ensuite, de la matrice qui comporte les estimations des IDE ultimes. Bien que ces imputations soient plus incertaines que les données effectives sur l'IDE, leur impact global est limité car elles ne représentent qu'environ 2 % des stocks d'IDE dans la matrice finale des IDE par investisseur immédiat.

Graphique 5.2. Exemple schématique : comparaison entre IDE immédiat, ultime et de transit

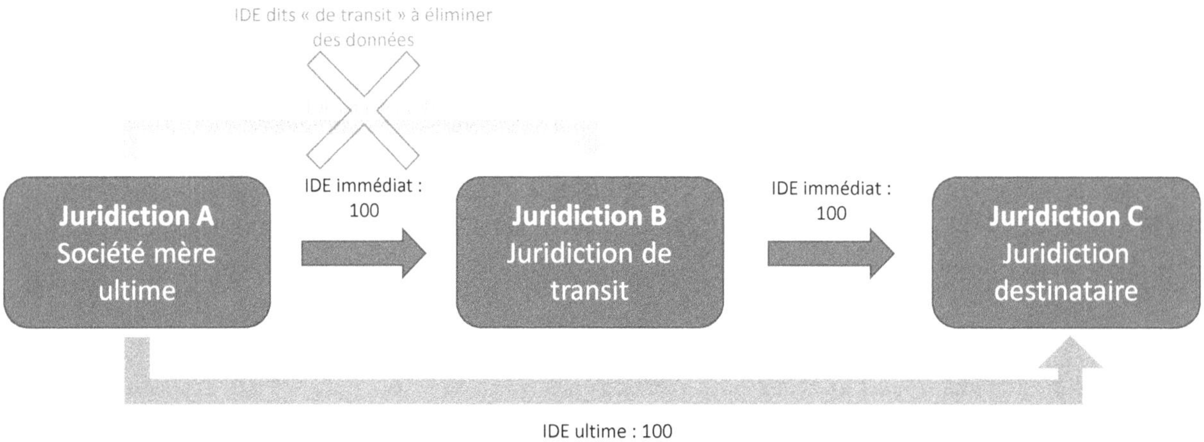

Note : Ce schéma illustre un groupe EMN dont l'entité mère ultime, établie dans la juridiction A, a investi 100 € dans la juridiction C en passant par la juridiction B. Les statistiques sur l'IDE par investisseur immédiat font état d'une position d'IDE de la juridiction A vers la juridiction B et d'une position similaire de la juridiction B vers la juridiction C. Les statistiques sur l'IDE par investisseur ultime dans la juridiction C indiquent que l'investisseur ultime se trouve dans la juridiction A. Toutefois, une analyse des investisseurs ultimes vers la juridiction B montre que la position d'IDE de la juridiction A vers la juridiction B est également considérée comme un investissement ultime (la juridiction A correspondant à la juridiction de l'entité mère ultime), alors qu'il s'agit uniquement d'un « IDE de transit », qui doit par conséquent être éliminé des données.
Source : Secrétariat de l'OCDE.

524. En suivant cette méthodologie, deux matrices complètes des stocks d'IDE ont été créées : (i) une pour les stocks d'IDE par investisseur *immédiat* et (ii) une pour les stocks d'IDE par investisseur *ultime*. La matrice par investisseur ultime, avec valeurs agrégées par groupes de juridictions, est présentée au Tableau 5.3 (la matrice par investisseur immédiat est présentée en Tableau 5.C.3). Même si, aux fins du présent chapitre, ces deux matrices ont uniquement servi d'intermédiaires pour les extrapolations de la matrice des bénéfices, elles présentent un intérêt intrinsèque et pourraient donc faire l'objet de futures études (ou y contribuer de manière utile). Ainsi, il est intéressant de noter que l'élimination des « IDE de transit » a pour principal effet de réduire l'importance relative des centres d'investissement (en tant que juridictions de l'investisseur et du destinataire) dans la matrice des IDE (voir l'Annexe 5 C).

Tableau 5.3. Matrice des stocks d'IDE par investisseur ultime, agrégées par grands groupes de juridictions

		Juridiction de l'investisseur ultime				
	(en milliards d'USD ; exercice 2016)	**Revenu élevé**	**Revenu intermédiaire**	**Faible revenu**	**Centres d'investissement**	**Total**
Juridiction du destinataire	Revenu élevé (64 juridictions)	7 787,9	591,0	1,4	2 830,4	**11 210,8**
	Revenu intermédiaire (105)	2 559,7	367,9	2,2	2 755,6	**5 685,4**
	Faible revenu (29)	11,1	7,2	0,1	2,3	**20,7**
	Centres d'investissement (24)	4 252,2	770,4	0,7	2 228,8	**7 252,1**
	Total	**14 611,0**	**1 736,4**	**4,4**	**7 817,2**	**24 169,0**

Note : Les groupes de juridictions (à revenu élevé, à revenu intermédiaire et à faible revenu) correspondent à la classification par catégorie de revenu de la Banque mondiale. On entend par centre d'investissement une juridiction dont le total des stocks d'IDE entrants représente plus de 150 % de son PIB. Dans cette matrice, les stocks d'IDE sont analysés selon la juridiction de l'investisseur *ultime* (et non d'après celle de l'investisseur *immédiat*). Voir la méthodologie décrite à l'Annexe 5 C.
Source : Calculs réalisés par le Secrétariat de l'OCDE.

525. Le taux de rendement supposé de l'IDE est basé sur un rendement global « standard » de l'IDE, qui est calculé comme le rapport médian entre les bénéfices et les IDE extraits des cellules de la matrice des bénéfices renseignées avec des données effectives (ce qui donne une valeur de 7,9 %). Grâce à cette approche, la méthodologie d'extrapolation assure une cohérence optimale avec les données effectives de la matrice des bénéfices. Outre ce rendement « standard », le taux de rendement tient compte de l'écart (positif ou négatif) du taux de rendement moyen des IDE par rapport à la moyenne mondiale, tant dans les pays investisseurs que dans les juridictions destinataires. Cet écart est calculé sur la base des données disponibles sur les revenus d'IDE[20] (voir l'Annexe 5 C pour plus de détails).

Extrapolations dans les cellules de la diagonale de la matrice des bénéfices

526. En règle générale, les données disponibles au sujet de l'activité et des bénéfices sont moins nombreuses pour les multinationales à capitaux nationaux que pour les multinationales à capitaux étrangers. Cette différence peut s'expliquer par le fait que ces dernières suscitent généralement un intérêt plus vif de la part des pouvoirs publics que les entreprises qui concentrent leur actionnariat dans leur pays. En outre, il peut être difficile, dans le cadre de la collecte de statistiques, de distinguer l'activité des entités des EMN détenues par une entreprise de leur juridiction de celle des entreprises non multinationales. En effet, pour identifier une telle entité, il faut connaître la localisation de son propriétaire ultime (pour s'assurer qu'elle n'est pas sous contrôle étranger), mais aussi disposer d'informations sur les activités des autres filiales détenues par ce même propriétaire (pour vérifier qu'au moins l'une d'entre elles est située à l'étranger). C'est pourquoi les extrapolations des cellules de la diagonale de la matrice sont globalement moins affinées que celles des cellules hors diagonale, de sorte que leurs valeurs peuvent être considérées comme plus incertaines.

527. Pour les cellules de la diagonale de la matrice des bénéfices, l'extrapolation repose sur le bénéfice total des entreprises dont l'entité mère est située dans leur juridiction (multinationales et non multinationales), estimé par Tørsløv et al. (2018[1]). Pour renseigner ces cellules (c'est-à-dire les bénéfices des EMN détenues par une entreprise de leur juridiction), les bénéfices réalisés par les entreprises dont l'entité mère est située dans leur juridiction doivent être répartis entre les entités de type multinationale et non multinationale. Pour ce faire, une méthode de régression est appliquée pour déterminer la part que représentent les bénéfices des EMN détenues par une entreprise de leur juridiction dans le bénéfice total des entreprises dont l'entité mère est située dans leur juridiction. Elle est estimée pour les quelque 30 juridictions où des données effectives sont disponibles dans les cellules de la diagonale de la matrice des bénéfices (statistiques tirées des déclarations pays par pays ou données issues d'ORBIS) pour le numérateur (bénéfices des EMN détenues par une entreprise de leur juridiction) et dans l'étude de Tørsløv et al. (2018[1]) pour le dénominateur (bénéfice total des entreprises dont l'entité mère est située dans leur juridiction), ainsi qu'en utilisant le PIB et le PIB par habitant comme variables explicatives.

528. Dans le cas des juridictions non couvertes par l'approche de Tørsløv et al. (2018[1]), pour lesquelles les données disponibles sont encore plus restreintes, le bénéfice sur la diagonale est directement extrapolé à l'aide d'une régression exécutée sur le PIB et le PIB par habitant. Les résultats de la régression indiquent qu'en général, le bénéfice des EMN détenues par une entreprise de leur juridiction est proportionnel au PIB par habitant, ce qui confirme la thèse selon laquelle les pays riches abritent plus de sièges de multinationales que les pays pauvres. De manière générale, ces extrapolations sur la diagonale de la matrice des bénéfices reposent sur des informations relativement limitées (par rapport à celles des cellules hors diagonale), et leur méthodologie sous-jacente vise principalement à garantir que les valeurs insérées dans ces cellules soient à la fois plausibles et cohérentes avec les données effectives dans le reste de cette même matrice.

5.5.2. Extrapolations dans la matrice des chiffres d'affaires

529. Conjuguant quatre sources de données effectives (statistiques issues des déclarations pays par pays, ORBIS, base de données analytique AMNE de l'OCDE et base de données AMNE de l'OCDE), la matrice des chiffres d'affaires est, des quatre matrices, celle qui recourt le moins aux extrapolations. Sa méthodologie d'extrapolation repose sur un principe semblable à celle appliquée à la matrice des bénéfices, en ce sens que l'approche diffère selon qu'il s'agit de cellules de la diagonale ou hors diagonale. Dans les cellules hors diagonale, le chiffre d'affaires est extrapolé à l'aide d'un modèle gravitationnel reliant le chiffre d'affaires bilatéral à des variables macroéconomiques, à la distance physique entre les pays et, lorsqu'elles sont disponibles, aux données bilatérales sur l'IDE. Dans les cellules de la diagonale, il est extrapolé à partir de variables macroéconomiques qui tiennent compte des valeurs des cellules de la diagonale déjà obtenues d'autres sources de données.

Extrapolations dans les cellules hors diagonale de la matrice des chiffres d'affaires

530. Les extrapolations de chiffre d'affaires dans les cellules hors diagonale sont basées sur une équation gravitationnelle. Les niveaux de chiffre d'affaires bilatéral des EMN sont obtenus à l'aide d'un estimateur de pseudo-maximum de vraisemblance avec une loi Gamma (Santos Silva et Tenreyro, 2006[20]) ; Head and Mayer, 2014[21]) qui rapporte ce niveau à la distance entre les deux juridictions (données essentiellement issues du CEPII (Mayer et Zignago, 2011[21])), à leur PIB et à leur PIB par habitant. Cette méthode d'estimation, souvent utilisée dans un contexte commercial, a été choisie car elle est particulièrement adaptée dans un cas complexe comme celui-ci, où les cellules de la matrice des chiffres d'affaires bilatéraux des EMN peuvent prendre des valeurs positives ou (fréquemment) nulles[21]. Les résultats, qui sont exposés dans le Tableau 5.4, confirment l'hypothèse selon laquelle la taille et les niveaux de revenu des juridictions investisseur et destinataire sont proportionnels au chiffre d'affaires bilatéral des EMN, tandis que la distance lui est inversement proportionnelle.

Tableau 5.4. Estimation de l'équation gravitationnelle utilisée pour les extrapolations dans la matrice des chiffres d'affaire

	Variable dépendante : chiffre d'affaires bilatéral des EMN (par niveaux)
PIB de la juridictioninvestisseur (log)	0.478***
	(22.12)
PIB de la juridictiondestinataire (log)	0.635***
	(23.81)
Distance (log)	-0.566***
	(-9.51)
PIB par habitant de la juridictioninvestisseur (log)	0.684***
	(13.97)
PIB par habitant de la juridiction destinataire (log)	0.172***
	(3.84)
Constante	-10.89***
	(-14.74)
N	6 512

Note : Les statistiques t sont indiquées entre parenthèses. Les simples, doubles et triples astérisques (***, ** et *) correspondent respectivement aux degrés de signification statistique 1, 5 et 10 %.
Source : Calculs réalisés par le Secrétariat de l'OCDE.

Extrapolations dans les cellules de la diagonale de la matrice des chiffres d'affaires

531. L'extrapolation des valeurs sur la diagonale de la matrice des chiffres d'affaires repose sur une méthode semblable à celle employée dans la matrice des bénéfices. Une régression du rapport entre le chiffre d'affaires des EMN détenues par une entreprise de leur juridiction et le PIB en utilisant comme variables le PIB et le PIB par habitant est appliquée aux quelque 30 cellules de la diagonale précédemment renseignées à l'aide des statistiques issues des déclarations pays par pays et d'ORBIS.[22] Les résultats de la régression sont utilisés à des fins d'extrapolation des valeurs des cellules de la diagonale pour lesquelles aucune de ces sources n'est disponible. Tout comme dans les résultats relatifs aux bénéfices des EMN détenues par une entreprise de leur juridiction, le rapport entre leur chiffre d'affaires et le PIB affiche ici une forte corrélation positive avec le PIB par habitant, reflétant le fait qu'en général, les pays riches concentrent davantage de sièges de multinationales que les pauvres.

5.5.3 Extrapolations dans la matrice des actifs corporels

532. Dans la matrice des actifs corporels, les extrapolations sont basées sur la matrice des chiffres d'affaires. Le principe est que, comme les actifs corporels constituent généralement un intrant important dans la production, ils sont probablement corrélés avec le chiffre d'affaires. Bien entendu, l'intensité capitalistique varie d'une entreprise à l'autre, de sorte que le rapport actifs corporels/chiffre d'affaires dépendra de la juridiction, du secteur économique et de l'EMN considérés[23]. Pour tenir compte de cette hétérogénéité, du moins dans la mesure où les données disponibles le permettent, l'approche s'intéresse aux variations du rapport moyen actifs corporels/chiffre d'affaires entre les juridictions de l'entité mère ultime et celles de la filiale (c'est-à-dire entre les *colonnes* et les *lignes* de la matrice des actifs corporels), comme décrit dans le Graphique 5.3.

Graphique 5.3. Vue d'ensemble de la méthodologie d'extrapolation appliquée dans la matrice des actifs corporels

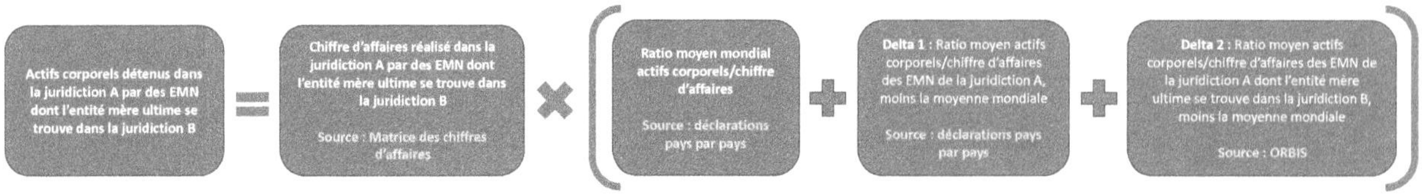

Note : Ce graphique présente de manière schématique la méthodologie utilisée pour extrapoler les valeurs dans les cellules de la matrice des actifs corporels qui ne peuvent être renseignées à l'aide de données effectives. Ainsi, pour extrapoler la valeur d'une cellule donnée de cette matrice, la valeur de la cellule correspondante de la matrice des chiffres d'affaires est multipliée par le ratio moyen mondial actifs corporels/chiffre d'affaires, lequel est ajusté pour tenir compte de ses écarts par rapport à la moyenne mondiale par juridiction de la filiale (ligne de la matrice) et par juridiction de l'entité mère ultime (colonne). La moyenne mondiale et les écarts sont calculés sur la base des statistiques provenant des déclarations pays par pays et des données issues d'ORBIS, comme expliqué ci-après.
Source : Secrétariat de l'OCDE.

533. Prenons l'exemple d'une juridiction A dont l'économie est principalement axée sur des secteurs à forte intensité capitalistique (p. ex., extraction de matières premières ou fabrication) : son ratio actifs corporels/chiffre d'affaires sera probablement relativement élevé. Ce ratio relativement élevé sera visible dans les données relatives aux filiales de la juridiction A tirées des statistiques des déclarations pays par pays des juridictions de l'entité mère ultime répertoriées dans l'Annexe 5.A. En extrapolant les actifs corporels détenus dans la juridiction A par les EMN dont l'entité mère ultime se trouve dans une autre juridiction, la méthodologie repose sur l'hypothèse que ces EMN ont également un ratio relativement élevé dans la juridiction A (en supposant implicitement que la nature de leurs activités est similaire à celle des autres EMN dans la juridiction A). Plus concrètement, la composante « Delta 1 » telle que présentée dans le Graphique 5.3 sera positive pour la juridiction A. De même, si les EMN dont l'entité mère ultime est établie dans une juridiction donnée affichent généralement un ratio actifs corporels/chiffre d'affaires élevé, cette tendance sera également prise en compte dans l'extrapolation, grâce à la composante « Delta 2 ». La composante « Delta 2 » est calculée à partir des données issues des états consolidés d'ORBIS, qui présentent une bonne couverture mondiale[24].

534. Le ratio moyen mondial actifs corporels/chiffre d'affaires, calculé sur la base des statistiques issues des déclarations pays par pays (après ajustement des stocks, comme indiqué précédemment) est de 33 %. C'est également le ratio moyen constaté dans les données provenant des états consolidés d'ORBIS. Pour éviter que le ratio ajusté ne prenne des valeurs extrêmes en raison de la combinaison des composantes « Delta 1 et « Delta 2 » et d'éventuelles informations parasites dans les données sous-jacentes, les ajustements sont plafonnés. Ainsi, les ajustements individuels (de « Delta 1 » *ou* de « Delta 2 ») sont prévus de telle sorte que le rapport actifs corporels/chiffre d'affaires imputé après chaque ajustement reste dans une fourchette comprise entre 15 et 100 %, et l'ajustement combiné final (de « Delta 1 » *plus* « Delta 2 ») est plafonné afin que le ratio final se situe lui aussi dans cette plage.

5.5.4. Extrapolations dans la matrice des coûts salariaux

535. La méthodologie d'extrapolation appliquée dans la matrice des coûts salariaux est très semblable à celle utilisée dans la matrice des actifs corporels. S'appuyant sur la matrice des chiffres d'affaires, elle lui applique un ratio moyen coûts salariaux/chiffre d'affaires qui tient compte des hétérogénéités observées entre ses lignes et ses colonnes (Graphique 5.4). Le ratio moyen mondial coûts salariaux/chiffre d'affaires, calculé sur la base des données ORBIS non consolidées, s'élève à 15,3 %[25]. Comme dans la matrice des actifs corporels, les ajustements des paramètres « Delta 1 » et « Delta 2 » sont plafonnés aux niveaux individuel et combiné, de manière à ce que les ratios imputés restent dans la fourchette comprise entre 5 % et 25 %.

Graphique 5.4. Vue d'ensemble de la méthodologie d'extrapolation appliquée dans la matrice des coûts salariaux

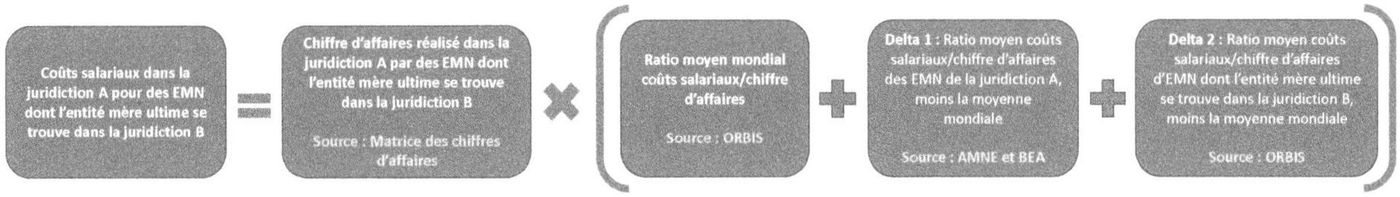

Note : Ce graphique présente de manière schématique la méthodologie utilisée pour extrapoler les valeurs dans les cellules de la matrice des coûts salariaux qui ne peuvent être renseignées à l'aide de données effectives. Ainsi, pour extrapoler la valeur d'une cellule donnée de cette matrice, la valeur de la cellule correspondante de la matrice des chiffres d'affaires est multipliée par le ratio moyen mondial coûts salariaux/chiffre d'affaires, lequel est ajusté pour tenir compte de ses écarts par rapport à la moyenne mondiale, à la fois par juridiction de la filiale (ligne de la matrice) et par juridiction de l'entité mère ultime (colonne). La moyenne mondiale et les déviations sont calculées sur la base des données disponibles dans ORBIS et dans la base AMNE.
Source : Secrétariat de l'OCDE.

5.6. Vue d'ensemble des matrices à un niveau agrégé

536. Les matrices complètes comptent plus de 200 lignes et colonnes chacune. Pour avoir un aperçu des matrices, il est utile d'examiner leurs versions compactes, agrégées par grands groupes de juridictions, qui sont présentées dans le Tableau 5.5. . Ainsi, le Tableau 5.5. montre les matrices avec résultats agrégés par grands groupes de juridictions, qui sont au nombre de quatre : juridictions à revenu élevé, à revenu intermédiaire et à faible revenu, et centres d'investissement. Des versions plus détaillées des matrices, qui croisent la dimension des revenus et la dimension géographique, sont présentées à l'Annexe 5 D.

Tableau 5.5. Les quatre matrices : résultats agrégés par grands groupes de juridictions

		Panneau A : matrice des bénéfices				
		Juridictions de l'entité mère ultime				
	(en milliards d'USD ; exercice 2016)	**Revenu élevé**	**Revenu intermédiaire**	**Faible revenu**	**Centres d'investissement**	**Total**
Juridictions de la filiale	Revenu élevé (64 juridictions)	3 569,1	44,1	0,1	171,3	**3 784,5**
	Revenu intermédiaire (105)	366,2	821,8	0,1	167,9	**1 356,0**
	Faible revenu (29)	1,3	1,3	3,1	0,2	**5,8**
	Centres d'investissement (24)	650,9	69,5	0,0	314,3	**1 034,7**
	Total	**4 587,4**	**936,7**	**3,3**	**653,7**	**6 181,1**

		Panneau B : matrice des chiffres d'affaires				
		Juridictions de l'entité mère ultime				
	(en milliards d'USD ; exercice 2016)	**Revenu élevé**	**Revenu intermédiaire**	**Faible revenu**	**Centres d'investissement**	**Total**
Juridictions de la filiale	Revenu élevé (64 juridictions)	37 034,1	943,4	19,0	2 602,3	**40 598,7**
	Revenu intermédiaire (105)	4 392,3	11 281,2	11,5	1 895,1	**17 580,1**
	Faible revenu (29)	50,4	22,4	45,4	11,3	**129,6**
	Centres d'investissement (24)	3 398,3	176,9	3,6	1 487,3	**5 066,2**
	Total	**44 875,1**	**12 423,9**	**79,6**	**5 996,0**	**63 374,6**

	Panneau C : matrice des actifs corporels					
		Juridictions de l'entité mère ultime				
	(en milliards d'USD ; exercice 2016)	**Revenu élevé**	**Revenu intermédiaire**	**Faible revenu**	**Centres d'investissement**	**Total**
Juridictions de la filiale	Revenu élevé (64 juridictions)	11 463,1	314,5	6,2	614,8	**12 398,7**
	Revenu intermédiaire (105)	1 320,4	4 357,9	5,0	757,4	**6 440,7**
	Faible revenu (29)	20,5	11,2	17,1	4,2	**53,1**
	Centres d'investissement (24)	437,8	69,5	0,9	422,1	**930,3**
	Total	**13 241,8**	**4 753,2**	**29,2**	**1798,5**	**19 822,8**

	Panneau D : matrice des coûts salariaux					
		Juridictions de l'entité mère ultime				
	(en milliards d'USD ; exercice 2016)	**Revenu élevé**	**Revenu intermédiaire**	**Faible revenu**	**Centres d'investissement**	**Total**
Juridictions de la filiale	Revenu élevé (64 juridictions)	6 967,3	153,6	3,0	472,2	**7 596,2**
	Revenu intermédiaire (105)	497,8	1 495,6	1,5	186,5	**2 181,4**
	Faible revenu (29)	7,0	3,1	6,8	1,8	**18,7**
	Centres d'investissement (24)	225,3	18,2	0,4	170,3	**414,2**
	Total	**7 697,5**	**1 670,5**	**11,8**	**830,7**	**10 210,5**

Note : Les groupes de juridictions (à revenu élevé, à revenu intermédiaire et à faible revenu) correspondent à la classification par catégorie de revenu de la Banque mondiale. Le nombre de juridictions que compte chaque groupe est indiqué entre parenthèses. On entend par centre d'investissement une juridiction dont le stock total d'IDE entrants représente plus de 150 % de son PIB.
Source : Calculs réalisés par le Secrétariat de l'OCDE.

537. Les totaux des colonnes des matrices présentées au Tableau 5.5. confirment que les groupes EMN dont l'entité mère ultime se trouve dans une juridiction à revenu élevé concentrent la majorité de l'activité et des bénéfices des groupes EMN dans le monde (ils représentent 71 % du chiffre d'affaires total et 74 % du bénéfice total). Quant aux totaux des lignes (du Tableau 5.5. également), ils montrent que la majorité des bénéfices et de l'activité des groupes EMN dans le monde sont localisés dans les juridictions à revenu élevé (64 % du chiffre d'affaires et 61 % des bénéfices) et, dans une moindre mesure, dans celles à revenu intermédiaire (28 % du chiffre d'affaires et 22 % des bénéfices). Il est intéressant de noter que la part du total mondial des bénéfices réalisés par les EMN dans les centres d'investissement (17 %) est sensiblement plus élevée que la part de leur activité dans ces zones (8 % du chiffre d'affaires, 5 % des actifs corporels et 4 % des coûts salariaux), ce qui corrobore les preuves antérieures des pratiques des EMN en matière de transfert de bénéfices (Johansson et al., 2017[18] ; Beer, de Mooij et Liu, 2019[22]).

5.7. Importance relative des sources de données dans les matrices

538. L'importance relative que présentent les différentes sources de données dans chacune des matrices est exposée de façon synthétique dans le Tableau 5.6. Cette importance est exprimée à la fois (i) en pourcentage du nombre total de cellules de chaque matrice et (ii) en pourcentage du total de la variable envisagée (par exemple, en pourcentage du total des bénéfices dans la matrice des bénéfices). Cette seconde mesure est généralement plus utile sur le plan informatif. En effet, le nombre total de cellules que compte chaque matrice est très important (près de 50 000) étant donné le large éventail de juridictions couvertes (222 au total, dont certaines sont très petites ; voir la liste complète dans le Tableau 5.D.2 en annexe). Par conséquent, la grande majorité des cellules contiennent des valeurs très faibles et ont une

importance limitée, soit parce que peu d'EMN ont leur société mère ultime dans la juridiction de l'entité mère ultime concernée (comme c'est le cas pour un grand nombre de petites économies et d'économies en développement), soit parce que les juridictions de la paire « entité mère ultime - filiale » visée entretiennent peu de relations économiques (par exemple, lorsqu'elles sont très éloignées géographiquement). Ainsi, même si plus de 90 % des cellules sont renseignées par extrapolation, celles-ci ne représentent en moyenne qu'environ 25 % des totaux dans les quatre matrices.

Tableau 5.6. Importance relative des sources de données dans les matrices

	Matrice des bénéfices		Matrice des chiffres d'affaires		Matrice des actifs corporels		Matrice des coûts salariaux	
	% des cellules	% du total des bénéfices	% des cellules	% du total des chiffres d'affaires	% des cellules	% du total des actifs corporels	% des cellules	% du total des coûts salariaux
Statistiques issues des déclarations pays par pays	2 %	63%	2 %	58 %	2 %	60 %		
Données issues d'ORBIS	3 %	10 %	3 %	11 %	3 %	12 %	3 %	17 %
Données analytiques AMNE			4 %	26 %				
Données AMNE			5 %	0 %			2 %	46 %
Extrapolations	95 %	27 %	86 %	4 %	95 %	28 %	96 %	36 %
Total	100 %	100 %	100 %	100 %	100 %	100 %	100 %	100 %

Note : Par exemple, 2 % des cellules de la matrice des bénéfices sont renseignées avec les statistiques issues des déclarations pays par pays. Elles représentent 63 % du total des bénéfices dans cette matrice. Les cellules vides correspondent à des sources de données qui ne sont pas utilisées dans la matrice considérée.
Source : Calculs réalisés par le Secrétariat de l'OCDE.

539. Les taux affichés dans le Tableau 5.6 indiquent que les statistiques issues des déclarations pays par pays constituent la principale source des matrices des bénéfices, des chiffres d'affaires et des actifs corporels, en cela qu'elles représentent environ 60 % des totaux de chacune de ces variables dans leurs matrices respectives. La part des extrapolations est beaucoup plus faible dans la matrice des chiffres d'affaires (4 %) que dans les trois autres (entre 27 et 36 %), ce qui donne à penser que cette matrice devrait être la plus fiable des quatre.

540. L'importance relative des extrapolations par groupes de juridictions est présentée au Tableau 5.7. En règle générale, les extrapolations sont relativement peu utilisées pour les données relatives aux juridictions à revenu élevé, tant dans les lignes des matrices (entités EMN de juridictions à revenu élevé) que dans leurs colonnes (entités EMN dont la société mère ultime est située dans une juridiction à revenu élevé). Ainsi, dans la matrice des bénéfices, elles ne représentent que 14 % des données à la fois dans les lignes et les colonnes des juridictions à revenu élevé. La part des extrapolations est beaucoup plus élevée pour les juridictions à revenu intermédiaire (elle dépasse 50 % pour toutes les variables sauf le chiffre d'affaires, pour lequel elle est inférieure à 10 %), et elle est proche de 100 % dans les juridictions à faible revenu – des taux qui reflètent les fortes disparités en termes de données effectives disponibles pour ces juridictions. Enfin, la part des bénéfices extrapolés dans les lignes correspondant aux centres d'investissement est inférieure à 40 %. Bien que ce pourcentage demeure élevé, il montre bien l'importance des statistiques des déclarations pays par pays – disponibles depuis peu – en tant que source sur les bénéfices (et d'autres variables) localisés dans les centres d'investissement, ces derniers étant généralement insuffisamment couverts par les autres sources.

Tableau 5.7. Importance relative des extrapolations dans les matrices, par grands groupes de juridictions

Panneau A : Part des données extrapolées – lignes des matrices				
	Matrice des bénéfices	**Matrice des chiffres d'affaires**	**Matrice des actifs corporels**	**Matrice des coûts salariaux**
Revenu élevé (64 juridictions)	14 %	3 %	14 %	19 %
Revenu intermédiaire (105)	53 %	8 %	54 %	93 %
Faible revenu (29)	77 %	94 %	93 %	97 %
Centres d'investissement (24)	39 %	4 %	36 %	60 %
Moyenne mondiale	**27 %**	**4 %**	**28 %**	**36 %**

Panneau B : Part des données extrapolées – colonnes des matrices				
	Matrice des bénéfices	**Matrice des chiffres d'affaires**	**Matrice des actifs corporels**	**Matrice des coûts salariaux**
Revenu élevé (64 juridictions)	14 %	3 %	15 %	22 %
Revenu intermédiaire (105)	72 %	9 %	64 %	95 %
Faible revenu (29)	100 %	100 %	100 %	100 %
Centres d'investissement (24)	51 %	5 %	31 %	49 %
Moyenne mondiale	**27 %**	**4 %**	**28 %**	**36 %**

Note : Par exemple, dans la matrice des bénéfices, 39 % des valeurs des *lignes* correspondant aux centres d'investissement (c'est-à-dire les bénéfices réalisés par les filiales d'EMN dans ces zones) sont extrapolées (panneau A) et 51 % des valeurs des *colonnes* correspondant aux centres d'investissement (c'est-à-dire les bénéfices réalisés par les EMN ayant leur entité mère ultime dans un tel centre) sont extrapolées (panneau B). Les groupes de juridictions (à revenu élevé, à revenu intermédiaire et à faible revenu) correspondent à la classification par catégorie de revenu de la Banque mondiale. On entend par centre d'investissement une juridiction dont le total des stocks d'IDE entrants représente plus de 150 % de son PIB. Le nombre de juridictions que compte chaque groupe est indiqué entre parenthèses.
Source : Calculs réalisés par le Secrétariat de l'OCDE.

5.8. Analyse comparative et contrôles de cohérence

541. Comme les matrices combinent des données provenant de diverses sources, ainsi que des extrapolations, assurer un degré suffisant de cohérence des données tant au sein des matrices qu'entre elles constitue un défi majeur. Bien que les sources qu'elles utilisent soient toutes axées sur la mesure de variables similaires (telles que les bénéfices des EMN), elles présentent inévitablement certaines discordances sur le plan conceptuel. Ces différences peuvent concerner en particulier : la couverture (par exemple, les statistiques issues des déclarations pays par pays n'incluent que les groupes EMN dont le chiffre d'affaires consolidé est supérieur à 750 millions d'euros – seuil à partir duquel la déclaration devient obligatoire – et les données AMNE excluent le secteur financier) ; les définitions de variables (les bénéfices provenant des déclarations pays par pays peuvent inclure certains dividendes intragroupe reçus, alors que tous les dividendes sont inclus dans le bénéfice avant impôt d'ORBIS et exclus de la mesure résultat avant intérêts et impôts) ; et les taux de participation minimum associés au statut de multinationale (les statistiques issues des déclarations pays par pays et les données issues d'ORBIS appliquent un seuil de participation de 50 % et les données sur l'IDE, un seuil de 10 %).

542. Si la méthodologie appliquée pour renseigner les matrices vise à aplanir certaines de ces divergences (notamment en assurant un meilleur alignement des extrapolations sur les données effectives, puisqu'elles sont basées sur les données disponibles pour ces cellules), il est inévitable que des incohérences subsistent dans une certaine mesure. Afin d'évaluer l'ampleur de ces incohérences et

de limiter leur impact potentiel sur les résultats finaux, des analyses comparatives et des contrôles de qualité approfondis ont été réalisés. Ils sont décrits dans les sections suivantes.

5.8.1. Corrélation entre les sources de données utilisées dans les matrices

543. La corrélation des données entre les sources utilisées dans chaque matrice a fait l'objet de tests systématiques portant sur les cellules pour lesquelles plusieurs sources sont disponibles. Comme les méthodologies d'extrapolation présentées dans ce chapitre génèrent des valeurs pour toutes les cellules, il est possible de comparer toutes les cellules renseignées avec des données effectives au moins aux résultats des extrapolations. En outre, les sources de données effectives présentent des recoupements importants en termes de couverture, ce qui permet leur corrélation également.

544. Les résultats, présentés au Tableau 5.8, indiquent que la corrélation par paire de sources est bonne, en particulier entre sources de données effectives. Ainsi, le niveau de corrélation entre les statistiques tirées des déclarations pays par pays et les données issues d'ORBIS atteint 92 % dans la matrice des bénéfices et 93 % dans celle des chiffres d'affaires. La corrélation entre les données effectives et les valeurs extrapolées est généralement plus faible, comme on pouvait s'y attendre (entre 64 % et 96 % selon la variable et la source de données analysées), mais toujours suffisamment élevée pour considérer que les extrapolations sont pertinentes. Même dans la matrice des bénéfices, où l'extrapolation est sans doute plus délicate que dans les trois autres car la localisation des bénéfices d'une EMN est compliquée par le fait qu'elle ne les réalise pas forcément là où elle exerce son activité économique, le taux de corrélation des valeurs extrapolées avec les données effectives atteint 75 %.

Tableau 5.8. Corrélation par paire des sources dans les matrices

Corrélation entre chaque paire de sources dans chacune des matrices et nombre d'observations de recoupements entre sources

Panneau A : Matrice des bénéfices			
	Statistiques issues des déclarations pays par pays	Données issues d'ORBIS	Extrapolations
Statistiques issues des déclarations pays par pays		0,92 (252 obs.)	0,75 (955 obs.)
Données issues d'ORBIS			0,75 (1 483 obs.)
Extrapolations			

Panneau B : Matrice des chiffres d'affaires					
	Statistiques issues des déclarations pays par pays	Données issues d'ORBIS	Données analytiques AMNE	Données AMNE	Extrapolations
Statistiques issues des déclarations pays par pays		0,93 (254 obs.)	0,75 (561 obs.)	0,88 (417 obs.)	0,73 (1 064 obs.)
Données issues d'ORBIS			0,79 (941 obs.)	0,92 (365 obs.)	0,64 (1 588 obs.)
Données analytiques AMNE				0,95 (867 obs.)	0,75 (2 583 obs.)
Données AMNE					0,71 (1530 obs.)
Extrapolations					

Panneau C : Matrice des actifs incorporels

	Statistiques issues des déclarations pays par pays	Données issues d'ORBIS	Extrapolations
Statistiques issues des déclarations pays par pays		0,84 (251 obs.)	0,89 (1 038 obs.)
Données issues d'ORBIS			0,87 (1 493 obs.)
Extrapolations			

Panneau D : Matrice des coûts salariaux

	Données issues d'ORBIS	Données AMNE	Extrapolations
Données issues d'ORBIS		0,94 (598 obs.)	0,95 (1 171 obs.)
Données AMNE			0,96 (1321 obs.)
Extrapolations			

Note : Ce tableau présente la corrélation par paire des sources de données dans les quatre matrices, chaque tableau correspondant à une matrice. Pour chacune de ces paires, la corrélation est calculée sur les valeurs de toutes les cellules pour lesquelles deux sources sont disponibles. Par exemple, la corrélation entre les données de bénéfice provenant des déclarations pays par pays et d'ORBIS dans la matrice des bénéfices, calculée sur ses 252 cellules bénéficiant de ces deux sources, atteint 92 %. Compte tenu de la méthodologie d'extrapolation utilisée, les extrapolations peuvent être comparées en tenant compte de l'ensemble des cellules des quatre matrices. Une transformation logarithmique est appliquée à toutes les valeurs avant le calcul des corrélations pour éviter des valeurs extrêmes qui auraient un effet disproportionné sur les corrélations. Les taux de corrélation obtenus sans cette transformation logarithmique sont généralement plus élevés que ceux présentés dans ce tableau.
Source : Calculs réalisés par le Secrétariat de l'OCDE.

545. Le calcul des taux de corrélation moyens, présentés au Tableau 5.8, a été complété par une analyse plus approfondie de la cohérence entre les sources, fondée sur un vaste ensemble de diagrammes de dispersion. Pour rester lisibles, de tels diagrammes doivent généralement être axés sur la comparaison d'une seule source de données avec une autre, au niveau d'une ligne ou colonne donnée. La description exhaustive et l'insertion de ces diagrammes de dispersion dans ce chapitre seraient trop longues. C'est pourquoi des exemples sont fournis à titre indicatif dans le Graphique 5.E.1 (en annexe). Ce dernier propose une comparaison des statistiques issues des déclarations pays par pays et des données provenant d'ORBIS entre les colonnes des matrices des bénéfices, des chiffres d'affaires et des actifs corporels qui correspondent aux juridictions de l'entité mère ultime dont ces statistiques comportent plus de dix entrées bilatérales (la matrice des coûts salariaux ne figure pas dans le tableau car cette variable est absente des statistiques des déclarations pays par pays).

546. Cette analyse détaillée des données a permis au Secrétariat de l'OCDE d'identifier un certain nombre de valeurs suspectes, définies comme étant des valeurs pour lesquelles plusieurs sources indiquaient des résultats très différents. Ces valeurs ont été corrigées manuellement si nécessaire, après une enquête plus approfondie afin de déterminer la source de données la plus pertinente (notamment grâce à des échanges avec les représentants des juridictions). Étant donné que cette analyse s'est principalement appuyée sur une version préliminaire des statistiques issues des déclarations pays par pays, elle a permis d'y relever, avant la publication en juillet 2020, quelques erreurs de déclaration et de les corriger après consultation des représentants des juridictions.

5.8.2. Corrélation avec d'autres sources de données non utilisées dans les matrices

547. Différentes sources n'ont pas été utilisées directement pour renseigner les matrices ; elles représentent malgré tout des références utiles pour évaluer la qualité des données et identifier les problèmes susceptibles d'affecter leur cohérence dans les matrices. Les trois autres sources possibles envisagées aux fins du présent chapitre sont les suivantes :

- **Le résultat avant intérêts et impôts (au lieu du bénéfice avant impôt) en tant que mesure du bénéfice dans les données issues d'ORBIS** : Comme expliqué à la Section 5.4.2, deux mesures du bénéfice sont disponibles dans ORBIS : le résultat avant intérêts et impôts (EBIT) et le bénéfice avant impôt (PBT). Le bénéfice avant impôt a été choisi en tant que variable pour renseigner les cellules de la matrice des bénéfices utilisant comme source les données issues d'ORBIS, mais le résultat avant intérêts et impôts n'en demeure pas moins un point de comparaison intéressant. En effet, comme le résultat avant intérêts et impôts exclut les dividendes reçus, sa comparaison avec les statistiques issues des déclarations pays par pays (où les dividendes intragroupe sont partiellement inclus) et les données sur le bénéfice avant impôt d'ORBIS (où ces dividendes sont entièrement inclus) permet de rendre compte de l'influence des dividendes dans la matrice des bénéfices. Comme le montre le Tableau 5.9 (ligne 1), la corrélation du résultat avant intérêts et impôts avec les statistiques provenant des déclarations pays par pays est élevée (92 %) et sa corrélation avec les données de bénéfice avant impôt d'ORBIS l'est encore plus (98 %). En d'autres termes, l'inclusion (partielle ou totale) des dividendes dans ces sources n'a, en moyenne, que des conséquences limitées sur la matrice des bénéfices globale, même si l'effet peut être plus marqué sur certaines cellules (du fait notamment que les dividendes sont susceptibles d'être plus élevés dans les juridictions où la proportion de sociétés mères ou holding est plus importante).
- **Données AMNE de l'OCDE sur l'excédent brut d'exploitation** : Comme indiqué à la Section 5.2.3, la base de données AMNE de l'OCDE (activités domestiques et à l'étranger) contient des données bilatérales sur l'excédent brut d'exploitation des EMN. Celles-ci n'ont pas été utilisées pour renseigner la matrice des bénéfices pour plusieurs raisons : elles apportent un faible gain en termes de couverture par rapport aux statistiques tirées des déclarations pays par pays et à ORBIS, elles ne couvrent pas l'ensemble des secteurs économiques et l'excédent brut d'exploitation présente des discordances d'ordre conceptuel, liées notamment à des règles d'amortissement différentes, avec la mesure du bénéfice provenant des états financiers. Les données sur l'excédent brut d'exploitation fournissent toutefois un point de comparaison utile. Pour améliorer la comparabilité avec d'autres sources, des ajustements inspirés de la méthode de Tørsløv et al. (2018[1]) sont appliqués afin de tenir compte de l'amortissement[26]. La corrélation de la variable ajustée avec les statistiques agrégées provenant des déclarations pays par pays dépasse 80 % pour les données AMNE relatives à l'activité domestique et à l'activité à l'étranger, et sa corrélation avec les données issues d'ORBIS est supérieure à 85 % (Tableau 5.9, lignes 2 et 3). Ces corrélations sont globalement moins bonnes que celles observées entre les statistiques issues des déclarations pays par pays et ORBIS dans le Tableau 5.8 (c'est-à dire 92%), ce qui semble confirmer que l'excédent brut d'exploitation ajusté basé sur les données AMNE de l'OCDE aurait été un choix moins judicieux que ces deux sources pour renseigner la matrice des bénéfices.
- **Données du Bureau of Economic Analysis (États-Unis) sur les multinationales américaines :** Comme indiqué à la Section 5.2.6, le BEA fournit des données détaillées sur l'activité à l'étranger des EMN américaines. Les données du BEA sur les bénéfices (« profit-type return », ou rendement de type profit), sur le chiffre d'affaires (« sales of US affiliates », ou recettes des filiales américaines), sur les actifs corporels (« property, plant and equipment », ou immobilisations corporelles) et sur les coûts salariaux (« compensation of employees », ou salaires et charges sociales) ont été comparées aux statistiques tirées des déclarations pays par pays (hormis pour les coûts salariaux comme cette variable est absente de ces déclarations) ainsi qu'aux données issues d'ORBIS sur les filiales des EMN américaines à l'étranger. Comme les

données du BEA ne font pas la distinction entre les bénéfices « positifs » (c'est-à-dire les bénéfices des entités appartenant à des sous-groupes EMN enregistrant des bénéfices positifs dans la juridiction envisagée) et les bénéfices nets, la comparaison porte sur les seconds (alors que seuls les « sous-groupes enregistrant des bénéfices positifs » extraits des statistiques issues des déclarations pays par pays et les données issues d'ORBIS sont pris en compte dans les matrices). Dans l'ensemble, la corrélation des statistiques tirées des déclarations pays par pays et les données issues d'ORBIS avec les informations pertinentes du BEA est élevée (Graphique 5.5). La comparaison a également permis d'identifier quelques valeurs aberrantes, correspondant à des erreurs de déclaration ou à des événements exceptionnels dans les données sous-jacentes de la matrice des bénéfices ; ces aberrations ont été corrigées en les remplaçant par les valeurs correspondantes tirées des données du BEA.

Tableau 5.9. Corrélation par paire des sources de données utilisées dans la matrice des bénéfices avec des mesures du bénéfice possibles provenant d'autres sources

		Matrix sources		
		Statistiques issues des déclarations pays par pays	ORBIS (bénéfice avant impôt)	Extrapolations
Autres sources	ORBIS (résultat avant intérêts et impôts)	0.92	0.92	0.75
	Données AMNE de l'OCDE (activité domestique)	0.84	0.84	0.76
	Données AMNE de l'OCDE (activité à l'étranger)	0.81	0.92	0.69

Note : Ce tableau montre la corrélation par paire des sources utilisées dans la matrice des bénéfices (colonnes) avec trois mesures du bénéfice possibles provenant de sources n'étant pas utilisées dans cette matrice (lignes). Ces autres mesures envisagées sont le résultat avant intérêts et impôts (tiré de la base de données ORBIS) et l'excédent brut d'exploitation, corrigé des amortissements en utilisant les données de Tørsløv et al. (2018[1]), figurant dans les données AMNE de l'OCDE relatives à l'activité domestique et à l'activité à l'étranger. Pour chaque paire de sources, la corrélation est calculée sur toutes les cellules de la matrice qui peuvent extraire leur valeur de ces deux sources. Par exemple, le taux de corrélation entre les données de bénéfice tirées des déclarations pays par pays et des données de bénéfice avant impôt provenant d'ORBIS, calculé sur les cellules de la matrice des bénéfices pour lesquelles ces deux sources sont disponibles, s'élève à 92 %. Une transformation logarithmique est appliquée à toutes les valeurs avant le calcul des corrélations pour éviter des valeurs extrêmes qui auraient un effet disproportionné sur les corrélations. Les taux de corrélation obtenus sans cette transformation logarithmique sont généralement plus élevés que ceux présentés dans ce tableau

Source : Calculs réalisés par le Secrétariat de l'OCDE.

Graphique 5.5. Multinationales américaines : comparaison des statistiques des déclarations pays par pays et des données issues d'ORBIS avec les données du BEA

Panneau A : statistiques issues des déclarations pays par pays et données du BEA

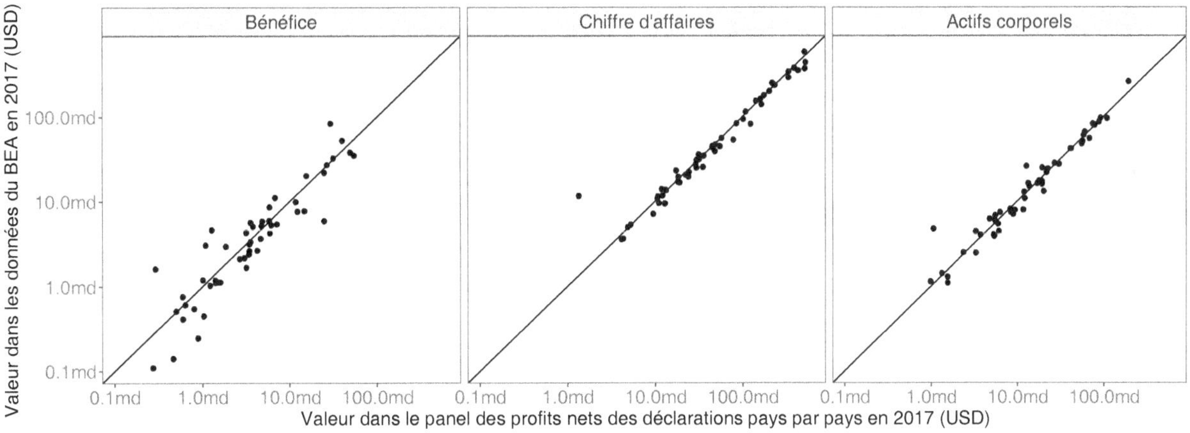

Panneau B : données des états non consolidés d'ORBIS et données du BEA

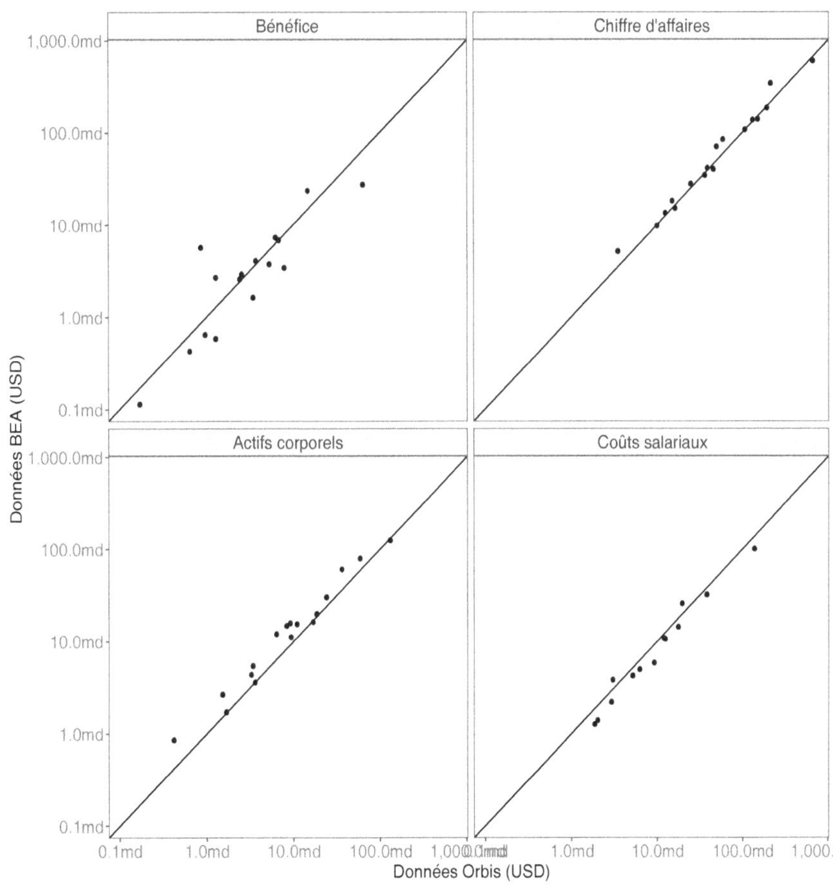

Note : Ces panneaux présentent des comparaisons des statistiques des États-Unis provenant des déclarations pays par pays (panneau A) et des données issues d'ORBIS (panneau B) avec les données du BEA sur l'activité des multinationales américaines. Les données du panneau A portent sur 2017 (année pour laquelle les statistiques extraites des déclarations des États-Unis sont utilisées dans l'analyse) et celles du panneau B concernent 2016 (année pour laquelle les données issues d'ORBIS sont utilisées dans l'analyse). Dans les graphiques, chaque point correspond à une juridiction où les EMN américaines possèdent des filiales. Une corrélation parfaite impliquerait que tous les points se trouvent sur la ligne inclinée à 45 degrés, superposée aux graphiques. Les points gris figurant dans le cadre des actifs corporels pour les déclarations pays par pays (panneau A), qui représentent des données pour le Luxembourg et la Barbade, ont été considérés comme des anomalies témoignant d'erreurs de déclaration ou d'événements exceptionnels dans les données sous-jacentes à ces déclarations. Ces anomalies ont été remplacées manuellement par les valeurs correspondantes des données du BEA dans la matrice des bénéfices. Pour améliorer la comparabilité des données, la variable des actifs corporels examinée dans les données du BEA inclut les stocks dans la comparaison avec les statistiques provenant des déclarations pays par pays et exclut ceux-ci dans la comparaison avec les données issues d'ORBIS.

Source : Calculs réalisés par le Secrétariat de l'OCDE

5.8.3. Comparaisons avec les données financières des états consolidés des multinationales

548. Les totaux des colonnes des matrices ont été comparés aux informations tirées des états financiers consolidés des groupes EMN. Ainsi, le bénéfice total des groupes EMN américains, obtenu de leurs états financiers consolidés, devrait en théorie correspondre au total de la colonne correspondant aux États-Unis dans la matrice des bénéfices. Cette comparaison est toutefois imparfaite et ce, pour plusieurs raisons : (i) les matrices visent les sous-groupes EMN enregistrant des bénéfices « positifs » (c'est-à-dire les entités appartenant à des sous-groupes EMN enregistrant des bénéfices positifs dans la juridiction envisagée), tandis que les données des états financiers consolidés des EMN prennent en compte toutes les entités des EMN, bénéficiaires ou déficitaires, dans des juridictions spécifiques ; par conséquent, le bénéfice global devrait être plus élevé dans la matrice des bénéfices que dans les états financiers consolidés (où le bénéfice est net des pertes des entités déficitaires) ; (ii) la matrice des chiffres d'affaires rend compte des ventes aux entités indépendantes ainsi qu'aux entités liées, tandis que les ventes réalisées auprès d'entités liées ne sont pas incluses dans les états financiers consolidés.

549. Les états financiers consolidés d'ORBIS ont une couverture relativement bonne des EMN à l'échelle mondiale (contrairement aux états non consolidés, qui présentent une couverture inégale selon les juridictions). Pour améliorer encore la couverture, le jeu de données provenant d'ORBIS a été complété par le Secrétariat de l'OCDE par : (i) des informations issues de la base de données Worldscope, qui contient les états financiers de sociétés du monde entier, pour la plupart cotées en bourse, (ii) des données du Tableau de bord des investissements dans la R&D industrielle compilé par l'UE, qui couvre les 2 500 sociétés dont les dépenses mondiales de R&D sont les plus élevées (Hernández et al., 2017[23]) et (iii) des données provenant du classement Fortune Global 500 (c'est-à-dire les 500 plus grandes entreprises au niveau mondial par le chiffre d'affaires) (voir l'Annexe 2.A du Chapitre 2 pour plus de détails).

550. Globalement, il existe une corrélation entre les totaux des colonnes des matrices et les données financières des états consolidés, mais elle est imparfaite pour les motifs énumérés ci-dessus (Annexe Graphique 5.E.2). Si les différences entre les deux sources sont généralement modérées, leur importance dans certaines juridictions de l'entité mère ultime paraît peu plausible, même en tenant compte d'éventuelles lacunes en matière de couverture des données des états consolidés. De telles divergences peuvent être liées à des faiblesses des extrapolations dans les cellules de la diagonale des matrices des bénéfices et des chiffres d'affaires – extrapolations qui, comme expliqué précédemment, souffrent d'une moindre disponibilité des données et sont donc plus incertaines que les valeurs et extrapolations présentes dans les autres cellules. Pour résoudre ce problème, les estimations dans les cellules de la diagonale de ces deux matrices ont été ajustées (lorsqu'elles reposaient sur des extrapolations et si la différence entre le total de la colonne de la matrice des bénéfices et le total correspondant tiré des données des états financiers consolidés était jugée invraisemblable) pour ramener cette différence à un niveau plus

plausible[27]. Bien qu'inévitablement imparfait en raison des limites inhérentes aux données, cet ajustement vise à réduire le risque de présence de valeurs non plausibles dans les matrices[28].

5.8.4. Échanges avec les représentants des juridictions

551. Des consultations bilatérales avec les représentants des juridictions ont permis d'affiner les données des matrices de deux manières essentiellement. Premièrement, les données contenues dans les matrices ont été comparées aux données fiscales et de comptabilité financière relatives aux bénéfices et à l'activité des multinationales détenues par une entreprise de leur juridiction et celles détenues par une société étrangère communiquées confidentiellement au Secrétariat de l'OCDE par le biais d'un questionnaire rempli par les délégués du Groupe de travail n° 2 du Comité des affaires fiscales de l'OCDE en 2019. Cette comparaison a permis la mise au jour d'incohérences potentielles avec les données des matrices.

552. Deuxièmement, les valeurs de certaines cellules spécifiques des matrices ont fait l'objet de discussions bilatérales avec les représentants des juridictions à diverses fins : pour identifier la source de données la plus pertinente en cas de signaux contradictoires entre sources (comme exposé ci-avant), pour éliminer des données l'effet d'opérations exceptionnelles (tel que celui de grandes fusions-acquisitions sur le montant des bénéfices et les juridictions où ils sont localisés), ou encore pour pallier les limites des sources existantes (notamment en résolvant la problématique des dividendes intragroupe dans les statistiques issues des déclarations pays par pays). Dans ce cadre et au terme d'une analyse approfondie de leurs données nationales, certains représentants ont pu fournir au Secrétariat de l'OCDE leurs estimations pour des cellules spécifiques des matrices (notamment celles de la diagonale de la matrice des bénéfices correspondant à leur juridiction). Ces estimations ont été intégrées dans les matrices pertinentes dans la mesure où elles ont été jugées plus précises que celles fondées sur les sources présentées dans ce chapitre, et ce, malgré d'éventuels problèmes de cohérence avec d'autres sources utilisées dans les matrices.

5.8.5. Test de robustesse : modification de l'ordre de préférence des sources de données

553. Comme leurs sources de données sous-jacentes se recoupent dans une certaine mesure, les matrices les utilisent dans un ordre de préférence déterminé lors de leur conception et présenté au Tableau 5.2.. Un test de robustesse intéressant consiste à modifier l'ordre de priorité des sources et à comparer le résultat obtenu avec les matrices d'origine. Le résultat de ce test est présenté à l'Annexe 5 F, à un niveau relativement agrégé (qui correspond au niveau d'agrégation des matrices illustrées au Tableau 5.5.) pour évaluer les effets de l'inversion de l'ordre de préférence des deux premières sources de chaque matrice. Par exemple, dans la matrice des bénéfices, l'ordre de préférence d'origine est le suivant : (i) statistiques issues des déclarations pays par pays, (ii) données issues d'ORBIS, (iii) extrapolations. Le test exposé à l'Annexe 5 F consiste à appliquer l'ordre suivant en lieu et place : (i) données issues d'ORBIS, (ii) statistiques issues des déclarations pays par pays, (iii) extrapolations.

554. Dans l'ensemble, les résultats du test de robustesse sont rassurants car (au niveau d'agrégation présenté dans l'Annexe 5 F), la plupart des valeurs subissent une modification de moins de 10 % lorsque l'ordre des sources de référence est modifié.

5.9. Conclusion

555. Ce chapitre décrit la méthodologie et les sources de données sous-jacentes à un ensemble de matrices permettant la cartographie des bénéfices et de l'activité des entreprises multinationales dans le monde. Ces matrices constituent des instruments essentiels dans le cadre de l'évaluation de l'impact du

Pilier Un et du Pilier Deux exposée dans ce rapport. Elles combinent une série de sources de données existantes en un cadre cohérent, qui permet une évaluation plus précise et complète de l'impact des propositions de réformes qu'avec n'importe quelle source prise isolément. Bien que les matrices ne puissent faire l'économie de certaines extrapolations, des méthodes élaborées ont été appliquées pour que les valeurs extrapolées soient aussi précises que possible. La méthodologie offre également l'avantage de rendre ces extrapolations explicites, ce qui permet d'évaluer leur qualité.

556. Compte tenu des limites inhérentes aux sources de données sous-jacentes, la méthodologie ne saurait produire une estimation précise et certaine pour chacun des points de données de chaque matrice. L'objectif a donc plutôt été de garantir la justesse des points de données en termes d'ordre de grandeur et une bonne cohérence des données, tant dans les matrices qu'entre elles. Aux fins de l'évaluation d'impact exposée dans ce rapport, la cohérence globale est encore plus importante que l'exactitude de chaque donnée car cette évaluation nécessite généralement la combinaison de données dans les matrices, à la fois interne et transversale. Pour garantir une cohérence optimale, des vérifications de données et des analyses comparatives approfondies ont été réalisées, en consultant les représentants des juridictions.

557. À l'avenir, les matrices présentées dans ce chapitre pourraient être utilisées à diverses autres fins. Elles pourraient notamment servir à l'analyse du comportement des multinationales en matière de transfert de bénéfices dans la mesure où elles permettraient d'appréhender ces pratiques de façon plus globale et plus précise que les études antérieures à la publication des statistiques issues des déclarations pays par pays (Johansson et al. (2017[18]), Tørsløv et al. (2018[1]), Beer et al. (2019[22]), par exemple) ou que les études récentes ayant recourt à de telles statistiques librement accessibles relatives aux EMN américaines (Clausing (2020[15]), par exemple)[29]. Si les premières estimations sur le transfert de bénéfices produites à l'aide des matrices présentées dans ce chapitre dans le cadre de l'analyse de la potentielle réponse comportementale des EMN au Pilier Deux (présentée au chapitre 3) suggèrent que l'intensité de ce transfert concorde globalement avec les résultats de ces études antérieures, elles offrent néanmoins une cartographie plus détaillée des flux de transfert de bénéfices. Les matrices pourraient également être appliquées à l'analyse de potentielles réformes fondamentales de l'impôt sur les sociétés. Outre leur utilisation à des fins d'analyse fiscale, leur combinaison avec des informations de la base de données analytique AMNE de l'OCDE permettrait d'évaluer les liens entre les chaînes de valeur mondiales et la rentabilité des multinationales, notamment afin d'éclairer de futures analyses sur la restructuration de ces chaînes de valeur dans un environnement post-COVID-19.

558. Une autre piste pour des travaux futurs consisterait à mettre à jour et à affiner les matrices à mesure que de nouvelles données seront disponibles et compte tenu de l'évolution constante de la situation économique, et en premier lieu de la crise du COVID-19. Les matrices actuelles se concentrent principalement sur l'année 2016, qui, au moment de leur conception, était le dernier exercice pour lequel les statistiques tirées des déclarations pays par pays et les données issues d'ORBIS étaient disponibles. En ce qui concerne les statistiques issues de ces déclarations, elles devraient progressivement couvrir un ensemble plus large de juridictions de l'entité mère ultime dans les années à venir, vu que leur collecte a débuté en 2016 et que certaines juridictions n'étaient alors pas encore en mesure de compiler leurs statistiques pour cet exercice et de les communiquer à l'OCDE aux fins de publication. La qualité de ces statistiques devrait également s'améliorer à l'avenir, puisque certains problèmes liés à leur collecte, mentionnés dans le présent chapitre, ont été identifiés et sont traités actuellement. À mesure que la qualité et la couverture de ces statistiques s'amélioreront, il devrait être possible de concevoir des matrices plus précises.

References

Bailin Rivares, A. et al. (2019), *Like it or not? The impact of online platforms on the productivity of service providers*, Éditions OCDE, Paris, https://dx.doi.org/10.1787/080a17ce-en. [19]

Bajgar, M. et al. (2020), *Coverage and representativeness of Orbis data*, Éditions OCDE, Paris, https://dx.doi.org/10.1787/c7bdaa03-en. [26]

Bajgar, M. et al. (2019), *Industry Concentration in Europe and North America*, OCDE, https://www.oecd-ilibrary.org/economics/industry-concentration-in-europe-and-north-america_2ff98246-en. [16]

Beer, S., R. de Mooij et L. Liu (2019), « International Corporate Tax Avoidance: A Review of the Channels, Magnitudes, and Blind Spots », *Journal of Economic Surveys*, pp. 1-29, http://dx.doi.org/10.1111/joes.12305. [22]

Blouin, J. et L. Robinson (2019), « Double Counting Accounting: How Much Profit of Multinational Enterprises Is Really in Tax Havens? », *SSRN Electronic Journal*, http://dx.doi.org/10.2139/ssrn.3491451. [14]

Bolwijn, R., B. Casella et D. Rigo (2018), « An FDI-driven approach to measuring the scale and economic impact of BEPS », *Transnational Corporations*, vol. 25/2, pp. 107-143, https://papers.ssrn.com/sol3/papers.cfm?abstract_id=3422774. [12]

Borga, M. et C. Caliandro (2018), *Eliminating the Pass-Through: Towards FDI Statistics that Better Capture the Financial and Economic Linkages between Countries*, National Bureau of Economic Research, http://dx.doi.org/10.3386/w25029. [13]

Cadestin, C. et al. (2018), *Multinational enterprises and global value chains: the OECD analytical AMNE database*, Éditions OCDE, Paris, https://dx.doi.org/10.1787/d9de288d-en. [2]

Casella, B. (2019), « Looking Through Conduit FDI in Search of Ultimate Investors – A Probabilistic Approach », *Transnational Corporations Journal*, vol. 26/1, https://papers.ssrn.com/sol3/papers.cfm?abstract_id=3622003. [5]

Clausing, K. (2020), « Profit Shifting Before and After the Tax Cuts and Jobs Act », *SSRN Electronic Journal*, http://dx.doi.org/10.2139/ssrn.3274827. [15]

CNUCED (2018), *World Investment Report 2018: Investment and New Industrial Policies*, https://unctad.org/en/PublicationsLibrary/wir2018_en.pdf. [24]

Coppola, A. et al. (2020), *Redrawing the Map of Global Capital Flows: The Role of Cross-Border Financing and Tax Havens*, National Bureau of Economic Research, https://www.nber.org/papers/w26855. [25]

Damgaard, J. et T. Elkjaer (2017), *The Global FDI Network: Searching for Ultimate Investors*, Fonds monétaire international, https://www.imf.org/en/Publications/WP/Issues/2017/11/17/The-Global-FDI-Network-Searching-for-Ultimate-Investors-45414. [4]

Damgaard, J., T. Elkjaer et N. Johannesen (2019), « What Is Real and What Is Not in the Global FDI Network? », *IMF Working Papers*, vol. 19/274, http://dx.doi.org/10,5089/9 781 513 521 527,001. [11]

Eurostat (2008), *NACE Rév. 2 - Nomenclature statistique des activités économiques dans la Communauté européenne*, Eurostat, Luxembourg, https://ec.europa.eu/eurostat/documents/3859598/5902564/KS-RA-07-015-FR.PDF/0f229302-cf58-48dd-9190-f9552b115872. [10]

Gal, P. (2013), *Measuring Total Factor Productivity at the Firm Level using OECD-ORBIS*, Éditions OCDE, Paris, https://dx.doi.org/10.1787/5k46dsb25ls6-en. [17]

Hanappi, T. et A. González Cabral (2020), « The impact of the Pillar One and Pillar Two proposals on MNE's investment costs: An analysis using forward-looking effective tax rates », *OECD Taxation Working Papers*, n° 50, OECD Publishing, Paris, https://dx.doi.org/10.1787/b0876dcf-en. [6]

Head, K. et T. Mayer (2014), « Gravity Equations: Workhorse,Toolkit, and Cookbook », *Handbook of International Economics*, vol. 4, pp. 131-195, http://dx.doi.org/10.1016/B978-0-444-54314-1.00003-3. [27]

Hernández, H. et al. (2017), *The 2017 EU Industrial R&D Investment Scoreboard*, Commission européenne, https://ec.europa.eu/jrc/en/publication/eur-scientific-and-technical-research-reports/2017-eu-industrial-rd-investment-scoreboard. [23]

Johansson, Å. et al. (2017), *Tax planning by multinational firms: Firm-level evidence from a cross-country database*, Éditions OCDE, Paris, https://dx.doi.org/10.1787/9ea89b4d-en. [18]

Mayer, T. et S. Zignago (2011), *Notes on CEPII's Distances Measures: The GeoDist Database*, CEPII, http://dx.doi.org/10.2139/ssrn.1994531. [21]

OCDE (2020), *Anonymised And Aggregate CbCR Statistics – Draft Brochure*, CTPA/CFA/WP2/NOE2(2020)4/REV1. [3]

OCDE (2018), *Multinational enterprises in the global economy: Heavily debated but hardly measured*, Éditions OCDE, Paris, http://www.oecd.org/industry/ind/MNEs-in-the-global-economy-policy-note.pdf. [8]

OCDE (2017), *Mesurer et suivre les données relatives au BEPS, Action 11 - Rapport final 2015*, Projet OCDE/G20 sur l'érosion de la base d'imposition et le transfert de bénéfices, Éditions OCDE, Paris, https://dx.doi.org/10.1787/9789264282711-fr. [7]

OECD (2020), « Corporate Tax Statistics - Second Edition », OECD Publishing, https://www.oecd.org/tax/tax-policy/corporate-tax-statistics-second-edition.pdf. [9]

Santos Silva, J. et S. Tenreyro (2006), « The log of gravity », *Review of Economics and Statistics*, vol. 88/4, pp. 641-658, http://dx.doi.org/10.1162/rest.88.4.641. [20]

Tørsløv, T., L. Wier et G. Zucman (2018), *The Missing Profits of Nations*, http://www.nber.org/papers/w24701.pdf. [1]

Annexe 5 A. Liste des juridictions couvertes par les principales sources de données

Tableau 5. A.1. Liste des juridictions de l'entité mère ultime pour lesquelles les données agrégées et anonymisées issues des déclarations pays par pays sont utilisées dans les matrices

Afrique du Sud	États-Unis (2017)	Mexique
Australie	Finlande	Norvège
Autriche	France	Pays-Bas
Belgique	Inde	Pologne
Bermudes	Indonésie	Singapore
Canada	Irlande	Slovenie
Chili	Italie	Suède
Corée	Japon	
Danemark	Luxembourg	

Note : Sur les 26 juridictions de l'entité mère ultime représentées dans les statistiques agrégées et anonymisées issues des déclarations pays par pays de 2016 publiées par l'OCDE en juillet 2020, seules les données de la Chine ont été exclues de l'analyse exposée dans ce chapitre. En effet, les statistiques chinoises de 2016 ne sont basées que sur un sous-échantillon de 82 déclarations alors que, d'après les estimations, les déclarations déposées en Chine pour l'exercice fiscal 2016 sont beaucoup plus nombreuses. Les statistiques issues des déclarations pays par pays pour le Brésil ont été ajoutées récemment à la base de données en ligne de l'OCDE sur les déclarations pays par pays, mais elles n'étaient pas disponibles lorsque l'analyse a été entreprise. Pour toutes les juridictions répertoriées dans ce tableau, les statistiques tirées des déclarations pays par pays de 2016 sont utilisées, car celles de 2017 ne sont pas encore disponibles. La seule exception concerne les États-Unis, dont les statistiques communiquées pour 2017, plus complètes que celles de 2016, ont été retenues (en 2016, le dépôt s'effectuait à titre volontaire aux États-Unis).
Source : Secrétariat de l'OCDE.

Tableau 5 A.2. Liste des juridictions de la filiale pour lesquelles les données d'ORBIS sur les comptes non consolidés sont utilisées

Bonne couverture à la fois pour les entités détenues par des EMN nationales et celles détenues par des EMN étrangères		Bonne couverture uniquement pour les entités détenues par des EMN étrangères
Australie	Lettonie	Bulgarie
Belgique	Lituanie	Chine
Corée	Norvège	
Croatie	Pologne	
Danemark	Portugal	
Espagne	République slovaque	
Estonie	République tchèque	
Finlande	Royaume-Uni	
France	Russie	
Grèce	Slovénie	
Italie	Suède	

Note : Pour chaque juridiction de la filiale, la qualité de la couverture offerte par ORBIS a été évaluée en comparant les statistiques issues des déclarations pays par pays et celles extraites de la base de données analytique AMNE. Ont été considérées comme bénéficiant d'une bonne couverture dans ORBIS les juridictions réunissant ces critères : 750 observations au minimum, couverture du chiffre d'affaires des EMN (évaluée par rapport aux données analytiques AMNE) supérieure à 70 % et comparaison avec les statistiques issues des déclarations pays par pays (de toutes les juridictions de l'entité mère ultime dont ces statistiques sont en possession du Secrétariat de l'OCDE) indiquant l'absence de divergences majeures. En raison de sa couverture relativement faible pour la Chine, la Grèce, la Lettonie, la Lituanie et la Russie, la variable « coût de la main-d'œuvre » a été exclue des données issues d'ORBIS pour ces juridictions. Pour les entreprises coréennes, la définition de cette variable dans Orbis peut ne pas correspondre exactement avec celle d'autres juridictions, raison pour laquelle les données issues d'ORBIS n'ont pas été utilisées pour cette variable.
Source : Secrétariat de l'OCDE.

Annexe 5 B. Correction des données d'ORBIS

559. Fournie par Bureau van Dijk (BvD), ORBIS est la plus importante base de données internationale sur l'actionnariat et les états financiers d'entreprises du monde entier. Réunissant diverses sources d'informations sous-jacentes, elle contient des données relatives aux entreprises, qu'elles soient cotées en bourse ou privées.

560. Comme les données d'ORBIS ne sont pas essentiellement recueillies à des fins d'analyse statistique, il a été nécessaire d'améliorer leur fiabilité à l'aide d'un important travail de traitement et d'épurement (en éliminant les doublons et les erreurs de déclaration notamment), qui a porté sur les données financières et relatives à l'actionnariat. Pour chacun de ces deux domaines, les principales étapes de la correction des données s'appuient sur les solides connaissances d'ORBIS dont dispose l'OCDE et respectent autant que possible les procédures décrites dans les précédentes études de l'OCDE, sous réserve des adaptations nécessaires. Elles sont décrites en détail dans les sections ci-dessous.

Correction des données sur l'actionnariat d'ORBIS

561. La base de données historique ORBIS sur l'actionnariat regorge d'informations concernant les liens de propriété entre entreprises, qui permettent d'identifier les entités appartenant à un même groupe. Selon Bajgar et al. (2019[16]), l'affectation d'une entité à un groupe de sociétés dans ORBIS dépend des critères suivants : son propriétaire effectif au niveau mondial (GUO, Global Ultimate Owner), un seuil de participation minimum fixé à 50 % et le type de société de l'entité mère (société industrielle, banque, entreprise financière, compagnie d'assurance, etc.). Cela permet notamment d'éviter d'affecter au même groupe deux entreprises indépendantes détenues par une même entité privée ou publique.

562. Quant aux groupes d'EMN, ils sont définis comme étant des groupes de sociétés possédant des entités dans deux juridictions au minimum. Pour chacun d'eux, seuls les états consolidés du propriétaire effectif sont conservés dans l'échantillon, afin d'éviter un éventuel double comptage.

563. La procédure de correction et d'extension des liens de propriété dans ORBIS a été implémentée par la Direction de la Science, de la Technologie et de l'Innovation de l'OCDE, suivant la méthode de Bajgar et al. (2019[16]) et l'actualisant pour l'année 2016. Elle porte sur toutes les entités dont le chiffre d'affaires s'élève à 10 millions d'euros au minimum et sur tous les liens correspondant à une participation d'au moins 50 %. Les liens manquants sont identifiés ou (dans des cas plus rares) les liens existants sont corrigés, en procédant comme suit :

- Utilisation de la base de données Zephyr de BvD sur les fusions-acquisitions pour identifier les changements de propriétaire direct (plutôt que de propriétaire effectif) non disponibles dans ORBIS
- Identification des changements de propriétaire direct non disponibles dans la base de données ORBIS au moyen de ses liens de propriété historiques
- Transposition des changements de propriétaire direct (identifiés lors des deux premières étapes ci-dessus) en changements de propriétaire effectif
- Comblement des informations manquantes sur l'actionnariat au moyen des données sur les fusions-acquisitions ou changements de propriété des années précédentes ou ultérieures

- Correction des propriétaires effectifs qui, en réalité, sont détenus majoritairement par une autre entreprise car, par définition, il ne peut s'agir de propriétaires effectifs
- Suppression des changements de propriétaire effectif qui étaient provisoires (détention d'une durée d'un ou deux ans) vu que, dans les faits, une telle situation semble peu probable et est sans doute attribuable à des données sur l'actionnariat manquantes
- Détection des liens de propriété manquants pour les grandes entreprises faisant l'acquisition d'un grand nombre de filiales alors qu'elles n'en possédaient pas l'année précédente
- Identification des liens de propriété manquants pour les grandes entreprises qui n'ont jamais possédé de filiale et pour les grands groupes de filiales qui n'ont jamais appartenu à une entité mère publiant des états financiers
- Utilisation d'algorithmes de comparaison de noms pour identifier les liens de propriété potentiels, associée à une inspection manuelle approfondie (comparaison avec les rapports annuels des entreprises, par exemple) pour vérifier si ces liens sont corrects ou non
- Contrôle manuel des 300 plus grandes entreprises en croisant leur structure de détention de filiales (figurant dans leurs états financiers) avec les données sur l'actionnariat aux fins de vérification

564. Dans l'ensemble, cette procédure a permis d'identifier le propriétaire effectif d'environ 50 000 entités qui n'était pas signalé dans les données brutes d'ORBIS, mais aussi de corriger celui d'environ 4 000 entités. Ces entités (dont le propriétaire effectif a été ajouté et corrigé) représentent environ 4 % du chiffre d'affaires mondial des EMN (mesuré avec le jeu de données extrait des états consolidés de groupe d'EMN d'Orbis).

Correction des données des états financiers non consolidés d'ORBIS

565. L'échantillon de données tiré des états non consolidés est limité aux entités appartenant aux groupes d'EMN, c'est-à-dire les groupes de sociétés possédant des entités dans deux juridictions au moins, tels qu'identifiés à l'aide des données sur l'actionnariat corrigées grâce à la procédure décrite ci-avant.

566. La procédure de correction des données des états non consolidés est composée des étapes suivantes, inspirées de celles préconisées par Gal (2013[17]), Johansson et al. (2017[18]) et Bailin et al. (2019[19]) qui sont pertinentes ici :

- Sélection des comptes annuels dont la date de clôture se situe vers le mois de décembre 2016 (de juillet 2016 à juin 2017)
- Filtrage des observations entreprise-exercice en double, en privilégiant celles dont les variables financières clés ne sont pas manquantes et où la clôture est fixée au 31 décembre ou est proche de cette date
- Élimination des valeurs non plausibles : valeurs négatives pour les actifs corporels, le chiffre d'affaires ou les coûts salariaux, bénéfices ou chiffre d'affaires invraisemblablement élevés, valeurs des actifs corporels supérieures à celles de l'actif immobilisé ou du total des actifs
- Élimination des fluctuations excessives de la variable du chiffre d'affaires, à savoir des occurrences où elle est multipliée ou divisée par un facteur supérieur à 5 sur une année entre 2014 et 2016
- Suppression des valeurs non plausibles : charges fiscales supérieures au bénéfice avant impôt, bénéfice avant impôt déduit des charges fiscales incompatible avec le bénéfice après impôt
- Élimination des valeurs aberrantes en fonction de ces ratios : EBIT / chiffre d'affaires, bénéfice avant impôt / chiffre d'affaires, actifs corporels / chiffre d'affaires et coûts salariaux / chiffre d'affaires (en conservant les observations comprises entre les 2,5^{e} et 97,5^{e} centiles de la distribution)

Annexe 5 C. Description détaillée de la méthodologie d'extrapolation basée sur l'IDE dans la matrice des bénéfices

567. Comme expliqué dans le corps de ce document, la matrice des bénéfices est principalement remplie avec les statistiques provenant des déclarations pays par pays et les données issues d'ORBIS. Pour les cellules non couvertes par ces sources, des extrapolations basées sur des variables macroéconomiques (telles que les stocks d'IDE) sont utilisées. Cette annexe décrit en détail la procédure d'extrapolation élaborée utilisée pour remplir les cellules hors diagonale de la matrice des bénéfices, c'est-à-dire pour estimer les bénéfices des EMN situées hors de la juridiction de leur société mère ultime. Cette extrapolation s'effectue en quatre étapes, qui sont exposées de façon plus détaillée dans les sections suivantes :

- **Étape 1** : Création d'une matrice complète des stocks d'IDE par juridiction investisseuse immédiate, (i) en combinant les données disponibles dans les statistiques bilatérales sur l'IDE et (ii) en extrapolant les stocks d'IDE à l'aide d'un modèle gravitationnel standard pour compléter les statistiques sur l'IDE manquantes.
- **Étape 2** : Création d'une matrice complète des stocks d'IDE par juridiction investisseuse ultime. Les données dont dispose l'OCDE concernant les IDE par investisseur ultime sont utilisées dans le sous-ensemble de juridictions pour lesquels elles sont disponibles. Pour les autres juridictions, les estimations des IDE par investisseur ultime sont obtenues à partir de la matrice complète des stocks d'IDE par juridiction investisseuse immédiate créée à l'étape 1, en appliquant une méthodologie développée par Casella (2019[5]).
- **Étape 3** : Ajustement de la matrice obtenue à l'étape 2 pour éliminer le double comptage résultant des IDE « en transit » (c'est-à-dire les capitaux qui transitent pas une juridictionavant d'atteindre leur destination finale).
- **Étape 4** : Application d'un taux de rendement estimé des IDE dans chaque cellule de la matrice, en tenant compte des écarts du taux de rendement moyen des IDE par rapport à la moyenne mondiale observés à la fois dans les juridiction investisseuses et les juridictions destinataires.

Étape 1 : Création d'une matrice complète des stocks d'IDE par juridiction investisseuse *immédiaet*

568. La matrice bilatérale des stocks d'IDE par juridiction investisseuse immédiate est d'abord remplie avec les statistiques bilatérales sur l'IDE obtenues de l'OCDE et du FMI, en appliquant l'ordre de préférence suivant : (i) statistiques de l'OCDE sur l'IDE entrant, (ii) statistiques de l'OCDE sur l'IDE sortant, (iii) données sur l'IDE entrant tirées de l'ECID du FMI, (iv) données sur l'IDE sortant tirées de l'ECID du FMI.

569. Même une fois ces sources combinées, il reste des données manquantes dans la matrice des stocks d'IDE. Ces cellules vides sont remplies avec des valeurs extrapolées au moyen d'un modèle

gravitationnel standard. L'estimation de l'équation gravitationnelle est effectuée à l'aide de la méthode du pseudo-maximum de vraisemblance de Poisson (Santos Silva et Tenreyro, 2006[20]), qui estime les IDE bilatéraux rapportés à la distance entre les deux juridictions, au PIB ainsi qu'au PIB par habitant de chacune et, enfin, au taux légal de l'IS de la juridictiondestinataire. Dans la régression, toutes les variables indépendantes subissent une transformation logarithmique (log). Les résultats sont présentés au . Les valeurs apparaissant dans la troisième colonne sont celles utilisées pour l'extrapolation.

Tableau 5 C.1. Estimation de l'équation gravitationnelle utilisée pour extrapoler les stocks d'IDE bilatéraux

	Variable dépendante : stocks d'IDE bilatéraux (par niveaux)		
PIB de la juridiction investisseuse (log)	0,380***	0,551***	0,551***
	(4,03)	(40,86)	(41,25)
PIB de la juridiction destinataire (log)	0,370***	0,506***	0,525***
	(6,71)	(34,06)	(29,37)
Distance (log)	-1,121***	-0,770***	-0,766***
	(-15,46)	(-33,03)	(-33,12)
PIB par habitant dde la juridiction investisseuse (log)		0,725***	0,725***
		(25,56)	(25,75)
Taux légal de l'IS de la juridictiondestinataire		0,164***	0,148***
		(7,74)	(6,47)
Taux légal de l'IS de la juridiction destinataire			-0,963**
			(-2,50)
Constante	10,68***	-2,934***	-2,685***
	(9,03)	(-6,78)	(-6,30)
N	20 151	19 742	19 602

Note : Les statistiques t sont indiquées entre parenthèses. Les simples, doubles et triples astérisques (***, ** et *) correspondent respectivement aux degrés de signification statistique 1, 5 et 10 %.
Source : Calculs réalisés par le Secrétariat de l'OCDE.

570. Les totaux des IDE tirés de chacune des sources de la matrice des stocks d'IDE par juridiction investisseuse immédiate sont présentés au Tableau 5.C.2. Par exemple, 61 % des cellules de cette matrice ont été remplies avec les données de l'OCDE sur l'IDE entrant, alors que seulement 2 % l'ont été à l'aide du modèle gravitationnel. Le Tableau 5.C.3 montre une version agrégée de cette matrice. Il apparaît que le total mondial des IDE est légèrement supérieur à 35 300 milliards USD, ce qui correspond plus ou moins au chiffre de 2016 fourni par Damgaard et al. (2019[11])[30].

Tableau 5.C.2. Sources des données bilatérales sur l'IDE par investisseur immédiat

Source des données sur l'IDE immédiat	**Total des IDE (en milliards USD)**	**Part**
OCDE – IDE entrant	21654	61%
OCDE – IDE sortant	6659	19%
FMI – IDE entrant	5137	15%
FMI – IDE sortant	1240	4%
Extrapolations (modèle gravitationnel)	638	2%
Total	**35329**	**100%**

Source : Calculs réalisés par le Secrétariat de l'OCDE.

Tableau 5.C.3. Matrice des IDE par investisseur *immédiat*, agrégée par grands groupes de juridictions

		Juridiction de l'investisseur				
	(en milliards USD exercice 2016)	**Revenu élevé**	**Revenu intermédiaire**	**Faible revenu**	**Centres d'investissement**	**Total**
Juridiction du destinataire	Revenu élevé (64 jurid.)	7218	512	4	5231	12965
	Revenu intermédiaire (105)	2320	381	5	3487	6193
	Faible revenu (29)	32	18	1	20	72
	Centres d'investissement (24)	7241	1109	6	7743	16099
	Total	**16811**	**2021**	**16**	**16480**	**35329**

Note : Les groupes de juridictions (à revenu élevé, à revenu intermédiaire et à faible revenu) correspondent à la classification par catégorie de revenu de la Banque mondiale. Le nombre de juridictions dans chaque groupe est indiqué entre parenthèses. On entend par centre d'investissement une juridiction dont le total des stocks d'IDE entrants représente plus de 150 % de son PIB.
Source : Calculs réalisés par le Secrétariat de l'OCDE, sur la base des statistiques de l'OCDE et du FMI relatives aux IDE, complétées par des extrapolations reposant sur un modèle gravitationnel.

Étape 2 : Création d'une matrice complète des stocks d'IDE par juridiction investisseuse *ultime*

571. Pour remplir la matrice des bénéfices, il est préférable d'utiliser les stocks d'IDE par investisseur *ultime* et non par investisseur *immédiat*, c'est-à-dire en se basant sur la juridictionde l'entité mère ultime de l'EMN qui investit dans une juridiction(Graphique 5.C.1 en annexe). En effet, cette matrice est structurée par juridiction de l'entité mère ultime. Ainsi, chacune de ses colonnes correspond aux EMN établies dans une de ces juridictions. Les autres sources utilisées pour remplir la matrice des bénéfices (notamment les statistiques issues des déclarations pays par pays et les données provenant d'ORBIS) se fondent sur cette même approche axée sur l'investisseur ultime.

Graphique 5.C.1. Exemple schématique de comparaison de l'IDE par investisseur ultime et de l'IDE par investisseur immédiat

Note : Cet exemple simplifié illustre une EMN dont la société mère ultime se trouve dans la juridiction A et qui a investi un montant de 100 dans la juridictionC, en passant par la juridiction B. Les statistiques sur l'IDE par investisseur immédiat indiquent une position (stock) d'IDE de la juridictionA vers la juridictionB, et une position similaire de la juridictionB vers la juridictionC. Les statistiques sur l'IDE par investisseur ultime dans la juridictionC montrent que l'investisseur ultime est la juridictionA.
Source : Secrétariat de l'OCDE.

572. Alors que les données relatives à l'IDE sont habituellement communiquées par juridiction investisseuse immédiate, l'OCDE a récemment commencé à publier des statistiques sur l'IDE entrant par investisseur ultime pour un sous-ensemble de 15 juridictions d'accueil[31], dont les IDE sortants combinés représentent 23 % du total mondial des IDE.

573. Les données sur l'IDE entrant présentent des différences importantes selon qu'elles sont analysées par investisseur immédiat ou par investisseur ultime, du fait qu'une partie des IDE peut transiter par une juridictionavant d'atteindre sa destination finale[3233]. Par exemple, les données de l'OCDE sur l'IDE indiquent que, pour les IDE réalisés en Islande en 2018, les États-Unis représentaient 3.2 % des investisseurs immédiats (0.3 milliard USD sur 9.5 milliards USD), mais 28.6 % des investisseurs ultimes (2.7 milliards USD sur ces mêmes 9.5 milliards USD). En d'autres termes, la majorité des investissements des États-Unis à destination de l'Islande sont passés par des juridictions tierces.

574. Pour créer une matrice complète des stocks d'IDE par juridiction investisseuse ultime, l'approche adoptée aux fins de ce chapitre a consisté à utiliser les données de l'OCDE pour les juridictions où elles sont disponibles et à les compléter par des extrapolations à l'aide de données sur les stocks d'IDE par investisseur immédiat, en appliquant la méthodologie développée par Casella (2019[5]).

575. Casella (2019[5]) utilise une méthode probabiliste pour dégager la répartition des investisseurs ultimes dans une juridictionspécifique des données relatives aux investisseurs immédiats. La procédure est la suivante. La première étape consiste à déterminer si une position d'IDE est une position « en transit » ou non (ou, plus précisément, à évaluer la probabilité que ce soit le cas). Si ce n'est pas le cas, l'investisseur immédiat est considéré comme l'investisseur ultime. S'il s'agit d'une position d'IDE en transit, la deuxième étape vise à identifier l'investisseur ultime dans la chaîne d'investissement, sur la base des données sur l'IDE par investisseur immédiat. Cette procédure est réitérée jusqu'à ce que l'investisseur ultime soit déterminé. L'identification de celui-ci peut nécessiter de remonter plusieurs niveaux dans la chaîne d'investissement si les fonds ont transité par plusieurs juridictions. Dans la pratique, cette procédure est appliquée en utilisant les chaînes de Markov absorbantes (pour plus de détails, voir Casella (2019[5])).

576. Par exemple, dans le Graphique 5.C.2, les juridictions B1 et B2 sont des investisseurs immédiats pour les IDE vers la juridictionC. B2 est également identifié comme une juridictionde transit d'IDE (sur la base des hypothèses décrites ci-dessous), ce qui n'est pas le cas de la juridictionB1. Par conséquent, B1 est considéré comme la juridiction investisseuse ultime pour l'investissement de B1 vers C observé dans les statistiques par investisseur immédiat. S'agissant de la juridiction B2, il faut remonter d'un niveau dans la chaîne d'investissement pour identifier les investisseurs ultimes, en l'occurrence A1 et A2. Les juridictions investisseurs ultimes pour les IDE vers la juridictionC sont finalement identifiés comme étant B1 (montant de 50), A1 (30) et A2 (20). Si la juridictionA1 avait elle-même servi au transit de fonds, il aurait fallu analyser les juridictions dont elle reçoit des investissements pour déterminer l'investisseur ultime.

Graphique 5.C.2. Exemple schématique sur la méthodologie d'identification des investisseurs ultimes

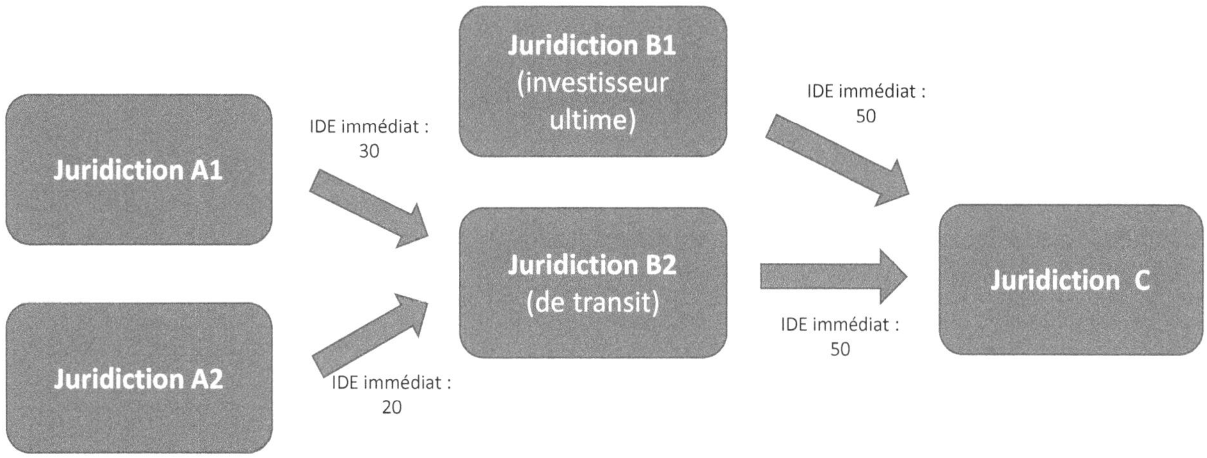

Note : Dans cet exemple schématique, les juridictions B1 et B2 dont toutes les deux investisseurs immédiats dans la juridiction C, et les juridictions A1 et A2 sont toutes les deux investisseurs immédiats dans la juridiction B1. Cependant, l'investissement immédiat observé de B2 vers C est identifé comme étant un investissement « de transit » correspondant aux investissements de A1 et A2 vers B. Les « investisseurs ultimes » vers C sont par conséquent B1, A1 et A2 et leurs niveaux respectifs d'investissement ultime sont 50,30 et 20.
Source : Secrétariat de l'OCDE.

577. Dans cet exemple simplifié, B1 et B2 sont respectivement lajuridictions investisseur ultime et la juridictionde transit des IDE, à part entière. Dans la réalité, cependant, de nombreuses juridictionssont à la fois des investisseurs ultimes (pour certains stocks d'IDE) et des zones de transit (pour d'autres stocks d'IDE). La méthodologie utilisée repose donc sur la *probabilité* qu'un stock d'IDE en provenance d'une juridictiondonnée corresponde à des capitaux en transit. Ainsi, si la probabilité que les stocks d'IDE provenant de la juridictionB soient des capitaux en transit est de 40 %, 60 % de ceux-ci sont considérés comme ayant la juridictionB comme investisseur ultime, et les niveaux supérieurs de la chaîne d'investissement sont examinés pour identifier l'investisseur ultime des 40 % restants.

578. Un élément clé de la procédure est donc la probabilité qu'un stock d'IDE corresponde à des capitaux en transit. Pour évaluer cette probabilité, plusieurs approches ont été proposées. En particulier, Bolwijn et al. (2018[12]), Casella (2019[5]) et Damgaard et al. (2019[11]) recommandent d'utiliser pour ce faire la part que représentent les entités à vocation spéciale (EVS) dans l'IDE sortant d'une juridiction[34]. Cette méthode présente toutefois un inconvénient en cela que seuls 30 juridictions environ communiquent des statistiques sur l'IDE séparément pour les EVS et que l'extrapolation de la part des EVS pour les autres juridictions comporte d'importantes incertitudes.

579. La présente analyse s'est appuyée sur une autre approche consistant à évaluer la probabilité que l'investissement en provenance d'une juridictiondonnée constitue des capitaux en transit en fonction des données relatives à l'IDE entrant par investisseur ultime (comparées à celles sur l'IDE par investisseur immédiat) pour le sous-ensemble des 15 juridictions destinataires pour lesquels elles sont disponibles. L'hypothèse est que, si une juridictionest souvent un investisseur immédiat mais pas un investisseur ultime, il est probable qu'une part importante de ses IDE sortants représente des capitaux en transit. On suppose donc que la part de l'investissement en provenance d'une juridictionne servant *pas* au transit de fonds correspond au rapport entre l'IDE sortant de cette juridictionen tant qu'investisseur *immédiat* et son IDE sortant en tant qu'investisseur *ultime*[35]. Pour garantir que le numérateur et le dénominateur du ratio soient comparables, seul l'IDE entrant dans les juridictions du sous-ensemble qui communiquent des statistiques sur l'IDE par investisseur ultime est pris en compte. Enfin, si le ratio est supérieur à 1, on suppose que la juridictionn'est jamais une zone de transit de capitaux.

580. Par exemple, dans le Graphique 5.C.3 ci-dessous, il est supposé que le groupe de juridictions C est l'ensemble des juridictions qui communiquent les données sur l'IDE par investisseur ultime. L'IDE sortant de la juridictionB en tant qu'investisseur *immédiat* vers le groupe de juridictions C s'élève à 110, investissement auquel la juridictionB participe en tant qu'investisseur ultime à hauteur de 10 et la juridictionA, en tant que zone de transit des fonds à hauteur de 100. La probabilité que B ne soit *pas* une juridictionpar lequel transitent les fonds est estimée à 10/110 = 9 %, et donc la probabilité que ce soit le cas est de 91 %. Ainsi, pour 9 % des positions d'IDE observées en provenance de la juridictionB, cette dernière sera considérée comme l'investisseur ultime. Pour les 91 % restants, il est supposé que la juridictionB n'est pas l'investisseur ultime, lequel est déterminé en remontant au niveau supérieur de la chaîne d'investissement, sur la base des données relatives aux investisseurs immédiats pour les IDE à destination de la juridictionB.

Graphique 5.C.3. Exemple schématique sur la probabilité qu'une juridictionsoit une zone de transit de capitaux

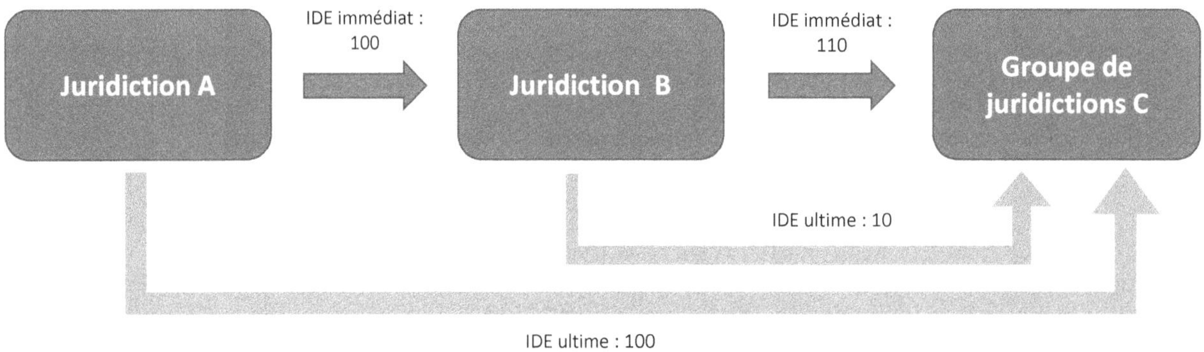

Note : Dans cet exemple simplifié, le groupe de juridictions C est celui qui communique les données sur l'IDE par investisseur ultime. Sur la base des informations fournies par ces juridictions, il apparaît que la juridictionB est souvent un investisseur immédiat mais pas un investisseur ultime. C'est le cas pour 100/110 = 91 % des investissements immédiats de la juridictionB vers la juridictionC. Par conséquent, on suppose que B est une juridictionpar lequel transitent des fonds dans 91 % des cas.
Source : Secrétariat de l'OCDE.

581. La matrice des IDE par juridiction investisseuse ultime obtenue en suivant la méthodologie décrite précédemment, agrégée par groupes de juridictions, est présentée en annexe dans le Tableau 5.C.4. La principale différence par rapport au Tableau 5.C.3 tient au fait que les centres d'investissement sont plus souvent des intermédiaires par lesquels circulent les IDE que des investisseurs ultimes. Le total agrégé des IDE présenté ici est légèrement inférieur à celui du Tableau 5.C.3, principalement en raison de l'élimination des opérations circulaires, à savoir le retour de fonds dans l'économie de la juridiction dont il est l'investisseur ultime (après leur acheminement vers des investisseurs immédiats situés à l'étranger)[36]. Ces opérations circulaires ont été exclues dans le Tableau 5.C.4. Cependant, la différence entre le total mondial des IDE du Tableau 5.C.3 et celui du Tableau 5.C.4 est relativement faible étant donné le volume de l'IDE en transit ; cette question n'a en effet pas été traitée entièrement à ce stade, d'où la nécessité de l'étape 3.

Tableau 5.C.4. Matrice des IDE par investisseur *ultime*, agrégée par grands groupes de juridictions

	en milliards USD exercice 2016	Juridiction de l'investisseur ultime				
		Revenu élevé	Revenu intermédiaire	Faible revenu	Centres d'investissement	Total
Juridiction du destinataire	Revenu élevé (64 jurid.)	8281	655	1	3114	12051
	Revenu intermédiaire (105)	2841	462	3	2863	6169
	Faible revenue (29)	40	18	1	13	72
	Centres d'investissement (24)	9137	1335	2	5159	15632
	Total	20299	2470	7	11148	33924

Note : Les groupes de juridictions (à revenu élevé, à revenu intermédiaire et à faible revenu) correspondent à la classification par catégorie de revenu de la Banque mondiale. Le nombre de juridictions dans chaque groupe est indiqué entre parenthèses. On entend par centre d'investissement une juridiction dont le total des stocks d'IDE entrants représente plus de 150 % de son PIB.
Source : Calculs réalisés par le Secrétariat de l'OCDE, sur la base des statistiques de l'OCDE sur l'IDE et d'estimations extraites de la matrice des IDE par investisseur immédiat (Tableau 5.C.3) ainsi qu'au moyen d'une méthodologie fondée sur celle de Casella (2019[5]).

Étape 3 : Élimination du double comptage des IDE en transit

582. Par comparaison aux données sur l'IDE par juridiction investisseuse immédiate, l'analyse des données sur l'IDE par juridiction investisseuse ultime réalisée à l'étape 2 règle certaines questions liées aux IDE en transit, mais pas toutes. L'exemple fourni dans le Graphique 5.C.4 présenté en annexe l'illustre bien. En effet, l'investisseur ultime du flux vers la juridiction C a été correctement identifié comme étant la juridictionA. Or, s'agissant des IDE vers la juridictionB, on note que la position de la juridictionA vers la juridictionB est toujours considérée comme un investissement ultime, alors qu'elle devrait être éliminée car il s'agit d'IDE en transit dont la juridictionB n'est pas la destination finale.

Graphique 5.C.4. Exemple schématique sur l'IDE en transit

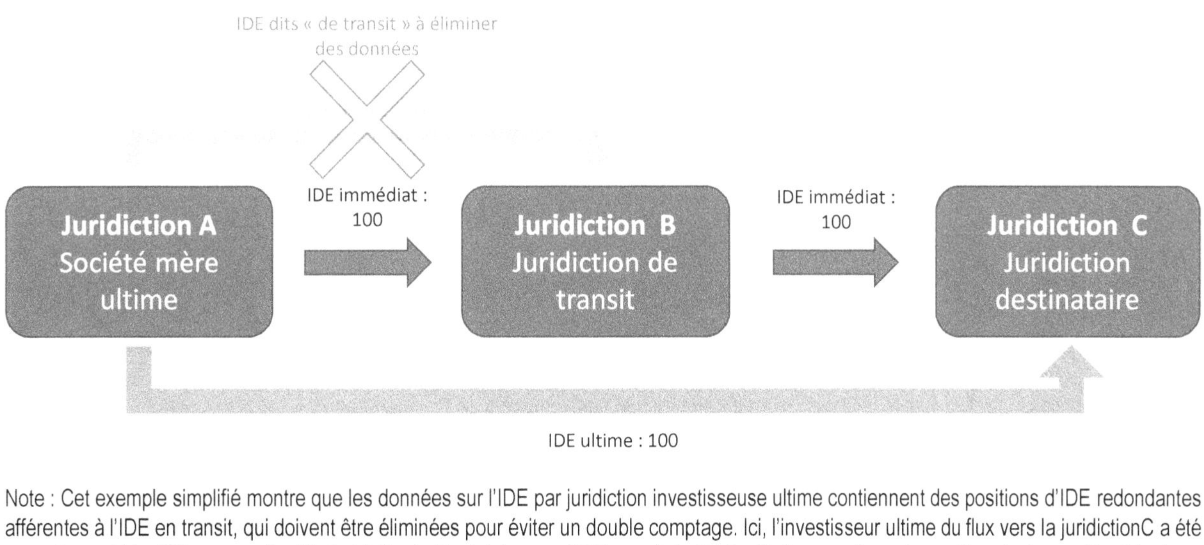

Note : Cet exemple simplifié montre que les données sur l'IDE par juridiction investisseuse ultime contiennent des positions d'IDE redondantes afférentes à l'IDE en transit, qui doivent être éliminées pour éviter un double comptage. Ici, l'investisseur ultime du flux vers la juridictionC a été correctement identifié comme étant la juridictionA. Toutefois, pour l'IDE vers la juridictionB, il apparaît que la position de A vers B est toujours considérée comme un investissement ultime, alors qu'elle correspond en réalité à un IDE en transit qui devrait être éliminé des données.
Source : Secrétariat de l'OCDE.

583. La raison fondamentale de ce problème est que les données sur l'IDE par investisseur ultime ne tiennent pas compte du fait qu'un stock d'IDE donné ait pour destination finale la juridictionB ou soit en transit vers une autre juridiction (dans ce cas, la juridictionC).

584. Ce double comptage peut également être envisagé de la manière suivante : le total mondial des stocks d'IDE par juridiction investisseuse *immédiate* n'est que légèrement inférieur à celui des stocks d'IDE par juridiction investisseuse *ultime* (voir le Tableau 5.C.3 et le Tableau 5.C.4 présentés en annexe), alors que ce total par juridiction investisseuse *ultime* devrait être nettement moins élevé si la question des IDE en transit était entièrement résolue (voir également Damgaard et al. (2019[11])).

585. Pour régler ce problème, l'approche adoptée aux fins du présent chapitre consiste à ajuster à la baisse les stocks d'IDE entrant dans une juridictionen fonction de la probabilité qu'il s'agisse de capitaux en transit. Par exemple, si l'on estime qu'une juridictionconstitue une zone de transit pour 91 % de ses stocks d'IDE entrants (comme c'était le cas de la juridictionB dans l'exemple figurant dans le Graphique 5.C.3 ci-avant), ces derniers sont réduits de 91 % du fait que cette juridictionest la *destination* finale de l'IDE dans seulement 9 % des cas.

586. La matrice des IDE ainsi obtenue est présentée en annexe dans le Tableau 5.C.. Comme prévu, le total mondial des IDE est réduit, ramené de 35 300 milliards USD dans la matrice par investisseur immédiat à seulement 24 200 milliards USD dans le Tableau 5.C. présenté en annexe, ce qui représente une diminution de 32 %, qui peut être interprétée comme une indication suggérant que le total mondial des IDE est composé à hauteur de 32 % d'IDE en transit. Ces chiffres sont dans l'ensemble cohérents avec les estimations de Damgaard and Elkjaer (2017[4]) et de Damgaard et al. (2019[11]), qui, les uns et les autres, utilisent les données sur l'IDE à destination des entités à vocation spéciale pour identifier les IDE en transit. Damgaard and Elkjaer (2017[4]) estiment que 34 % des IDE sont des IDE en transit et Damgaard et al. (2019[11]) estiment que la part des investissements fantômes (autrement dit, des capitaux en transit) était d'environ 30 % en 2009 et a augmenté pour atteindre près de 40 % en 2017.

Tableau 5.C.5. Matrice des IDE par investisseur *ultime*, après ajustement des IDE en transit, agrégée par grands groupes de juridictions

		Juridiction de l'investisseur ultime				
	en milliards USD exercice 2016	**Revenu élevé**	**Revenu intermédiaire**	**Faible revenu**	**Centres d'investissement**	**Total**
Juridiction du destinataire	Revenu élevé (64 jurid.)	7788	591	1	2830	**11211**
	Revenu intermédiaire (105)	2560	368	2	2756	**5685**
	Faible revenue (29)	11	7	0	2	**21**
	Centres d'investissement (24)	4252	770	1	2229	**7252**
	Total	**14611**	**1736**	**4**	**7817**	**24169**

Note : Les groupes de juridictions (à revenu élevé, à revenu intermédiaire et à faible revenu) correspondent à la classification par catégorie de revenu de la Banque mondiale. Le nombre de juridictions dans chaque groupe est indiqué entre parenthèses. On entend par centre d'investissement une juridiction dont le total des stocks d'IDE entrants représente plus de 150 % de son PIB.
Source : Calculs réalisés par le Secrétariat de l'OCDE.

587. Une manière intéressante d'évaluer la qualité de la méthodologie permettant d'identifier les investisseurs ultimes consiste à comparer la répartition prévisible des investisseurs ultimes à leur répartition effective dans les juridictions où cette répartition est observée dans les données, à savoir dans les 14 juridictions notifiant des données sur l'IDE par investisseur ultime et sur le total mondial des stocks d'IDE entrants[37]. Les valeurs prévisibles dans ces 14 juridictions ne sont pas celles utilisées pour construire la matrice figurant dans le Tableau 5.C.5 du fait que les données effectives sont disponibles (et

ce sont celles qui sont utilisées), mais la comparaison entre les données simulées et les données effectives est un moyen d'éprouver l'efficacité de la méthodologie aux fins de l'identification des investisseurs ultimes.

588. Cette comparaison est effectuée en calculant la « distance » entre la répartition prévisible et la répartition effective des investisseurs ultimes dans une juridiction, laquelle est mesurée, pour chaque juridiction destinataire, par la somme des déviations absolues sur les parts de chaque investisseur ultime dans l'IDE total entrant dans la juridiction destinataire considérée (autrement dit la norme L1), comme dans Casella (2019[5]). Les résultats sont présentés dans le Tableau 5.C.6 (colonne 2). Les distances sont positives, ce qui signifie que les répartitions prévisibles diffèrent des répartitions effectives, mais elles sont sensiblement plus faibles que les distances entre la répartition des investisseurs immédiats et la répartition des investisseurs ultimes (colonne 1), ce qui donne à penser que la méthodologie permet clairement de mieux identifier les investisseurs ultimes qu'une méthodologie reposant simplement sur l'hypothèse que la répartition des investisseurs ultimes est alignée sur la répartition des investisseurs immédiats. L'amélioration médiane pour l'ensemble des 14 juridictions figurant dans le Tableau 5.C.6 est de 34 %.

Tableau 5.C.6. Distance entre les répartitions estimée et effective des investisseurs ultimes

Juridiction destinataire	(1) Distance entre la repartition des investisseurs immédiats et ultimes	(2) Distance entre les repartitions effective et estimée des investisseurs ultimes	Écart, en %, entre (1) et (2)
Canada	0.46	0.45	-3%
République tchèque	0.31	0.21	-32%
Estonie	0.16	0.16	-2%
Finlande	0.25	0.23	-8%
France	0.25	0.14	-46%
Allemagne	0.32	0.21	-35%
Hongrie	0.75	0.48	-36%
Islande	0.99	0.55	-45%
Italie	0.31	0.24	-23%
Lituanie	0.22	0.19	-12%
Pologne	0.28	0.18	-38%
Suisse	0.46	0.24	-48%
Turquie	0.09	0.18	96%
États-Unis	0.21	0.12	-41%
Écart médian			**-34%**

Note : Ce tableau présente, pour les 14 juridictions destinataires notifiant des données sur l'IDE par juridiction de l'investisseur ultime et sur le total des stocks d'IDE entrants dans les données de l'OCDE, la « distance » entre la répartition des investisseurs ultimes dans la juridiction destinataire considérée et (i) la répartition des investisseurs immédiats dans la juridiction destinataire considérée (colonne 1), et (ii) la répartition prévisible des investisseurs ultimes dans la juridiction destinataire considérée, calculée selon la méthodologie décrite dans la présente annexe (colonne 2). Cette distance est mesurée par la somme des déviations absolues sur les parts de chaque investisseur dans le total de l'IDE dans la juridiction destinataire considérée (autrement dit « la norme L1 »), de manière similaire à ce qui est fait dans Casella (2019[5]). Les juridictions destinataires n'indiquent pas toujours la juridiction de l'investisseur ultime pour 100 % des IDE entrants (notamment pour des raisons de confidentialité) et la somme est calculée uniquement en tenant compte des juridictions de l'investisseur ultime couvertes par les données. En conséquence, la *longueur* des distances n'est pas nécessairement comparable entre les juridictions, mais les différences relatives entre les colonnes 1 et 2 en revanche sont comparables.
Source : Calculs réalisés par le Secrétariat de l'OCDE

Étape 4 : Calcul des taux de rendement de l'IDE propres à chaque juridiction

589. L'étape finale pour parvenir à une mesure du bénéfice utilisable pour remplir les cellules de la matrice des bénéfices consiste à appliquer un taux de rendement sur les stocks d'IDE bilatéraux obtenus à l'étape 3. Le taux de rendement de l'IDE peut varier selon la juridictioninvestisseur et la juridiction d'accueil pour toute une série de raisons, telles que la composition sectorielle des investissements, leur degré de risque et les stratégies de planification fiscale (par exemple, les rendements des IDE produits par les stratégies de transfert de bénéfices peuvent différer des rendements des investissements « réels »). Ainsi, au cours des cinq dernières années, les juridictions à faible revenu ont affiché des taux de rendement moyens relativement bas par rapport à d'autres groupes de juridictions (CNUCED, 2018[24]).

590. L'approche adoptée aux fins du présent chapitre tient compte du fait que les taux de rendement moyens peuvent différer de la moyenne mondiale tant dans la juridictioninvestisseur que dans la juridictiond'accueil. Elle consiste à d'abord calculer un taux de rendement moyen mondial des IDE, puis à appliquer à cette moyenne (i) un delta (positif ou négatif) correspondant à la différence entre le taux de rendement moyen des IDE de la juridiction*investisseur* et la moyenne mondiale (Delta 1), et (ii) un delta (positif ou négatif) correspondant à la différence entre le taux de rendement moyen des IDE de la juridiction*destinataire* et la moyenne mondiale (Delta 2) (Graphique 5.C.5).

Graphique 5.C.5. Hypothèse concernant le taux de rendement de l'IDE

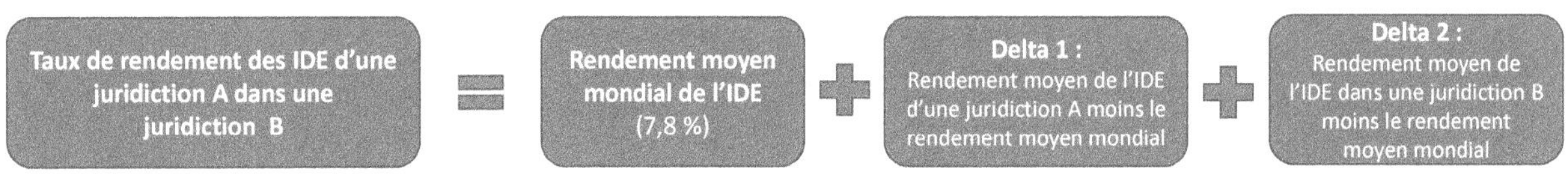

Source : Secrétariat de l'OCDE.

591. Par exemple, dans le cas des IDE d'une juridictionA vers une juridictionB, si le rendement moyen du total mondial des IDE en provenance de la juridctionA est supérieur de 3 points de pourcentage à la moyenne mondiale, mais que celui du total mondial des IDE à destination de la juridictionB lui est inférieur de 1 point de pourcentage, le taux de rendement des IDE de la juridictionA vers la juridictionB est supposé être égal à la moyenne mondiale plus 3-1=2 points de pourcentage. Pour éviter que des observations extrêmes n'influencent indûment les résultats, les deux deltas sont limités à +/- 5 points de pourcentage, et la somme des deux deltas également.

592. Par souci de cohérence avec les autres sources de données utilisées dans la matrice des bénéfices (statistiques tirées des déclarations pays par pays et données issues d'ORBIS), le taux de rendement moyen global des IDE est calculé sur la base des cellules de la matrice des bénéfices déjà remplies à partir de ces sources. Dans chacune de ces cellules, le bénéfice (mesuré à l'aide des données issues l'une de ces deux sources) est divisé par les stocks d'IDE bilatéraux obtenus à l'étape 3. Une fois exclues de l'échantillon les cellules contenant des taux de rendement aberrants (en fonction de la distance de Cook de chaque observation dans la régression bénéfices / IDE), un taux de rendement « standard » est calculé sur la base du ratio médian bénéfice bilatéral / stock d'IDE bilatéral sur les cellules restantes de la matrice. Le taux de rendement standard obtenu est de 7.8 %.

593. Les différentiels de rendement au niveau des juridictions investisseur et destinataire (Delta 1 et Delta 2) sont calculés sur la base des chiffres sur les stocks d'IDE et les revenus d'IDE tirés des statistiques de l'OCDE relatives à l'IDE[38]. Pour chaque juridiction investisseuse et chaque juridiction destinataire, un différentiel est calculé par année sur la période de 2013 à 2016 en comparant le taux de rendement de la juridiction au taux de rendement mondial. Le différentiel propre à chaque juridiction est la médiane de l'écart sur les quatre années, qui, pour réduire la volatilité, fait l'objet d'un plafonnement à -5 et +5 points de pourcentage, afin d'éviter d'obtenir des valeurs de résultat extrêmes, comme mentionné précédemment.

Annexe 5 D. Matrices agrégées par grands groupes de revenus et par régions

Tableau 5.D.1. Matrices agrégées par grands groupes de revenus et régions

Panneau A : matrice des bénéfices

En milliards USD	A. Amérique – Revenu élevé	B. Europe et Asie centrale – Revenu élevé	C. Asie orientale-Pacifique – Revenu élevé	D. Moyen-Orient et Afrique du Nord – Revenu élevé	E. Amérique latine et Caraïbes – Revenu intermédiaire et faible revenu	F. Europe et Asie centrale – Revenu intermédiaire et faible revenu	G. Asie orientale-Pacifique – Revenu intermédiaire et faible revenu	H. Moyen-Orient et Afrique du Nord – Revenu intermédiaire et faible revenu	I. Asie méridionale – Revenu intermédiaire et faible revenu	J. Afrique sub-saharienne – Revenu élevé et revenu intermédiaire	K. Afrique sub-saharienne – Faible revenu	L. Amérique – Centres d'investissement	M. Europe – Centres d'investissement	M. Autres – Centres d'investissement	Total
A. Amérique – Revenu élevé	1 527	126	53	4	12	1	5	0	3	1	0	5	52	2	**1 791**
B. Europe et Asie centrale – Revenu élevé	158	884	34	5	2	3	4	1	3	1	0	11	74	3	**1 184**
C. Asie orientale-Pacifique – Revenu élevé	63	28	605	2	1	0	3	0	0	0	0	2	10	4	**720**
D. Moyen-Orient et Afrique du Nord – Revenu élevé	14	7	2	56	0	1	1	1	1	0	0	0	5	1	**89**
E. Amérique latine et Caraïbes – Revenu intermédiaire et faible revenu	49	33	4	0	110	1	1	0	0	0	0	3	18	1	**221**
F. Europe et Asie centrale – Revenu intermédiaire et faible revenu	10	27	3	2	1	109	1	0	1	0	0	6	42	1	**203**
G. Asie orientale-Pacifique – Revenu intermédiaire et faible revenu	52	37	89	1	0	2	472	0	2	1	0	49	11	21	**736**
H. Moyen-Orient et Afrique du Nord – Revenu intermédiaire et faible revenu	5	8	0	2	0	0	0	15	0	0	0	0	1	0	**31**
I. Asie méridionale – Revenu intermédiaire et faible revenu	15	8	3	1	0	0	1	0	80	0	0	0	3	3	**114**
J. Afrique sub-saharienne – Revenu élevé et revenu intermédiaire	8	10	1	0	0	0	1	0	0	24	0	2	4	1	**52**
K. Afrique sub-saharienne – Faible revenu	0	0	0	0	0	0	0	0	0	1	2	0	0	0	**4**
L. Amérique – Centres d'investissement	115	11	2	0	5	1	0	0	1	0	0	31	19	10	**196**
M. Europe – Centres d'investissement	265	115	14	4	3	6	2	0	1	1	0	4	136	7	**558**
M. Autres – Centres d'investissement	78	28	18	2	5	3	39	0	2	1	0	34	16	56	**281**
Total	**2 358**	**1 322**	**829**	**78**	**140**	**128**	**529**	**17**	**94**	**30**	**2**	**150**	**391**	**112**	**6 181**

Panneau B : matrice des chiffres d'affaires															
En milliards USD	A. Amérique – Revenu élevé	B. Europe et Asie centrale – Revenu élevé	C. Asie orientale-Pacifique – Revenu élevé	D. Moyen-Orient et Afrique du Nord – Revenu élevé	E. Amérique latine et Caraïbes – Revenu intermédiaire et faible revenu	F. Europe et Asie centrale – Revenu intermédiaire et faible revenu	G. Asie orientale-Pacifique – Revenu intermédiaire et faible revenu	H. Moyen-Orient et Afrique du Nord – Revenu intermédiaire et faible revenu	I. Asie méridionale – Revenu intermédiaire et faible revenu	J. Afrique sub-saharienne – Revenu élevé et revenu intermédiaire	K. Afrique sub-saharienne – Faible revenu	L. Amérique – Centres d'investissement	M. Europe – Centres d'investissement	M. Autres – Centres d'investissement	Total
A. Amérique – Revenu élevé	13909	1364	1153	45	121	14	50	13	56	17	3	82	826	36	**17686**
B. Europe et Asie centrale – Revenu élevé	1589	9162	530	115	54	93	159	42	63	39	7	111	1236	56	**13254**
C. Asie orientale-Pacifique – Revenu élevé	521	340	7534	37	16	16	91	12	15	17	2	78	97	42	**8818**
D. Moyen-Orient et Afrique du Nord – Revenu élevé	77	68	22	564	8	14	8	14	17	5	1	2	30	7	**840**
E. Amérique latine et Caraïbes – Revenu intermédiaire et faible revenu	489	363	125	20	1576	13	31	7	6	8	1	32	126	8	**2804**
F. Europe et Asie centrale – Revenu intermédiaire et faible revenu	114	315	73	32	38	1316	19	10	6	8	1	68	342	24	**2367**
G. Asie orientale-Pacifique – Revenu intermédiaire et faible revenu	544	411	1253	24	15	76	7058	9	18	8	2	808	119	248	**10594**
H. Moyen-Orient et Afrique du Nord – Revenu intermédiaire et faible revenu	32	85	24	32	8	15	9	171	2	4	1	2	30	6	**420**
I. Asie méridionale – Revenu intermédiaire et faible revenu	96	78	52	16	6	7	15	4	653	3	1	6	26	9	**970**
J. Afrique sub-saharienne – Revenu élevé et revenu intermédiaire	61	123	31	14	9	7	12	4	4	155	1	6	32	5	**464**
K. Afrique sub-saharienne – Faible revenu	5	18	6	6	3	3	2	2	2	5	32	1	6	2	**92**
L. Amérique – Centres d'investissement	184	6	6	1	2	1	1	0	1	0	0	36	4	1	**243**
M. Europe – Centres d'investissement	1100	747	114	24	19	15	17	11	9	9	2	37	1041	15	**3160**
M. Autres – Centres d'investissement	694	210	303	9	7	4	59	2	16	5	0	24	110	220	**1663**
Total	**19415**	**13289**	**11226**	**940**	**1881**	**1593**	**7531**	**302**	**867**	**280**	**55**	**1293**	**4024**	**679**	**63375**

Panneau C : matrice des actifs corporels														
En milliards USD	A. Amérique – Revenu élevé	B. Europe et Asie centrale – Revenu élevé	C. Asie orientale-Pacifique – Revenu élevé	D. Moyen-Orient et Afrique du Nord – Revenu élevé	E. Amérique latine et Caraïbes – Revenu intermédiaire et faible revenu	F. Europe et Asie centrale – Revenu intermédiaire et faible revenu	G. Asie orientale-Pacifique – Revenu intermédiaire et faible revenu	H. Moyen-Orient et Afrique du Nord – Revenu intermédiaire et faible revenu	I. Asie méridionale – Revenu intermédiaire et faible revenu	J. Afrique sub-saharienne – Revenu élevé et revenu intermédiaire	K. Afrique sub-saharienne – Faible revenu	L. Amérique – Centres d'investissement	M. Europe – Centres d'investissement	M. Autres – Centres d'investissement	Total
A. Amérique – Revenu élevé	4567	360	290	19	46	7	20	5	19	17	1	39	185	19	**5594**
B. Europe et Asie centrale – Revenu élevé	348	2674	97	29	15	23	30	11	16	9	2	35	249	22	**3559**
C. Asie orientale-Pacifique – Revenu élevé	162	80	2443	13	6	7	29	4	8	7	1	17	17	17	**2810**
D. Moyen-Orient et Afrique du Nord – Revenu élevé	32	26	10	312	4	7	4	7	13	2	1	1	10	3	**433**
E. Amérique latine et Caraïbes – Revenu intermédiaire et faible revenu	143	130	39	10	703	7	12	3	2	3	1	238	42	4	**1335**
F. Europe et Asie centrale – Revenu intermédiaire et faible revenu	39	93	17	12	13	695	7	4	4	2	0	23	97	6	**1013**
G. Asie orientale-Pacifique – Revenu intermédiaire et faible revenu	123	90	255	8	5	42	1900	3	4	2	0	197	23	65	**2717**
H. Moyen-Orient et Afrique du Nord – Revenu intermédiaire et faible revenu	16	50	11	19	5	9	5	108	1	2	1	1	15	4	**245**
I. Asie méridionale – Revenu intermédiaire et faible revenu	25	51	41	12	4	5	12	3	672	2	0	1	17	5	**851**
J. Afrique sub-saharienne – Revenu élevé et revenu intermédiaire	45	73	17	10	6	5	7	3	2	110	1	1	16	4	**300**
K. Afrique sub-saharienne – Faible revenu	2	6	2	3	1	1	1	1	1	2	10	0	2	1	**34**
L. Amérique – Centres d'investissement	28	2	2	1	1	0	0	0	1	0	0	18	1	2	**57**
M. Europe – Centres d'investissement	99	148	34	7	12	4	4	3	2	4	1	10	221	4	**554**
M. Autres – Centres d'investissement	50	35	29	3	2	2	16	1	15	2	0	26	12	126	**319**
Total	**5679**	**3819**	**3286**	**457**	**823**	**814**	**2049**	**156**	**760**	**165**	**18**	**608**	**908**	**282**	**19823**

Panneau D : matrice des coûts salariaux

En milliards USD	A. Amérique – Revenu élevé	B. Europe et Asie centrale – Revenu élevé	C. Asie orientale-Pacifique – Revenu élevé	D. Moyen-Orient et Afrique du Nord – Revenu élevé	E. Amérique latine et Caraïbes – Revenu intermédiaire et faible revenu	F. Europe et Asie centrale – Revenu intermédiaire et faible revenu	G. Asie orientale-Pacifique – Revenu intermédiaire et faible revenu	H. Moyen-Orient et Afrique du Nord – Revenu intermédiaire et faible revenu	I. Asie méridionale – Revenu intermédiaire et faible revenu	J. Afrique sub-saharienne – Revenu élevé et revenu intermédiaire	K. Afrique sub-saharienne – Faible revenu	L. Amérique – Centres d'investissement	M. Europe – Centres d'investissement	M. Autres – Centres d'investissement	Total
A. Amérique – Revenu élevé	3704	219	109	5	16	2	8	2	11	2	0	7	136	4	**4226**
B. Europe et Asie centrale – Revenu élevé	279	1653	58	11	9	20	15	9	18	9	1	22	257	11	**2373**
C. Asie orientale-Pacifique – Revenu élevé	60	46	710	4	2	2	12	1	1	4	0	7	15	5	**870**
D. Moyen-Orient et Afrique du Nord – Revenu élevé	14	12	3	81	1	2	1	2	2	1	0	0	6	1	**127**
E. Amérique latine et Caraïbes – Revenu intermédiaire et faible revenu	55	54	11	2	198	2	5	1	1	1	0	3	21	1	**354**
F. Europe et Asie centrale – Revenu intermédiaire et faible revenu	12	45	7	4	5	136	3	1	1	1	0	4	44	3	**265**
G. Asie orientale-Pacifique – Revenu intermédiaire et faible revenu	48	55	100	2	2	7	938	1	2	1	0	51	17	22	**1246**
H. Moyen-Orient et Afrique du Nord – Revenu intermédiaire et faible revenu	4	13	3	4	1	2	1	23	0	0	0	0	5	1	**58**
I. Asie méridionale – Revenu intermédiaire et faible revenu	22	17	10	3	1	1	3	1	137	0	0	1	6	2	**203**
J. Afrique sub-saharienne – Revenu élevé et revenu intermédiaire	7	18	3	2	1	1	2	0	0	20	0	0	5	1	**61**
K. Afrique sub-saharienne – Faible revenu	1	2	1	1	0	0	0	0	0	1	5	0	1	0	**13**
L. Amérique – Centres d'investissement	4	1	1	0	0	0	0	0	0	0	0	2	0	0	**8**
M. Europe – Centres d'investissement	52	83	9	2	2	2	2	1	1	1	0	2	137	1	**296**
M. Autres – Centres d'investissement	33	22	19	1	1	0	7	0	1	0	0	1	12	13	**111**
Total	**4294**	**2240**	**1041**	**122**	**239**	**178**	**997**	**43**	**175**	**42**	**8**	**102**	**664**	**64**	**10211**

Note : La composition des groupes de juridictions est présentée au Tableau 5.D.2.
Source : Secrétariat de l'OCDE.

Tableau 5.D.2. Groupes de juridictions des matrices agrégées

Panneau A : groupes de juridictions de A à G						
A. Amérique – Revenu élevé	B. Europe et Asie centrale – Revenu élevé	C. Asie orientale-Pacifique – Revenu élevé	D. Moyen-Orient et Afrique du Nord – Revenu élevé	E. Amérique latine et Caraïbes – Revenu intermédiaire et faible revenu	F. Europe et Asie centrale – Revenu intermédiaire et faible revenu	G. Asie orientale-Pacifique – Revenu intermédiaire et faible revenu
Antigua-et-Barbuda	Andorre	Australie	Bahreïn	Argentine	Albanie	Samoa américaines
Aruba	Autriche	Brunei Darussalam	Israël	Belize	Arménie	Cambodge
Bonaire	Belgique	Cook (Îles)	Koweït	Bolivie	Azerbaïdjan	Chine (République populaire de)
Canada	Croatie	Polynésie française	Oman	Brésil	Bélarus	Corée (République populaire démocratique de)
Chili	République tchèque	Guam	Qatar	Colombie	Bosnie-Herzégovine	Fiji
Curaçao	Danemark	Japon	Arabie saoudite	Costa Rica	Bulgarie	Indonésie
Montserrat	Estonie	Corée	Émirats arabes unis	Cuba	Géorgie	Kiribati
Panama	Féroé (Îles)	Macao (Chine)		Dominique	Kazakhstan	Lao (République démocratique populaire de)
Porto Rico	Finlande	Nouvelle-Calédonie		République dominicaine	Kosovo	Malaisie
Saint-Christophe-et-Niévès	France	Nouvelle-Zélande		Équateur	Kirghizistan	Micronésie
Saint-Martin	Allemagne	Mariannes septentrionales (Îles)		El Salvador	Moldova	Mongolie
Trinité-et-Tobago	Grèce	Palaos		Grenade	Monténégro	Myanmar
États-Unis	Groenland	Taipei chinois		Guatemala	Macédoine du Nord	Nauru
Îles Vierges des États-Unis	Islande			Guyane	Roumanie	Papouasie–Nouvelle-Guinée
Uruguay	Italie			Haïti	Russie	Philippines
	Lettonie			Honduras	Serbie	Samoa
	Liechtenstein			Jamaïque	Tadjikistan	Salomon (Îles)
	Lituanie			Mexique	Turquie	Thaïlande
	Monaco			Nicaragua	Turkménistan	Timor-Leste
	Norvège			Paraguay	Ukraine	Tonga
	Pologne			Pérou	Ouzbékistan	Tuvalu
	Portugal			Sainte-Lucie		Vanuatu
	Saint-Marin			Saint-Vincent-et-les Grenadines		Viet Nam
	République slovaque			Suriname		
	Slovénie			Venezuela		
	Espagne					
	Suède					
	Royaume-Uni					

Panneau B : groupes de juridictions de H à N						
H. Moyen-Orient et Afrique du Nord – Revenu intermédiaire et faible revenu	I. Asie méridionale – Revenu intermédiaire et faible revenu	J. Afrique sub-saharienne – Revenu élevé et revenu intermédiaire	K. Afrique sub-saharienne – Faible revenu	L. Amérique – Centres d'investissement	M. Europe – Centres d'investissement	M. Autres – Centres d'investissement
Algérie	Afghanistan	Angola	Bénin	Anguilla	Bailliage de Guernesey	Hong Kong (Chine)
Djibouti	Bangladesh	Botswana	Burkina Faso	Bahamas	Chypre	Libéria
Égypte	Bhoutan	Cabo Verde	Burundi	Barbade	Gibraltar	Malte
Iran	Inde	Cameroun	République centrafricaine	Bermudes	Hongrie	Marshall (Îles)
Iraq	Maldives	Comores	Tchad	Îles Vierges britanniques	Irlande	Maurice
Jordanie	Népal	Congo	RDC (République démocratique du Congo)	Caïmans (Îles)	Man (Île de)	Mozambique
Liban	Pakistan	Côte d'Ivoire	Érythrée	Îles Turques et Caïques	Jersey	Singapour
Libye	Sri Lanka	Guinée équatoriale	Éthiopie		Luxembourg	
Maroc		Eswatini	Gambie		Pays-Bas	
Autorité palestinienne		Gabon	Guinée		Suisse	
Syrie		Ghana	Guinée-Bissau			
Tunisie		Kenya	Madagascar			
Yémen		Lesotho	Malawi			
		Mauritanie	Mali			
		Namibie	Niger			
		Nigéria	Rwanda			
		Sao Tomé-et-Principe	Sierra Leone			
		Sénégal	Somalie			
		Seychelles	Sud Soudan			
		Afrique du Sud	Tanzanie			
		Soudan	Togo			
		Zambie	Ouganda			
		Zimbabwe				

Note : Les groupes de juridictions sont basés sur les classifications des pays de la Banque mondiale par catégories de revenu et par région géographique. Certaines catégories sont regroupées de sorte que chaque groupe compte un nombre suffisant de juridictions et afin de préserver la confidentialité des données de chaque juridiction. On entend par centre d'investissement une juridiction dont le total des stocks d'IDE entrants représente plus de 150 % de son PIB.
Source : Secrétariat de l'OCDE.

Annexe 5 E. Chiffres supplémentaires sur les analyses comparatives entre sources de données

Graphique 5.E.1. Comparaison entre les statistiques issues des déclarations pays par pays et les données des états non consolidés d'ORBIS, par juridiction de l'entité mère ultime

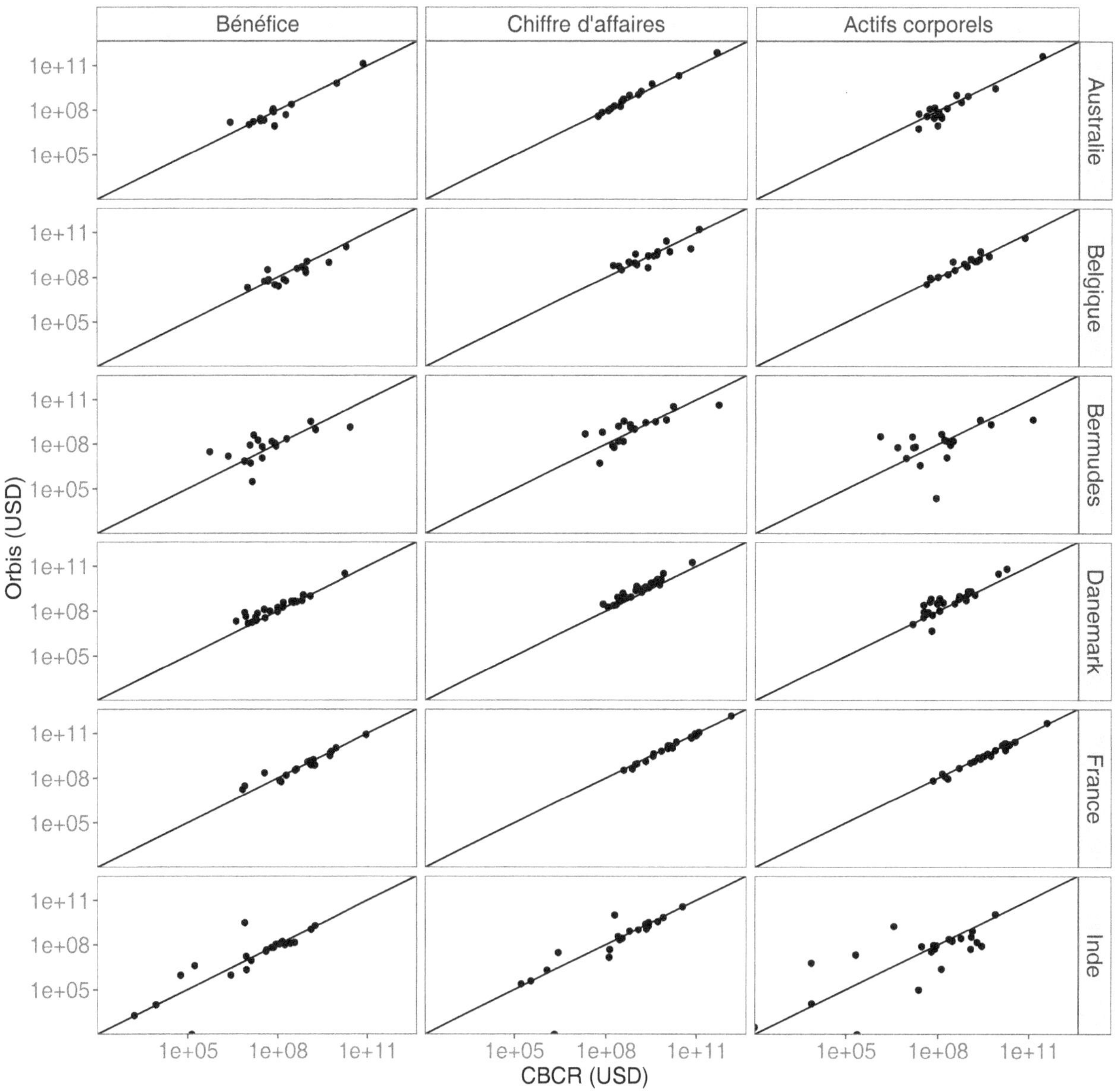

Juridictions avec plus de 10 entrées bilatérales dans leurs déclarations pays par pays

(voir page suivante pour la suite du graphique)

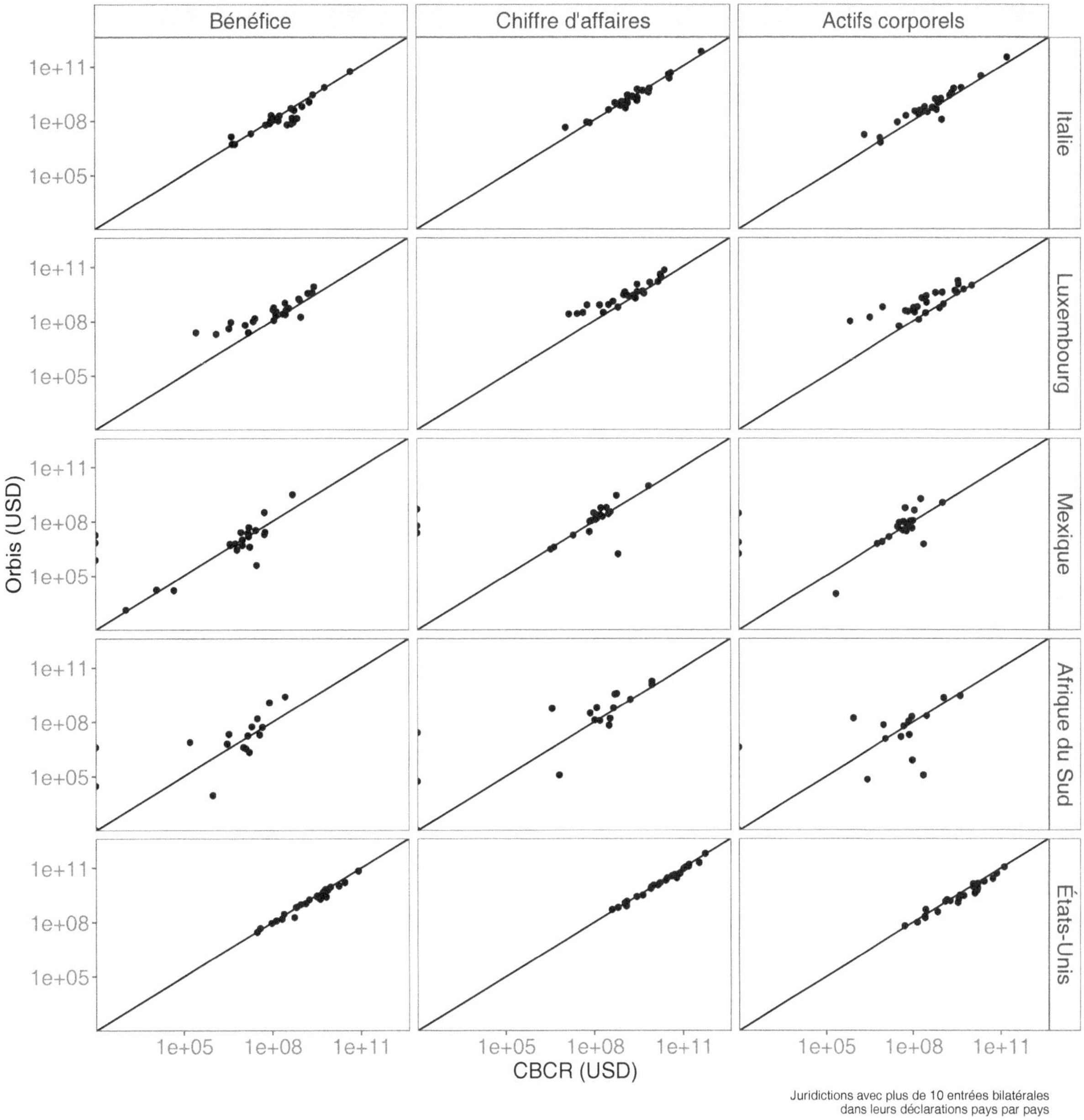

Note : Ces graphiques montrent une comparaison des données sur les bénéfices, les chiffres d'affaires et les actifs corporels des EMN dont la société mère ultime se trouve dans une juridiction donnée, par rapport à un ensemble de juridictions de la filiale. La comparaison s'appuie sur deux sources : les statistiques provenant des déclarations pays par pays et les données issues d'ORBIS (états financiers non consolidés). Pour des raisons de comparabilité, les données des « sous-groupes enregistrant des bénéfices positifs » de 2016 ont été retenues pour les deux sources, à l'exception des informations des États-Unis, qui proviennent des déclarations pays par pays de 2017. Chaque point correspond à une juridiction de la filiale. La comparaison est limitée aux juridictions de la filiale ayant une couverture suffisamment bonne des états non consolidés dans ORBIS (voir la liste à l'Annexe 5.A) et aux juridictions de l'entité mère ultime qui ont communiqué plus de dix entrées bilatérales dans leurs statistiques agrégées des déclarations pays par pays (sous-ensemble de la liste fournie à l'Annexe 5.A). La diagonale correspond à la ligne inclinée à 45 degrés.

Source : Calculs réalisés par le Secrétariat de l'OCDE sur la base des statistiques tirées des déclarations pays par pays et des données issues d'Orbis.

Graphique 5.E.2. Comparaison entre les totaux des colonnes des matrices et les données provenant des états financiers consolidés

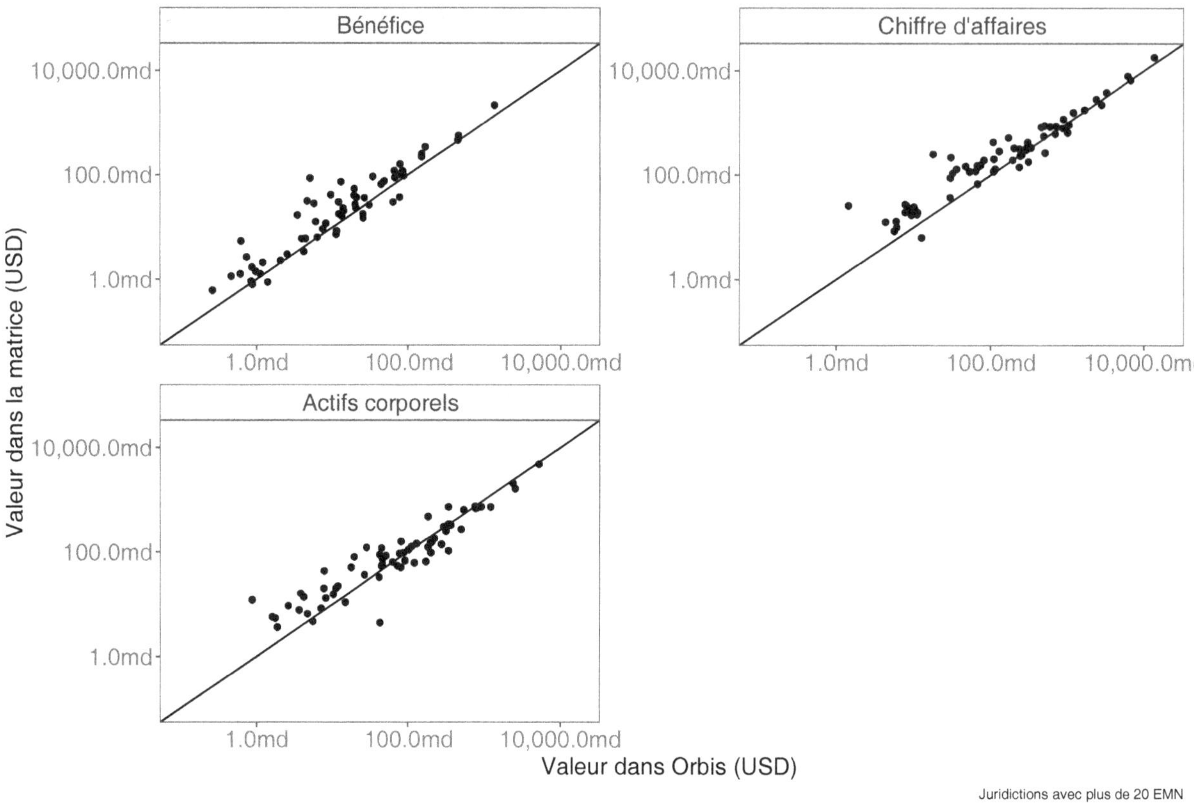

Note : Ces graphiques montrent une comparaison des données sur les totaux des bénéfices, des chiffres d'affaires et des actifs corporels des EMN par juridiction de l'entité mère ultime (chaque point correspond à une juridiction de l'entité mère ultime). Ces données sont extraites de deux sources : d'une part, à savoir les totaux par colonne (c'est-à-dire par juridiction de l'entité mère ultime) des matrices des bénéfices, des chiffres d'affaires et des actifs corporels, et les données des états financiers consolidés d'ORBIS, qui sont combinées avec d'autres sources telles que la base de données Worldscope (total des états financiers consolidés par juridiction de l'entité mère ultime). Seules les juridictions pour lesquelles au minimum 20 observations sont présentes dans les états consolidés des EMN d'ORBIS sont incluses. Dans le cas du chiffre d'affaires, les données de la matrice incluent les transactions intragroupe, alors que celles-ci sont exclues des données provenant des états consolidés d'ORBIS, ce qui explique pourquoi le chiffre d'affaires tend à être relativement plus élevé dans les données de la matrice. De même, s'agissant des bénéfices, les données de la matrice portent sur les « sous-groupes enregistrant des bénéfices positifs », alors que les bénéfices sont « nets » dans les données provenant des états consolidés d'ORBIS, ce qui explique pourquoi le bénéfice tend à être relativement plus élevé dans les données de la matrice. La couverture des coûts salariaux dans les états financiers non consolidés d'ORBIS a été jugée insuffisante pour inclure les coûts salariaux dans la comparaison.
Source : Calculs réalisés par le Secrétariat de l'OCDE.

Annexe 5 F. Évaluation de la robustesse des matrices par la modification de l'ordre de préférence des sources de données

Tableau 5.F.1. Modification de l'ordre des sources de données utilisées pour remplir les matrices : différences par rapport aux matrices de référence

Différences par rapport aux montants des matrices de référence après inversion de l'ordre des deux premières sources de données définies comme prioritaires

Panneau A : matrice des bénéfices

		Juridictions de l'entité mère ultime				
	(en milliards USD ; exercice 2016)	**Revenu élevé**	**Revenu intermédiaire**	**Faible revenu**	**Centres d'investissement**	**Total**
Juridictions de la filiale	Revenu élevé (64 juridictions)	+2 %	+23 %	+6 %	+11 %	+3 %
	Revenu intermédiaire (105)	-12 %	-3 %	+5 %	-15 %	-7 %
	Revenu faible (29)	+3 %	+2 %	+9 %	+4 %	+6 %
	Centres d'investissement (24)	+1 %	+3 %	+6 %	+2 %	+1 %
	Total	+1 %	-1 %	+9 %	+0 %	+1 %

Panneau B : matrice des chiffres d'affaires

		Juridictions de l'entité mère ultime				
	(en milliards USD ; exercice 2016)	**Revenu élevé**	**Revenu intermédiaire**	**Faible revenu**	**Centres d'investissement**	**Total**
Juridictions de la filiale	Revenu élevé (64 juridictions)	+2 %	+4 %	+1 %	+6 %	+2 %
	Revenu intermédiaire (105)	-6 %	-0 %	+0 %	-26 %	-4 %
	Revenu faible (29)	-0 %	-0 %	-21 %	-0 %	-7 %
	Centres d'investissement (24)	+0 %	+0 %	+1 %	+0 %	+0 %
	Total	+1 %	+0 %	-11 %	-5 %	+0 %

Panneau C : matrice des actifs corporels						
				Juridictions de l'entité mère ultime		
	(en milliards USD ; exercice 2016)	**Revenu élevé**	**Revenu intermédiaire**	**Faible revenu**	**Centres d'investissement**	**Total**
Juridictions de la filiale	Revenu élevé (64 juridictions)	+3 %	+1 %	-0 %	+9 %	+3 %
	Revenu intermédiaire (105)	-5 %	-0 %	-1 %	-19 %	-3 %
	Revenu faible (29)	-0 %	+0 %	+0 %	+1 %	-0 %
	Centres d'investissement (24)	-0 %	+0 %	+6 %	-0 %	+0 %
	Total	+2 %	+0 %	-0 %	-5 %	+1 %

Panneau D : matrice des coûts salariaux						
				Juridictions de l'entité mère ultime		
	(en milliards USD ; exercice 2016)	**Revenu élevé**	**Revenu intermédiaire**	**Faible revenu**	**Centres d'investissement**	**Total**
Juridictions de la filiale	Revenu élevé (64 juridictions)	-1 %	-6 %	0 %	-8 %	-2 %
	Revenu intermédiaire (105)	-0 %	0 %	0 %	0 %	-0 %
	Revenu faible (29)	0 %	0 %	0 %	0 %	0 %
	Centres d'investissement (24)	0 %	0 %	0 %	0 %	0 %
	Total	-1 %	-1 %	0 %	-5 %	-1 %

Note : Par exemple, en cas d'inversion des première et deuxième sources de données (respectivement les statistiques issues des déclarations pays par pays et ORBIS) utilisées pour remplir la matrice des bénéfices par rapport à l'ordre de préférence prédéfini, le montant du bénéfice de la cellule « Revenu élevé – Revenu élevé » subit une augmentation de 2 % par rapport au montant correspondant dans la matrice de référence, présentée au Tableau 5.5. . Les groupes de juridictions (à revenu élevé, à revenu intermédiaire et à faible revenu) correspondent à la classification par catégorie de revenu de la Banque mondiale. Le nombre de juridictions que compte chaque groupe est indiqué entre parenthèses. On entend par centre d'investissement une juridiction dont le total des stocks d'IDE entrants représente plus de 150 % de son PIB.
Source : Calculs réalisés par le Secrétariat de l'OCDE.

Notes

[1] Dans le reste de ce chapitre, les données anonymisées et agrégées tirées des déclarations pays par pays sont simplement appelées données des déclarations pays par pays.

[2] Dans ce rapport, les groupes de juridictions (à revenu élevé, à revenu intermédiaire et à faible revenu) sont basés sur la classification des pays par groupe de revenu de la Banque mondiale. On entend par centre d'investissement une juridiction dont le total des stocks d'IDE entrants représente plus de 150 % de son PIB.

[3] Pour une analyse détaillée de ces problèmes, voir le document OCDE (2020[3]) et https://www.oecd.org/tax/tax-policy/anonymised-and-aggregated-cbcr-statistics-disclaimer.pdf.

[4] À titre d'exemple, un facteur d'incohérence possible entre sources est que les statistiques des déclarations pays par pays portent uniquement sur les groupes EMN dont le chiffre d'affaires annuel consolidé est supérieur à 750 millions d'euros, ce qui n'est pas le cas des autres sources abordées dans ce rapport. Comme plus de 90 % des bénéfices et du chiffre d'affaires au niveau mondial des groupes EMN sont générés par les groupes qui dépassent ce seuil, cette différence ne devrait pas être trop

importante — une hypothèse confirmée par les analyses comparatives effectuées pour les besoins du présent rapport.

[5] Plus précisément, la matrice des chiffres d'affaires a permis de dégager des mesures pour identifier la juridiction dans laquelle devrait être perçues les recettes assujetties à la « règle relative aux paiements insuffisamment imposés ». Les destinataires potentiels des recettes assujetties à la « règle d'inclusion du revenu », qui reviendraient à la juridiction de l'entité mère ultime de l'EMN, ont été identifiés directement à l'aide des informations de la matrice des bénéfices.

[6] La substance économique pourrait par exemple donner lieu à une exception correspondant à une réduction du bénéfice faiblement imposé soumis à l'impôt minimum, et ce en fonction du niveau de l'activité économique de l'EMN dans la juridiction où ce bénéfice est généré. Le volume d'activité économique pourrait être mesuré sur la base de critères tels que la dépréciation des actifs corporels et les coûts salariaux (voir chapitre 3).

[7] Voir l'analyse dans l'encadré 3 du document OCDE (2020[3]) ainsi que https://www.oecd.org/tax/tax-policy/anonymised-and-aggregated-cbcr-statistics-disclaimer.pdf.

[8] Pour un examen détaillé de la couverture et la représentativité des données dans ORBIS, voir Bajgar et al. (2020[26]).

[9] Pour plus de détails sur les données et la méthodologie relatives aux IDE, voir http://www.oecd.org/corporate/mne/statistics.htm.

[10] Pour un nombre relativement restreint de cellules, les données issues du cadre des sous-groupes enregistrant des bénéfices positifs sont manquantes, mais pas celles provenant du cadre relatif à l'ensemble des sous-groupes. Les données de ce second cadre y ont été utilisées à la place du premier, sauf dans les quelques cas où le bénéfice déclaré dans le cadre qui concerne tous les sous-groupes était négatif. Il a alors été considéré que les statistiques provenant des déclarations par pays étaient manquantes aux fins de l'élaboration des matrices.

[11] Sur les 26 juridictions de l'entité mère ultime incluses dans la publication par l'OCDE des statistiques tirées des déclarations pays par pays pour l'année 2016, seules les données de la Chine n'ont pas été utilisées lors de l'analyse exposée dans ce chapitre. En effet, les données chinoises pour 2016 ne sont basées que sur un sous-échantillon de 82 déclarations alors que, d'après les estimations, les déclarations déposées en Chine pour l'exercice fiscal 2016 sont beaucoup plus nombreuses.

[12] En 2016, 1 101 groupes EMN américains ont déposé leur déclaration pays par pays, contre 1 575 en 2017. Leur chiffre d'affaires cumulé pour ces années respectives s'élevait à 16 300 milliards de dollars et à 21 600 milliards de dollars.

[13] Voir l'analyse dans l'encadré 3 du document OCDE (2020[3]) ainsi que https://www.oecd.org/tax/tax-policy/anonymised-and-aggregated-cbcr-statistics-disclaimer.pdf.

[14] Ce calcul a été effectué sur la base du tableau II.B 1-2 des données du BEA relatives aux activités des EMN, qui comprend des chiffres issus du bilan des filiales étrangères des EMN américaines et, en l'occurrence, sépare les stocks des immobilisations corporelles. On constate que les stocks représentent en moyenne 24 % du total des stocks et des immobilisations corporelles des EMN américaines en 2016 et en 2017. Par conséquent, dans la matrice des actifs corporels, une diminution de 24 % a été appliquée aux statistiques issues des déclarations pays par pays, sauf dans le cas des EMN américaines pour

lesquelles l'ajustement a pris en compte la part exacte de leurs stocks dans chaque juridiction du marché, lorsqu'elle était disponible dans les données du BEA.

[15] La qualité de la couverture offerte par ORBIS a été évaluée en comparant ses variables clés aux statistiques issues, d'une part, des déclarations pays par pays et, d'autre part, de la base de données analytique AMNE. Pour 22 juridictions, ORBIS est utilisé à la fois pour les entités détenues par les EMN dans leur juridiction et celles détenues à l'étranger. Pour 2 juridictions, cette source est uniquement employée pour les entités qu'elles détiennent à l'étranger. Voir les listes détaillées à l'Annexe 5.A.

[16] La sélection a été opérée de la manière suivante. Pour chaque groupe EMN, son bénéfice total dans une juridiction donnée a été calculé en additionnant les bénéfices de toutes les entités lui appartenant dans cette juridiction, sur la base des données issues d'ORBIS. Toutes les entités des groupes EMN déficitaires dans une juridiction donnée ont été éliminées du jeu de données ORBIS final utilisé comme source pour les quatre matrices.

[17] Une amélioration envisageable serait d'appliquer un seuil de chiffre d'affaires total de 750 millions d'euros aux entités appartenant à des groupes EMN lorsque les informations nécessaires sur le chiffre d'affaires consolidé à l'échelle du groupe sont disponibles dans ORBIS.

[18] Par exemple, si la valeur d'actifs corporels est manquante pour 10 % des entités des EMN (taux pondéré par le chiffre d'affaires) dans une juridiction donnée, le total estimé des actifs corporels des entités des EMN dans cette juridiction a été augmenté de 1/(1-10 %)=11,1 %.

[19] L'approche utilisée s'inspire de celle proposée par Tørsløv et al. (2018[1]), qui applique le ratio excédent brut d'exploitation/rémunération du travail (base de données FATS), rapporté aux salaires et charges sociales (comptabilité nationale). Le principal facteur limitant dans le cadre de cette approche tient au fait que le ratio coûts salariaux/chiffre d'affaires peut varier selon les secteurs d'activité, ce dont les données disponibles ne permettent pas de rendre compte.

[20] Une variante possible de la méthodologie d'extrapolation aurait été d'utiliser comme point de départ les données sur les revenus d'IDE plutôt que celles relatives aux stocks d'IDE. Cette approche, bien que plus directe de prime abord, aurait posé d'importants problèmes d'extrapolation (les revenus d'IDE étant plus fluctuants que les stocks d'IDE) et, surtout, compliqué l'identification des investisseurs ultimes, car les données disponibles sur l'IDE par investisseur ultime ne portent que sur les stocks d'IDE et non sur les revenus d'IDE.

[21] Les auteurs d'ouvrages récents utilisant des méthodes de pseudo-maximum de vraisemblance dans des modèles gravitationnels ont souvent utilisé une méthode fondée sur la distribution de Poisson telle que décrite pour la première fois par Santos Silva and Tenreyro (2006[20]). Head and Mayer (2014[27]) comparent différentes méthodes utilisables pour atteindre les mêmes objectifs (en particulier un meilleur traitement des zéros pour la variable d'intérêt), et suggèrent que les méthodes fondées sur la distribution de Poisson et la distribution de Gamma sont les plus performantes et qu'il n'y a aucune raison évidente de préférer une méthode à l'autre sachant que leurs performances relatives dépendront de la structure du terme d'erreur. Sans aucun a priori marqué sur cette structure, la méthode fondée sur la distribution de Gamma a été choisie dans ce chapitre pour l'extrapolation des chiffre d'affaires car elle convenait mieux eu égard aux chiffres de référence disponibles (à savoir eu égard aux autres sources de données comme les statistiques issues des déclarations pays par pays et les données du BEA) pour les catégories de juridictions pour lesquelles les extrapolations jouent un rôle important (notamment les juridictions à faible revenu). Les deux méthodologies produisent des coefficients largement similaires dans l'estimation et des données agrégées globalement similaires : par exemple, le chiffre d'affaires global obtenu dans la matrice

à l'aide de la méthode fondée sur la distribution de Gamma est supérieur de 0.6 % à celui obtenu à l'aide de la méthode fondée sur la distribution de Poisson.

[22] Les données de la base AMNE et de la base analytique AMNE ne figurent pas dans cette régression parce que la base AMNE ne contient pas d'éléments sur les diagonales, et les éléments sur les diagonales dans la base analytique AMNE sont généralement basés sur des extrapolations.

[23] Une difficulté supplémentaire apparaît, qui tient au fait que le montant du chiffre d'affaires peut être faussé par un comportement relevant du transfert de bénéfices, auquel cas il peut ne pas donner une bonne indication du niveau de l'activité économique, et, par ricochet, des actifs corporels dans une juridiction. C'est là un facteur limitant l'intérêt de l'approche, difficile à dépasser complètement au vu des données disponibles.

[24] Pour les juridictions comptant moins de dix groupes EMN dans les données issues des états consolidés d'ORBIS, les données sont considérées comme insuffisamment représentatives et aucun ajustement n'est effectué (ce qui signifie que « Delta 2 » = 0). De même, pour les groupes EMN présents dans moins de trois juridictions de l'entité mère ultime dans les statistiques issues des déclarations pays par pays, on suppose que « Delta 1 » = 0. Aux fins du calcul de la composante « Delta 2 », le chiffre d'affaires tiré des données issues des états consolidés d'ORBIS est ajusté pour tenir compte du fait que le chiffre d'affaires consolidé n'inclut pas les ventes intragroupe, lesquelles sont en revanche incluses dans la matrice des chiffres d'affaires. Cet ajustement est effectué sur la base du ratio global chiffre d'affaires avec des parties non liées/chiffre d'affaires total extrait des statistiques issues des déclarations pays par pays, lequel s'élève à 69 %.

[25] Le rapport coûts salariaux/chiffre d'affaires calculé à partir des données AMNE agrégées relatives aux activités domestiques et à l'étranger des multinationales (13,5 %) est globalement similaire à la moyenne observée dans ORBIS. Des différences peuvent s'expliquer par plusieurs facteurs : une couverture sectorielle restreinte dans la base de données AMNE (qui exclut souvent le secteur financier), une couverture géographique qui diffère entre les deux sources et le fait que le calcul du ratio ORBIS se fonde sur les sous-groupes enregistrant des bénéfices positifs alors que les données AMNE ne font pas une telle distinction.

[26] Plus spécifiquement, l'ajustement est basé sur la part de l'amortissement dans l'excédent brut d'exploitation par juridiction du marché, conformément à la méthode de calcul de Tørsløv et al. (2018[1]). Dans les juridictions pour lesquelles aucune donnée ne peut être obtenue à l'aide de l'approche de Tørsløv et al. (2018[1]), le ratio correspondant au « reste du monde » est utilisé.

[27] En pratique, lorsque le total d'une colonne de la matrice des bénéfices pour une juridiction de l'entité mère ultime donnée était inférieur à 50 % du bénéfice consolidé total des groupes EMN de cette juridiction, comme observé dans le jeu de données des états consolidés d'ORBIS, la cellule de cette juridiction sur la diagonale de la matrice (lorsqu'elle est basée sur une extrapolation) a été corrigée à la hausse de telle sorte que la différence ne puisse pas dépasser 50 %. De plus, si la cellule d'une juridiction sur la diagonale de la matrice des bénéfices contenait une valeur supérieure à 100 % du bénéfice consolidé total des groupes EMN de cette juridiction de l'entité mère ultime, comme observé dans le jeu de données des états consolidés d'ORBIS, cette cellule a été corrigée à la baisse et ramenée à 100 % de ce total. Des ajustements similaires ont été effectués dans la matrice des chiffres d'affaires. Ces ajustements concernent principalement les plus petites juridictions dans lesquelles on rencontre parfois plus fréquemment des problèmes de qualité des données et pour lesquelles les matrices reposent davantage sur des extrapolations que pour les juridictions de plus grande taille. Dans la matrice des chiffres d'affaires, cet ajustement concerne 48 juridictions (sur 222) et le chiffre d'affaires total inscrit dans les cellules concernées représente 0.5 % du chiffre d'affaires total de la matrice des chiffres d'affaires. Dans la matrice

des bénéfices, il concerne 51 juridictions et le bénéfice total inscrit dans les cellules concernées représente 4.4 % du bénéfice total de la matrice des bénéfices.

[28] Les matrices des actifs corporels et des coûts salariaux ne font pas l'objet d'ajustements similaires car les valeurs qui y sont imputées reposent sur la matrice des chiffres d'affaires, laquelle a déjà été ajustée.

[29] L'une des limites des matrices aux fins de l'analyse des transferts de bénéfices tient à ce qu'elles prennent uniquement en considération les sous-groupes d'EMN enregistrant des bénéfices positifs et qu'elles ne rendent donc pas compte d'éventuelles pratiques relevant du transfert de pertes.

[30] Bien que, dans leur étude, les auteurs fassent uniquement état d'un chiffre non corrigé pour l'année 2017, le Graphique 6 indique un total mondial des stocks d'IDE légèrement en deçà de 35 000 milliards USD.

[31] Allemagne, Autriche, Canada, Estonie, États-Unis, Finlande, France, Hongrie, Islande, Italie, Lituanie, Pologne, République tchèque, Suisse et Turquie.

[32] Borga et Calandro (2018[13]) par exemple définissent les capitaux de transit comme des capitaux entrant dans une économie pour être investis ultérieurement dans une autre économie.

[33] Dans un document récent, Coppola et al. (2020[25]) montrent que des schémas similaires sont observés en ce qui concerne l'émission de titres. Ils observent par exemple que la classification des titres en fonction de l'émetteur ultime (société-mère) plutôt qu'en fonction de l'émetteur immédiat (filiale) a pour effet de gonfler sensiblement le niveau des flux d'investissements de portefeuille allant des économies développées vers les économies émergentes.

[34] Les EVS sont des entités qui n'emploient pas de personnel ou ont un effectif très réduit, n'exercent que peu d'activités voire aucune et ont une présence physique limitée voire nulle dans leur juridiction, mais qui fournissent des services importants à l'EMN dont elles relèvent, comme détenir des actifs et des passifs ou lever des capitaux (voir https://www.oecd.org/daf/inv/How-MNEs-channel-investments.pdf).

[35] En l'espèce, l'expression d'IDE « sortant » ne fait pas référence au principe selon lequel les données sont notifiées sachant que les données sur l'IDE par investisseur ultime ne sont disponibles que dans les rapports que certaines juridictions établissent sur leurs IDE entrants. Le terme « sortant » est utilisé ici pour préciser l'orientation des flux : par exemple, les IDE entrants notifiés par la France comme en provenance des États-Unis constituent des flux sortants des États-Unis vers la France.

[36] Par exemple, les données de l'OCDE montrent qu'en 2016, la France était l'investisseur ultime, à hauteur de 42 milliards USD, de ses propres stocks d'IDE (soit 6.1 % de ses IDE entrants au niveau mondial), tandis que les États-Unis étaient l'investisseur ultime, à hauteur de 73 milliards USD, de leurs propres stocks d'IDE (1.9 % de leurs IDE entrants au niveau mondial).

[37] Parmi les 15 juridictions notifiant des données sur l'IDE par investisseur ultime, seule l'Autriche n'indique pas le total des stocks d'IDE entrants dans les données communiquées à l'OCDE.

[38] Les résultats par juridiction sont similaires lorsque l'on considère les données issues des statistiques de la balance des paiements du FMI pour les revenus d'IDE et le jeu de données tirées de l'ECID du FMI pour les stocks d'IDE.

www.ingramcontent.com/pod-product-compliance
Lightning Source LLC
LaVergne TN
LVHW080643011026
849160LV00014B/1310